明文 中國正史 大系

原文 譯註

後漢書(一)

(南朝)宋 范　曄 著

唐 李　賢 註

陶硯　陳起煥 譯註

明文堂

漢 光武帝(재위, 서기 25-57년)

陰后

後漢 光武帝의 황후 陰麗華(음려화)

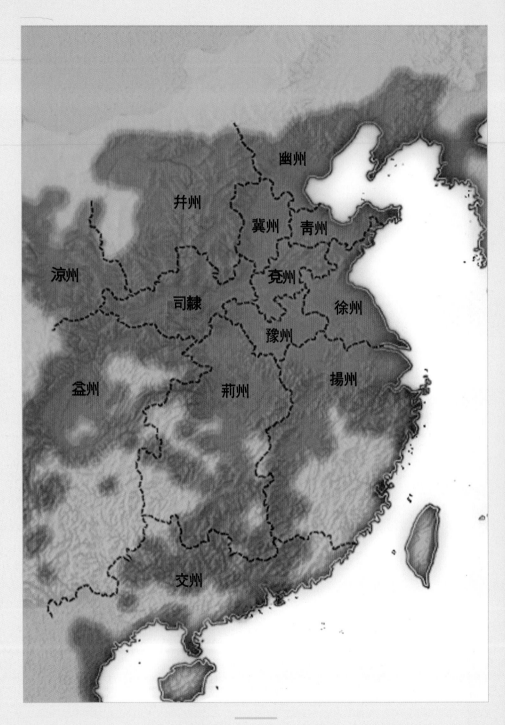

後漢 행정 구역(13 刺史部)

〖明文 中國正史 大系〗

原文 譯註

後漢書(一)

(南朝)宋 范 曄 著

唐 李 賢 註

陶硯 陳起煥 譯註

明文堂

[머리말]

《後漢書》는 紀傳體 斷代史로 後漢 光武帝에서 獻帝 말년(서기 220)에 이르는 196년의 역사를 기록하였다. 이는 10권의 本紀와 80권의 列傳, 30권의 志로 구성되었는데, 본기와 열전 중 분량이 많은 권은 上, 下로 분권하였다.

《史記》와 《漢書》, 그리고 《後漢書》를 《三史》라고 통칭하는데, 여기에 陳壽(진수)의 《三國志》를 보태어 《四史》라고 병칭한다. 이는 유가 경전의 四書에 맞춘 命名이지만 그만큼 중요하다는 의미를 내포하고 있다. 《四史》는 史實 서술이 정확, 정밀하고 典雅한 名文章이기에 옛사람은 《四史》를 필독서로 인식하며 즐겨 읽었다.

중국에 '망망한 史海는 8만 권인데〔史海茫茫八萬卷〕, 일 편을 완독하면 머리가 센다.〔一篇讀完頭飛雪〕' 는 말이 있다. 그렇지만 아무리 시대가 변하더라도 기본적 학습과 연찬은 있어야 한다.

儒學의 시작이 《四書》인 것처럼 史學 硏學의 시작은 《四史》이다. 사실 중국 24 正史 중 이 《四史》의 분량도 결코 만만치 않지만, 그렇디고 《四史》의 내용이니 史實, 典故를 모르고서는 중국의 다른 正史나 文學을 이해하기 어렵다.

儒家의 四書五經이 기본 교과서인 것처럼, 《四史》는 모든 문인이나 학자의 기본 교양서였다. 《후한서》에서는 정치적 대화나 의론, 上奏 또는 詔書에 자연스레 《詩》, 《書》, 《易》과 《論語》의 구절이 인용되었다. 또 《四史》의 역사적 선례를 근거로 자기 주장을 전개하였다. 특히 《한서》와 《후한서》의 문장이나 전례와 용어는 그대로 후세의 정치와 학문과 문학에서 사용되었다. 이는 우리 선조들도 마찬가지였다. 이처럼 經書와 史書는 不可分의 필수 지식이었다.

중국에서 《四史》가 《四書》만큼 소중한 기본서였기에 정치와 학술, 문화나 일상생활에서 끼친 영향은 지대하였다. 《四史》를 읽지 않고 어찌 정치나 문장을 말할 수 있겠는가?

그러나 이렇듯 소중한 《四史》가 우리나라에서는 책 이름만 널리 알려졌을 뿐 原文 講讀이나 연구가 성하다고 말하기 어려울 것이다. 이는 《四史》에 관한 基本書가 출간되지 않았기 때문이다.

필자는 그간 明文堂에서, 史學에 입문하는 同學을 위하여, 《史記講讀》을 출간했었다. 또 《十八史略》을 共譯 출간하였고, 明文堂의 中國正史大系 간행 계획에 의거 班固의 《漢書》 중 紀傳 부분을 전 10권으로 출간하였다. 이들 책은 모두 원문에 주석과 국역을 붙여 각종 연구에서 1차 史料로 활용할 수 있게 하였다.

우리나라에서 《四史》의 원문과 그 내용이 필요한 사람이라면, 원문을 독해할 능력이 있는 분이라고 생각할 수 있다. 그러나 李白과 杜甫, 王維의 詩를 읽는 사람이 모두 그 원문을 읽고 이해할 수 있는 한문학 전공자는 아닐 것이다. 또 《史記列傳》을 중국사 전공자만이 읽는 것도 아니다. 《四史》의 경우 마음만 먹으면 누구나 읽고 이해할 수 있어야 한다.

그렇다고 전체에 대한 국역만 필요한 것은 아니다. 原文의 열람이나 숙독, 註釋을 통한 이해 여부, 그리고 전후 전체 내용을 모아야 확실한 내 것이 될 수 있고 또 활용할 수 있다. 그렇다면 이런 일은 譯者나 출판사가 담당해야 한다.

필자는 《漢書》의 12紀와 70傳의 원문을 수록하고 주석한 《漢書》 全 10권을 이미 明文堂에서 출간했다. 출판계의 불황속에서도 中國 正史大系를 간행하려는 明文堂 金東求 사장님의 사명 의식으로 이 《後漢書》가 빛을 보게 되어 필자는 기쁨과 동시에 同學과 後學에 대한 의무를 새롭게 느끼고 있다.

2018년

陶硯 陳起煥

1. 본서는 1995년에 中華書局에서 간행한 范華(범엽) 撰, 李賢 等注,《後漢書》(12권)을 기본 텍스트로 하였다. 본서는《後漢書》본기와 열전의 原文을 수록하고 註釋을 달았으며 國譯하였다.

2. 原文 의 문단 구분과 구두점은 모두 기본 텍스트《後漢書》를 준용하였다. 국명이나 부족명, 人名과 字, 지명, 행정적 지명, 특별한 구역이나 건축물, 왕조, 연호 등은 밑줄을 그었다.

   《後漢書 安帝紀》에 '辛卯, 九眞言黃龍見無功.'를 어떻게 讀解하겠는가? 이를 '辛卯, 九眞言黃龍見無功.'이라고 밑줄을 그어 고유명사라고 알려주면 독해가 훨씬 쉬워진다. 九眞은 郡名이고 無功은 縣名이다.

   원문을 읽다보면 예상 밖의 뜻이 얼마든지 있다. 杜詩는 杜甫의 詩일 것이라는 선입견이 먼저 들지만 人名이다. 射犬(사견)은 '개를 쏘다'가 아니고 마을 이름이며, 宋子(송자)는 '宋氏 아들'이 아니고 縣名이다. 柏人(백인)의 柏(측백나무 백)은 近也, 迫也(假借)의 뜻이 있어 사람을 협박하다는 의미로 생각되지만, 趙國의 현명이다. 秦越人은 유명한 扁鵲(편작)의 성명이니, 秦이 성씨이고 越人이 이름이다. 밑줄이 없다면 그 문장 독해가 그만큼 혼란스러울 것이다. 밑줄은 이처럼 중요하다. 이런 밑줄이 없는 史書가 대부분이지만, 역자는 밑줄을 고집했다. 이는 原書를 공부해야 할 同學을 위한 배려이다.

3. 경전이나 書册, 저서는 《　》, 경전과 서책의 편명이나 제목을 붙일 수 있는 문장 또는 악곡 등은 〈　〉로 구분하였다. 경전의 인용구, 詔書, 上奏文 같은 서책이나 문서의 내용은 「　」로 표시하였다.

예를 들어 '故能束脩~'란 구절이 있으면 「~, 自行束脩以上, 吾未嘗無誨焉.」《論語 述而》. 라 하여 전후 문장과 그 출처를 기록하였다.

또 27권, 〈宣張二王杜郭吳承鄭趙列傳〉의 〈杜林傳〉에 **原文** 「《易》曰, '人之所助者信也', 有不誣矣.」라는 구절이 있다. 이를 |註釋|에서는 ○《易》曰 - 《易》〈繫辭傳〉(上). 「天之所助者 順也, 人之所助者信也.」라 하여 **原文** 에서 인용한 《周易》의 편명과 그 前後 原文을 상세하게 밝혔다.

漢代에는 《五經》중에서도 특히 《詩》,《書》,《易》과 《論語》와 《孟子》, 그리고 《老子道德經》의 구절이 政事에 그대로 인용되었다. 역자가 이런 경전의 출처를 확실하게 밝히는 것은 이런 경전을 읽고 공부해야만, 《漢書》와 《後漢書》를 바르게 풀이할 수 있다는 뜻이다. 지금 시대에도 史書를 읽으려면 먼저 經書에 대한 소양이 있어야 한다.

개인 열전에 수록된 문학작품이나 유명한 글은 〈　〉로 표시하여 목차에서도 찾아볼 수 있게 하였다. 例, *〈燕然山北征銘〉- 班固.

4. |註釋|은 아래와 같이 구성되었다.

● 글자 뜻을 정확하게 설명하였고, 難讀 한자의 독음을 첨가했으며, 구절 풀이와 함께 필요한 문법적 설명을 첨가하였다. 29권 〈鮑永列傳〉에 '修起橫舍'란 말이 있다. 여기서 橫은 '글 배우는 집 횡(學舍也, 黌과 同)'이다. 쉬운 글자이지만 사전을 찾지 않으면 진짜도 못할 뜻이다. 〈西羌傳〉의 '虔劉隴北'이란 구절에서 虔劉(건류)는 '모조리 죽인

다'는 뜻이다. 정성 건(虔)에 '죽인다'는 뜻이 있고, 劉備(유비)의 성씨 劉가 본래는 '죽인다'는 뜻이 있으니, 아는 글자도 반드시 사전으로 확인해야 한다. 흔히 쓰는 '政'이 口語에서 '확실히', '정말로'의 뜻으로 쓰이는 경우도 있으니 원문 독해에는 큰 玉篇을 찾으며 공부해야 한다.

● 본서에 표시된 년도는 서기이고, 紀元 前의 경우 '前', 기원 後는 '서기'로 표시하였다. 연호는 황제와 사용 기간, 그리고 서기로 환산한 년도를 기록하였다.

● 인물에 대한 주석 중 표시한 권수는 본《후한서》의 권수이다. 例, 劉珍 - 80권, 〈文苑列傳〉(上)에 立傳.

● 史書의 讀解에 지리적 이해가 뒤따르지 않는다면 장님 코끼리 더듬기와 조금도 다르지 않다. 지리적 근거가 없는 史書는 없다. 史書의 저자나 주석한 사람은 모두 지리적 관계나 주석을 중시했다. 《後漢書》의 같은 지명이라도 시대에 따라 郡國의 명칭이 다르고 소속이 바뀌며, 신설과 폐지가 계속되었다.

그리고 黃河의 물줄기가 바뀌면서 군현이 통째로 없어지기도 한다. 後漢 초의 지명이 郡이었다가 나중에는 國이라 하여 필자의 주석이 틀린 것이 아니다. 《後漢書》주석에서 唐 李賢은 唐의 행정구역 명칭을 주석으로 달았다. 唐의 행정구역을 지금도 주석으로 달면 우리가 어찌 이해하겠는가? 필자는 그런 주석을 바탕으로 漢代 지명을 현행 중국의 행정구역 명칭에 따라 '今 ○○省 ○○市 관할 ○○市(縣)'이라고 표기하여 보통의 중국 지도로 그 위치를 정확하게 파악할 수 있게 했다.

현재 중국의 행정구역은 성(省)급 31개, 地級市(지급시) 333개, 현(縣) 및 縣級市가 2,853개 정도라고 하는데, 이 또한 계속 바뀌고 있다. 地

級市의 인구는 省에 따라 차이가 많지만 보통 1백만 이상의 대도시라고 생각하면 된다. 인구 조밀 지역 縣의 인구는 웬만하면 3, 40만이니 우리나라의 都農統合市 정도라고 생각해야 한다.

단순히 原文을 그대로 번역했다면 역자의 작업도 그만큼 쉬웠을 것이다. 그러나 역자는 현행 행정구역상의 지명과 또 현행 지도에서 찾기 쉽도록 '四川省 중부', '河北省 남부' 등을 밝혀 지도에서도 쉽게 찾도록 주석을 달았다. 이는 史學을 하는 同學을 위한 譯者의 정성이다. 역자의 희망은 오직 하나이다. 同學이 반드시 모조지 전지 크기의 현행 중국 지도를 놓고 이 拙譯을 읽어주기 바란다. 諸侯國과 郡縣의 治所나 위치를 짐작도 못하면서 어떻게 史書 내용을 이해하겠는가?

● 관직명이나 제도, 역사적 인물, 도량형에 대한 상세한 주석을 달아 본문 내용에 대한 이해도를 높였다. 그리고 後漢官職一覽을 부록으로 준비하였다.

5. **[國譯]**의 문단은 원문을 준용하였지만 우리말 번역이 너무 길어 주제 파악이 어려운 경우 필요에 의거 마침표를 찍어 문장을 나누었다. 또 경우에 따라서 줄 바꾸기를 하였다.

6. 인명이나 지명의 우리말 표기는 다음과 같다.

● 人名이나 地名의 우리말 표기에서 原註나 《後漢書辭典》과 《漢書辭典》에 발음에 관한 주석이 있으면 그에 따른 우리 음을 취했다. 그러나 劉歆(유흠) 같은 경우 '歆은 希(희, xi) 라는 발음이 있지만 우리 옥편에는 '희' 음이 없고 '거둘 흠' 만 있어 유흠으로 표기하였다.

● 《後漢書辭典》에 특별한 설명이 없으면, 우리나라에서 일반적으로 통용되는 음을 따랐다. 劉歆(유흠)의 아들 劉煓(유천)의 경우 煓은 '불땔 천', '따뜻할 단' 의 음이 있으나 옥편에 먼저 나오는 '불땔 천' 을 택했다.

●흉노의 인명이나 호칭, 관직명은 音에 대한 漢字 주석을 우선 그대로 옮겼다. '冒頓'은 '墨毒'이라는 音讀에 의거 우리말은 '묵독'으로 표기하였다. 閼氏는 흉노 통치자인 單于의 正妻에 대한 칭호인데 '烟支'라는 音讀에 의거 '연지'로 표기하였다. 그러면서 '閼은 흉노 왕비 연, 가로막을 알. 氏는 支. 燕支, 燕脂로도 표기'라 하여 보충설명을 첨가하였다.

7. 권말 부록으로

1권 말에는 부록 1. 後漢 帝系表, 2. 後漢 皇帝 及 年號 一覽, 3. 後漢 主要 事件 年表, 4. 後漢 官職 一覽, 5. 後漢 13刺史部 및 105郡國表, 6. 漢代 度量衡 早見表를 수록했다.

10권 말에는 1. 諸家 名文 目錄. 2. 저자 范曄의 《後漢書》저작 의도를 파악할 수 있는 〈獄中與諸甥姪書〉 전문을 수록, 번역. 3. 《後漢書》立傳 인물 소개 자료를 만들었다. 그리고 600여 명의 수록 인물 색인을 정리하여 《後漢書》전 10권의 활용도를 높였다.

8. 역자는 이 拙譯이 《後漢書》 연구를 위한 기본 자료가 되기를 희망한다. 연구를 위한 자료로 필요하다고 요청한다면, 필자의 한글 파일을 일부라도 제공할 수 있음을 밝혀둔다.

참고도서

《後漢書》:1 - 12권. 范華 撰, 李賢 等注, 中華書局, 1995.

《後漢書辭典》:張舜微 主編. 山東敎育出版社. 1994.

《漢書補注》:全 12卷 班固 撰, 淸 王先謙 補注. 上海師範大學 整理. 上
　海古籍出版社. 2008.

《漢書辭典》:倉修良 主編, 山東敎育出版社, 1996.

《二十四史全譯/後漢書》:1 - 3册. 范曄. 許嘉璐 主編. 漢語大詞典出版
　社, 2004.

《中國歷史地圖集》2册(秦, 前漢, 後漢):中國社會科學院, 譚其驤 主編,
　中國地圖出版社. 1982.

《後漢書, 三國志 硏究》:二十四史硏究 叢書, 第 五卷. 張越 分卷主編.
　中國大百科全書出版社. 2009.

《後漢書 外國傳 譯註》:上, 下. 동북아역사재단 편. 2009.

《秦漢史》(上, 下):呂思勉 著, 民國大師文庫 第 一輯, 北京聯合出版公
　司. 2014.

역자가 이용한 기본 工具書는 아래와 같다.

《明文大玉篇》:明文堂. 서울. 2005.

《中文大辭典》:中文大辭典編纂委 編纂. 中國文化大學出版部. 臺北.
　1882.

《中韓辭典》:高大民族文化硏究所. 高麗大學校. 서울. 1992.

《漢韓大字典》:민중서림. 2011.

[차례]

《後漢書》槪觀

1. 三史의 위치

　　五經과 함께 三史는 文人學者의 기본 교양이며 필독서였기에 五經三史라고 함께 통칭하였다.

　　三史는 司馬遷의 《史記》, 班固의 《漢書》, 范曄(범엽)의 《後漢書》를 지칭하며 간략히 馬班范(마반범)이라고 칭한다. 이에 《史記》, 《漢書》, 《後漢書》는 중국과 한국, 일본에서 史學의 정수로 인정되며 사학도라면 누구나 三史를 읽었고 연구에 활용하였다.

　　《隋書 經籍志》에도 '世有著述, 皆擬班, 馬, 以爲正史'라 하여 班固의 《漢書》와 司馬遷의 《史記》가 正史의 본보기이며 그를 본떴다고 하였다. 이후 魏,蜀,吳 삼국시대에도 三史라는 명칭이 사용되었는데 이때는 《史記》와 《漢書》, 後漢의 劉珍(유진) 등이 편술한 《東觀漢記》를 지칭하였다. 唐 이후 《東觀漢記》는 失傳되었고, 대신 南朝의 宋(劉宋) 나라 范曄(범엽)의 《後漢書》가 널리 알려지면서 《三史》로 확정되었다. 여기에 西晉 陳壽(진수)의 《三國志》가 보태어져 《四

史》라고 통칭한다.[1]

특히 《四史》는 문장이 精密하고 사실을 정확하게 서술하여 史學에서 절대적인 지위를 누렸다.

그리하여 옛사람은 그 名文을 익히려는 방편으로 《四史》를 즐겨 읽었다. 淸 乾隆帝의 欽定 《二十四史》가 나온 이후로(1739), 正史는 일반적으로 '二十四史'를 지칭하였다.

2. 《後漢書》의 成書 過程

《後漢書》는 後漢(東漢)의[2] 역사를 기록한 紀傳體 史書로, 시기적으로는 서기 25년(後漢 光武帝 劉秀 建武 元年)에서부터 漢 獻帝(재위 189-220)까지 196년의 역사를 다루고 있다.

《後漢書》는 本紀 10권, 列傳 80권, 志 30권〔司馬彪(사마표) 續作〕으

....
1 西晉 시대에 《史記》,《漢書》,《東觀漢記》를 《三史》라 통칭하며 학습하였다. 唐代에 范曄의 《後漢書》가 널리 알려지면서 《東觀漢記》는 실전되었는데 唐代 選擧(科擧) 과목에 '三史科'가 있었다. '其科之目有秀才,云云,有三史.《唐書 選擧志》. 陳壽의 《三國志》는 범엽의 《後漢書》보다 먼저 알려졌기에 뒷날 《三國志》를 포함하여 《四史》라 통칭하였다.

2 지금 중국에서는 일반적으로 前漢을 西漢, 後漢을 東漢이라 호칭한다. 이는 五代의 後漢(건국자 劉知遠, 947-951 존속)과의 혼동을 피하려는 뜻이다. 삼국의 魏와 北朝의 北魏가 있었고 북위가 西魏와 東魏로 분열되었다. 晋(西晉)에는 東晉 그리고 五代의 後晉이 있고, 唐(李唐, 618-907)에는 五代 後唐(923-937)이 있으며, 南朝의 宋(劉宋, 420-479 존속) 이후에 趙匡胤(조광윤)이 건국한 宋(北宋)과 뒤를 이은 南宋이 있다. 이처럼 국명에 東西나 南北 또는 前後나 건국자 姓을 이용하여 왕조를 구분했다. 사실 漢代에는 前, 後漢을 구분하지 않고 연속된 하나의 왕조로 인식했고 또 그것이 당연했다. 다만, 光武帝 이후를 언급할 때는 '中興 以後'라 표현했다. 이 漢의 역사를 기록한 書名이 분명히 《漢書》와 《後漢書》이며, 또 우리나라 고등학교에서 前, 後漢으로 교육하기에 역자는 前·後漢으로 표기했다.

로 총 120권이다. 본기와 열전 중에서 분량이 많은 것은 上, 下로 분권되어 90권에서 늘어나 실제로는 100권이며 여기에 8志 30권을 합하면 130권의 대작이다.[3]

《後漢書》本紀와 列傳의 作者는 南朝 劉宋(420-479년 존속, 건국자 劉裕)의 范曄(범엽, 398-445, 12월에 사망, 서기로는 446년)이다. 범엽의 字는 蔚宗(위종, 울종)으로 順陽〔今 河南省 南陽市 관할 淅川縣(석천현)〕사람으로, 조부 范甯(범녕)은 東晋의 豫章太守를 역임했다. 부친 范泰(범태)는 南朝 宋의 개국공신이며, 國子博士와 侍中 및 司空을 역임하였으니 범엽은 전형적인 관료 집안 출신이었다.

범엽은 백부 范弘之의 양자가 되어 武興縣侯의 작위를 세습하였고, 彭城王 劉義康의 參軍과 新蔡太守, 尙書吏部郎 등을 역임하였다. 宋 文帝 元嘉(원가, 424-453, 南朝 宋 文帝 劉義隆의 연호) 원년에 劉義康(유의강)의 노여움을 받아 27세에 宣城太守(今 安徽省 동남부 宣城市)로 전출되었는데, 범엽은 이때부터 《後漢書》 저술에 착수했던 것으로 알려졌다.

이후 범엽은 부친상으로 관직을 사임했고, 다시 대장군 檀道濟의 司馬가 되었다가 新蔡太守를 역임했으며, 元嘉 16년 모친상을 당했고, 복상을 마친 뒤 다시 南下邳太守, 左衛將軍, 太子詹事 등을 역임했는데 이미 文才와 才藝로 널리 알려졌다.

범엽이 살았던 시대는 後漢 멸망 200여 년이 지난 때라서 그간 후

....

3 참고로 《史記》는 12本紀, 10表, 8書, 30世家, 70列傳으로 총 130권이다. 班固의 《漢書》는 12紀(13권으로 분권), 8表(10권), 10志(18권), 70傳(79권)으로 총 100권(분권은 120)이다.

한의 역사를 기록한 많은 저술이 있었다. 《隋書 經籍志》에는 後漢 劉珍(유진) 등이 편찬한 官撰 史書인 《東觀漢記》[4] 외에도 三國 중 吳國 謝承(사승)의 《後漢書》, 西晉 薛瑩(설영)의 《後漢記》, 西晉 司馬彪(사마표, ?-306, 司馬懿의 姪孫)의[5] 《續漢書》[6], 西晉 華嶠의 《後漢書》 등 8종의 書名이 수록되어 있다.

범엽은 이러한 여러 기록에 만족할 수 없어 자신이 《東觀漢記》의 내용을 골격으로 삼아 여러 저서의 내용을 취사선택하고 보완하였으며, 범엽은 '사실 기록으로 의논을 시작하여 一代의 득실을 바로 평가하고자〔欲因事就卷內發論, 以正一代得失〕'[7] 그때까지 전해지던 각종 사료를 종합하여 《後漢書》를 저술하였다. 그리하여 본기

....

4 漢代에 《東觀記/東觀漢記/漢記》로도 불렸는데 모두 143권이다. 기전체로 후한 光武帝에서 靈帝까지 역사를 서술한 官撰(관찬)의 當代史이다. 이는 후한 明帝 때 처음 편찬된 이후 章帝, 安帝, 桓帝, 靈帝, 獻帝까지 계속되었는데(내용상 靈帝로 끝), 本紀, 列傳, 表, 載記 등으로 구분 편찬하였고, 각각의 기전에 서문이 있다. 이는 각 황제대의 起居注(황제의 언행에 관한 기록), 국가 문서나, 檔案(당안, 이민족과 왕래한 문서), 공신의 업적, 前人의 舊聞舊事, 私人의 저작물 등을 망라한 후한 사료의 총집이라 할 수 있다. 이는 劉珍(유진) 등이 東觀에 설치한 修史館에서 편찬했다 하여 《東觀記》라는 이름이 붙었다. 三國 이후 《史記》, 《漢書》와 함께 三史라 합칭하였으나 唐代 이후 范曄의 《後漢書》가 《東觀漢記》를 대신하게 된다. 劉珍(유진, ?-126?)은 一名 劉寶, 字 秋孫. 安帝 永初年間(107-113)에 五經博士로 東觀校書로 근무했다. 《建武以來名臣傳》과 《東觀漢記》 22편을 편찬하였고, 侍中, 越騎校尉 및 延光 4년(125)에 宗正을 역임했다. 그의 《釋名》 30편은 文字學의 중요 저술로 알려졌는데, 현존하는 《釋名》은 아닌 것으로 알려졌다. 劉珍은 80권, 〈文苑列傳〉 (上)의 입전, 주석 참고 바람. 後漢의 荀悅이 찬한 《漢紀》는 이와 별개의 책.

5 司馬彪(사마표, ?-306. 字 紹統)는 서진의 황족으로 高陽王 司馬睦의 장자이며 司馬懿(사마의, 죽은 諸葛亮에게 쫓긴 司馬仲達)의 姪孫이었다.

6 《속한서》는 本紀와 志, 列傳 등 83권이었는데 남조의 宋 연간에 志 30권만 남아있고 나머지는 失傳된 것으로 알려졌다.

7 范曄의 〈獄中與諸甥姪書〉. 沈約(심약)의 《宋書 范曄傳》에 수록.

10권과 열전 80권(上, 下 分卷을 합산하면 100권)을 완성하였다.[8]

이어 범엽은 紀傳 부분을 끝내고 謝儼(사엄)과 공동으로 〈禮樂志〉, 〈興服志〉, 〈五行志〉, 〈天文志〉, 〈州郡志〉까지 집필을 마쳤다고 한다. 그런데 元嘉 22년(445)에 孔熙先과 밀모하여 宋 文帝(劉義隆, 재위 424-452년)를 폐하고 동생인 劉義康(유의강, 宋 武帝 劉裕 第四子)을 황제로 옹립하려 한다는 모함을 받아, 범엽은 48세로 처형되었다.[9]

그러자 사엄은 화가 자신에게 미칠 것을 두려워하여 공동으로 집필한 志의 초고를 모두 불태웠다고 한다. 또 범엽의 《後漢書 序例》는 완성하지 못한 상태에서 범엽이 옥사하게 되자 八志의 여러 부분과 함께 散逸되었다고 한다. 그리하여 범엽의 《후한서》 본기와 열전만 후세에 전하게 되었다.

범엽은 文才가 뛰어나고 史學的 素養이 깊어 그가 편찬한 《後漢書》는 文章이 流麗하고, 敍事가 간명, 다양하며, 結構가 엄밀하면서 중복이나 소략한 부분이 거의 없었다. 때문에 그의 저술이 널리 알려지고 읽혀지면서 후한의 역사서 중 다른 저술들은 점점 도태되었다.

南朝의 梁〔502-557 존속, 건국자 蕭衍(소연)〕의 학자인 劉昭(유소)[10]와

....

8 唐 劉知幾(유지기) -《史通 古今正史》. '宋의 선성태수 범엽은 여러 학자들의 자료를 모으고 옛 전적을 널리 읽고서 번잡한 것을 줄이고 간략한 것을 보완하여 후한서를 저술했다.'〔宋宣城太守范曄, 乃廣集學徒, 窮覽舊籍, 刪煩補略, 作後漢書.〕

9 범엽이 얼마나 구체적인 모반 활동을 했는가에 대해서는 상세한 기록이 없다. 陳豊(진풍)이란 사람은 《申范》을 저술하여 범엽의 千古의 원통함을 풀어주려 했다.

10 劉昭 - 字 宣卿. 生卒年 미상. 南朝 梁 梁武 때 사람. 《梁書 劉昭傳》이 있다. 裴松之(배송지)의 《三國志》 注를 본떠 《後漢書》를 주석하였는데 事實에 편중한 주석이었고 문자에 대한 訓詁는 소략한 주석이라고 알려졌다.

吳均(오균)은《후한서》에 주석을 달았다. 오균은 범엽의《후한서》에 紀傳만 있고 志가 없는 것은 큰 결함으로 생각하면서, 사마표의《續漢書》의 八志(律曆志, 禮儀, 祭祀, 天文, 五行, 郡國, 百官, 輿服志)에 주석을 붙여 30권으로 편제를 확정하며 범엽의 결손을 보완하였다.

그러나 그 이후에도 범엽의 紀傳과 사마표의 8志 30권은 단행으로 각각 이어졌다. 그러다가 北宋의 眞宗(재위 997-1022) 乾興元年(1022)에 孫奭(손석)의 건의에 의거, 범엽의 紀傳과 사마표의 八志 30권을 합본으로 간행하여 지금의《후한서》가 완성되었다. 지금《후한서》의 紀傳 부분은 唐 章懷太子 李賢(이현)[11]의 주석이고, 八志 30권의 주석은 劉昭의 주석이라고 할 수 있다.

3.《後漢書》의 특징

《後漢書》는 기본적으로《史記》와《漢書》의 紀傳體 체제를 그대로 계승하였지만 새로운 내용을 크게 확충하였다.

《史記》에는〈太史公自序〉가,《漢書》에는 班固의〈敍傳〉(上, 下)이 있다. 범엽은 자신의《後漢書》에 그런 自序(序例)를 작성코자 했으나 완성하지 못했다. 범엽은 옥중에 갇혀 있으면서 자신의 甥姪

....

11 李賢(654-684, 字 明允)은 高宗의 六子, 武則天의 二子. 高宗 上元 2년(675)에 황태자가 되었다. 이현은 張大安, 劉訥言 등과 함께 범엽의 후한서를 주석했는데 永隆 원년(600)에 폐위되어 서인이 되었고 張大安 등도 降職되거나 유배되었다. 684년에 武后가 집정하면서 핍박 속에 자살하였다. 睿宗이 즉위하고(710) 追諡하여 章懷太子라 하였다.

(생질)들에게 보낸 서신 〈獄中與諸甥姪書〉에서 자신의 문장론과 함께 《후한서》 저술의 취지와 《한서》와 비교, 그리고 자신 史論의 우수점 등을 간략히 설명하였다. 이는 옥중에서 보낸 짧은 편지글이기에 《후한서》의 저술의 모든 것을 알 수는 없지만, 그래도 《후한서》의 自序와 같은 뜻을 내포하고 있다. 이 서신은 沈約(심약, 441-513)의 《宋書》에 수록되었다. 범엽의 부친 范泰(범태)는 劉宋의 개국공신으로 《宋書》 60권에 立傳되었고, 범엽은 69권에 입전되었다. 本書에서는 〈獄中與諸甥姪書〉를 《후한서》 80열전의 권말에 부록으로 원문과 국역을 첨부하였다.

1) 《後漢書》 本紀

《후한서》 本紀 10권 중 9권은 12황제의 본기인데, 여기에는 황제 13위의 치적과 생애를 수록하였다. 이는 후한의 編年史이고 國家大事의 기록이며, 《후한서》의 總綱이라 할 수 있다. 개국과 中興의 군주인 〈光武帝紀〉는 《漢書 高帝紀》와 같이 내용이 많아 상, 하권으로 분권되었다. 〈皇后紀〉는 《漢書 外戚傳》과 같은 내용이지만 내용이 많아 이 역시 상, 하권으로 분권되었다.

범엽은 《漢書 外戚傳》과 비슷한 내용인 황후에 관한 기록을 本紀에 수록했는데[12] 이는 매우 특별한 인식으로 二十四史 중에 유일한 경우이다.

---

12 《史記》, 《漢書》에는 呂后를 본기에 수록했다. 《漢書》에서는 元帝皇后인 王政君을 단독 입전했다.

後漢에선 황제가 자주 어린 나이에 즉위하였는데[13], 곧 '후한의 皇統이 자주 단절되며 권력을 행사했던 女主가 4명, 臨朝한 황후가 6명'으로[14] 황후 혹은 황태후가 조정 실권을 장악한 경우가 많았기 때문이다. 이는 범엽이 당시의 실질적 정치권력을 고려한 것이라고 볼 수 있다.

2)《後漢書》列傳

《후한서》열전은 11권부터 90권까지다. 그중 諸臣과 諸王의 열전은 56권인데 인물 성격이 비슷한 사람끼리 엮었다. 11권〈劉玄劉盆子列傳〉은 이들이 광무제의 신하는 아니었지만 후한의 건국과 연관이 있고, 13권,〈隗囂公孫述列傳〉은 광무제에 대항했던 인물들이다.〈竇融列傳〉이나〈馬援列傳〉,〈梁統列傳〉등은 그 후손까지 행적을 기록하였으며,〈光武十王列傳〉,〈孝明八王列傳〉,〈章帝八王列傳〉은 제후 왕에 관한 기록이다. 59권,〈張衡列傳〉처럼 1인만 입전한 경우가 있고, 39권〈劉趙淳于江劉周趙列傳〉은 10명의 인물을 입전했는데 孝道人物列傳이라 할 수 있다. 이처럼 열전에는 1인만 立傳한 單傳이 있고, 여러 인물을 수록한 合傳, 같은 부류의 인물을

---

13 光武帝는 28세에 거병하고 31세에 즉위하였기에 어린 나이는 아니나 통상 다른 건국자보다 젊은 편이었다. 이후 4대 和帝는 11세에 즉위하였고, 5대 殤帝(상제)는 2살에 즉위하여 해를 넘겼지만 재위 기간이 1년도 안 되었다. 6대 安帝는 14살, 7대 少帝는 125년에 즉위하여 당년에 죽어 연호도 없다. 8대 順帝는 12살에 즉위했고, 9대 冲帝는 3살 서기 145년에, 10대 質帝는 서기 146년 9세에 즉위하여 당년에 죽었으며, 11대 桓帝는 16세, 12대 靈帝는 13세에 즉위하였으며, 13대 少帝(弘農懷王)는 14살에 즉위해 5개월 재위했고, 마지막 황제 獻帝는 9살에 즉위하였다.

14〈皇后紀〉序: '東京皇統屢絶, 權歸女主, 外主者四帝, 臨朝者六后.'

모은 類傳이 있다.

《후한서》중〈循吏傳〉,〈酷吏傳〉,〈儒林傳〉은《사기》나《한서》와 이름이 같다.《후한서 유림열전》은《漢書 儒林傳》의 내용을 요약한 뒤에 후한에서 그 학문에 속한 인물을 입전하였고, 후한에서의 학파별 상황을 요약하였는데, 내용도 자세하고 입전한 인물이 많아 上, 下卷으로 분권하였다.

그러나 범엽은 후한의 특별한 시대상황과 자신의 견해를 반영하여〈黨錮列傳〉외에도 특별히〈宦者〉,〈文苑〉(上, 下),〈獨行〉,〈方術〉(上, 下),〈逸民〉,〈列女傳〉등 7개 열전을 신설하였다.

後漢代에 환관과 외척이 오랫동안 국정을 농단하며 명사들을 배척하였는데 이 과정에서 2차례의 '黨錮의 禍'를 일으켜[15] 氣節之士를 탄압하였다.〈黨錮列傳〉에서는 후한 말 환관의 전횡을 상술하였고〈宦者列傳〉에서는 士大夫와 太學生의 反宦官 투쟁을 기록하였다. 이〈宦者列傳〉은《漢書》의〈佞幸傳〉과는 그 성격이 다르다.

《漢書》의〈貨殖傳〉과〈遊俠傳〉은《後漢書》에서는 빠졌다. 이는 전한의 시대풍조가 후한에 와서는 많이 바뀌었음을 반증한다. 곧 임협의 시대가 이미 끝났음을 알 수 있다.《後漢書》의〈獨行列傳〉과〈逸民列傳〉은 후한 대의 高士列傳이며 隱逸列傳이라 할 수 있다.〈文苑列傳〉은 후한 시대 문학의 발전 과정을 알 수 있고 문인들의 사상을 짐작할 수 있다. 그리고〈方術列傳〉(上, 下)은 후한 대에 성행한 五行 思想 함께 方士와 神仙 사상의 발전을 파악할 수 있다. 이는《史記》〈日者列傳〉의 계승 발전이라고 할 수 있다.

....
15 1차 '黨錮의 禍'는 桓帝인 말기인 延熹 9년(166), 2차는 靈帝 초년인 168년에 일어났다.

또 〈文苑列傳〉(上, 下)에서는 當時의 文人과 그 대표작품을 수록하였다. 孔門四科에 文學이 맨 뒤에 들어갔는데[16] 이는 제자들의 덕행을 중시하고 상대적은 문학을 경시하는 풍조의 단편이라고 볼 수 있다. 《漢書》에서는 司馬相如나 東方朔 같은 문인을 입전했지만 문인을 經學者(儒林)과 명확하게 구분하지는 않았다. 그러나 전한 이후 문학은 다양하게 발전하여 儒學과 대등할 정도가 되었다. 그리하여 《후한서》에 〈문원열전〉이 입전된 이후, 후대의 正史에서 모두 文人을 입전하였다.

〈獨行列傳〉에서는 강직한 문사들의 일생을 널리 수집 기록하였다. 〈逸民列傳〉에서는 隱逸之士의 행적을 상술하였는데, 이는 後漢대에 널리 유행한 神仙사상을 반영한 것이다. 또 〈方術列傳〉에서는 占卜과 醫術에 관한 내용을 그리고 민간에 전승되는 費長房(비장방)이나 左慈(좌자)에 관한 믿을 수 없는 일화를 수록한 것은 그 시대풍조의 반영이라고 할 수 있다.

특히 〈列女傳〉은 이전의 史書에서 볼 수 없었던 획기적인 立傳으로, 孝婦와 孝女, 지조를 지킨 烈女, 才女에 관한 기록이다. 여기에는 뛰어난 역사가인 班昭(班固의 弟妹)와 같이 才德을 겸비한 婦女의 행적을 기록하였는데, 이는 《史記》나 《漢書》에서는 전혀 생각할 수도 없는 내용이었다. 여기에 후한 제일의 여류문학가인 蔡琰(채염)을 입전했는데[17] 채염은 2번이나 개가하면서 3인의 지아비를 섬겼

---

16 德行, 顏淵閔子騫冉伯牛仲弓. 言語, 宰我子貢. 政事, 冉有季路. 文學, 子游子夏. 《論語 先進》.

17 蔡琰(177?-249?). 字는 文姬, 또는 昭姬. 유명한 학자 蔡邕(채옹)의 딸. 博學有才에 音律에 박통. 建安 시기 유명한 여류 시인. 흉노의 右賢王(官職名)과 결혼하여 두 아들을 낳고 돌아와(文姬歸漢) 재혼하였다.

다. 그렇다면 유가적 입장에서 열녀라 할 수 없는데도 범엽의 신념 대로 입전하였다.

그리고 중국 주변 민족에 대하여 〈東夷列傳〉 등 6권의 열전이 있다. 〈동이열전〉에는 당시 한반도의 여러 나라와 일본에 대한 내용까지 상세히 서술하였다. 이외에 〈南蠻西南夷列傳〉,〈西羌傳〉,〈西域傳〉,〈南匈奴列傳〉,〈烏桓鮮卑列傳〉을 지어 外夷의 풍속과 생활을 그리고 후한과의 외교적 관계와 전쟁 등을 상술하였다.

범엽은 《漢書》의 전례에 따라 10志를 저술하려 했으나 옥사하였다. 그래서 후인이 합권한 司馬彪의 八志에는 《漢書》의 十志에서 〈溝洫志(구혁지)〉,〈食貨〉,〈刑法〉,〈藝文志〉가 빠졌다. 특히 〈食貨志〉의 결손은 후한의 경제 전반을 파악할 수 있는 史料의 부족이며, 〈藝文志〉의 후속이 없기에, 다음으로 중요한 자료는 《隋書 經籍志, 全四卷》이다. 《後漢書》에 새로 들어간 〈百官志〉는 《漢書 百官公卿表》의 변형이고, 車馬와 冠服의 제도를 기록한 〈輿服志〉는 봉건적 등급 관계의 차이를 밝혔다지만 史料로서의 가치가 많다고 볼 수는 없다.

4. 《後漢書》의 序, 論, 贊

《후한서》에는 범엽이 지은 序와 論(史論), 그리고 贊이 2백여 편이 있다. 이는 범엽이 어떤 의도로 史書를 기록 편찬했는가를 알 수 있는 주요한 자료가 된다.

1) 序
모든 史書에는 편저자가 어떤 의도를 가지고 해당 편을 지었는가를 알 수 있는 序(序文)가 있다. 이는 열전은 물론 表나 志에 두루 적용되었고, 《사기》나 《한서》도 마찬가지이다. 이 序를 통해 해당 편의 인물의 분류나 내용과 체제를 설명하였고 때로는 전체를 요약했다. 《후한서》의 〈皇后紀〉와 〈孝子傳〉(39권 〈劉趙淳于江劉周趙列傳〉), 〈處士〉(53권 〈周黃徐姜申屠列傳〉), 〈黨錮〉, 〈循吏〉, 〈酷吏〉, 〈宦者〉, 〈儒林〉, 〈獨行〉, 〈方術〉, 〈逸民〉, 〈列女〉, 〈東夷〉, 〈西羌〉, 〈西域傳〉 등 15편에 序文이 있다. 그중 〈黨錮傳〉의 서문은 1,700여 자가 넘고, 〈西域傳〉도 1,500字가 넘는 長文이나 〈酷吏傳〉, 〈獨行傳〉은 2백여 자, 〈列女傳〉은 1백여 자로 비교적 짧다.

《후한서》의 〈序〉는 다음과 같은 特長이 있다.

첫째, 서술 대상의 淵源(연원)과 변화해온 역사를 설명하였다. 예를 들어 〈黨錮傳〉의 서문은 춘추시대에서 그 연원을 찾았고, 〈酷吏傳〉은 戰國時代에서 연원을 찾았다. 〈西域傳〉은 漢 武帝시대 역사적 사실부터 서술하였으며, 〈유림전〉은 王莽(왕망) 시대 서술로 시작하였다. 특별히 〈皇后紀〉는 后妃에 관한 제도의 설명을 夏와 殷代에서 시작하여 후한에 이르기까지 그 변화는 물론 황후 일족이 정치에 중대한 영향을 끼친 실례까지 열거하였다. 이 7백여 字가 넘는 서문은 《후한서》에서도 佳作으로 《사기》나 《한서》에 비해서 전혀 손색이 없다는 평가를 받고 있다.

둘째, 입전한 인물의 선정 기준을 제시하였다. 〈皇后紀〉에는 황후 뿐만 아니라 貴人이나 美人을 포함하고 있어 사실상 列傳이라 할 수 있다. 여기에는 정식 호칭을 받은 인물을 입전하였고, 私恩으로 추존한 사람을 입전하지 않았다고 그 기준을 제시하였다. 〈皇后紀〉 권 말에는 皇女의 작호와 결혼관계도 간략히 언급하였다.

그리고 〈孝子〉, 〈處士傳〉에는 선정의 기준이 될만한 인물의 행적을 미리 언급하였다. 또 〈黨錮傳〉에는 '三君', '八俊', '八顧', '八及', '八廚'의 호칭을 설명하고 관련하여 35명의 행적을 요약하였다.

셋째, 序文을 통하여 입전한 이론적 근거를 경전에서 찾아 설명하였다. 〈孝子傳〉의 서문에서는 孔子의 "夫孝莫大於嚴父, 嚴父莫大於配天, 則周公其人也."라는 孔子의 말로 〈효자전〉을 입전한 근거를 설명하였다.(39권, 〈劉趙淳于江劉周趙列傳〉) 또 〈處士傳〉은 《易》曰, '君子之道, 或出或處, 或默或語.' 이라 하여 《易 繫辭傳 上》의 구절과 孔子稱 '蘧伯玉邦有道則仕, 邦無道則可卷而懷也.' 라 하여 《論語 衛靈公》篇을 인용하였다.[18](53권, 〈周黃徐姜申屠列傳〉) 그밖에 〈獨行傳〉과 〈逸民傳〉 역시 공자의 말과 《易》을 근거를 제시하였다. 범엽이 경전의 구절을 근거로 제시한 것은 그의 史論에서도 마찬가지였다.

2) 論

《左傳》 이후 중국의 모든 史書(正史나 編年體, 記事本末體 不問)에는 서술 文章의 말미에 歷史家 자신의 의견을 서술한 부분이 있는데, 이를 論贊(논찬 또는 史贊)이라 한다. 역사 서술에서는 엄숙 정확하고 객관적인 서술을 추구하지만, 역사적 사건이나 역사 인물에 대한 기록자의 평가인 논찬은 지극히 주관적이다.

《後漢書》 범엽은 '論曰' 이라 하여 역사적 사건에 대한 문제 제기나 史論을 논술하였다. 그리고 '贊曰' 로 칭송 또는 폄하를 통한 평

---

18 孔子稱 -「子曰, "直哉史魚! 邦有道, 如矢, 邦無道, 如矢. 君子哉蘧伯玉! 邦有道, 則仕, 邦無道, 則可卷而懷之."」〔'蘧伯玉(거백옥)은 나라가 잘 다스려지면 출사하고 나라가 無道하면 정사에 관여 않고 養性한다.'〕《論語 衛靈公》. 蘧伯玉(거백옥)은 衛의 大夫.

가의 뜻을 서술하였다. 《후한서》에는 거의 모든 편에 범엽의 史論이 있고 그 분량도 결코 적지 않다.[19] 범엽은 그의 〈獄中與諸甥姪書〉에서 다음과 같은 자부심을 드러냈다.

"《後漢書》의 여러 立傳과 史論은 精意와 深旨를 갖추었고, 剪裁 (전재)의 맛을 살려 詞句가 簡略(간략)하다. 〈循吏傳〉 이하 〈六夷傳〉의 여러 序文과 史論은 筆勢가 자유분방하니 사실 천하의 奇作이다. 그중 가장 마음에 드는 것은 (賈誼의) 〈過秦論〉에 비해서도 손색이 없다고 생각한다. 일찍이 班固(《漢書》)와 비교하여도 모자라지 않을 것이다."[20]

범엽은 그의 사론을 통하여 天義와 天命을 강조하였다. 예를 들어 광무제의 즉위에 대하여 "그전에 道士인 西門君惠(서문군혜)와 李守(이수) 등도 '劉秀가 응당 천자가 될 것이다.'라고 말했다. 그렇다면 王者가 천명을 받는 것이 정말로 어떤 징표가 있는 것인가? 아니면 어떻게 때맞춰 龍을 타고 하늘을 나를 수 있겠는가!"라고 말하여 광무제에게 내린 천명을 언급하였다.[21] 그러면서 隗囂(외효)와 公孫述(공손술)의 파멸은 천명을 위배했기 때문이라고 論定했다.[22] 또 獻

....

19 《후한서》紀傳 90권 중, 〈孝子〉, 〈循吏〉, 〈文苑〉, 〈獨行〉, 〈列女〉의 5傳에는 범엽의 '論曰'이 없다. 권내에 論曰이 3번 있는 경우와 2번 나온 경우가 20개 권이 있으며, 62개 권에는 각 1번씩 史論을 지었는데, 이는 이어 나오는 '贊曰'과 상통하는 경우가 많다.

20 「吾雜傳論, 皆有精意深旨, 既有裁味, 故約其詞句. 至於〈循吏〉以下及〈六夷〉諸序論, 筆勢縱放, 實天下之奇作. 其中合者, 往往不減〈過秦〉篇. 嘗共比方班氏所作, 非但不愧之而已.」

21 〈光武帝紀 上〉初, 道士西門君惠, 李守等亦云劉秀當為天子. 其王者受命, 信有符乎? 不然, 何以能時乘龍而御天哉!

22 13권, 〈隗囂公孫述列傳〉

帝가 曹魏에게 선양하고 山陽公으로 강등한 史實에 대해서 獻帝 한 사람의 잘못이 아닌 후한의 오랜 積弊(적폐)에 따를 필연의 결과라며 漢室이 천명을 잃은 것이라고 평가하였다.[23]

그리고 범엽은 儒家 도덕을 근거로 역사 인물에 대한 是非와 평가를 언급하였다. 범엽의 인물 평가는 거의 다 유가 경전에 바탕을 두고 있다. 범엽은 《易》,《詩》,《書》,《春秋》,《論語》,《孟子》, 그리고 《老子道德經》을 근거로 인물을 평가하였다. 범엽은 입전한 인물이 仁義를 唱導하였는가? 忠信을 지켰는가? 氣節을 表彰하였가에 중점을 두고 인물을 평가하였다고 요약할 수 있다.

3) 贊

贊(찬)은 文體의 하나로 稱述(칭술)하고 평론하는 글이다. 雜贊, 哀贊, 史贊으로 대별하는데 雜贊은 인물의 뜻을 褒彰(포창)한 글이고, 哀贊은 사람의 죽음을 애도하며 그 덕을 祖述하고, 史贊은 역사적 인물에 대한 논평과 함께 그 행적을 褒貶(포폄)한 글이다.

《漢書》의 贊曰은 史贊이며 班固의 견해이다. 반고는 부친 班彪(반표)의 글을 그대로 옮겨 적기도 하였다. 이러한 史贊의 시작은 《左傳》의 '君子曰'이라 할 수 있다. 司馬遷은 모든 編에 '太史公曰'로 시작되는 논찬으로 자신의 견해를 피력하였다. 사실 사찬은 역사적 인물이나 사건에 대한 객관적인 평가나 의혹을 풀기 위한 서술이지만 편마다 사찬을 붙여 번잡한 史論이 생기는 단서를 열었다는 비

---

23 9권,〈孝獻帝紀〉. 論曰, 傳稱鼎之爲器, 雖小而重, 故神之所寶, 不可奪移. 至令負而趨者, 此亦窮運之歸乎! 天厭漢德久矣, 山陽其何誅焉!

판도 있다.

범엽 역시 사마천과 반고의 전통을 이어 계승하였지만, 四言에 韻字를 적용하여 지은 것은 범엽이 처음으로 시작하였고 이후 많은 사서에서 이를 답습하였다.

《後漢書》각 紀傳, 각 卷 말에 범엽의 贊이 있는데 범엽은 자신이 지은 贊에 대하여 명문이며 뛰어나다는 긍지를 갖고 있었다. 범엽은 그의 〈獄中與諸甥姪書〉에서 다음과 같이 말했다.

"(《後漢書》각 卷 말의) 贊(찬)은 내 문장의 걸출한 작품으로 단 한 글자라도 그냥 들어간 것은 없으며, 기이한 변화가 무궁하며, 같은 것 같으면서도 다르니, 이에 대하여 어떤 평가가 있을지는 모르겠다." [24]

범엽은 《春秋》의 필법을 沿用하여 一字一句에 褒貶(포폄)의 뜻을 포함하고 있으니, 예를 들어 〈光武帝紀〉(下)에서는 다음과 같이 말했다.

'漢室이 중간에 쇠미하니 대도 왕망이 나라를 훔쳤다.
九州 천하가 혼란했고 日, 月, 星도 혼미했었다.' [25]

범엽의 이러한 贊은 紀傳의 全文의 大義를 요약하면서 내려진 결

---

24 "贊自是吾文之傑思, 殆無一字空設, 奇變不窮, 同合異體, 乃自不知所以稱之."〈獄中與諸甥姪書〉

25 '炎正中微, 大盜移國. 九縣飆回, 三精霧塞.'〈광무제기〉(下). 漢은 火德을 王者가 되었기에 炎正이라 했다. 大盜는 王莽(왕망)의 篡位(찬위). 莊子는 田成子가 어느 날 齊君을 죽이고 그 나라를 훔쳤는데, 이는 智者인가 大盜이 도저진인가? 라고 물었다. 九縣은 九州. 천하. 飆回는 혼란하다. 飆는 폭풍 표. 三精은 日, 月, 星. 霧塞(무색)은 昏昧(혼미)하다.

론이고 史實에 대한 평가이며, 범엽 史觀의 표출이었다. 그리고 무엇보다도 존경할 인물에 대한 칭송과 흠모의 정도 贊을 통하여 서술하였다. 후한 초의 유명한 伏波將軍 馬援(마원)의 찬에서는 그가 큰 공을 세웠기에 우선 그의 공적을 칭송하고 老益壯의 용기를 칭송하였다.

> '큰 공을 세운 伏波 馬援은 冀縣과 隴西에서 일어났다.
> 남으로 越 땅을 평정했고 서쪽의 羌族도 물리쳤다.
> 오가는 세월이 흘러 복파 장군은 늙었지만
> 그의 장한 기개는 여전히 한창 성하였다.' [26]

또 班彪(반표)와 班固 父子에 대해서는 그 부자의 문재와 그들이 良史의 재질을 타고 났음을 크게 찬양하였다.

> '班氏 父子는 文才가 있어 漢代의 傳承을 편찬했다.
> 司馬遷과 董狐보다 낫고, 相如과 楊雄과도 같았다.
> 班彪는 天命을 살폈고, 班固는 분란에 미혹되었다.' [27]

전체적으로 범엽의 贊은 역사인물에 대한 정확한 평가와 그 업적을 정확하게 평가하였다고 볼 수 있다. 이에 범엽은 사마천과 반고

---

26 伏波好功, 爰自冀,隴. 南靜駱越, 西屠燒種. 徂年已流, 壯情方勇. 24권, 〈馬援列傳〉贊.

27 贊曰, 二班懷文, 裁成帝墳. 比良遷,董, 兼麗卿,雲. 彪識皇命, 固迷世紛. 40권, 〈班彪列傳〉.

여기서 '遷,董'은 司馬遷과 董狐(동호)인데, 동호는 春秋 시기 晉國 史官으로 '史狐'으로도 표기한다. 그리고 '卿,雲'은 司馬長卿(司馬相如)과 楊子雲(楊雄, 揚雄)이다.

의 뒤를 이은 뛰어난 史家이며, 이 때문에 《史記》, 《漢書》와 함께 《後漢書》를 '三史'로 통칭한다고 생각한다.

5. 《後漢書》의 長短 요약

范曄(범엽) 《後漢書》의 우수한 장점은 대략 다음과 같이 요약할 수 있다.

우선, 유려하고 상세한 문장으로 풍부한 사료를 다루었으며, 내용이 알차다. 그리고 후한 대의 주요 사건이나 중요 인물, 각종 제도는 물론, 중요한 문장이나 詩賦 등을 광범위하게 수록하였다. 예를 들면 桓譚(환담)의 〈陳時政疏〉, 崔寔(최식)의 〈政論〉, 仲長統의 〈昌言〉 중 〈理亂〉과 〈損益〉편, 王符(왕부)의 〈潛夫論〉 중 5편 등은 모두 후한의 중요한 政論文이다. 그리고 班固의 〈兩都賦〉와 〈典引〉, 또 杜篤의 〈論都賦〉, 傅毅(부의)의 〈迪志詩〉, 崔琦(최기)의 〈外戚箴〉, 趙壹의 〈刺世疾邪賦〉, 邊讓(변양)의 〈章華賦〉는 문학적 가치가 뛰어난 명작으로 全文을 수록하였다.

둘째, 중요한 先秦시대의 자료를 수록 보전하였다. 《竹書紀年》[28]은 西晉 시대에 발굴된 戰國 魏의 史書인데 당시에 별로 중시되지 않았었다. 범엽은 列傳을 지으면서 《죽서기년》의 자료를 대량 인용하는 등 先秦 문헌과 자료의 보전에 크게 기여했다.

....

28 《竹書紀年》은 《汲冢紀年(급총기년)》이라고도 부르는데, 西晉 武帝 太康 2년(281)에 汲郡(금군 河南省 북부 新鄉市 관할 衛輝市 부근)이 古墓에서 出土된 竹簡인 汲冢書의 일부분이다. 편년체 史書이고 《紀年》이라도 불린다. 四庫全書에서는 史部 編年體로 분류되었다.

셋째, 《후한서》에서는 성패만을 기준으로 인물을 논하지 않았다. 馬融(마융)[29]은 경학가로 유명했지만 외척에 아부한 인물인데, 범엽은 그를 입전하면서 지조의 상실을 엄히 비판하였다. 또 隗囂(외효)는 光武帝와 싸워 패전한 사람이지만 그의 바른 품성과 겸양을 사실 그대로 칭송하여 인물의 褒貶(포폄)이 공정 타당하다는 평가를 받았다.

넷째, 《後漢書》는 문학적 성취가 뚜렷하니 그 文辭의 아름다움은 후인의 칭송을 받을 만하다. 전체적으로 문장이 간결하고 요점을 잘 파악하였으며 형상의 나열이나 정황의 꾸밈이 없으며 꼭 필요한 언사가 번잡하지 않다는 평가가 있다.

다섯째, 범엽은 각 인물의 열전 말미, 또는 각 권의 말미에 자신의 의견을 표출한 論(論曰~)과 贊(贊曰~)에 심혈을 기울였고 그 의논은 매우 정확하고 논리적이다.

그리고 類傳이나 外國傳의 경우 역사적 사실과 발전 또는 변천 과정을 본전 앞에 수록하여 역사적 발전과정의 이해를 도모한 것 역시 큰 特長이고 후학을 위한 성실한 안내 역할이라고 그 의미를 높이 평가할 수 있다.

그러나 부족한 점도 몇 가지를 들 수 있다.

우선, 《후한서》에 表가 없다.[30] 紀傳에 흩어져 기록된 여러 가지 내용으로 체계 있는 파악이 어렵다는 단점이 있다. 이후 역대의 史

....

29 馬融(마융, 79-166, 字 季長)은 伏波將軍 馬援의 侄孫. 後漢 經學者. 武都太守와 南郡太守 역임.

30 淸代에 萬斯同(만사동)이 《歷代史表》를 지어 《후한서》를 대신, 보완하였다.

書에《후한서》를 본떠 表가 생략되었고, 다만《新唐書》에만 표가 있다.

　다음, 전후의 모순이나 상하의 순서가 틀리는 등 서술의 일관성에 문제로 지적되는 부분도 있다.

　셋째, 志(書)를 범엽이 완성하지 못한 것은《후한서》의 큰 결손이라 아니할 수 없다.

　《後漢書》는 앞서 언급한대로 三史의 하나이며, 후한의 역사를 연구하는 기본서로 그 가치가 매우 많아 오랜 기간 文士와 史家가 중시하였다.《후한서》가 問世 이후 많은 주석서가 나왔는데 唐 李賢(이현)[31]의 주석은 그간 역대의 주석을 집대성한 것으로 널리 알려졌다.

　《후한서》판본으로는 北宋代의 乾興刻本이, 南宋 紹興(高宗의 연호 1131-1162) 연간에 江南東南轉運使 刻本이 있었는데 이 판본이 현존하는 가장 오래된 각본으로 알려졌다. 그리고 元代에 이어 明代에도 汲古閣本 등 여러 판본이 나왔다. 淸代에는 四庫全書의 武英殿本이 잘 알려졌다. 淸末에 王先謙(왕선겸)[32]은 唐代 이후의 연구 성과와 惠棟(혜동)의《後漢書補注》등을 집성하여《後漢書集解》편찬하였는데 이는《후한서》연구의 2차 집대성이라 할 수 있다.

....

31 章懷太子 李賢(654-684年)은 唐 高宗(李治)의 六子, 武則天의 第二子. 그 형인 李弘 死後에 한때 채자가 되었지만 폐위되어 서인이 되었다.

32 王先謙〔왕선겸, 1842-1918, 字 益吾, 號 葵园(규원), 湖南長沙人, 著名經學家, 人稱爲 葵園先生〕은 30여 년간 '究心班書하며 博求其義하고' 考證學 연구의 성과를 보완하여 唐 顔師古(581-645, 顔之推의 孫) 이후 가장 완벽하다는《漢書補註》를 간행하였다. 이는《한서》에 관한 그간의 연구를 집대성했다는 평가를 받고 있다.

1930年 代에 중국 商務印書館에서 여러 판본을 종합하고 교정, 정리한 《百衲本二十四史》를 影印하였다. 최근에(1965), 중국 中華書局에서 교정과 구독점을 넣은 點校本 《後漢書》를 출간하였는데 지금까지 가장 정확하고 우수한 판본으로 널리 알려졌다. 본서의 역주는 中華書局의 《後漢書》를 기본 텍스트로 삼았다.

5. 《後漢書》 體制

1) 〈十本紀〉

1권 : 光武帝紀(上), (下)

2권 : 顯宗孝明帝紀

3권 : 肅宗孝章帝紀

4권 : 孝和孝殤帝紀 - 和帝. 殤帝(5대).

5권 : 孝安帝紀 - 少帝(懿, 7대).

6권 : 孝順孝沖孝質帝紀 - 順帝. 沖帝(9대). 質帝(10대).

7권 : 孝桓帝紀

8권 : 孝靈帝紀

9권 : 孝獻帝紀 - 少帝(辨)

10권 : 皇后紀(上) - 光武郭皇后. 光烈陰皇后. 明德馬皇后. 賈貴人. 章德竇皇后. 和帝陰皇后. 和嘉鄧皇后.
　　　皇后紀(下) - 安思閻皇后. 順烈梁皇后. 虞美人. 陳夫人. 孝順虞皇后. 桓帝懿獻梁皇后. 桓帝鄧皇后. 桓思竇皇后. 孝仁董皇后. 皇后. 靈帝宋皇后. 靈思何皇后. 獻帝伏皇后. 獻穆曹皇后. 附 皇女.

2) 〈八十列傳〉[33]

立傳한 人物名과 인물 소개는 〈80 列傳〉 말미의 부록 3.《後漢書》立傳 인물 소개 자료 참고. 여기서는 생략.

3) 〈三十志〉

1권 律曆上 – 律準, 候氣.

2권 律曆中 – 賈逵論曆, 永元論曆, 延光論曆, 漢安論曆, 熹平論曆, 論月食.

3권 律曆下 – 曆法.

4권 禮儀上 – 合朔, 立春, 五供, 上陵, 冠, 夕牲, 耕, 高禖, 養老, 先蠶, 祓禊(불계).

5권 禮儀中 – 立夏, 請雨, 拜皇太子, 拜王公, 桃印, 黃郊, 立秋, 貙劉(추유), 案戶, 祠星, 立冬, 冬至, 臘, 大儺(대나), 土牛, 遣衛士, 朝會.

6권 禮儀下 – 大喪, 諸侯王, 列侯始封, 貴人公主薨.

7권 祭祀上 – 光武卽位告天, 郊, 封禪.

8권 祭祀中 – 北郊, 明堂, 辟雍, 靈臺, 迎氣, 增祀, 六宗, 老子.

9권 祭祀下 – 宗廟, 社稷, 靈星, 先農, 迎春.

10권 天文上 – 王莽三, 光武十二.

11권 天文中 – 明十二, 章五, 和三十三, 殤一, 安四十六, 順二十三, 質三.

12권 天文下 – 桓三十八, 靈二十, 獻九, 隕石.

13권 五行一 – 貌不恭, 淫雨, 服妖, 雞禍, 青眚(청생), 屋自壞,

33《후한서》수록 인물의 목록은 판본에 따라 차이가 많다. 본서에서는 중화서국《후한서》의 목록을 준용하였다.

訛言,旱,謠,狼食人.

14권 五行二－災火,草妖,羽蟲孼(우충얼). 羊禍.

15권 五行三－大水,水變色,大寒,雹,冬雷,山鳴,魚孼(어얼),蝗.

16권 五行四－地震,山崩,地陷,大風拔樹,螟,牛疫.

17권 五行五－射妖,龍蛇孼,馬禍,人痾(인아),人化,死復生,
疫,投蜺(투예).

18권 五行六－日蝕,日抱,日赤無光,日黃珥,日中黑,虹貫日,
月蝕非其月.

19권 郡國一－司隷(사예)－이하 郡名 省略.

20권 郡國二－豫州,冀州－이하 郡國名 省略.

21권 郡國三－兗州(연주),徐州.

22권 郡國四－青州,荊州,揚州.

23권 郡國五－益州,涼州,并州,幽州,交州.

24권 百官一－太傅,太尉,司徒,司空,將軍.

25권 百官二－太常,光祿勳,衛尉,太僕,廷尉,大鴻臚.

26권 百官三－宗正,大司農,少府.

27권 百官四－執金吾,太子太傅,大長秋,太子少傅,將作大
匠,城門校尉,北軍中候,司隷,校尉.

28권 百官五－州郡,縣鄉,亭里,匈奴中郎將,烏桓校尉,護羌
校尉,王國,宋衛國,列侯,關內侯,四夷國,百官奉.

29권 輿服上－玉輅(옥로),乘輿,金根,安車,立車,耕車,戎車,
獵車,軿車,青蓋車,등22個 車駕.

30권 輿服下－冕冠,長冠,委貌冠,皮弁冠,爵弁冠,通天冠,遠
遊冠,高山冠,등19개 冠,幘(책),佩,刀,印,黃赤綬 등7
개 綬,青紺綸,后婦人服.

원문 역주

후한서 (一)

1 光武帝紀(上)
〔광무제기(상)〕

原文

世祖光武皇帝諱秀, 字文叔, 南陽蔡陽人, 高祖九世之孫
也, 出自景帝生長沙定王發. 發生舂陵節侯買, 買生鬱林太
守外, 外生鉅鹿都尉回, 回生南頓令欽, 欽生光武. 光武年
九歲而孤, 養於叔父良. 身長七尺三寸, 美須眉, 大口, 隆準,
日角. 性勤於稼穡, 而兄伯升好俠養士, 常非笑光武事田業,
比之高祖兄仲. 王莽天鳳中, 乃之長安, 受《尙書》, 略通大
義.

| 註釋 | ㅇ光武帝紀 − 紀는 統紀. 紀는 실(絲)의 끝, 理. 적을 기. 통치에
관한 모든 일을 年月에 맞춰 기록하다(統理衆事 而繫之於年月者也).《史
記》는 本紀라 하였지만,《漢書》와《後漢書》는 紀라 하였다. ㅇ世祖光武皇
帝 − 世祖는 廟號. 후한 明帝는 顯宗, 章帝는 肅宗이다. 和帝(孝和皇帝)는

사후에 穆宗(목종)으로 묘호를 올렸다가 뒤에 삭제하였고, 이후 다른 황제의 묘호는 있었지만 獻帝 때 공식적으로 취소하였다. 廟號를 정함에 특별한 공이 있으면 祖, 德이 뛰어나면 宗이라 하는데 光武帝는 漢朝 中興을 이루었기에 世祖라 하였다. 諡法에 '能紹前業曰 光, 克定禍亂曰 武'라 하였다. 光武帝 劉秀는 서기 前 6년 12월에 출생하였고(양력으로 계산하면 前 5년 1월 15일생), 王莽(왕망) 地皇 3년(서기 22년, 28세)에 起兵한 뒤, 서기 25년(31세)에 鄗縣(호현, 今 河北省 서남부 石家莊市 관할 高邑縣)에서 즉위하고, 연호를 建武, 國號를 漢(史稱 東漢, 後漢)으로 정했다. 32년을 재위하고 建武中元 2년(57년, 63세)에 낙양에서 죽었는데 시호는 光武, 廟號는 世祖. 陵墓는 原陵이다. ○諱秀 - 꺼릴 휘, 名諱. 君主나 尊長의 本名을 발음하거나 그 글자를 사용할 수 없었다. 이를 어기면 不敬罪에 저촉된다. 漢高祖 劉邦을 諱하여 相邦을 '相國'이라 하였고, 漢文帝 劉恆(유항)을 諱하여 '姮娥(항아, 달 속에 산다는 선녀)'를 '嫦娥'로 고쳤다. 漢 武帝 劉徹을 휘하여 '徹侯'를 '通侯'로, 宣帝 劉詢(유순)을 휘하여 '荀卿(순경, 荀子)'을 '孫卿'라 했다. 또 光武帝 劉秀를 諱하여 후한에서는 '秀才'를 '茂才(무재)'로, 後漢 明帝 劉莊을 휘하여 성씨 莊을 '嚴'으로 고쳐 표기하였다. ○字 文叔 - 劉秀의 字가 茂(무)라는 주석도 있다. 文叔의 叔은 형제의 차례를 지칭하는 伯, 仲, 叔, 季의 叔이다. 長兄이 伯升〔劉縯(유연), 齊 武王으로 추존〕, 둘째 형이 劉仲(魯 哀王으로 추존)이었다. ○南陽蔡陽人 - 南陽은 荊州刺史部의 郡名, 治所는 宛縣(완현), 今 河南省 서남부 南陽市 宛城區. 蔡陽은 縣名, 今 湖北省 북부 襄陽市(양양시) 관할 棗陽市(조양시)에 해당. ○景帝生長沙定王發 - 長沙國 定王 劉發(유발)의 모친은 唐姬인데 그 전에 程姬의 시녀였다. 景帝가 程姬를 불렀지만 程姬는 月事가 있어 모실 수 없게 되자 시녀인 唐兒를 꾸며서 밤에 모시게 하였다. 경제는 취해서 程姬인줄 알고 사랑을 주어 임신이 되었다. 곧 程姬가 아니라는 것을 알았다. 아들을 낳게 되자 이름을 發이라 하였다. 孝景 前元 2년에 책봉되었다. 그 모친이 미천하고 총애도 없어 지대가 낮고 습한 長沙王에 피봉. 재위 28년에 죽었다(前 127).《漢書 景十三王傳》에 입전. 長沙는 前漢의 國名. ○春陵節侯買 - 長沙定王 劉發의 아들 劉買(유매, ?-前 121)는 전한 武帝 때인 元朔 5년(前 124년)에 春陵侯(용릉후)에 봉해졌다. 처음 봉지는 春陵鄕(용릉향), 今 湖南省 永州市 寧遠縣 북쪽. 유매는 그 4년 뒤(前 121년)에 죽었다. 劉買를 계승한 아들은 劉熊渠(유웅거, 春陵戴侯, 前 120-65). 광무제의 증조부인 劉外는 유웅거의 아우. 유웅거의 아들 春陵孝侯인 劉仁(前 65년 계위, 광무제의 큰할아버지)은 侯國 지대가 낮고 습하다 하여 옮겨줄 것을 청원하여 南陽郡 白水鄕〔今 湖北省 襄陽市 관할 棗陽市(조양시)〕으로 옮겨 왔고 春陵侯의 명칭을 그대로 사용했다. 前漢 春陵(용릉)은 縣名, 元帝 初元 4년(前 45년)에 설치. ○買生鬱林太守外 - 劉外는 劉熊渠와 형제. 鬱林(울림)은 郡名, 치소는 布山縣(今 廣西壯族自治區 貴港市 관할 桂平市 서쪽에 해당). 郡守를 景帝 때 太守라 개칭, 秩 2千石. 劉外는 春陵節侯 유웅거의 아우. ○鉅鹿都尉 - 鉅鹿(거록)은 郡名, 치소는 今 河北省 邢台市(형태시) 관할 鉅鹿縣. 郡尉를 景帝때 都尉로 개칭, 태수를 도와 郡의 군사 담당. 질록은 比 2千石. ○南頓令欽 - 劉欽(유흠)은 광무제의 生父. 모친은 縣令夫人 樊嫺都(번한도), 외조부는 樊重(번중, 壽張敬侯). 南頓(남돈)은 豫州刺史部 관할 汝南郡의 縣名, 今 河南省 周口市 관할 項城市 서쪽. 令은 縣令. 1만 호 이상의 현은 현령, 1만 호가 안 되는 현은 縣長이라 칭했다. 현령의 질록은 1천석에서 6백석. 縣長의 질록은 5백석 - 3백석. ○欽生光武 - 유흠은 3남 3녀를 낳았다. 광무제는 3남이다. 맏아들 劉縯(유연, 字, 伯升)은 왕망 말기 거병했다가 경시제의 손에 죽었다. 둘째 아들 仲(중)과 둘째 딸 元(원)은 劉縯(유연)이 처음 거병하고 싸워 패전하는 와중에 죽었다. 范曄(범엽)은 光武帝 劉秀의 이름을 바로 표기할 수 없어 光武로 표기하였는데 光武는 이름(名)이 아니다. 국역을 하면서 서기 25년 즉위이전의 '光武'는 '劉秀(유수)'를 지칭한다. ○養於叔父良 - 劉良(?-41)은 광무제의 숙부, 뒷날 趙 孝王. ○身長七尺三寸 - 漢代 1尺은 23.1cm, 1寸

은 2.31cm. 약 170cm. ○ 美須眉 - 수염과 눈썹. 須는 鬚. ○ 隆準, 日角 -
隆準(융절)은 우뚝한 콧마루. 隆은 高也. 準(콧마루 절)은 鼻頭. 日角은 이마
의 뼈 가운데가 둥글게 뛰어나온 모양. 귀인의 상. ○ 性勤於稼穡 - 種은
稼, 斂은 穡. ○ 兄伯升好俠養士 - 劉縯(유연, ?-서기 23). 伯升은 字, 14권,
〈宗室四王三侯列傳〉에 立傳. ○ 比之高祖兄仲 - 劉仲은 고조의 仲兄(둘째
형)인 郃陽侯 劉喜(유희, ?-前 193). 그저 착하고 성실한 농부였다. 代王으로
재위 중 흉노가 쳐들어오자 나라를 버리고 장안으로 도망오자 고조가 왕
위를 거두고 郃陽侯에 봉했다. 惠帝 2년 卒. ○ 能爲産業 - 漢 9년 겨울, 고
조가 술자리를 베풀고 옥으로 만든 술잔으로 태상황께 축수하고서 "전에
아버지는 제가 일 솜씨가 없어 재산을 모으지 못할 것이며 부지런한 작은
형만 못하다고 말했습니다. 지금 저와 작은 형의 재산 중 어느 쪽이 더 많
습니까?"라고 말했었다. ○ 王莽天鳳中 - 王莽(왕망, 前 45-서기 23년) - 漢
朝를 찬탈하여 新朝 건국.(서기 8-23년 재위). 中國 傳統 歷史學의 忠君
이념으로는 '僞君子'이며 '逆臣' 또는 '佞邪之材'라는 평가를 받는다. 莽
은 풀 우거질 망.《漢書 王莽傳, 上, 中, 下》에 입전. 天鳳은 왕망의 2번째
연호 서기 14-19년. ○ 受尙書, 略通大義 - 中大夫인 盧江(여강)의 許子威
(허자위)에게 배웠다.

[國譯]

　　世祖 光武皇帝의 諱(휘)는 秀이고, 字는 文叔인데, 南陽郡 蔡陽縣
사람이며, 漢 高祖의 九世 孫으로 先代는 景帝 아들인 長沙國 定王
劉發(유발)에서 시작되었다. 劉發은 春陵(용릉) 節侯인 劉買(유매)를
낳았고, 劉買는 鬱林(울림)太守인 劉外를, 劉外는 鉅鹿(거록)都尉인
劉回를, 劉回는 南頓(남돈) 현령인 劉欽(유흠)을 낳았고, 劉欽이 光武
帝(劉秀)를 낳았다. 光武가 9세에 부친을 잃자 叔父인 劉良(유량)이

양육하였다. (光武는) 신장이 7尺3寸이었고 멋진 수염과 눈썹, 큰 입에 콧마루가 우뚝하고 이마 뼈가 둥글게 튀어나왔다. 천성적으로 농사일에 부지런했지만, 형인 劉伯升(劉縯, 유연)은 협객을 좋아하고 문객을 잘 접대했는데, 光武가 농사일에 전념하자 늘 高祖의 작은 형에 비교하며 비웃었다. (光武는) 王莽(왕망)이 재위하던 天鳳 연간에야 長安에 가서 《尙書》를 배워 그 뜻을 대략 깨우쳤다.

原文

莽末, 天下連歲災蝗, 寇盜鋒起. 地皇三年, 南陽荒饑, 諸家賓客多爲小盜. 光武避吏新野, 因賣穀於宛. 宛人李通等以圖讖說光武云, "劉氏復起, 李氏爲輔." 光武初不敢當, 然獨念兄伯升素結輕客, 必擧大事, 且王莽敗亡已兆, 天下方亂, 遂與定謀, 於是乃市兵弩. 十月, 與李通從弟軼等起於宛, 時年二十八.

| 註釋 | ○寇盜鋒起 – 도적이 강력하게 일어나다. 鋒起는 鋒銳競起. 蜂起는 벌떼처럼 일어나다. 많다. ○地皇三年 – 왕망의 연호, 地皇(서기 20-23년). ○南陽荒饑 – 荒饑(황기)는 흉년이 들다. 심각한 상황의 흉년. ○新野 – 南陽郡의 縣名, 今 河南省 서남부 南陽市 관할 新野縣. 湖北省과 접경. ○李通(이통, ?-42) – 字 次元, 後漢 개국 공신. 본래 商人 출신. 뒷날 光武의 여동생(劉伯姬, 寧平長公主)와 결혼. 從弟 李軼(이일), 李松 등이 함께 光武를 보필. 15권, 〈李王鄧來列傳〉에 입전. 軼은 앞지를 일. 갈마들 질. ○圖讖(도참) – 圖는 河圖. 讖은 符命之書. 王者가 천명을 받을 것이라는

徵驗(징험). 讖은 참서 참, 조짐, 뉘우치다. O乃市兵弩 – 市는 사들이다. 兵弩(병노)는 兵器(칼, 창 같은 무기)와 활이나 쇠뇌 등. 弩는 쇠뇌 노.

【國譯】

왕망 말기에, 세상은 해마다 災害에 蝗蟲(황충)이 발생했고 도적 떼가 들끓었다. 地皇 3년(서기 22), 南陽郡에 흉년이 들었고 大家의 門客도 소소한 도적떼가 되는 자가 많았다. 光武는 관리 횡포를 피해 新野縣에서 머물렀는데, 宛城(완성)에 곡식을 팔러 갔었다. 宛城 사람 李通(이통) 등은 圖讖書(도참서)를 가지고 光武에게 "劉氏는 다시 흥기할 것이며 李氏가 보필할 것입니다."라며 설득했다. 처음엔 光武도 찬동할 수 없었지만 조용히 생각해 보니 형(劉伯升)은 평소에 불량한 자들과 교제했으니 필연 거병할 것이고, 거기다 왕망의 패망 조짐이 이미 나타났으며 천하는 혼란에 빠져들었다고 생각하여 마침내 결심하고서 바로 병기와 활 등을 사들였다. 10월에 光武는 李通(이통), 그 종제 李軼(이일) 등과 함께 (南陽郡) 宛縣(완현)에서 기병하니 그때 나이 28세였다.

原文

十一月, 有星孛於張. 光武遂將賓客還舂陵. 時伯升已會衆起兵. 初, 諸家子弟恐懼, 皆亡逃自匿, 曰"伯升殺我". 及見光武絳衣大冠, 皆驚曰"謹厚者亦復爲之", 乃稍自安. 伯升於是招新市,平林兵, 與其帥王鳳,陳牧西擊長聚. 光武初

騎牛, 殺新野尉乃得馬. 進屠唐子鄉, 又殺湖陽尉. 軍中分
財物不均, 衆恚恨, 欲反攻諸劉. 光武斂宗人所得物, 悉以
與之, 衆乃悅. 進拔棘陽, 與王莽前隊大夫甄阜, 屬正梁丘
賜戰於小長安, 漢軍大敗, 還保棘陽.

| 註釋 | ○有星孛於張 – 孛(살별 패)는 彗星(혜성). 그 星光이 보리의 까
끄라기처럼 뾰족하고 짧으며 떠돌아다니는 별. 혜성이 출현하다. 張은 28
宿(수, 별 수. '숙'이 아님)의 하나. 南方의 별자리(宿, 星次, 星座) 이름. 張은 周
의 영역에 해당. 혜성이 張宿에 출현하여 동남으로 진행하면 곧 翼(익)과
軫(진)을 가르는데 翼과 軫은 楚地에 해당한다. 이는 곧 楚에서 병란이 일
어날 조짐으로 해석되었다.   ○皆亡逃自匿 – 亡逃는 逃亡. 匿은 숨은 익.
숨길 익(닉).   ○絳衣大冠 – 장군의 복장. 絳은 진홍 강. 大冠은 武冠. ○"謹
厚者亦復爲之" – 백성들의 평가. "평소에 근신하고 후덕한 사람도 마찬가
지로 거병했다." 상황을 인정하였다는 뜻.   ○新市,平林兵 – 新市는 江夏
郡의 지명, 今 湖北省 荊門市 관할 京山縣에 해당. 中山國의 新市縣은 河
北省에 해당. 여기 新市와 무관. 江夏郡의 치소는 西陵縣, 今 湖北省 武漢
市 관할 新洲區. 平林은 마을 이름. 今 湖北省의 隨州市 관할 隨縣(수현)에
해당. 왕망의 地皇 3년(서기 22)에 여기서 농민 봉기. 마을 이름을 무리 이
름으로 정했다.   ○王鳳,陳牧西擊長聚 – 王鳳, 陳牧(진목)은 뒷날 경시제의
大司空이 되었으나 경시제에게 피살. 聚는 마을. 鄕보다 규모가 작은 자연
취락(小於鄕曰 聚).   ○進屠唐子鄉 – 屠(잡을 도)는 많은 사람을 誅殺하다.
唐子鄉은 湖陽縣의 마을 이름.   ○湖陽尉 – 湖陽은 南陽郡의 현명. 今 河
南省 서남부 南陽市 관할 唐河縣에 해당. 尉는 縣尉.   ○衆恚恨 – 무리가
화를 내며 한을 품다. 恚는 성날 에.   ○進拔棘陽 – 棘陽(극양)은 남양군의
縣名, 今 河南省 南陽市 관할 新野縣에 해당. 河南省 서남부로 湖北省과

경계. ㅇ與王莽前隊大夫甄阜 - 王莽은 수도 방어를 목적으로 주요 6개 郡에 六隊를 설치하고 각 군에 大夫 1인을 임명했는데 太守와 동일한 임무였다. 대부 아래에는 屬正 1인을 두었는데 郡의 都尉와 임무가 동일. 당시 南陽郡은 前隊라 했고 河內郡은 後隊라 하였다. 甄阜(견부)는 인명. ㅇ戰於小長安 - 小長安은 南陽郡 淯陽邑(육양읍, 育陽邑)의 마을 이름.

[國譯]

11월, 혜성이 張宿(장수) 영역에 출현하였다. 光武는 무리를 거느리고 春陵(용릉)으로 돌아왔다. 그 무렵 劉伯升(劉縯)은 이미 무리를 모아 기병하였다. 당초에 가문의 자제들은 모두가 두려워 도망가 숨으면서 "유백승이 우리를 해치려 한다"고 말했다. 그러다가 붉은 장군 복장에 무관을 쓴 光武를 보고 모두 놀라며 "근신후덕한 사람도 마찬가지로 거병하였다."며 점차 안정되었다. 유백승은 이에 新市와 平林의 군사를 불러 모아 그 우두머리인 王鳳(왕봉), 陳牧(진목)과 함께 서쪽으로 長聚(장취)를 공격하였다.

光武는 여태까지 소를 타고 다녔는데 新野縣 현위를 죽이고 말을 차지했다. 진격하여 唐子鄕(당자향)을 도륙하고 湖陽縣 현위를 죽였다. 軍中에서 재물 분배가 균등하지 않다고 무리들이 성을 내며 감정을 품고 배반하며 유씨를 죽이려 했다. 光武는 일족이 차지한 재물을 거두어 모두에게 나누어주자 무리들이 좋아하였다. 진격하여 棘陽縣(극양현)을 차지하고, 王莽(왕망)의 前隊 大夫인 甄阜(견부)와 그 屬正(속정)인 梁丘賜(양구사)와 小長安이란 마을에서 싸웠으나 漢軍은 대패했고 光武는 棘陽縣(극양현)에 와서 주둔하였다.

更始元年正月甲子朔, 漢軍復與甄阜,梁丘賜戰於沘水西, 大破之, 斬阜,賜. 伯升又破王莽納言將軍嚴尤,秩宗將軍陳茂於淯陽, 進圍宛城.

二月辛巳, 立劉聖公爲天子, 以伯升爲大司徒, 光武爲太常偏將軍.

| 註釋 | ○更始元年 - 서기 23년. 景帝 아들로 長沙王이던 劉發의 아들 곧 春陵(용릉) 節侯 劉買(유매)의 玄孫이 劉秀(光武帝)이다. 이 劉買의 또 다른 현손이 更始帝인 劉玄(유현, 字 聖公, ?-서기 25. 南陽郡 蔡陽縣人)이다. 光武와 劉玄은 같은 항렬로 三從兄弟(삼종형제, 8촌)이다. 劉玄은 앞서 平林의 무리에 속해 있었다. 平林과 新市軍의 장수인 王常(왕상)과 朱鮪(주유) 등은 함께 劉玄을 황제로 옹립하였고 유현은 연호를 更始(경시)라 했기에 보통 更始帝라 칭하며 서기 23-25년에 재위했다. 이를 역사에서는 玄漢(현한)이라 통칭한다. 11권, 〈劉玄劉盆子列傳〉에 입전. ○沘水 - 今 河南省 남부 駐馬店市 관할 泌陽縣(비양현) 남쪽의 하천 이름. ○王莽納言將軍嚴尤 - 왕망은 大司農을 納言으로 개칭했다. 본래 納言은 王命 出納을 담당하는 관직이었다. 嚴尤(엄우, ?-서기 23)는 王莽 新朝의 장군. 왕망이 30만 대군의 300일치 군량을 준비하여 흉노를 원정하려 할 때 엄우는 작전과 군수물자 공급이라는 측면에서 반대 상소를 올렸다. 本名 莊尤(장우). 후한 明帝 劉莊을 避諱(피휘)하여 엄우로 표기. ○秩宗將軍陳茂於淯陽 - 秩宗(질종)은 郊廟之事를 관장. 周의 宗伯, 秦,漢不置, 王莽은 漢의 太常(종묘제사 담당)을 秩宗으로 개칭. 여기서 納言과 秩宗은 모두 장군 호칭. 淯陽(육양, 育陽)은 南陽郡의 읍명, 今 河南省 南陽市 관할 新野縣. 漢江의 지류인 淯水(육수, 唐白河)의 북쪽. ○太常偏將軍 - 漢 景帝는 奉常을 太常으로 변

경했다. 太常은 社稷과 종묘의 제사 담당.

[國譯]

　更始 원년(서기 23) 정월 갑자일 초하루, 漢軍은 다시 甄阜(견부), 梁丘賜(양구사)와 沘水(비수)의 서쪽에서 싸워 대파하면서 견부와 양구사를 죽였다. 유백승은 또 王莽(왕망)의 納言將軍인 嚴尤(엄우), 秩宗將軍인 陳茂(진무)를 淯陽邑(육양읍)에서 격파하고 진격하여 宛城(완성)을 포위하였다.

　2월 辛巳(신사), 劉聖公(劉玄)이 天子로 즉위했는데, 劉伯升은 大司徒(대사도)가, 光武는 太常으로 偏將軍이 되었다.

原文

　三月, 光武別與諸將徇昆陽,定陵,郾, 皆下之. 多得牛馬財物, 穀數十萬斛, 轉以饋宛下. 莽聞阜,賜死, 漢帝立, 大懼, 遣大司徒王尋,大司空王邑將兵百萬, 其甲士四十二萬人, 五月, 到潁川, 復與嚴尤,陳茂合. 初, 光武爲舂陵侯家訟逋租於尤, 尤見而奇之. 及是時, 城中出降尤者言光武不取財物, 但會兵計策. 尤笑曰, "是美須眉者邪? 何爲乃如是!"

| 註釋 | ○徇昆陽,定陵,郾 − 徇은 巡行하며 軍令으로 복종시켜 땅을 차지하다. 昆陽(곤양), 定陵(정릉), 郾(언)은 모두 潁川郡(영천군)의 현명. 영천군 치소는 陽翟縣(양책현), 今 河南省 중부 許昌市 관할 禹州市. 昆陽은 今 河南省 중앙에 위치한 漯河市(탑하시)의 부근에 해당. ○遣大司徒王尋,大

司空王邑 — 王尋(왕심), 王邑(王商의 아들, 王莽의 從父兄弟)은 모두 왕망의 신하. ○光武爲春陵侯家訟逋租於尤 — 春陵侯는 光武의 叔父라는 주석이 있다. 逋는 달아날 포. 체납하다. 《東觀記》에는 地皇 元年 十二月에 소송이 있었다는 주석이 있다.

[國譯]

3월에, 光武는 따로 여러 장수를 거느리고 昆陽(곤양), 定陵, 郾縣(언현) 등을 순행하며 모두 평정하였다. 이때 光武는 많은 牛馬와 재물, 곡식 수십 만 斛(곡)을 노획하여 (유백승에게) 宛縣(완현) 근처로 수송하였다. 왕망은 견부와 양구사 등이 전사하였으며 漢帝(更始帝)가 즉위했다는 소식을 듣고 크게 두려워하며 大司徒 王尋(왕심), 大司空 王邑(왕읍)을 보내 1백만 군사를 지휘하게 했는데 그중 甲士(갑사, 精兵)가 42만 명으로, 5월에 潁川郡(영천군)에 도착하여 (왕망의 納言將軍인) 嚴尤(엄우), 진무와 다시 합세하였다.

그전에 光武帝는 春陵侯(용릉후) 家의 田租 체납 소송문제로 엄우를 만난 적이 있었는데 엄우는 光武를 보고서는 매우 기이하게 생각했다. 이때 엄우에게 투항한 성안 사람이 엄우에게 光武가 재물을 취하지 않고 오직 군사 업무나 방책만을 잘 안다고 말하자 엄우가 웃으며 말했다.

"그 수염과 눈썹이 멋진 사람 아닌가? 어떻게 그런 사람이 되었는가!"

原文

初, 王莽徵天下能爲兵法者六十三家數百人, 並以爲軍吏, 選練武衛, 招募猛士, 旌旗輜重, 千里不絶. 時有長人巨毋霸, 長一丈, 大十圍, 以爲壘尉, 又驅諸猛獸虎豹犀象之屬, 以助威武. 自秦, 漢出師之盛, 未嘗有也. 光武將數千兵, 徼之於陽關. 諸將見尋, 邑兵盛, 反走, 馳入昆陽, 皆惶怖, 憂念妻孥, 欲散歸諸城.

光武議曰, "今兵穀既少, 而外寇彊大, 並力禦之, 功庶可立, 如欲分散, 勢無俱全. 且宛城未拔, 不能相救, 昆陽卽破, 一日之閒, 諸部亦滅矣. 今不同心膽共擧功名, 反欲守妻子財物邪?"

諸將怒曰, "劉將軍何敢如是!" 光武笑而起. 會候騎還, 言大兵且至城北, 軍陳數百里, 不見其後. 諸將遽相謂曰, "更請劉將軍計之." 光武復爲圖畫成敗. 諸將憂迫, 皆曰 "諾." 時城中唯有八九千人, 光武乃使成國上公王鳳, 廷尉大將軍王常留守, 夜自與驃騎大將軍宗佻, 五威將軍李軼等十三騎, 出城南門, 於外收兵. 時莽軍到城下者且十萬, 光武幾不得出.

既至郾, 定陵, 悉發諸營兵, 而諸將貪惜財貨, 欲分留守之. 光武曰, "今若破敵, 珍珤萬倍, 大功可成, 如爲所敗, 首領無餘, 何財物之有!" 衆乃從.

| 註釋 | ○招募猛士 − 募는 廣求하다. ○旌旗輜重 − 旌旗(정기)는 모든 깃발의 총칭. 본래 旌은 깃대에 매단 소꼬리 위에 깃털로 장식한 깃발. 旗는 곰과 호랑이를 그린 깃발. 輜重(치중)은 여러 군수물자를 수송하는 큰 수레. ○長人巨毋霸 − 왕망 치세(天鳳 6년)에 東萊郡의 어떤 連率(연솔, 太守의 개칭)이 그곳에 사는 巨毋霸(거무패, 巨無霸)라는 거인을 왕망에게 천거했었다. 見《漢書 王莽傳》(下). ○以爲壘尉 − 壘는 軍壁(군벽, 보루). ○徼之於陽關 − 徼는 맞이하여 싸우다. 陽關은 마을 이름(聚名). ○憂念妻孥 − 처자식을 걱정하다. 孥는 子也. ○且宛城未拔 − 光武의 형 劉伯升은 宛城을 포위했지만 함락시키지 못했다. ○王常 − 15권, 〈李王鄧來列傳〉에 입전. 본래 왕망 정권 말기 荊州의 綠林山(今 湖北省 荊門市 관할 京山縣)에서 일어난 농민 반란군의 일원, 이들 綠林軍의 영향력이 심대하여 이후 綠林은 농민 起義軍의 대명사로 통용. ○驃騎大將軍宗佻 − 宗佻(종조)는 인명, 佻는 가볍고 빠를 조. ○珍珤萬倍 − 珤는 寶의 古字.

[國譯]

그전에, 왕망은 천하에서 병법에 통한 자를 모집하여 63개 분야 수백 명을 모두 군대의 관리로 삼아 병사를 선별하여 훈련시켰으며 용감한 사졸을 징발하였는데 여러 깃발이나 輜重(치중)이 천리에 걸쳐 끊어지지 않았다. 그때 키가 一丈(十尺, 231cm)에 허리가 10아름이 되는 巨毋霸(거무패)라는 거인이 있어 군영을 수비하는 위관에 임명하였으며, 또 호랑이나 표범, 무소나 코끼리 같은 여러 맹수들을 몰고 다니며 武威를 자랑하였다. 秦과 漢 이후로 출동하는 군사의 위엄이 이처럼 웅장한 적이 없었다.

光武는 수천 명의 군사를 거느리고 왕망의 군사를 陽關(양관)이란 곳에서 맞아 싸웠다. 여러 장수들은 王尋(왕심)과 王邑의 군사가 많은 것을 보고 달아나 昆陽(곤양) 성에 들어가 모두 공포에 떨며 처자를 걱정하여 각자의 성으로 흩어지려고 했다. 이에 光武가 말했다.

"지금 우리는 병력과 군량이 부족하고 외적들은 강대하지만 우리가 온 힘을 다해 방어한다면 전공을 세울 수 있을 것이나 만약 흩어진다면 우리 자신도 지킬 수가 없다. 거기다가 宛城(완성)을 아직 점령하지 못한 지금 서로 도울 수도 없는데 만약 곤양성이 격파된다면 하루 만에 모든 군사가 무너질 것이다. 지금 한마음으로 함께 큰일을 해낼 생각을 하지 않고 처자나 지키고 재물이나 챙기려 하는가?"

그러자 여러 장수들이 화를 내며 말했다. "劉장군은 그런 말을 할 수 있는가!" 그러자 光武는 웃으며 일어났다. 마침 척후 기병이 돌아와 적대군이 지금 성북에 모였는데 軍陣이 수백 리나 되어 그 끝이 보이지 않는다고 말했다. 그러자 여러 장수들이 서둘러 서로 말했다. "다시 劉將軍을 모시고 대책을 생각해 봅시다." 光武는 다시 전투의 성패를 설명하였다. 여러 장수들은 두려워하면서도 모두 "예, 예!"라고 말했다. 그때 성안에는 겨우 8, 9천 명 정도가 있었는데 유수는 成國上公 王鳳(왕봉), 廷尉大將軍 王常(왕상)으로 하여금 성을 수비케 하고, 밤에 직접 驃騎大將軍 宗佻(종조), 五威將軍 李軼(이일) 등 13명의 기병을 거느리고 성의 남문으로 나가 외부에서 군사를 모았다. 그때 왕망의 군사로 성 밖에 집결한 자가 10만에 가까워 光武는 하마터면 밖에 나오지도 못할 뻔했었다.

光武가 郾縣(언현)이나 定陵縣(정릉현)에 가서 많은 군사를 동원하려 했는데 여러 장수들은 재물만을 탐하면서 각시에 분산 수비하려고 하였다. 이에 光武가 말했다.

"지금 우리가 적을 격파한다면 진기한 보물이 1만 배나 많아지고 큰 공을 세울 수 있지만 만약 패배한다면 목이 남아 있지 못하거늘 재물을 가진 들 무얼 하겠는가!"

그러자 많은 사람들이 유수를 따랐다.

原文

嚴尤說王邑曰, "昆陽城小而堅, 今假號者在宛, 亟進大兵, 彼必奔走. 宛敗, 昆陽自服." 邑曰, "吾昔以虎牙將軍圍翟義, 坐不生得, 以見責讓. 今將百萬之衆, 遇城而不能下, 何謂邪?" 遂圍之數十重, 列營百數, 雲車十餘丈, 瞰臨城中, 旗幟蔽野, 埃塵連天, 鉦鼓之聲聞數百里. 或爲地道, 衝輣橦城. 積弩亂發, 矢下如雨, 城中負戶而汲. 王鳳等乞降, 不許. 尋, 邑自以爲功在漏刻, 意氣甚逸. 夜有流星墜營中, 晝有雲如壞山, 當營而隕, 不及地尺而散, 吏士皆厭伏.

| 註釋 | ○亟進大兵 – 亟은 빠를 극. 急也. ○翟義(적의) – 인명. 字 文仲, 翟方進의 子, 東郡太守. 王莽이 居攝(거섭)하자 적의는 왕망의 불충을 증오하여 東平王 劉雲의 아들 劉信을 天子로 옹립하며 柱天大將軍이라 자칭하며 왕망에 반기를 들었다. 왕망은 孫建, 王邑등을 보내 적의를 토벌 격파하였고 적의는 자살하였다. 그래서 생포하지 못했다고 하였다. 《漢書》 84권, 〈翟方進傳〉에 입전. ○雲車十餘丈 – 雲車는 樓車, 적 동태 감시용. 雲梯(운제). ○鉦鼓之聲 – 鉦(징 정)은 鐃(징 뇨). 징은 타악기 이름. ○或爲地道 – 땅굴을 파다. ○衝輣橦城 – 衝은 橦車(동거). 충격으로 성문을 부

수는 설비. 軿은 樓車也. 軿은 병거 팽. ○城中負戶而汲 - 성 안에서는 문짝으로 몸을 가리고 물을 긷다. ○吏士皆厭伏 - 軍吏나 사졸이 모두 눌려 복종하다. 厭은 누를 엽. 눌리다. 싫을 염.

[國譯]

嚴尤(엄우)가 王邑(왕읍)에게 진언하였다.

"昆陽(곤양)은 성곽이 작으나 견고하며, 지금 제왕을 가칭한 자(劉玄)는 宛城(완성)에 있으니 대군으로 빨리 공격하면 저들은 틀림없이 패주할 것입니다. 완성이 함락되면 곤양성도 저절로 항복할 것입니다." 그러나 왕읍이 말했다.

"내가 그전에 虎牙將軍(호아장군)으로 翟義(적의)를 토벌하면서 생포하지 못했다 하여 견책을 받았었소. 지금 백만의 군사로도 성을 함락시키지 못한다면 무어라 하겠는가?"

그리고서는 곤양성을 수십 겹으로 포위하고 1백 개가 넘는 보루를 배치하고 십여 길이나 되는 雲車(사다리차)로 곤양 성 안을 감시케 하였는데, 많은 깃발이 들판을 덮었으며 흙먼지가 하늘까지 뻗치고 북과 징소리가 수백 리 밖까지 들렸다. 땅굴을 파기도 하고 수레로 성문을 들이받기도 하였다. 쇠뇌를 마구 쏘아 화살이 비 오듯 하여 성 안에서는 문짝으로 몸을 가리고 물을 길었었다. 王鳳(왕복) 등이 투항하겠다고 했으나 허락하지 않았다.

王尋(안심)과 王邑(완읍)은 곧 큰 공을 차지할 수 있다 생각하며 매우 득의양양했다. 밤에 流星이 營中에 떨어졌고, 낮에는 산이 무너지는 듯한 형상의 구름이 군영에 떨어지더니 地尺에서 사라지자 軍吏(군리)나 사졸이 모두 땅을 기면서 눌려 버렸다.

六月己卯, 光武遂與營部俱進, 自將步騎千餘, 前去大軍
四五里而陳. 尋,邑亦遣兵數千合戰. 光武奔之, 斬首數十
級. 諸部喜曰, "劉將軍平生見小敵怯, 今見大敵勇, 甚可怪
也, 且復居前. 請助將軍!" 光武復進, 尋,邑兵卻, 諸部共乘
之, 斬首數百千級. 連勝, 遂前. 時伯升拔宛已三日, 而光武
尚未知, 乃僞使持書報城中, 云 "宛下兵到", 而陽墮其書.
尋,邑得之, 不憙. 諸將旣經累捷, 膽氣益壯, 無不一當百.

　光武乃與敢死者三千人, 從城西水上衝其中堅, 尋,邑陳
亂, 乘銳崩之, 遂殺王尋. 城中亦鼓譟而出, 中外合勢, 震呼
動天地, 莽兵大潰, 走者相騰踐, 奔殪百餘里閒. 會大雷風,
屋瓦皆飛, 雨下如注, 滍川盛溢, 虎豹皆股戰, 士卒爭赴, 溺
死者以萬數, 水爲不流. 王邑,嚴尤,陳茂輕騎乘死人度水逃
去. 盡獲其軍實輜重, 車甲珍寶, 不可勝筭, 擧之連月不盡,
或燔燒其餘.

| 註釋 | ○四五里而陳 - 陳은 陣也. ○斬首數十級 - 秦法에 斬首 一이
면 작위를 1급씩 하사하였다. 그래서 斬首를 級이라 했다. ○尋,邑兵卻 -
卻은 물리칠 각. 却 同. ○陽墮其書 - 일부러 그 서신을 흘리다. 陽은 佯
(거짓 양). 墮는 떨어트릴 타. 墮와 同. ○敢死者 - 果敢하게 싸워 죽는 者.
○中堅 - 군사에서 中軍將이 가장 중요하기에 居中하며 주변을 견고하게
보완하기에 中堅이라 한다. ○奔殪 - 奔은 달릴 분. 달아나다. 殪는 쓰러
질 에. 엎어지다(仆也). 죽어 쓰러지다. ○滍川盛溢 - 滍水(치수)는 南陽

魯陽縣의 서쪽 堯山에서 발원한 강 이름. 盛溢(성일)은 넘치다. 범람하다. 溢은 넘칠 일. ㅇ虎豹皆股戰 - 虎와 豹(표범 표)가 모두 무서워하며 다리를 떨다. 홍수에 짐승들이 두려워 떨다. 股戰은 넓적다리가 전율하다. ㅇ溺死者以萬數 - 익사자가 만 명이 넘다. 몇 만 몇으로 세어야 한다는 뜻. ㅇ乘死人度水逃去 - 度水는 渡水. ㅇ不可勝算 - 헤아릴 수 없다. 算은 산가지 산. 세다. 算과 同.

[國譯]

六月 己卯日에, 光武는 소집한 부대와 함께 진격했는데 직접 1천여 보병과 기병을 거느리고 나아가 적군의 4, 5리 지점에 진을 쳤다. 왕심과 왕읍 역시 수천 인마를 내어 맞서 싸웠다. 유수가 분전하면서 적군 수십 명을 죽였다.

그러자 여러 부장들이 좋아하며 말했다.

"劉將軍은 평소에 작은 적을 보면 겁먹은 듯했지만 지금 강한 적에게 용감하니 정말 이상하다. 우리도 다시 전진하자. 장군을 도와야 한다!"

光武가 다시 전진하고 왕심과 왕읍의 군사가 퇴각하자 여러 부장들이 함께 승세를 타고 수백에서 천여 명을 참수하였다. (光武의 군사는) 연승하면서 전진하였다.

그 무렵 유백승이 宛城(완성)을 점령한 지 3일이 지났지만 光武는 아직 몰랐기 때문에 즉시 성 안으로 사자를 보내 거짓으로 "우리 군사가 완성 근처에 도달했습니다." 라는 글을 보내면서 일부러 편지글을 떨어뜨리게 하였다. 왕심과 왕읍은 그 서신을 얻고서도 좋아하지 않았다. 여러 장수들은 이미 여러 번 승리했기에 더욱 더 담력이 커져 일당백을 하지 않는 자가 없었다.

光武는 죽음을 두려워하지 않는 군사 3천 명을 거느리고 성의 서쪽 강에서부터 적진 중심을 공격했는데, 왕심과 왕읍의 군진이 흩어지자, 승세를 타고 적진을 붕괴시켜 마침내 왕심을 죽였다. 완성 내부에서도 북을 치며 출전하여 안과 밖에서 합세하니 고함이 천지를 진동하면서 왕망의 군진은 완전히 붕괴되었고 달아나는 군사가 서로 올라타거나 밟히며 1백여 리를 달아났다. 마침 큰 천둥과 바람이 불면서 지붕의 기와가 다 날아가고 비가 퍼붓듯 쏟아지자, 호랑이나 표범들도 두려워 다리를 떨었고 사졸들은 다투어 물에 뛰어드니 익사자가 1만 이상이라 강물이 흐르질 못하였다. 왕읍과 엄우, 그리고 陳茂(진무) 등은 말을 타고 죽은 자를 디디며 물을 건너 도망쳤다. 光武는 왕망 군사의 군량이나 치중 戰車와 甲冑(갑주), 보물을 수거하였으나 이루 다 셀 수가 없었고 한 달을 넘겨도 다 챙길 수가 없자 가끔 여분을 불태우기도 했다.

原文

光武因復徇下潁陽. 會伯升爲更始所害, 光武自父城馳詣宛謝. 司徒官屬迎弔光武, 光武難交私語, 深引過而已. 未嘗自伐昆陽之功, 又不敢爲伯升服喪, 飮食言笑如平常. 更始以是慙, 拜光武爲破虜大將軍, 封武信侯.

| 註釋 | ○潁陽 – 潁川郡의 현명. 今 河南省 許昌市 襄城縣 潁陽鎭. ○會伯升爲更始所害 – 劉伯升(劉縯, 유연)은 宛城을 탈취했고, 劉秀는 昆陽之戰

으로 왕망 군에 큰 타격을 입히자 형제의 명성은 날로 높아졌다. 更始帝는 이를 꺼려 유백승이 명령에 따르지 않았다는 구실로 部將 劉稷(유직)과 함께 처형하였다. 光武帝가 즉위 후에 유백승을 齊 무왕으로 추존했다. ○父城 ─ 穎川郡의 현명. 今 河南省 平頂山市 관할 葉縣(섭현).

[國譯]

光武는 이어 다시 지방을 돌며 穎陽縣(영양현)을 평정하였다. 그 무렵 劉伯升이 更始帝에게 피살되었는데, 光武는 父城縣(부성현)에서 宛城으로 와서 경시제에게 사죄하였다. 大司徒의 관속들이 光武를 맞아 조문하였지만 光武는 사적인 말을 나눌 수가 없어 거듭 자신의 잘못이라 말하였다. (光武는) 昆陽城에서의 전과를 자랑하지 않았으며, 또 유백승을 위해 복상하지도 않고 음식과 담소가 평상시와 같았다. 경시제는 이에 부끄럽게 생각하며 光武를 破虜大將軍으로 삼고 武信侯에 봉했다.

原文

九月庚戌, 三輔豪桀共誅王莽, 傳首詣宛.

更始將北都洛陽, 以光武行司隷校尉, 使前整修宮府. 於是置僚屬, 作文移, 從事司察, 一如舊章. 時三輔吏士東迎更始, 見諸將過, 皆冠幘, 而服婦人衣, 諸于繡鋸, 莫不笑之, 或有畏而走者. 及見司隷僚屬, 皆歡喜不自勝. 老吏或垂涕曰, "不圖今日復見漢官威儀!" 由是識者皆屬心焉.

| 註釋 | ○三輔 - 京兆尹과 左馮翊(좌풍익), 右扶風(우부풍)으로 長安 주변의 여러 縣을 나눈 행정구역이며 행정책임자.   ○豪桀共誅王莽豪傑 - 智過百人이면 豪라 하고, 賢於萬人이면 傑이라는 주석이 있다.   ○傳首詣宛 - 서기 23년에 장안의 少年子弟 張魚 등이 漸臺(점대. 궁중 연못 안 섬의 누각)에 피신한 왕망을 공격했는데 商人 杜吳(두오)가 왕망을 죽이고 왕망의 인수를 탈취했다. 校尉 公賓就(공빈취)가 그 인수를 보고 어디서 얻었느냐고 묻고서 왕망의 시신을 찾아 수급을 잘랐으며, 將軍 申屠建(신도건) 등이 왕망의 수급을 갖고 남양군의 치소인 宛縣에 왔다.   ○行司隷校尉 - 行은 代行, 攝行(섭행). 본직을 갖고 다른 일을 겸행. 하급 관직의 관리가 상급 관직을 임시 대행할 경우에 行~이라고 한다. 行大司馬. 行中郎將事, 行車騎將軍事 등이 그 예이다. 司隷校尉는 武帝 때 처음 설치, 황제의 지절을 받아 군사 1,200명을 지휘, 三輔와 三河(河內, 河南, 河東郡) 및 弘農郡을 순찰하며 치안유지 및 관리 감찰. 뒤에 군사는 폐지. 질록 比 2千石.   ○作文移 - 문서를 각 군에 보내 실행하다.   ○從事司察一如舊章 - 從事는 從事史의 간칭. 사예교위나 각 부 자사는 從事史 12명을 거느리고 문서독촉이나 不法을 감독했는데, 都官從事(백관 범법자 감찰), 功曹從事(서무 총괄), 別駕從事(사예교위 호위) 및 簿曹從事(경리회계 담당), 兵曹從事(사예교위 소속 병사 관리) 등이 있었다. 각 군국에도 從事史 1인을 두었다. 舊章은 옛 제도나 법도.   ○皆冠幘 - 幘(건 책)은 비천하여 冠을 착용하지 못하는 자가 썼다. ○諸于繡鏄 - 諸于(제우)는 부인들이 입는 웃옷(婦人之褂衣). 繡鏄(수굴)은 수를 놓은 짧은 소매의 옷. 鏄은 褊(짧은 옷 굴).   ○或有畏而走者 - 의관이 예법에 맞지 않는다면 몸에 재앙이 미친다고 생각하였다. 그런 부류가 무슨 짓을 할지 모르기에 두려워 피했다는 뜻.

[國譯]

9월 庚戌(경술) 일에, 三輔(삼보) 지역의 호걸들이 함께 王莽을 주살하였는데 그 수급을 돌려 宛城(南陽郡 治所)에도 보내왔다.

更始帝가 장차 북쪽으로 진출하여 洛陽에 도읍하려고 光武를 임시 司隷校尉에 임명하여 먼저 가서 궁궐과 관청을 정리하게 하였다. 이에 관료들을 배치하고 공문을 보내며, 從事를 보내 司察하는 등 모두가 옛 법도와 같았다. 그때 三輔 지역의 관리들이 동쪽으로 나와 경시제를 영접했는데 지나가는 여러 장수들이 모두 평민의 巾(幘)을 쓰고, 여인의 옷이나 윗도리, 또는 수놓은 짧은 소매의 옷을 걸친 것을 보고서 웃지 않는 자가 없었으며 어떤 사람은 두려워 숨기도 하였다. 그러나 사예교위의 관속을 보고서는 모두 좋아하며 기쁨을 감추지 못했다. 어떤 늙은 옛 관리는 눈물을 흘리며 말했다.

"오늘 漢 관리의 위엄을 다시 보리라고는 생각도 못했다!"

이로써 모든 識者들의 마음은 光武에게 기울었다.

▌原文

及更始至洛陽, 乃遣光武以破虜將軍行大司馬事. 十月, 持節北度河, 鎭慰州郡. 所到部縣, 輒見二千石,長吏,三老, 官屬, 下至佐史, 考察黜陟, 如州牧行部事. 輒平遣囚徒, 除王莽苛政, 復漢官名. 吏人喜悅, 爭持牛酒迎勞.

| 註釋 | ○破虜將軍行大司馬事 – 破虜將軍은 장군으로서 光武의 칭호. 大司馬는 秦代 太尉를 武帝 때 大司馬로 개칭. 軍國大事를 총괄. 大司馬를 끼고 호칭의 앞에 冠號로 사용. 宣帝 地節 3년 大司馬는 無印綬 無官屬, 곧 군사적 실권이 없었다. 成帝 때 大司馬는 官屬을 거느렸고 질록은 승상과

동일했으며, 질록 1천석의 長史를 속관으로 거느렸다. ○持節 - 節은 황제의 명을 받은 관리에게 주는 대나무로 만든 신표. ○北度河 - 북으로 나아가 河水를 건너다. 更始帝 때, 남방에 '和諧하느냐, 않느냐는 赤眉에 달렸고, 차지하느냐, 차지 못 하느냐는 河北에 달려있다.(諧不諧, 在赤眉, 得不得, 在河北)' 라는 동요가 있었다고 한다. 更始帝는 적미에 피살당했고, 光武는 河北에서 세력을 얻어 즉위, 건국하였다. ○二千石,長吏,三老 - 二千石은 太守, 長吏는 縣令, 縣長과 縣丞이나 縣尉를 지칭. 三老는 高祖 때 설치한 향관, 백성 중에서 50세 이상으로 덕행이 있고 백성을 잘 이끌만한 자를 골라 三老로 삼아 鄕(향)마다 1인을 두었다. 향의 삼로 중에서 1인을 선발해서 縣의 三老로 임명하여 현령, 현승, 현위를 도와 백성을 교화하게 하였는데 요역과 방수를 면제하였다. 매년 10월에 삼로에게 술과 고기를 하사하였다. ○下至佐史 - 佐史는 질록 1백석 하급 관리. 刺史의 속관으로 從事史, 假佐(가좌)가 있었고 지방의 각 縣에는 曹史를 두었다. ○考察黜陟 - 업무 성과나 치적을 평가하여(考察) 무능한 자를 물리치고(黜 내칠 출) 유능한 자를 승진시키다(陟 올릴 척). ○如州牧行部事 - 州牧에 보내어 소관 업무를 수행하다. 武帝 때 전국을 13部로 나누고 刺史(자사, 秩 6百石)를 보내 지방관의 政教 실적을 평가하고 冤獄(원옥)을 처리하였다. ○輒平遣囚徒 - 輒은 문득 첩. 번번이. 平遣은 공정히 처리하다(平章). 囚徒는 죄수. ○除王莽苛政 - 왕망의 까다롭고 번잡한 정령을 폐지하다. 苛는 小草. 政令이 繁細하다. 「~, 夫子曰, '小子識之, 苛政猛於虎也.'」《禮記 檀弓 下》.

[國譯]

경시제는 낙양에 와서 光武를 보내 破虜將軍(파로장군)으로서 大司馬 업무를 처리하도록 파견하였다. 10월에, 光武는 부절을 가지고 북으로 황하를 건너 각 州郡을 안정시키고 백성을 위로하였다.

光武는 각 부현에 이르러 매번 二千石(太守)나 長吏, 三老와 여러 관속은 물론 佐史같은 하급 관리들을 만나보고 실적을 평가하여 내치거나 승진시키며 각 州牧에서 관할 지역을 평가하듯 처리했다. 또 억울한 죄수를 공정히 평정하여 돌려보냈으며 왕망 시절의 가혹한 정령을 폐지하고 漢의 관직명을 부활하였다. 모든 관리와 백성들이 좋아하며 다투어 소고기나 술을 갖고 와서 노고를 치하하였다.

原文

進至邯鄲, 故趙繆王子林說光武曰, "赤眉今在河東, 但決水灌之, 百萬之衆可使爲魚." 光武不荅, 去之眞定. 林於是乃詐以卜者王郎爲成帝子子輿, 十二月, 立郎爲天子, 都邯鄲, 遂遣使者降下郡國.

| 註釋 | ○進至邯鄲 − 邯鄲(한단)은 縣名. 전국시대 趙國의 도읍, 北宋시대에는 北京大名府,《水滸傳》의 무대. 邯은 山名. 鄲은 盡也. 邯山이 여기에 와서 끝난다는 의미. 今 河北省 남부 邯鄲市. 黃粱美夢, 邯鄲學步, 圍魏救趙. 完璧歸趙, 刎頸之交(문경지교), 毛遂自薦(모수자천) 등 수많은 고사성어의 고향. ○趙繆王子林 − 趙 繆王(유왕)은 景帝七代孫인 劉元. 殺人했기에 시호가 繆(잘못할 류, 音 謬)이다. ○百萬之衆可使爲魚. − 赤眉는 반란군의 수괴 樊崇(번숭) 등이 그 무리를 왕망의 군사와 구분하기 위해 눈썹에 붉은 칠을 했다. 河水를 끌어들여 적미의 본거지를 水攻하면 반적을 이길 수 있나는 뜻. ○光武不荅 − 不荅는 대답하지 않다. 그 말에 따르지 않다. 荅(팥 답. 小豆)는 答하다. ○去之眞定 − 眞定은 常山郡의 縣名. 今 河北省

石家莊市 관할 正定縣. ○成帝子子輿 - 어디서 왔는지 모르는 남자가 왕망의 신하인 立國將軍 孫建의 수레 앞에 막아서서 자칭 '漢의 종실인 劉子輿(유자여)로 成帝 후처의 아들이라면서 劉氏가 다시 복귀해야 하니 빨리 궁을 비우라.'고 말했다는 기록이《漢書 王莽傳 中》에 보인다.

[國譯]

(光武가) 邯鄲(한단)에 이르자, 옛 趙 繆王(유왕)의 아들인 劉林(유림)이란 자가 光武에게 말했다. "赤眉軍은 지금 河東郡에 있는데 만약 황하의 물로 공격하면 그 백만 무리를 모두 익사시킬 수 있습니다." 그러나 光武는 대답하지 않고 거기를 떠나 眞定縣으로 갔다. 그러자 유림은 거짓으로 점쟁이인 王郎을 成帝의 아들인 子輿(자여)라 하며 12월에 王郎을 天子로 옹립하고 邯鄲에 도읍한 뒤에 사자를 각지에 보내 여러 郡國을 투항케 하였다.

原文

二年正月, 光武以王郎新盛, 乃北徇薊. 王郎移檄購光武十萬戶, 而故廣陽王子劉接起兵薊中以應郎, 城內擾亂, 轉相驚恐, 言邯鄲使者方到, 二千石以下皆出迎. 於是光武趣駕南轅, 晨夜不敢入城邑, 舍食道傍.

至饒陽, 官屬皆乏食. 光武乃自稱邯鄲使者, 入傳舍. 傳吏方進食, 從者飢, 爭奪之. 傳吏疑其僞, 乃椎鼓數十通, 紿言邯鄲將軍至, 官屬皆失色. 光武升車欲馳, 旣而懼不免,

徐還坐, 曰, "請邯鄲將軍入." 久乃駕去. 傳中人遙語門者
閉之. 門長曰, "天下訛可知, 而閉長者乎?" 遂得南出. 晨夜
兼行, 蒙犯霜雪, 天時寒, 面皆破裂. 至呼沱河, 無船, 適遇
冰合, 得過, 未畢數車而陷. 進至下博城西, 遑惑不知所之.

有白衣老父在道旁, 指曰, "努力! 信都郡爲長安守, 去此
八十里." 光武卽馳赴之, 信都太守任光開門出迎. 世祖因
發旁縣, 得四千人, 先擊堂陽,貰縣, 皆降之. 王莽和成卒正
邳彤亦擧郡降. 又昌城人劉植, 宋子人耿純, 各率宗親子弟,
據其縣邑, 以奉光武. 於是北降下曲陽, 衆稍合, 樂附者至
有數萬人.

| 註釋 | ○二年正月 – 更始 2년, 서기 24년(甲申). ○乃北徇薊 – 北은
북으로 가다. 동사로 쓰였다. 徇(호령할 순)은 군사를 보내 땅을 차지하다.
略과 같은 뜻. 薊(계)는 薊縣(계현). 今 天津市 북부 薊州區(계주구, 薊縣).
○王郎移檄購光武十萬戶 – 檄은 1尺2寸의 목간에 쓴 글. 격문을 돌리다.
시급한 문서인 경우 檄에 깃털을 꽂는데, 이를 羽檄이라 한다. 購는 재물
을 상으로 내걸고 구하다. ○故廣陽王子劉接 – 故 廣陽王은 劉嘉, 武帝 五
代孫. ○趣駕南轅 – 趣은 급히(急也), 音 촉. 南轅은 남쪽 軍門. 營門. 轅은
수레의 끌채 원. ○至饒陽 – 饒陽은 縣名. 饒河(요하)의 북쪽. 今 河北省 남
부 衡水市 관할 饒陽縣 동북. ○傳舍 – 출장 관리에게 숙식을 제공하는 招
待所. 客館. ○乃椎鼓數十通 – 북을 수십 번 치다. 여기서 通은 북칠 통.
동작의 횟수를 나타내는 量詞로 쓰였다. ○紿言~ – 紿는 속일 태.(欺訛
也). ○天下訛可知 – 천하가 다 알거늘, 訛는 어찌 기. 反語의 뜻을 표시,
豈와 同. ○蒙犯霜雪 – 서리와 눈을 맞다. 蒙은 덮어쓰다. 무릅쓰다(冒

也). ○至呼沱河 — 呼沱河(호타하, 滹沱河)는 饒陽縣 북쪽을 흐르는 하천.
山西省 繁峙縣에서 발원하여 河北省 獻縣에서 滏陽河와 합류하는 石家莊
市의 주요 水源. ○適遇冰合 — 적당히 얼음이 얼다. ○進至下博城西 — 下
博은 前漢의 현명. 今 河北省 衡水市 관할 冀州市 근처. ○遑惑(황혹) — 허
둥대며 어찌할 줄 모르다. ○白衣老父在道旁 — 老父는 아마 神人일 것이
라는 주석도 있다. 道傍은 길 가. 길 옆. ○信都郡爲長安守 — 信都郡(信都
國, 廣川國)의 治所는 信都縣(今 河北省 衡水市 관할 冀州市). 관할 지역은 今
河北省 남부와 山東省 일부. 長安은 漢室을 의미. ○世祖因發旁縣 — 世祖
는 光武. ○先擊堂陽,貰縣 — 堂陽은 전한에서는 鉅鹿郡, 후한에서는 安平
國의 현명. 今 河北省 남부 邢台市 관할 新河縣. 堂陽은 堂水之陽 이란 뜻.
○王莽和成卒正邳彤 — 王莽은 鉅鹿郡을 나누어 和成郡을 설치했다. 卒正
은 太守. 邳彤(비동, 邳 클 비. 彤 붉을 동)은 人名. ○昌城人劉植, 宋子人耿純
— 昌城은 信都國의 縣名. 뒤에 鉅鹿郡 소속, 今 河北省 남부 衡水市 관할
冀州市 서북. 宋子는 鉅鹿郡의 현명. 今 河北省 서남부 石家莊市 관할 趙
縣. ○曲陽 — 鉅鹿郡의 縣名. 常山郡에 上曲陽縣이 있어 여기서는 下曲陽
縣. 今 河北省 중부 保定市 관할 曲陽縣.

[國譯]

　更始帝 2년(서기24년) 정월, 王郎(왕랑)의 세력이 새로이 커지자
光武는 북쪽으로 나아가 薊縣(계현)을 평정하였다. 왕랑은 격문을
보내 光武의 몸에 十萬 戶의 작위를 내걸었고, 옛 廣陽王 아들 劉接
(유접)은 계현에서 起兵하며 왕랑에게 내응하자 성 안이 크게 소란
해지며 소문이 퍼져 두려워했는데, 邯鄲(한단, 왕랑의 도읍)에서 보낸
사자가 곧 도착할 것이라 하여 2천석 이하 모든 관리가 출영하러 나
갔다. 이에 光武는 급히 남쪽 성문으로 빠져나갔지만 밤낮으로 城邑

에 들어가질 못하고 길에서 먹고 자야만 했다.

饒陽縣(요양현)에 이르렀을 때 光武의 수행 관원들은 모두 굶주렸다. 이에 光武는 邯鄲에서 보낸 使者라 자칭하면서 傳舍(전사, 客館)에 들어갔다. 전사의 관리가 식사를 차리자마자 수행 관원들은 굶주렸기에 식사를 놓고 다투었다. 전사의 관리가 가짜라고 의심하며 곧 수십 차례 북을 치면서 한단의 장군이 도착했다고 거짓말을 하자 수행관원은 모두 실색했다. 光武가 수레를 타고 나가려다가 잠시 후 나갈 수도 없다고 생각하여 천천히 돌아와 앉은 뒤에 "한단의 장군을 모셔 오너라."라고 말했다. 그리고 얼마 뒤에 수레를 타고 출발하였다. 그러자 전사의 관리가 멀리서 문지기에게 문을 닫으라고 소리쳤다. 그러나 문지기는 "천하를 누가 차지할 줄 모르는데 長者를 막을 수 있겠는가?"라고 말했다.

光武는 남쪽으로 나아가 눈과 서리를 무릅쓰고 밤낮으로 서둘렀는데, 때가 한겨울이라 얼굴이 다 갈라졌다. 呼沱河(호타하)에 왔으나 배가 없었지만 마침 강물이 얼어 일행이 건넜는데 미처 다 건너기 전에 얼음이 깨져 수레 몇 량이 빠져버렸다. 下博城(하박성) 서쪽에 왔는데 허둥대며 어디로 가야할지 몰랐다.

마침 길가에 白衣의 老父가 길을 일러주며 "서두르시오! 信都郡 백성은 장안성을 지켜줄 것이니 여기서 80리 길입니다."라고 말했다. 光武는 계속 말을 달려 신도군에 도착했고 신도태수인 任光(임광)은 성문을 열고 맞이하였다. 光武는 이어 인근 현에서 군사를 모집하여 4천 명을 모아 먼저 堂陽縣과 貰縣(세현)을 공격하자 모두 굴복하였다. (전에) 왕망의 和成郡 卒正(太守)이었던 邳彤(비동)은 郡을 들어 투항하였다. 또 昌城縣 사람 劉植(유식), 宋子縣 사람 耿純

(경순)도 각각 종친의 자제들과 함께 縣邑을 웅거하면서 光武를 받들었다. 이리하여 光武는 북으로 曲陽縣을 차지하고 점차 무리를 모았으며 자발적으로 따르는 자가 수만 명에 달했다.

原文

復北擊中山, 拔盧奴. 所過發奔命兵, 移檄邊部, 共擊邯鄲, 郡縣還復響應. 南擊新市,眞定,元氏,防子, 皆下之, 因入趙界.

| 註釋 | ○中山 － 國名, 郡名. 漢 景帝의 皇子 劉勝을 中山王으로 봉한 이후 중산국, 또는 중산군으로 여러 번 명칭 변경. 治所는 盧奴縣, 今 河北省 直轄 縣級市인 定州市, 保定市와 石家莊市 중간. 城中에 山이 있어 中山이라 한다. ○盧奴 － 縣名. 中山國 治所. 縣에 黑水의 옛 池가 있다. 水黑曰盧; 不流曰奴라 한다. ○發奔命兵 － 용감한 군사를 동원하다. 본래 郡國에 材官(정예 보병), 騎士(騎兵)이 있으나 위급할 경우 동원 명령을 받고 즉시 소집에 응하는 용감한 병졸을 奔命兵(분명병)이라 하였다. ○新市 － 鉅鹿郡의 현명. 今 河北省 石家莊市 관할 正定縣. 元氏, 房子(防子)는 常山郡의 縣名. 元氏縣은 恒山國(항산국, 常山郡)의 치소, 今 河北省 石家莊市 관할 元氏縣. ○趙界 － 전국시대 趙의 영역.

[國譯]

다시 북으로 中山郡을 공격하여 盧奴縣(노노현)을 차지했다. 가는 곳마다 奔命兵(분명병)을 동원하였고 다른 지역에도 격문을 보내 함께 邯鄲(한단)을 공격케 하자 모든 군현에서 전처럼 향응하였다. 남쪽으로 新市, 眞定, 元氏, 防子縣을 공격하여 모두 함락시켜 마침내 옛 趙의 땅으로 진격하였다.

原文

時王郎大將李育屯柏人, 漢兵不知而進, 前部偏將朱浮, 鄧禹爲育所破, 亡失輜重. 光武在後聞之, 收浮, 禹散卒, 與育戰於郭門, 大破之, 盡得其所獲. 育還保城, 攻之不下, 於是引兵拔廣阿. 會上谷太守耿況, 漁陽太守彭寵各遣其將吳漢, 寇恂等將突騎來助擊王郎, 更始亦遣尙書僕射謝躬討郎, 光武因大饗士卒, 遂東圍鉅鹿. 王郎守將王饒堅守, 月餘不下.

郎遣將倪宏, 劉奉率數萬人救鉅鹿, 光武逆戰於南欒, 斬首數千級. 四月, 進圍邯鄲, 連戰破之. 五月甲辰, 拔其城, 誅王郎. 收文書, 得吏人與郎交關謗毀者數千章. 光武不省, 會諸將軍燒之, 曰, "令反側子自安."

|註釋| ○柏人 – 趙國의 縣名. 柏은 측백나무 백. 柏은 近也, 迫也(假借). 今 河北省 남부 邢台市 內丘縣. ○廣阿 – 鉅鹿郡의 縣名. 今 河北省 邢台市 관할 隆堯縣. 後漢에서는 폐현. ○上谷 – 郡名. 치소는 沮陽縣. 今 河北省 서북부 張家口市 관할 懷來縣. ○漁陽 – 幽州 관할 郡名. 漁水之陽, 今 北京市 동북의 密雲區. ○突騎 – 돌격을 감행하는 기병. ○尙書僕射 – 상서는 황제에 올라가는 문서를 담당. 尙書令이 그 책임자, 질록 1천

석. 상서복야는 질록 6백석. 상서령 부재 시 그 직무를 대행. 尙書의 질록
은 6백석. 常侍曹尙書(公卿에 관한 문서 담당), 二千石曹尙書 2명(郡國二
千石에 관한 업무), 民曹尙書(일반 관리에 관한 업무), 客曹尙書 2명(外國
夷狄에 관한 업무 담당 – 南曹와 北曹로 구분). 총 6曹 6명에 그 아래 속관
을 거느렸다. 僕射(복야)는 본래 秦의 관제로(僕, 主也) 본래 弓射 관련 업
무 담당자였는데, 복야는 주 담당자 곧 우두머리란 뜻으로 각 분야별로 복
야가 있었다. 侍中僕射, 尙書僕射, 謁者僕射 등이 그 예이다. 射 벼슬 이름
야. ㅇ南縊(남련, 南變) – 鉅鹿郡의 縣名. 柏人縣의 동북이라는 주석이 있
다. 今 河北省 남부 邢台市 관할 鉅鹿縣. ㅇ令反側子自安 – 불안에 떠는
자들을 마음 편하게 해주라. 反側(반측)은 不安해하다. 展轉反側.

[國譯]

그 무렵 王郞의 대장인 李育(이육)은 柏人縣(백인현)에 주둔하고
있었는데, 漢兵은 그것을 모르고 진격하였고 前部偏將인 朱浮(주부),
鄧禹(등우)가 이육에게 격파되며 각종 군수물자를 상실했다. 光武는
후방에서 그 소식을 듣고 주부와 등우의 흩어진 군사를 수습하여 성
곽 문에서 이육과 싸워 대파하고 빼앗겼던 군수물자를 되찾았다. 이
육이 백인성으로 돌아가 지키자 光武가 그를 공격하였으나 함락시
킬 수 없자, 군사를 이끌고 廣阿縣을 점령하였다. 마침 上谷太守인
耿況(경황)과 漁陽太守인 彭寵(팽총)이 각각 그 장수 吳漢(오한)과 寇
恂(구순) 등에게 돌격 기병을 거느리게 하여 왕랑에 대한 공격을 도
왔고, 更始帝도 尙書僕射(상서복야)인 謝躬(사궁)을 보내 왕랑을 토벌
케 하자 光武는 사졸을 배불리 먹인 뒤에 동쪽으로 나아가 鉅鹿(거
록)을 포위하였다. 그러나 왕랑의 守將인 王饒(왕요)가 굳게 수비하
여 한 달이 넘도록 함락시키지 못했다.

왕랑은 倪宏(예굉), 劉奉(유봉) 등 장수에게 수만 병력을 보내 거록군을 구원케 하였다. 光武는 南欒縣(남련현)을 역공하여 적 수천 명을 죽였다. 4월에, 邯鄲(한단)을 공격하여 연이어 격파하였다. 5월 甲辰日에, 한단성을 함락시키고 왕랑을 죽였다. 노획한 그들의 문서 중에는 관리들이 왕랑과 연결되어 훼방한 목간 수천 매가 있었다. 光武는 그것들을 하나도 읽지 않고, 여러 장수들을 모아놓고 불태우며 "불안해하는 자의 마음을 편하게 해주라."고 말했다.

原文

更始遣侍御史持節立光武爲蕭王, 悉令罷兵詣行在所. 光武辭以河北未平, 不就徵. 自是始貳於更始.

| 註釋 | ○蕭王 – 蕭는 沛郡(치소는 相縣, 今 安徽省 북부 淮北市)의 縣名으로 今 安徽省 북부 宿州市 蕭縣임. ○悉令罷兵詣行在所 – 悉은 다 실. 남김없이, 전부. 行在所는 천자가 머무는 곳. 천자는 천하를 집으로 삼는다. 때문에 어디든 머물 수 있다. ○貳於更始 – 경시제와 어긋나다. 貳는 뜻을 달리하다(離異也).

[國譯]

更始帝는 부절을 가진 시어사를 보내 光武를 蕭王(소왕)에 봉하면서 모든 군사를 해산하고 경시제의 行在所로 오라고 명했다. 光武는 河北 지역이 평정되지 않았다며 부름에 응하지 않았다. 이때부터 비로소 경시제와 뜻을 달리했다.

是時長安政亂, 四方背叛. 梁王劉永擅命睢陽, 公孫述稱
王巴蜀, 李憲自立爲淮南王, 秦豐自號楚黎王, 張步起琅邪,
董憲起東海, 延岑起漢中, 田戎起夷陵, 並置將帥, 侵略郡縣.

又別號諸賊銅馬, 大彤, 高湖, 重連, 鐵脛, 大搶, 尤來, 上江, 靑
犢, 五校, 檀鄕, 五幡, 五樓, 富平, 獲索等, 各領部曲, 衆合數百
萬人, 所在寇掠.

| 註釋 | ○長安政亂 – 長安은 劉玄(更始帝, 玄漢) 정권. ○擅命睢陽 – 擅
은 멋대로 천. 마음대로 호령하다. 專也. 睢陽(수양)은 梁郡의 治所, 縣名.
睢는 '우러러볼 휴', '눈 부릅뜰 휴', '땅 이름 수' 에서 '睢陽' 은 지명이기
에 '수양' 으로 읽어야 한다. 今 河南省 동쪽 끝 商丘市 睢陽區. ○稱王巴
蜀 – 巴郡(파군)과 蜀郡은 보통 함께 지칭한다. ○淮南王 – 淮南은 본래 九
江郡, 漢 高祖 때 淮南國, 武帝 때 九江郡으로 환원. 揚州 九江郡 治所는 陰
陵縣 今 安徽省 중동부 滁州市(저주시) 定遠縣 서북. 今 江西省 九江市가 아
님. ○秦豐自號楚黎王 – 秦豐은 楚의 黎丘鄕人. 黎丘가 楚地라서 楚黎王
이라 자칭. ○琅邪(낭야) – 琅邪郡(國), 徐州 관할 군명. 治所는 開陽縣. 今
山東省 남부의 臨沂市. 51개 領縣. ○東海 – 郡名. 치소는 郯縣(담현), 今
山東省 臨沂市 관할 郯城縣(담성현). ○延岑起漢中 – 延岑(연잠, ?-36), 南
陽人, 경시 2년에 漢中에서 거병, 건무 2년에 武安王을 자칭. 赤眉軍을 대
파, 公孫述에 투항, 공손술의 大司馬 역임. 建武 12년 公孫述이 패망할 때,
漢將 吳漢에 피살. 漢中은 郡名. 지금의 陝西省 東南部 지역으로 湖北省 서
북부와 연접. 치소는 南鄭縣, 今 陝西省 서남부 漢中市. ○田戎起夷陵 –
夷陵은 南郡〔치소는 郢縣(영현), 今 湖北省 荊州市 관할 江陵縣 서북〕의 縣名. ○銅
馬, 大彤(대융), 高湖, 重連, 鐵脛(철경), 大搶(대창), 尤來(우래), 上江, 靑犢(청

독), 五校, 檀鄕(단향), 五幡(오번), 五樓, 富平, 獲索(획색) – 도적의 무리들은 山川이나 土地로, 또는 軍勢가 강성하다는 뜻으로 이름을 지었다. 銅馬의 賊帥(적수)는 東山荒禿(동산황독)과 上淮況(상회황) 등이었고, 大肜(대융)의 渠帥(거수, 우두머리)는 樊重(번중), 尤來(우래)의 거수는 樊崇(번숭)이었으며, 五校의 賊帥는 高扈(고호), 檀鄕의 적수는 董次仲(동차중), 五樓의 적수는 張文, 富平의 적수는 徐少, 獲索(획색)의 적수는 古師郞(고사랑) 등으로 알려졌다. ○各領部曲 – 大將軍은 五部를 거느리고 각 部는 校尉가 통솔. 部 아래 曲이 있고, 曲은 軍候 一人이 통솔.

[國譯]

이 무렵 長安(更始帝)의 정치가 혼란하자 사방이 배반하였다. 梁王 劉永은 睢陽(수양)에서 멋대로 정치를 했고, 公孫述(공손술)은 巴蜀의 왕을 칭했으며, 李憲은 자립하여 淮南王이 되었고, 秦豐(진풍)은 스스로 楚 黎王(여왕)이라 자칭했으며, 張步는 琅邪郡(낭야군)에서 봉기했고, 董憲(동헌)은 東海郡에서, 延岑(연잠)은 漢中郡에서, 田戎(전융)은 夷陵縣(이릉현)에서 장수를 거느리고 각 군현을 침략하였다.

그리고 다른 이름을 붙인 銅馬(동마), 大肜(대융), 高湖, 重連, 鐵脛(철경), 大搶(대창), 尤來(우래), 上江, 靑犢(청독), 五校, 檀鄕(단향), 五幡(오번), 五樓, 富平, 獲索(획색) 등도 각자 부대를 거느렸는데 모두 수백만 명이 근거지에서 도적떼로 노략질을 하였다.

原文

光武將擊之, 先遣吳漢北發十郡兵. 幽州牧苗曾不從, 漢

遂斬曾而發其衆. 秋, 光武擊銅馬於鄡, 吳漢將突騎來會淸
陽. 賊數挑戰, 光武堅營自守, 有出鹵掠者, 輒擊取之絶其
糧道. 積月餘日, 賊食盡, 夜遁去, 追至館陶, 大破之. 受降
未盡, 而高湖,重連從東南來, 與銅馬餘衆合, 光武復與大戰
於蒲陽, 悉破降之, 封其渠帥爲列侯. 降者猶不自安, 光武
知其意, 勑令各歸營勒兵, 乃自乘輕騎按行部陳.

降者更相語曰, "蕭王推赤心置人腹中, 安得不投死乎!"
由是皆服. 悉將降人分配諸將, 衆遂數十萬, 故關西號光武
爲'銅馬帝'. 赤眉別帥與大肜,靑犢十餘萬衆在射犬, 光武
進擊, 大破之, 衆皆散走. 使吳漢,岑彭襲殺謝躬於鄴.

| 註釋 | ○光武擊銅馬於鄡 – 鄡(고을 이름 교)는 鉅鹿郡의 縣名. 鄔(땅이
름 오)로 표기하는 경우도 있음. ○淸陽 – 淸河郡의 治所, 縣名. 今 河北省
邢台市 관할 淸河縣(山東省 접경 지역). 後漢에서는 폐현. ○有出鹵掠者 –
鹵는 虜와 同. 虜는 적, 반역자, 빼앗다의 뜻. 掠은 奪取也. ○追至館陶 –
館陶는 魏郡의 현명. 今 河北省 동남부 邯鄲市 관할 館陶縣. ○封其渠帥
爲列侯 – 渠帥(거수)는 우두머리. 渠는 大也. 渠魁. 列侯는 徹侯. 諸侯. ○勑
令 – 勑은 조서 칙. 勑令. 위로할 래. ○安得不投死乎! – 投死는 致死. 목
숨을 바치다. ○射犬(사견) – 마을 이름. 河內郡 野王縣(今 河南省 북부 焦作
市 관할 沁陽市)의 射犬聚(사견취). ○謝躬於鄴 – 謝躬(사궁)은 인명. 鄴(업)은
魏郡의 治所, 縣名. 今 河北省 邯鄲市 남쪽 臨漳縣. 河南省 접경.

[國譯]

光武는 이들을 토벌하려고 먼저 吳漢(오한)을 보내 북쪽 10개 군

의 군사를 동원하였다. 幽州牧(유주목)의 苗曾(묘증)이 따르지 않자, 漢은 나중에 묘증을 죽이고 그 군사를 동원하였다. 가을에 光武가 銅馬賊을 鄡縣(교현)에서 공격하자, 吳漢은 突騎(돌격 기병대)를 거느리고 와서 淸陽縣에서 합세하였다. 동마적이 자주 도전하였으나, 光武는 군영을 강화하여 수비하면서 동마적이 나와 노략질을 하면 그때마다 적을 공격하여 그 糧道를 끊었다. 여러 달 여러 날이 지나면서 도적 무리는 식량이 떨어져 밤에 도주하였고, 光武는 도적을 추격하여 館陶縣에서 대파하였다. 적이 모두 투항하기 전에 高湖(고호)와 重連(중련)의 무리들이 동남으로 내려와 동마적의 잔당과 합류하자, 光武는 다시 그들과 蒲陽(포양)에서 크게 싸워 모두 격파하고서 그 우두머리들을 列侯에 봉했다. 그러나 투항자들이 불안해하자 光武는 그들 속마음을 알고 각자 군영에 가서 무리를 거느리라 명령하고, 이어 경무장한 기병을 거느리고 각 무리의 진영을 순행하였다.

그러자 투항자들이 서로 "蕭王(소왕, 光武)은 진심으로 다른 사람을 대하는데 어찌 그를 위해 죽지 못하겠는가!"라고 말하며 모두가 심복하였다. 투항한 사졸을 여러 장수에게 나눠 배치하자 군사가 수십만 명이 되었는데, 이 때문에 關西에서는 光武를 '銅馬帝'라 칭했다. 赤眉軍의 別帥(별수, 別將)와 大肜(대융), 靑犢(청독)의 무리 10여만 정도가 射犬(사견)이란 곳에 있었는데 光武가 진격하여 대파하자 무리는 모두 흩어졌다. 光武는 吳漢, 岑彭(잠팽)을 시켜 謝躬(사궁)을 鄴縣(업현)에서 사살했다.

原文

靑犢,赤眉賊入函谷關, 攻更始. 光武乃遣鄧禹率六裨將引兵而西, 以乘更始,赤眉之亂. 時更始使大司馬朱鮪,舞陰王李軼等屯洛陽, 光武亦令馮異守孟津以拒之.

| 註釋 | ○函谷關 − 函谷은 谷名. 函谷關(今 河南省 三門峽市 관할 靈寶市 동북)은 關東에서 關中에 들어가는 요해지. 동 函谷關, 남 武關, 서 散關, 북 蕭關(소관)으로 둘러싸인 땅을 關中이라 한다. ○鄧禹(등우, 서기 2-58) − 南陽 新野人, 광무제와 가까웠고, 광무제가 蕭何(소하)처럼 믿을 수 있는 사람이라고 생각했다. 後漢 개국에 크게 기여하였으며 '雲臺二十八將'의 첫째. 등우의 아들이 鄧訓, 등훈의 딸이 和帝의 황후인 鄧綏(등수). ○舞陰王李軼 − 舞陰은 南陽郡의 縣名. 후한에서는 南陽郡 舞陰邑. 今 河南省 서남부 南陽市 관할 方城縣. ○馮異(풍이) − 17권, 〈馮岑賈列傳〉에 입전. ○孟津 − 황하의 나루터 이름. 周 武王이 殷 紂王(주왕)을 토벌할 때 8백 제후가 모여 맹세한 곳. 今 河南省 洛陽市 북쪽의 孟津縣. 雒陽은 雒水의 북쪽.

[國譯]

靑犢(청독)의 무리와 赤眉軍이 函谷關(함곡관)에 들어가 경시제를 공격하였다. 光武는 바로 鄧禹(등우)를 보내 6裨將(비장)으로 군사를 거느리고 서쪽으로 진격케 하여 경시제와 적미군의 혼란을 이용하였다. 이때 경시제는 大司馬 朱鮪(주유)와 舞陰王 李軼(이일) 등을 낙양에 주둔시키려 했는데, 光武는 馮異(풍이)를 보내 孟津(맹진)을 지키며 그들을 막게 했다.

建武元年春正月, 平陵人方望立前孺子劉嬰爲天子, 更始遣丞相李松擊斬之.

光武北擊尤來, 大搶, 五幡於元氏, 追至右北平, 連破之. 又戰於順水北, 乘勝輕進, 反爲所敗.

賊追急, 短兵接, 光武自投高岸, 遇突騎王豐, 下馬授光武, 光武撫其肩而上, 顧笑謂耿弇曰, "幾爲虜嗤." 弇頻射卻賊, 得免. 士卒死者數千人, 散兵歸保范陽. 軍中不見光武, 或云已歿, 諸將不知所爲.

吳漢曰, "卿曹努力! 王兄子在南陽, 何憂無主?" 衆恐懼, 數日乃定. 賊雖戰勝, 而素慴大威, 客主不相知, 夜遂引去. 大軍復進至安次, 與戰, 破之, 斬首三千餘級. 賊入漁陽, 乃遣吳漢率耿弇, 陳俊, 馬武等十二將軍追戰於潞東, 及平谷, 大破滅之.

| 註釋 | ○建武 元年 – 서기 25년, 建武는 광무제의 연호, 서기 25-55년, 서기 56-57년은 建武中元 1, 2년이다. ○平陵人 – 平陵은 昭帝의 陵. 능 주변에 民戶를 이주시킨 뒤 현을 설치. 이를 陵縣이라 했다. 太常은 종묘 제사와 황릉을 관리하는 직책인데 능현도 감독 통솔했다. ○前孺子劉嬰(유영) – 平帝가 崩御(붕어)하자, 王莽은 楚 孝王의 손자인 廣戚侯 劉顯(宣帝의 玄孫)의 2살 된 아들 嬰(영)을 孺子라 하여 재위(서기 6-8년)케 하였다. 왕망이 찬위한 뒤에는 폐위하고서 定安公이라 불렀다. ○更始遣丞相李松 – 李松은 後漢 개국공신 李通의 從弟. ○元氏 – 元氏縣은 故 恒山國(항산

국, 常山國)의 國都, 今 河北省 石家莊市 관할 元氏縣. ○追至右北平 – 北平
은 中山國(治所 盧奴縣)의 縣名(今 河北省 保定市 滿城區). 右는 착오로 들어간
글자라는 주석에 따른다. 今 遼寧省에 지역에 있던 右北平郡(治所 土垠縣(토
은현))과는 다르다. ○戰於順水北 – 順水는 徐水의 별명. 今 河北省 保定市
의 하천. (徐水經北平縣 故城 北). ○短兵接 – 短兵은 刀劍. ○耿弇(경엄,
서기 3-58) – 字 伯昭, 耿은 빛날 경, 弇은 덮을 엄. 우리나라 옥편에 '사람
이름 감' 이라는 음훈이 있지만 택하지 않는다. '弇音 演' 의 주석에 의거
경엄으로 표기한다. 光武帝의 功臣, 雲臺二十八將 중 4위. 19권, 〈耿弇列
傳〉立傳. ○幾爲虜嗤 – '거의 도적의 웃음거리가 될 뻔했다.' 생포되어
망신당할 뻔했다는 뜻. 嗤는 웃을 치, 웃음거리 치. ○范陽(범양) – 涿郡(탁
군)의 縣名. 今 河北省 중부 保定市 定興縣. 在 范水之陽. 今 河北省 保定市
와 北京市 일원을 지칭하는 지역 명칭. 唐의 范陽節度使가 安祿山이었다.
○卿曹努力! – 여러분, 더욱 분발합시다! 卿은 존칭, 曹는 무리 조(輩也).
마을, 관아. ○安次 – 勃海郡의 縣名. 今 河北省 廊坊市(北京, 天津 양대 直轄
市의 중간). 발해군 영역은 今 河北省 동남부 滄州市 일대. 天津市와 山東省
중간. 바다를 말할 때는 渤海로 표기하지만 통용되었다. 중국에서는 山東
半島와 遼東半島 사이의 바다는 渤海, 山東省과 江蘇省의 앞바다를 黃海,
上海市, 福建省 앞 바다는 東海, 廣東省과 廣西省 앞 바다는 南海라고 통칭
한다. ○漁陽 – 郡名. 漁水之陽, 今 北京市 동북의 密雲縣. ○戰於潞東 –
潞(강 이름 로)는 漁陽郡의 縣名. 今 河北省 중부 廊坊市 관할 三河市 서남
(北京市 天津市 중간). ○吳漢, 陳俊 – 18권, 〈吳蓋陳臧列傳〉에 입전. ○馬
武 – 22권, 〈朱景王杜馬劉傅堅馬列傳〉에 입전. 雲臺 28功臣의 한 사람.
○平谷 – 漁陽郡의 縣名. 今 北京市 동북쪽 平谷區.

[國譯]

建武 元年(25년) 春 正月, 平陵縣 사람 方望(방망)이 옛 孺子 劉嬰

(유자 유영, 平帝 繼位)을 天子로 옹립하자, 更始帝는 승상 李松(이송)을 보내 공격하여 죽여 버렸다.

光武는 북상하여 元氏縣에서 尤來(우래), 大搶(대창), 五幡(오번)의 무리를 격파하고 北平까지 추격하여 연파하였다. 또 順水의 북쪽에서 싸웠는데 승세를 타고 가볍게 진격하다가 도리어 적에게 패배하였다.

적도들의 추격이 급박하여 단병접전을 했는데 光武가 강 언덕에서 적의 추격을 받았을 때, 돌격기병인 王豐(왕풍)을 만났고 왕풍이 자신의 말을 光武에게 넘겨주자 光武는 왕풍의 어깨를 잡고 말에 올라타며 耿弇(경엄)을 보고 웃으면서 "하마터면 적의 웃음거리가 될 뻔했다."고 말했다. 경엄이 활을 계속 쏘아 적을 물리치자 光武는 위기를 벗어났다. 죽은 士卒이 수천 명이나 되었고, 흩어진 병졸은 范陽城(범양성)에 들어와 방어했다. 군중에 光武가 보이지 않자 이미 죽었을 것이라 말하는 자도 있어 여러 장수들이 어찌할 바를 몰랐다.

그러자 吳漢(오한)이 말했다. "여러분 더욱 힘을 냅시다! 蕭王(소왕) 형의 아들이 南陽郡에 있는데 어찌 주군이 없다 걱정합니까?" 여러 사람들이 두려워했으니 며칠 지나자 안정되었다. 적도들은 비록 전투에서는 이겼지만 평소에도 光武의 위엄을 두려워했으며, 양측 모두 상황을 알 수 없어 밤에 적들은 철수하였다.

光武의 군사는 다시 진격하여 安次縣에 집결했다가, 다시 싸워 적을 격파하며 적 3천여 명을 죽였다. 적도가 漁陽郡에 들어가자 光武는 吳漢(오한)을 보내 경엄, 陳俊(진준), 馬武(마무) 등 12장군을 거느리고 추격케 하여 潞城(노성) 동쪽과 平谷縣 등에서 적도를 대파하여 없애버렸다.

朱鮪遣討難將軍蘇茂攻溫, 馮異,寇恂與戰, 大破之, 斬其將賈彊.

於是諸將議上尊號. 馬武先進曰, "天下無主. 如有聖人承敝而起, 雖仲尼爲相, 孫子爲將, 猶恐無能有益. 反水不收, 後悔無及. 大王雖執謙退, 奈宗廟社稷何! 宜且還薊卽尊位, 乃議征伐. 今此誰賊而馳鶩擊之乎?"

光武驚曰, "何將軍出是言? 可斬也!" 武曰, "諸將盡然." 光武使出曉之, 乃引軍還至薊.

| 註釋 | ○朱鮪(주유) – 경시제의 신하로 광무의 장형 伯升을 죽게 하였지만 나중에 洛陽에서 광무제에 투항했다. 주유는 淮陽人으로 광무제 아래서 少府를 역임하였다. 17권, 〈馮岑賈列傳〉 중 〈岑彭傳〉 참고. ○溫 – 河內郡 溫縣. 今 河南省 북부 焦作市 관할 溫縣, 黃河 북안. ○寇恂(구순) – 16권, 〈鄧寇列傳〉에, 馮異(풍이)는 17권, 〈馮岑賈列傳〉에 立傳. ○反水不收, 後悔無及 – 일찍 尊號를 올려 민심을 안정시켜야 하며 謙讓의 뜻을 견지하면 失機할 수 있다는 뜻. 反水는 번수. 뒤집을 번. 엎지른 물. 覆水不收. ○馳鶩擊之乎 – 馳鶩(치무)는 분주히 돌아다니다. 馳는 말을 빨리 달리다(直騁). 鶩(달릴 무)는 아무데나 마구 달리다.

[國譯]

(更始帝의 大司馬, 武將) 朱鮪(주유)가 討難將軍인 蘇茂(소무)를 보내 溫縣을 공격하자, 馮異(풍이)와 寇恂(구순)이 맞서 싸워 주유의 군사를 대파하고 그 부장 賈彊(가강)을 죽였다.

이에 여러 장수들은 (光武에게) 尊號를 올려야 한다는 논의를 하였다. 먼저 馬武(마무)가 나서서 말했다. "지금 天下는 無主합니다. 聖人이 출현하여 혼란한 시대에 홍기하여 仲尼(孔子) 같은 인재를 승상으로, 또 孫子(孫武)를 장수로 삼는다 하여도 일을 제대로 하기 어려울 것입니다. 엎지른 물은 담을 수 없으며 후회하여도 어쩔 수 없습니다. 大王께서 겸양의 마음만 고집하신다면 (漢의) 宗廟社稷을 어찌 하겠습니까! 응당, 우선 薊縣(계현)에 돌아가 존위에 오르신 뒤에 정벌을 논의해야 합니다. 지금 (天下가 無主이니) 누구의 적을 누가 내달리며 토벌해야 합니까?"

그러자 光武가 놀라며 말했다. "장군은 어찌 이런 말을 하는가? 참수할 수도 있다!"

그러자 마무가 말했다. "여러 장수도 같은 생각입니다."

光武는 마무를 보내 여러 장수를 타이르라 말하고 군사를 인솔하여 薊縣(계현)으로 돌아갔다.

原文

夏四月, 公孫述自稱天子.

光武從薊還, 過范陽, 命收葬吏士. 至中山, 諸將復上奏曰, "漢遭王莽, 宗廟廢絶, 豪傑憤怒, 兆人塗炭. 王與伯升首擧義兵, 更始因其資以據帝位, 而不能奉承大統, 敗亂綱紀, 盜賊日多, 羣生危蹙. 大王初征昆陽, 王莽自潰. 後拔邯鄲, 北州弭定, 參分天下而有其二, 跨州據土, 帶甲百萬. 言武

力則莫之敢抗, 論文德則無所與辭. 臣聞帝王不可以久曠,
天命不可以謙拒, 惟大王以社稷爲計, 萬姓爲心."

光武又不聽.

| 註釋 | ○公孫述(공손술, ?-36년) - 公孫은 복성. 字 子陽, 益州(巴蜀)
일원을 차지하고 天子라 자칭, 國號 成家. 建武 12년, 장수 吳漢(오한)의 공
격을 받아 멸망. 13권, 〈隗囂公孫述列傳〉에 입전. ○兆人塗炭 - 兆人은
兆民, 수많은 백성. 塗炭(도탄)은 진흙 수렁에 빠지거나 불길에 떨어져 구
할 수가 없는 상태. ○羣生危蹙 - 危蹙(위축)은 위태로운 궁지에 처하다.
蹙은 대지를 축(迫也).

[國譯]

夏 四月, 公孫述(공손술)이 天子를 자칭했다.

光武는 薊縣(계현)을 떠나 范陽(범양)에 들려 전사한 관리와 사졸
의 장례를 치루라 명했다. 中山郡에 이르자 여러 장수들이 다시 상
주하였다.

"漢이 王莽(왕망)의 찬위를 당하여 宗廟가 폐절되자, 호걸은 분노
했고 창생은 도탄에 빠졌습니다. 대왕과 伯升(백승)께서 먼저 의병
을 일으키셨고, 更始(경시)는 이를 이용하여 제위에 올랐지만 大統을
이어받지 못하였으며, 기강은 무너졌고 도적은 날마다 많아졌으며,
온 백성들은 위태롭게 궁지에 처했습니다. 대왕께서 昆陽(곤양)을
차지하시자 왕망은 저절로 붕괴되었습니다. 뒷날 邯鄲(한단)을 점령
하자 북쪽 지방은 점차 안정되었고 천하를 삼분하여 그 둘을 가지셨
으니 여러 지역에 걸쳐 무장한 군사가 1백만입니다. 武力을 언급하

자면 감히 항거할 자가 없고 文德을 논한다면 대왕께서 사양하실 수가 없습니다. 臣들이 알기로는, 帝王의 자리는 오래 비워둘 수 없으며 天命은 겸양으로 거부할 수 없으니 대왕께서는 오직 社稷(사직)을 생각하셔야 한다는 것이 백성들의 생각입니다."

光武는 이번에도 받아들이지 않았다.

原文

行到南平棘, 諸將復固請之. 光武曰, "寇賊未平, 四面受敵, 何遽欲正號位乎? 諸將且出." 耿純進曰, "天下士大夫捐親戚, 棄土壤, 從大王於矢石之閒者, 其計固望其攀龍鱗, 附鳳翼, 以成其所志耳. 今功業卽定, 天人亦應, 而大王留時逆衆, 不正號位, 純恐士大夫望絶計窮, 則有去歸之思, 無爲久自苦也. 大衆一散, 難可復合. 時不可留, 衆不可逆."

純言甚誠切, 光武深感, 曰, "吾將思之."

| 註釋 | ○平棘(평극) – 常山郡의 縣名. 今 河北省 石家莊市 관할 趙縣 동남. ○耿純(경순) – 21권, 〈任李萬邳劉耿列傳〉에 입전. ○攀龍鱗, 附鳳翼 – 용의 비늘에 매달리고 봉황에 날개를 붙잡다. 훌륭한 사람에 의지하여 출세하다.

[國譯]

行軍이 남쪽 平棘縣(평극현)에 이르자, 여러 장수가 다시 간곡히 천자로 즉위하기를 간청했다. 이에 光武가 말했다.

"적도를 아직도 평정하지 못해 사방의 적을 목전에 두고 어찌 갑자기 正位에 오르라고 하는가? 여러 장수들은 일단 나가도록 하라."

이에 耿純(경순)이 나서서 말했다.

"천하 사대부들이 친척을 버리고 고향을 떠나 대왕을 따라 전장을 누비는 것은 용의 비늘이나 봉황의 날개를 잡아 평소의 소원을 이루려는 뜻입니다. 지금 큰 일이 거의 마무리 되고 하늘과 백성 모두 감응하였는데, 대왕께서 시일을 미루고 만인의 뜻을 거스르며 칭호와 지위를 바로하지 않는다면 신의 생각에 사대부들은 절망하고 계책이 없어 떠나갈 생각을 하게 될 것이며, 無爲의 상태가 길어지면 대왕께서도 고생이 될 것입니다. 대중은 한 번 흩어지면 다시 모으기가 어렵습니다. 시일을 더 끌 수 없으며 만인의 뜻을 거스를 수도 없습니다."

경순의 진언이 아주 진실하고 간절하여 光武는 깊이 감동하면서 "내가 생각해 보겠노라."라고 말했다.

原文

行至鄗, 光武先在長安時同舍生彊華自關中奉〈赤伏符〉, 曰 '劉秀發兵捕不道, 四夷雲集龍鬪野, 四七之際火爲主.' 羣臣因復奏曰, "受命之符, 人應爲大, 萬里合信, 不議同情, 周之白魚, 曷足比焉? 今上無天子, 海內淆亂, 符瑞之應, 昭然著聞, 宜荅天神, 以塞羣望."

光武於是命有司設壇場於鄗南千秋亭五成陌.

| 註釋 | ○鄗(호) − 常山郡의 縣名. 光武帝가 高邑縣으로 개명. 今 河北
省 서남부 石家莊市 관할 高邑縣. ○同舍生彊華 − 彊華(강화)는 인명. ○四
七之際火爲主 − 四七은 二十八. 漢 高祖가 漢王이 된 기원 前 206년부터
光武가 처음 기의한 서기 23년까지는 228년으로 四七의 뜻에 맞는다고 해
석했다. 漢은 火德으로 건국했으니 光武도 火德을 계승해야 한다는 뜻.
○周之白魚, 曷足比焉? − 周 武王이 紂王(주왕)을 치러 孟津(맹진)을 건널
때, 中流에서 白魚가 무왕의 배에 뛰어 들어왔는데, 이는 주왕을 정벌하라
는 하늘의 계시라고 받아들였다. ○海內淆亂 − 淆亂은 뒤섞여 어지럽다.
淆는 뒤섞일 효. ○千秋亭五成陌 − 秦法에 十里에 一亭을 두었다. 南北으
로 난 길을 阡(두렁 천), 길. 東西로 이어진 길을 陌이라 한다.

[國譯]

행군이 鄗縣(호현)에 도착했을 때, 옛날 장안에서 光武와 함께 공
부했던 彊華(강화)가 關中에서 〈赤伏符〉를 가지고 왔는데, 거기에는
'劉秀가 發兵하여 不道한 자를 없애니 사방 종족이 모여 용과 같이
原野에서 싸우나 四七(228년)만에 火德의 운수가 되리라' 라고 하였
다. 이에 여러 신하가 다시 상주하였다.

"천명을 내린 符瑞(부서)에 사람의 應驗이 가장 중요하나니 만 리
밖에서도 이처럼 符命이 일치한다면, 이는 모든 사람의 마음이 하나
가 된 것으로 周 武王의 배에 뛰어든 白魚가 어찌 이와 비교가 되겠
습니까? 지금 위로는 천자가 없어 海內가 뒤섞여 어지러우나 符瑞
의 징험이 이처럼 뚜렷하니 응당 天神에 보답하고 만인의 기대를 충
족시켜야 합니다."

光武는 이에 有司에게 명하여 鄗城의 남쪽 千秋亭 五成陌에 祭天할 단을 쌓고 준비하라고 명했다.

原文

六月己未, 卽皇帝位. 燔燎告天, 禋於六宗, 望於羣神.

其祝文曰,「皇天上帝, 后土神祇, 眷顧降命, 屬秀黎元, 爲人父母, 秀不敢當. 羣下百辟, 不謀同辭, 咸曰, ‘王莽篡位, 秀發憤興兵, 破王尋, 王邑於昆陽, 誅王郎, 銅馬於河北, 平定天下, 海內蒙恩. 上當天地之心, 下爲元元所歸.’ 讖記曰, ‘劉秀發兵捕不道, 卯金修德爲天子.’ 秀猶固辭, 至於再, 至於三. 羣下僉曰, ‘皇天大命, 不可稽留. 敢不敬承.’」

於是建元爲建武, 大赦天下, 改鄗爲高邑.

| 註釋 | ○六月己未 - 서기 25년. ○卽皇帝位 - 당시 光武는 31세였다. 고조 劉邦은 前 206년 漢王, 前 202년 황제로 즉위하여 7년 재위하고 前 195년에 죽었다.(前 256년생이면 壽 62세, 前 247년생이면 53세). ○燔燎告天 - 燔燎는 하늘에 제사하다. 하늘에 올라가서 고할 수 없으므로 연기를 피워 하늘과 通하려는 뜻. 燔 구울 번, 사르다. 燔柴. 燎는 화톳불 료. 땅에서 피우는 불. 손에 들면 燭이다. ○禋於六宗 - 禋 제사 지낼 인(연). 정성으로 제물을 바치다. 六宗은 水, 火, 雷, 風, 山, 澤. 後漢 安帝 이후로는 天地와 四方의 신. ○望於羣神 - 望은 산천의 諸神에 대한 제사의 총칭. 神은 이 세상 어디에든 존재하기에 山川을 우러러 제사한다. ○眷顧降命 - 眷顧(권고)는 뒤를 보살펴주다. 眷은 돌아볼 권. ○屬秀黎元 - 屬은

위촉하다. 부탁하다. 秀는 劉秀(光武), 自稱. 黎元은 백성. ○羣下百辟 –
百辟(백벽)은 여러 제후, 畿內諸侯. 辟은 임금 벽. 法. ○下爲元元所歸 – 元
元은 백성(黎庶, 黎元). ○卯金修德爲天子 – 卯金은 劉. 보통 卯金刀로 破字
한다. ○不可稽留 – 稽留(계류)는 지체하다. 실행을 미루다.

[國譯]

6월 己未日, (劉秀는) 황제에 자리에 올랐다. 연기를 피워 하늘에
알리고 六宗에 제물을 바쳤으며, 山川의 여러 神에 望祭을 지냈다.
그 祝文에 말했다.

「皇天의 上帝와 后土의 神祇께서 돌봐주시고 천명으로 劉秀에게
백성을 맡기며 부모가 되라고 하셨으나 이 劉秀는 감당할 수 없습니
다. 아래 여러 신하들이 모여 의논하지도 않았지만 이구동성으로
‘王莽(왕망)이 漢을 簒位(찬위)하여 劉秀는 발분하여 군사를 일으켜
王尋(왕심)과 王邑(왕읍)의 군사를 昆陽(곤양)에서 격파하였고, 王郎
(왕랑)과 銅馬(동마)를 河北에서 주살하여 海內를 평정하니 온 천하
가 그 은택을 입었습니다. 위로는 황천후토의 뜻에 통하고 아래로는
백성들이 찾아와 의지한다.’고 하였습니다. 여러 讖記(참기)에서도
‘劉秀가 發兵하여 不道한 자를 없애고 劉氏가 修德하여 天子가 된
다.’고 하였습니다. 劉秀가 여전히 두 번, 세 번을 고사하였습니다.
이에 아랫사람 모두가 말했습니다. ‘皇天의 천명은 지체할 수 없다
고 했으니 천명을 받들지 않을 수 없습니다.’」

이에 建元하여 建武(건무)라 하여 천하의 죄인을 모두 사면하였으
며 鄗縣을 高邑縣이라 하였다.

原文

是月, 赤眉立劉盆子爲天子.

甲子, 前將軍鄧禹擊更始定國公王匡於安邑, 大破之, 斬
其將劉均.

| 註釋 | ○劉盆子 - 漢의 宗室, 赤眉軍에 의해 천자로 옹립. 서기 25 -
27년 재위. 연호 建世. 11권, 〈劉玄劉盆子列傳〉에 입전. ○鄧禹(등우) -
16권, 〈鄧寇列傳〉에 입전. ○安邑 - 河東郡의 현명. 今 山西省 서남부 運
城市 관할 夏縣.

[國譯]

이 달에 赤眉軍(적미군)은 劉盆子(유분자)를 천자로 옹립했다.

甲子日, 前將軍 鄧禹(등우)는 更始帝 定國公 王匡(왕광)을 安邑(안
읍)에서 공격하여 대파하면서 그 장수 劉均(유균)을 죽였다.

【參考】 서기 25년 6월의 광무제 즉위 직전의 상황을 《漢書 王莽傳》에서는 다
음과 같이 기록하였다.
「다음 해(서기 25년) 여름, 赤眉(적미)의 樊崇(번숭) 등 무리 수십 만이
관중에 들어와 劉盆子(유분자)를 옹립하여 황제라 칭하면서 경시제를
공격하니 경시제는 그들에게 투항했다. 적미는 장안의 궁궐과 마을을
불태웠고 경시제를 죽였다. 백성은 굶주려 서로 잡아먹었으며 죽은
자가 수십 만에 장안은 폐허가 되었고 길을 다니는 사람도 없었다. 종
묘와 황릉이 모두 도굴되었는데, 다만 文帝의 霸陵(패릉)과 宣帝의 杜
陵(두릉)만이 온전했다. 6월에 世祖(光武帝)가 즉위한 연후에야 종묘
사직이 다시 세워지고 천하가 다스려졌다.」

原文

秋七月辛未, 拜前將軍鄧禹爲大司徒. 丁丑, 以野王令王梁爲大司空. 壬午, 以大將軍吳漢爲大司馬, 偏將軍景丹爲驃騎大將軍, 大將軍耿弇爲建威大將軍, 偏將軍蓋延爲虎牙大將軍, 偏將軍朱祐爲建義大將軍, 中堅將軍杜茂爲大將軍. 時宗室劉茂自號'厭新將軍', 率衆降, 封爲中山王.

己亥, 幸懷. 遣耿弇率彊弩將軍陳俊軍五社津, 備滎陽以東. 使吳漢率朱祐及廷尉岑彭, 執金吾賈復, 揚化將軍堅鐔等十一將軍圍朱鮪於洛陽.

| 註釋 | ○大司徒 – 周에서는 백성 교화와 賦稅, 생산 담당, 哀帝 때 승상을 大司徒로 개칭. 大司馬(군사), 大司空(御使大夫, 監察)과 함께 三公이라 칭함. 後漢에서는 司徒로 간칭. ○偏將軍 – 後漢의 武官 중 지휘관으로는 將軍 – 中郎將 – 校尉의 三級이 있는데, 偏將軍은 將軍 중 지위가 낮은 직명. 질록 二千石, 郡 太守에 상응. ○野王令 – 河內郡 野王縣令, 今 河南省 북부 焦作市 관할 縣級 沁陽市(심양시). 縣宰에서 삼공으로 출세. 王梁이 대사공으로 발탁된 이유는 22권, 〈朱景王杜馬劉傳堅馬列傳〉 참고. ○吳漢爲大司馬 – 大司馬는 군 최고 지휘관. 後漢에서는 太尉. 18권, 〈吳蓋陳臧列傳〉立傳. ○偏將軍蓋延(개연) – 蓋가 성씨. 18권, 〈吳蓋陳臧列傳〉에 입전. ○杜茂(두무) – 22권, 〈朱景王杜馬劉傳〉에 입전. ○宗室劉茂自號'厭新將軍' – 厭은 누를 엽, 싫을 염. 劉茂(유무)는 劉盆子의 친형. 王莽의 新室을 압승하겠다는 뜻. 한때 십만 병력을 소유. 광무제가 河內郡에 들어오자 무리를 거느리고 투항, 中山王에 봉해졌다가 建武 13년에 穰侯(양후)로 改封. ○幸懷 – 懷縣(회현)에 행차하다. 天子가 가는 곳에 반드시 恩幸

을 베풀기에 幸이라 한다. 懷(회)는 河內郡의 현명. 今 河南省 북부 焦作市 관할 武陟縣. ○五社津 – 河南郡 鞏縣(공현, 今 河南省 直轄 鞏義市) 북쪽의 나루터 이름. 一名 土社津. ○備滎陽以東 – 滎陽은 옛 漢 고조와 항우의 격전지. 교통과 군사의 요지. 今 河南省 중부 鄭州市 관할 滎陽市. ○廷尉 岑彭 – 廷尉는 본래 秦官. 주요 獄案은 반드시 조정에서 대질하여 공정히 처리한다는 뜻. 尉는 平也. 岑彭(잠팽)은 17권, 〈馮岑賈列傳〉 立傳. ○執金吾賈復 – 秦의 中尉를 武帝때 執金吾로 개칭. 吾는 禦(막을 어)의 뜻. 兵器를 들고 非常에 대비한다는 뜻. 질록 中二千石. 궁성 외곽 경계, 수재나 화재 등 돌발 사태 대비, 황제 행차시 집금오 병력(緹騎 2백 인)이 의장대 역할. 집금오의 副職은 丞 一人, 比千石. 賈復은 17권, 〈馮岑賈列傳丞〉에 입전.

[國譯]

가을인 7월 辛未日, 前將軍 鄧禹(등우)에게 벼슬을 내려 大司徒로 삼았다. 丁丑日, 野王(야왕) 현령 王梁(왕량)을 大司空으로 삼았다. 壬午日, 大將軍 吳漢(오한)을 大司馬로, 偏將軍 景丹(경단)을 驃騎大將軍에, 대장군 耿弇(경엄)을 建威大將軍, 偏將軍 蓋延(개연)을 虎牙大將軍, 편장군 朱祐(주우)를 建義大將軍, 中堅將軍 杜茂(두무)를 대장군에 임명하였다.

이때 宗室인 劉茂(유무)는 '厭新將軍(염신장군)'이라 自號했었는데 무리를 거느리고 투항하자 中山王에 봉했다.

己亥日, 광무제가 懷縣(회현)에 행차하였다. 耿弇(경엄)을 보내 彊弩將軍(강노장군) 陳俊(진준)을 거느리고 五社津에 주둔케 하여, 滎陽(형양) 동쪽의 비상사태 발생에 대비케 하였다. 吳漢(오한)을 시켜 朱祐(주우) 및 정위인 岑彭(잠팽), 執金吾인 賈復(가복), 揚化將軍 堅鐔

(견심) 등 장군 11명의 병력으로 朱鮪(주유)를 洛陽에서 포위하였다.

原文

八月壬子, 祭社稷. 癸丑, 祠高祖,太宗,世宗於懷宮. 進幸
河陽. 更始廩丘王田立降.

九月, 赤眉入長安, 更始奔高陵. 辛未, 詔曰,「更始破敗,
棄城逃走, 妻子裸袒, 流宂道路. 朕甚愍之. 今封更始爲淮
陽王. 吏人敢有賊害者, 罪同大逆.」

甲申, 以前密令卓茂爲太傅.

辛卯, 朱鮪擧城降.

│註釋│ ○高祖,太宗,世宗 – 高祖 또는 高帝. 太宗은 文帝, 世宗은 武帝.
○河陽 – 縣名. 今 河南省 북부 焦作市 관할 孟州市 서북. ○廩丘王田立
– 廩丘(늠구)는 東郡(治所는 濮陽縣) 소속의 縣名. ○高陵 – 현명. 左馮翊의
치소. 今 陝西省 중부 西安市 高陵區. ○詔曰 – 漢制度에 皇帝의 下書는 4
종류로, 策書, 制書, 詔書, 誡勅(계칙)으로 구분한다. 策書는 1尺2寸의 編簡
에 篆書로 年月日을 기록하여 皇帝가 諸侯王에 대한 명령이다. 三公의 죄
가 있어 면직시킬 때도 策書를 내리는데 隸書로 기록했다. 制書는 황제가
내리는 제도에 관한 명령으로 國璽를 찍어 封하고 상서령의 인장으로 다
시 한 번 봉하여 州郡에 반포한다. 詔書의 詔는 告의 뜻으로 그 문장은 告
某官云~으로 시작한다. 誡勅(誡勅, 계칙)은 刺史(자사)나 太守를 훈계하는
내용의 글이다. ○妻子裸袒 – 裸袒(나단)은 옷을 제대로 입지 못하거나 웃
통을 벗기다. ○流宂道路 – 길거리를 떠돌다. 宂(冗)은 쓸데없을 용. 흩어

지다. 散也. ○今封更始爲淮陽王 - 淮陽은 郡名. 치소는 陳縣(今 河南省 동남부 周口市 淮陽縣). ○前密令卓茂爲太傅 - 密은 河南郡의 密縣. 今 河南省 鄭州市 관할 新密市. 高密縣(前漢 高密國의 치소. 今 山東省 중부 濰坊市(유방시) 관할 高密市. 靑島市 서북)이 아님. 卓茂(탁무, ?-서기 28년)는 광무제 同鄕의 학자. 광무제 즉위 때 늙어 이미 은퇴했었다. 25권, 〈卓魯魏劉列傳〉에 입전. 太傅(태부)는 三公보다 상위직. 황제의 자문 담당. 상설직은 아니었다. 광무제는 卓茂(탁무)를 찾아 자문을 구하고 太傅에 임용했으나 광무 4년 그가 죽자 후임을 임명하지 않았다. 이후로 황제가 새로 즉위하면 태부를 두어 錄尙書事를 겸임케 하다가 죽으면 다른 사람을 임명하지 않았다. 여기서는 太子太傅(질록 中二千石이나 太常보다 하위직)가 아님. 德義로 제후 왕을 보좌하는 제후국의 太傅는 질록 2천석의 영광된 직위였다.

[國譯]

8월 壬子日, 광무제는 社稷(사직)에 제사했다. 癸丑日(계축일), 高祖와 太宗(文帝의 廟號), 世宗(武帝의 廟號)를 懷宮(懷縣의 궁궐)에 모셨다. 광무제가 河陽縣에 행차했다. 更始의 廩丘王(늠구왕)인 田立(전립)이 투항했다.

9월, 赤眉軍이 長安城에 침입하자, 更始帝는 高陵縣에 피난했다. 辛未日에 조서를 내렸다.

「更始帝가 패배하여 장안성을 버리고 도주하였고 그 처자가 옷도 제대로 못 입은 채 길에 유랑한다니 朕(짐)은 이를 심히 가엾게 생각한다. 이에 경시제를 淮陽王에 봉한다. 관리나 백성 중에 감히 해치는 자가 있다면 대역죄로 다스리겠다.」

甲申日, 密縣의 옛 현령이었던 卓茂(탁무)를 太傅(태부)로 삼았다. 辛卯日, 朱鮪(주유)가 낙양성을 들어 투항했다.

冬十月癸丑, 車駕入洛陽, 幸南宮卻非殿, 遂定都焉. 遣
岑彭擊荊州羣賊. 十一月甲午, 幸懷. 劉永自稱天子. 十二
月丙戌, 至自懷. 赤眉殺更始, 而隗囂據隴右, 盧芳起安定.
破虜大將軍叔壽擊五校賊於曲梁, 戰歿.

| 註釋 | ○車駕 – 황제가 타는 수레(天子乘車而行). 황제의 代稱으로
사용되었다. ○南宮卻非殿 – 낙양에 南宮과 北宮이 있고 그 거리가 7里였
다. 卻은 却(물리칠 각). ○遂定都焉 – 낙양은 前漢(前漢) 시대에도 副都로
관아와 궁궐이 정비되어 있었다. ○遣岑彭擊荊州羣賊 – 岑彭(잠팽)은 17
권, 〈馮岑賈列傳〉에 입전. 荊州는 형주자사부의 관할 지역. 곧 南郡, 南陽,
江夏, 武陵, 桂陽, 零陵郡 등 6郡과 長沙國 일원. ○劉永 – 梁王 劉永, 梁郡
睢陽縣이 세력 근거지였다. 12권, 〈王劉張李彭盧列傳〉에 입전. ○隗囂據
隴右 – 隗囂(隗囂, 외효, ?-33) – 왕망 말기 今 甘肅省 동부 일대에 웅거. 隗
험할 외, 성씨. 囂 떠드는 소리 효. 13권, 〈隗囂公孫述列傳〉에 입전. ○隴
右 – 지역 명칭. 隴山(농산, 今 陝西省 서부와 甘肅省 경계를 이루는 산맥)의 서쪽
지역이란 뜻. 고대에는 西를 右라고 하였다. 今 甘肅省 今 陝西省 寶雞市
관할 隴縣 서북 서남부 일대, 곧 六盤山 서쪽에서 黃河의 동쪽을 지칭. 후
한에서 隴縣은 天水郡(漢陽郡)의 현명. 涼州刺史府의 치소. 今 甘肅省 天
水市 관할 張家川 回族自治縣. 후한의 행정구역으로서 隴西郡의 치소는
狄道, 今 甘肅省 남부 定西市 관할 臨洮縣. ○盧芳起安定 – 盧芳(노방)은
인명, 安定은 郡名. 치소는 高平縣(今 寧夏回族自治區 남부의 固原市). ○五
校賊於曲梁 – 五校賊은 농민 봉기군의 한 갈래. 曲梁은 廣平國의 縣名. 今
河北省 남단 邯鄲市(한단시) 永年縣 臨洺關.

冬 10월 癸丑日(계축일), 광무제는 洛陽에 입성하여 南宮의 卻非殿(각비전)에 머물러 낙양을 국도로 정했다. 岑彭(잠팽)을 파견하여 荊州(형주) 일대의 여러 반적을 소탕케 했다.

11월 甲午日, 懷縣(회현)에 행차하였다. 劉永(유영)이 천자를 자칭했다.

12월 丙戌日, 회현에서 돌아왔다. 赤眉軍이 更始帝를 살해했고, 隗囂(외효)는 隴右(농우) 일대를 점거했으며, 盧芳(노방)은 安定郡에서 기병하였다. 破虜大將軍 叔壽(숙수)가 五校賊을 曲梁縣(곡량현)에서 토벌하였으나 전사했다.

二年春正月甲子朔, 日有食之. 大司馬吳漢率九將軍擊檀鄕賊於鄴東, 大破降之. 庚辰, 封功臣皆爲列侯, 大國四縣, 餘各有差.

下詔曰,「人情得足, 苦於放縱, 快須臾之欲, 忘愼罰之義. 惟諸將業遠功大, 誠欲傳於無窮, 宜如臨深淵, 如履薄冰, 戰戰慄慄, 日愼一日. 其顯效未詶, 名籍未立者, 大鴻臚趣上, 朕將差而錄之.」

博士丁恭議曰, "古帝王封諸侯不過百里, 故利以建侯, 取法於雷, 强幹弱枝, 所以爲治也. 今封諸侯四縣, 不合法制." 帝曰, "古之亡國, 皆以無道, 未嘗聞功臣地多而滅亡者."

乃遣謁者卽授印綬, 策曰,「在上不驕, 高而不危, 制節謹度, 滿而不溢. 敬之戒之. 傳爾子孫, 長爲漢藩.」

| **註釋** | ○二年 – 建武 2년, 서기 26년. ○檀鄉賊於鄴東 – 鄴縣(업현)은 魏郡의 治所, 今 河北省 남단 邯鄲市 臨漳縣. ○忘愼罰之義 – 형벌은 신중히 해야 한다는 대의를 잊다. ○宜如臨深淵 – 黃帝는 백성의 윗자리에서 깊은 연못가에 있는 것처럼 두려워했다. ○如履薄冰 – 舜은 백성을 다스리며 늘 얇은 얼음을 밟을 때처럼 조심하였다. ○戰戰慄慄(전전율율) – 몹시 두려워 떠는 모양. ○日愼一日 – 하루하루를 조심하다. ○其顯效未誧 – 其는 ~하기 바란다. 顯效는 뚜렷한 공적. 未誧는 未酬, 보상받지 못하다. 誧는 대답할 수, 갚을 수(酬와 同). ○大鴻臚趣上 – 대홍려에서는 빨리 보고하라. 大鴻臚(대홍려, 典客)는 漢 9卿의 하나. 질록 中二千石. 諸王의 入朝 時 접대와 諸侯의 封爵에 대한 업무, 歸義하는 蠻夷(만이, 소수민족)와 관련한 업무도 담당. 趣音 促. ○博士 – 太常의 속관, 掌通古今, 질록 比 6백석, 정원 無. 많을 때는 수십 명에 달했다. 武帝 建元 5년 처음《五經》博士 설치. 弟子員(太學生)에게 교육 실시. 박사 1인이 곧 교육기관이었음. ○封諸侯不過百里 – 周 武王, 成王, 康王이 봉한 제후는 그 영역 둘레가 백리를 넘지 않았다. ○取法於雷 – 영역이 1백 리를 넘지 않았기에 법률 집행이 빠르고 똑같았다는 뜻. ○强榦弱枝 – 强幹弱枝. 榦은 幹의 本字. 바로잡을 간. ○謁者(알자) – 光祿勳의 속관. 외빈 접대, 궁내 각종 업무, 심부름, 문병 등을 담당. 謁者僕射(알자복야, 질록 比千石)의 지시 받음. 후한에서의 정원은 30명, 常侍謁者, 給事謁者, 灌謁者郞中 등 직책에 따라 질록이 달랐음. ○諸侯王, 金璽盭綬(금새여수) – 황금 印璽에 녹색 인수. 盭는 어그러질 려, 초록색 려(여). 관직에 따라 인수의 유무와 재료와 색깔이 달랐다. 印綬(인수)는 印紱(인불). 印은 職印. 綬는 실로 만든 끈. 官印을 의미. 列侯는 金印紫綬. 질록 比2千石 이상은 銀印靑綬. 질록이 比六百石 이상이면

銅印黑綬(墨綬)를 찼다. 그러나 大夫, 博士, 御史, 謁者, 郎官은 인수가 없었다. 比二百石 이상은 銅印黃綬를 찼다. ○長爲漢藩 - 藩은 울타리, 屛也. 제후를 두는 것은 漢室을 지켜주는 외곽의 울타리(藩蔽)가 되어야 한다는 뜻.

[國譯]

(建武) 2년 봄 정월 甲子日 초하루, 일식이 있었다. 大司馬 吳漢(오한)은 9명의 장군을 인솔하고 檀鄕(단향)의 반적을 (魏郡) 鄴縣(업현)의 동쪽에서 공격하여 대파하고 항복케 하였다. 庚辰日(경진일), 功臣을 列侯로 봉했는데 大國은 4개 현이었고 나머지는 각각 차이를 두었다. 이에 조서를 내려 말했다.

「인정상 만족을 얻으면 이어 방종에 따른 고생이 있고, 잠깐의 욕망을 채우게 되면 형벌에 신중해야하는 뜻을 잊게 된다. 여러 장수가 이룬 공적이 원대하나 먼 후손까지 傳承되기를 원한다면 응당 마치 깊은 연못가에 있는 것처럼, 또 얇은 얼음을 밟듯 두려워하며 날마다 조심해야 한다. 뚜렷한 공을 세웠지만 아직 보상받지 못했거나 공신 명부에 오르지 못한 사람이 있다면 大鴻臚(대홍려)에서는 빨리 보고할 것이며 朕은 차등을 두어 수록케 할 것이다.」

이에 博士 丁恭(정공)은 "고대 帝王이 諸侯를 봉하더라도 그 땅 둘레가 1백 리를 넘지 않았기에 제후를 봉하는 것이 나라에 이득이 되었고 법률도 똑같았으며 줄기를 강하게 하고 가지를 약하게 한 것은 치국을 위한 뜻이었습니다. 지금 제후를 봉하면서 4개 현을 준 것은 법제에 맞지 않습니다." 라고 건의하였다. 이에 광무제가 말했다.

"옛날 멸망한 나라는 모두 무도했기 때문이지 공신의 땅이 넓어망한 것은 아니었다."

이어 謁者를 보내 印綬를 수여하며 책서를 내려 말했다.

「윗자리에서 교만하지 않으면 높아도 위태롭지 않나니, 절제하고 법도를 준수하며 가득 차더라도 넘치지 않아야 한다. 그대들은 공경하며 근신하라. 그대들 자손에 전승시켜 길이 漢室의 울타리가 되어라.」

原文

壬午, 更始復漢將軍鄧曄, 輔漢將軍于匡降, 皆復爵位. 壬子, 起高廟, 建社稷於洛陽, 立郊兆于城南, 始正火德, 色尙赤. 是月, 赤眉焚西京宮室, 發掘園陵, 寇掠關中. 大司徒鄧禹入長安, 遣府掾奉十一帝神主, 納於高廟. 眞定王楊, 臨邑侯讓謀反, 遣前將軍耿純誅之.

│註釋│ ○壬午, 壬子 – 정월 초하루가 甲子日이라 했으니, 壬午日은 19일이다. 壬子日은 2월이거나 아니면 1월에 윤달이 들었어야 한다. ○鄧曄(등엽) – 曄은 曅, 빛날 엽. ○于匡(우광) – 于는 성씨. 匡 바로잡을 광. ○起高廟 – 고조 묘당을 짓다. 천자의 거처 앞에 朝廷이 있고, 뒤쪽에 침전이 있는 것처럼 죽은 뒤에 전면에 廟堂을 짓고 뒤쪽에 寢殿(침전, 寢殿, 寑은 寢의 古字)을 지었는데, 침전은 正殿이며 황제의 의관을 보관한 亡者의 생활 공간으로 생각했다. ○建社稷於洛陽 – 정궁의 좌측에 종묘, 우측에 사직단을 세웠다. 사직은 방형의 기단으로 건문이 없고 단장과 출입문만 세웠다. 社는 토지신을 제사하고, 稷(직)은 5곡의 신을 제사했다. ○立郊兆於

城南 - 郊兆(교조)는 五方 諸神(青帝, 赤, 黃, 白, 黑帝)를 제사하는 터. ○始正火德 - 前漢에서는 土德으로 黃色을 바탕으로 했지만 後漢에서는 火德을 숭상하여 기치나 휘장, 관복에 赤色을 기본으로 했다. ○發掘園陵 - 황릉의 묘역이 園이고 山墳(封墳)은 陵이다. ○遣府掾 - 大司徒府의 掾(도울 연)은 질록 1천석의 고급 관리였다. 掾은 한 업무 부서(曹)의 우두머리(課長이나 係長). ○神主 - 황제의 神主는 길이 1尺2寸(당시 1척은 약 23cm), 제후의 신주는 1尺으로 虞祭의 신주는 뽕나무로, 小祥의 신주는 밤나무로 만들었다는 주석이 있다. ○眞定王楊, 臨邑侯讓謀反 - 劉楊은 景帝의 7代孫. 劉讓은 劉楊의 동생.

[國譯]

壬午日, 更始帝의 復漢將軍인 鄧曄(등엽)과 輔漢將軍인 于匡(우광)이 투항하였는데 옛 작위를 그대로 수여했다.

壬子日, 高廟를 지었고 낙양에 社稷(사직)을 세웠으며, 낙양성 남쪽에 郊兆(교조)를 만들었고, 처음으로 火德을 바로 세웠고, 색은 적색을 숭상했다.

이달에, 赤眉軍이 西京(장안)의 궁실을 불태우고 황릉을 발굴했고 關中 지역을 노략질했다. 大司徒 鄧禹(등우)는 장안에 들어가 사도부의 掾吏(연리)를 보내 황제 11분의 신주를 모셔다가 낙양의 高廟에 모셨다.

眞定王인 劉楊(유양), 臨邑侯인 劉讓(유양)이 모반하자 前將軍 耿純(경순)을 보내 주살했다.

二月己酉, 幸修武. 大司空王梁免. 壬子, 以太中大夫宋弘爲大司空. 遣驃騎大將軍景丹率征虜將軍祭遵等二將軍擊弘農賊, 破之, 因遣祭遵圍蠻中賊張滿. 漁陽太守彭寵反, 攻幽州牧朱浮於薊. 延岑自稱武安王於漢中. 辛卯, 至自修武.

| 註釋 | ○修武 – 河內郡의 縣名. 今 河南省 焦作市(초작시) 관할 修武縣. ○太中大夫宋弘 – 宋弘은 26권, 〈伏侯宋蔡馮趙牟韋列傳〉에 입전. 太中大夫는 列卿의 하나인 光祿勳의 屬官, 大夫는 정사에 대한 의론을 담당. 황제의 근신, 총신, 귀척으로 충임. 정원 없음, 많을 때는 수십 명이나 되었다. 질록 一千石이었다. 諫大夫는 武帝 元狩 5년에 처음 설치(질록 比8백석)했는데, 후한에서는 諫議大夫로 명칭을 바꾸고 질록은 6백석으로 내렸고 정원이 없었다. 무제 太初 원년에, 中大夫는 光祿大夫로 개명(질록 比2천석). 광록대부는 給事中, 侍中 등의 加官을 받아 권한이 강대했다. 後漢에서도 질록은 比二千石이나 점차 閒職化 되었다. 中散大夫는 질록 比이천석이었고, 정원은 30명이었고, 황제의 고문 응대가 주 임무나 고관을 역임한 자가 은퇴할 때 이 직함을 수여하는 경우가 많았다. ○祭遵(제준, ?-33) – 人名. 장군, 광무제를 따라 공을 세움. 20권, 〈銚期王霸祭遵列傳〉에 입전. ○蠻中賊張滿 – 蠻中은 마을 이름(聚名), 故戎蠻子國. ○弘農賊 – 弘農은 郡名. 치소 弘農縣. 今 河南省 서쪽 三門峽市 관할 靈寶市. ○漢中 – 郡名. 지금의 陝西省 동남부 지역으로 湖北省 서북부와 연접. 치소는 南鄭縣, 今 陝西省 서남부 漢中市. 漢王(劉邦)의 도읍지.

【國譯】

2월 己酉日, (광무제는) 修武縣에 행차했다. 大司空 王梁(왕량)을 면직시켰다. 壬子日, 太中大夫인 宋弘(송홍)이 大司空이 되었다.

驃騎大將軍 景丹(경단)을 보내 征虜將軍 祭遵(제준) 등 2명의 將軍을 인솔하여 弘農郡의 반적을 격파하였고 이어 제준을 보내 蠻中의 賊徒인 張滿(장만)을 포위 공격케 했다.

漁陽太守인 彭寵(팽총)이 반역하고 薊縣(계현)의 幽州牧 朱浮(주부)를 공격하였다. 延岑(연잠)이 漢中郡에서 武安王을 자칭했다. 辛卯日, (광무제가) 修武縣에서 돌아왔다.

原文

三月乙未, 大赦天下, 詔曰,「頃獄多冤人, 用刑深刻, 朕甚愍之. 孔子云, '刑罰不中, 則民無所措手足.' 其與中二千石, 諸大夫, 博士, 議郎議省刑法.」

遣執金吾賈復率二將軍擊更始郾王尹遵, 破降之. 驍騎將軍劉植擊密賊, 戰歿.

遣虎牙大將軍蓋延率四將軍伐劉永. 夏四月, 圍永於睢陽. 更始將蘇茂殺淮陽太守潘蹇而附劉永.

甲午, 封叔父良爲廣陽王, 兄子章爲太原王, 章弟興爲魯王, 舂陵侯嫡子祉爲城陽王.

| 註釋 | ○頃獄多冤人 – 頃은 近者(경자)에, 近日(경일)에. 獄은 獄事,

冤은 寃. 寃이 俗字임. ○刑罰不中, 則民無所措手足 -《論語 子路》. ○中
二千石 - 중이천석은 9卿 및 중앙의 고급 관원의 질록. ○諸大夫 - 光祿
大夫, 太中大夫. 中散大夫, 諫議大夫의 범칭. ○省刑法 - 형벌을 간소화하
다. ○密賊 - 密은 河南郡의 縣名. 今 河南省 북부 鄭州市 관할 新密市.
○城陽王 - 城陽은 侯國名. 치소는 莒縣(거현), 今 山東省 동남부 日照市 관
할 莒縣.

[國譯]

　3월 乙未日, 天下의 죄수를 모두 사면하면서 조서를 내렸다.

　「근자에 옥중에 원통한 사람이 많고 형벌 적용이 매우 잔혹하다
는데 짐은 이를 매우 안타깝게 여긴다. 孔子께서도 '형벌이 부당하
면 백성이 손발을 놀릴 데가 없다' 고 하였다. 中二千石 관원과 여러
大夫, 博士와 議郞이 형벌을 완화하는 방안을 협의하기 바란다.」

　執金吾(집금오)인 賈復(가복)을 파견하여 장군 2명을 인솔하여 更
始의 郾王(언왕) 尹遵(윤준)을 격파하고 항복케 하였다. 驍騎(효기) 장
군 劉植(유식)이 密縣(밀현)의 적도를 공격했으나 전사하였다.

　虎牙大將軍(호아대장군) 蓋延(개연)을 보내 장군 4인과 함께 劉永
(유영)을 토벌했다. 여름인 4월, 유영을 睢陽縣(수양현)에서 포위했
다. 更始의 장군인 蘇茂(소무)가 淮陽太守 潘蹇(반건)을 죽이고 유영
에 가담하였다.

　甲午日, (광무제의) 叔父인 劉良을 廣陽王에 봉하고, 형의 아들
(조카)인 劉章을 太原王, 유장의 동생 劉興(유흥)을 魯王에 봉했으며,
舂陵侯(용릉후)의 嫡子인 劉祉(유지)를 城陽王에 봉했다.

五月庚辰, 封更始元氏王歙爲泗水王, 故眞定王楊子得爲
眞定王, 周後姬常爲周承休公.

癸未, 詔曰,「民有嫁妻賣子欲歸父母者, 恣聽之. 敢拘執,
論如律.」

六月戊戌, 立貴人郭氏爲皇后, 子彊爲皇太子, 大赦天下.
增郎, 謁者, 從官秩各一等. 丙午, 封宗子劉終爲淄川王.

| 註釋 | ○泗水王 - 泗水는 山東省 중부와 江蘇省 북부를 지나는 淮水
의 지류. 대운하의 일부. 전한의 郡名. 치소는 相縣. 侯國名, 치소는 凌縣
(능현), 今 江蘇省 宿遷市 관할 泗陽縣. 建武 13년 폐국, 廣陵郡에 흡수되었
다. ○周後姬常爲周承休公 - 漢 武帝는 周의 後孫 姬嘉(희가)를 周子南君
에 봉했고, 成帝는 姬延(희연)을 周承休公에 봉했었다. 姬常은 姬延의 후
손. 그 봉지는 今 河南省 平頂山市 서북의 汝州市. ○嫁妻賣子 - 부득이
한 사정으로 결혼하여 처가 된 딸이나 팔려온 아들. ○恣聽之 - 소원대로
수락하다. ○論如律 - 법에 의거 판정하다. 論은 죄를 판결하다. ○貴人
郭氏 - 郭聖通. 光武帝의 두 번째 아내이나 첫 정식 황후. 建武 17년(서기
41)에 廢后. ○子彊爲皇太子 - 劉彊(유강). 광무제의 嫡長子. 모친 곽황후
가 폐위된 뒤에 藩王이 되기를 자원, 東海王에 봉해졌다. 건무 28년(52)에
봉국에 취임, 明帝 永平 元年(58년)에 34세로 病死. ○郎, 謁者, 從官 - 郎
官(낭관)은 郎吏. 郎中令의 속관. 황궁, 조정의 각종 門戶 수비. 황제 호위
임무. 議郎, 中郎, 侍郎, 郎中의 직분이 있고 질록 比3백석부터 6백석까지
여러 층. 무 정원, 1천 명일 때도 있었다. 任子令(2천석 이상 관리의 자제를 낭
관에 특채)에 의한 임용, 貲選(재물을 바치고 임용), 軍功에 의거 임용 등 임용방
법이 다양했다. 武帝 때부터는 孝廉이나 明經으로 추천된 자 중에서도 임

용했다. 일정 기간이 지나면 승진할 수 있기에 관직에 들어가는 첫 계단이었다. ○淄川王 - 淄川(치천, 甾川)은 侯國名. 治所는 劇城, 今 山東省 동부 濰坊市(유방시) 관할 壽光市.

[國譯]

5월 庚辰日, 更始 元氏王 劉歆(유흠)을 泗水王에 봉했고, 옛 眞定王 劉楊의 아들 劉得(유득)을 眞定王에, 周의 후손인 姬常(희상)을 周承休公에 봉했다. 癸未日에 조서를 내렸다.

「백성 중에 부득이하게 남의 아내가 된 딸이나 팔려온 아들 중 부모에게 돌아가려는 자는 뜻대로 허락하라. 만약 구금해야 한다면 법에 의거 판결토록 하라.」

6월 戊戌日(무술일), 貴人 郭氏를 皇后로 책립하고 그 소생 劉彊(유강)을 황태자로 책봉하고 천하 죄인을 사면하였다. 郎官, 謁者, 隨從官 등의 질록을 각 1등급씩 올려주었다.

丙午日, 宗子인 劉終(유종)을 淄川王(치천왕)에 봉했다.

原文

秋 八月, 帝自將征五校. 丙辰日, 行內黃, 大破五校於羛陽, 降之. 遣游擊將軍鄧隆救朱浮, 與彭寵戰於潞, 隆軍敗績. 蓋延拔睢陽, 劉永奔譙. 破虜將軍鄧奉據淯陽反.

九月 壬戌, 至自內黃. 驃騎大將軍景丹薨. 延岑大破赤眉於杜陵. 關中饑, 民相食.

| 註釋 | ○征五校 – 五校는 농민 봉기군의 이름. 황제 宿衛軍의 부대 五校가 아님. ○幸內黃 – 內黃은 魏郡의 현명. 今 河南省 북부 安陽市 관할 內黃縣. ○羨陽(의양) – 內黃縣의 마을 이름. 羨는 땅 이름 의. ○朱浮(주부) – 33권, 〈朱馮虞鄭周列傳〉에 입전. ○敗績 – 전투에 패하다. 大敗. ○淯陽(육양) – 南陽郡의 읍명, 漢江의 지류인 淯水(육수, 唐白河)의 북쪽. 今 河南省 南陽市 관할 新野縣. ○奔譙 – 譙縣(초현)으로 敗走하다. 沛國 譙縣(초현)은 今 安徽省 북부의 亳州市(박주시). ○杜陵 – 京兆尹 소속 현명. 본래 杜陵은 宣帝의 능, 능현 이름. 今 陝西省 남부 西安市 동남. ○薨 – 薨죽을 홍. 제후의 죽음. 皇帝나 皇后의 죽음은 崩(붕).

[國譯]

가을인 8월, 광무제는 직접 군사를 거느리고 五校(오교)의 반적을 원정했다. 丙辰日, 內黃縣에 행차하여 五校의 적도를 羨陽(의양)에서 대파하고 투항케 했다.

游擊將軍 鄧隆(등륭)을 보내 朱浮(주부)를 구원케 했는데, 彭寵(팽총)과 潞縣(노현)에서 싸웠지만 등륭의 군사는 패했다. 蓋延(개연)이 睢陽(수양)을 점령했고 劉永(유영)은 譙縣(초현)으로 달아났다. 破虜將軍인 鄧奉(등봉)이 淯陽(육양)을 근거로 반란을 일으켰다.

9월 壬戌日, (광무제가) 內黃(내황)에서 돌아왔다. 驃騎大將軍인 景丹(경단)이 죽었다.

延岑(연잠)이 적미군을 杜陵縣(두릉현)에서 大破했다. 關中에 기근이 들어 사람이 사람을 먹었다.

冬十一月, 以岑彭爲征南大將軍, 率八將軍討鄧奉於堵鄉.

銅馬,靑犢,尤來餘賊共立孫登爲天子於上郡. 登將樂玄殺
登, 以其衆五萬餘人降.

遣偏將軍馮異代鄧禹伐赤眉. 使太中大夫伏隆持節安輯
靑,徐二州, 招張步降之.

| 註釋 | ○廷尉(정위) - 9卿의 하나. 詔命에 따른 獄案의 수사 및 재판
담당. 주요 獄案은 반드시 조정에서 대질하여 공정히 처리한다는 뜻. 尉는
平也. 질록은 中二千石. 속관 廷尉正과 左, 右廷尉監은 질록 1천석. 宣帝
地節 3년에 左, 右廷尉平 설치(질록 6백석). ○堵鄉(도향) - 鄉의 이름. 鄉
은 縣 아래 기본 행정 단위. 10里에 1亭, 10정을 1鄉이라 하고, 鄉吏(향리)
를 두었는데 鄉吏로는 교화를 담당하는 三老, 聽訟과 賦稅 징수를 돕는 嗇
夫(색부), 순찰과 도적 체포를 담당하는 游徼(유요)가 있었다. ○漢賊孫登
- 漢의 反賊 孫登(손등). 孫登은 후한 초기 농민 봉기군의 두목. 건무 2년에
銅馬軍의 추대로 上郡에서 제위에 올랐다가 곧 부장 樂玄(낙현)에게 살해
당했다. ○上郡 - 治所는 膚施縣(부시현), 今 陝西省 북부 楡林市. 陝西省
북단. 長城 남쪽. ○靑,徐二州 - 靑州刺史部(齊郡, 齊南郡 등 6개 郡과 淄川國
등 3국을 감찰)와 徐州刺史部(東海郡 등 3郡과 泗水國 등 3國을 감찰)의 관할
지역을 뜻함.

[國譯]

겨울 11월, 廷尉인 岑彭(잠팽)을 征南大將軍으로 임명하여 8장군
을 인솔하고 鄧奉(등봉)을 堵鄉(도향)에서 토벌케 하였다.

銅馬(동마), 靑犢(청독), 尤來(우래)의 잔당들이 함께 上郡(상군)에서
孫登(손등)을 천자로 옹립했다. 손등의 장수인 樂玄(낙현)이 손등을
죽이고 그 무리 5만 명과 함께 투항하였다.

偏將軍인 馮異(풍이)가 鄧禹(등우)를 대신하여 赤眉軍을 토벌했
다.

太中大夫인 伏隆(복륭)이 부절을 받고 靑州와 徐州 지역을 진무하
면서 張步(장보)를 초치하여 투항케 하였다.

原文

十二月戊午, 詔曰,「惟宗室列侯爲王莽所廢, 先靈無所依
歸, 朕甚愍之. 其並復故國. 若侯身已歿, 屬所上其子孫見
名尙書, 封拜.」

是歲, 蓋延等大破劉永於沛西. 初, 王莽末, 天下旱蝗, 黃
金一斤易粟一斛, 至是野穀旅生, 麻末尤盛, 野蠶成繭, 被
於山阜, 人收其利焉.

| 註釋 | ○其並復故國 - 옛 제후국을 모두 복원하기 바란다. ○屬所~
- 屬所는 제후 자손이 소속된 郡縣. ○沛 - 沛郡(치소는 相縣, 今 安徽省 북부
의 淮北市)의 縣名(今 江蘇省 徐州市 관할 沛縣). ○粟一斛 - 斛(곡)은 용량 단
위. 10斗가 1斛(20리터에 해당). ○至是野穀旅生 - 旅生은 씨를 뿌리지 않
아도 저절로 자람. 旅는 寄의 뜻. 돌 벼(穭 야생 벼 려). ○麻末尤盛 - 麻는
삼 마. 末은 콩 숙(菽과 同, 大豆). 尤는 더욱 우. ○野蠶成繭 - 야생 누에가
고치를 짓다. 繭은 누에고치 견.

12월 戊午日, 조서를 내렸다.

「宗室의 列侯가 王莽(왕망)에 의해 폐위되어 先靈이 의지할 곳이 없으니 짐은 이를 매우 안타깝게 생각한다. 옛 封國을 한꺼번에 회복토록 하라. 만약 제후가 이미 죽었으면 소속 군현에서는 후손의 명단을 기록해서 尙書에게 보고하여 封爵을 받도록 하라.」

이 해에 蓋延(개연) 등이 劉永(유영)을 沛縣(패현) 서쪽에서 대파하였다. 그전에 왕망 말기에 온 천하에 가뭄과 蝗蟲(황충)의 폐해를 당해 황금 1근으로 곡식 1斛(곡)을 바꿨었다. 이즈음에 야생 곡식이 절로 자라고 삼(大麻)과 콩도 무성하며, 야생 누에가 고치를 지어 산과 언덕을 덮어 백성이 거둬 이득을 보았다.

三年春正月甲子, 以偏將軍馮異爲征西大將軍, 杜茂爲驃騎大將軍, 大司徒鄧禹及馮異與赤眉戰於回溪, 禹,異敗績. 征虜將軍祭遵破蠻中, 斬張滿. 辛巳, 立皇考南頓君已上四廟. 壬午, 大赦天下.

閏月乙巳, 大司徒鄧禹免. 馮異與赤眉戰於崤底, 大破之, 餘衆南向宜陽, 帝自將征之. 己亥, 幸宜陽. 甲辰, 親勒六軍, 大陳戎馬, 大司馬吳漢精卒當前, 中軍次之, 驍騎,武衛分陳左右. 赤眉望見震怖, 遣使乞降. 丙午, 赤眉君臣面縛, 奉高皇帝璽綬, 詔以屬城門校尉.

戊申, 至自宜陽, 己酉, 詔曰,「羣盜縱橫, 賊害元元, <u>盆子</u>竊尊號, 亂惑天下. 朕奮兵討擊, 應時崩解, 十餘萬衆束手降服, 先帝璽綬歸之王府. 斯皆祖宗之靈, 士人之力, 朕曷足以享斯哉! 其擇吉日祠<u>高廟</u>, 賜天下長子當爲父後者爵, 人一級.」

| 註釋 | ○(建武) 三年 – 서기27년. ○回溪 – 溪名. 弘農郡 宜陽縣. ○立皇考南頓君已上四廟 – 皇考는 황제의 선친. 南頓君은 劉欽(유흠). 남돈현의 현령을 지냈다. 南頓(남돈)은 汝南郡의 縣名. 今 河南省 동부 周口市 관할 項城市 서쪽. 已上은 以上. 四廟는 광무제의 父-祖-曾祖-高祖의 묘당. ○戰於崤底 – 崤(효)는 山名. 殽山(효산), 長安(今 陝西省 西安市)과 洛陽 사이의 험지, 函谷關과 함께 崤函(효함)으로 병칭, 軍事戰略重地. 底는 阪也. ○宜陽 – 弘農郡 縣名. 今 河南省 洛陽市 관할 宜陽縣. ○大陳戎馬 – 陳은 陣. ○赤眉君臣面縛 – 面縛(면박)은 등을 맞대고 묶다. 面은 등질 면(偝也). ○高皇帝璽綬 – 高皇帝는 高祖. 璽綬(새수)는 印綬(국새와 그 끈). 漢 원년 10월에 沛公이 霸上(패상)에서 秦王子 嬰(영)이 바친 秦황제의 새수를 받았다. 이는 秦始皇이 천하를 평정한 뒤 藍田山의 玉에 丞相 李斯(이사)가 '受命於天, 旣壽永昌'이라고 새겨 傳國의 국새로 사용했었다. 왕망이 찬위한 뒤 元帝의 王皇后가 보관 중인 漢 국새를 달라고 협박하자 황후가 던져줄 때 璽의 한 모서리가 깨졌다. 왕망이 패망한 뒤 李松이 宛縣의 更始帝에게 바쳤고, 更始가 패망한 뒤 赤眉의 손에 들어갔었는데 광무제가 이번에 이를 넘겨받았다. 皇帝의 國璽는 모두 6종으로 '皇帝之璽', '皇帝信璽', '天子行璽', '天子之璽', '天子信璽'라는 글자를 새겼다는 주석도 있다. ○城門校尉 – 京師의 城門을 지키는 군대의 지휘관. 秩 比二千石. ○爵 – 秦漢代의 일반 백성(평민)은 신분상 등급이 있었는데 1등급(公士)에서부터

8등급(公乘 공승)까지는 일반 백성의 등급이다. 9등급 五大夫부터 18등급 大庶長 까지는 官吏의 등급으로 요역이 면제된다. 19등급 關內侯와 20등급 徹侯(列侯)는 爵位(작위)이다. 20등급의 명칭은 아래와 같다. (最低) (1급) 公士-上造-簪裊(잠요)-不更-大夫-(6급) 官大夫-公大夫-公乘-五大夫-左庶長-(11급) 右庶長-左更-中更-右更-少上造-(16급) 大上造-駟車庶長-大庶長-(19급) 關內侯-(20급) 徹侯(列侯)(最高). 백성은 작위를 사고팔았으며 일정 작위를 보유하면 사형을 면할 수 있었다. 국가에 경사가 있으면 수시로 백성에게 작위를 하사하였다.

[國譯]

(建武) 3년(서기 27년) 春正月 甲子日, 偏將軍 馮異(풍이)를 征西大將軍, 杜茂(두무)를 驃騎大將軍으로 삼았는데, 大司徒인 鄧禹(등우)와 풍이가 적미군과 回溪에서 싸웠으나 등우와 풍이가 패배하였다. 征虜將軍(정로장군) 祭遵(제준)이 蠻中(만중)의 무리를 격파하고 張滿(장만)을 죽였다.

辛巳日, 황제의 선친인 南頓君(남돈군)과 윗대 4대조의 묘당을 건립하였다.

壬午日, 천하 죄수를 사면하였다. 閏 正月 乙巳日, 大司徒 鄧禹(등우)를 면직시켰다.

馮異(풍이)가 赤眉軍과 崤山(효산) 아래서 싸워 대파하자, 남은 무리들이 남쪽 宜陽縣(의양현)으로 이동하자 광무제가 친히 군사를 거느리고 정벌하였다. 己亥日에 광무제가 의양현에 행차하였다. 甲辰日에 광무제가 친히 六軍을 통솔하고 군진을 배치하였는데 大司馬 吳漢(오한)의 精卒을 前軍으로 두고 中軍을 다음 배치하였으며, 驍騎(효기)와 武衛(무위)를 좌우에 배치하였다. 적미 무리가 멀리서 보고서는 두려워 떨며 사자를 보내 투항을 애걸하였다. 丙午日에 赤眉의 君臣이 등을 맞대 결박한 채로 高皇帝(高祖)의 국새와 인끈을 바치자 조서로 城門校尉가 이들을 처리하게 하였다.

戊申日, 광무제는 의양현에서 돌아와, 다음날 조서를 내렸다.

「도적 무리가 각지에서 횡행하며 백성을 살해했고, 劉盆子는 尊號를 참칭하며 천하를 크게 어지럽혔다. 짐이 군사를 내어 이를 토벌하자 때맞춰 붕괴 와해되면서 10만 무리가 손을 묶고 항복하였으며, 先帝의 국새와 인끈이 제왕의 조정으로 돌아왔다. 이 모두가 祖宗 신령의 도움과 士人의 노력이니 짐이 어찌 이를 누릴 수 있으랴! 길일을 태하여 고조의 묘당에 제사하고 천하의 장남으로 부친의 뒤를 이은 백성에게 작위를 1급씩 하사하라.」

原文

二月己未, 祠高廟, 受傳國璽. 劉永立董憲爲海西王, 張步爲齊王. 步殺光祿大夫伏隆而反. 幸懷. 遣吳漢率二將軍擊青犢於軹西, 大破降之.

| 註釋 | ○海西 － 琅邪郡〔낭야군, 治所 開陽縣. 今 山東省 남부의 臨沂市(임기시)〕의 縣名. 今 江蘇省 북부 連雲港市 관할 灌南縣. ○軹(지) － 河內郡의 縣名. 今 河南省 洛陽市의 북쪽에 있는 濟源市.

[國譯]

2월 己未日, 고조 묘당에 제사를 지내고서 傳國 국새를 접수받

왔다.

劉永(유영)이 董憲(동헌)을 海西王에, 張步(장보)를 齊王에 책립했다. 장보가 光祿大夫인 伏隆(복륭)을 죽이고 반역했다. (광무제가) 懷縣(회현)에 행차했다. 吳漢을 보내 장군 2명을 거느리고 靑犢(청독)의 무리를 軹縣(지현) 서쪽에서 공격케 했는데, 적을 대파하고 항복받았다.

三月壬寅, 以大司徒司直伏湛爲大司徒. 彭寵陷薊城, 寵自立爲燕王.

帝自將征鄧奉, 幸堵陽. 夏四月, 大破鄧奉於小長安, 斬之. 馮異與延岑戰於上林, 破之.

吳漢率七將軍與劉永將蘇茂戰於廣樂, 大破之. 虎牙大將軍蓋延圍劉永於睢陽.

|註釋| ○大司徒司直伏湛 - 大司徒는 哀帝 때 승상을 대사도라 개칭. 후한 건무 27년 이후로는 司徒라 개칭. 司直은 무제 때 처음 설치. 승상의 속관 중 우두머리. 승상의 업무 보좌 질록 比二千石. 大司馬도 사직을 두었다. 건무 11년 이후 司徒司直을 폐하고 司徒長史를 두었다. 伏湛(복침)은 인명. 26권, 〈伏侯宋蔡馮趙车韋列傳〉에 입전. ○堵陽 - 南陽郡의 현명. 今 河南省 南陽市 관할 方城縣. ○上林 - 上林苑. 황실용 사냥터 겸 유락 장소. 秦의 舊苑으로 황폐했던 것을 武帝가 궁수하며 離宮과 觀, 館 수십 개소를 건립했다. 지금의 陝西省 西安市 周至縣과 戶縣의 접경에 위치. 上

林苑 관리와 황실의 재물 및 鑄錢 담당한 水衡都尉는 질록 二千石.

[國譯]

3월 壬寅日, 大司徒司直인 伏湛(복침)이 大司徒가 되었다.

彭寵(팽총)이 薊城(계성)을 함락하고 자립하여 燕王(연왕)이 되었다. 광무제가 직접 군사를 거느리고 鄧奉(등봉)을 정벌하려고 堵陽縣에 행차했다.

여름인 4월에, 등봉을 小長安이란 곳에서 대파하고 참수했다. 馮異(풍이)가 延岑(연잠)과 上林에서 싸워 연잠을 격파했다. 吳漢(오한)이 7명의 장군을 인솔하고 劉永(유영)의 장수 蘇茂(소무)와 廣樂이란 곳에서 싸워 크게 이겼다. 虎牙大將軍인 蓋延(개연)이 劉永을 睢陽縣(수양현)에서 포위했다.

▌原文

五月己酉, 車駕還宮. 乙卯晦, 日有食之. 六月壬戌, 大赦天下. 耿弇與延岑戰於穰, 大破之.

秋七月, 征南大將軍岑彭率三將軍伐秦豐, 戰於黎丘, 大破之, 獲其將蔡宏. 庚辰, 詔曰,「吏不滿六百石, 下至墨綬長,相, 有罪先請. 男子八十以上, 十歲以下, 及婦人從坐者, 自非不道, 詔所名捕, 皆不得繫. 當驗問者卽就驗. 女徒雇山歸家.」

蓋延拔睢陽, 獲劉永, 而蘇茂,周建立永子紆爲梁王.

| 註釋 | ○穰 – 南陽郡의 縣名. 今 河南省 직할의 鄧州市. 河南省의 서 남쪽 湖北省의 접경. ○黎丘 – 縣名. 今 湖北省 북부 襄陽市 所轄 宜城市. 지도상 襄樊市(양번시)는 正式으로 襄陽市로 개칭되었다. ○吏不滿六百 石, 下至墨綬長,相 – 큰 현에는 현령을 두었는데 질록이 1천석이었다. 그 다음 1만 호가 안 되는 현에는 縣長을 두었는데 현장의 경우 질록이 4백석 또는 3백석인 경우도 있었다. 작은 侯國의 相도 이와 같았다. ○自非不道 – 不道罪를 짓지 않았다면. 不道는 大逆不道, 또는 大逆無道의 반역행위. 중앙집권의 강화 과정에서 不道 罪의 범위는 계속 확대되어 大不敬, 誣罔 主上(무망주상), 誹謗政治(나라의 정치를 비방하다), 非議詔書(조서의 내용을 비 난하다), 妖言惑衆(요언혹중), 漏泄省中語(관부에서의 업무 내용을 누설하다) 등 도 부도 죄에 포함되는 경우가 많았다. 부도 죄는 夷三族(삼족을 죽여 없앰) 의 重刑에 처했다. ○詔所名捕 – 詔書에 이름을 적어 특별히 체포하여야 할 자. ○女徒雇山歸家 – 여자 죄수의 경우 6개월 형을 받아 입산하여 숯 을 굽는 노역을 하는 대신에 귀가하고서 月 3백전을 납부케 하였는데, 이 를 顧山錢(雇山錢)이라 하였다.

[國譯]

5월 己酉日, (광무제의) 車駕(거가)가 還宮하였다. 乙卯日 그믐, 일 식이 있었다.

6월 壬戌日, 천하의 죄인을 사면하였다. 耿弇(경엄)이 延岑(연잠) 과 穰縣(양현)에서 싸워 연잠을 대파하였다.

秋 7월, 征南大將軍 岑彭(잠팽)이 장군 3명을 거느리고 秦豐(진풍, 楚 黎王을 자칭)을 토벌했는데 黎丘(여구)에서 싸워 적을 대파하고 그 징수 蔡宏(채굉)을 생포하였다. 庚辰日에 조서를 내렸다.

「질록 6백석이 안 되는 관리 이하 검은색 인수를 차는 縣長이나

侯國의 相이 죄를 지었다면 우선 주청을 한 뒤에 치죄토록 하라. 80세 이상의 노인, 10세 이하의 어린아이 및 부인이 죄인에 연좌되었어도 不道罪(叛逆)가 아니거나 조서에 이름이 있어 체포할 자가 아니라면 구금할 수 없다. 대질할 자가 있으면 반드시 대질을 하라. 여자 죄수는 귀가시켜 雇山錢(고산전)을 납부케 하라.」

蓋延(개연)이 睢陽縣(수양현)을 점령하고 劉永(유영)을 생포하자, 蘇茂(소무)와 周建(주건)이 유영의 아들 劉紆(유우)를 梁王으로 내세웠다.

原文

冬十月壬申, 幸舂陵, 祠園廟, 因置酒舊宅, 大會故人父老.

十一月乙未, 至自舂陵. 涿郡太守張豐反. 是歲, 李憲自稱天子. 西州大將軍隗囂奉奏. 建義大將軍朱祐率祭遵與延岑戰於東陽, 斬其將張成.

| 註釋 | ○舂陵(용릉) - 蔡陽縣의 白水鄕. 故宅 남쪽 2리에 白水가 있고 '龍飛白水'란 말이 전해왔다고 한다. 今 湖北省 중북부 襄樊市(양번시) 관할 棗陽市(조양시)에 남쪽에 해당. ○涿郡(탁군) - 치소는 涿縣. 今 河北省 중부 保定市 관할 涿州市. ○李憲 - 更始帝 치하에서 淮南王을 칭했었다. ○西州大將軍隗囂奉奏 - 西州는 涼州와 朔方郡 지역. 중원의 서쪽 지역이라는 뜻. 지금의 河西走廊에서 玉門關에 이르는 지역. 외효는 광무제의 명을 받아 그 지역 군사와 행정을 전담했다. ○延岑(연잠) - 建武 2년 2월 漢

中郡에서 武安王을 자칭했었다. ○東陽 – 마을 이름(聚名). 今 河南省 南陽市 부근 鄧州市(省 직할 縣級市) 남쪽.

[國譯]

冬 10월 壬申日, (광무제)는 春陵(용릉)에 행차하여 조상 園廟(원묘)에 제사하고 옛집에 술자리를 마련하여 친우와 父老들을 크게 접대하였다.

11월 乙未日, 용릉에서 돌아왔다. 涿郡(탁군) 태수 張豐(장풍)이 반역했다. 이 해에 李憲(이헌)이 天子를 자칭했다. 西州大將軍인 隗囂(외효)가 명을 받아 서쪽 지역의 정사를 대행했다.

建議大將軍 朱祐(주우)가 祭遵(제준)를 거느리고 나가 延岑(연잠)과 東陽이란 곳에서 싸워 연잠의 장수 張成(장성)을 죽였다.

原文

四年春正月甲申, 大赦天下. 二月壬子, 幸懷. 壬申, 至自懷. 遣右將軍鄧禹率二將軍與延岑戰於武當, 破之.

夏四月丁巳, 幸鄴. 己巳, 進幸臨平. 遣大司馬吳漢擊五校賊於箕山, 大破之. 五月, 進幸元氏. 辛巳, 進幸盧奴. 遣征虜將軍祭遵率四將軍討張豐於涿郡, 斬豐.

| 註釋 | ○(建武) 四年 – 서기 28년. ○武當 – 南陽郡에 속한 縣名. 今 湖北省 서북쪽 十堰市 관할 丹江口市에 해당. 그 서남쪽에 道敎의 성지로 유명한 武當山이 있다. ○臨平 – 鉅鹿郡의 縣名. 今 河北省 서남부 石家莊

市 동쪽 晉州市. ○箕山 ─ 東郡의 箕山, 今 山東省 서남부 菏澤市 鄄城縣
箕山鎭.

[國譯]

(建武) 4년(서기 28) 봄 정월 甲申日, 천하의 죄수를 大赦했다.

2월 壬子日, 懷縣(회현)에 행차했다. 壬申日, 회현에서 돌아왔다.
右將軍 鄧禹(등우)를 파견하여 2명의 장군을 거느리고 延岑(연잠)과
武當縣에서 싸워 적을 격파했다.

여름 4월 丁巳日, 鄴縣(업현)에 행차했다. 己巳日, 더 나아가 臨平
(임평)에 행차하였다. 大司馬 吳漢(오한)을 보내 五校賊을 東郡 箕山
(기산)에서 싸워 대파하였다. 5월, 더 나아가 元氏縣(원씨현)에 행차
했다. 辛巳日, 더 나아가 盧奴縣(노노현)에 행차했다. 征虜將軍 祭遵
(제준)을 보내 4장군을 거느리고 涿郡(탁군)에서 張豐(장풍)을 토벌케
했는데 장풍의 목을 잘랐다.

┃原文

六月辛亥, 車駕還宮.

七月丁亥, 幸譙. 遣捕虜將軍馬武,偏將軍王霸圍劉紆於
垂惠. 董憲將賁休以蘭陵城降, 憲圍之. 虎牙大將軍蓋延率
平狄將軍龐萌救賁休, 不克, 蘭陵爲憲所陷. 秋八月戊午,
進幸壽春. 太中大夫徐惲擅殺臨淮太守劉度, 惲坐誅. 遣揚
武將軍馬成率三將軍伐李憲. 九月, 圍憲於舒.

冬十月甲寅, 車駕還宮. 太傅卓茂薨. 十一月丙申, 幸宛. 遣建義大將軍朱祐率二將軍圍秦豐於黎丘. 十二月丙寅, 進幸黎丘. 是歲, 征西大將軍馮異與公孫述將程焉戰於陳倉, 破之.

| 註釋 | ○譙 – 沛郡(패군, 치소는 相縣)의 현명. 今 安徽省 북쪽의 亳州市 (박주시). ○垂惠 – 譙縣(초현)의 마을 이름(聚名). ○董憲將賁休 – 반기를 든 劉永(유영)이 董憲(동헌)을 海西王에 봉했었다. 賁는 괘 이름 비, 성씨 비 (賁林 音 肥). 날랠 분, 성씨 분(賁休, 賁 音 奔). ○蘭陵(난릉) – 東海郡의 縣名. 今 山東省 남부 臨沂市(임기시) 蘭陵縣. ○壽春 – 九江郡의 縣名. 今 安徽省 중서부 六安市 관할 壽縣. ○臨淮 – 郡名. 치소는 徐縣, 今 江蘇省 북서부 宿遷市 관할 泗洪縣. (明帝) 永平 연간에 下邳國(하비국)으로 바뀜. ○舒縣 – 廬江郡의 치소인 舒縣, 今 安徽省 중부 合肥市 관할 廬江縣. ○卓茂 (탁무) – 前任 高密 縣令. ○宛 – 南陽郡의 治所 宛縣(완현, 今 河南省 南陽市). ○黎丘(여구) – 縣名. 今 湖北省 북부 襄陽市 所轄 宜城市. ○陳倉 – 右扶風의 縣名. 今 陝西省 서남부 寶雞市 陳倉區. 渭水 북안.

[國譯]

6월 辛亥日, 車駕가 환궁했다.

7월 丁亥日, 譙縣(초현)에 행차했다. 捕虜將軍 馬武(마무), 偏將軍 王霸(왕패)를 보내 劉紆(유우, 劉永의 아들)를 垂惠(수혜)에서 포위했다. 董憲(동헌)의 장수 賁休(분휴)가 蘭陵城을 들어 투항했는데 동헌이 난릉성을 포위했다. 이에 虎牙大將軍 蓋延(개연)이 平狄將軍 龐萌(방맹)을 거느리고 賁休(분휴)를 구원했지만 이기지 못하고 난릉성은 동헌에게 함락되었다.

秋 8월 戊午日, 광무제는 壽春縣에 행차하였다. 太中大夫인 徐惲(서운)이 멋대로 臨淮太守 劉度(유도)를 살해했고 서운은 법에 의거 주살되었다. 揚武將軍 馬成(마성)을 보내 3명을 장군을 거느리고 李憲(이헌)을 토벌하였다. 9월에 이헌을 舒縣에서 포위하였다.

冬 10월 甲寅日, 어가가 환궁했다. 太傅인 卓茂(탁무)가 죽었다. 11월 丙申日, (광무제는) 宛縣(완현)에 행차했다. 建義大將軍 朱祐(주우)를 보내 장군 2명을 거느리고 秦豐(진풍)을 黎丘(여구)에서 포위했다. 12월 丙寅日, 광무제는 여구현까지 행차했다. 이 해에 征西大將軍 馮異(풍이)는 公孫述의 장수 程焉(정언)과 陳倉(진창)에서 싸워 격파했다.

原文

五年春正月癸巳, 車駕還宮.

二月丙午, 大赦天下. 捕虜將軍馬武,偏將軍王霸拔垂惠. 乙丑, 幸魏郡. 壬申, 封殷後孔安爲殷紹嘉公. 彭寵爲其蒼頭所殺, 漁陽平. 大司馬吳漢率建威大將軍耿弇擊富平, 獲索賊於平原, 大破降之. 復遣耿弇率二將軍討張步.

| 註釋 | ○(建武) 五年 - 서기 29년. 己丑. ○魏郡 - 치소는 鄴縣(업현, 今 河北省 邯鄲市 관할 臨漳縣). ○孔安爲殷紹嘉公 - 成帝는 殷의 후손으로 孔吉을 殷 紹嘉公에 봉했었다. 孔安은 孔吉의 후손. ○蒼頭所殺 - 秦에서 일반 백성은 黔首(검수, 黔은 검을 검), 노비를 蒼頭(창두)라 하였다. ○漁陽

‒ 彭寵(팽총)은 어양태수였다가 반기를 들었다. 漁陽은 군명. 치소는 今 北京市 동북의 密雲區. ○平原‒郡名. 치소는 平原縣. 今 山東省 북부 德州市 平原縣.

[國譯]

建武 5년, 봄 정월 癸巳日, 어가가 환궁했다.

2월 丙午日, 천하의 죄인 모두를 사면했다. 捕虜將軍 馬武(마무)와 偏將軍 王霸(왕패)가 垂惠城(수혜성)을 평정했다. 乙丑日, (광무제가) 魏郡(위군)에 행차했다. 壬申日, 殷(은)의 후손 孔安(공안)을 殷 紹嘉公(소가공)에 봉했다. 彭寵(팽총)이 그 蒼頭(창두, 노비)에게 살해되었고, 漁陽郡이 평정되었다.

大司馬 吳漢(오한)이 建威大將軍 耿弇(경엄)을 거느리고 富平(부평)과 獲索(획색)의 도적 무리를 平原郡에서 공격, 대파하여 항복케 했다. 다시 경엄에게 장군 2명을 거느리고 張步(장보)를 토벌케 했다.

原文

三月癸未, 徙廣陽王良爲趙王, 始就國. 平狄將軍龐萌反, 殺楚郡太守孫萌而東附董憲. 遣征南大將軍岑彭率二將軍伐田戎於津鄕, 大破之.

夏四月, 旱, 蝗. 河西大將軍竇融始遣使貢獻.

五月丙子, 詔曰, 「久旱傷麥, 秋種未下, 朕甚憂之, 將殘吏未勝, 獄多冤結, 元元愁恨, 感動天氣乎? 其令中都官, 三

輔, 郡, 國出繫囚, 罪非犯殊死一切勿案, 見徒免爲庶人. 務
進柔良, 退貪酷, 各正厥事焉.」

| 註釋 | ○廣陽王良爲趙王 – 廣陽은 郡, 國名. 치소는 薊縣(계현), 今 天
津市 북부 薊州區(계주구, 薊縣). 趙國의 치소는 邯鄲縣(今 河北省 남단 邯鄲
市). 전국시대 趙國의 도읍, 北宋시대에는 北京大名府,《水滸傳》의 무대.
邯은 山名, 鄲은 盡也. 邯山(한산)이 여기에 와서 끝난다는 의미. ○楚郡 –
치소는 彭城縣, 今 江蘇省 서북단 徐州市. ○津鄕 – 南郡(치소는 江陵縣)의
지명. 江陵縣 東. ○蝗 – 누리 황. 메뚜기 과의 곤충. ○河西大將軍竇融 –
河西는 지역 이름, 今 甘肅省과 寧夏回族自治區를 흐르는 黃河의 서쪽, 곧
河西走廊 일대. 竇融(두융)은 23권, 〈竇融列傳〉에 입전. ○殘吏未勝 – 잔
혹한 관리가 백성을 잘 돌보지 못하다. ○中都官, 三輔 – 中都官은 京師
(天子之都)의 모든 官府. 三輔는 前漢 長安과 그 주변의 행정관이면서 그
의 관할 지역. 京兆尹(長安과 藍田縣 등 今 西安市 동남 지역), 右扶風(우부풍, 長
安의 서쪽), 左馮翊(좌풍익, 장안의 북쪽 지역.) 후한의 수도 낙양 지역의 행정 책
임자는 河南尹이었다. 三輔와 三河, 弘農郡은 司隷校尉部 관할이었다. ○殊
死一切勿案 – 殊死는 斬刑(참형, 사형). 殊는 분리하다(絕也)

[國譯]

3월 癸未日, 廣陽王 劉良을 옮겨 趙王에 봉했는데, 처음으로 封國
에 취임했다.

平狄將軍(평적장군)인 龐萌(방맹)이 반역하여 楚郡太守 孫萌(손맹)
을 죽이고 동쪽으로 가서 董憲(동헌)에 붙었다. 征南大將軍 岑彭(잠
팽)이 장군 2명을 거느리고 田戎(전융)을 津鄕(율향)에서 공격하여 대
파하였다.

여름 4월, 날이 가물고 황충이 발생했다. 河西大將軍 竇融(두융)이 처음으로 사신을 보내 朝貢을 바쳤다.

5월 丙子日, 조서를 내렸다.

「날이 오래 가물어 보리농사를 망쳤고 가을 파종도 하지 못했다니 짐은 이를 매우 우려한다. 이는 잔혹한 관리가 직무를 감당 못하고 억울한 옥살이가 많아 백성들의 근심과 원한이 天氣를 움직였기 때문이 아니겠는가? 中都官과 三輔(삼보), 그리고 각 郡과 侯國에 명하나니 죄수를 석방하고 사형 죄를 범한 자가 아니면 일체 조사하지 말 것이며, 복역 중인 죄수를 방면하여 서인이 되게 하라. 온순 현량한 인재 천거에 힘쓰고, 탐욕 잔혹한 자를 물리치며, 각자가 맡은 일에 힘써주기 바란다.」

原文

六月, 建義大將軍朱祐拔黎丘, 獲秦豐, 龐萌,蘇茂圍桃城. 帝時幸蒙, 因自將征之. 先理兵任城, 乃進救桃城, 大破萌等.

秋七月丁丑, 幸沛, 祠高原廟. 詔修復西京園陵. 進幸湖陵, 征董憲. 又幸蕃, 遂攻董憲於昌慮, 大破之.

| 註釋 | ○桃城 − 東平國 任城縣(今 山東省 齊寧市 任城區에 해당)의 마을 이름. ○蒙 − 梁國의 縣名. 今 河南省 동부 商丘市에 해당. ○沛 − 군, 현명. 沛郡(치소는 相縣, 今 安徽省 북부의 淮北市)의 沛縣(今 江蘇省 徐州市 관할 沛縣). 漢 高祖의 출신지. ○高原廟 − 다시 설립한 고조의 묘당(原은 再

也). ○西京園陵 - 西京은 長安城. ○進幸湖陵 - 湖陵은 山陽郡(치소는 昌邑縣)의 현명. 今 山東省 서남부 齊寧市 魚台縣. 沛縣의 북쪽. ○蕃 - 魯國의 縣名. 今 山東省 남부 棗莊市(조장시) 관할 滕州市(縣級). 墨子 출생지. ○昌慮 - 東海郡의 縣名, 今 山東省 棗莊市(조장시) 관할 滕州市 동남.

[國譯]

6월, 建義大將軍 朱祐(주우)가 黎丘(여구)를 점령하고 秦豐(진풍)을 사로잡자 적장 龐萌(방명)과 蘇茂(소무) 등이 桃城(도성)을 포위했다. 광무제는 그때 蒙縣(몽현)에 행차했었는데 곧바로 군사를 이끌고 이들 정벌에 나섰다. 먼저 任城(임성)에서 군사를 점검한 뒤에 桃城(도성)에 진격하여 구원하고 방명 등을 대파하였다.

가을 7월 丁丑日, 沛縣(패현)에 행차하여 다시 지은 高祖 묘당에 제사를 지냈다. 조서로 西京(長安)의 고조 능묘를 보수하게 했다.

광무제는 더 나아가 湖陵縣에 행차하여 董憲(동헌)을 정벌했다. 또 蕃縣(번현)에 행차하여 마침내 昌慮(창려)에서 동헌을 공격하여 대파했다.

原文

八月己酉, 進幸郯, 留吳漢攻劉紆, 董憲等, 車駕轉徇彭城, 下邳. 吳漢拔郯, 獲劉紆, 漢進圍董憲, 龐萌於朐.

冬十月, 還, 幸魯, 使大司空祠孔子. 耿弇等與張步戰於臨淄, 大破之. 帝幸臨淄, 進幸劇. 張步斬蘇茂以降, 齊地平. 初起太學. 車駕還宮, 幸太學, 賜博士弟子各有差.

| 註釋 | ○郯(담) - 東海郡의 治所. 縣名, 今 山東省 臨沂市 관할 郯城縣. ○轉徇彭城, 下邳 - 轉徇은 巡行하다. 徇은 돌아다니며 명을 내려 평정하다. 彭城(팽성)은 현명. 옛 項羽의 도읍지. 今 江蘇省이 北大門인 徐州市. 下邳(하비)는 縣名. 今 江蘇省 北部 徐州市 관할 睢寧縣(수녕현) 古邳鎭. ○朐(구) - 東海郡의 현명. 今 江蘇省 북부 連雲港市 서남. ○魯 - 侯國, 縣名. 치소는 魯縣, 今 山東省 濟寧市 관할 曲阜市(縣級). ○大司空 - 前漢 御使大夫의 개칭. 백관 감찰. 丞相 부재 시에 승상의 직무 수행, 副丞相, 三公의 하나. ○臨淄(임치) - 옛 齊의 도읍. 今 山東省 중부의 淄博市(치박시). ○劇(극) - 北海郡 縣名, 侯國名. 劇縣은 今 山東省 동부 維坊市 관할 壽光市. ○太學 - 大學. 漢 武帝 때(前 124) 처음 설치. 五經博士를 두고 교육. 洛陽의 太學은 開陽門 밖, 去宮 8里에 위치. 박사의 선임과 그 학식이나 근무를 감독 평가하는 직책은 太常(종묘 제사 담당)이다. 後漢에서는 五經 분야별로 14명의 박사(〈易〉4人, 〈尙書〉3人, 〈詩〉3人, 〈禮〉2人, 〈春秋〉2人)를 두었다. 博士祭酒(前漢에서는 博士僕射)가 박사의 先任으로 代表格. 질록 六百石. 다른 박사는 질록 比六百石(前漢에서는 4百石, 宣帝 때 6백석으로 늘렸다). 박사는 弟子의 교육을 담당하고 나라에 疑事가 있을 경우, 황제나 三公九卿의 자문에 응대하였다. 靈帝 때 蔡邕(채옹) 등이 경문을 새긴 《石經》46개를 세웠다(憙平石經). ○博士弟子 - 太學生, 太學의 학생. 박사는 제자를 50명까지 둘 수 있었으나 나중에는 점차 늘어 前漢에서는 최고 3천 명에 달했으며 後漢에서는 3만 명에 달했다. 太學生은 모든 身役이 면제되었다.

[國譯]

8월 己酉日, (광무제는) 郯縣(담현)에 행차하여 吳漢(오한)을 시켜 劉紆(유우), 董憲(동헌) 등을 공격케 하였고, 어가는 彭城(팽성), 下邳

(하비) 지역을 순행했다. 吳漢(오한)은 鄴縣의 성을 점령하고 유우를 사로잡았으며 漢軍은 董憲(동헌)과 龐萌(방맹)을 朐縣(구현)에서 포위하였다.

冬 10월, 광무제는 돌아오는 길에 魯(노)에 행차하였고 大司空을 시켜 孔子(공자)를 제사케 했다. 耿弇(경엄) 등은 張步와 臨淄(임치)에서 싸워 대파하였다. 광무제가 임치에 행차했다가 劇縣(극현)까지 갔다. 張步(장보)가 蘇茂(소무)를 죽이고 투항하면서 齊 일대가 평정되었다. 처음으로 太學을 설립했다. 어가가 환궁했다가 太學에 행차하여 등급에 따라 博士弟子를 시상했다.

十一月壬寅, 大司徒伏湛免, 尙書令侯霸爲大司徒. 十二月, 盧芳自稱天子於九原. 西州大將軍隗囂遣子恂入侍. 交阯牧鄧讓率七郡太守遣使奉貢.

詔復濟陽二年傜役. 是歲, 野穀漸少, 田畝益廣焉.

| 註釋 | ○大司徒 – 승상. 伏湛(복침), 伏이 성씨. ○尙書令 – 九卿의 하나인 少府의 속관. 국가 기밀문서의 上奏를 담당, 황제의 측근. 무제 때는 宦者(환자)가 담당, 成帝 때 일반 관료가 담당. 후한에서는 권력 중추기구인 尙書臺(상서대, 별칭 臺閣)의 책임자. 秩祿 1千石. 侯霸(후패)는 26권, 〈伏侯宋蔡馮趙牟韋列傳〉에 입전. ○九原 – 縣名. 五原郡의 治所, 今 內蒙古 包頭市 서북. 황하가 내몽고에서 ∩ 모양으로 흐르는 북안. ○交阯牧鄧讓 – 交阯(교지)는 郡名. 또한 前漢 13刺史部의 하나. 후한에서는 交州刺史部.

南海郡, 蒼梧, 鬱林, 合浦, 交阯(지금의 越南 지역), 九眞, 日南郡을 감찰. 阯는 趾와 同. 前漢에서 刺史는 고정된 치소가 없었으나 後漢에서는 治所가 고 정되었다. 武帝 때 자사는 질록 6백석이었으나 成帝는 자사를 州牧(간칭 牧)으로 개칭하고 질록도 이천석으로 상향 조정했다. ○詔復濟陽二年傜 役 － 復은 傜役(요역)이나 賦稅(부세)를 면제하다(除其賦役也). 濟陽은 陳留 郡의 현명. 今 河南省 開封市 관할 蘭考縣. 南頓君 劉欽이 濟陽縣令일 때 광무제가 여기서 출생했다. ○田畝 － 耕地. 畝는 토지 면적 단위. 1畝(무) 는 667㎡. 지금 우리나라 평수로 200평 정도. 논 200평을 '1 마지기'라고 한다.

[國譯]

11월 壬寅日, 大司徒 伏湛(복침)이 면직되고, 尙書令인 侯霸(후패) 가 大司徒가 되었다.

12월, 盧芳(노방)이 九原縣에서 천자를 자칭했다. 西州大將軍인 隗囂(외효)가 아들을 보내 입시케 했다. 交阯(교지) 牧(刺史)인 鄧讓 (등양)이 七郡의 太守를 거느리고 사자를 보내 공물을 바쳤다. 조서 를 내려 濟陽縣에 대하여 2년간 傜役(요역)을 면제했다. 이 해에 야 생의 곡식은 점차 줄었지만, 田畝(전무, 耕地)는 더욱 넓어졌다.

1 光武帝紀(下)
〔광무제기(하)〕

原文

　六年春正月丙辰, 改舂陵鄕爲章陵縣. 世世復傜役, 比豐, 沛, 無有所豫.

　辛酉, 詔曰, 「往歲水旱蝗蟲爲災, 穀價騰躍, 人用困乏. 朕惟百姓無以自贍, 惻然愍之. 其命郡國有穀者, 給稟高年, 鰥, 寡, 孤, 獨及篤癃, 無家屬貧不能自存者, 如律. 二千石勉加循撫, 無令失職.」

　揚武將軍馬成等拔舒, 獲李憲.

| 註釋 |　○(建武) 六年 — 서기 30년. 庚寅. ○章陵縣 — 南陽郡의 37개 國,縣의 하나. 今 湖北省 襄樊市(양번시) 관할 棗陽市(조양시)에 해당. 옛 舂陵孝侯 劉仁(광무제의 큰할아버지)이 이주해온 白水鄕을 舂陵縣(용릉현)이라 했었다. 광무제는 조부와 부친의 묘를 昌陵이라 했다가 다시 章陵으로 개

명하면서 용릉현을 장릉현으로 개명했다. ○比豐,沛 – 前漢 高祖의 고향
인 沛縣(今 江蘇省 徐州市 沛縣)의 豐邑(今 江蘇省 徐州市 豐縣)에 대해서는 "패
현을 湯沐邑(탕목읍)으로 삼을 것이고 백성의 부세를 면제하여 대대로 부과
하지 않겠다.〔其以沛爲朕湯沐邑, 復其民, 世世無有所與.〕"고 하였다. ○無
有所豫 – 납부하는 것이 없다. 豫는 與와 同. ○騰躍(등약) – 물가가 크게
오르다. 값이 뛰다(踊貴也). ○困乏(곤핍) – 곤궁하고 결핍하다. ○自瞻 –
자급하다. 瞻는 넉넉할 섬. ○惻然愍之 – 슬퍼하며 측은히 여기다. 惻은
슬퍼할 측. 愍은 가엽게 여길 민. ○給稟 – 양식을 주다. 稟 줄 품, 곡식을
내려주다(賜穀也). ○鰥,寡,孤,獨 – 六十無妻曰鰥(홀아비 환), 五十無夫曰
寡(과부). 幼而無父曰孤(孤兒), 老而無子曰獨(자손이 없는 獨身). ○篤癃(독
륭) – 병이 위중하다. 篤은 고생할 독. 곤궁(困也). 癃(위독할 륭)은 병으로
쇠약하여 폐인이 되다. ○二千石勉加循撫 – 二千石은 太守. 循撫는 慰撫
(위무)하다. ○無令失職 – 정상적 직무를 소홀히 말라. 職은 常也.

[國譯]

(建武) 6년 봄 正月 丙辰日, 春陵鄕(용릉향)을 章陵縣으로 개명하
였다. 대대로 요역을 면제하여 豐邑과 沛縣처럼 나라에 바치는 것이
없었다.

辛酉日, 조서를 내렸다. 「작년에 수해와 가뭄에 황충의 재해까지
있어 곡가가 크게 뛰어 백성의 살림이 매우 어렵다. 朕(짐)은 살 길
이 막막한 백성을 생각하면 매우 슬프고 측은하기만 하다. 郡國에
곡식을 가진 자로 하여금 노인과 홀아비와 과부, 고아나 무자식 노
인, 그리고 병으로 위독한 자, 그리고 가족이 없거나 가난하여 살기
어려운 빈민에 곡식을 공급하여 구제하되 율령대로 시행히도록 하
라. 태수들은 백성을 돌보기에 힘쓰며 직분을 잃지 않도록 하라.」

揚武將軍 馬成(마성) 등이 舒縣(서현)을 공격, 점령하고 李憲(이헌)을 생포하였다.

原文

二月, 大司馬吳漢拔朐, 獲董憲, 龐萌, 山東悉平. 諸將還京師, 置酒賞賜. 三月, 公孫述遣將任滿寇南郡.

夏四月丙子, 幸長安, 始謁高廟, 遂有事十一陵. 遣虎牙大將軍蓋延等七將軍從隴道伐公孫述.

| 註釋 | ○山東悉平 – 山東은 崤山(효산) 동쪽. 곧 함곡관 동쪽. 關東. 悉은 다 실. 모두. ○南郡 – 荊州刺史部 관할 南郡. 치소는 江陵縣, 今 湖北省 남부 荊州市 江陵縣. ○遂有事十一陵 – 有事는 祭祀를 지내다. 11陵은 高祖의 長陵, 惠帝의 安陵, 文帝의 霸陵(패릉), 景帝의 陽陵, 武帝의 茂陵(무릉), 昭帝의 平陵, 宣帝의 杜陵, 元帝의 渭陵, 成帝의 延陵, 哀帝의 義陵, 平帝의 康陵. ○虎牙大將軍 – 牙는 어금니 아. 치아의 총칭.

[國譯]

2월, 大司馬 吳漢(오한)이 朐縣(구현)을 점령하고, 董憲(동헌), 龐萌(방맹) 등을 사로잡으니, 山東지역이 모두 평정되었다. 모든 장수가 낙양으로 돌아와 잔치를 벌이고 시상하였다. 3월, 公孫述(공손술)이 장수 任滿(임만)을 보내 南郡(남군)을 노략질했다.

여름 4월 丙子日, (광무제는) 長安에 행차하여 처음으로 고조 묘당을 배알하고 이어 11陵에 제사를 지냈다. 虎牙大將軍 蓋延(개연)

등 7명의 장군을 보내 隴縣(농현)의 길을 따라 公孫述(공손술)을 토벌했다.

原文

  五月己未, 至自長安. 隗囂反, 蓋延等因與囂戰於隴阺, 諸將敗績.

  辛丑, 詔曰, 「惟天水,隴西,安定,北地吏人爲隗囂所詿誤者, 又三輔遭難赤眉, 有犯法不道者, 自殊死以下, 皆赦除之.

| 註釋 | ○隴阺 – 지명. 阺는 비탈 저. ○天水, 隴西, 安定, 北地 – 涼州 刺史部 관할, 長安 서북의 군명. 天水郡(後漢에서는 漢陽郡)의 치소는 冀縣. 今 甘肅省 남부 天水市 관할 甘谷縣. 隴西郡 치소는 狄道縣, 今 甘肅省 동남부 定西市 관할 臨洮市. 安定郡의 치소는 高平縣, 今 寧夏回族自治區 남부 固原市. (前漢) 北地郡의 치소는 義渠縣(今 甘肅省 동북부 慶陽市 관할 慶城縣). 後漢 北地郡 치소는 富平縣, 今 寧夏回族自治區 吳忠市, 黃河 東岸. ○爲隗囂所詿誤者 – 爲~所~는 피동형 문장. 詿誤(괘오)는 그릇되게 하다. 속여서 잘못을 저지르게 하다. 詿 그르칠 괘(誤也). ○有犯法不道者 – 律令에 잘못도 없는데 一家三人을 죽인 자도 부도 죄에 해당되었다. ○殊死 – 죽이다. 殊는 죽일 수. 다르다. 분리되다(別也).

[國譯]

  5월 己未日, 장안에서 (낙양으로) 돌아왔다. 隗囂(외효)가 배반하자, 蓋延(개연) 등이 외효와 隴阺(농저, 隴山의 기슭)에서 싸웠으나 모든 장수가 패배했다.

辛丑日, 조서를 내렸다. 「天水, 隴西, 安定, 北地郡의 관리나 백성 중에 隗囂(외효)에 속아 반역한 자나 三輔(삼보) 지역에서 赤眉의 치하에서 不道罪를 저지른 자 중에서 사형 이하에 해당하는 자는 모두 사면하여 석방하라.」

原文

六月辛卯, 詔曰,「夫張官置吏, 所以爲人也. 今百姓遭難, 戶口耗少, 而縣官吏職所置尙繁, 其令司隸,州牧各實所部, 省減吏員. 縣國不足置長吏可倂合者, 上大司徒,大司空二府.」

於是條奏並省四百餘縣, 吏職減損, 十置其一.

代郡太守劉興擊盧芳將賈覽於高柳, 戰歿. 初, 樂浪人王調據郡不服. 秋, 遣樂浪太守王遵擊之, 郡吏殺調降. 遣前將軍李通率二將軍, 與公孫述將戰於西城, 破之. 夏, 蝗.

| 註釋 | ㅇ張官置吏 – 관직을 마련하고 관리를 두다. 張은 차려놓다. 설치하다(設也). 陳設하다. ㅇ遭難(조난) – 재난을 당하다. 遭는 만날 조. ~을 당하다. ㅇ縣官吏職 – 縣官은 나라(朝廷). 조정의 벼슬아치. 때로는 天子의 뜻으로도 쓰임. ㅇ所置尙繁 – 관원 수는 오히려 증가했다. 尙은 오히려, 더욱, 그럼에도 불구하고(尙且). ㅇ司隸 – 여기서는 司隸校尉部. 前漢의 司隸校尉는 처음에 중앙관서에서 사역하는 노예를 감독하는 직책

이었다. 前漢 武帝 征和 4년(前 89)에 京師지역, 곧 三輔(京兆, 右扶風, 左馮翊 좌풍익)와 三河(河東郡 河南郡, 河內郡) 및 弘農郡 등 7郡의 관리를 규찰하고 범법자를 다스리는 임무를 수행하도록 사예교위를 설치하였는데 13자사부와 같은 기능을 수행. 秩 二千石. 後漢의 司隷校尉는 질록 비이천석, 京師와 三輔의 백관, 외척, 제후, 태수를 규찰하고 1州(三輔 등 7郡)를 직접 감찰하여 그 권세가 당당했다. 建武 元年에 광무제는 御史中丞(어사중승, 최고 감찰관), 司隷校尉(백관 규찰), 尙書令의 三官을 '三獨坐'라 호칭했는데, 이는 조회 시에 전용석에 혼자 앉는다는 뜻이다. 司隷校尉部의 치소는 洛陽. 東京, 또는 司隷라고도 칭했다. 후한에서는 105개 郡을 사예교위부 등 13자사부에 소속시켜 지방을 관할 통제했다. 부록 참고. ○高柳 - 縣名. 代郡의 治所, 今 山西省 大同市 관할 陽高縣 서북. ○樂浪 - 郡名. 전한 무제 때 설치(前 108). 후한에서는 유주자사부 관할. 치소는 북한의 平壤縣. ○西城 - 여기는 西縣의 城이다. 西縣은 天水郡(뒷날 漢陽郡)의 현명. 天水郡 西縣은 今 甘肅省 天水市 서남에 해당. 처음에는 隴西郡 소속이었다가 나중에 天水郡 소속으로 바뀐다. 西城縣은 西縣과 별개이다. 西城縣은 漢中郡(치소는 南鄭縣. 漢王의 도읍지. 今 陝西省 남서부 漢中市)의 현명. 今 陝西省 남부 安康市에 해당.

[國譯]

6월 辛卯日, 조서를 내렸다.

「官府를 설치하고 관리를 임명하는 것은 백성을 위하려는 뜻이다. 지금 백성들이 재난을 당하여 戶口가 줄었는데도 조정의 관리들은 오히려 더 많아졌으니 司隷部나 州牧에 알려 관할 지역을 충실히 하고 관리를 감위하고 縣長이나 관리를 둘 수 없는 縣이나 제후국은 병합하고 大司徒나 大司空의 2府에 보고토록 하라.」

이에 각 주에서 조목별로 상주케 하여 4백여 縣을 감축하고 관리
는 이전 숫자의 10분의 1을 감원하였다. 代郡 太守인 劉興(유흥)이
盧芳(노방)의 장수 賈覽(가람)을 高柳縣(고류현)에서 공격하였으나 전
사했다.

그전에, 樂浪郡의 王調(왕조)란 자가 낙랑군에서 조정에 不服했었
다. 가을에, 樂浪太守 王遵(왕준)을 보내 공격하자 낙랑군의 관리가
왕조를 죽이고 투항하였다. 前將軍 李通(이통)을 파견하여 장군 2명
을 거느리고 公孫述(공손술)의 장수와 西城(西縣의 城)에서 싸워 격파
하였다.

여름에, 蝗虫(황충) 재해가 있었다.

■ 原文

秋九月庚子, 赦樂浪謀反大逆殊死已下. 丙寅晦, 日有食
之.

冬十月丁丑, 詔曰,「吾德薄不明, 寇賊爲害, 彊弱相陵, 元
元失所.《詩》云, ‘日月告凶, 不用其行.’ 永念厥咎, 內疚於
心. 其勅公卿擧賢良, 方正各一人, 百僚並上封事, 無有隱
諱, 有司修職, 務遵法度.」

| 註釋 | ㅇ彊弱相陵 – 强暴(강포)한 자가 弱小한 자를 凌蔑(능멸)하다.
彊은 强, 陵(犯也,侵也, 업신여길 릉)은 凌(깔볼 능)과 同. ㅇ元元 – 백성. 백성
은 나라의 근본이다. ㅇ《詩》云, ‘日月告凶, 不用其行.’ –《詩經 小雅 十月
之交》, 告凶은 천하에 凶亡의 징조를 알려주다. 行은 가야한 바른 길(道度

也). 不用은 不由. 제 길을 가지 않다.   ○永念厥咎 – 厥은 그, 그것, 그의, 그것의. 우리나라 개화기 소설에 나오는 厥女는 그 여자. 그녀. 咎는 허물 구.   ○內疚於心 – 疚는 오랜 병 구(病也).   ○其勑~ – 其는 ~하기 바란다. 勑은 조서 칙(勅 同). 위로할 래.   ○有司 – 設官하고 담당 職務를 구분하기에 事有專司의 뜻. 직분이나 성명을 명시하지 않은 官吏. 담당 관청이나 담당 부서의 뜻.

[國譯]

秋 9월 庚子日, 樂浪郡의 모반에서 大逆으로 사형 해당하는 이하의 죄인을 사면하였다. 丙寅日 그믐, 日食이 있었다.

冬 10월 丁丑日, 조서를 내렸다.

「짐이 薄德(박덕)하고 명철하지 못하여 도적 무리가 害惡을 저지르고 강자가 약자를 능멸하니 백성이 유랑하고 있다. 《詩經》에서도 '日月이 凶한 것을 알려주려고 그 길대로 가지 않네!' 라 하였으니, 짐의 허물을 오래 기억하며 마음속으로 탓하노라. 지금 명하나니 公卿은 賢良과 方正한 인재를 각 1인씩 천거하고, 모든 관료 역시 거리낌 없이 封事를 올릴 것이며, 관리들은 자신의 직무를 수행하되 법도를 준수하도록 하라.」

原文

十一月丁卯, 詔王莽時吏人沒入爲奴婢不應舊法者, 皆免爲庶人. 十二月壬辰, 大司空宋弘免.

癸巳, 詔曰, 「頃者師旅未解, 用度不足, 故行十一之稅.

今軍士屯田, 糧儲差積. 其令郡國收見田租三十稅一, 如舊
制.」

　隗囂遣將行巡寇扶風, 征西大將軍馮異拒破之.

　是歲, 初罷郡國都尉官. 始遣列侯就國. 匈奴遣使來獻,
使中郎將報命.

| 註釋 |　○大司空宋弘 － 大司空은 前漢의 御使大夫. 宋弘은 건무 2년에
대사공이 되었다. 26권, 〈伏侯宋蔡馮趙牟韋列傳〉에 입전.　○頃者師旅未
解 － 頃者는 近者, 근래에. 師旅는 동원된 군사, 부대. 師는 5旅(2,500명),
旅는 500명의 군사조직.　○故行十一之稅 － 十分하여 그중 稅로 一을 취
하다.　○今軍士屯田 － 군량 자급을 위해 짓는 농사를 屯田이라 하였다.
前漢 武帝 때 서역과의 교통을 위해 校尉를 설치하고 屯田하였다.　○田租
三十稅一 － 景帝 때 田租로 수확의 30분의 1을 징수했다.　○行巡寇扶風
－ 行은 姓, 巡(순)은 이름.　○使中郎將報命 － 後漢의 武官 중 지휘관으로
는 將軍 － 中郎將 － 校尉의 三級이 있는데 中郎將은 光祿勳(궁궐 수비 및 황
제 호위)의 속관. 秩 比二千石의 武官. 五官中郎將, 左, 右中郎將, 虎賁中郎
將, 羽林中郎將 외 使匈奴中郎將도 있었다.

[國譯]

　11월 丁卯日, 조서를 내려 王莽(왕망) 통치 시기에 노비가 된 관리
나 백성 중 舊法(前漢의 법제)에 맞지 않는 자를 모두 사면하여 서인
이 되게 하였다.

　12월 壬辰日, 大司空인 宋弘을 면직시켰다. 癸巳日, 조서를 내렸
다.

「근래에 군사를 해산하지 않아 財用이 부족했기에 수확의 10분의 1을 田租로 징수하였다. 지금 군대에서 屯田(둔전)하여 군량이 비축되었다 각 郡國에 명령하여 舊制와 같이 30분의 1을 田租로 징수토록 하라.

隗囂(외효)가 그 장수 行巡(행순)을 파견하여 右扶風(우부풍) 지역을 침범하자 征西大將軍 馮異(풍이)가 이를 막아 격파하였다.

이 해에 처음으로 各 郡國의 都尉官을 혁파하였다. 列侯를 보내 봉국에 취임케 하였다. 匈奴(흉노)가 사신을 보내 특산물을 바치자 中郎將을 보내 답방케 하였다.

原文

七年春正月丙申, 詔中都官,三輔,郡,國出繫囚, 非犯殊死, 皆一切勿案其罪. 見徒免爲庶民. 耐罪亡命, 吏以文除之.

又詔曰,「世以厚葬爲德, 薄終爲鄙, 至於富者奢僭, 貧者單財, 法令不能禁, 禮義不能止, 倉卒乃知其咎. 其布告天下, 令知忠臣,孝子,慈兄,悌弟薄葬送終之義.」

| 註釋 | ㅇ七年 – 建武 7년은 서기 31년. ㅇ勿案其罪 – 案은 事案에 대한 조사나 문초. ㅇ見徒免爲庶民 – 見徒는 징역형을 받은 자. 徒는 형벌의 하나인 징역. 죄수 도. ㅇ耐罪亡命 – 耐罪는 경범죄, 1년 형을 罰作, 2년 형벌은 耐(견딜 내)라 하였다. 亡命은 이름을 숨기고 도피한 자. 吏以文除之은 관리가 그 본명을 기록하여 장부를 만든 다음에 그 면죄하라는 뜻. ㅇ薄終爲鄙 – 薄終은 薄葬. 鄙는 비루하다. 천하게 여기다. 禮가 아니다.

○貧者單財 – 재물을 탕진하다. 單은 다하다(盡也). ○倉卒乃知其咎 – 倉
卒은 혼란할 때(喪亂也). 허둥지둥하다. 厚葬한 무덤들은 혼란한 시기에
거의 다 도굴된다는 뜻. 咎(허물 구)는 잘못, 잘못된 처사. 해악.

[國譯]

　(建武) 7년(서기 31) 春 正月 丙申日, 조서를 내려 中都官, 三輔,
郡과 國에서 죄수를 석방하되 사형에 해당하는 죄가 아니라면 일체
그 죄를 조사하지 못하게 하였다. 징역형의 죄수도 사면하여 서민이
되게 하였다. 경죄를 짓고 이름을 숨겨 도피한 자는 관리가 문서에
올린 뒤에 사면하였다.

　또 조서를 내렸다. 「세상에서는 厚葬(후장)을 미덕으로 여기고 薄
葬(박장)을 예가 아닌 행위로 생각하여 부자는 사치의 도가 넘고 빈
자도 재물을 다 소진하는데, 이를 법령으로 금할 수도 예법으로도
못하게 할 수 없지만 혼란이 닥치면 그것이 잘못임을 알게 된다. 천
하에 널리 알려 충성스런 신하나 효도하는 아들, 인자한 兄長과 공
손한 아랫사람 모두가 박장이 大義임을 깨우치게 하라.」

原文

　二月辛巳, 罷護漕都尉官.

　三月丁酉, 詔曰, 「今國有衆軍, 並多精勇, 宜且罷輕車, 騎
士, 材官, 樓船士及軍假吏, 令還復民伍. 公孫述立隗囂爲朔
寧王.」

　癸亥晦, 日有食之, 避正殿, 寢兵, 不聽事五日.

詔曰,「吾德薄致災, 譴見日月, 戰慄恐懼, 夫何言哉! 今方念愆, 庶消厥咎. 其令有司各修職任, 奉遵法度, 惠茲元元. 百僚各上封事, 無有所諱. 其上書者, 不得言聖.」

[國譯]

2월 辛巳日, 護漕都尉(호조도위)의 관직을 폐지했다.

3월 丁酉日, 조서를 내렸다.

「지금 나라에 (필요 이상의) 많은 군사를 보유하고 대부분 정예의 용사이니 輕車(경거)와 騎士, 材官, 樓船(누선)의 사졸이나 軍의 임시 관리를 모두 폐지하여 모두 고향에 돌아가 백성으로 살게 하라.」

公孫述(공손술)이 隗囂(외효)를 朔寧王(삭령왕)으로 책립했다.

癸亥日 그믐, 日食이 발생하자 (광무제는) 正殿을 피하고, 用兵을 중지하고 정사를 5일간 행하지 않았다. 그리고 조서를 내렸다.

「짐의 덕행이 없어 재앙이 닥치고 하늘(日月)의 견책을 받았으니 戰慄(전율)하며 두렵기만 하니, 무슨 말을 하겠는가! 지금 나의 잘못을 생각하며 다만 재앙이 그치기를 기다린다. 담당 관리들은 각자의 직무를 잘 수행하고 법도를 준수할 것이며, 백성에게 仁愛를 베풀도록 하라. 모든 신료들은 각자 封事를 올리되 숨기는 일이 없도록 하라. 상서할 때는 칭송의 말을 하지 말라.」

原文

夏四月壬午, 詔曰,「比陰陽錯謬, 日月薄食. 百姓有過, 在予一人, 大赦天下. 公,卿,司隷,州牧擧賢良,方正各一人, 遣詣公車, 朕將覽試焉.」

五月戊戌, 前將軍<u>李通</u>爲大司空. 甲寅, 詔吏人遭饑亂及爲<u>靑</u>,徐賊所略爲奴婢下妻, 欲去留者, 恣聽之. 敢拘制不還, 以賣人法從事.

是夏, 連雨水. 漢忠將軍<u>王常</u>爲橫野大將軍.

│註釋│ ○遣詣公車 - 公車는 관직명. 公車司馬令의 간칭. 公車는 궁전의 公車司馬門의 출입자를 단속 관장한다. 황제에게 上書할 사람이나 황제의 부름에 응하는 사람들이 대기하며 公車司馬令(약칭 公車令, 衛尉의 속관, 질록 6百石)의 지시를 받는다. 백성의 상소문, 지방관이 보내오는 공물도 접수 관리한다. 丞과 尉 등 속관을 두었다. ○吏人遭饑亂 - 遭는 만날 조. 당하다. 饑亂은 饑荒(기황)과 戰亂(전란). ○靑,徐 - 靑州刺史部〔治所는 齊國 臨淄縣(임치현)〕와 徐州刺史部〔치소는 東海郡 郯縣(담현). 今 山東省 남부의 臨沂市(임기시) 관할 郯城縣〕. 靑州는 今 山東省 북부 일대. 徐州는 今 山東省 동남부 해안지대와 江蘇省 지역의 郡國을 관장하였다. ○以賣人法從事 - 사람을

매매한 사안으로 죄를 묻겠다는 뜻.

[國譯]

여름 4월 壬午日, 조서를 내렸다.

「근래, 陰陽이 뒤섞이고 日月이 가까워져 일식이 발생했다. 백성이 잘못했다면 그 허물은 짐 한 사람에게 있으니 천하의 죄인은 사면하겠다. 三公과 九卿, 司隷部(사예부)와 각 州牧에서는 賢良과 方正한 인재를 각 1인씩 천거하여 公車令에게 보내면 짐이 접견하고 시험하겠노라.」

5월 戊戌日(무술일), 前將軍 李通(이통)이 大司空이 되었다. 甲寅日, 기아와 전란을 당한 관리와 백성, 그리고 靑州와 徐州刺史部에서 반적에게 약탈당해 노비나 그 아내가 된 백성 중에서 떠나가거나 남겠다는 사람들은 그 뜻대로 처리하라고 조서를 내렸다. 만약 함부로 구금하여 돌려보내지 않는다면 사람을 매매한 죄로 다스리겠다고 하였다.

금년 여름에 계속 비가 내렸다. 漢忠將軍인 王常(왕상)을 橫野大將軍에 임명했다.

原文

八月丁亥, 封前河間王邵爲河間王. 隗囂寇安定, 征西大將軍馮異, 征虜將軍祭遵擊卻之.

冬, 囂所置朔方太守田颯, 雲中太守喬扈各擧郡降. 是歲,

省長水,射聲二校尉官.

|註釋| ○河間 — 河間國(하간국, 河間國, 間은 사이 간)은 冀州刺史部 관할, 河間國은 河間郡, 渤海郡, 廣川國 등 今 河北省 남부 石家莊市 일원, 국도는 樂成縣(今 河北省 남동부 滄州市 관할 獻縣). ○安定 — 郡名. 安定郡 치소는 高平縣(今 寧夏回族自治區 남부 固原市). ○朔方太守田颯 — 朔方(삭방)은 군명. 朔方은 북방이란 뜻, 郡名. 今 내몽고 지역을 흐르는 황하의 남쪽 일대. 郡 치소는 朔方縣(今 內蒙古 鄂爾多斯市 杭錦旗, 鄂爾多斯市는 陝西省 경계의 북쪽에 위치. 旗는 내몽고의 행정단위임). 颯은 바람소리 삽. ○雲中太守喬扈 — 雲中은 군명. 치소는 雲中縣, 今 內蒙古 呼和浩特市(內蒙古自治區의 首府) 관할 托克托縣(黃河 북안). ○長水,射聲二校尉官 — 長水校尉는 장안 주둔 8校尉 중 하나. 흉노족 출신 기병을 통솔. 질록 이천석. 장수교위의 속관인 長水司馬는 질록 1천석. 射聲은 활솜씨가 뛰어나 야간에 소리를 듣고서 그 방향으로 화살을 쏘아 맞힌다는 뜻. 무관 지휘관으로 將軍 – 中郎將 – 校尉의 三級이 있는데, 단위 부대를 校라 하고 一校의 지휘관이 校尉이다. 長水와 射聲校尉 등 중앙 8교위는 무제 때 처음 설치. 후한에서 질록은 比二千石. 교위 아래에 丞과 司馬 등 속관을 두었다. 後漢에서는 중앙군에 5교위를 두었다.

[國譯]

8월 丁亥日, 이전에 河間王(하간왕, 河間王)이었던 劉邵(유소)를 (다시) 河間王에 봉했다.

隗囂(외효)가 安定郡을 침범하자, 征西大將軍 馮異(풍이), 征虜將軍 祭遵(제준) 등이 공격하여 물리쳤다.

겨울에, (천자를 자처한) 외효가 임명한 朔方太守 田颯(전삽)과 雲

中太守인 喬扈(교호)가 각각 군을 들어 투항했다. 이 해에 長水校尉와 射聲校尉의 二校尉의 관직을 폐지했다.

原文

八年春正月, 中郎將來歙襲略陽, 殺隗囂守將而據其城.

夏四月, 司隸校尉傅抗下獄死. 隗囂攻來歙, 不能下. 閏月, 帝自征囂, 河西大將軍竇融率五郡太守與車駕會高平. 隴右潰, 隗囂奔西城, 遣大司馬吳漢,征南大將軍岑彭圍之. 進幸上邽, 不降, 命虎牙大將軍蓋延,建威大將軍耿弇攻之. 潁川盜賊寇沒屬縣, 河東守守兵亦叛, 京師騷動.

秋, 大水. 八月, 帝自上邽晨夜東馳. 九月乙卯, 車駕還宮. 庚申, 帝自征潁川盜賊, 皆降. 安丘侯張步叛歸琅邪, 琅邪太守陳俊討獲之. 戊寅, 至自潁川.

冬十月丙午, 幸懷. 十一月乙丑, 至自懷. 公孫述遣兵救隗囂, 吳漢,蓋延等還軍長安. 天水,隴西復反歸囂. 十二月, 高句麗王遣使奉貢. 是歲大水.

| 註釋 | ○中郎將來歙 – 光武帝의 왕고모부. 15권,〈李王鄧來列傳〉에 입전. ○略陽 – 天水郡(뒤에 漢陽郡으로 개칭)의 縣名. 今 陝西省 서남부 漢中市 관할 略陽縣. 嘉陵江(가릉강) 상류. 甘肅省 동남부와 접경. ○司隸校尉 傅抗 – 司隸校尉는 三輔와 三河(河內, 河南, 河東郡) 및 弘農郡을 순찰차며 치안유지 및 관리 감찰. ○河西大將軍竇融率五郡太守 – 河西는 지역

이름, 今 甘肅省과 寧夏回族自治區를 흐르는 黃河의 서쪽, 곧 河西走廊 일
대. 竇融(두융)은 23권, 〈竇融列傳〉에 입전. 五郡은 隴西, 金城, 天水(漢陽),
酒泉, 張掖郡(장액군). ○高平 – 安定郡의 治所, 縣名. 今 寧夏回族自治區
固原市의 原州區. ○西城 – 여기는 西縣의 城이다. 西縣은 天水郡(뒷날 漢
陽郡)의 현명. 天水郡 西縣은 今 甘肅省 남부 天水市 서남에 해당. 처음에
는 隴西郡 소속이었다가 나중에 天水郡 소속으로 바뀐다. 西城縣은 西縣
과 별개이다. 西城縣은 漢中郡의 현명. 今 陝西省 남단 安康市에 해당.
○上邽(상규) – 漢陽郡(前漢 天水郡)의 현명. 今 甘肅省 天水市의 秦州區
일대. 세계문화유산에 등재된 유명한 麥積山(맥적산) 石窟(석굴)이 있다.
○潁川盜賊 – 潁川(영천)은 豫州刺史部 관할 郡名, 치소는 陽翟縣(양책현),
今 河南省 중부 許昌市 관할 禹州市. ○京師 – 天子의 도읍지. 본래 京은
높다는 뜻. 높은 산. 師는 인구가 많다는 뜻. 京都, 京府. ○河東 – 河東은
郡名. 치소는 安邑縣(今 山西省 서남단 運城市 관할 夏縣 서북). 낙양과 직선거
리 150km 정도라 京師가 소란했다. ○安丘侯張步 – 安丘는 北海郡의 縣
名. 今 山東省 濰坊市 관할 安丘市. ○叛歸琅邪 – 琅邪(낭야)는 郡, 國名,
治所는 開陽縣. 今 山東省 남부의 臨沂市(임기시). ○高句麗王遣使奉貢 –
高句麗 3대 太武神王(琉璃王의 아들 高無恤, 武恤. ?-44년 재위). ○是歲大水
– 平原에 물이 차는 것을 大水라 하였다.

[國譯]

(建武) 8년 봄 정월, 中郎將 來歙(내흡)이 略陽縣(약양현)을 기습하
여 隗囂(외효)의 守將을 죽이고 그 성을 점거하였다.

여름 4월, 司隷校尉인 傅抗(부항)이 하옥되었다가 죽었다. 외효가
내흡을 공격하였으나 이기지 못했다. (4월) 윤달에, 광무제가 친히
외효를 정벌하자 河西大將軍인 竇融(두융)이 5개 郡의 太守를 거느

리고 광무제와 高平縣에서 합세하였다. 隴右(농우) 지역이 궤멸하자 외효는 西縣(서현)으로 도주하였는데, (광무제는) 大司馬 吳漢(오한) 과 征南大將軍 岑彭(잠팽)을 보내 포위케 하였다. (광무제가) 上邽縣 (상규현)까지 진격했으나 투항하지 않자 虎牙大將軍 蓋延(개연)과 建 威大將軍 耿弇(경엄)을 시켜 공격케 하였다.

穎川郡(영천군)의 도적떼가 속현을 노략질하고 함락시켰으며 河 東郡 태수의 군사들도 반란을 일으키자 京師(洛陽)이 소란하였다.

가을에 홍수가 났다. 8월, 광무제가 上邽縣(상규현)에서 밤낮으로 동쪽으로 서둘러왔다. 9월 乙卯日에 광무제가 환궁하였다. 庚申日 에 광무제가 친히 穎川(영천)의 도적들을 정벌하자 모두 투항하였다.

安丘侯인 張步(장보)가 반역하고 琅邪(낭야)로 들어가자 琅邪太守 인 陳俊(진준)이 토벌하여 사로잡았다. 戊寅日에 광무제가 穎川郡(영 천군)에서 돌아왔다.

겨울 10월 丙午日에 懷縣(회현)에 행차하였다. 11월 乙丑日, 회현 에서 돌아왔다.

公孫述(공손술)이 군사를 보내 隗囂(외효)를 구원하자, 吳漢(오한), 蓋延(개연) 등은 長安으로 회군하였다. 天水郡과 隴西郡 지역이 다 시 배반하며 외효에 가담하였다. 12월, 高句麗 왕이 자신을 보내 공 물을 바쳤다. 이 해에 홍수가 많았다.

九年春止月, 隗囂病死, 其將王元, 周宗復立囂了純爲工. 徙鴈門吏人於太原.

三月辛亥, 初置靑巾左校尉官. 公孫述遣將田戎,任滿據荊門.

夏六月丙戌, 幸緱氏, 登轘轅. 遣大司馬吳漢率四將軍擊盧芳將賈覽於高柳, 戰不利.

秋八月, 遣中郎將來歙監征西大將軍馮異等五將軍討隗純於天水. 驃騎大將軍杜茂與賈覽戰於繁時, 茂軍敗績. 是歲, 省關都尉, 復置護羌校尉官.

| 註釋 | ○(建武) 九年 – 서기 33년. ○鴈門吏人於太原 – 鴈門(안문, 雁門)은 郡名. 治所 善無縣(今 山西省 북부의 朔州市 右玉縣 남쪽). 太原은 군명. 치소는 晉陽縣(今 山西省 중부 太原市 서남). ○靑巾左校尉官 – 後漢에서는 五校尉를 두어 중앙 禁軍을 지휘케 하였는데 질록은 比 2천석으로 고위 무관이다. 5교위는 前漢 8교위를 개편한 後漢 중앙군의 5개 부대. 屯騎校尉(驍騎校尉로 개명했다가 다시 복원). 越騎校尉(靑巾左校尉로 개명했다가 다시 복원), 步兵校尉, 長水校尉, 射聲校尉를 지칭. 장수교위의 군사는 3천여 명. 나머지 교위 병력은 7백 명. 그 외에 城門校尉(낙양 12개 성문 수비를 담당)가 있었다. ○荊門(형문) – 長江 남안의 荊門山과 강북의 虎牙山은 옛 楚의 西塞에 해당. 今 湖北省 宜昌市에 해당. ○幸緱氏, 登轘轅 – 緱氏(구씨)는 현명. 今 河南省 洛陽市 관할 偃師市(언사시)의 緱氏鎭(구씨진). 轘轅山(환원산)은 洛陽市 동남 소재. ○高柳 – 현명. 幽州刺史部 代郡의 治所. 代郡은 戰國 시대부터 趙國이 북방 유목민족을 격파하고 설립한 郡으로 지금의 山西省 북부 大同市 일대. 後漢 代郡의 치소는 高柳縣(今 山西省 大同市 관할 陽高縣). ○繁時(번치) – 鴈門郡(안문군)의 현명. 今 山西省 북부 忻州市 繁時縣. ○關都尉 – 전한 무제 때 설치한 關門都尉. ○護羌校尉官 – 전한 武帝 때 설치. 질록 比 2천석. 西羌族(서강족)을 보호. 왕망 때 폐지

했다가 다시 복원.

(建武) 9년 봄 정월, 隗囂(외효)가 병사하자 그 장수인 王元(왕원)과 周宗(주종) 등이 외효의 아들 隗純(외순)을 왕으로 옹립했다. 鴈門郡(안문군)의 관리와 백성을 太原郡(태원군)으로 이주시켰다.

3월 辛亥日, 靑巾左校尉의 관직을 처음 설치하였다. 公孫述(공손술)이 장수 田戎(전융)과 任滿(임만)을 보내 荊門(형문)을 점거하였다.

여름 6월 丙戌日, (광무제가) 緱氏縣(구씨현)에 행차하여 轘轅山(환원산)에 올랐다. 大司馬 吳漢(오한)을 보내 장군 4명을 거느리고 盧芳(노방)의 부하장수 賈覽(가람)과 高柳(고류)에서 싸웠으나 전황이 불리했다.

가을 8월, 中郎將 來歙(내흡)을 보내 征西大將軍 馮異(풍이) 등 5장군이 天水郡에서 隗純(외순)을 토벌하는 것을 감독케 하였다. 驃騎大將軍 杜茂(두무)가 賈覽(가람)과 繁時縣(번치현)에서 싸웠으나 두무의 군사가 패전했다. 이 해에, 關門都尉를 폐지하였고, 護羌校尉(호강교위) 직책을 다시 설치하였다.

十年春正月, 大司馬吳漢率捕虜將軍王霸等五將軍擊賈覽於高柳, 匈奴遣騎救覽, 諸將與戰, 卻之. 修理長安高廟.

夏, 征西大將軍馮異破公孫述將趙匡於天水, 斬之. 征西

大將軍馮異薨.

　秋八月己亥, 幸長安, 祠高廟, 遂有事十一陵. 戊戌, 進幸
汧. 隗囂將高峻降.

　冬十月, 中郎將來歙等大破隗純於落門, 其將王元奔蜀,
純與周宗降, 隴右平. 先零羌寇金城, 隴西, 來歙率諸將擊羌
於五谿, 大破之. 庚寅, 車駕還宮. 是歲, 省定襄郡, 徙其民
於西河. 泗水王歙薨. 淄川王終.

| 註釋 | ○(建武) 十年 – 서기 34년. ○汧(강 이름 견) – 右扶風의 현명.
今 陜西省 서남부 寶雞市 관할 隴縣. ○落門 – 天水郡 치소인 冀縣(기현,
今 甘肅省 天水市 관할 甘谷縣)의 마을 이름. ○隴右 – 隴山의 서쪽. 고대에는
(황제가 南面하기에) 서쪽을 右라 하였다. 지금의 甘肅省 일대에 해당.
○先零(선련) – 羌族(강족)의 한 갈래. 零 조용히 내리는 비 령. 부족 이름
련. 羌族(강족)은 羊을 토템으로 숭배하는 '西戎牧羊人.' 본래 지금의 陜西,
甘肅, 青海省 일대에 거주하던 유목민. 西南夷, 西羌으로 지칭. 그들은 爾
瑪(ěrmǎ)라 자칭. 羌(qiāng)은 他稱. 藏族, 彝族(이족), 土家族, 白族 등은 모
두 羌族의 갈래이다. ○金城, 隴西 – 모두 涼州刺史部의 郡名. 金城郡은
今 甘肅省 남부 蘭州市, 青海省 西寧市 일대가 관할 구역. 치소는 允吾縣
(今 甘肅省 臨夏市 관할 永靖縣 서북). 隴西郡 치소는 狄道縣(적도현), 今 甘肅省
定西市 관할 臨洮縣. ○五谿 – 五谿聚(오계취). 隴西郡 襄武縣(今 甘肅省 남
부 定西市 襄武縣)의 마을 이름. ○定襄郡 – 치소는 成樂縣, 今 內蒙古自治
區 呼和浩特市 관할 和林格爾縣. ○西河 – 郡名. 치소는 平定縣, 今 內蒙
古 鄂爾多斯市 동남 準格爾旗.

(建武) 10년 봄 정월, 大司馬 吳漢(오한)이 捕虜將軍 王霸(왕패) 등 5장군을 거느리고 賈覽(가람)을 高柳縣에서 공격하자, 匈奴가 기병을 보내 가람을 구원하였으나 여러 장수가 흉노 원병을 물리쳤다. 長安의 高祖 廟堂을 수리했다.

여름, 征西大將軍 馮異(풍이)가 公孫述의 장수 趙匡(조광)을 天水郡에서 격파하고 목을 베었다. 정서대장군 풍이가 죽었다.

가을 8월, 己亥日, 광무제가 長安에 행차하여 고조 묘당에 제사하고 이어 (前漢) 11황제 능원에도 제사를 올리게 했다. 戊戌日에 汧縣(견현)까지 더 나아갔다. 隗囂(외효)의 장수 高峻(고준)이 투항했다.

겨울 10월, 中郎將 來歙(내흡) 등이 隗純(외순)의 군사를 落門(낙문)에서 대파하자, 그 부장인 王元(왕원)은 蜀郡(촉군)으로 달아났고, 외순과 周宗(주종)은 투항하여 隴右(농우) 일대가 평정되었다. 先零(선련)의 羌族이 金城郡, 隴西郡을 노략질하자 내흡이 여러 장수를 거느리고 강족을 五谿(오계)란 곳에서 공격하여 대파하였다. 庚寅日, 어가가 환궁하였다. 이 해에, 定襄郡(정양군)을 폐지하고 그곳 관리와 백성을 西河郡으로 이주시켰다. 泗水王 劉歙(유흡)이 죽었다. 淄川王(치천왕) 劉終(유종)이 죽었다.

十一年春二月己卯, 詔曰,「天地之性人爲貴. 其殺奴婢, 不得減罪.」

己酉, 幸南陽, 還, 幸章陵, 祠園陵. 城陽王祉薨. 庚午, 車

駕還宮. 閏月, 征南大將軍<u>岑彭</u>率三將軍與<u>公孫述</u>將<u>田戎</u>, <u>任滿</u>戰於<u>荊門</u>, 大破之, 獲<u>任滿</u>. 威虜將軍<u>馮駿</u>圍<u>田戎</u>於<u>江州</u>, <u>岑彭</u>遂率舟師伐<u>公孫述</u>, 平<u>巴郡</u>.

夏四月丁卯, 省<u>大司徒司直</u>官. <u>先零羌</u>寇<u>臨洮</u>.

| 註釋 | ○(建武) 十一年 – 서기 35년. ○<u>江州</u> – <u>巴郡</u>의 治所. 縣名. 今 重慶市 도심인 渝中區(투중구, 渝 本音 유)에 해당. ○<u>大司徒司直</u> – 哀帝 때 승상을 대사도라 개칭. 후한 건무 27년(서기 51년) 이후로는 司徒로 개칭. 司直은 전한 무제 때 처음 설치. 승상의 속관 중 우두머리. 승상의 업무 보좌 질록 比二千石. 大司馬도 사직을 두었다. ○<u>先零羌</u>(선련강) – 羌族의 한 갈래. 零은 종족 이름 런. 비가 조용히 내릴 령. ○<u>臨洮</u>(임조) – <u>隴西郡</u>의 縣名. 今 甘肅省 定西市 관할 岷縣(민현).

[國譯]

(建武) 11년 봄 2월 己卯日, 조서를 내렸다.

「하늘과 땅 사이의 생명으로 인간이 가장 귀하다. 노비를 죽인 자는 그 살인죄에서 감형하여 처리할 수 없다.」

己酉日, 南陽郡에 행차했다. 돌아오면서 章陵(장릉)에 행차하여 그 능원에 제사하였다. 城陽王 劉祉(유지)가 죽었다. 庚午日, 어가가 환궁하였다.

2월 윤월, 征南大將軍 岑彭(잠팽)은 3명의 장군을 거느리고 公孫述(공손술)의 장수 田戎(전융), 任滿(임만)과 荊門(형문)에서 싸워 대파하고 임만을 생포하였다. 威虜將軍 馮駿(풍준)은 전융을 江州縣에 포위하자, 잠팽은 舟師(水軍)을 인솔하여 公孫述을 토벌하고 巴郡

(파군)을 평정하였다.

여름 4월 丁卯日, 大司徒司直의 관직을 폐지하였다. 先零 羌族(선 련 강족)이 臨洮縣(임조현)을 노략질하였다.

原文

六月, 中郞將來歙率揚武將軍馬成破公孫述將王元, 環安 於下辯. 安遣間人刺殺中郞將來歙. 帝自將征公孫述.

秋七月, 次長安. 八月, 岑彭破公孫述將侯丹於黃石. 輔 威將軍臧宮與公孫述將延岑戰於瀋水, 大破之. 王元降. 至 自長安. 癸亥, 詔曰, 「敢灸灼奴婢, 論如律, 免所灸灼者爲 庶民.」

冬十月壬午, 詔除奴婢射傷人棄市律. 公孫述遣間人刺殺 征南大將軍岑彭. 馬成平武都, 因隴西太守馬援擊破先零 羌, 徙致天水, 隴西, 扶風. 十二月, 大司馬吳漢率舟師伐公 孫述. 是歲, 省朔方牧, 並幷州. 初斷州牧自還奏事.

註釋 ○下辯(下辨) - 武都郡의 治所, 縣名. 今 甘肅省 隴南市 成縣. 前漢 武都郡의 치소는 武都縣(今 甘肅省 남단 隴南市 관할 西和縣 서남). ○間 人 - 諜者也, 빈틈(間隙), 한가한 겨를을 노리는(伺候) 사람. ○次長安 - 장 안에 주둔하다. 군사가 출정하여 1일을 야영하면 舍(사), 2일을 야영하면 信(신), 2일 이상 야영이나 주둔하면 次(차)라고 한다. ○黃石 - 地名. 黃石 灘(황석탄). 今 重慶市 涪陵區(부릉구)에 해당. ○瀋水(심수) - 今 四川省 중

부 廣漢市에서 시작하여 涪水(부수)에 합류하는 하천 이름. ○敢灸灼(구작)
－敢은 犯하다. 灸灼(구작)은 불로 지지다, 인두질을 하다(燒灼). 私刑의 일
종. ○馬援(마원)－24권, 〈馬援列傳〉에 입전. ○省朔方牧~－삭방자사
부를 폐지하다. 前漢의 朔方州牧(刺史)은 北地, 朔方, 西河, 五原, 上郡 등
5군을 감찰하였다. 이제 後漢의 幷州刺史는 太原郡 晋陽縣에 治所(刺史
部)를 두고 太原, 上黨, 雲中, 定襄, 雁門, 朔方, 西河, 五原, 上郡 등 서북 9
군을 감찰하였다. 前漢 哀帝때 刺史를 州牧이라 개칭했다. 자사는 관할 군
현에 대한 감찰 결과를 연말에 조정에 들어와 직접 보고했는데, 이를 처음
으로 폐지하였다.

[國譯]

6월, 中郞將 來歙(내흡)이 揚武將軍 馬成(마성)을 거느리고 공손술
의 장수 王元과 環安(환안)을 (武都郡의) 下辯縣(하변현)에서 격파하
였다. 그러자 환안은 첩자를 보내 중랑장 내흡을 찔러 죽였다. 이에
광무제가 직접 군사를 거느리고 공손술 정벌에 나섰다.

가을인 7월 (광무제는) 장안에 주둔하였다. 8월, 岑彭(잠팽)이 공
손술의 장수 侯丹(후단)을 涪陵縣(부릉현) 黃石灘(황석탄)에서 격파하
였다. 輔威將軍 臧宮(장궁)은 공손술의 장수 延岑(연잠)과 潘水(심수)
에서 싸워 적을 대파하였다. 적장 王元(왕원)이 투항하였다. 광무제
는 장안에서 돌아왔다.

癸亥日(계해일), 조서를 내렸다. 「노비를 불로 지지는 자는 법대로
논죄하고 인두질을 당한 노비는 서민으로 방면하라.」

겨울 10월 壬午日, 조서로 노비를 활로 쏘거나 상처를 입힌 자는
棄市(기시)의 형벌에 처하는 율령을 폐지하였다. 공손술이 첩자를
보내 征南大將軍 잠팽을 살해하였다. 馬成(마성)이 武都郡을 모두

평정했고, 이어 隴西(농서) 太守인 馬援(마원)이 先零(선련)의 羌族을 격파하고 그들을 天水, 隴西, 扶風의 각 군현에 이주시켰다.

12월, 大司馬 吳漢(오한)이 수군을 거느리고 공손술을 토벌하였다. 이 해에 朔方刺史部(삭방자사부)를 폐지하여 幷州(병주)에 통합하였다. 각 州牧(刺史)가 조정에 들어와 직접 보고하는 것을 처음으로 폐지하였다.

原文

十二年春正月, 大司馬吳漢與公孫述將史興戰於武陽, 斬之. 三月癸酉, 詔隴,蜀民被略爲奴婢自訟者, 及獄官未報, 一切免爲庶民.

夏, 甘露降南行唐. 六月, 黃龍見東阿. 秋七月, 威虜將軍馮駿拔江州, 獲田戎. 九月, 吳漢大破公孫述將謝豐於廣都, 斬之. 輔威將軍臧宮拔涪城, 斬公孫恢. 大司空李通罷.

| 註釋 | ○十二年 – 서기 36년. ○武陽 – 犍爲郡의 縣名. 今 四川省 중부 眉山市 彭山區에 해당. ○甘露降南行唐 – 甘露는 천하가 태평할 것이라는 상서로운 징조. 감로를 때맞춰 내리는 비(及時雨)로 풀이할 수도 있다. 南行唐은 常山郡의 현명. 行唐이라 간칭. 今 河北省 남부 石家庄市 行唐縣. ○黃龍見東阿 – 黃龍. 東阿는 東郡의 현명. 今 山東省 서부 聊城市 東阿縣. ○廣都 – 蜀郡의 현명. 今 四川省 중부 成都市 남쪽. ○臧宮(장궁) – 18권, 〈吳蓋陳臧列傳〉 立傳. ○涪城, 斬公孫恢 – 涪城(무성)은 시냉. 今 四川省 중동부의 綿陽市 동북. 涪는 물거품 부. 四川省 강 이름. 恢는 공손

술의 동생.

(建武) 12년 봄 정월, 大司馬 吳漢(오한)은 공손술의 장수 史興(사흥)과 武陽縣에서 싸워 사흥을 죽였다.

3월 癸酉日, 조서를 내려 隴西郡과 蜀에서 노략질에 잡혀 노비가 되었다고 호소한 백성이나 옥리가 보고하지 않은 백성 모두를 서민으로 방면하게 하였다.

여름, 甘露(감로)가 (常山郡) 南行唐縣에 내렸다. 6월, 黃龍이 (東郡) 東阿縣(동아현)에 출현하였다.

가을, 7월, 威虜將軍 馮駿(풍준)이 江州를 점령하고 田戎(전융)을 생포했다. 9월, 吳漢(오한)이 공손술의 장수 謝豐(사풍)을 廣都(광도)에서 대파하고 목을 베었으며, 輔威將軍 臧宮(장궁)은 涪城(부성)을 빼앗고 公孫恢(공손회)를 죽였다.

大司空인 李通(이통)이 파직되었다.

冬十一月戊寅, 吳漢,臧宮與公孫述戰於成都, 大破之. 述被創, 夜死. 辛巳, 吳漢屠成都, 夷述宗族及延岑等.

十二月辛卯, 揚武將軍馬成行大司空事.

是歲, 九眞徼外蠻夷張遊率種人內屬, 封爲歸漢里君. 省金城郡屬隴西. 參狼羌寇武都, 隴西太守馬援討降之. 詔邊

吏力不足戰則守, 追虜料敵不拘以逗留法. 橫野大將軍王常
薨. 遣驃騎大將軍杜茂將衆郡施刑屯北邊, 築亭候, 修烽燧.

| 註釋 | ○屠成都 - 成都(蜀郡의 治所, 成都縣, 今 四川省 成都市)를 屠戮(도
륙)하다. ○夷述宗族 - 공손술 일족을 멸족하다. 夷는 죽여 없애다(滅也).
○行大司空事 - 行은 겸관하다. 본직을 가지고 다른 업무를 겸직하다. 大
司空은 御史大夫. ○九眞 - 交州刺史部의 郡名. 치소는 胥浦縣(今 越南國
하노이(河內)시 남쪽 淸化市). ○徼外蠻夷張遊率種人內屬 - 徼外는 境界
의 밖. 塞外. 徼는 순찰할 요, 변방의 경계. 막다. 구하다. 內屬(내속)은 외국
에서 와서 신하로 복속하다. ○參狼羌寇武都 - 參狼(삼랑)은 부족 이름.
羌族(강족)은 羊을 토템으로 숭배하는 '西戎牧羊人.' 본래 지금의 陝西, 甘
肅, 靑海省 일대에 거주. 西羌으로 통칭. ○逗留法 - 逗留(두류)는 머물다.
머물러 나아가지 못하다. 전투에서 행군에 적이 두려워 우회하거나 천천
히 행군하는 장수 또는 적이 두려워 전투를 피하는 자는 처형했다. 逗는
住의 古字. ○施刑屯北邊 - 施刑(이형)은 형 집행을 보류하다. 죄를 용서
하다. 施(讀音 弛, 기울 이)는 解也. 형구를 제거하다. 屯은 동원되어 주둔하
다. ○築亭候 - 亭候(정후)는 초소(伺候望敵之所). 漢은 秦法에 따라 10里에
一亭을 설치, 亭長을 두었다. ○修烽燧 - 烽燧(봉수)는 위급을 알리는 신호
체제. 烽은 야간에 불을 피워 알림. 燧는 낮에 연기를 피워 알림.

[國譯]
　겨울 11월 戊寅日, 吳漢(오한)과 臧宮(장궁)은 공손술과 (蜀郡) 成
都縣에서 싸워 공손술을 대파하였다. 공손술은 상처를 입고 밤에 죽
었다. 辛巳日, 吳漢은 成都城을 도륙하고 공손술의 일족과 延岑(연
잠) 등을 멸족시켰다.

12월 辛卯日, 揚武將軍 馬成(마성)이 大司空 업무를 겸직했다.

이 해에, 九眞郡 영역 밖 蠻夷(만이)인 張遊(장유)가 종족을 거느리고 투항하여 歸漢里君에 봉해졌다. 金城郡을 폐지하여 隴西郡에 합쳤다. 參狼(삼랑)의 羌族이 武都郡을 노략질하였다. 隴西太守인 馬援(마원)이 강족을 토벌하여 투항케 했다. 조서를 내려 변방의 관리는 전투할 능력이 부족하면 수비하고 적의 형세를 고려하여 적을 추적하되 逗留法(두류법)에 구애받지 말라고 하였다. 橫野大將軍인 王常(왕상)이 죽었다. 驃騎大將軍 杜茂(두무)를 파견하여 여러 郡에서 죄수의 형벌을 유보하고 동원하여 北邊에 주둔케 하였고, 亭候(정후, 哨所)를 축조하고 봉수 시설을 보수하게 하였다.

原文

十三年春正月庚申, 大司徒侯霸薨.

戊子, 詔曰, 「往年已勑郡國, 異味不得有所獻御, 今猶未止, 非徒有豫養導擇之勞, 至乃煩擾道上, 疲費過所. 其令太官勿復受. 明勑下以遠方口實所以薦宗廟, 自如舊制.」

二月, 遣捕虜將軍馬武屯虖沱河以備匈奴. 盧芳自五原亡入匈奴.

丙辰, 詔曰, 「長沙王興, 眞定王得, 河閒王邵, 中山王茂, 皆襲爵爲王, 不應經義. 其以興爲臨湘侯, 得爲眞定侯, 邵爲樂成侯, 茂爲單父侯.」

其宗室及絶國封侯者凡一百三十七人. 丁巳, 降趙王良爲

趙公, 太原王章爲齊公, 魯王興爲魯公. 庚午, 以殷紹嘉公孔安爲宋公, 周承休公姬常爲衛公. 省幷西京十三國, 廣平屬鉅鹿, 眞定屬常山, 河間屬信都, 城陽屬琅邪, 泗水屬廣陵, 淄川屬高密, 膠東屬北海, 六安屬廬江, 廣陽屬上谷.

| 註釋 | ○(建武) 十三年 - 서기 37년. ○侯霸(후패) - 建武 5년, 大司徒에 임명. 26권, 〈伏侯宋蔡馮趙牟韋列傳〉에 입전. ○非徒有豫養導擇之勞 - 豫養은 바치기 전에 미리 키우다. 導擇은 선별하다. ○疲費過所 - 호송하는 곳에서도 고생하고 비용이 든다. 疲는 지칠 피. ○其令太官勿復受 - 太官令은 질록 6백석, 황제의 식사와 음식을 담당. ○以遠方口實所以薦宗廟 - 遠方에서 음식물을 보내어 종묘에 바치다. 口實은 맛있는 음식으로 공양하다. 희생의 고기와 음식을 올리다. 膳羞(선수). ○虖沱河(호타하, 滹沱河) - 今 山西省에서 河北省으로 흘러 子牙河와 함께 海河가 되어 天津市에서 入海. 石家莊市의 主要 水源. ○盧芳(노방) - 安定郡 三水縣 사람, 왕망 말기에 바로 三水屬國의 羌族(강족)과 함께 거병하였다. 更始帝는 장안에서 노방을 불렀고 노방은 騎都尉가 되어 安定郡 서쪽 지역을 鎭撫(진무)하였다. 건무 13년 五原郡에서 흉노 땅으로 도주하였다가 다시 돌아오는 등, 반복이 무상했다. 建武 17년(41)에 다시 흉노 땅으로 도주하여 그곳에서 병사했다. 12권, 〈王劉張李彭盧列傳〉에 입전. ○五原亡入匈奴 - 五原은 幷州刺史部 관할 郡名. 치소는 九原縣, 今 內蒙古 包頭市 서북. 安定郡에서 기병했던 盧芳(노방)은 建武 5년 12월, 九原縣에서 천자를 자칭했었다. ○不應經義 - 경전의 뜻과 맞지 않다. 이미 친소관계가 멀어졌기에 王 작위의 세습은 부당하다는 뜻. ○臨湘侯 - 長沙國의 도읍, 현명. 今 湖南省 長沙市. ○樂成侯 - 河間國(하간국, 河間國, 間은 사이 간)은 冀州刺史部 관할 국도인 樂成縣(今 河北省 滄州市 관할 獻縣). ○單父侯 - 單父(선보)는 山

陽郡(昌邑國)의 현명. 今 山東省 菏澤市 관할 單縣(선현). 單은 땅이름 선, 성씨 선. 父音 甫(보). ㅇ省並西京十三國 - 省은 없애다. 줄이다. 덜 생. 並은 병합. 西京은 前漢을 지칭. 13國이 아니라 9國이다.

[國譯]

(建武) 13년 봄 정월. 庚申日, 大司徒 侯霸(후패)가 죽었다.

戊子日, 조서를 내렸다. 「왕년에 이미 각 군국에 명하여 특별한 食物을 바치지 말라고 하였으나 아직도 그치지 않는데, 이는 미리 키우거나 골라야 하는 수고를 할 뿐 아니라 수송하는 일도 번잡하고 지나가는 곳에서도 힘들여 고생해야 한다. 太官에게 명하여 받지 못하게 하라. 짐이 분명히 명하지만, 먼 지방에서 종묘에 바치는 음식물만은 옛 제도대로 실행토록 하라.」

2월, 捕虜將軍 馬武(마무)에게 명해 虖沱河(호타하)에 주둔하여 흉노에 대비케 하였다. (叛賊) 盧芳(노방)이 五原郡에서 흉노 땅으로 도주하였다.

丙辰日, 조서를 내렸다. 「長沙王 劉興(유흥), 眞定王 劉得(유득), 河間王 劉邵(유소), 中山王 劉茂(유무) 등은 모두 작위를 세습하여 王이 되었지만 (황실의 먼 친족이라) 대의에 맞지 않는다. 유흥을 臨湘侯(임상후), 유득을 眞定侯, 유소를 樂成侯, 유무를 單父侯(선보후)로 봉하도록 하라.」

宗室 및 끊어진 侯國을 이어 제후에 봉해진 자가 모두 137인이었다. 丁巳日, 趙王 劉良을 강등하여 趙公으로, 太原王 劉章을 齊公, 魯王 劉興을 魯公으로 봉했다. 庚午日, 殷紹嘉公(은소가공) 孔安을 宋公으로, 周承休公 姬常(희상)을 衛公(위공)으로 봉했다. 前漢代에

봉해진 13개 侯國을 생략하거나 병합하였는데, 廣平國을 鉅鹿郡(거록군)에, 眞定國을 常山郡으로, 河間國을 信都郡으로, 城陽國을 琅邪郡(낭야군)에, 泗水國을 廣陵郡에, 淄川國(치천국)을 高密郡에, 膠東國(교동국)을 北海郡에, 六安國을 廬江郡(여강군)에, 廣陽國을 上谷郡에 병합시켰다.

原文

三月辛未, 沛郡太守韓歆爲大司徒. 丙子, 行大司空馬成罷.

夏四月, 大司馬吳漢自蜀還京師, 於是大饗將士, 班勞策勳. 功臣增邑更封, 凡三百六十五人. 其外戚恩澤封者四十五人. 罷左右將軍官. 建威大將軍耿弇罷. 益州傳送公孫述瞽師, 郊廟樂器, 葆車, 輿輦, 於是法物始備. 時兵革既息, 天下少事, 文書調役, 務從簡寡, 至乃十存一焉. 甲寅, 冀州牧竇融爲大司空.

| 註釋 | ○沛郡 – 치소는 相縣, 今 安徽省 북부 淮北市 관할 濉溪縣(수계현).　○班勞策勳 – 공로자의 공적을 책서에 기록하여 널리 알리다. 班은 두루 알리다. 徧布(편포).　○罷左右將軍官 – 左右將軍은 본래 周官, 장군은 上卿級, 金印 紫綬. 상설직은 아님, 前, 後장군 또는 左, 右장군을 두기도 했다. 속관으로 長史(질록 1천석)를 두었다.　○益州 – 군명. 치소는 滇池縣(전지현), 今 雲南省 昆明市 관할 晋寧縣. 익주자사부의 치소.　○瞽師, 郊廟樂器, 葆車, 輿輦 – 瞽는 소경 고(無目之人). 樂師. 郊廟之器는 술 통(樽)이

나 술 병(彝 이) 같은 용기. 樂器은 鍾(종, 鐘)과 磬(경, 옥이나 돌로 만든 악기, 경쇠, 편경) 같은 악기. 葆車(보거)는 羽葆(우보, 깃 장식)를 세운 수레. 葆는 여러 가지 색의 깃털을 한데 묶어세운 것. 輿는 수레의 총칭. 輦(연)은 인력으로 끌거나 움직이는 손수레. ○法物 – 大駕(대가)나 鹵簿(노부)와 같은 儀式이나 행차에 쓰는 물건. 鹵는 행사용 방패. 簿는 행차 순서를 기록한 장부의 뜻. ○兵革 – 병기와 갑주. 전쟁. ○文書調役 – 행정문서나 조세나 부역 동원 ○冀州牧 – 冀州刺史. 기주자사부, 치소는 常山國 高邑縣(今 河北省 石家庄市 高邑縣) 冀州자사는 魏郡, 鉅鹿郡, 常山國, 中山國, 安平國, 河間國, 淸河國, 趙國, 渤海郡을 감찰하였다. 竇融(두융)은 23권, 〈竇融列傳〉에 입전. 大司空은 前漢의 御史大夫.

[國譯]

3월 辛未日, 沛郡(패군) 太守인 韓歆(한흠)이 大司徒(대사도)가 되었다. 丙子日에 大司空을 겸직한 馬成(마성)을 면직시켰다.

여름 4월, 大司馬 吳漢이 蜀(촉)에서 京師(洛陽)로 돌아오자 바로 將士에게 큰 잔치를 베풀어 주고 유공자를 책서에 기록하여 널리 알렸다. 功臣에게는 식읍을 늘려주고 봉지를 갱신하였는데 모두 365인이었다. 그 밖에 외척으로 은택을 입어 작위를 받은 자가 45인이었다. 左, 右將軍의 관직을 폐했다. 建威大將軍인 耿弇(경엄)을 파직하였다.

益州(익주)에서 公孫述(공손술)의 瞽師(고사, 樂師)와 郊廟(교묘)의 제사에 쓰는 樂器와 葆車(보거), 輿輦(여연) 등을 보내왔는데 이로써 (황제 행차의) 法物이 비로소 갖추어졌다. 이때에 전쟁이 끝나고 나라에 대사가 없어 문서나 조세와 부역 징발이 간단해지고 10분의 1 정도로 줄었다. 甲寅日, 冀州牧인 竇融(두융)이 大司空이 되었다.

五月, 匈奴寇河東.

秋七月, 廣漢徼外白馬羌豪率種人內屬. 九月, 日南徼外
蠻夷獻白雉,白兔.

冬十二月甲寅, 詔益州民自八年以來被略爲奴婢者, 皆一
切免爲庶民, 或依託爲人下妻, 欲去者, 恣聽之, 敢拘留者,
比青,徐二州以略人法從事. 復置金城郡.

| 註釋 | ○廣漢徼外白馬羌 豪率種人內屬 - 廣漢은 益州刺史部 관할 군
명. 治所 雒縣(낙현), 今 四川省 成都市 북쪽 廣漢市. 徼外(요외)는 塞外(새
외). 국경 밖. 羌族은 154종이 있는데 廣漢郡 서북쪽 강족을 白馬羌이라 하
였다. 羌戎, 羌夷, 羌狄, 羌胡 등이 모두 羌稱. ○日南 - 交州刺史部 관할
최남단 郡名. 治所는 西卷縣. 今 越南國 중부 廣治省 廣治市. ○自八年以
來 - 建武 8년 이래, 곧 公孫述이 지배할 때. ○比青,徐二州 - 徐州刺史部,
치소는 東海郡 郯縣. 今 山東省 郯城. 青州刺史部의 치소는 齊國 臨淄縣.
今 山東省 淄博市 臨淄區(임치구). ○復置金城郡 - 1년 전에 隴西郡에 병
합되었다가 다시 설치.

5월, 匈奴가 河東郡을 침략하였다.

가을 7월, 廣漢郡 경계 밖의 白馬 羌族의 우두머리가 종족을 거느
리고 귀부하였다. 9월, 日南郡 경계 밖의 蠻夷(만이)가 白雉(흰 꿩)과
白兔(백도, 흰 토끼)를 비쳤다.

겨울 12월 甲寅日, 조서를 내려 益州 지역 백성 중 建武 8년 이래

로 노략질을 당해 노비가 된 자는 모두 서민으로 방면하고, 혹 자신을 의탁해 남의 처자가 된 자가 돌아가려 한다면 원하는 대로 허용하며, 만일 억류하는 자는 青州와 徐州 2개 자사부의 略人法과 같이 처리하라고 하였다. 金城郡을 다시 설치하였다.

原文

十四年春正月, 起南宮前殿. 匈奴遣使奉獻, 使中郎將報命.

夏四月辛巳, 封孔子後志爲襃成侯. 越嶲人任貴自稱太守, 遣使奉計.

秋九月, 平城人賈丹殺盧芳將尹由來降. 是歲, 會稽大疫. 莎車國,鄯善國遣使奉獻.

十二月癸卯, 詔益,涼二州奴婢, 自八年以來自訟在所官, 一切免爲庶民, 賣者無還直.

| 註釋 | ○(建武) 十四年 – 서기 38년. ○封孔子後志爲襃成侯 – 平帝 때 孔均(공균)을 襃成侯(포성후)로 봉했는데, 孔志는 공균의 아들. 당시에 河南尹 密縣의 현령이었다. ○越嶲人任貴 – 越嶲(월수)는 익주자사부 관할 郡名. 治所는 邛都縣(공도현), 今 四川省 남부의 西昌市. ○遣使奉計 – 計는 백성의 명부, 計帳. ○平城 – 鴈門郡(안문군, 鴈은 雁. 治所 善無縣)의 현명. 今 山西省 북부의 大同市. ○會稽大疫 – 會稽는 군명. 治所 山陰縣. 今 浙江省 북부 紹興市. 大疫(대역)은 크게 퍼진 전염병. ○莎車國,鄯善國 – 모두 西域의 國名. ○賣者無還直 – 팔려서 노비가 된 자는 몸값은 주인에게

갚지 않다. 直은 값 치(値와 通).

(建武) 14년 봄 정월, 南宮의 前殿을 완공했다.

匈奴가 사자를 보내 토산품을 바쳤는데 中郞將을 사자로 보내 답방케 했다.

여름 4월 辛巳日, 孔子의 후손 孔志(공지)를 褒成侯(포성후)에 봉했다. 越巂郡(월수군) 사람 任貴(임귀)가 太守를 자칭하며 사람을 보내 백성 명부를 바쳤다.

가을 9월, 平城縣 사람 賈丹(가단)이 盧芳(노방)의 장수 尹由(윤유)를 죽이고 투항했다. 이 해에 會稽郡(회계군)에 큰 전염병이 발생했다. (西域의) 莎車國(사차국)과 鄯善國(선선국)에서 사신을 보내 토산물을 바쳤다.

12월 癸卯日, 조서로 益州와 涼州 2개 자사부 지역에서 建武 8년 이래로 관청에 소송을 낸 모든 노비를 서민으로 방면하고 팔려온 자는 몸값을 갚지 않아도 평민이 되게 하였다.

十五年春正月辛丑, 大司徒韓歆免, 自殺. 丁未, 有星孛於昴. 汝南太守歐陽歙爲大司徒. 建義大將軍朱祐罷. 丁未, 有星孛於營室.

二月, 徙鴈門,代郡,上谷三郡民, 置常關,居庸關以東. 初,

巴蜀旣平, 大司馬吳漢上書請封皇子, 不許, 重奏連歲.

| 註釋 | ○(建武) 十五年 - 서기 39년. ○大司徒韓歆免, 自殺 - 26권, 〈伏侯宋蔡馮趙牟韋列傳〉의 〈侯霸(후패)傳〉 참고. ○有星孛於昴 - 孛는 살 별(彗星 혜성). 혜성 같은 星光이 恒星(항성)의 구역을 지나가는 것을 孛 (살별 패)라 한다. 昴(별자리 묘)는 二十八宿(수)의 하나. ○歐陽歙(구양흡) - 79권, 〈儒林列傳(上)〉에 입전. ○有星孛於營室 - 營室은 星宿(성수)의 이름(室). ○鴈門, 代郡, 上谷 - 鴈(雁)門郡은 并州자사부 관할로 治所는 陰館縣, 今 山西省 忻州市 代縣. 代郡은 幽州자사부 관할로 治所는 高柳縣, 今 山西省 大同市 관할 陽高縣. 上谷郡은 幽州자사부 관할로 治所는 沮陽縣 (저양현), 今 河北省 북부의 張家口市 관할 懷來縣. ○置常關, 居庸關 - 代郡에 常山關, 上谷郡 居庸縣에 居庸關이 있었다. 당시 흉노족이 자주 침범했기에 백성을 이사시켰다. ○巴蜀旣平 - 巴郡과 蜀郡. 益州刺史部 관할 지역의 총칭. 公孫述이 반기를 들고 지배한 지역.

[國譯]

　15년 봄 정월 辛丑日, 大司徒 韓歆(한음)이 면직되자 자살하였다. 丁未日, 혜성이 昴星(묘성)을 가로질렀다. 汝南太守인 歐陽歙(구양흡)이 大司徒가 되었다. 建義大將軍 朱祐(주우)를 파직했다. 丁未日, 혜성이 營室(영실)에 출현하였다.

　2월, 鴈門(안문), 代郡, 上谷 등 3개 군의 백성을 常關(상관)과 居庸關(거용관)의 동쪽으로 이주시켰다. 그전에 巴(파)와 蜀(촉)이 평정되었을 때 大司馬 吳漢(오한)이 상서하여 皇子를 봉할 것을 주청하였으나 不許했기에 거듭 해마다 상주하였다.

原文

三月, 乃詔羣臣議. 大司空<u>融</u>,<u>固始侯通</u>,<u>膠東侯復</u>,<u>高密侯
禹</u>,太常<u>登</u>等奏議曰,

「古者封建諸侯, 以藩屏京師. 周封八百, 同姓諸姬並爲建
國, 夾輔王室, 尊事天子, 享國永長, 爲後世法. 故《詩》云,
'大啓爾宇, 爲周室輔.' <u>高祖</u>聖德, 光有天下, 亦務親親, 封
立兄弟諸子, 不違舊章. 陛下德橫天地, 興復宗統, 褒德賞
勳, 親睦九族, 功臣宗室, 咸蒙封爵, 多受廣地, 或連屬縣.
今皇子賴天, 能勝衣趨拜, 陛下恭謙克讓, 抑而未議, 羣臣百
姓, 莫不失望. 宜因盛夏吉時, 定號位, 以廣藩輔, 明親親,
尊宗廟, 重社稷, 應古合舊, 厭塞衆心. 臣請大司空上輿地
圖, 太常擇吉日, 具禮儀.」

制曰, "可."

| 註釋 | ○以藩屏京師 － 藩은 울타리(離也). 屛은 가림막(蔽也). 京師는
天子之居. 京은 大, 師는 衆의 뜻.《詩 大雅 坂》에 '介人維藩, 大邦維屛' 라
하였는데, 이는 '介人(갑옷 입은 자)은 나라의 울타리고, 大邦(큰 제후국)은 나
라의 방패이다.' 라는 뜻. ○周封八百 － 周는 8백 제후를 봉했다. ○同姓
諸姬並爲建國 － 周의 國姓은 姬. 제후국의 虞, 虢(괵), 焦(초), 滑(활), 霍(곽),
楊, 韓, 魏도 모두 姬姓이다. ○夾輔王室 － 왕실을 곁에서 돕다. 夾은 낄
협. 輔는 輔弼(보필). ○故《詩》云, '大啓爾宇, 爲周室輔.' －《詩經 魯頌 閟
宮(비궁). 宇는 居也. 周 成王이 周公의 아들 伯禽(백금)을 魯에 봉하며 '너
의 居處(疆域)를 크게 발전시켜 周 왕실을 도우라' 고 하였다. ○親睦九族

- 九族은 高祖에서 玄孫까지. 上下 9代. ○宜因盛夏吉時~ - 天子는 孟夏에, 남교에 나가 제사하고 환궁하여 諸侯를 봉하고 작록을 수여하였다. ○大司空上輿地圖 - 輿는 수레 여. 싣다(載也). 수레는 땅(大地). 땅 위에 실린 것을 모두 그린 것이 지도이다. 司空은 土地를 주관. ○太常 - 漢 9卿의 하나. 종묘제사와 의례 주관, 博士 선발과 管理를 담당.

[國譯]

3월 들어 조서로 중신들에게 이를 의론케 하였다. 大司空 竇融(두융), 固始侯 李通(이통), 膠東侯 賈復(가복), 高密侯 鄧禹(등우), 太常인 登(등) 여러 사람이 의론을 상주하였다.

「옛날에 제후를 封建한 뜻은 京師를 지키는 울타리로 삼은 것입니다. 周에서는 8백 제후를 봉하여 同姓인 여러 姬姓 제후와 함께 제후국을 세워 王室을 보필하고 天子를 받들면서 周 왕실을 오래도록 존속케 하여 후세의 법도가 되었습니다. 그래서《詩經 魯頌》에서도 '너의 疆域(강역)을 넓게 열어 周 왕실을 도우라'고 하였습니다. 高祖께서는 聖明한 德行으로 천하를 빛나게 하고 親親에 힘쓰시면서 형제의 여러 아들을 封하여 옛 법도를 어기지 않으셨습니다. 陛下(폐하)께서는 온 천하에 덕을 베푸시고 종실의 법통을 다시 계승하였으며, 유덕자를 기리고 공적이 있는 자에게 상을 내리며 九族을 친목케 하시며, 功臣과 宗室 모두에게 封爵의 은택과 광대한 식읍을 내려 여러 현을 받은 자도 있습니다. 지금 皇子들은 上天의 보우 아래 成人의 의관을 갖추고 의례를 행할 수 있으나 폐하께서는 공경과 겸양으로 사양하시며 봉건을 의논하지 못하게 하시니 실망하지 않는 신하와 백성이 없습니다. (폐하께서는) 마땅히 한 여름 吉時를 택해 封號와 작위를 정하시어 널리 황실의 울타리로 삼아 보필케 함으로써 親親의 대의를 밝히시고 宗廟를 받들며 社稷(사직)을 튼튼히 하여 옛 법도에 상응하면서 창생의 기대를 충족시켜야 합니다. 臣들은 폐하께서 大司空에게 輿地圖(여지도)를 올리라 하시고 太常이 길일을 택하게 명하시어 禮儀를 갖춰 실행하시길 주청합니다.」

制書로 "可하다"고 하였다.

原文

夏四月戊申, 以太牢告祠宗廟. 丁巳, 使大司空融告廟, 封皇子輔爲右翊公, 英爲楚公, 陽爲東海公, 康爲濟南公, 蒼爲東平公, 延爲淮陽公, 荊爲山陽公, 衡爲臨淮公, 焉爲左翊公, 京爲琅邪公. 癸丑, 追諡兄伯升爲齊武公, 兄仲爲魯哀公.

六月庚午, 復置屯騎, 長水, 射聲三校尉官. 改靑巾左校尉爲越騎校尉. 詔下州郡檢覈墾田頃畝及戶口年紀, 又考實二千石長吏阿枉不平者.

冬十一月甲戌, 大司徒歐陽歙下獄死. 十二月庚午, 關內侯戴涉爲大司徒. 盧芳自匈奴入居高柳. 是歲, 驃騎大將軍杜茂免. 虎牙大將軍蓋延薨.

| 註釋 | ㅇ以太牢告祠宗廟 - 太牢(태뢰)는 牛, 豚, 羊을 다 바치면 太牢. 羊이나 돼지를 제물로 쓰면 小牢. ㅇ陽爲東海公 - 劉陽, 陰貴人 소생, 음

귀인이 光武帝 2번째 황후가 되면서 劉陽이 황태자가 되고, 이름을 莊으로 바꾸고 광무제 뒤를 이어 明帝로 즉위한다. ○兄仲爲魯哀公 – 仲은 본래 형제 중 둘째. ○復置屯騎,長水,射聲三校尉官 – 건무 7년에 폐지했었다. ○檢覈墾田頃畝 – 檢覈(검핵)은 검사하거나 조사하다. 覈은 실상을 조사할 핵. 墾은 개간할 간. 황무지를 농지로 만들다(闢也). ○阿枉不平者 – 사익을 챙겨 일을 불공정하게 처리하다. 阿枉(아왕)은 아첨하거나 사익을 챙기다. 阿는 언덕 아, 한쪽으로 치우치다, 구부러지다. ○關內侯 – 漢의 평민이나 관리는 최하 1등급에서 20등급(諸侯)까지 작위를 갖고 있었다. 관내후는 19등급. 작위를 받아 식읍을 소유하지만 통치를 할 권한은 없는 작위. 제후는 주로 關東(山東)에 배치하였지만 관내후의 식읍은 關中에도 있었다. ○盧芳(노방) – 安定郡 三水縣 사람, 왕망 말기에 바로 三水屬國의 羌族(강족)과 함께 거병하였다. 更始帝는 장안에서 노방을 불렀고, 노방은 騎都尉가 되어 安定郡 서쪽 지역을 鎭撫(진무)하였다. 건무 13년 五原郡에서 흉노 땅으로 도주하였다가 다시 돌아오는 등, 반복이 무상했다. 建武 17년(서기 41)에 다시 흉노 땅으로 도주하여 그곳에서 병사했다. 12권, 〈王劉張李彭盧列傳〉에 입전. ○高柳 – 代郡의 치소. 縣名. 今 山西省 大同市 관할 陽高縣.

[國譯]

여름 4월 戊申日, 太牢로 종묘에 제사를 지냈다. 丁巳日에 大司空 竇融(두융)을 시켜 종묘에 고하였는데 皇子 輔(보)를 右翊公(우익공), 英(영)을 楚公, 陽(양)을 東海公, 康(강)을 濟南公, 蒼(창)을 東平公, 延(연)을 淮陽公, 荊(형)을 山陽公, 衡(형)을 臨淮公, 焉(언)을 左翊公, 京(경)을 琅邪公에 봉했다. 癸丑日, (光武帝의) 형 伯升(백승)을 齊武公, 형 仲(중)을 魯哀公으로 시호를 추증했다.

6월 庚午日, 屯騎(둔기), 長水, 射聲校尉 등 3校尉의 관직을 다시 설치했고, 靑巾左校尉를 越騎校尉(월기교위)로 개칭했다. 조서를 내려 州郡에서 그간에 개간한 농지의 넓이와 호구와 백성의 나이를 사실대로 조사케 했으며, 또 2천석 태수나 그 속관이 사익을 챙겨 불공정한 조처를 조사케 하였다.

겨울 11월 甲戌日, 大司徒 歐陽歙(구양흡)이 하옥되었다가 죽었다. 12월 庚午日에 關內侯인 戴涉(대섭)이 大司徒가 되었다. 盧芳(노방)이 匈奴땅에서 돌아와 代郡 高柳縣에 거처했다. 이 해에 驃騎大將軍인 杜茂(두무)를 면직시켰다. 虎牙大將軍 蓋延(개연)이 죽었다.

原文

十六年春二月, 交阯女子徵側反, 略有城邑. 三月辛丑晦, 日有蝕之.

秋九月, 河南尹張伋及諸郡守十餘人, 坐度田不實, 皆下獄死. 郡國大姓及兵長, 羣盜處處並起, 攻劫在所, 害殺長吏. 郡縣追討, 到則解散, 去復屯結. 靑, 徐, 幽, 冀四州尤甚.

冬十月, 遣使者下郡國, 聽羣盜自相糾擿, 五人共斬一人者, 除其罪. 吏雖逗留迴避故縱者, 皆勿問, 聽以禽討爲效. 其牧守令長坐界內盜賊而不收捕者, 又以畏愞捐城委守者, 皆不以爲負, 但取獲賊多少爲殿最, 唯蔽匿者乃罪之. 於是更相追捕, 賊並解散. 徙其魁帥於它郡, 賦田受稟, 使安生業. 自是牛馬放牧, 邑門不閉. 盧芳遣使乞降.

十二月甲辰, 封芳爲代王. 初, 王莽亂後, 貨幣雜用布,帛, 金,粟. 是歲, 始行五銖錢.

| 註釋 | ㅇ(建武) 十六年 - 서기 40년. ㅇ交阯女子徵側反 - 交阯(교지, 交趾)는 郡名, 겸 자사부의 명칭. 치소는 龍編縣, 今 越南國 하노이(河內)시 동쪽. 交阯(交州)刺史部는 漢朝 13州刺史部의 하나. 後漢에서는 南海郡, 蒼梧郡, 合浦郡, 鬱林郡, 交阯郡, 九眞郡, 日南郡 등 7개 郡을 관할했는데 그 영역은 대략 금일의 廣東省, 廣西壯族自治區 및 越南의 북부와 중부 일대에 해당. 徵側(징측)은 인명. 徵氏 姉妹(徵側 Trung Trac과 徵貳 Trung Nhi). 당시 교지태수 蘇定(소정)의 가혹한 수탈에 항거, 기병하여 交阯, 九眞, 日南, 合浦郡 일대를 공략하여 65개 성을 점거했었다. 建武 18년(서기 42)에 伏波將軍 馬援(마원) 등이 원정하여 서기 43년에 평정했다. ㅇ河南尹張伋 - 河南尹은 洛陽, 京兆尹은 長安의 행정 책임자. ㅇ坐度田不實 - 田地 실측을 핑계로 백성의 전지와 가옥을 수탈했다. ㅇ郡國大姓及兵長 - 大姓은 土豪. 兵長은 軍吏. ㅇ靑,徐,幽,冀四州尤甚 - 靑州刺史部 治所는 齊國 臨淄縣, 今 山東省 중부 淄博市 臨淄區. 徐州刺史部 治所는 東海郡 郯縣, 今 山東省 남부 臨沂市 관할 郯城縣. 幽州刺史部 治所는 廣陽郡 薊縣, 今 天津市 북부 薊州區(계주구, 薊縣). 冀州刺史部 治所는 常山郡 高邑縣. 今 河北省 서남부 石家庄市 高邑縣. ㅇ聽羣盜自相糾擿 - 聽은 수락하다. 들어주다. 糾擿은 적발하다. 들춰내다. ㅇ逗留迴避故縱者 - 逗留(두류)는 머뭇거리다. 일부러 꾸물대다. 故縱은 고의로 풀어주다. 일부러 도망치게 하다. ㅇ又以畏愞捐城委守者 - 又는 또 우. 畏愞(외나)는 두려워하며 겁을 내다. 愞 여릴 나. 유약하다. 捐城은 성을 버리다. 버리고 도망치다. 捐은 버릴 연. 委守는 지켜야 할 것을 포기하다. ㅇ殿最 - 최저와 최고. 殿은 考課에서 최하위(居後, 下功), 殿은 後陣의 군대, 최후까지 남아 적을 방어하다. 最는 최고, 제일 중요한 것. 考課에서 앞섬(居先也). ㅇ唯蔽匿者乃罪之

- 蔽匿(폐익)은 (도적을) 숨겨주다. ○賦田受稟 - 田地를 지급해 주고 양
식을 나눠주다. 稟은 녹미 름. 곳집(창고). 받을 품. 사뢰다. 아뢰다. ○布,
帛,金,粟 - 布는 布錢(農具인 삽 모양의 화폐). 布는 鎛(호미 박)의 同聲 假借字,
복고정책을 편 王莽(왕망)의 新朝에서 布幣가 통용되었다. 帛은 비단, 金은
순금, 粟은 곡식. ○始行五銖錢 - 武帝 때 五銖錢(오수전, 元狩 5년, 前 118년)
을 처음 발행, 통용되었다. 왕망 때 폐지. 後漢에서 다시 통용. 화폐의 무게
에 따른 이름(1兩은 15.5g, 1兩은 24銖(수). 1銖는 0.65g), 五銖錢(표면에
'五銖' 二字가 양각)은 隋代(수대)까지 통용되다가 唐 高祖 때 공식적으로
폐지되었다. 八銖錢, 三銖錢도 있었다.

[國譯]

(建武) 16년 봄 2월, 交阯郡(교지군)의 여인인 徵側(징측)이 반기를
들어 여러 성읍을 공격하여 점유하였다. 3월 辛丑日 그믐, 일식이
있었다.

가을 9월, 河南尹인 張伋(장급)과 여러 군의 태수 10여 명이 부실
한 경지 측량에 연좌되어 모두 하옥했다가 사형에 처해졌다. 여러
군국의 大姓(豪族)이나 兵長(軍吏)이나 群盜가 곳곳에서 한꺼번에
일어나 지방의 관청을 공격 약탈하거나 현령이나 관리들을 살해하
였다. 郡縣에서 축격 토벌하면 흩어졌다가 돌아가면 다시 한데 결집
하였다. 青州, 徐州, 幽州, 冀州의 4개 자사부 지역이 특히 심했다.

겨울인 10월 사자를 각 군국에 보내 도적 무리가 서로를 적발하
여 도적 5인이 다른 도적 1명을 죽이면 (5인의) 과거 죄행을 사면해
주었다. 또 관리가 머뭇거리거나 싸움을 회피하며 고의로 풀어준 죄
를 문책하지 않고 도적을 잡은 실적만을 들어주기로 하였다. 그 지
방관이나 수령이 관내 도적을 잡지 못한 죄나 도적이 두려워 성을

버리거나 지킬 것을 버린 잘못도 모두 문책하지 않고, 다만 도적을 잡은 숫자의 다소에 따라 실적의 상하를 평가할 것이며, 오직 도적 무리를 숨겨준 자는 벌하겠다고 공표하였다. 이에 도적들이 서로 잡아 고발하게 되자 도적은 모두 흩어졌다. 도적의 우두머리는 다른 군으로 옮겨 경지와 식량을 주어 생업을 안정시켰다. 이리하여 소와 말을 다시 방목하고 마을의 출입문도 닫지 않게 되었다.

盧芳(노방)이 사자를 보내 투항코자 하였다. 12월 甲辰日, 노방을 代王으로 봉했다. 그전, 王莽(왕망)의 난 이후에 화폐로 포전이나 비단, 황금과 곡식들을 혼용했었다. 이 해에 다시 五銖錢(오수전)을 발행하였다.

原文

十七年春正月, 趙公良薨. 二月乙亥晦, 日有食之.

夏四月乙卯, 南巡狩, 皇太子及右翊公輔,楚公英,東海公陽,濟南公康,東平公蒼從, 幸潁川, 進幸葉,章陵. 五月乙卯, 車駕還宮. 六月癸巳, 臨淮公衡薨.

| 註釋 | ○(建武) 十七年 − 서기 41년. ○日有食之 − 일식이 있으면 황제는 避正殿하고 圖讖書를 읽고 낭하에 이슬 젖은 풀 위에 앉아 근신하였는데, 이로 인해 병에 걸렸다는 기록도 있다. ○皇太子 − 광무 2년(서기 26) 6월에, 貴人 郭氏를 皇后로, 그 아들 劉彊(유강)을 황태자로 책립했다. ○潁川 − 豫州刺史部 관할 군명. 치소는 陽翟縣(양책현), 今 河南省 許昌市 관할 禹州市. ○葉(섭) − 南陽郡의 縣名. 今 河南省 중부 平頂山市 관

할 葉縣. ○章陵縣 – 南陽郡의 37개 國,縣의 하나. 今 湖北省 襄樊市(양번시) 관할 棗陽市(조양시). 春陵縣을 장릉현으로 개명. 章陵은 광무제 부친과 조부의 능묘 이름.

[國譯]

　(建武) 17년 봄 정월, 趙公 劉良이 죽었다. 2월 乙亥日 그믐, 일식이 있었다.

　여름 4월 乙卯日, (광무제가) 남쪽을 巡狩(순수)하였는데 皇太子〔劉彊(유강)〕및 右翊公 輔(보), 楚公 英(영), 東海公 陽(양), 濟南公 康(강), 東平公 蒼(창)이 수행하였으며, 穎川郡(영천군)에 행차하였다가 더 나아가 葉縣(섭현)과 章陵(장릉)에 행차하였다. 5월 乙卯日에 어가가 환궁하였다. 6월 癸巳日, 臨淮公 劉衡(유형)이 죽었다.

[原文]

　秋七月, 妖巫李廣等羣起據皖城, 遣虎賁中郎將馬援, 驃騎將軍段志討之. 九月, 破皖城, 斬李廣等.

　冬十月辛巳, 廢皇后郭氏爲中山太后, 立貴人陰氏爲皇后. 進右翊公輔爲中山王, 食常山郡. 其餘九國公, 皆卽舊封進爵爲王. 甲申, 幸章陵. 脩園廟, 祠舊宅, 觀田廬, 置酒作樂, 賞賜. 時宗室諸母因酣悅, 相與語曰, "文叔少時謹信, 與人不款曲, 唯直柔耳. 今乃能如此!" 帝聞之, 大笑曰, "吾理天下, 亦欲以柔道行之." 乃悉爲春陵宗室起祠堂. 有五

鳳皇見於潁川之郟縣. 十二月, 至自章陵. 是歲, 莎車國遣使貢獻.

| 註釋 | ○皖城(환성) - 廬江郡(여강군, 치소는 舒縣, 今 安徽省 六安市 舒城縣)의 縣名. 今 安徽省 서남부 安慶市 潛山縣. 皖은 샛별 환. 今 安徽省의 약칭. ○馬援(마원) - 24권, 〈馬援列傳〉에 입전. ○立貴人陰氏爲皇后 - 광무제의 2번째 황후 陰麗華(음려화, 서기 5-64년). 美豔非常, 光武帝는 일찍이 "벼슬을 한다면 執金吾(집금오)를, 아내를 맞이한다면 陰麗華를 얻어야 한다.(仕宦當作執金吾, 娶妻當得陰麗華.)"라고 말했다. 明帝 劉莊의 생모. ○常山郡 - 본래 恒山郡, 文帝의 이름(恒)을 피휘하여 常山으로 개명. 치소는 元氏縣, 今 河北省 서남부 石家莊市 관할 元氏縣. ○諸母 ~ 醻悅 - 諸母는 부친과 부친 항렬의 고모나 숙모. 醻悅은 술에 취해 기뻐하다. ○文叔少時謹信 - 文叔은 광무제의 字. ○唯直柔耳 - 다만 온유할 뿐이었다. ○郟縣(겹현) - 현명. 今 河南省 平頂山市 관할 郟縣. 郟은 땅이름 겹. ○莎車國(사차국) - 서역의 국명. 명, 국도는 莎車城〔今 新疆省 서쪽 끝 喀什市(카시시) 관할 莎車縣〕.

【國譯】

가을 7월, 妖巫(요무) 李廣(이광) 등이 들고 일어나 皖城(환성)을 점거하였다. 虎賁中郎將 馬援(마원)과 驃騎將軍 段志(단지)를 보내 토벌케 했다. 9월에 환성을 점거하고 李廣 등을 죽였다.

겨울 10월 辛巳日, 皇后 郭氏를 폐하여 中山太后(중산태후)라 하였고, 貴人 陰氏(음씨)가 황후가 되었다. 右翊公 輔(보)를 中山王으로 삼아 常山郡을 식읍으로 하였다. 그 밖에 다른 9國公은 옛 작위를 올려 王이라 하였다.

甲申日, 章陵縣에 행차하여 園廟를 수리하고 옛집에서 제사를 지냈으며 마을과 田地를 둘러보고서 술자리를 벌려 즐기며 여러 사람에게 상을 내렸다. 그때 종실의 숙모가 술이 거나하여 기뻐하면서 서로 이야기했다.

"文叔은 젊었을 적에 근엄하고 믿음직하여 다른 사람과 잘 어울리지 않고 조심하며 온순하였는데, 지금은 이렇게 천자가 되었네!"

광무제가 듣고서는 크게 웃으면서 말했다. "나는 천하를 다스리되 늘 溫和한 방법으로 다스리겠다." 그리고서는 용릉 종실의 모든 집에 사당을 짓게 하였다.

5마리의 봉황이 영천군의 郟縣(겹현)에 출현하였다.

12월에 章陵縣에서 돌아왔다. 이 해에 莎車國(사차국)에서 사신을 보내 공물을 바쳤다.

原文

十八年春二月, 蜀郡守將史歆叛, 遣大司馬吳漢率二將軍討之, 圍成都. 甲寅, 西巡狩, 幸長安. 三月壬午, 祠高廟, 遂有事十一陵. 歷馮翊界, 進幸蒲坂, 祠后土. 夏四月甲戌車駕還宮.

癸酉, 詔曰, 「今邊郡盜穀五十斛, 罪至於死, 開殘吏妄殺之路, 其蠲除此法, 同之內郡.」

遣伏波將軍馬援率樓船將軍段志等擊交阯賊徵側等. 戊申, 幸河內. 戊子, 至自河內.

五月, 旱. 盧芳復亡入匈奴.

秋七月, 吳漢拔成都, 斬史歆等. 壬戌, 赦益州所部殊死已下.

冬十月庚辰, 幸宜城. 還, 祠章陵. 十二月乙丑, 車駕還宮. 是歲, 罷州牧, 置刺史.

| 註釋 | ○(建武) 十八年 − 서기 42년. ○蜀郡 − 治所는 成都縣, 今 四川省 중부 成都市. ○歷馮翊界 − 三輔의 하나인 左馮翊(좌풍익)은 본래 河上郡(치소는 長安縣)인데 좌풍익으로 개명. 치소는 高陵縣, 今 陝西省 남부 西安市 高陵縣. ○蒲坂, 祠后土 − 蒲阪(포판, 蒲坂)은 河東郡의 현명. 今 山西省 運城市 관할 永濟市. 토지신 后土(女神에 속함, 武帝 때 后土祠 건립)에 대한 제사는 夏至에 지냈다. ○蠲除(견제) − 폐지하다. 蠲은 제거할 견, 밝을 견. ○內郡 − 변경에 이적들이 혼거하는 지역 22개 군을 外郡이라 하였고 그 외는 內郡, 또는 內郡國이라 불렀다. ○河內 − 지리적으로는 今 河南省의 황하 이북 지역. 河內郡의 치소는 懷縣(회현, 今 河南省 서북부 焦作市 관할 武陟縣). 河東郡, 河南郡과 함께 三河라 통칭. ○宜城(의성) − 현명. 今 湖北省 북부 襄陽市 관할 宜城市. ○罷州牧 置刺史 − 13개 州의 牧(목)을 폐지하고 刺史를 두다. 武帝 元封 5년(前 106)에 처음 13部에 刺史를 설치하여 황제의 명에 따라 매년 8월에 관할 군현을 순찰하며 6개 조항에 대하여 관리에 대한 조사와 치적을 확인하고 지역 호족을 감찰하고 연말에 어사대부의 속관인 御史中丞에게 그 내용을 보고하였다. 자사의 질록은 郡 太守(2천석)와 비교가 되지 않는 6백석이었고 인원은 총 13명에, 일정한 治所가 없었다. 成帝 綏和(수화) 원년(前 8)에 자사를 牧(목)이라 바꿔 부르고 질록도 2천석으로 올렸다. 哀帝 建平 2년(前 5)에 다시 자사라고 했다가 元壽 2년(前 1)에 다시 牧이라 했다. 왕망 시대를 지나 建武 원년(서기 25) 다시

牧이라 했다가 이번에 본래 명칭 刺史로 돌아갔다. 후한의 자사는 前漢과 달리 固定된 治所가 있고, 그 직권은 지방관에 대한 감찰권과 함께 黜陟(출척)의 권한을 갖고 있어 太守의 확실한 上司였다. 자사는 다만 백성에 대한 통치 권한이 없기에 지방행정에 참여하지는 않았다. 따라서 자사부는 監察區였지 일반 행정기구는 아직 아니었다. 그러나 後漢 말에 가면 민정 권한까지 장악하여 확실한 지방 권력기구로 발전하게 된다.

【國譯】

(建武) 18년 봄 2월, 蜀郡(촉군)의 守將인 史歆(사흠)이 반역하자 大司馬 吳漢(오한)을 보내 2명의 장군을 거느리고 토벌케 하자 (오한은 蜀郡의) 成都縣을 포위하였다. 甲寅日, (광무제는) 서쪽을 순수하며 장안에 행차했다.

3월 壬午日에, 高廟에 제사를 올리고 이어 11 황릉에도 제사를 지내게 했다. 좌풍익의 경계를 거쳐 蒲坂縣에 행차하여 后土神에게 제사를 지냈다. 여름 4월 甲戌日에 어가가 환궁했다. 癸酉日, 조서를 내렸다.

「지금 변방 군에서는 50斛(곡)의 곡식만 훔쳐도 그 죄가 사형에 해당하는데, 이는 잔혹한 관리가 백성을 함부로 죽일 수 있는 방법이니 그 법을 폐지하여 內郡과 같게 하라.」

伏波將軍 馬援(마원)을 파견하여 樓船將軍 段志(단지) 등을 거느리고 交阯郡(교지군)의 반적인 徵側(징측) 등을 토벌케 하였다.

戊申日, (황제가) 河內郡에 행차하였다. 戊子日, 河內郡에서 돌아왔다.

5월, 가뭄이 계속 되었다. 盧芳(노방)이 다시 흉노 땅으로 도망갔다.

가을 7월, 吳漢(오한)이 成都를 점령하고 史歆(사흠) 등을 죽였다.
壬戌日, 益州자사부 관할 지역에 대하여 사형 이하의 죄인을 사면했
다.

겨울 10월 庚辰日, (南郡의) 宜城縣(의성현)에 행차했다가 돌아오
면서 章陵에 제사했다. 12월 乙丑日, 車駕가 환궁했다. 이 해에 州
牧(목)을 폐지하고 (다시) 刺史(자사)를 설치했다.

十九年春正月庚子, 追尊孝宣皇帝曰中宗. 始祠昭帝,元
帝於太廟, 成帝,哀帝,平帝於長安, 春陵節侯以下四世於章
陵.

妖巫單臣,傅鎭等反, 據原武, 遣太中大夫臧宮圍之. 夏四
月, 拔原武, 斬臣,鎭等. 伏波將軍馬援破交阯, 斬徵側等. 因
擊破九眞賊都陽等, 降之. 閏月戊申, 進趙,齊,魯三國公爵
爲王.

| 註釋 | ○(建武) 十九年 - 서기 43년. ○追尊孝宣皇帝曰中宗 - 宣帝
(劉詢, 前 73-49 재위). 武帝의 曾孫, 戾太子 劉據의 長孫, 史皇孫 劉進의 長
子. 中宗은 廟號. 漢 高祖의 묘호는 太祖, 文帝의 묘호는 太宗, 武帝는 世
宗, 元帝는 高宗, 光武帝는 世祖가 묘호이다. ○昭帝,元帝於太廟 - 昭帝는
武帝의 뒤를 이어 재위 前 86-74년 재위, 元帝는 宣帝의 뒤를 이어 前 48
-33년 재위. 光武帝는 漢의 12대 황제이지만 父子의 次序에 의하면 成帝

와 같은 항렬(兄弟)이 되고 哀帝에게는 숙부, 平帝에게는 祖父의 항렬이
된다. 그래서 元帝는 광무제의 부친 항렬이 되어 광무제는 元帝의 후사로
高祖의 9세손이 된다. 따라서 宣帝를 조부로 하여 추존하며 洛陽의 종묘
에 제사를 모신 셈이다. 成帝, 哀帝, 平帝는 長安의 종묘에, 春陵節侯(용릉
절후, 劉買. 景帝의 손자, 光武帝의 高祖) 이하 四世는 광무제의 고향인 章陵縣
에 모셨다. ○太廟 – 大廟, 天子나 諸侯 始祖의 廟堂. ○單臣(선신) – 單은
姓氏. 넓고 클 선. 이름은 臣. 維氾(유사)의 弟子. ○原武 – 河南尹의 현명.
今 河南省 북부 新鄕市 관할 原陽縣. ○交阯郡 – 치소는 龍編縣, 今 越南
國 하노이(河內)시 동쪽 北寧市. 월남국 북부가 그 영역. 그 남쪽으로 九眞
郡. 그 아래에 日南郡이 있어 월남국 중북부 전부를 지배했었다. ○九眞
– 交州刺史部의 郡名. 치소는 胥浦縣〔今 越南國 하노이(河內)시 남쪽 淸化省 東
山縣〕.

[國譯]

(建武) 19년 봄 정월 庚子日, 孝宣皇帝를 中宗으로 追尊했다. 처
음으로 昭帝와 元帝를 太廟에 제사하고, 成帝와 哀帝, 平帝는 長安
에서, 春陵 節侯(劉買) 이하 4世는 章陵(장릉)에서 제사하게 했다.

妖巫(요무) 單臣(선신), 傅鎭(부진) 등이 반역하며 (河南尹) 原武縣
을 점거하자, 太中大夫인 臧宮(장궁)을 보내 성을 포위했다. 여름인
4월, 원무현을 점령하고 선신과 부진 등을 죽였다.

伏波將軍 馬援(마원)이 交阯(交趾, 교지군)를 점령하고 徵側(징측)
등을 죽였다. 이어 (남쪽의) 九眞郡의 도적 都陽(도양) 등을 격파하
여 항복케 하였다.

윤달 戊申日, 趙, 齊, 魯 3國의 公 작위를 王으로 올렸다.

六月戊申, 詔曰, 「《春秋》之義, 立子以貴. 東海王陽, 皇后之子, 宜承大統. 皇太子彊, 崇執謙退, 願備藩國. 父子之情, 重久違之. 其以彊爲東海王, 立陽爲皇太子, 改名莊.」

秋九月, 南巡狩. 壬申, 幸南陽, 進幸汝南南頓縣舍, 置酒會, 賜吏人, 復南頓田租歲. 父老前叩頭言, "皇考居此日久, 陛下識知寺舍, 每來輒加厚恩, 願賜復十年." 帝曰, "天下重器, 常恐不任, 日復一日, 安敢遠期十歲乎?" 吏人又言, "陛下實惜之, 何言謙也?" 帝大笑, 復增一歲. 進幸淮陽, 梁, 沛.

西南夷寇益州郡, 遣武威將軍劉尚討之. 越嶲太守任貴謀叛, 十二月, 劉尚襲貴, 誅之. 是歲, 復置函谷關都尉. 修西京宮室.

| 註釋 | ㅇ春秋之義, 立子以貴 - 《春秋》의 大義. 《公羊傳》에 '嫡子(적자)를 세우는 것은 연장자로 정하되 賢愚로 정하지 않으며(立嫡以長不以賢), 자식을 (후계자로) 세울 때는 貴로 정하지 연령으로 하지 않는다(立子以貴不以長).' 라고 하였다. 또 '어미가 貴하면 자식도 귀하기에(母貴則子貴), 자식은 어미 때문에 귀하고(子以母貴), 어미는 자식 때문에 귀하다(母以子貴).'고 하였다. ㅇ立陽爲皇太子, 改名莊 - 뒷날 明帝(재위 58-75년). ㅇ汝南南頓縣 - 汝南은 郡名. 汝南郡 치소는 平輿縣. 今 河南省 남부 駐馬店市 관할 平輿縣. 南頓(남돈)은 縣名, 今 河南省 남동부 周口市 관할 項城市 서쪽. 광무제의 선친 劉欽(유흠)이 이곳 현령을 역임했다. ㅇ復南頓田租歲 - 남돈현의 1년 치 田租를 면제해주다. 復(복)은 면제하다. 덜다. ㅇ識

知寺舍 – 寺는 관청사(諸官府所止皆曰寺). 舍는 관청 건물(寺字). 光武帝
는 어렸을 적에 선친을 따라 南頓縣에서 거주했었다.   ○日復一日 – 세월
은 하루 다음에 하루가 지나간다.   ○安敢遠期十歲乎? – 安은 어디에, 어
찌. 이에(乃).   ○陛下實惜之 – 폐하께서는 실제로 감면해주고 싶어 하다.
○淮陽,梁,沛 – 豫州刺史部의 국명. 淮陽은 淮陽國(後漢의 陳國). 治所는
陳縣, 今 河南省 周口市 淮陽縣. 梁은 梁國, 치소는 睢陽縣(수양현), 今 河南
省 중동부 商丘市 睢陽區. 沛는 沛國, 治所는 相縣, 今 安徽省 북부의 淮北
市 濉溪縣(수계현).   ○益州郡 – 益州刺史部 소재 겸 군명. 治所는 滇池縣
(전지현), 今 雲南省 중부 昆明市 관할 晉寧縣.   ○函谷關都尉 – 建武 9년에
폐지했다가 다시 설치. 函谷關, 武關, 玉門關, 陽關 등에는 무관인 都尉를
배치하여 관문 방어, 행인 통제, 관세를 징수했다. 그중에서도 함곡관 도위
는 특히 중요한 자리였는데 關名을 쓰지 않은 關都尉는 함곡관 도위를 뜻
함. 大臣의 자제나 황제의 신임이 두터운 자를 엄선하여 배치했다.

[國譯]

6월 戊申日, 조서를 내렸다.

「《春秋》의 大義로는 貴(嫡庶)를 기준으로 태자를 세워야 한다.
東海王 陽(양)은 皇后(皇后 陰氏)의 아들이니 응당 대통을 이어야 한
다. 皇太子 彊(강)은 겸양으로 물러나 제후의 藩國이 되고자 한다.
父子의 情義 때문에 오랜 기간 그 뜻을 수용하지 못했었다. 彊(강)을
東海王으로 봉하고 陽(양)을 皇太子로 책립하며 莊(장)으로 개명토
록 하라.」

가을 9월, 남쪽을 巡狩(순수)하였다. 壬申日, 南陽(남양)에 행차하
였고 더 나아가 汝南(여남)의 南頓縣(남돈현)의 긴 터에서 술자리를 벌
이고 관리와 백성에게 상을 내렸으며 남돈현의 田租를 1년간 면제

하였다. (縣의) 父老들이 앞으로 나와 머리를 땅에 대고 "皇考(光武帝의 先親)께서는 이곳에 오래 계셨으며 폐하께서도 이곳의 관사를 기억하시어 오실 때마다 厚恩을 베풀어 주셨으나 10년간의 조세를 면제해 주시기 바랍니다."

이에 광무제가 말했다. "천하를 다스리는 중임을 감당하지 못할까 걱정 속에 하루 또 하루를 보내는데 어찌 감히 먼 10년 뒤를 기약할 수 있겠는가?" 그러자 관리들이 다시 말했다. "폐하께서도 실제로는 감면해주고자 하시면서 어찌 겸양의 뜻만 말씀하십니까?"

그러자 광무제가 크게 웃으면서 1년을 더 면제하였다. 광무제는 더 나아가 淮陽(陳國)과 梁國, 沛國에 행차하였다.

西南夷(서남이)가 益州郡을 노략질하자 武威將軍 劉尙(유상)을 보내 토벌하였다. 越嶲(월수) 太守 任貴(임귀)가 모반하자, 12월에 유상은 임귀를 습격하여 처형하였다.

이 해에 函谷關 都尉를 다시 설치하였다. 西京(長安城)의 궁궐을 보수하였다.

原文

二十年春二月戊子, 車駕還宮.

夏四月庚辰, 大司徒戴涉下獄死. 大司空竇融免. 五月辛亥, 大司馬吳漢薨. 匈奴寇上黨,天水, 遂至扶風. 六月庚寅, 廣漢太守蔡茂爲大司徒, 太僕朱浮爲大司空. 壬辰, 左中郎將劉隆爲驃騎將軍, 行大司馬事. 乙未, 徙中山王輔爲沛王.

秋, 東夷韓國人率衆詣樂浪內附.

冬十月, 東巡狩. 甲午, 幸魯, 進幸東海,楚,沛國. 十二月, 匈奴寇天水. 壬寅, 車駕還宮. 是歲, 省五原郡, 徙其吏人置河東. 復濟陽縣傜役六歲.

| 註釋 | ○(建武) 二十年 – 서기 44년. ○上黨,天水 – 군명. 上黨郡 治所는 長子縣. 今 山西省 동남부 長治市 관할 長子縣. 天水는 郡名. 뒷날 漢陽郡으로 개명. 治所는 冀縣. 今 甘肅省 남부 天水市 관할 甘谷縣. ○遂至扶風 – 右扶風에 이르다. 사예교위부 관할. 치소는 槐里縣, 今 陝西省 남부 咸陽市 관할 興平市. ○廣漢太守 – 廣漢은 군명. 치소는 雒縣, 今 四川省 중부 成都市 북쪽 廣漢市. ○太僕朱浮爲大司空 – 朱浮(주부)는 33권, 〈朱馮虞鄭周列傳〉에 입전. 太僕(태복)은 황제의 御駕와 나라의 馬政을 관할, 9卿의 하나. 질록 中二千石. 屬官으로 大廐令, 未央令, 家馬令을 두었고 그 아래 각각 5丞과 1尉를 두었다. 龍馬監 등 5監 이외에 다수의 속관을 두었다. 中太僕은 皇太后의 수레와 거마를 관장하나 상설직은 아니었다. ○行大司馬事 – 武帝는 국가의 군사를 주관하는 太尉를 폐지하고 元狩 4년 大司馬를 장군 호칭의 앞 冠號로 사용. 宣帝 地節 3년 大司馬는 無印綬 無官屬, 곧 군사적 실권 없었음. 成帝 때 大司馬는 官屬을 거느렸고 질록은 승상과 동일. 질록 1천석의 長史를 속관으로 거느렸다. ○東夷韓國人 – 東夷族 辰韓(진한), 卞韓(변한), 馬韓(마한)의 三韓을 지칭. ○進幸東海,楚,沛國 – 東海郡 치소는 郯縣(담현), 今 山東省 臨沂市(임기시) 관할 郯城縣(담성현). 沛國, 치소는 相縣, 今 安徽省 북부의 淮北市 濉溪縣(수계현). 沛縣은 패국의 현명. 今 江蘇省 徐州市 관할 沛縣. 漢 高祖의 출신지. ○省五原郡 – 치소는 九原縣. 今 內蒙古 남부 黃河 북안의 包頭市. ○復濟陽縣傜役 復은 면제하다. 濟陽縣은 陳留郡의 현명, 今 河南省 開封市 관할 蘭考縣. 광

무제의 皇考 劉欽(유흠)이 濟陽縣令일 때 광무제가 여기서 출생했다. 傜役(요역)은 백성의 노동력을 징발하기. 賦役.

[國譯]

(建武) 20년(서기 44) 봄 2월 戊子日, 황제가 환궁하였다.

여름 4월 庚辰日, 大司徒 戴涉(대섭)이 하옥되었다가 죽었다. 大司空 竇融(두융)을 면직시켰다. 5월 辛亥日, 大司馬 吳漢(오한)이 죽었다. 흉노가 上黨郡과 天水郡에 침입하여 나중에는 右扶風(우부풍)까지 들어왔다. 6월 庚寅日, 廣漢郡 太守인 蔡茂(채무)가 大司徒(대사도)가, 太僕(태복)인 朱浮(주부)가 大司空이 되었다. 壬辰日, 左中郎將 劉隆(유륭)이 驃騎將軍이 되어 大司馬 업무를 대행하였다. 乙未日, 中山王 輔(보)가 沛王(패왕)이 되었다.

가을, 東夷族인 韓國人이 무리를 거느리고 樂浪郡에 와서 조정에 귀부하였다.

겨울 10월, 동쪽을 순수하였다. 甲午日, 魯國에 행차하였고 더 나아가 東海郡, 楚國과 沛國에도 행차하였다. 12월, 흉노가 天水郡을 노략질하였다. 壬寅日, 어가가 환궁하였다. 이 해에 五原郡을 폐지하고 그 관리와 백성을 河東郡으로 옮겼다. 濟陽縣의 傜役(요역)을 6년간 면제하였다.

原文

二十一年春正月, 武威將軍劉尙破益州夷, 平之.

夏四月, 安定屬國胡叛, 屯聚靑山, 遣將兵長史陳訢討平之.

秋, 鮮卑寇遼東, 遼東太守祭肜大破之.

冬十月, 遣伏波將軍馬援出塞擊烏桓, 不克. 匈奴寇上谷,
中山. 其冬, 鄯善王, 車師王等十六國皆遣子入侍奉獻, 願請
都護. 帝以中國初定, 未遑外事, 乃還其侍子, 厚加賞賜.

| 註釋 | ○(建武) 二十一年 - 서기 45년. ○安定屬國 - 涼州刺史部의
安定郡. 前漢의 治所는 高平縣(今 寧夏回族自治區 남부의 固原市). 後漢에서는
臨涇縣(今 甘肅省 慶陽市 관할 鎭原縣)으로 이동. 屬國은 漢에 투항하여 부족
고유의 습속이나 명칭을 유지하며 거주하는 이민족 집단. 前漢에서는 安
定, 上郡, 天水, 五原, 西河郡 등 5군에 설치, 속국도위가 행정을 담당. 이들
을 관리하는 국가 업무는 典屬國이 담당했다. 後漢에서는 張掖屬國, 張掖
居延屬國, 蜀郡屬國(漢嘉郡). 犍爲屬國(朱提郡), 遼東屬國 등이 있었다.
○靑山 - 今 甘肅省 동부 慶陽市 관할 環縣의 지명. ○鮮卑寇遼東 - 선비
족은 東胡族의 한 갈래. 북방 유목민족인 東胡族은 鮮卑(선비)와 烏桓(오환)
으로 분리되었다. 後漢 시대에는 흉노의 지배하에 있었다. 鮮卑의 명칭은
鮮卑山에서 유래. 지금의 內蒙古 자치주 북쪽 지역과 몽고에서 주로 거주
했다. 북흉노가 서쪽으로 빠져나간 자리를 선비족이 차지. 후한 말부터 강
성해졌다. 西晉 멸망 후 匈奴, 鮮卑, 氐(저), 羯(갈), 羌(강)의 5胡16國時代
(304-439)가 이어진다. ○祭肜(제융) - 祭는 성씨 제, 나라 이름 채. 肜은 융
제사 융(제사 지낸 다음 날 또 지내는 제사). 20권, 〈銚期王霸祭遵列傳〉에
입전. ○烏桓(오환, 烏丸) - 烏桓山의 산 이름이 부족 명칭. 漢代에는 지금
의 內蒙古, 遼寧省 북부에서 주로 활약하였다. ○上谷, 中山 - 上谷郡의 治
所는 沮陽縣. 今 河北省 張家口市 관할 懷來縣. 中山國 치소는 盧奴縣(今 河
北省 직할 定州市, 保定市의 石家莊시 중간에 위치). ○願請都護 - 西域都護는 西
域의 36國을 감독하며 남북의 교통로를 보호하는 직책. 都는 總의 의미.

宣帝 神爵 2년(前 60) 처음 설치. 都護는 加官이었으나 나중에 정식 관직. 질록 (比)二千石. 前漢의 西域都護府의 소재지는 烏壘城(오루성, 今 新疆維吾爾自治區 중앙부의 巴音郭楞蒙古自治州 관할 庫爾勒市의 서쪽 輪台). 속관으로 副校尉, 丞, 司馬, 候, 千人 등이 있고 屯田 담당 校尉인 戊己校尉(무기교위)를 지휘. 漢의 서역 경영은 張騫(장건), 常惠(상혜), 鄭吉, 陳湯(진탕) 등의 노력과 경영으로 흉노를 서역에서 축출했다. 흉노는 고정된 거점(都城)이 없이 이동하는 유목국가로 이를 行國이라 하였다. 이와 달리 오아시스를 중심으로 정주하며 성곽에서 외적을 방어하는 나라를 성곽국가라고 하였다. 漢은 서역의 성곽국가와 관계를 강화하며 흉노에 대항하는 체제를 구축했다. 이들 성곽국가 관리는 西域都護(서역도호)가 담당했다. 《漢書》70권, 〈傅常鄭甘陳段傳〉 참고. 後漢에서는 班超의 서역 경영 이후(서기 91년) 龜玆國 영내의 它乾城(今 新疆省 庫車 부근, 輪台의 서쪽, 정확한 위치 미상)에 서역 도호부를 두었다.

[國譯]

(建武) 21년 봄 정월, 武威將軍 劉尙(유상)이 益州의 蠻夷(만이)를 격파하고 평정하였다.

여름 4월, 安定屬國의 흉노들이 반기를 들고 青山(청산)이란 곳에 주둔하자 將兵長史인 陳訢(진흔)을 보내 군사를 거느리고 토벌하여 평정케 하였다.

가을, 鮮卑(선비)가 遼東郡(요동군)을 침략하자 遼東太守 祭肜(제융)이 적을 대파하였다.

겨울 10월, 伏波將軍 馬援(마원)을 보내 변경을 넘어가 烏桓族(오환족)을 공격했으나 이기지 못했다. 흉노가 上谷郡과 中山國을 침략했다.

그 겨울에 (서역의) 鄯善王, 車師王(거사왕) 등 16개 국에서 아들을 보내 입시하고 공물을 바치며 都護(도호)를 파견해 달라고 요청하였다. 광무제는 나라가 겨우 안정되었지만 외국을 돌볼 여력이 없다면서 그들의 侍子에게 후한 상을 주어 돌려보냈다.

二十二年春閏月丙戌, 幸長安, 祠高廟, 遂有事十一陵. 二月己巳, 至自長安.

夏五月乙未晦, 日有食之.

秋七月, 司隷校尉蘇鄴下獄死. 九月戊辰, 地震裂.

制詔曰,「日者地震, 南陽尤甚. 夫地者, 任物至重, 靜而不動者也. 而今震裂, 咎在君上. 鬼神不順無德, 災殃將及吏人, 朕甚懼焉. 其令南陽勿輸今年田租芻稾. 遣謁者案行, 其死罪繫囚在戊辰以前, 減死罪一等, 徒皆弛解鉗, 衣絲絮. 賜郡中居人壓死者棺錢, 人三千. 其口賦逋稅而盧宅尤破壞者, 勿收責. 吏人死亡, 或在壞垣毀屋之下, 而家羸弱不能收拾者, 其以見錢穀取傭, 爲尋求之.」

冬十月壬子, 大司空朱浮免. 癸丑, 光祿勳杜林爲大司空. 是歲, 齊王章薨. 青州蝗. 匈奴薁鞬日逐王比遣使詣漁陽請和親, 使中郎將李茂報命. 烏桓擊破匈奴, 匈奴北徙, 幕南地空. 詔罷諸邊郡亭候吏卒.

| 註釋 | ○(建武) 二十二年 – 서기 46년.   ○今年田租芻稾 – 芻稾(추고)
는 볏짚(草料). 군마용 사료로 볏짚도 조세의 일부였다.   ○遺謁者案行 –
謁者를 보내 확인(시찰)을 하다. 謁者는 郎中令(光祿勳으로 개칭)의 속관. 외
빈 접대 담당, 謁者僕射(알자복야)의 지시 받아 업무 수행. 고관의 비서 역
할 겸 지방 출장도 담당.   ○戊辰以前 – 지진 발생일(戊辰日) 이전.   ○徒
皆弛解鉗 – 徒는 刑徒, 죄수. 弛는 벗기다. 늦출 이. 鉗은 칼 겸. 목에 채우
는 형구. 손발에 채우는 차꼬.   ○口賦逋稅 – 口賦(구부)는 15세 이상 56세
까지 남자가 납부해야 하는 인두세 성격의 조세 1人(一口)당 1년 120전(一
筭(일산), 筭은 算과 同)을 筭賦(賦錢)이라 했다. 무제 때부터 미성년(3세-14
세) 남자 1인에게도 1년에 20전 씩 口賦를 징수했다. 나중에 元帝때는 7세
부터 징수하여 조금 완화하였다. 逋稅(포세)는 田租를 납부하지 못하여 밀
린 세금.   ○其以見錢穀取傭 – 見錢은 現錢, 현금. 取傭은 품을 사다.   ○光
祿勳 – 궁궐 警備 담당, 출입자 단속을 담당하는 郎中令(낭중령)을 武帝 太
初 원년에 光祿勳(광록훈)으로 개칭했다. 질록은 中二千石. 屬官으로 大夫,
郎, 謁者를 두었다. 大夫는 정사에 대한 의론을 담당하는데 太中大夫, 中散
大夫, 諫議大夫가 있는데 정원이 없고 많을 때는 수십 명이나 되었다. 太
中大夫는 질록 比1천석. 郎中令을 光祿勳으로 개칭하면서 中大夫를 光祿
大夫로 개명(질록 比2천석), 광록대부는 여러 대부 중 가장 존귀한 자리.
給事中이나 侍中 등의 加官을 받아 영향력이 매우 컸다. 後漢에서는 점차
閑職化했다.   ○匈奴薁鞬日逐王比 – 薁鞬日逐王은 흉노의 관직명. 일정
지역을 다스리는 王이란 뜻이 아니다. 薁은 까마귀머루 욱. 比는 人名.
○漁陽 – 군명. 치소는 漁陽縣. 今 北京市 동북부의 密雲區.   ○幕南地空
– 幕은 사막(漠). 여기서는 몽고의 고비사막.

[國譯]

　(建武) 22년 봄 윤달 丙戌日, 長安에 행차하여 高廟에 제사를 올

리고 다른 11황릉에도 제사를 지냈다. 2월 己巳日, 장안에서 환궁하였다.

여름 5월 乙未日 그믐, 日食이 있었다.

가을 7월, 사예교위인 蘇鄴(소업)이 하옥되어 죽었다. 9월 戊辰日, 지진으로 땅이 갈라졌다.

이에 制詔(제조)를 내렸다.

「일전의 지진이 南陽에서 특히 심했다. 본래 땅이란 만물을 싣고 있어 아주 무거워 조용하며 움직이지 않는다. 이번에 흔들리고 갈라졌으니 그 허물은 군주에게 있는 것이다. 그러나 鬼神은 無德한 군주에게 순응하지 않아 관리나 백성이 재앙을 당하게 하니 짐은 심히 두려울 뿐이다. 南陽郡에 명하여 금년의 田租나 芻稾(추고, 볏짚)을 바치지 않게 하라. 謁者(알자)를 출장 보내어 순시 확인케 하고, 지진이 일어난 戊辰日 이전에 판결된 사형 죄는 1등급을 감형하고 갇힌 죄수의 형구를 벗겨주며 솜옷을 입게 하라. 군내의 압사한 백성에게는 棺(관)을 살 돈 1인 3천전을 지급하라. 그리고 가옥이 심하게 파손된 자에게는 납부하지 못한 口賦(구부)를 징수하지 말라. 관리나 백성이 사망하여 혹 무너진 담이나 가옥에 깔려 있어, 어리거나 허약한 가족이 수습할 수 없다면, 돈이나 곡식을 주어 품을 사서 찾아내도록 하라.」

겨울 10월 壬子日, 大司空 朱浮(주부)가 면직되었다. 癸丑日, 光祿勳 杜林(두림)이 大司空이 되었다. 이 해에 齊王 劉章(유장)이 죽었다. 靑州 지역에 황충이 발생했다. 匈奴의 薁鞬日逐王(욱건일축왕) 比(비)가 보낸 사사가 漁陽郡에 와서 和親을 요청하자 中郎將 李茂 (이무)를 보내 답방케 하였다. 烏桓(오환)이 흉노를 격파하자 흉노가 북쪽으로 이동하여 사막 남쪽의 땅이 텅 비었다. 조서로 변방 여러 군의 망대에서 정찰하는 吏卒을 철수케 하였다.

原文

二十三年春正月, 南郡蠻叛, 遣武威將軍劉尙討破之, 徙 其種人於江夏.

夏五月丁卯, 大司徒蔡茂薨.

秋八月丙戌, 大司空杜林薨. 九月辛未, 陳留太守玉況爲 大司徒.

冬十月丙申, 太僕張純爲大司空. 高句麗率種人詣樂浪內 屬. 十二月, 武陵蠻叛, 寇掠郡縣, 遣劉尙討之, 戰於沅水, 尙軍敗歿. 是歲, 匈奴薁鞬日逐王比率部曲遣使詣西河內附.

| 註釋 | ○(建武) 二十三年 – 서기 47년. ○南郡 – 荊州刺史部 소속 군명. 治所는 江陵縣, 今 湖北省 荊州市 江陵縣. ○江夏 – 荊州刺史部의 郡名. 治所는 西陵縣, 今 湖北省 武漢市 新洲區. ○陳留太守 – 陳留는 兗州刺史部의 군명, 治所는 陳留縣, 今 河南省 동부의 開封市. ○武陵蠻叛 – 武陵(무릉)은 荊州刺史部 소속 군명. 治所는 臨沅縣, 今 湖南省 常德市 서쪽. ○沅水(원수) – 貴州省에서 발원하여 동북으로 동정호에 합류하는 湖南省의 큰 강. ○西河 – 군명. 治所 平定縣, 今 內蒙古 鄂爾多斯市 동남, 幷州刺史部 소속(前漢). 後漢 중엽 이후(140년)의 治所는 离石縣(이석현). 今 山西省 중서부 呂梁市 離石區.

[國譯]

　(建武) 23년 봄 정월, 南郡의 만이들이 반란을 일으키자 武威將軍 劉尙(유상)을 보내 반적을 토벌했고 그 종족들을 江夏郡으로 이주시켰다.

　여름 5월 丁卯日, 大司徒 蔡茂(채무)가 죽었다.

　가을 8月 丙戌日, 大司空 杜林(두림)이 죽었다. 9월 辛未日, 陳留(진류) 태수인 玉況(옥황)이 大司徒가 되었다.

　겨울 10월 丙申日, 太僕(태복)인 張純(장순)이 大司空이 되었다. 高句麗人이 무리를 거느리고 낙랑군에 와서 귀부하였다. 12월, 武陵郡의 만이들이 반란을 일으켜 군현을 노략질하자 劉尙(유상)을 보내 토벌했는데 沅水(원수)에서 싸웠으나 유상의 군사가 대패했다. 이 해에, 흉노 薁鞬日逐王(욱건일축왕) 比(비)가 부족을 거느리면서 사자를 西河郡에 보내 內附(내부)하였다.

原文

　二十四年春正月乙亥, 大赦天下. 匈奴薁鞬日逐王比遣使款五原塞, 求扞禦北虜.

　秋七月, 武陵蠻寇臨沅, 遣謁者李嵩,中山太守馬成討蠻, 不克, 於是伏波將軍馬援率四將軍討之.

　詔有司申明舊制阿附蕃王法.

　冬十月, 匈奴薁鞬日逐王比自立爲南單于, 於是分爲南, 北匈奴.

| 註釋 | ㅇ(建武) 二十四年 - 서기 48년. ㅇ款五原塞, 求扜禦北虜 - 款은 두드릴 관. 정성관. 五原은 幷州刺史部의 군명. 塞는 변방 새. 扜禦(한어)는 막다(防禦). 北虜는 북 흉노. ㅇ詔有司申明舊制阿附蕃王法 - 有司는 직분이나 성명을 명시하지 않은 官吏. 設官하고 담당 職務를 구분하기에 事有專司(업무 담당자)의 뜻. 담당 관청, 담당 부서. 申明은 의견을 개진하다. 舊制는 前漢의 법제, 武帝 때 左官律을 제정했다. 左官은 업무 처리에서 天子의 朝廷보다 번왕(제후)의 편에 서는 관리. 漢에서는 左보다 右를 높였다. 제후국의 相은 제후편이 되어 그 혜택을 더 많이 주자고 주장할 수 없게 하는 법을 附益法이라 하였다. 그리고 제후의 비리를 감추고 조정에 보고하지 않는 太傅(태부)나 제후국의 相을 阿黨(아당)이라 하여 처벌하였다(阿黨法). 阿附蕃王法은 諸侯(王侯)에 아부하는 자는 重法으로 다스리겠다는 법. ㅇ單于(선우) - 흉노족의 왕을 부르는 칭호. 선우의 姓은 攣鞮氏(연제씨)인데, 그 나라에서는 선우를 "撑犁孤塗單于(탱리고도 선우)"라 한다. 흉노는 하늘을 '撑犁(탱리),' 아들을 '孤塗(고도)'라고 하였는데, 單于(선우)란 '광대한 하늘 모양'의 뜻. 흉노는 유목이 본업이기에 국가의 수도가 없지만 선우의 직할지를 單于庭(선우정)이라 하였다. 左, 右賢王과 左, 右谷蠡(우녹리, 鹿离 lùlí)와 좌우 大將, 좌우 大都尉, 좌우 大當戶, 좌우 骨都侯(골도후), 昆邪王(혼야왕), 日逐王(일축왕) 등이 모두 선우 아래의 관직명이다. 전한 초기 강성했던 흉노는 무제 이후 쇠약해졌고 宣帝 재위 중에는 呼韓邪單于(호한야선우, 재위 前 58-31) 때 흉노는 선우가 남북으로 갈라진다. 호한야선우는 前 51년에 장안에 와서 선우로서는 최초로 中原의 황제(宣帝)를 알현한다. 元帝 마지막 해인 竟寧(前 33년)에 또 한 번 장안에 와서 和親하고 유명한 王昭君(왕소군)을 데리고 돌아갔다. ㅇ匈奴薁鞬日逐王比 - 自立하여 南單于, 곧 醢落尸逐鞮單于比(해락시축제선우비). 일명 呼韓邪單于, 조부의 칭호를 그대로 답습. 烏珠留若鞮單于(오주류약제선우)의 아들. 남흉노의 單于로 자립, 재위 48년-56년. 후한에 귀부한 남흉

노의 첫 번째 선우. 比가 이름. 89권, 〈南匈奴列傳〉에 입전. ○南,北匈奴 -
이후 南匈奴는 後漢에 귀부하며 漢의 朔方, 五原, 雲中郡 일대에 분포, 북
흉노는 몽고국 고비사막 북서쪽을 차지, 漢과 대립하였다.

[國譯]

(建武) 24년 봄 정월 乙亥日, 천하의 죄수를 사면했다. 흉노 薁鞬
日逐王(욱건일축왕) 比(비)가 사자를 보내 五原郡의 변새에서 북흉노
를 방어하게 허용해 달라고 요청했다.

가을 7월, 武陵郡(무릉군)의 蠻夷(만이)가 臨沅縣(임원현)을 약탈하
자 謁者(알자) 李嵩(이숭)과 中山郡 태수 馬成(마성)을 보내 토벌했으
나 이기지 못하자, 伏波將軍 馬援(마원)이 4명의 장군을 인솔하여 적
을 토벌했다.

조서로 담당 관리들은 옛 法制인 阿附蕃王法(아부번왕법)에 대한
의견을 개진하게 했다.

겨울 10월, 흉노의 薁鞬日逐王(욱건일축왕) 比(비)가 자립하여 南
單于(남선우)가 되었는데 이로써 흉노는 남북 흉노로 분열되었다.

▌原文

二十五年春正月, 遼東徼外貊人寇右北平,漁陽,上谷,太
原, 遼東太守祭肜招降之. 烏桓大人來朝. 南單于遣使詣闕
貢獻, 奉蕃稱臣, 又遣其左賢王擊破北匈奴, 卻地千餘里.
三月, 南單于遣子入侍. 戊申晦, 日有食之. 伏波將軍馬援
等破武陵蠻於臨沅.

冬十月, 叛蠻悉降. 夫餘王遣使奉獻. 是歲, 烏桓大人率
衆內屬, 詣闕朝貢.

| 註釋 | ○(建武) 二十五年 - 서기 49년. ○遼東徼外貊人 - 遼東은 幽
州刺史部 관할 군명. 治所는 襄平縣, 今 遼寧省 遼陽市. 徼外(요외)는 국경
선 밖, 徼는 순찰할 요, 구할 요. 貊人은 穢貊國(예맥국)人. 穢는 더러울 예,
貊은 북방종족 맥, 맹수 이름 맥. ○右北平,漁陽,上谷,太原 - 모두 군명.
右北平은 유주자사부 관할, 治所는 土垠縣(토은현). 今 河北省 唐山市 豊潤
區. ○烏桓大人來朝 - 大人은 부족의 우두머리(渠帥 거수). ○左賢王 - 흉
노 單于 아래의 官名. 左, 右賢王과 左, 右谷蠡(우녹리, 鹿离 lùlí)와 좌우 大
將, 좌우 大都尉, 좌우 大當戶, 좌우 骨都侯(골도후)를 두었다. 흉노에서는
현명한 것을 '屠耆(도기)' 라 하였기에 태자를 左屠耆王(좌도기왕)이라고 하
였다. 좌, 우현왕으로부터 좌우 대당호에 이르기까지 강한 자는 1만여 기
병, 작은 자는 수천여 기병을 거느렸는데 모두 24將을 두고 이들을 '萬騎
(만기)' 라고 하였다. 그 大臣들은 모두 세습이었다. 《漢書 匈奴傳 上》참고.
○夫餘王遣使奉獻 - 夫餘國은 海東에 있는데 玄菟郡(현토군)에서 1천여 리
떨어졌다는 주석이 있다. ○詣闕朝貢 - 궁궐에 와서 入朝하고 土産物을
바치다. 貢은 바칠 공.

[國譯]

(建武) 25년 봄 정월, 遼東郡 밖의 貊人(맥인)이 右北平, 漁陽, 上
谷, 太原郡을 침략했는데, 遼東太守 祭肜(제융)이 적을 招撫(초무)하
여 투항케 했다. 烏桓(오환)의 부족장이 입조했다. 흉노 南單于가 사
자를 궁궐에 보내 토산물을 바치고 蕃國(諸侯)의 禮를 행하며 稱臣
했다. 또 그 左賢王을 보내 북흉노를 격파하고 그들을 1천여 리 축

출하였다.

3월에 南單于가 아들을 보내 入侍(입시)했다. 戊申日(무신일) 그믐, 日食이 있었다. 伏波將軍 馬援(마원) 등이 武陵郡의 만이들을 臨沅縣(임원현)에서 격파하였다.

겨울인 10월에 반역했던 만이들이 모두 투항했다. 夫餘(부여) 王이 사신을 보내 토산물을 바쳤다. 이 해에 烏桓(오환)의 大人(渠帥)이 무리를 거느리고 들어와 귀부하였고 궁궐에 와 조공하였다.

原文

二十六年正月, 詔有司增百官奉. 其千石已上, 減於西京舊制, 六百石已下, 增於舊秩.

初作壽陵. 將作大匠竇融上言園陵廣袤, 無慮所用. 帝曰, "古者帝王之葬, 皆陶人瓦器, 木車茅馬, 使後世之人不知其處. 太宗識終始之義, 景帝能述遵孝道, 遭天下反覆, 而霸陵獨完受其福, 豈不美哉! 今所制地不過二三頃, 無爲山陵, 陂池裁令流水而已."

遣中郎將段郴授南單于璽綬, 令入居雲中, 始置使匈奴中郎將, 將兵衛護之. 南單于遣子入侍, 奉奏詣闕. 於是雲中, 五原, 朔方, 北地, 定襄, 鴈門, 上谷, 代八郡民歸於本土. 遣謁者分將施刑補理城郭. 發遣邊民在中國者, 布還諸縣, 皆賜以裝錢, 轉輸給食.

| 註釋 | ○(建武) 二十六年 - 서기 50년. ○百官奉 - 漢代의 관리 녹봉 (연봉)의 액수 단위는 곡식의 石(120斤)으로 정해졌다. 대장군과 三公은 질록은 1萬石 1만석, 고급 관리인 9卿은 中二千石. 지방 태수와 중앙의 고급관원 二千石, 그 아래는 比二千石이었다. 史書에는 '眞二千石'이란 용어도 보인다. 縣令(大縣)은 千石, 縣長(小縣)은 四百石에서 三百石이었다. 前漢에서는 녹봉을 곡식으로 받지 않고 錢으로 받았는데 中二千石(月 180斛)은 매월 4만 전을 받았다. 後漢에서는 절반은 곡식으로, 다른 절반은 錢으로 받았다. 아래에서 볼 수 있듯이 二千石과 千石의 차이가 2배가 되는 것은 아니다. 後漢 백관의 봉록은 아래와 같다.

대장군과 三公은 月 350斛(곡, 10斗가 1斛, 20리터에 해당). 中二千石은 월 180 곡이나 실제로는 9千錢과 米穀 72斛을 받았다. 眞二千石은 매월 6千5百錢 과 米穀 36斛, 二千石은 월 120곡(6千錢과 米穀 35斛), 比二千石 월 100곡(5千錢과 米穀 34斛), 一千石 월 80곡(4千錢과 米穀 30斛), 六百石 월 70곡, 比六百石 월 50곡, 四百石 월 45곡, 比四百石 월 40곡, 三百石도 월 40곡, 比三百石 월 37곡, 二百石 월 30곡, 比二百石 월 27곡, 一百石 월 16곡, 斗食 월 11곡, 최하 봉급자인 佐史 월 8곡. 〔殤帝 延平(106년) 기준. 《後漢書》〈百官五〉의 참고.〕 ○初作壽陵 - 前漢 文帝 때부터 재위 중에 자신의 황릉 건축을 시작하였는데 능의 명칭이 정해지지 않았기에 壽陵이라 했는데, 長壽를 기원하는 뜻이다. ○將作大匠竇融上言園陵廣袤 - 將作大匠은 궁궐과 능묘 건축을 책임지는 질록 2천석의 고급 관리이다. 廣은 동서의 폭, 袤(길이 무)는 남북의 길이. ○無慮所用 - 필요한 것 모두, 총체적 규모. 無慮는 모두(都凡). ○陶人瓦器 木車茅馬 - 진흙으로 빚은 인형과 容器와 목제 수레, 짚을 묶어 만든 말(馬). ○太宗識終始之義 - 太宗은 文帝. 終始之義는 生死의 의미. 文帝의 능은 霸陵(패릉)인데 霸水 근처 산을 이용하여 능원을 조성했고 薄葬(박장)했다. 패릉은 당시 장안성 未央宮에서 동남으로 57km에 위치. 今 西安市 동쪽 白鹿原 부근. 宣帝의 능인 杜陵(두릉)과

함께 渭水 남쪽에 위치. 漢代의 다른 능은 위수 북쪽에 있다. ○遭天下反
覆 - 천하의 혼란. 赤眉의 난. ○不過二三頃 - 2, 3경을 넘지 않다. 頃(경)
은 면적 단위. 漢代 1畝(무)는 666㎡. 약 200평. 100畝가 1頃, 약 2만 평.
○無爲山陵 - 山陵(산처럼 큰 封墳)을 만들지 말라. ○陂池裁令流水而已 -
陂池(피지)는 洑(보). 저수지. 능원 주변의 流水池. 裁令은 잘라 말하다. 裁
는 알맞게 줄이다. 헤아리다. 다만. 而已은 ~이다. ○令入居雲中 - 雲中
은 幷州刺史部 관할 郡名. 治所는 雲中縣, 今 內蒙古 呼和浩特市(內蒙古自
治區의 首府) 관할 托克托縣(黃河 북안). 南單于의 王庭(직할지, 거주지).
○始置使匈奴中郎將 - 전한 武帝 때부터 중랑장을 흉노에 사신으로 보냈
는데 이것이 정례가 되어 사흉노중랑장이라는 명칭이 사용되었다. 후한에
서는 질록 비이천석의 使匈奴中郎將을 설치하여 幷州(병주) 일대의 南匈奴
를 관할, 보호케 하였다. 주둔지는 西河郡 美稷縣(今 內蒙古 鄂爾多斯市 관할
準格爾旗 서북)이었다. ○雲中,五原,朔方,北地,定襄,鴈門,上谷,代八郡 - 雲
中, 五原, 朔方, 定襄, 鴈門郡은 幷州자사부 관할. 上谷, 代郡은 幽州자사부
관할 군, 北地郡은 涼州자사부 관할. ○施刑補理城郭 - 施刑(이형)은 弛刑
(이형), 감형하다. 施는 베풀 시, 옮을 이, 옮겨가다. 施刑(시형)으로 읽으면
형을 집행하다. 補理(보리)는 보수하다. ○中國者 - 여기서 中國은 關中이
나 內郡을 지칭.

[國譯]

　(建武) 26년 (봄) 정월, 조서로 담당자에게 百官의 봉록을 늘려주
게 하였다. 그중에서 1천석 이상은 西京(前漢) 시대의 舊制보다 줄
였고 6백석 이하는 옛 봉록보다 늘렸다.

　壽陵(광무제의 능, 명칭 미정)을 짓기 시작했다. 將作大匠인 竇融(두
융)이 능원의 규모와 필요한 전체 규모를 보고하였다.

이에 광무제가 말했다. "옛날 帝王의 장례에는 모두 흙으로 만든 인형이나 용기 나무 수레는 풀로 엮은 말(馬)을 묻었고 후세 사람들로 하여금 능묘가 어디인지 알지 못하게 하였다. 太宗(文帝)께서는 생사의 뜻을 이해했고 景帝는 효도의 뜻을 지켰으니 천하 혼란을 거치면서 霸陵(패릉)만 홀로 도굴되지 않았으니 어찌 아름답지 않은가! 이번에 필요로 하는 땅은 2, 3頃(경)을 넘지 않아야 하고 큰 봉분을 만들지 말 것이며 감싸는 물은 그냥 흐르기만 하면 될 것이다."

中郎將 段郴(단침)을 보내 南單于에게 국새와 인수를 전달하고 雲中郡에 들어와 살게 하였으며 使匈奴中郎將을 처음 설치하여 군사를 거느리고 선우를 보호하게 하였다. 남선우는 아들을 보내 입시케 하였는데 상주하는 글을 가지고 황궁에 왔다.

이에 雲中, 五原, 朔方, 北地, 定襄, 鴈門(안문), 上谷, 代郡 등 8개 군민을 본래 거주지로 돌려보냈다. 그리고 謁者(알자)를 각 군에 보내 형을 감형한 죄수를 거느리고 성곽을 보수하게 하였다. 변방 군의 백성으로 내지에 살고 있던 자들을 각자의 옛 군현으로 보내면서 행장과 비용을 하사하였고 식량을 운반하여 급식케 하였다.

原文

二十七年夏四月戊午, 大司徒玉況薨. 五月丁丑, 詔曰, 「昔契作司徒, 禹作司空, 皆無 '大' 名, 其令二府去 '大'.」 又改大司馬爲太尉. 驃騎大將軍行大司馬劉隆卽日罷, 太僕趙憙爲太尉, 大司農馮勤爲司徒.

益州郡徼外蠻夷率種人內屬. 北匈奴遣使詣武威乞和親.
冬, 魯王興, 齊王石始就國.

| 註釋 | ○(建武) 二十七年 – 서기 51년. ○昔契作司徒 – 契(맺을 계. 사람이름 설). 子姓, 名 契(설), 帝嚳(제곡)의 아들, 商(殷)의 高祖인 帝乙의 선조. 帝 舜의 신하로 禹(우)를 도와 홍수를 다스렸고 商(今 陝西省 商洛市)에 봉해진 뒤에 교육을 담당하는 司徒(사도)가 되었다. ○禹作司空 – 禹(우)는 夏后氏, 大禹라 존칭, 黃帝 軒轅氏의 玄孫, 홍수를 다스리고 九河를 소통케 했다는 전설의 인물. 司空은 水利와 토목, 건축을 담당. 安邑(今 山西省 運城市 관할 夏縣)에 定都. 孔子도 일찍이 魯國의 司空을 담당. 漢朝에 이 관직이 없었는데 成帝때 御史大夫를 大司空이라 개칭. 周代의 司空과 같지 않음. 後漢에서는 大司空을 司空으로 개칭. 太尉, 司徒(丞相)과 함께 三公이라 並稱. ○大司農 – 국가의 穀物과 재화, 국가 재정 담당. 九卿의 하나. 질록 中二千石. 景帝 後元 원년 治粟內史(치속내사)를 大農令으로 개칭했다가 武帝 太初 원년 대농령을 大司農으로 개칭했다. 屬官으로 丞 1인 질록 比千石, 部丞 1人, 6百石 外에 太倉令, 平準令, 導官令(각 질록 6백석)과 그 아래 丞을 두었다. 馮勤(풍근)과 趙憙(조희)는 26권, 〈伏侯宋蔡馮趙牟韋列傳〉에 입전. ○武威 – 凉州刺史部의 郡名. 치소는 姑臧縣, 今 甘肅省 중부의 武威市. 河西 四郡의 하나로, 絲綢之路(실크로드)의 요충지.

[國譯]

(建武) 27년 여름 4월 戊午日, 大司徒인 玉況(옥황)이 죽었다.

5월 丁丑日, 조서를 내렸다.

「옛날 契(설)이 司徒가 되었고 禹(우)가 司空을 담당했지만 '人'리는 말은 없었다. 2府(대사도와 대사공)에서는 명칭에 '大'字를 없애도록 하라.」

또 大司馬를 太尉라 개칭하였다. 驃騎大將軍으로 大司馬를 대행
하던 劉隆(유륭)은 당일 파직되었고 太僕(태복)인 趙憙(조희)가 太尉
가 되었으며 大司農인 馮勤(풍근)이 司徒가 되었다.

益州郡 영역 밖 蠻夷(만이)가 종족을 거느리고 귀부하였다. 北匈
奴가 사신을 보내 武威郡에 와서 和親을 요구하였다.

겨울, 魯王 劉興(유흥)과 齊王 劉石이 봉국으로 부임하였다.

二十八年春正月己巳, 徙魯王興爲北海王, 以魯國益東
海. 賜東海王彊虎賁,旄頭,鍾虡之樂.

夏六月丁卯, 沛太后郭氏薨, 因詔郡縣捕王侯賓客, 坐死
者數千人.

秋八月戊寅, 東海王彊,沛王輔,楚王英,濟南王康,淮陽王
延始就國.

冬十月癸酉, 詔死罪繫囚皆一切募下蠶室, 其女子宮. 北
匈奴遣使貢獻, 乞和親.

| 註釋 | ○(建武) 二十八年 – 서기 52년. ○虎賁,旄頭,鍾虡之樂 – 虎賁
(호분)은 虎賁郎, 황제 禁衛兵(1,500人). 虎賁中郎將(질록 比2천석)이 지휘.
호분은 꿩의 꽁지 깃털(鶡尾 할미)을 꽂은 호위 勇士. 鶡(산새 이름 할)은 꿩보
다 크고 성질이 사나워 끝까지 싸우는 새. 旄頭(모두)는 털이 검고 꼬리가

긴 소(氂, 야크 리)의 꼬리로 장식한 깃발. 鍾虡之樂(종거지악)은 악기, 虡 鐘
이나 磬(경)을 거는 틀 거.   ○沛太后郭氏薨 - 沛太后 郭氏는 光武 郭皇后.
更始 2년(서기 24)에 光武 劉秀가 아내로 맞이했다. 稱帝 후 귀인이었다가
건무 2년(26)에 황후에 즉위, 그 후 총애를 잃고 건무 17년(41)년에 폐위,
아들 劉輔가 중산왕이 되었다가 沛王에 봉해졌기에 沛태후로 불리다가 이
때 건무 28년(52)에 죽었다.   ○坐死者數千人 - 劉鯉(유리)는 更始帝 劉玄
의 아들, 건무 2년에 낙양에 와서 壽光侯에 피봉되었다. 劉輔(유보)는 폐위
된 곽황후의 소생, 건무 27년에 沛王(패왕)에 봉해졌다. 劉鯉가 私的인 원
수를 갚는다고 劉盆子의 兄 劉恭(유공)을 살해했는데 여기에 패왕 유보가
연루되어 詔獄에 갇혔다가 풀려난 일이 있다. 이 사건과 연관되어 많은 사
람이 처형되었다. 유보는 학문을 좋아했고 근신하며 검소했다. 章帝 元和
원년(84)에 죽었고 시호는 獻王(헌왕)이다.   ○蠶室(잠실) - 宮刑, 궁형을 받
은 자가 거처하는 곳. 거세 형을 받은 자는 바람을 쐬어서는 안 되기에 온
난한 방(잠실)에 100일간 거처케 했다. 여자의 궁형은 幽閉(유폐)라고 했다.
외출을 못하게 유폐시킨다는 주석과 몽둥이로 여성의 복부를 때려 子宮을
쏟아내게 하여 생식능력을 제거한다는 주석이 있다.

[國譯]

  (建武) 28년 봄 정월 己巳日, 魯王 劉興(유흥)을 北海王으로 옮기
고, 魯國을 東海王에게 보태주었다. 東海王 劉彊(유강, 태자에서 폐위)
에게 虎賁(호분)과 旄頭(모두), 鍾虡(종거)의 악기들을 하사하였다.

  여름 6월 丁卯日, 沛國(패국) 太后 郭氏(곽씨)가 죽었는데, 조서를
내려 각 郡縣에서 各諸侯 王의 賓客(빈객)이란 자들을 체포케 하였
는데 이에 연좌되어 죽은 자가 수천 명이었다.

  가을 8월 戊寅日, 東海王 劉彊, 沛王 劉輔, 楚王 劉英, 濟南王 劉

康, 淮陽王 劉延이 처음으로 봉국에 부임하였다.

겨울 10월 癸酉日, 조서를 내려 사형을 판결 받고 갇혀있는 자를 모두 모아 궁형에 처하고, 여자 사형수도 宮刑(幽閉)에 처하게 했다. 北匈奴가 사신을 보내 토산물을 바치고 和親을 요청했다.

原文

二十九年春二月丁巳朔, 日有食之. 遣使者擧冤獄, 出繫囚. 庚申, 賜天下男子爵, 人二級, 鰥,寡,孤,獨,篤癃,貧不能自存者粟, 人五斛.

夏四月乙丑, 詔令天下繫囚自殊死已下及徒各減本罪一等, 其餘贖罪輸作各有差.

| 註釋 | ○(建武) 二十九年 – 서기 53년. ○擧冤獄 – 擧는 처리하다. ○賜天下男子爵 – 秦漢代의 일반 백성(평민)은 신분상 등급이 있었는데 1등급(公士)에서부터 8등급〔公乘(공승)〕까지는 일반 백성의 등급이다. ○篤癃(독륭) – 廢疾者(폐질자), 중질환자. 癃은 몸이 느른할 륭. 꼽추.

[國譯]

(建武) 29년 봄 2월 丁巳日 초하루, 일식이 있었다. 사자를 보내 원통한 옥사를 조사하고 죄수를 풀어주었다. 庚申日, 온 나라의 남자에게 작위를 2등급씩 하사하였고 홀아비, 과부, 고아, 자식 없는 노인과 폐질자와 가난해서 살기 어려운 자에게 사람마다 곡식 5斛(곡)을 지급하였다.

여름 4월 乙丑日, 조서로 온 나라의 참수 이하의 죄수를 각 1등급씩 감형하고 그 외에 금전으로 속죄할 자는 각각 차등을 두어 감면케 하였다.

三十年春正月, 鮮卑大人內屬, 朝賀. 二月, 東巡狩. 甲子, 幸魯, 進幸濟南. 閏月癸丑, 車駕還宮. 有星孛於紫宮.

夏四月戊子, 徙左翊王焉爲中山王. 五月, 大水. 賜天下男子爵, 人二級, 鰥,寡,孤,獨,篤癃, 貧不能自存者粟, 人五斛.

秋七月丁酉, 幸魯國. 復濟陽縣是年傜役.

冬十一月丁酉, 至自魯.

| 註釋 | ○(建武) 三十年 – 서기 54년. ○鮮卑大人 – 大人은 족장. 선비족은 東胡族의 한 갈래. ○濟南 – 靑州刺史部의 국명. 治所는 東平陵縣. 今 山東省 濟南市 관할 章丘市. ○有星孛於紫宮 – 紫宮은 紫微宮(자미궁), 북두의 북쪽에 있는 성좌. ○左翊王焉 – 左翊王(좌익왕) 劉焉(유언), 광무제의 아들, 建武 15년(서기 39)에 左翊公, 建武 17년에 左翊王, 建武 30년에 中山王이 되었다. ○濟陽縣 – 陳留郡의 현명. 今 河南省 동부 開封市 관할 蘭考縣. 광무제의 皇考 劉欽이 濟陽縣令일 때 광무제가 여기서 출생했다.

[國譯]

(建武) 30년 봄 정월, 鮮卑(선비)의 족장이 귀부하여 朝賀하였다.

2월, 동쪽을 巡狩(순수)했다. 甲子日, 魯에 행차하여 더 나아가 濟南國에 행차하였다. 윤달 癸丑日에 어가가 환궁하였다. 혜성이 紫宮(紫微宮 자미궁)에 나타났다.

여름 4월 戊子日, 左翊王(좌익왕) 劉焉(유언)이 中山王이 되었다. 5월, 큰 비가 내렸다. 온 나라의 남자에게 작위를 2등급씩 하사하였고 홀아비, 과부, 고아, 자식 없는 노인과 폐질자와 가난하여 살기 어려운 자에게 사람마다 곡식 5斛(곡)을 지급하였다.

가을 7월 丁酉日, 魯國에 행차하였다. 濟陽縣의 금년 요역을 면제시켰다.

겨울 11월 丁酉日, 魯國에서 환궁하였다.

原文

三十一年夏五月, 大水. 戊辰, 賜天下男子爵, 人二級, 鰥, 寡,孤,獨,篤癃,貧不能自存者粟, 人六斛. 癸酉晦, 日有食之.

是夏, 蝗.

秋九月甲辰, 詔令死罪繫囚皆一切募下蠶室, 其女子宮.

是歲, 陳留雨穀, 形如稗實. 北匈奴遣使奉獻.

| 註釋 | ○(建武) 三十一年 − 서기 55년. ○陳留雨穀 − 陳留는 兗州刺史部 관할 郡名. 治所는 陳留縣, 今 河南省 開封市. 雨穀의 雨는 동사, 하늘에서 내리다. 비가 내리다. ○形如稗實 − 稗는 피 패. 풀이름. 열매를 맺기

전의 보리와 밀은 그 싹이나 모양이 매우 흡사하다. 그런 것처럼 벼(禾)와 논에 나는 피(稗, 水稗)는 매우 비슷한데, 다만 피는 잎이 좀 더 크고 잎 가운데 하얀 줄이 있다. 농부가 아니라면 구분하기 어렵다. 피는 곡식이 아닌 잡초이다(草之似穀者). 옛날에 산간지대에 밭곡식으로 심었던 곡식 피(早稗, 한패)와는 다르다.

[國譯]

(건무) 31년 여름 5월, 큰 비가 내렸다. 戊辰日, 온 나라의 남자에게 작위를 2등급씩 하사하였고 홀아비, 과부, 고아, 자식 없는 노인과 폐질자와 가난하여 살기 어려운 자에게 사람마다 곡식 6斛(곡)을 지급하였다. 癸酉日 그믐, 일식이 있었다.

이 여름에 황충이 발생했다.

가을 9월 甲辰日, 조서를 내려 사형을 판결 받고 갇혀있는 자를 모두 모아 궁형에 처하고 여자 사형수도 宮刑(幽閉)에 처하게 했다.

이 해에, 陳留郡(진류군)에 알갱이가 하늘에서 떨어졌는데 피(水稗)의 알갱이와 비슷했다. 北匈奴가 사신을 보내 토산물을 바쳤다.

原文

中元元年春正月, 東海王彊,沛王輔,楚王英,濟南王康,淮陽王延,趙王盱皆來朝. 丁卯, 東巡狩. 二月己卯, 幸魯, 進幸太山. 北海王興,齊王石朝於東嶽. 辛卯, 柴望岱宗, 登封太山, 甲午, 禪於梁父. 三月戊辰, 司空張純薨.

夏四月癸酉, 車駕還宮. 己卯, 大赦天下. 復<u>嬴</u>,<u>博</u>,<u>梁父</u>,奉<u>高</u>, 勿出今年田租芻稾. 改年爲<u>中元</u>. 行幸<u>長安</u>. 戊子, 祀<u>長陵</u>. 五月乙丑, 至自<u>長安</u>.

六月辛卯, 太僕<u>馮魴</u>爲司空. 乙未, 司徒<u>馮勤</u>薨. 是夏, 京師醴泉湧出, 飮之者痼疾皆愈, 惟眇,蹇者不瘳. 又有赤草生於水崖. 郡國頻上甘露.

羣臣奏言, "地祇靈應而朱草萌生. <u>孝宣帝</u>每有嘉瑞, 輒以改元, <u>神爵</u>,<u>五鳳</u>,<u>甘露</u>,<u>黃龍</u>, 列爲年紀, 蓋以感致神祇, 表彰德信. 是以化致昇平, 稱爲中興. 今天下淸寧, 靈物仍降. 陛下情存損挹, 推而不居, 豈可使祥符顯慶, 沒而無聞? 宜令太史撰集, 以傳來世."

帝不納. 常自謙無德, 每郡國所上, 輒抑而不當, 故史官罕得記焉.

秋, 郡國三蝗.

| 註釋 | ○中元元年 － 서기 56년. '建武中元'으로 표기한 年表도 있다. 文帝 재위 시는 前元과 後元으로 年紀를 구분했다. 景帝 때는 前元, 中元, 後元으로 구분. 정식 연호의 최초 사용은 武帝 建元(前140년)이다. 서기 前 140년. 무제 즉위 이후에 6년을 주기로 하여 一元, 二元 … 五元이라 하였다. 五元 3년에 담당자의 건의를 받아들여 一元을 建元(前 140-135), 二元을 元光(前 134-129), 三元을 元朔(前 128-123), 四元을 元狩(원수, 前 122 - 117)라 하고, 五元의 연호는 미정이었다. 五元 4년에 寶鼎(보정)을 얻자 五元을 元鼎(前 116-111)이라 하였다. 곧 연호의 최초 사용은 元鼎 3년(前 114

년)이었다. 이어 元封(前 110-105년)까지는 6년 주기였으나 太初(前 104-101
년) 이후는 일정 주기가 없어졌다. 唐 高祖와 太宗은 재위 기간 하나의 연호
를 사용했지만 一世一元의 제도가 제대로 확립된 것은 明代이었다. ㅇ進
幸太山 – 太山은 泰山. 泰山은 今 山東省 泰安市 위치. 主峰인 玉皇峰은
해발 1532.7m. 五嶽 중 東嶽. 중국 諸神이 머무는 곳이라 생각했다. 《後漢
書》저자 范曄(범엽)은 그의 부친 이름 '泰'를 피해 모두 '太'로 표기. 68
권, 〈郭符許列傳〉의 '郭泰(字 林宗)'를 郭太로, 70권 〈鄭孔荀列傳〉의 鄭
泰를 '鄭太'로 기록하였다. ㅇ柴望岱宗 – 柴望은 땔나무(柴 섶 시)에 玉帛
을 올려놓고 태워 望祭(망제)를 지내다. 岱宗은 태산의 다른 명칭, 岱嶽. 岱
는 태산 대. ㅇ登封太山 – 封은 천자가 단을 쌓고 제천하는 의식. 泰山의
동쪽에 조성한 壇(단)은 길이 1丈2尺(1丈은 231cm, 1尺=23.1cm) 높이 9尺이
라는 기록이 있다. 광무제는 輦(연)을 타고 升山하여 壇南에 北面하여 자리
하고 尙書가 바친 玉牒에 광무제가 직접 국새를 찍어 봉한 뒤, 땅에 묻고
돌로 덮고서 광무제가 再拜했다고 하였다. 玉牒의 문장은 비밀이었고 그
刻石의 文辭가 많아서 수록하지 않았다고 하였다. ㅇ禪於梁父 – 梁父(양
보)는 縣名. 今 山東省 泰安市 관할 新泰市. 또 태산 아래의 小山, 梁甫로도
표기. 封은 흙을 쌓아(聚土) 壇을 만드는 것, 禪(墠, 제터 선)은 땅을 깨끗하
게 쓸고(除地) 올리는 제사. 이는 山川의 제신에 대한 제사를 의미. 秦始皇
은 始皇 28年(前 219)에 泰山에 봉하고 梁父山에서 禪한 이후 漢 武帝는 元
封 원년(前 110) 封泰山하고 肅然山에서 禪했다. 이번에 光武帝는 封泰山하
고 梁父山에서 禪祭를 올렸다. ㅇ嬴,博,梁父,奉高 – 嬴(영), 博(박), 梁父(양
보), 奉高(봉고) 모두 太山郡(兗州刺史部 泰山郡, 治所는 奉高縣. 今 山東省 중부 泰
安市)의 현명. ㅇ祀長陵 – 長陵은 高祖의 陵. 縣名. 今 陝西省 咸陽市 渭城
區 正陽鎭 소재. 漢 高祖와 그 황후 呂雉(여치)의 同塋異穴의 合葬 陵園, 南
北 실이 88m, 東西 816m. 高祖 봉분 높이 55m, 蕭何, 曹參, 周勃, 戚夫人
등 陪葬墓 63座가 있다. ㅇ醴泉湧出 – '뛰어난 인재가 벼슬을 갖고 있으

면 醴泉(예천, 단술 예)이 솟아난다' 고 하였다. ○惟眇,蹇者不瘳 – 眇는 애꾸는 묘. 蹇 다리를 절 건. 瘳 병 나을 추. ○赤草生於水崖 – 赤草는 朱草. 朱草는 1일에 잎이 하나씩 생겨났다가 15일 이후로는 하루에 하나씩 떨어지기를 반복한다고 하였다. ○朱草萌生 – 천자의 성덕이 草木까지 미치면 朱草가 자란다고 하였다. ○孝宣帝 – 재위 前 73 – 49년. ○神爵,五鳳, 甘露,黃龍 – 宣帝의 연호 神爵(신작, 前 61–58년, 爵은 雀). 五鳳(前 57–54년), 甘露(前 53–50년), 黃龍(前 49년, 宣帝의 마지막 연호). ○太史撰集 – 太史는 史官의 우두머리. 太史令. 太常의 속관으로 太樂, 太祝, 太宰, 太史, 太卜, 太醫令 등 6令이 있었다. 태사령은 天文曆法도 관장했는데 질록은 6백석.

[國譯]

中元 원년 봄 정월, 東海王 劉彊(유강), 沛王 輔(보), 楚王 英(영), 濟南王 康(강), 淮陽王 延(연), 趙王 盰(우) 등이 모두 입조했다. 丁卯日, 동쪽 지방을 순수했다. 2월 己卯日, 魯에 행차했다가 더 나아가 太山(泰山)까지 행차하였다. 北海王 劉興과 齊王 劉石이 東嶽(태산)에서 朝謁(조알)했다. 辛卯日, 섶을 태워 태산에 望祭를 지내고 태산에 올라 단을 쌓고(封) 天神에 제사했다. 甲午日, 梁父山(양보산)에서 地神에 제사했다.

3월 戊辰日, 司空인 張純(장순)이 죽었다.

여름 4월 癸酉日, 어가가 환궁했다. 己卯日, 온 나라 죄수를 사면했다. 嬴縣(영현), 博縣(박현), 梁父縣(양보현), 奉高縣에 대하여 금년 田租와 芻槀(추고, 볏짚)도 바치지 않도록 면제하였다. 연호를 中元으로 바꿨다. 長安에 행차하였다. 戊子日, 長陵에 제사했다. 5월 乙丑日, 長安에서 돌아왔다. 6월 辛卯日, 太僕 馮魴(풍방)이 司空이 되었다. 乙未日, 司徒(사도)인 馮勤(풍근)이 죽었다.

이 해 여름, 京師에서 醴泉(예천)이 솟았는데 그 샘물을 마신 자들의 고질병이 다 나았는데 다만 사팔뜨기와 다리를 절던 사람은 낫지 않았다. 또 물가에 붉은 풀이 자랐다. 여러 군국에서 甘露(감로)가 내렸다는 보고가 많았다.

이에 많은 신하들이 "땅의 신령도 감응하여 朱草가 싹이 튼 것입니다. 孝宣帝 때 아름다운 상서로움이 있을 때마다 改元하여 神爵(신작), 五鳳, 甘露, 黃龍 등으로 연이어 연호를 삼았는데, 이는 신령에 감응하며 덕행과 誠信을 드러내려는 뜻이었습니다. 그리하여 昇平한 시대에 中興을 이루었다고 칭송하였습니다. 지금 온 천하가 청정하고 안녕하여 신령스런 징조가 나타난 것입니다. 폐하께서는 내심으로 겸허와 退讓(퇴양)의 마음으로 사양하며 누리지도 않으시나 어찌 상서의 징표와 경사를 없는 것으로 또 모른 척 하시겠습니까? 응당 太史에게 명하여 기록으로 엮어 후세에 전해야 합니다."라고 주청하였다.

그러나 광무제는 받아들이지 않았다. 광무제는 늘 '덕행이 없다'고 겸양하면서 군국에서 보고가 있더라도 억제하며 못하게 하여 사관의 기록은 거의 없었다.

가을에, 3개 郡國에서 황충 피해가 났다.

原文

冬十月辛未, 司隷校尉東萊李訴爲司徒. 甲申, 使司空告祠高廟曰,

「高皇帝與羣臣約, 非劉氏不王. 呂太后賊害三趙, 專王呂

氏, 賴社稷之靈, 祿,産伏誅, 天命幾墜, 危朝更安. 呂太后不宜配食高廟, 同祧至尊. 薄太后母德慈仁, 孝文皇帝賢明臨國, 子孫賴福, 延祚至今. 其上薄太后尊號曰高皇后, 配食地祇. 遷呂太后廟主於園, 四時上祭.」

十一月甲子晦, 日有食之. 是歲, 初起明堂,靈臺,辟雍, 及北郊兆域. 宣布圖讖於天下. 復濟陽,南頓是年傜役. 參狼羌寇武都, 敗郡兵, 隴西太守劉旴遣軍救之, 及武都郡兵討叛羌, 皆破之.

| 註釋 | ○司隷校尉東萊李訢 - 東萊는 靑州刺史部 군명. 치소는 黃縣, 今 山東省 烟台市 관할 龍口市. 동래군은 今 山東省 동부 烟台市, 威海市 일대. ○呂太后賊害三趙 - 고조의 아들인 趙 幽王 友(우), 趙 恭王 恢(회), 趙 隱王 如意(여의)가 呂太后의 미움을 받아 제 명대로 살지 못했다. 《漢書》38권, 〈高五王傳〉참고. ○祿,産伏誅 - 여태후의 집안인 呂産(여산)과 呂祿(여록), 군권을 장악했으나 周勃(주발)과 陳平(진평)에 의해 살해되었다. ○薄太后 - 高祖의 姬妾, 孝文帝의 母親. ○明堂,靈臺,辟雍 - 이를 三雍 (삼옹)이라 칭한다. 明堂은 皇帝가 政敎의 大典을 행하는 건물. 朝會, 祭祀, 慶賞, 養老, 敎學 등의 행사를 집행하는 곳. 靈臺는 본래 周 文王 만들었다 는 樓臺. 음양과 천문의 변화를 관측하는 곳. 3월과 9월에 鄕射禮를 거행 했다. 누대의 높이 三丈, 12개의 문이 있으며 天子의 누대는 靈臺, 諸侯는 觀臺라고 했다. 周 文王 영대의 옛 遺構는 今 陝西省 西安市 戶縣에 남아 있다. 辟雍(벽옹)은 본래 周代의 중앙교육기관. 太學이 소재한 곳. 전체적 으로 둥근 모양(하늘을 상징)을 물(敎化가 물처럼 흘러 널리 퍼지라는 뜻)이 두르고 있는 형상. 제후국의 교육기관이 있는 곳은 泮宮(반궁)이라고 했다.

○北郊兆域 - 도성 북쪽의 郊祭 제사 터. 兆는 제단, 제사 터, 묏자리. ○武都郡 - 凉州刺史部의 군명. 治所는 下辨縣, 今 甘肅省 남부 隴南市 成縣.

[國譯]

겨울 10월 辛未日, 司隷校尉인 東萊郡 출신 李訢(이흔)이 司徒가되었다.

甲申日, 司空을 보내 高祖 廟堂에 제사하고 告하였다.

「高皇帝와 여러 신하는 劉氏가 아니면 왕이 될 수 없다고 약속하였습니다. 呂太后는 3명의 趙王을 죽였으며 마음대로 呂氏 일족을 왕으로 봉했지만 社稷 神靈의 도움으로 呂祿과 呂産을 죽이고 거의 天命을 상실할 정도로 위태롭던 조정은 다시 안정되었습니다. 따라서 呂太后가 高祖의 묘당에서 제사를 받고 지존의 지위를 누리는 것은 옳지 못합니다. 薄(박) 太后께서는 母德을 지켜 인자하셨고, (그 소생인) 孝文皇帝께서도 賢明하게 나라를 다스리셨고, 그 자손들도 복을 받아 제위를 이어 오늘에 이르렀습니다. 이에 薄太后의 尊號를 高皇后로 올리고 토지신의 제사에 배향하고자 합니다. 呂太后 신주의 위패는 능원으로 옮겨 거기서 사철 제사를 받을 것입니다.」

11월 甲子日 그믐, 일식이 있었다. 이 해에 처음으로 明堂과 靈臺(영대)와 辟雍(벽옹)을 지었으며 北郊(북교)의 제사 터를 마련했다. 圖讖(도참)을 천하에 선포하였다. 濟陽縣과 南頓縣(남돈현)의 금년 傜役(요역)을 면제하였다. 參狼(삼랑)의 羌族(강족)이 武都郡을 노략질하며 郡의 군사를 패퇴시키자 隴西(농서)의 太守인 劉盱(유우)가 군사를 보내 구원하자 마침내 武都郡의 병력이 강족의 반란을 토벌하여 모두 격파하였다.

二年春正月辛未, 初立北郊, 祀后土. 東夷倭奴國主遣使奉獻.

二月戊戌, 帝崩於南宮前殿, 年六十二. 遺詔曰, 「朕無益百姓, 皆如孝文皇帝制度, 務從約省. 刺史, 二千石長吏皆無離城郭, 無遣吏及因郵奏.」

初, 帝在兵間久, 厭武事, 且知天下疲秏, 思樂息肩. 自隴, 蜀平後, 非儆急, 未嘗復言軍旅. 皇太子嘗問攻戰之事, 帝曰, "昔衛靈公問陳, 孔子不對, 此非爾所及." 每旦視朝, 日仄乃罷. 數引公卿, 郞, 將講論經理, 夜分乃寐. 皇太子見帝勤勞不怠, 承間諫曰, "陛下有禹湯之明, 而失黃老養性之福, 願頤愛精神, 優游自寧." 帝曰, "我自樂此, 不爲疲也." 雖身濟大業, 兢兢如不及, 故能明愼政體, 總攬權綱, 量時度力, 舉無過事. 退功臣而進文吏, 戢弓矢而散馬牛, 雖道未方古, 斯亦止戈之武焉.

|註釋| ○(中元) 二年 – 서기 57년, 丁巳年. ○初立北郊, 祀后土 – 천자는 동지에 도성의 남쪽에 가서 천신에 대한 제사를, 하지에 북쪽에 가서 后土神에 대한 郊祠(교사)를 지냈다. 后土는 土地神이며, 女神에 속함. 武帝가 元鼎 4년 汾陰縣(분음현, 今 山西省 運城市 북쪽 萬榮縣)의 黃土 臺地에 세운 북교의 后土祠를 나중에 成帝가 장안으로 옮겨 제사했었다. 광무제가 세운 후토사가 어디인지 주석이 없다. ○東夷倭奴國主遣使奉獻 – 倭奴國은 帶方郡의 동남 大海의 섬(日本 九州 일대)에 있는 많은 나라 중 하나. 일명

烏奴國. ○務從約省 - 힘써 간략하게 장례를 마치라. 文帝는 장례에 瓦器를 사용했으며 金銀銅錫으로 꾸미지도 않았으며 봉분을 만들지 않고 자연의 산세를 이용했다. 문제의 능은 霸陵(패릉)이다. ○無遣吏及因郵奏 - 관리를 출장 보내거나 郵驛을 통해 문서를 보내지 말라. 郵는 문서를 보내주거나 받는 전달 체제. ○厭武事 - 전쟁이나 군사에 질리다. ○思樂息肩 - 息肩은 짐을 내려놓고 어깨를 쉬다. 책임을 벗다. 마음 편히 쉬고자 했다. ○非儆急 - 다급한 일이 아니면, 儆은 경계할 경. 警과 通. ○昔衛靈公問陳, 孔子不對 -「衛靈公問陳於孔子. 曰, "俎豆之事, 則嘗聞之矣. 軍旅之事, 未之學也."」《論語 衛靈公》. 陳은 陣. ○夜分乃寐 - 밤이 깊어 잠자리에 들다. 分은 半也. ○黃老養性之福 - 黃帝와 老子가 심신의 건강과 장수를 누린 복록. ○頤愛精神 - 頤愛는 함양하고 아끼다. 몸을 잘 보양하고 마음고생을 피하다. 頤(턱 이)는 기르다. 봉양하다. ○優游自寧 - 優游(우유)는 한가롭게 지내다. 悠悠自適(유유자적)하다. ○總攬權綱 - 황제의 권한과 기강을 總攬(총람, 한 손에 쥐다)하다. 總은 總의 俗字. ○擧無過事 - 하는 일에 지나침(과오)이 없다. ○戢弓矢而散馬牛 - 전쟁을 그만두다. 戰役을 끝내다. 戢은 거둘 집. 그치다. 그만두다. 散馬牛는 전쟁 물자를 수송하던 우마를 돌려보내다. ○雖道未方古 - 비록 치도가 옛 聖人의 방법과 같지는 않지만. ○斯亦止戈之武焉 - 전쟁을 종식시키는(止戈) 武德이라 할 수 있다.

[國譯]

(中元) 2년 봄 정월 辛未日, 처음으로 北郊(북교)를 건립하고 后土(후토)을 제사했다. 東夷인 倭奴의 國主가 사신을 보내 토산물을 바쳤다.

2월 戊戌日(무술일), 광무제가 南宮의 前殿에서 붕어하니 나이는

62세였다. 광무제가 조서를 남겨 말했다.

「朕(짐)은 백성을 이롭게 하지 못했으니 모든 장례를 孝文皇帝의 제도에 따르며 간략하게 마치도록 힘쓰라. 剌史(자사)나 태수와 현령들이 근무지 성곽을 떠나지 말 것이며 관리를 출장 보내거나 문서를 보내지 않도록 하라.」

그전에, 광무제는 오랜 기간의 전쟁에 질렸고 또 천하가 고갈되고 지쳤다는 것을 알기에 태평한 세상에 짐을 벗고 쉬고 싶어했다. 隴西(농서)와 蜀郡의 반란이 평정된 이후로는 위급한 상황이 아니라면 군사에 관한 말을 하지 않았다. 황태자가 군사에 관한 일을 물었을 때 광무제가 말했다. "옛날 衛(위)나라 靈公(영공)이 軍陣에 대해 물었을 때, 孔子께서는 대답하지 않으셨나니 이런 일은 네가 알 바가 아니다."

광무제가 매일 정사를 시작하면 해가 기울어야 그만두었다. 늘 公卿과 郎官, 將帥와 함께 정사를 논의하다가 밤이 깊어야 잠자리에 들었다. 皇太子는 광무제가 부지런히 정사를 살피고 쉬지 않는 것을 보고 틈을 보아 말했다.

"폐하께서는 禹王과 湯王처럼 현명하시지만 黃帝나 老子처럼 심신의 건강과 장수를 누릴 복록이 없으시니 바라옵건대, 옥체를 보양하고 마음고생을 그만하시며 좀 한가로이 지내셔야 합니다."

그러자 광무제가 말했다.

"나는 내 할 일을 즐기기에 피곤하지 않도다."

광무제 자신이 大業을 성취하였지만 늘 조심하며 일을 감당 못할 듯 신중하였고, 정사의 요체를 잘 알아 신중히 정사를 총람하면서 때에 맞춰 알맞게 힘썼기에 정사에 잘못이 없었다. 또 功臣을 물리치고 文史를 등용하였으며, 병기를 거두고 軍用의 牛馬를 백성에게 나눠주었으니, 비록 그 치국의 방도가 옛 성현과 똑같지는 않더라도, 이 또한 전쟁을 멈추게 한 武德일 것이다.

原文

論曰, 皇考南頓君初爲濟陽令, 以建平元年十二月甲子夜生光武於縣舍, 有赤光照室中. 欽異焉, 使卜者王長占之. 長辟左右曰, "此兆吉不可言." 是歲縣界有嘉禾生, 一莖九穗, 因名光武曰秀. 明年, 方士有夏賀良者, 上言哀帝, 云 '漢家歷運中衰, 當再受命.' 於是改號爲太初元年, 稱 '陳聖劉太平皇帝', 以厭勝之. 及王莽簒位, 忌惡劉氏, 以錢文有金刀, 故改爲貨泉. 或以貨泉字文爲 '白水眞人'. 後望氣者蘇伯阿爲王莽使至南陽, 遙望見舂陵郭, 嘖曰, "氣佳哉! 鬱鬱蔥蔥然." 及始起兵還舂陵, 遠望舍南, 火光赫然屬天, 有頃不見. 初, 道士西門君惠, 李守等亦云劉秀當爲天子. 其王者受命, 信有符乎? 不然, 何以能時乘龍而御天哉!

| 註釋 | ○論曰 – 자신의 의견을 말하다. 論은 賦, 書, 記와 같은 문체의 하나. 여기서는 광무제의 생애와 치적에 대한 范曄(범엽)의 史論이다. 《左傳》이후 중국의 모든 史書(正史나 編年體, 記事本末體 不問)에는 서술 文章의 말미에 歷史家 자신의 의견을 서술한 부분이 있는데, 이를 論贊(논찬 또는 史贊)이라 한다. 역사 서술에서는 엄숙 정확하고 객관적인 서술을 추

구하나 역사적 사건이나 역사 인물에 대한 기록자의 평가인 논찬은 지극히 주관적이다.《後漢書》범엽은 '論曰'이라 하여 역사적 사건에 대한 문제 제기나 史論을 논술하였다. 그리고 '贊曰'로 칭송, 또는 폄하를 통한 평가의 뜻을 서술하였다. ㅇ皇考南頓君 - 황제의 선친. 劉欽(유흠). ㅇ建平元年 - 建平은 哀帝의 연호(前 6-前 3년). ㅇ長辟左右 - 王長은 인명. 辟은 물리칠 벽, 법 벽. 비유할 비. ㅇ一莖九穗 - 莖은 줄기 경. 穗는 이삭 수. 秀는 이삭이 필 수. 이삭, 꽃이 피다. 여물다. ㅇ方士有夏賀良者 - 夏賀良은 人名. 方士, 齊人. 夏賀良의 건의를 받아 哀帝 建平 2년을 太初元將 元年으로, 황제 칭호를 '陳聖劉太平皇帝'로, 또 漏刻을 120도로 바꾸었다. 당시 이들 일당은 邪道를 고집하며 조정의 정치를 혼란하여 국가를 기울게 하였으며 주상을 속인 대역무도로 판결되어 夏賀良 등은 모두 주살되었다.《漢書 哀帝紀》참고. ㅇ以厭勝之 - 厭은 누를 엽. ㅇ改爲貨泉 - 貨泉은 貨와 泉. 글자가 있는 圓形方孔의 錢. 泉은 돈 천. 泉布, 泉은 錢의 異名. ㅇ白水眞人 - 白水는 南陽 분지를 흐르는 漢江(漢水)의 지류. 眞人은 신선. ㅇ望氣者蘇伯阿 - 望氣는 方術의 한 종류, 구름 모양, 색깔, 변화하는 모양 등을 보아 운수나 길흉을 예언하는 행위. 蘇伯阿는 인명. ㅇ噆 - 탄식할 차. 새소리 책. ㅇ鬱鬱蔥蔥 - 鬱鬱은 빽빽하고 무성한 모양. 蔥蔥(총총)은 葱葱의 古字, 蒼蒼(창창)과 같음. 푸른 기운이 넘치는 모양. ㅇ道士西門君惠 - 道士는 學道之人의 泛稱. 道人, 方士와 혼용. 도교의 성직자. 승려. 西門은 복성. ㅇ時乘龍而御天 - 《易經 十翼》乾卦의 象辭(단사).

[國譯]

范曄의 史論 : (光武帝의) 皇考인 南頓君(남돈군, 劉欽)은 그전에 濟陽(제양) 현령이었는데, (哀帝) 建平 원년 12월 甲子日 밤에 제양현의 관사에서 광무제가 출생할 때 赤光이 방안을 밝게 비추었다. 유흠은 이상히 여기며 卜者인 王長(왕장)에게 점을 쳐보라고 하였다.

왕장은 좌우를 물리치고서 "이 징조가 얼마나 大吉한가는 이루 다 말할 수가 없습니다."라고 말했다. 이 해에 제양현에 嘉禾(가화)가 자랐는데 본줄기 하나에 이삭 줄기가 아홉이나 되었기에 아들을 秀라고 이름 지었다. 다음 해, 方士 夏賀良(하하량)이란 자가 哀帝에게 상서하기를 "漢家의 歷運이 중간에 쇠약하니 응당 다시 천명을 받아야 합니다." 그래서 (애제는) 연호를 太初元年으로, 황제를 陳聖 劉太平皇帝라고 부르게 하여 다른 기운을 제압하려 하였다. 나중에 王莽(왕망)이 찬위한 뒤에 왕망은 劉氏를 꺼리고 증오하여 전폐에 金刀(卯金刀, 劉의 破字)라는 글자를 새기고 (돈을) 貨泉이라 바꿔 불렀다. 또는 貨泉에 '白水眞人'이라는 글을 새기기도 하였다. 뒷날 望氣者인 蘇伯阿(소백아)가 왕망의 사자가 되어 南陽郡에 와서는 멀리 春陵縣(용릉현)의 성곽을 보고서 감탄하며 "정말 대단한 氣다! 울울창창하도다." (光武가) 처음 기병하고서 용릉현으로 돌아왔을 때, (소백아가) 멀리 관사 남쪽을 바라보니 火光이 밝게 하늘에 뻗쳐 있는 것이 보였으나 얼마 후 보이지 않았다.

그전에 道士인 西門君惠(서문군혜)와 李守(이수) 등도 '劉秀가 응당 천자가 될 것이다.'라고 말했다. 그렇다면 王者가 천명을 받는 것이 정말로 어떤 징표가 있는 것인가? 아니면 어떻게 때맞춰 龍을 타고 하늘을 나를 수 있겠는가!

贊曰, 炎止中微, 大盜移國. 九縣飆回, 三精霧塞. 人厭淫詐, 神思反德. 光武誕命, 靈貺自甄. 沈幾先物, 深略緯文.

尋,邑百萬, 貔虎爲羣. 長轂雷野, 高鋒彗雲. 英威旣振, 新都
自焚. 虔劉庸,代, 紛紅梁,趙. 三河未澄, 四關重擾. 神旌乃
顧, 遞行天討. 金湯失險, 車書共道. 靈慶旣啓, 人謀咸贊.
明明廟謨, 赳赳雄斷. 於赫有命, 系隆我漢.

│註釋│ ㅇ贊曰 − 贊(찬)은 기릴 찬. 贊(찬)은 文體의 하나. 稱述하고 평
론하는 글. 雜贊, 哀贊, 史贊으로 대별하는데 雜贊은 인물의 뜻을 褒彰(포
창)한 글이고, 哀贊은 사람의 죽음을 애도하며 그 덕을 조술하고, 史贊은
역사적 인물에 대한 논평과 함께 그 행적을 褒貶(포펌)한 글이다. 이는 광
무제의 행적에 대한 범엽의 평가이다. 《漢書》의 贊曰은 史贊이며 班固의
견해이다. 반고는 부친 班彪(반표)의 글을 그대로 옮겨 적기도 하였다. 이
러한 史贊의 시작은 《左傳》의 '君子曰' 이라 할 수 있다. 司馬遷은 모든 編
에 '太史公曰'로 시작되는 논찬으로 자신의 견해를 피력하였다. 사실 사
찬은 역사적 인물이나 사건에 대한 객관적인 평가나 의혹을 풀기 위한 서
술이지만 편마다 사찬을 붙여 번잡한 史論이 생기는 단서를 열었다는 비
판도 있다. 범엽 역시 사마천과 반고의 전통을 이어 계승하였지만, 四言에
韻字를 적용하여 지은 것은 범엽이 처음으로 시작하였다. ㅇ炎正中微 −
漢은 火德을 王者가 되었기에 炎正이라 했다. ㅇ大盜移國 − 大盜는 王莽
(왕망)의 簒位(찬위). 莊子는 田成子가 어느 날 齊君을 죽이고 그 나라를 훔
쳤는데, 이는 智者인가 大盜의 도적질인가? 라고 물었다. ㅇ九縣飇回 −
九縣은 九州. 천하. 飇回는 혼란하다. 飇는 폭풍 표. ㅇ三精霧塞 − 三精은
日, 月, 星. 霧塞(무색)은 昏昧(혼미)하다. ㅇ人厭淫詐 − 淫詐(음사)는 음란과
詐術(거짓). 왕망의 擬古的 통치 행위 전부가 거짓이었다. ㅇ神思反德 −
귀신조차도 덕정으로 돌아가길 바랐다는 뜻. ㅇ光武誕命 − 誕命은 대명,
천명. 誕은 大. ㅇ靈貺自甄 − 靈貺은 佳氣, 神光. 貺은 줄 황. 甄은 밝게 할

견(明也). 살피다. 질그릇 견. ○沈幾先物 – 幾는 움직일 조짐. 物은 일
(事), 드러난 결과. ○深略緯文 – 심오한 韜略(도략). 緯文(위문)은 經天緯
地, 天地를 모두 다스리다. ○尋,邑百萬 – 王尋(왕심)과 王邑(왕읍). ○貔虎
爲羣 – 貔(비휴 비)는 호랑이와 비슷한 맹수, 貔는 수컷 貅(휴)는 암컷. 아주
강하고 용감한 군대. 如虎如貔는 아주 용맹하다는 뜻. ○長轂雷野 – 長轂
(장곡)은 兵車. 雷野는 소리가 땅을 흔들다. ○高鋒彗雲 – 높다란 창. 彗는
쓸다. 빗자루. ○英威旣振 – 광무제 군사의 영용한 용맹. ○新都自焚 –
왕망의 최초 작위는 新都侯. 自焚(자분)은 殷 紂王의 죽음이나 여기서는 왕
망의 피살. ○虔劉庸,代 – 虔은 죽일 건. 삼갈 건. 劉는 죽일 류. 公孫述은
蜀郡에서 칭제했고, 盧芳(노방)은 代郡에 웅거했었다. ○紛紜梁,趙 – 紛紜
(분운)은 혼란하다. 梁에서는 劉永, 趙에서 王郎이 반기를 들었었다. ○三
河未澄 – 三河는 河南, 河北, 河東郡. 황하의 중류 요지. 未澄(미징)은 맑지
못하다. 朱鮪(주유)같은 세력이 아직 光武帝에 귀부하지 않았다. ○四關重
擾 – 四關은 長安의 四塞. 곧 關中의 內地. 更始帝와 劉盆子에 의해 관중
은 여전히 혼란했었다. ○神旌乃顧 – 神旌(신정)은 神兵, 광무제의 군사.
顧는 돌아볼 고. 光武帝의 본격적인 공격. ○遞行天討 – 하늘을 대신하여
반적을 토벌하다. ○金湯失險 – 金城湯池 같은 요새지가 (광무제의 공격
으로) 모두 다 함락되었다는 뜻. ○車書共道 – 수레의 폭과 문자가 하나
가 되다. 천하가 통일되었다. ○靈慶旣啓 – 靈慶은 讖書의 符信. 啓는 천
명을 알림. ○人謀咸贊 – 모든 사람들의 지혜. 贊은 돕다(助也). ○明明
廟謨 – 明明한 천자가 묘당에서 運籌(운주)하다. ○赳赳雄斷 – 단호한 용
단으로 처리하다. 赳赳(규규)는 씩씩한 모양(武貌媱) ○於赫有命 – 於赫은
감탄사(歎美之詞). 有命은 천명. ○系隆我漢 – 漢室의 융성에 이어졌다.
系는 매다. 이어졌다(繫也).

贊曰,

漢室이 중간에 쇠미하니 대도 왕망이 나라를 훔쳤다.

九州 천하가 혼란했고 日, 月, 星도 혼미했었다.

백성은 음란, 거짓에 싫증났고 귀신도 德政을 고대했다.

光武帝가 천명에 응하니 神光도 저절로 밝았다.

숨은 기미가 먼저 드러나고 큰 방략으로 治天下했다.

王尋과 王邑의 백만 군사는 아주 용맹한 무리였도다.

兵車가 천지를 뒤흔들고, 큰 창은 구름을 쓸어냈다.

광무제의 용맹이 크게 떨치자 왕망은 스스로 죽었다.

公孫述과 盧芳을 죽였어도 梁과 趙는 분열했었다.

三河의 요지도 불안정했고 關中도 여전히 소란하였다.

神兵이 관중을 돌아보고 하늘을 대신해 토벌하였다.

요새도 무너지고 천하는 하나로 통합되었다.

신령한 계시가 내려오고 만백성이 함께 존호를 올렸다.

명철한 천자의 묘당 방략이 단호한 용단을 내리셨다.

아! 天命이시어! 漢室의 부흥이로다.

2 顯宗孝明帝紀
〔현종효명제기〕

原文

顯宗孝明皇帝諱莊, 光武第四子也. 母陰皇后. 帝生而豐下, 十歲能通《春秋》, 光武奇之. 建武十五年封東海公, 十七年進爵爲王, 十九年立爲皇太子. 師事博士桓榮, 學通《尙書》.

中元二年二月戊戌, 卽皇帝位, 年三十. 尊皇后曰皇太后. 三月丁卯, 葬光武皇帝於原陵. 有司奏上尊廟曰世祖.

| 註釋 | ○顯宗孝明皇帝諱莊 ─ 서기 28~75년. 재위 57~75년, 儒學을 존중, 부세 감면하여 천하가 평안. 흉노를 격파하고 班超를 보내 서역을 경영. 顯宗은 廟號, 시호는 孝明. 諡法에 '照臨四方曰明'이라 했다. 前漢 孝惠帝부터 황제 시호에 '孝'가 붙는 것은 '孝子로 무진의 뜻을 살 세승하다(孝子善繼父志).'라는 뜻이다. ○母陰皇后 ─ 光烈陰皇后 陰麗華(서기 5

-64년), 光武帝의 2任 皇后, 미모가 뛰어났기에 광무제도 일찍이 '벼슬을 한다면 執金吾(집금오)를 해야 하고, 결혼을 한다면 응당 陰麗華를 얻어야 한다'고 말했다. 本紀 10권, 〈皇后紀〉(上)에 입전. ○帝生而豐下 - 豐下 之姿, 豐下는 살찐 사각 턱. 富貴之相. ○師事博士桓榮 - 博士는 太常의 속관, 掌通古今, 질록 比6백석, 정원 무. 많을 때는 수십 명에 달했다. 무제 建元 5년 처음《五經》博士 설치. 桓榮(환영)은《歐陽尙書》를 전공. 太子少 傅와 太常을 역임했다. 37권, 〈桓榮丁鴻列傳〉에 입전. ○原陵 - 光武帝의 능. 今 河南省 洛陽市 관할 孟津縣 소재. ○世祖 - 光武帝의 廟號.

[國譯]

顯宗 孝明皇帝의 諱(휘)는 莊(장)으로 光武帝의 四子이다. 母親은 陰(음) 황후이다. 명제는 태어날 때부터 사각 턱으로 10세에《春秋》 에 능통하여 光武帝도 특이하게 여겼다. 建武 15년에 東海公에 봉 해졌다가 17년에 작위가 올라 東海王이 되었고, 19년에 황태자에 책립되었다. 博士 桓榮(환영)을 사사하여 학문이《尙書》에 통하였다.

中元 2년 2월 戊戌日(무술일)에 황제로 즉위하니, 나이는 30세이 었다. 皇后를 皇太后로 높였다. 3월 丁卯日, 光武皇帝를 原陵에 장 례했다. 有司가 광무제의 묘호를 世祖로 존칭하기를 주청하였다.

原文

夏四月丙辰, 詔曰, 「予未小子, 奉承聖業, 夙夜震畏, 不 敢荒寧. 先帝受命中興, 德侔帝王, 協和萬邦, 假於上下, 懷 柔百神, 惠於鰥寡. 朕承大運, 繼體守文, 不知稼穡之艱難,

懼有廢失. 聖恩遺戒, 顧重天下, 以元元爲首. 公卿百僚, 將
何以輔朕不逮? 其賜天下男子爵, 人二級, 三老,孝悌,力田
人三級, 爵過公乘, 得移與子若同産,同産子, 及流人無名數
欲自占者人一級, 鰥,寡,孤,獨,篤癃粟, 人十斛. 其弛刑及郡
國徒, 在<u>中元</u>元年四月己卯赦前所犯而後捕繫者, 悉免其
刑. 又邊人遭亂爲內郡人妻, 在己卯赦前, 一切遣還邊, 恣
其所樂. 中二千石下至黃綬, 貶秩贖論者, 悉皆復秩還贖.
方今上無天子, 下無方伯, 若涉淵水而無舟楫. 夫萬乘至重
而壯者慮輕, 實賴有德左右小子. <u>高密侯禹</u>, 元功之首, <u>東
平王蒼</u>, 寬博有謀, 並可以受六尺之託, 臨大節而不撓. 其
以<u>禹</u>爲太傅, <u>蒼</u>爲驃騎將軍. 太尉<u>憙</u>告諡南郊, 司徒<u>訢</u>奉安
梓宮, 司空<u>魴</u>將校復土. 其封<u>憙</u>爲<u>節鄉侯</u>, <u>訢</u>爲<u>安鄉侯</u>, <u>魴</u>
爲<u>楊邑侯</u>.」

| 註釋 | ○夙夜震畏 – 이른 아침(夙)부터 밤(夜)까지 두려워 떨다. 不敢
荒寧은 게으름을 피우거나 안일을 탐할 수 없다. ○德侔帝王 – 侔는 가지
런하다. 같을 모. 帝王은 고대의 聖帝明王. ○假於上下, 懷柔百神 – 상하
에 두루 통달하다. 假은 格과 同字. 音 격. 懷柔百神의 懷柔(회유)는 공경으
로 제사하다. ○朕承大運, 繼體守文 – 大運은 천자의 지위. 繼體守文은
政體를 계승하여 文德으로 통치하다. ○不知稼穡之艱難 – 稼穡은 곡식을
심고(稼 심을 가) 거두는 일(穡 거둘 색). 艱難(간난)은 어려움. ○元元爲首 –
元元은 백성. ○其賜天下男子爵 – 其는 명령의 뜻을 표시. ~하기 바란
다. 男子는 각 家戶의 어른 가장. 秦漢代의 일반 백성(평민)은 신분상 등급

이 있었는데 1등급(公士)에서부터 8등급(公乘, 공승)까지는 일반 백성(男子)의 등급이다. 국가에 경사가 있으면 나라에서 백성에게 작위를 하사하였다. ○三老,孝悌,力田 — 모두 鄕職. 文帝는 '孝悌天下之大順也, 力田 爲生之本也, 三老衆人之師也'라고 했다. ○爵過公乘 — 漢은 秦의 20작위 제도를 그대로 계승하였다. 1등급(公士)에서부터 8등급(公乘, 공승)까지는 일반 백성의 등급으로 공승 이상 올라갈 수 없다. 9등급 五大夫부터 18등급 大庶長 까지는 官吏의 등급으로 요역이 면제되었다. 19등급은 關內侯, 20등급 徹侯(列侯)는 작위이다. 20작위에 관해서는 建武 3년 주석을 참고할 것. ○得移與子若同産,同産子 — 同産은 同母의 형제, 同産子는 형제의 아들이니 조카. ○及流人無名數欲自占者 — 名數(명수)는 호적. 無名數는 호적이 없는 자. 流民. 自占者의 占은 自首. 유민이 定居하는 것을 占著라한다. ○弛刑及郡國徒 — 弛刑(이형)은 형벌 집행을 중지하다. ○中二千石下至黃綬 — 中二千石은 九卿의 질록이다. 질록 200石 이상은 銅印에 黃綬(황수)를 찼다. ○方今上無天子, 下無方伯 — 천자가 없다는 것은 겸사이다. 方伯은 地方官. ○夫萬乘至重而壯者慮輕 — 萬乘은 제위. 至重은 지극히 중대하다. 壯者慮輕은 황제의 나이가 젊어 사려가 깊지 못하다는 謙辭(겸사). ○實賴有德左右小子 — 左右는 돕다(助)의 뜻. ○高密侯禹 — 鄧禹(등우)는 16권, 〈鄧寇列傳〉에 입전. 황제에 올리는 글이나 황제가 내리는 조서에는 신하의 이름만 쓰고 姓을 쓸 수 없다. 국역은 편의상 성을 표기하였다. ○太傅 — 太師, 太保, 太傅를 上公이라 하여 三公보다 상위의 명예직. 후한에서는 太傅만 두었는데 朝政에 참여하나 常職이 아니었다. ○太尉憙告諡南郊 — 太尉, 丞相, 御史大夫가 前漢의 三公, 태위는 무신 최고의 명예직. 군사 지휘권은 없음. 비 상설직. 後漢에서는 점차 실권이 강화되었고 三公 中 제1位. 憙는 趙憙(조희). ○司徒訢奉安梓宮 — 司徒는 大司徒, 곧 승상. 국가의 교화를 담당. 訢은 李訢. 梓宮(재궁)은 천자의 棺. 가래나무(梓)로 만들었다. ○司空魴將校復土 — 司空은 前漢의 어사대부. 魴

은 馮魴(풍방). 復土(부토)는 황릉의 봉분을 만들다. 復는 덮을 부(覆也).

여름 4월에 조서를 내렸다.

「나는 어리고 젊은데도 황제의 대업을 이어받아 새벽부터 밤까지
두려워하며 게으름을 피우거나 안일을 탐할 수 없도다. 先帝께서는
中興의 천명을 받으셨고, 大德은 선대의 帝王과 같았으며, 萬邦의
백성을 協和하시어 상하에 두루 통달하셨으며 온갖 신을 받들어 모
셨고 홀아비나 과부까지 은택을 베푸셨다. 朕(짐)은 제위를 계승하
여 국체를 지켜 文治로 守成해야 하는데 稼穡(가색, 농사)의 어려움도
모르니 혹 잘못될까 두렵기만 하다. 선제께서 聖恩으로 훈계하시어
온 천하를 중히 여겨 돌보되 백성을 첫째로 삼으라 하셨다. 公卿과
百僚(백료)들은 짐의 부족한 부분을 어떻게 보필하겠는가? 천하의
家長에게 작위를 사람마다 2급씩 하사하고 三老와 孝悌와 力田에게
는 사람마다 3급씩 하사하되 작위가 公乘(공승, 8급)을 초과하게 되
면 아들이나 형제 또는 조카에게 줄 수 있게 할 것이며, 流民으로 호
적에 오르지 않은 사람이라도 돌아가 호적 등록을 한 사람에게는 1
급씩 하사하라. 홀아비, 과부, 고아, 독거노인이거나 중질환자에게
는 곡식을 1인당 10斛(곡)씩 지급하라. 형벌 집행을 중지하되 각 郡
國에서 (光武帝) 中元 元年 4월 己卯日 대사면 이전에 죄를 짓고 나
중에 체포 구금된 자들도 모두 그 형벌을 면제하라. 또 변방의 백성
으로 전란을 당해 내지 군현 백성의 처가 된 사람 중에 기묘일 대사
년 이선이라면 모두 변방의 군현으로 돌려보내되 원하는 대로 조치
토록 하라. 中二千石 이하 질록 200석 관리 중에 질록을 낮춰 속죄

한 자는 모두 이전의 관직을 회복하고 속전을 환급하라. 지금 위로
는 天子가 아래로는 지방 수령이 없는 것이 마치 큰물을 건너야 하
는데 배가 없는 것과 같도다. 대저 萬乘(만승, 天子)의 책임은 중대하
나 젊고 사려가 깊지 못하기에 실제로 짐은 有德한 군자의 도움에
의지할 뿐이다. 高密侯 鄧禹(등우)는 첫째가는 큰 공을 세웠고, 東平
王 劉蒼(유창)은 관대박식하며 지모가 있어 두 사람 모두 짐을 돌봐
주었으며 절개를 지켜 뜻을 바꾸지 않았다. 등우를 太傅(태부)에, 유
창을 驃騎將軍에 임명하기 바란다. 大尉인 趙憙(조희)는 南郊에 가
서 祭天하고 시호를 아뢰었으며, 司徒 李訢(이은)은 선제의 梓宮(재
궁)을 봉안하였으며, 司空 馮魴(풍방)은 校尉의 병력을 거느려 復土
(부토)를 잘 마쳤다. 조희를 봉하여 節鄕侯로 삼고, 이은을 安鄕侯에,
풍방을 楊邑侯에 봉하도록 하라.」

原文

秋九月, 燒當羌寇隴西, 敗郡兵於允街. 赦隴西囚徒, 減
罪一等, 勿收今年租調. 又所發天水三千人, 亦復是歲更賦.
遣謁者張鴻討叛羌於允吾, 鴻軍大敗, 戰歿.

冬十一月, 遣中郎將竇固監捕虜將軍馬武等二將軍討燒
當羌.

|註釋| ○燒當羌(소당강) - 羌族의 부족 이름. 燒當은 전한 元帝 때 족
장의 이름이었는데 그 후손들이 부족명으로 사용. 원 근거지는 今 靑海省
동부 黃河 양안, 海南藏族自治州 동북부 貴德縣, 同仁縣 일대. 다른 강족

에 비해 부유하고 인구도 많아 西部 일대에 널리 분포. 後漢에 자주 반기를 들었다. ○允街 - 金城郡의 현명. 今 甘肅省 남부 蘭州市 관할 永登縣. ○亦復是歲更賦 - 復는 면제하다. 更은 윤번에 의해 戍卒(수졸)로 차출하다. 更賦(경부)는 更을 代役하는 돈. 更은 1개월간 수졸로 복무해야 했는데, 이를 卒更이라 했다. 貧者에게 대신 시킬 경우에 月 2천 전을 납부했는데, 이를 踐更이라 했다. 또 모두가 변경의 초소에 1년에 3일을 근무해야 하는데, 이도 更이라 했다. 그러나 장거리를 가고 오는 것이 어렵기 때문에 빈자를 고용하여 1년을 복무케 했는데 이 경우 3백 전을 납부했고, 이를 過更이라 하였다. ○允吾 - 金城郡의 治所, 현명. 今 甘肅省 臨夏回族自治州 永靖縣. ○竇固(두고) - 人名. 竇 구멍 두. 성씨. 23권, 〈竇融列傳〉에 입전.

[國譯]

(광무제, 건무중원 2년, 서기 57) 가을 9월, 燒當(소당)의 羌族이 隴西郡(농서군)에 침입하여 농서의 군병을 允街縣(윤가현)에서 격파하였다. 이에 농서군의 죄수를 사면하여 죄를 1등급 씩 감면하고 금년의 田租와 賦稅를 걷지 않게 하였다. 또 天水郡에서 동원된 3천 명의 금년의 雇役錢을 면제시켰다. 그리고 謁者(알자)인 張鴻(장홍)에게 允吾縣(윤오현)에서 강족을 토벌케 하였으나 장홍의 군사가 대패하면서 장홍도 전사하였다.

겨울인 11월, 中郎將인 竇固(두고)를 보내 捕虜將軍 馬武 등 2장군을 감독케 하여 소당의 강족을 토벌하였다.

原文

十二月甲寅, 詔曰,「方春戒節, 人以耕桑. 其勑有司務順
時氣, 使無煩擾. 天下亡命殊死以下, 聽得贖論, 死罪入縑
二十匹, 右趾至髡鉗城旦舂十匹, 完城旦舂至司寇作三匹.
其未發覺, 詔書到先自告者, 半入贖. 今選擧不實, 邪佞未
去, 權門請托, 殘吏放手, 百姓愁怨, 情無告訴. 有司明奏罪
名, 幷正擧者. 又郡縣每因徵發, 輕爲奸利, 詭責羸弱, 先急
下貧. 其務在均平, 無令枉刻.」

│註釋│ ○方春戒節 – 바야흐로 봄철(春節)이 되다. 戒는 이르다. 도달
하다. ○耕桑 – 桑稼. 농경과 길쌈(桑麻). ○使無煩擾 – 백성을 번거롭
게 하지 말라. 煩擾(번요)는 번거롭고 요란스러움. ○亡命殊死~ – 亡命
은 도망하다. 殊死는 사형, 사형에 해당하는 죄. ○聽得贖論 – 聽은 허락
하다. 허용하다. 贖論은 속죄하다. 論은 죄를 판결하다. ○縑二十匹 – 縑
은 비단 겸. ○右趾至髡鉗城旦舂 – 右趾는 오른쪽 발을 자르다. 趾는 발
지. 복사뼈 이하의 부분. 髡鉗(곤겸)은 머리를 깎고 목에 칼을 씌우다. 髡
은 머리 깎을 곤. 鉗는 칼 겸, 목에 채우는 刑具. 城旦舂은 낮에는 성에 올
라 적을 감시하고 밤에는 성을 축조하는 노역에 종사하다. 舂은 절구질할
용. 성벽을 축조하는 일. ○完城旦舂至司寇 – 完은 형구를 착용하지 않
고 노역에 종사하다. 司寇는 적의 침입을 감시하다. 寇는 도둑 구, 외적의
침입. ○半入贖 – 그 절반을 납부하여 속죄하다. ○選擧不實 – 賢者를
천거하는 일이 부실하다. ○邪佞未去 – 간사하고 아첨하는 무리가 사라
지지 않다. ○殘吏放手 – 酷吏(혹리)가 (탐욕으로) 비위를 저지르다. ○幷
正擧者 – 올바른 인재를 천거하지 않으면 천거한 자(擧主)의 죄도 함께

228 後漢書(一)

올리라는 뜻. ○輕爲奸利 – 쉽게 비리와 이득을 챙긴다. ○詭責羸弱 – 속임수로 빈약한 백성을 착취하다. ○其務在均平 – 공평하게 노역을 부과하도록 힘쓰라. ○無令枉刻 – 枉은 법을 악용함. 刻은 각박하게 법을 적용하다.

[國譯]

12월 甲寅日, 조서를 내렸다.

「지금 막 봄철이라서 백성은 농사와 길쌈에 바쁘다. 담당관들은 농사철과 절기에 맞춰 백성을 번거롭게 동원하지 않도록 힘쓰기 바란다. 온 나라에 사형 이하의 죄를 짓고 도망 중인 자도 재물로 속죄하도록 허락하되 사형 죄는 비단 20필을, 오른 발을 자르는 형벌부터 머리를 깎고 형구를 차고, 성벽에서 노역하는 자는 비단 10필을, 자유롭게 노동을 하는 자나 보초를 서는 자는 3필을 납부케 하라. 아직 발각되지 않았거나 이 조서가 내려가기 전에 자수한 자는 속전 절반을 납부토록 하라. 요즈음 인재 추천이 부실하고 사악한 자들이 제거되지 않았으며 권문에 청탁하거나 잔혹한 관리가 멋대로 착취하여 백성들은 고생과 원한이 있어도 사정을 호소할 곳이 없다. 담당 관리들은 (奸吏의) 죄상과 나쁜 자를 천거한 추천자를 확실하게 상주토록 하라. 또 각 군현에서 백성을 징발하면서 쉽게 불법과 이득을 취하며, 속임수로 힘없고 약한 백성을 착취한다면 하층 빈민이 제일 먼저 고통을 받게 된다. 애써 부역을 공평히 부과하되 법규를 악용하거나 각박하게 적용하지 않도록 하라.」

永平元年春正月, 帝率公卿已下朝於原陵, 如元會儀.

夏五月, 太傅鄧禹薨. 戊寅, 東海王彊薨, 遣司空馮魴持節視喪事, 賜升龍旄頭, 鑾輅, 龍旂. 六月乙卯, 葬東海恭王.

秋七月, 捕虜將軍馬武等與燒當羌戰, 大破之. 募士卒戍隴右, 賜錢人三萬. 八月戊子, 徙山陽王荊爲廣陵王, 遣就國. 是歲, 遼東太守祭肜使鮮卑擊赤山烏桓, 大破之, 斬其渠帥. 越巂姑復夷叛, 州郡討平之.

| 註釋 | ○永平 元年 – 明帝의 연호. 서기 58-75년. ○公卿已下 – 已下는 以下. 原陵은 광무제의 능. ○如元會儀 – 설날 아침(元旦)의 조회 의식처럼 행하다. 황제 능의 침전에서는 궁인들이 매월 보름과 그믐(晦), 24절기, 복날 등 절기에 따라 식사를 올렸다. 또 종고와 파루에 따라 침구를 펴고 정리했으며 세숫물을 떠 올리는 등 생시와 같이 모셨다. 이때 명제를 수행하여 공경 이하 관리가 수행하여 先帝가 보고를 받는 것처럼 의식을 진행했다. ○東海王彊薨 – 劉彊(유강), 폐위된 전임 郭황후 소생. 건무 2년에 황태자에 책립되었다가 建武 19년에 황태자에서 물러나 東海王이 되었다. 42권, 〈光武十王列傳〉에 立傳. ○賜升龍旄頭, 鑾輅, 龍旂 – 升龍은 승천하는 용 그림, 旄頭(모두)는 털이 검고 꼬리가 긴 소(犛, 야크 리)의 꼬리로 장식한 깃발. 鑾輅(난로)는 鑾은 방울 란(난), 輅는 수레 이름. 龍旂(용기)는 교룡을 그린 깃발. 이상 모두는 천자의 用品이나 전임 황태자였기에 특별히 하사하였다. ○遼東太守祭肜使鮮卑擊赤山烏桓 – 祭肜(제융)은 인명. 鮮卑는 종족 이름. 북방 유목민족인 東胡族이 鮮卑와 烏桓(오환)으로 분리되었다. 後漢 시대에는 흉노의 지배하에 있었다. 西晋 멸망 후 匈奴, 鮮卑,

氏(저), 羯(갈), 羌(강)의 5胡16國時代(304-439)가 이어진다. ○斬其渠帥 -
渠帥(거수)는 우두머리. ○越嶲姑復夷叛 - 越嶲(월수)는 益州자사부 소속
郡名. 治所는 邛都縣(공도현), 今 四川省 남부 西昌市. 姑復(고복)은 현명. 今
雲南省 서북부 麗江市 관할 永勝縣.

[國譯]

　(明帝) 永平 元年(서기 58년) 봄 정월, 명제는 公卿 이하 모두를
거느리고 (광무제의) 原陵을 참배하였는데 元旦日 조회 의식과 같
았다.

　여름 5월, 太傅(태부)인 鄧禹(등우)가 죽었다. 戊寅日(무인일), 東海
王 劉彊(유강)이 죽자, 司空 馮魴(풍방)을 보내 持節을 가지고 喪事를
처리케 하였으며, 승천하는 용을 그린 旄頭(모두, 깃발)과 鑾輅(난노,
방울 달린 수레)와 龍旂(용기) 등을 하사하였다. 6월 乙卯日, 東海 恭王
(劉彊)을 장례했다.

　가을 7월, 捕虜將軍 馬武 등이 燒當(소당)의 강족과 싸워 적을 대
파하였다. 사졸을 모아 隴右 지역을 방수케 하였는데 각자에 3만 전
을 지급하였다. 8월 戊子日(무자일), 山陽王 劉荊(유형)을 옮겨 廣陵
王으로 삼아 봉국에 취임케 하였다.

　이 해에 遼東太守 祭肜(제융)이 鮮卑로 하여금 赤山의 烏桓(오환)
을 공격케 하여 대파하였고 그 우두머리를 죽였다. 越嶲郡(월수군)
姑復縣(고복현)의 만이가 반역하자 益州와 월수군의 군사를 동원하
여 토벌 평정하였다.

二年春正月辛未, 宗祀光武皇帝於明堂, 帝及公卿列侯始服冠冕,衣裳,玉佩,絢屨以行事. 禮畢, 登靈臺. 使尙書令持節詔驃騎將軍,三公曰,

「今令月吉日, 宗祀光武皇帝於明堂, 以配五帝. 禮備法物, 樂和八音, 詠祉福, 舞功德, 班時令, 勑群后. 事畢, 升靈臺, 望元氣, 吹時律, 觀物變. 群僚藩輔, 宗室子孫, 衆郡奉計, 百蠻貢職, 烏桓, 濊貊咸來助祭, 單于侍子,骨都侯亦皆陪位. 斯固聖祖功德之所致也. 朕以闇陋, 奉承大業, 親執珪璧, 恭祀天地. 仰惟先帝受命中興, 撥亂反正, 以寧天下, 封泰山, 建明堂, 立辟雍, 起靈臺, 恢弘大道, 被之八極. 而胤子無成,康之質, 群臣無呂,旦之謀, 盥洗進爵, 踧踖惟慙. 素性頑鄙, 臨事益懼, 故'君子坦蕩蕩, 小人長戚戚.' 其令天下自殊死已下, 謀反大逆, 皆赦除之. 百僚師尹, 其勉脩厥職, 順行時令, 敬若昊天, 以綏兆人.」

| 註釋 | ○(永平) 二年 – 서기 59년. ○明堂 – 고대 天子가 政教를 행하고 朝會, 祭祀, 慶賞, 選士, 養老, 教學 등의 大典을 거행하는 건물. ○始服冠冕,衣裳,玉佩,絢屨 – 服은 동사로 착용하다. 冠冕은 면류관을 쓰다. 천자는 12旒(류)이고 3公과 9卿, 제후는 7류이다. 衣裳은 예복을 입다. 玉佩은 玉飾을 차다. 絢屨(구구)는 코를 장식한 신발을 신다. 絢는 신발의 코를 장식할 구. 屨 신 구, 신발을 신다. ○靈臺 – 前漢의 靈臺(淸臺를 改名)는 장안 서북에 위치, 天象을 관측 시설. 後漢에서도 동일, 太史令 관할. 今 河

南省 洛陽市 東白馬寺 근처에 그 유적지 明堂, 靈臺, 辟雍을 三雍(삼옹)이라 지칭. ○今令月吉日 - 令月은 吉月. 음력 二月의 異名. ○以配五帝 - 五帝는 五方의 靑, 赤, 黃, 白, 黑帝. ○詠祉福 - 복을 내려 주실 것을 노래하다. ○舞功德 - 광무제의 공덕을 춤으로 드러내다. ○班時令 - 四時의 時令(月令)을 반포하다. 班은 布也. 月令은 周公이 엮었다고 전해오는 《禮記》의 편명. 1년의 각각의 달에 시행할 政令과 관련 있는 사물의 활동 및 五行의 相生 체계 등을 기록하였다. 이는 戰國 시대와 秦漢 시대의 농업 생산 활동과 풍속과 정령을 알 수 있는 자료이다. ○望元氣 - 元氣는 天氣. ○吹時律 - 吹는 吹奏하다. 時律은 月令. ○觀物變 - 雲氣의 변화를 살피다. ○群僚藩輔 - 群臣 百官과 藩國의 輔臣. ○衆郡奉計 - 奉計는 計吏. 각 郡에서 치적 결과를 보고하러 상경한 관리. ○百蠻貢職 - 貢職은 공물을 바치는 직무. ○骨都侯 - 흉노 單于(선우) 신하. 관직명. 선우는 左, 右賢王과 左, 右谷蠡(우녹리)와 좌우 大將, 좌우 大都尉, 좌우 大當戶, 좌우 骨都侯(골도후) 등을 거느렸다. ○闇陋(암루) - 어리석고 비루하다. 闇은 어두울 암. ○親執珪璧 - 珪는 홀 규. 圭의 古字. 璧은 둥근 옥 벽. ○撥亂反正 - 撥은 다스릴 발. ○辟雍 - 辟雍은 周代의 중앙교육기관. 太學이 소재한 곳. 전체적으로 둥근 모양(하늘을 상징)을 물(敎化가 물처럼 흘러 널리 퍼지라는 뜻)이 두르고 있는 형상. 辟廱(벽옹)으로도 표기. 廱은 화락할 옹. ○恢弘大道 - 恢弘(회홍)은 넓히다. 恢는 넓히다. ○被之八極 - 八極은 땅 끝. 九州의 밖이 八寅(팔인), 八寅의 밖이 八紘(팔굉), 八紘의 밖을 八極이라 한다. ○而胤子無成,康之質 - 胤子(윤자)는 뒤를 이은 아들, 곧 明帝. 胤은 이을 윤, 맏이 윤(允). 成, 康之質은 周 成王과 康王과 같은 자질. 成王과 康王 치세 40여 년에 형벌을 집행하지 않아도 나라가 태평했다. ○呂,旦之謀 - 呂는 呂尙(여상, 姜太公), 旦은 周公 旦(단). ○盥洗進爵 - 盥은 세숫대야 관. 進爵은 술잔을 올리다. ○蹴踖惟慙 - 蹴踖(축석)은 삼가는 모양. 蹴은 삼갈 축. 평평할 적. 踖은 밟을 적. 공손한 모양. 慙은 부끄러울 참. ○'君

子坦蕩蕩, 小人長戚戚'-《論語 述而》의 구절. 坦은 평평할 탄. 마음이 평
탄하다. 蕩蕩(탕탕)은 한없이 넓은 모양. 戚戚(척척)은 두려워하는 모양. 戚
은 두려울 척.   ○百僚師尹-百僚는 百官. 師尹은 백성을 지도할 관리.
○其勉脩厥職-脩는 修. 厥은 그 궐(其也). 職은 職分.   ○敬若昊天-若
은 순응하다. 昊天은 넓은 하늘.   ○以綏兆人-綏는 편안할 수. 안심시키
다. 兆人은 백성. 兆民.

[國譯]

(永平) 2년 봄 정월 辛未日, 宗廟 明堂에서 光武皇帝를 제사했는
데 황제와 公卿 및 列侯가 처음으로 면류관을 쓰고 예복을 입었으
며, 장식 옥을 차고 앞 코를 장식한 신발을 신고 행사를 했다. 의례
를 마치고 靈臺(영대)에 올랐다. (황제는) 尙書令을 시켜 지절을 가
지고 驃騎將軍과 三公에게 조서를 내렸다.

「지금 좋은 달(令月) 좋은 날(吉日)에, 종묘 명당에서 光武皇帝를
제사하였고 五帝를 配享하였다. 예식은 예의 규범에 맞아야 하고,
주악은 八音이 조화를 이루었으며, 내려주신 복을 노래하고 공덕을
춤으로 칭송하며 時令를 반포하고 여러 제후에게 권고하였도다. 행
사를 마치고 靈臺에 올라 元氣를 살펴 음양을 구별했으며 연주한 음
률이 시기에 맞았고 雲氣의 변화를 살폈다. 모든 臣僚와 藩臣(번신),
宗室의 子孫과 온 군국의 計吏 및 조공을 행한 모든 蠻夷와 烏桓(오
환)과 濊貊(예맥)까지 모두 제사에 참여했으며 單于가 보낸 侍子나
骨都侯(골도후) 역시 모두 배석하였다. 이는 진실로 聖祖의 功德에
의한 것이로다. 朕(짐)이 총명치 못하나 대업을 계승하였기에 친히
珪璧(규벽, 玉)을 받들어 천지 神明께 삼가 제사를 올렸도다. 우러러

생각해보면, 先帝께서는 천명을 받아 漢室을 中興하시고 혼란을 다스려 正道로 되돌렸으며 천하를 평안케 하셨고, 泰山에 봉선하시고 明堂를 건립하셨으며, 辟雍(벽옹)을 설립하고 靈臺(영대)를 지었고 大道를 넓히셨으며 八極(팔극, 땅 끝)까지 덕화를 널리 펴셨다. 뒤를 이은 짐이 成王, 康王 같은 자질도 없고 여러 신하에 呂尙(여상)이나 周公 旦(단)과 같은 지모가 없지만 손을 씻고 잔을 올리면서 감격하면서도 부끄러웠도다. (짐의) 素性이 우둔하고 비루하기에 큰일을 당해 더욱 두려웠으니 그래서 '군자는 마음이 평탄하고 넓고 넓으나 소인은 늘 겁내고 두려워한다'고 하였을 것이다. 온 천하에 명령을 내리나니 사형 죄 이하, 謀反하고 大逆罪라도 모두 사면하여 형벌을 면제토록 하라. 모든 신료와 관원들은 힘써 자기 직분을 다 하고 온순히 時令을 따르며 하늘을 공경하고 백성을 편안케 하라.」

原文

三月, 臨辟雍, 初行大射禮. 秋九月, 沛王輔, 楚王英, 濟南王康, 淮陽王延, 東海王政來朝.

冬十月壬子, 幸辟雍, 初行養老禮. 詔曰,

「光武皇帝建三朝之禮, 而未及臨饗. 眇眇小子, 屬當聖業. 閒暮春吉辰, 初行大射. 令月元日, 復踐辟雍. 尊事三老, 兄事五更, 安車輭輪, 供綏執授. 侯王設醬, 公卿饌珍, 朕親袒割, 執爵而酳. 祝哽在前, 祝噎在後. 升歌〈鹿鳴〉, 下管〈新宮〉, 八佾具修, 萬舞於庭. 朕固薄德, 何以克當?《易》

陳負乘,《詩》刺彼己, 永念歎疚, 無忘厥心. 三老<u>李躬</u>, 年耆學明. 五更<u>桓榮</u>, 授朕《尙書》.《詩》曰, '無德不報, 無言不酬.' 其賜榮爵關內侯, 食邑五千戶. 三老,五更皆以二千石祿養終厥身. 其賜天下三老酒人一石, 肉四十斤. 有司其存耆耋, 恤幼孤, 惠鰥寡, 稱朕意焉.」

<u>中山王焉始就國</u>. 甲子, 西巡狩, 幸<u>長安</u>, 祠<u>高廟</u>, 遂有事於十一陵. 歷覽館邑, 會郡縣吏, 勞賜作樂.

| 註釋 | ○大射禮 − 五禮(吉, 凶, 賓, 軍, 嘉禮) 중 嘉禮(가례)에 속하는 禮의 하나. 天子나 제후가 제사에 앞서 大射禮를 행하여 예의 바른 자를 골라 제사를 돕게 하였다. 활쏘기 표적의 크기나 활을 쏘는 횟수를 신분에 따라 달리하였다. ○光武皇帝建三朝之禮 − 광무제는 建武中元 원년(56년)에 明堂, 辟雍(벽옹), 靈臺를 지었다. ○眇眇小子 − 眇眇(묘묘)는 작은 모양, 微小(미소). ○閒暮春吉辰 − 暮春(모춘, 3월)의 吉日良辰(길일양신). ○尊事三老 兄事五更 − 三老를 부친으로 받들고 五更(오경, 長老의 뜻)을 兄長으로 공손히 모시다. 여기 三老는 鄕官 三老가 아니고 존경받을 만한 국가의 최고 元老의 뜻. 보통 三公을 역임한 사람 중에서 선정하였다. 五更(오경, 五叟로도 표기. 叟는 늙은이 수)은 연로하고 致仕한, 경험(곧 五事인 貌, 言, 視, 聽, 思)이 풍부한 사람이란 뜻으로, 보통 지팡이를 짚지 않아도 되는 公卿 중에서 고른다는 주석이 있다. 황제가 年老한 三老와 更事致仕한 사람을 모시는 예를 시행하는 것은 백성에게 孝悌를 널리 펴기 위한 뜻이다. ○安車頓輪 − 수레는 본래 서서 타지만 앉아서 탈 수 있는 수레를 安車라 했다. 충격을 완화하기 위해 부들(蒲)로 바퀴를 감쌌다(頓輪). 頓 연할 연. 보들보들하다. ○供綏執授 − 천자가 수레 손잡이 줄(綏, 편안할 수. 수레 줄)을 잡아서 (三老와 五更에게) 넘겨주다. ○侯王設醬, 公卿饌珍 − 醬은 젓갈(醢

젓갈 해). 珍은 맛좋은 음식(八珍). ㅇ朕親袒割 執爵而酳 – 袒割은 소매 (袒)을 걷어 올리고 자르다. 爵은 술잔 작. 酳은 술로 입을 가실 인. 조금 마시다. ㅇ祝哽在前, 祝噎在後 – 노인의 앞뒤에서 식사 중에 혹 목이 막히 지 않도록 축원하다(살피게 하다). 극진히 시중을 들게 하다. 哽 목멜 경. 말을 더듬거리다. 噎 목멜 열. 걱정으로 목이 막히다. ㅇ升歌〈鹿鳴〉 –〈鹿鳴〉은《詩經 小雅 鹿鳴》君臣이 함께 즐기는 잔치를 위한 詩. ㅇ下管〈新宮〉 –〈新宮〉은《詩經 小雅》의 逸篇. ㅇ八佾具修, 萬舞於庭 – 佾은 춤추는 줄 일. 八佾은 8人×8줄 = 64명. 천자는 八佾, 제후는 六佾, 大夫는 四佾, 士는 二佾의 무용이 정법이다. 萬舞는 춤의 총칭. 방패나 도끼를 들고 추는 武 舞, 꿩의 깃이나 피리를 들고 추는 文舞를 총칭한다. '方將萬舞'《詩經 邶 風 簡兮》참고. ㅇ《易》陳負乘 –《易經 繫辭 上》에「子曰, 作易者 其知盜乎. 易曰, 負且乘 致寇至」(등짐을 지고 말을 타면 도적을 불러들이는 짓이다.) 라고 하였다. 등짐을 지는 일은 小人의 일이고, 말을 타고 가는 것은 군자 가 할 일이다. 소인이 군자 노릇을 한다면 도적이 모여들 것이다. ㅇ《詩》 刺彼己 –《詩經 曹風 候人》의 詩에 '彼己之子여 不稱其服이로다.' 하여 바 탕과 꾸밈이 일치하지 않는다고 풍자하였다. ㅇ永念懟疚 – (사람으로 하 여금) 오래도록 부끄러운 생각을 하게 하다. 懟은 부끄러울 참. 疚는 오랜 병 구. 꺼림칙하다. ㅇ《詩》曰, '無德不報, 無言不酬.' – 보답이 없는 덕이 없고, 응답이 없는 말이 없다. 덕을 베풀면 꼭 보답이 있다는 뜻.《詩經 大 雅 抑》. ㅇ關內侯 – 관내후는 제후처럼 封地를 통치할 권한은 없지만, 關 中의 땅을 食邑으로 받아 경제적 혜택을 누렸다. ㅇ其賜天下三老 – 여기 삼로는 鄕官으로서 三老. ㅇ酒人一石, 肉四十斤 – 후한의 도량형으로 1石 =26,400g, 1鈞(균)=6,600g, 1斤=220g, 1兩=13.8g, 1銖(수)=0.57g. ㅇ有 司其存者璽 – 耆는 늙은이 기(6, 70세). 璽는 늙은이 질(7, 80세). ㅇ中山王 焉始就國 – 冀州刺史部 中山國 치소는 盧奴縣(今 河北省 숭무의 定州市). ㅇ歷 覽館邑 – 각 고을의 건축물을 두루 관람하다. ㅇ勞賜作樂 – 주악으로 위로하다.

3월, 辟雍(벽옹)에 행차하여 처음으로 大射禮를 행하였다.

가을 9월, 沛王인 劉輔(유보), 楚王인 英(영), 濟南王인 康(강), 淮陽王인 延(연), 東海王인 政(정)이 입조하였다.

겨울 10월 壬子日, 辟雍에 행차하여 처음으로 養老禮를 행했다. 조서를 내렸다.

「光武皇帝께서 三朝之禮를 행할 明堂, 辟雍, 靈臺를 건립하셨지만 행사를 행하지는 못했다. 짐은 미미한 어린 아들로 국가의 대업을 이어 받았다. 늦봄의 吉日良辰을 택해 大射禮를 처음 시행했었다. 이달 초하루 다시 벽옹에 행차하였도다. (이번 행사는) 三老를 부친처럼 받들고 五更(오경)을 형처럼 공경하는 행사로 (三老와 五更이) 부들로 바퀴를 감싼 安車에 오를 때 짐이 친히 수레의 줄을 잡아 건네주었다. 侯王들이 젓갈을 올렸고 公卿이 珍味를 올리자 짐은 친히 소매를 걷어 고기를 자르고 잔을 들어 마시기를 권하였다. 사람을 시켜 (삼로와 오경의) 전후에서 음식이 목에 걸리지 않게 축원하였다. 대청에서는 〈鹿鳴〉을 노래하게 했고, 뜰에서는 〈新宮〉을 연주케 하였으며, 八佾舞(팔일무)를 다 준비하였고 뜰에서 文武의 춤을 추게 하였다. 짐이 본래 덕이 모자라니 어떻게 이를 다 감당할 수 있겠는가?《易經》에서는 제 자리가 아니라면 환란을 초래할 것이라 하였고,《詩經》에서는 덕행이 부족한 사람을 풍자하여 오래도록 부끄러운 감정을 느껴 부끄러운 마음을 잊지 않게 하였다. 三老인 李躬(이궁)은 나이도 많고 학식이 풍부하다. 五更인 桓榮(환영)은 짐에게 《尙書》를 가르쳤었다. 《詩經》에서도 '보답이 없는 덕행이 없으며, 응답이 없는 말이 없다.'고 하였도다. (두 사람에게) 영광스런 작위인 關內侯에 食邑 5천 호를 하사한다. 三老와 五更 모두 질록 2천석을 받아 종신토록 보양토록 하라. 천하의 三老(鄕官)에게 1인당 술 1石과 고기 40斤을 하사하라. 담당자들은 노인을 봉양하고 어린 고아를 보살피고 홀아비나 과부에게 혜택을 베풀어 朕(짐)의 뜻을 따르도록 하라.」

中山王 焉(언)이 봉국에 처음 취임하였다.

甲子日, 서쪽을 巡狩(순수)하며 長安에 행차하여 高祖의 능묘에 제사하고 이어 (前漢의 황제) 11陵(능)에 제사를 지냈다. 여러 고을 건물을 둘러보고 군현의 관리들을 만나보았고 주악으로 그들을 위로하였다.

原文

十一月甲申, 遣使者以中牢祠蕭何,霍光. 帝謁陵園, 過式其墓. 進幸河東, 所過賜二千石,令長已下至於掾史, 各有差. 癸卯, 車駕還宮.

十二月, 護羌校尉竇林下獄死. 是歲, 始迎氣於五郊. 少府陰就子豐殺其妻酈邑公主, 就坐自殺.

| 註釋 | ○中牢(중뢰) – 제사의 희생물이 羊과 豚. 大牢는 中牢＋牛. ○蕭何,霍光 – 蕭何(소하, 前 257-193), 宣帝의 漢朝 丞相, 漢初三杰.《漢書 蕭何曹參傳》에 立傳. 霍光(곽광, ?-前 68) – 麒麟閣(기린각) 11功臣 중 첫째. 명장

霍去病의 異母弟. 昭帝 上官皇后의 外祖父. 宣帝 霍皇后의 친부. 大司馬, 大將軍 역임. 封 博陸侯. 諡號 宣成. 武帝, 昭帝, 宣帝를 섬김. 사후에 아들 (霍禹)의 모반에 의해 멸족. 霍 빠를 곽. ㅇ過式其墓 - 수레에서 式을 잡고 예를 표함. '行過墓必式'이란 말이 있다. ㅇ掾史(연사) - 掾 도울 연. 屬官의 통칭. 승상부 같은 중앙부서나 郡國 관아의 업무 부서 책임자(課長이나 係長). ㅇ始迎氣於五郊 - 각 계절에 맞춰 郊外에서 五方의 신을 맞이하는 제사의식. 立春日에 봄을 맞이하기 위해 東郊에서 靑帝를 제사했다. 立夏日에 여름을 맞이하기 위해 南郊에서 赤帝를 제사했다. 立秋 18일 전에 黃靈을 맞이하기 위해 中兆에서 黃帝를 제사했다. 立秋日에 가을을 맞이하기 위해 西郊에서 白帝를 제사하고, 立冬日에 겨울맞이로 北郊에서 黑帝를 제사했다. ㅇ少府陰就子豐 - 少府는 山海池澤의 조세를 징수하여 황실 비용과 공급을 담당, 질록 中二千石. 屬官으로 尙書, 符節, 太醫, 太官, 湯官, 導官, 樂府, 若盧, 考工室, 左弋(좌익), 居室, 甘泉居室, 左右司空, 東織, 西織, 東園匠(능묘 내 기물이나 葬具를 만드는 부서) 등 16부서의 令과 丞을 두었다. 또 胞人, 都水, 均官의 長과 丞이 있었고, 또 上林苑 10池에 監을 두었다. 그리고 中書謁者, 黃門, 鉤盾, 尙方, 御府, 永巷, 內者, 宦者의 8개 관서에 令과 丞이 있었다. 여러 僕射(복야)와 署長, 中黃門도 少府 소속이었다. 陰就(음취)는 인명. 광무제의 처남, 명제의 외숙.

[國譯]

11월 甲申日, 使者를 보내 中牢(중뢰)로 蕭何(소하)와 霍光(곽광)의 묘에 제사케 하였다. 황제가 陵園을 참배할 때 그들 묘를 지나며 禮를 표했다. 더 나아가 河東郡에 행차하면서 지나는 곳의 2천석(太守), 縣令이나 縣長 이하 掾史(연사)에 이르기까지 차등을 두어 하사하였다. 癸卯日에 황제가 환궁하였다.

12월, 護羌校尉인 竇林(두림)이 하옥되었다가 죽었다.

이 해에 처음으로 五郊에서 4계절의 氣를 받아들이는 제사를 지냈다. 少府인 陰就(음취)의 아들 陰豐(음풍)이 아내 酈邑公主(역읍공주)를 살해하자 음취는 이 때문에 자살하였다.

三年春正月癸巳, 詔曰,「朕奉郊祀, 登靈臺, 見史官, 正儀度. 夫春者, 歲之始也. 始得其正, 則三時有成. 比者水旱不節, 邊人食寡, 政失於上, 人受其咎, 有司其勉順時氣, 勸督農桑, 去其螟蜮, 以及蟊賊, 詳刑愼罰, 明察單辭, 夙夜匪懈, 以稱朕意..」

| 註釋 | ○(永平) 三年 – 서기 60년. ○見史官 – 史官은 太史, 天文之官. ○正儀度 – 儀는 靈臺에 있는 渾儀(혼의). 王者는 천문기구를 바르게 준비해야 한다. 度는 日月星辰의 行度. ○始得其正 – 正은 日月이나 五星의 운행이 順次에 맞음. ○則三時有成 – 三時는 春, 夏, 秋. ○比者水旱不節 – 比者는 요즈음. ○去其螟蜮 – 螟은 마디충 명. 곡식의 싹을 갉아먹는다. 蜮은 잎벌레 역, 물 여우 역(해충의 이름). ○以及蟊賊 – 蟊 해충 모. 곡식의 뿌리를 갉아먹는다. 賊은 곡식의 줄기를 해치는 벌레. ○詳刑愼罰 – 형사 사건의 내용을 상세히 파악하고 신중히 형벌을 정하다. ○明察單辭 – 單辭는 소송관련 글이나 문서. ○夙夜匪懈 – 아침부터 저녁까지 게으르지 말라. 匪는 아닐 비(非 同, 否定詞). 懈는 게으를 해, 게으름을 피우다.

(永平) 3년 봄 정월 癸巳日, 조서를 내렸다.

「朕이 郊祀(교사)를 지내고 靈臺(영대)에 나아가 太史를 만났는데 天文儀器와 日月星辰의 운행이 바르다고 하였다. 봄은 일 년의 시작이다. 그 시작이 바르다면 봄, 여름, 가을 역시 순조로울 것이다. 요즘음 수해와 旱害(한해)가 많아 변경 백성이 굶주리며, 관리의 정사가 잘못되어 백성이 어려움을 겪고 있다니, 담당자들은 계절의 운행에 맞춰 농사와 길쌈을 권장하고 각종 해충의 제거에 힘쓸 것이며, 형벌을 신중히 처리하고 소송 관련 내용을 상세히 살피며 아침저녁으로 정사에 힘써서 짐의 뜻에 부합토록 하라.」

二月甲寅, 太尉趙憙, 司徒李訢免. 丙辰, 左馮翊郭丹爲司徒. 己未, 南陽太守虞延爲太尉. 甲子, 立貴人馬氏爲皇后, 皇子炟爲皇太子. 賜天下男子爵, 人二級, 三老,孝悌,力田人三級, 流人無名數欲占者人一級, 鰥,寡,孤,獨,篤癃,貧不能自存者粟, 人五斛.

夏四月辛酉, 封皇子建爲千乘王, 羨爲廣平王. 六月丁卯, 有星孛於天船北.

| 註釋 | ○左馮翊 - 前漢에서는 京兆尹, 右扶風, 左馮翊을 三輔라 했다. 삼보 각 지역은 행정구역 명칭으로, 또 행정 관직으로 통용되었다. 좌풍익

등은 郡 太守와 동급이지만 질록도 많고 朝儀에 참여하는 등 직위가 높아 9卿의 반열에 들었다. 後漢 좌풍익의 치소는 高陵縣, 今 陝西省 渭水 이북, 涇水 이동, 黃河 以西 지역에 해당. 左馮翊의 남쪽이 京兆尹, 좌풍익과 경조윤의 서쪽이 右扶風이었다. 도읍 洛陽은 河南尹 관할이었다. ○立貴人 馬氏爲皇后 - 馬皇后는 明德馬皇后(30?-79년), 名 不詳, 漢 明帝 劉莊의 皇后, 伏波將軍 馬援(마원)의 딸. 無子, 章帝의 養母, 아주 모범적인 황후였다. ○皇子炟爲皇太子 - 뒷날 章帝. 炟 불이 붙을 단. ○千乘王 - 千乘國은 前漢의 千承郡, 後漢의 천승국은 뒤에 樂安國으로 개칭. 치소는 千乘縣, 今 山東省 淄博市(치박시) 관할 高青縣. ○廣平王 - 冀州刺史部 관할 廣平郡(치소는 廣平縣 今 河北省 남부의 邢台市)을 개칭. 나중에 鉅鹿郡에 흡수. ○天船 - 星名.

[國譯]

2월 甲寅日, 太尉 趙憙(조희)와 司徒 李訢(이흔)을 면직시켰다. 丙辰日, 左馮翊(좌풍익)인 郭丹(곽단)이 司徒가 되었다. 己未日, 南陽太守 虞延(우연)이 太尉가 되었다. 甲子일, 貴人 馬氏를 皇后로, 皇子炟(달)을 皇太子로 책립하였다. 온 나라의 가장에게 작위를 각 2등급 씩, 三老, 孝悌, 力田에게는 각 3급씩, 流民으로 호적이 없다가 호적에 올리려는 자에게는 각 1급씩 하사하였고, 鰥寡孤獨(환과고독)과 폐질자, 가난하여 생존이 불가능한 자에게 사람마다 곡식 5斛(곡)을 하사하였다.

여름 4월 辛酉日, 皇子 建(건)을 千乘王에, 羨(선)을 廣平王에 封했다. 6월 丁卯日, 혜성이 天船 자리 북쪽에 나타났다.

秋八月戊辰, 改大樂爲大予樂. 壬申晦, 日有蝕之.

詔曰, 「朕奉承祖業, 無有善政. 日月薄蝕, 彗孛見天, 水
旱不節, 稼穡不成, 人無宿儲, 下生愁墊. 雖夙夜勤思, 而智
能不逮. 昔楚莊無災, 以致戒懼, 魯哀禍大, 天不降譴. 今之
動變, 儻尙可救. 有司勉思厥職, 以匡無德. 古者卿士獻詩,
百工箴諫. 其言事者, 靡有所諱.」

| **註釋** | ㅇ改大樂爲大予樂 – 予는 줄 여. 나. 명제 때 正樂(정악)의 이름.
大予는 大雅의 뜻. 大予樂令의 질록은 6백석이었다. ㅇ人無宿儲 – 백성에
게 저축이 없다. 儲는 쌓아둘 저, 버금 저. 예비. ㅇ下生愁墊 – 下生은 백
성. 墊은 빠질 점. 溺也. ㅇ楚莊無災 – 楚 莊王(前 613-591 재위). 春秋五霸
의 한 사람. '楚王葬馬'의 주인공. ㅇ魯哀禍大, 天不降譴 – 魯 哀公(재위
前 494-468) 때 大夫들이 정치를 주무르며 혼란하였으나 일식이 없었다.
이를 하늘의 견책도 소용없기 때문이라고 해석했다. ㅇ儻尙可救 – 儻은
오히려, 혹시.

[國譯]

가을 8월 戊辰日, 大樂(대악)을 予樂(여악)이라 개칭했다. 壬申日
그믐날, 일식이 있었다. 이에 조서를 내렸다.

「朕(짐)이 조상의 대업을 이었지만 선정이 없었다. 그래서 일식
월식이 일어나고 혜성이 나타났으며, 수해와 한해가 자주 발생하고
흉년이 들었기에 백성에게는 비축한 곡식이 없고 아래 관리들도 걱
정이 깊어졌다. 짐이 밤새워 고심해도 어찌할 바를 모르겠다. 옛날

楚 莊王은 재해가 없어도 이를 두려워했으며, 魯 哀公의 정사가 나빴어도 하늘은 재앙을 내리지 않았다. 지금 재해가 많지만 이를 구제할 수도 있을 것이다. 담당자는 직무에 힘써서 짐의 부족한 덕을 보완토록 하라. 옛날에도 공경이나 士人까지 시를 지어 올렸고 악공은 충간을 진언했었다. 정사에 대한 의논이나 진언에 아무 거리낌도 없도록 하라.」

原文

冬十月, 蒸祭光武廟, 初奏〈文始〉,〈五行〉,〈武德〉之舞. 甲子, 車駕從皇太后幸章陵, 觀舊廬. 十二月戊辰, 至自章陵. 是歲, 起北宮及諸官府. 京師及郡國七大水.

| 註釋 | ○蒸祭 – 겨울 제사(冬祭曰 蒸), 蒸은 많다는 뜻. ○〈文始〉,〈五行〉,〈武德〉之舞 – 〈文始〉는 깃털과 피리를 들고 추는 춤. 〈五行〉은 오행의 색에 맞춘 관과 의복을 착용하는 추는 춤. 〈武德〉은 방패와 도끼를 들고 추는 춤. 전부터 있었으나 後漢에서는 처음 시연했다는 뜻.

[國譯]

겨울 10월, 光武廟에서 蒸祭(증제)를 지내며 처음으로 〈文始〉,〈五行〉,〈武德〉의 舞樂을 올렸다. 甲子日, 황제가 皇太后를 따라 章陵縣에 행차하여 옛 저택을 둘러보았다. 12월 戊辰日에 章陵에서 돌아왔다. 이 해에 北宮과 여러 官府를 지었다. 京師의 7개 郡國에서 홍수가 났다.

四年春二月辛亥, 詔曰,「朕親耕藉田, 以祈農事. 京師冬無宿雪, 春不煗沐, 煩勞群司, 積精禱求. 而比再得時雨, 宿麥潤澤. 其賜公卿半奉. 有司勉遵時政, 務平刑罰.」

秋九月戊寅, 千乘王建薨.

冬十月乙卯, 司徒郭丹, 司空馮魴免. 丙辰, 河南尹范遷爲司徒, 太僕伏恭爲司空. 十二月, 陵鄕侯梁松下獄死.

| 註釋 | ○(永平) 四年 – 서기 61년. ○藉田 – 天地의 신과 종묘에 올릴 粢盛(자성)을 친히 경작한다는 의미, 여기 藉은 '밟다(踏也)' 의 뜻. 황제가 친히 땅을 밟다(농사짓다). ○京師冬無宿雪 – 京師(洛陽)에는 지난겨울에 눈이 쌓이지 않았다. ○春不煗沐 – 煗沐(욱목)은 날이 따뜻하고 비가 적당히 내리다. 煗은 따뜻할 욱. 위로할 오. 沐은 윤택하다. 참고로 長安과 洛陽은 우리나라 木浦와 위도가 비슷하여 겨울에도 그리 심하게 춥지는 않다. ○積精禱求 – 積精은 정성을 다하다. ○宿麥潤澤 – 宿麥은 겨울을 난 보리. 보리는 가을에 파종하여 싹이 자란 채로 겨울을 난다. 겨울에 눈이 많아야 보리농사가 풍년이라고 했다. ○其賜公卿半奉 – 공경의 봉록을 50%를 하사하라. 보너스 성격의 급여. ○陵鄕侯梁松下獄死 – 광무제의 舞陰長公主와 결혼, 광무제의 총행을 받아 太僕(태복)을 역임했으나 명제 때 조정을 비방한 죄로 옥사하였다.

[國譯]

(永平) 4년 봄 2월 辛亥日, 조서를 내렸다.

「짐은 친히 藉田(적전)을 경작하며 풍년을 기원했다. 京師에는 지난겨울에 눈이 쌓이지 않았고 봄날이 따뜻하거나 비가 많이 내리지 않아 담당 관원을 걱정케 하고 정성을 다해 빌기도 하였다. 요즈음 때맞춰 비가 거듭 내려 겨울을 난 보리가 윤택해졌다. 公卿에게 급여 절반을 하사하라. 직무를 담당하는 관리들은 계절에 따른 업무에 더욱 노력하고 공정한 형벌이 집행되도록 힘쓰기 바란다.」

가을 9월 戊寅日, 千乘王 劉建(유건)이 죽었다.

겨울 10월 乙卯日, 司徒 郭丹(곽단), 司空 馮魴(풍방)을 면직시켰다. 丙辰日, 河南尹 范遷(범천)이 司徒, 太僕 伏恭(복공)이 司空이 되었다. 12월, 陵鄕侯 梁松(양송)이 하옥되었다가 죽었다.

原文

五年春二月庚戌, 驃騎將軍東平王蒼罷歸藩, 琅邪王京就國.

冬十月, 行幸鄴. 與趙王栩會鄴. 常山三老言於帝曰, "上生於元氏, 願蒙優復."

詔曰, 「豐,沛,濟陽, 受命所由, 加恩報德, 適其宜也. 今永平之政, 百姓怨結, 而吏人求復, 令人愧笑. 重逆此縣之拳拳, 其復元氏縣田租更賦六歲, 勞賜縣掾史, 及門闌走卒.」

至自鄴. 十一月, 北匈奴寇五原, 十二月, 寇雲中, 南單于擊卻之. 是歲, 發遣邊人在內郡者, 賜裝錢人二萬.

| 註釋 | ○(永平) 五年 – 서기 62년. ○東平王蒼 – 東平國은 兗州刺史

部 관할. 治所는 無鹽縣, 今 山東省 泰安市 관할 東平縣. 蒼은 劉蒼(유창, ?-83)은 광무제의 아들. 건무 17년에 王에 봉해졌다. 명제 즉위 후 驃騎將軍. 三公보다 상위직. 章帝 建初 8년에 죽었다. 시호는 憲王. 42권, 〈光武十王列傳〉에 立傳. ○琅邪國－徐州刺史部 관할, 治所는 開陽縣, 今 山東省 남부의 臨沂市(임기시). ○鄴－현명. 冀州刺史部 관할인 魏郡의 治所, 今 河北省 邯鄲市 관할 臨漳縣 서남. ○常山－冀州刺史部의 郡,國名. 治所는 元氏縣. 今 河北省 石家莊市 관할 元氏縣. 前漢 眞定國 幷入. ○上生於元氏－명제는 건무 4년(서기 28년)에 광무제와 모친 陰皇后의 소생. ○濟陽－光武帝의 皇考인 南頓君(남돈군, 劉欽)은 그전에 濟陽(제양) 현령이었는데, 哀帝 建平 원년 12월 甲子日 밤에 제양현의 관사에서 광무제가 출생했다. ○令人愧笑－남이 비웃게 된다. 남의 비웃음을 산다. 愧은 부끄러워할 괴. ○重逆此縣之拳拳－重은 난처하다. 拳拳은 정성스러움. 정중함. ○門闌走卒－門闌은 문지기. 闌은 가로막을 란. 走卒은 하인, 심부름꾼. ○五原－幷州자사부의 군명. 治所는 九原縣, 今 內蒙古 包頭市(黃河 북안). ○雲中－幷州자사부의 군명. 治所는 雲中縣, 今 內蒙古 呼和浩特市(內蒙古自治區의 首府) 관할 托克托縣(黃河 북안).

[國譯]

(永平) 5년 봄 2월 庚戌日, 驃騎將軍인 東平王 劉蒼이 파직되어 藩國(東平國)으로 돌아갔고, 琅邪王 劉京(유경)은 임지에 부임하였다.

겨울 10월, 순행하여 (魏郡의) 鄴縣(업현)에 행차하였다. 趙王인 劉栩(유허)를 鄴縣에서 접견했다. 常山郡의 三老들에 황제에게 말했다.

"皇上께서는 常山郡의 元氏縣(원씨현)에서 출생하셨으니 특별한 면세 은택을 바라옵니다." 이에 조서를 내려 말했다.

「(高祖의) 豐縣이나 沛縣, (光武帝의 출생지인) 濟陽縣(제양현)은 그곳에서 천명을 받은 연유가 있어 (부세 면제의) 은덕을 베풀었고, 또 적절한 조치였다. 지금 永平 연간의 정치에 백성들의 불만이 쌓였는데도 관리나 백성이 면세를 바란다면 사람들이 비웃을 것이다. 그러나 이곳 현의 정성스런 뜻을 거스를 수 없나니 元氏縣의 田租와 更賦를 6년간 면제토록 하고 현의 掾史(연사)에서 문지기나 하인까지도 하사품을 내리도록 하라.」

11월, 北匈奴가 五原郡에, 12월에는 雲中郡에 침범하였는데 南單于가 격파하여 물리쳤다. 이 해에 변방 백성으로 內郡에 거주하는 자를 동원하였는데 每人에게 행장비로 2만 전을 하사하였다.

原文

六年春正月, 沛王輔,楚王英,東平王蒼,淮陽王延,浪邪王京,東海王政,趙王盱,北海王興,齊王石來朝.

二月, 王雒山出寶鼎, 廬江太守獻之. 夏四月甲子, 詔曰, 「昔禹收九牧之金, 鑄鼎以象物, 使人知神姦, 不逢惡氣. 遭德則興, 遷於商,周, 周德旣衰, 鼎乃淪亡. 祥瑞之降, 以應有德. 方今政化多僻, 何以致茲?《易》曰'鼎象三公', 豈公卿奉職得其理邪? 太常其以祫祭之日, 陳鼎於廟, 以備器用. 賜三公帛五十匹, 九卿,二千石半之. 先帝詔書, 禁人上事言聖, 而間者章奏頗多浮詞, 自今若有過稱虛譽, 尚書皆宜抑

而不省, 示不爲諂子蚩也.」

冬十月, 行幸魯, 祠東海恭王陵. 會沛王輔,楚王英,濟南王康,東平王蒼,淮陽王延,琅邪王京,東海王政.

十二月, 還, 幸陽城, 遣使者祠中嶽. 壬午, 車駕還宮. 東平王蒼,琅邪王京從駕來朝皇太后.

| 註釋 | ○(永平) 六年 – 서기 63년. ○王雒山出寶鼎 – 당시 廬江郡의 山名. 王雄山으로도 표기. 鼎은 세발 솥 정. 祭器. ○廬江 – 揚州刺史部 소속 군명. 治所는 舒縣, 今 安徽省 중서부 六安市 舒城縣. ○昔禹收九牧之金 – 夏의 禹王. 치수 사업을 완성한 뒤 전국을 九州로 나누었고 牧을 보내 다스렸다. ○神姦 – 귀신과 잡귀. ○不逢惡氣 – 惡氣는 도깨비(魑魅 魍魎), 잡귀. ○鼎乃淪亡 – 淪亡은 망하다. 淪은 빠질 윤(륜), 망하다. ○《易》曰 '鼎象三公' – 鼎의 삼족을 삼공의 상징으로 해석한 것임. 鼎은 64괘의 하나(火風鼎, 火☲, 風☴) 鼎卦의 象辭(단사)에 '鼎은 象也. 鈀木巽火니 亨飪也라(鼎卦는 솥의 형상이다. 나무를 불에 넣어 삶고 익힌다.)' 고 하였다. ○太常其以礿祭之日 – 태상은 종묘제사를 책임지는 9卿의 하나. 礿祭(약제)는 봄 제사. 礿는 봄 제사 약. 礿은 薄의 뜻. 봄철에 나는 산물이 없어 제사가 薄弱하다는 주석이 있다. ○示不爲諂子蚩也 – 爲는 피동의 뜻을 나타냄. 諂子는 아부하는 자. 蚩는 어리석을 치, 희롱하다. 업신여기다. ○陽城 – 潁川郡(영천군, 豫州 관할)의 현명. 今 河南省 登封市 동남 告成鎭. ○遣使者祠中嶽 – 中嶽은 嵩山(숭산), 今 河南省 鄭州市 관할 登封市 서북. 최고봉 1,512m. 산록에 우리나라 관광객이 많이 찾는 少林寺가 있다.

[國譯]

(永平) 6년 봄 정월, 沛王인 劉輔(유보), 楚王인 英(영), 東平王 蒼

(창), 淮陽王인 延(연), 浪邪王 京(경), 東海王 政(정), 趙王 盰(우), 北海王 興(홍), 齊王인 劉石(유석)이 입조하였다.

2월, 王雒山(왕락산)에서 寶鼎(보정)을 얻었다고, 廬江(여강) 태수가 바쳤다. 여름 4월 甲子日에 조서를 내렸다.

「옛날 禹王(우왕)은 九州의 牧이 바치는 청동을 모아 청동의 大鼎을 주조하고 산천의 백물을 상징케 하여 백성으로 하여금 귀신이나 잡귀의 모양을 알게 하여 惡氣를 피할 수 있게 하였다. 덕이 융성한 시대를 만나 商과 周에 전해졌으나 周의 정치가 쇠퇴하면서 대정은 사라졌었다. 본래 祥瑞(상서)의 강림은 德에 상응하는 것이다. 지금 정치와 교화에 잘못이 많은데도 어찌 이런 상서로움이 있겠는가? 《易經》에서는 '鼎은 三公을 본 뜬 것이다.' 라 했으니, 公卿은 어찌 직분을 다하여 그 뜻에 부응하지 않겠는가? 太常은 礿祭(약제, 봄 제사) 날을 택해 大鼎을 종묘에 진설하고 제사의 용기로 비치토록 하라. 三公에게 비단 5백 필을, 九卿과 二千石(太守)에게는 그 절반을 하사하라. 先帝께서는 詔書를 내려 백성이 상서하면서 천자를 찬미하는 말을 하지 못하게 하였는데도 요즈음 상주되는 글에는 浮華한 글이 많나니, 오늘 이후로 헛된 칭송을 하는 글이 있다면 尙書가 모두 폐지하여 아첨에 흔들리지 않음을 보여주도록 하라.」

겨울 10월, 순행하여 魯國에 행차하여 東海 恭王의 陵에 제사하였다. 그리고 沛王 劉輔(유보), 楚王 英(영), 濟南王 康(강), 東平王 蒼(창), 淮陽王 延(연), 琅邪王 京(경), 東海王 劉政(유정)의 알현을 받았다.

12월, 돌아오면서 (潁川郡) 陽城縣에 행차하여 세지를 보내 中嶽(중악, 嵩山)에 제사했다. 壬午日, 車駕가 還宮했다. 東平王 劉蒼(유창), 琅邪王 劉京(유경)은 황제의 어가를 수행 입조하여 皇太后를 배알하였다.

■原文

七年春正月癸卯, 皇太后陰氏崩. 二月庚申, 葬光烈皇后. 秋八月戊辰, 北海王興薨. 是歲, 北匈奴遣使乞和親.

| 註釋 | ○(永平) 七年 – 서기 64년. ○皇太后陰氏崩 – 광무제의 2번째 황후 陰麗華(서기 5-64년). 명제의 모친, 光烈은 시호. 10권, 〈皇后紀〉(上)에 입전.

[國譯]

(永平) 7년 봄 정월 癸卯日, 皇太后 陰氏가 붕어했다. 2월 庚申일 光烈陰皇后를 장례했다.

가을 8월 戊辰日, 北海王 劉興(유흥)이 죽었다. 이 해에 北匈奴가 사신을 보내 和親을 요청했다.

■原文

八年春正月己卯, 司徒范遷薨. 三月辛卯, 太尉虞延爲司徒, 衛尉趙憙行太尉事. 遣越騎司馬鄭衆報使北匈奴. 初置度遼將軍, 屯五原曼柏.

秋, 郡國十四雨水.

冬十月, 北宮成. 丙子, 臨辟雍, 養三老, 五更. 禮畢, 詔三公募郡國中都官死罪繫囚, 減罪一等, 勿笞, 詣度遼將軍營, 屯朔方, 五原之邊縣, 妻子自隨, 便占著邊縣, 父母同産欲相代者, 恣聽之. 其大逆無道殊死者, 一切募下蠶室. 亡命者令贖罪各有差. 凡徙者, 賜弓弩衣糧.

| 註釋 | ○(永平) 八年 – 서기 65년. ○衛尉 – 九卿之一. 궁궐을 수비하는 군사 지휘관임. 질록 中二千石. 속관으로 丞(1인, 比千石), 南宮南屯司馬 등 궁궐 각문에 司馬가 있고, 公車司馬令, 衛士令 外 속관이 많았다. 長樂宮, 建章宮, 甘泉宮의 衛尉는 해당 궁궐의 수비를 담당하나 상설직은 아니었다. ○越騎司馬 – 越人 騎兵을 관할 越騎校尉의 속관. ○度遼將軍 – 전한의 度遼將軍으로 昭帝 때 范明友(범명우, ?-前 66. 霍光의 사위. 烏桓族을 격퇴하여 平陵侯에 봉해졌다)가 유명했다. 요동과 요서 북방의 외적을 방어할 목적으로 後漢에서는 이때 임명했다. ○五原曼柏 – 五原郡의 현명. 度遼將軍의 군영이 설치된 곳. 今 內蒙古自治州 서남부 鄂爾多斯市 관할 準格爾旗. 內蒙古, 山西, 陝西省의 접경. ○中都官死罪繫囚 – 中都官은 京師의 모든 官府에 근무하는 관리.

[國譯]

(永平) 8년 봄 정월 己卯日, 司徒 范遷(범천)이 죽었다. 3월 辛卯日, 太尉 虞延(우연)이 司徒가 되었고, 衛尉인 趙憙(조희)가 太尉의 업무를 대행하였다. 越騎司馬인 鄭衆(정중)을 北匈奴에 답례 사절로 보냈다. 처음으로 度遼將軍을 임명하여 五原郡 曼柏縣(만백현)에 주

둔케 하였다.

가을에, 14개 郡國에서 홍수가 났다.

겨울인 10월 北宮이 완공되었다. 丙子일, (황제가) 辟雍(벽옹)에
나아가 三老와 五更을 봉양하였다. 행사를 마치고 三公에게 조서를
내렸다. (이하는 조서의 내용) 각 郡國의 中都官으로 사형에 해당하
는 죄수들을 모아 죄를 1등급 감해 주고, 태형을 가하지 말 것이며
전부 度遼將軍의 군영으로 보내 朔方郡(삭방군)과 五原郡의 변방 縣
에 주둔케 하되 妻子가 스스로 따라간다면 바로 변방의 현에 호적을
등록하고, 만약 같은 부모의 형제가 대신 복무하겠다면 그 뜻대로
허용케 하였다. 大逆無道로 목을 잘라 처형할 자는 모두 蠶室(잠실)
에 보내 궁형을 받게 하였다. 亡命者가 贖罪한다면 각각 차이를 두
어 허락케 하였다. (변방으로) 옮겨가려는 자에게는 활(弓弩)과 의
복과 식량을 지급케 하였다.

▌原文

壬寅晦, 日有食之, 旣. 詔曰, 「朕以無德, 奉承大業, 而下
貽人怨, 上動三光. 日食之變, 其災尤大, 《春秋》圖讖所爲
至譴. 永思厥咎, 在予一人. 群司勉修職事, 極言無諱.」

於是在位者皆上封事, 各言得失. 帝覽章, 深自引咎, 乃
以所上班示百官.

詔曰, 「群僚所言, 皆朕之過. 人冤不能理, 吏黠不能禁.
而輕用人力, 繕修宮宇, 出入無節, 喜怒過差. 昔應門失守,

〈關雎〉刺世, 飛蓬隨風, 微子所嘆. 永覽前戒, 竦然兢懼. 徒恐薄德, 久而致怠耳.」
北匈奴寇西河諸郡.

| 註釋 | ○日有食之, 旣 - 旣는 皆旣日蝕. 일식을 군주의 진퇴와 선악을 견책한다고 보았기에 일식은 큰 사건이었다. ○《春秋》圖讖所爲至譴 - 《春秋》에 일식이 36회 기록이 있는데, 이를 하늘이 보내는 심각한 견책으로 인식했다. ○吏黠不能禁 - 吏黠은 관리들의 교활 간악한 짓. 黠은 약을 힐. 간악한 짓거리. ○輕用人力 - 백성의 力能을 낭비하다. 함부로 동원하다. ○繕修宮宇 - 宮宇는 궁궐. 집. ○喜怒過差 - 기뻐하거나 화를 내는 감정이 도에 지나치다. ○昔應門失守 - 昔은 옛날. 應門失守는 관청이 제 할 일을 하지 못하다. 應門은 聽政之處. 궁궐이 정문. 정사에 힘쓰지 않고 부정한 짓을 생각한다는 뜻. ○〈關雎〉刺世 - 《詩經 周南 關雎》는 時政을 풍자했다. 關雎는 《詩》 三百의 첫 首. 현인을 얻어 정사를 바로 펴야 한다는 뜻으로 시를 해석하였다. ○飛蓬隨風, 微子所嘆 - 나라에 법도가 없는 것을 바람에 날리는 쑥대 솜(飛蓬)에 비유다. 微子는 殷 紂王의 兄 微子啓. ○永覽前戒 - 지난 교훈을 늘 읽고 생각하다. ○竦然兢懼 - (예전의 교훈에) 오싹할 정도로 두려워 떨다. 竦然(송연)은 두려워 웅크린 모양. ○徒恐薄德 - 다만 (朕의) 덕행이 천박한 것을 두려워하다. ○西河諸郡 - 여기서는 黃河의 상류의 한 부분. 今 寧夏回族自治區와 내몽고 지역의 南에서 北으로 흐르는 황하를 지칭한다. 郡名으로 西河郡의 치소는 平定縣, 今 內蒙古 鄂爾多斯市 동쪽의 准格爾旗 서남.

[國譯]
壬寅日 그믐, 개기일식이 있었다. 이에 조서를 내렸다.

「짐이 무덕한 몸으로 국가 대업을 계승하여 아래로 백성의 원망이 많아 하늘의 日, 月, 星의 빛을 움직였다. 일식의 變異는 그 재앙이 매우 크기에 《春秋》에서도 圖讖으로 가장 큰 하늘의 견책이라 하였으니 그 허물을 깊이 생각한다면 짐 한 사람에 있을 것이다. 여러 관원은 자신의 업무에 힘쓰면서 꺼림 없이 짐에게 할 말을 다 하기 바란다.」

이에 현직의 관원이 모두 밀봉한 상주를 올려 각자 정치 득실을 논하였다. 황제는 상주한 글을 읽고 심히 자책하며 그 내용을 백관에게 두루 읽게 하였다. 그리고 조서를 내렸다.

「여러 臣僚들이 말한 것이 모두 짐의 과실이었다. 백성의 원한을 풀어주지 못했고 관리의 교활한 짓을 금하지지도 못했다. 함부로 백성의 재력을 동원하였고 궁궐을 지었으며 출입에 절도가 없고 희로애락이 지나쳤도다. 옛날 나라가 할 일을 못하니 〈關雎(관저)〉의 시로 세상을 풍자하였고 쑥대가 바람에 날리는 것 같은 정사를 微子啓(미자계)도 탄식했었다. 예전의 훈계를 계속 읽을수록 몸 둘 바를 모르겠고 두렵기만 하도다. 오직 짐의 덕행이 부족하고 여태껏 태만한 국정이 두렵기만 하도다.」

北匈奴가 西河의 여러 군에 침입하였다.

九年春三月辛丑, 詔郡國死罪囚減罪, 與妻子詣五原, 朔方占著, 所在死者皆賜妻父若男同産一人復終身, 其妻無父兄獨有母者, 賜其母錢六萬, 又復其口筭.

夏四月甲辰, 詔郡國以公田賜貧人各有差. 令司隸校尉, 部刺史歲上墨綬長吏視事三歲已上理狀尤異者各一人, 與計偕上. 及尤不政理者, 亦以聞.

是歲, 大有年. 爲四姓小侯開立學校, 置《五經》師.

| 註釋 | ○(永平)九年 – 서기 66년. ○占著 – 옮겨간 곳에서 호적에 올리다. 유랑하던 戶口가 定住하다. ○又復其口筭 – 復는 면제하다. 口筭 (구산)은 15세 이상 56세까지 남자가 납부해야 하는 인두세 성격의 조세로 1인 1년 120전〔一筭(일산)〕을 賦錢이라 했다. 전한 무제 때부터 미성년(3세-14세) 남자 1인에게도 1년에 20전 씩 口賦를 징수했다. 나중에 元帝 때는 7세부터 징수하여 조금 완화하였다. ○司隸校尉 – 질록은 比二千石. 武帝 때 처음 설치, 持節하고 百官과 京師 近郡의 犯法者를 처리하였다. 전한 말에 폐지되었다가 후한 建武 연간에 다시 설치. 京畿 지역의 감찰 담당. 都官從事, 功曹從事, 別駕從事, 簿曹從事, 兵曹從事, 郡國從事를 속관으로 거느렸다. 사예교위부의 치소는 河南 洛陽縣이고 河南尹, 河內郡, 河東郡, 弘農郡, 京兆尹, 左馮翊, 右扶風을 감찰하여 다른 12자사부보다 막강하였다. ○墨綬長吏 – 黑綬의 長吏(縣令). 印綬(인수)는 印紱(인불)과 같다. 印은 직인이고, 綬는 실로 만든 끈이니 관인을 의미. 질록 比二千石 이상은 銀印靑綬였다. 질록이 比六百石 이상이면 銅印黑綬(墨綬)를 찼다. 그러나 大夫, 博士, 御史, 謁者, 郎官은 인수가 없었다. 比二百石 이상은 銅印黃綬를 찼다. ○與計偕上 – 각 郡國에서는 1년에 한 번씩 재정, 물가 등 치적을 통계로 작성하여 司徒府에 보고하고 심사를 받았다. 郡國의 재정 등 치적을 보고하러 장안에 보내는 관리를 上計吏라 하였고 군국에서 천거하는 인재도 同行, 上京하였다. ○大有年 – 풍년든 해. ○爲四姓小侯開立學校 – 明帝 재위 중 유학을 크게 장려했고 유학 또한 융성했었다. 황제의 외척

인 樊氏(번씨, 광무제의 외가), 郭氏, 陰氏, 馬氏 등 4성의 자제를 특별히 四姓 小侯라 하였다. 아직 나이가 어려 列侯(諸侯)가 아니기에 小侯라 하였고 그들을 위해 五經博士를 두었다.

[國譯]

　(永平) 9년(서기 66) 봄 3월 辛丑日, 각 군국에 조서를 내려 사형수의 죄를 1등급씩 감형케 하였다. 五原郡이나 朔方郡에 함께 (남편을) 따라와서 호적에 등록하였으나 현지에서 죽은 아내의 부친이나 남자 형제 1인에 대해서는 종신토록 부세를 면제해 주었는데, 죽은 아내가 부친이나 남자 형제가 없이 모친만 있다면 그 모친에게 6만전을 하사하였고 그 집의 口筭(구산)을 면제케 하였다.

　여름 4월 甲辰日, 조서로 각 郡國에서 공전을 빈민에게 차등을 두어 지급케 하였다. 또 司隷校尉(사예교위)나 각 部의 刺史(자사)에게 명하여 墨綬(흑수)의 현령 중에서 업무처리가 3년 이상 특별히 우수한 자를 해마다 1인씩 上計吏와 함께 조정에 보고토록 하였다. 아울러 특별히 치적이 나쁜 자도 마찬가지로 보고하라 하였다.

　이 해에 큰 풍년이 들었다. 四姓의 외척 小侯를 위하여 학교를 세우고 《五經》을 가르칠 스승을 두었다.

原文

　十年春二月, 廣陵王荊有罪, 自殺, 國除.

　夏四月戊子, 詔曰,「昔歲五穀登衍, 今茲蠶麥善收, 其大赦天下. 方盛夏長養之時, 蕩滌宿惡, 以報農功. 百姓勉務

桑稼, 以備災害. 吏敬厥職, 無令愆墮.」

閏月甲午, 南巡狩, 幸<u>南陽</u>, 祠章陵. 日北至, 又祠舊宅. 禮畢, 召校官弟子作雅樂, 奏〈鹿鳴〉, 帝自御塤篪和之, 以娛嘉賓. 還, 幸<u>南頓</u>, 勞饗三老, 官屬.

冬十一月, 徵淮陽王延會<u>平輿</u>, 徵沛王輔會<u>睢陽</u>. 十二月甲午, 車駕還宮.

| 註釋 | ○(永平) 十年 – 서기 67년. ○五穀登衍 – 登衍은 오곡이 풍성하게 여물다. 登은 成也. 衍은 넘칠 연. 豊饒(풍요). ○蕩滌宿惡 – 蕩滌(탕척)은 죄악을 깨끗하게 씻어내다. ○無令愆墮 – 時令(시령, 연중행사)을 어기거나 게을리하지 말라. ○日北至 – 北至는 夏至의 다른 이름. ○校官弟子 – 校官은 學官. ○奏〈鹿鳴〉–《詩經 小雅》의 편명. 군신이 함께 즐기는 잔치의 시. ○帝自御塤篪和之 – 塤篪(훈지)는 악기 이름. 塤은 壎(질나팔 훈)과 同字. 흙을 구워 만든 6孔의 취주악기. 부르짖는 소리가 난다고 함. 篪는 대나무 피리 이름 지. 어린아이 울음과 같은 소리를 낸다. 塤篪相和는 '훈과 지가 어울리다.' 화목한 형제애를 의미. ○南頓(남돈) – 현명. 今 河南省 중동부 周口市 관할 項城市 서쪽. 광무제의 선친 劉欽(유흠)이 이곳 현령을 역임했고 광무제는 어린 시절을 거기서 보냈다. ○平輿 – 현명. 汝南郡 치소, 今 河南省 남부 駐馬店市 관할 平輿縣. ○睢陽(수양) – 현명. 豫州刺史部 관할 梁國의 치소. 今 河南省 동부의 商丘市 睢陽區. 睢는 눈 부릅뜰 휴, 강 이름 수. 雎(물수리 저)와 다른 글자.

[國譯]

(永平) 10년 봄 2월, 廣陵王 劉荊(유형)이 죄를 짓고 자살하여 나라를 없앴다.

여름 4월 戊子日(무자일), 조서를 내렸다.

「작년에는 오곡이 풍년이었고 올해에는 누에치기와 보리농사가 풍년이니 천하에 대사령을 시행하라. 지금 한여름으로 만물이 자라는 때이니 묵은 죄악을 모두 씻어내고 농사를 돕도록 하라. 백성은 농사와 길쌈에 힘쓰며 재해에 대비토록 하라. 관원들은 삼가 직무에 충실하되 時令을 어기거나 게을리하지 말라.」

(4월) 윤달 甲午日, 남쪽을 순수하여 南陽郡에 가서 章陵에 제사하였다. 夏至날이 되어 또 옛 저택에서 제사하였다. 예를 마치고 學官과 弟子를 불러 雅樂을 시연케 하였는데, 〈鹿鳴〉을 연주하자 황제도 직접 塤箎(훈지) 연주로 화답하여 여러 신하와 빈객을 기쁘게 하였다. 돌아오면서 南頓縣에 행차하여 三老와 官屬에게 잔치를 벌려 위로하였다.

겨울 11월, 淮陽王 劉延(유연)을 불러 平輿縣(평여현)에서 만났고, 沛王 劉輔(유보)를 불러 睢陽縣(수양현)에서 회동하였다. 12월 甲午일, 황제가 환궁하였다.

原文

十一年春正月, 沛王輔,楚王英,濟南王康,東平王蒼,淮陽王延,中山王焉,琅邪王京,東海王政來朝.

秋七月, 司隸校尉郭霸下獄死. 是歲, 濦湖出黃金, 廬江太守以獻. 時, 麒麟,白雉,醴泉,嘉禾所在出焉.

｜註釋｜ ○(永平) 十一年 – 서기 68년. ○濡湖出黃金 – 濡湖(소호, 巢湖)
는 今 安徽省 중부 合肥市와 巢湖市 중간에 위치. 호수 면적 775㎢ 安徽省
최대, 중국 5대 淡水湖의 하나. ○廬江 – 揚州刺史部 관할 군명. 治所 舒
縣. 今 安徽省 중서부 六安市 舒城縣. ○麒麟,白雉,醴泉,嘉禾所在出焉 –
모두 태평성대의 祥瑞(상서). 周 成王 11年(公元 前 1032년)에 唐이란 곳에서
한 줄기에서 두 이삭이 나온 벼(雙穗禾)가 자랐는데 이를 成王에게 헌상하
였다. 이에 周公은 〈嘉禾〉 시를 지어 상서로운 일로 받아들였다.《史記 魯
周公世家》참고. 所在는 곳곳에. 어디에나 많이 있다(所在多有).

[國譯]

　(永平) 11년, 沛王 劉輔(유보), 楚王 英(영), 濟南王 康(강), 東平王
蒼(창), 淮陽王延(연), 中山王 焉(언), 琅邪王 京(경), 東海王 劉政(유정)
이 來朝했다.

　秋 7월, 司隸校尉(사예교위)인 郭霸(곽패)가 하옥되었다가 죽었다.

　이 해에, 濡湖(소호)에서 황금이 나와, 廬江(여강) 태수가 이를 바
쳤다. 수시로 麒麟(기린), 白雉(백치, 흰 꿩), 醴泉(예천), 嘉禾(가화) 등
이 곳곳에서 나타났다.

[原文]

　十二年春正月, <u>益州徼外夷哀牢王</u>相率內屬, 於是置<u>永昌</u>
<u>郡</u>, 罷<u>益州</u>西部都尉.

　夏四月, 遣將作謁者<u>王吳</u>修<u>汴渠</u>, 自<u>滎陽</u>至於<u>千乘海口</u>.
五月丙辰, 賜天下男子爵, 人二級, 三老,孝悌,力田人三級,

流民無名數欲占者人一級, 鰥,寡,孤,獨,篤癃,貧無家屬不能
自存者粟, 人三斛. 詔曰,

「昔曾,閔奉親, 竭歡致養, 仲尼葬子, 有棺無槨. 喪貴致
哀, 禮存寧儉. 今百姓送終之制, 競爲奢靡. 生者無擔石之
儲, 而財力盡於墳土. 伏臘無糟糠, 而牲牢兼於一奠. 糜破
積世之業, 以供終朝之費, 子孫饑寒, 絶命於此, 豈祖考之意
哉! 又車服制度, 恣極耳目. 田荒不耕, 遊食者衆. 有司其申
明科禁, 宜於今者, 宣下郡國.」

秋七月乙亥, 司空伏恭罷. 乙未, 大司農牟融爲司空.

冬十月, 司隸校尉王康下獄死. 是歲, 天下安平, 人無徭
役, 歲比登稔, 百姓殷富, 粟斛三十, 牛羊被野.

| 註釋 | ○(永平) 十二年 - 서기 69년. ○益州徼外夷哀牢王~ - 益州
는 刺史部 겸 군명. 治所는 滇池縣(전지현), 今 雲南省 昆明市 관할 晋寧縣.
徼外(요외)는 순찰지역 밖, 국경 밖. 哀牢(애뢰)는 부족장 이름으로 그 부족
을 지칭. ○永昌郡 - 益州자사부 소속 군명. 익주군의 7개 현을 분리, 관
할. 치소는 嶲唐縣(준당현, 초기), 不韋縣(서기 77년 이후), 今 雲南省 중서부
의 保山市, ○將作謁者王吳修汴渠 - 將作謁者는 관직명. 궁궐과 능묘 건
축을 책임지는 질록 2천석인 將作大匠의 속관. 謁者는 郎中令(光祿勳)의
속관. 외빈접대, 황제의 심부름. 謁者僕射(알자복야)의 지시 받음. 대개 환
관이 주로 담당. ○汴渠(변거) - 汴河의 인공수로(渠 도랑 거). 황하의 물을
이용한 인공 수로. 본래 汴河(汴水)는 今 河南省 鄭州市 관할 榮陽市에서
황하의 물을 받아 동남으로 흘러 淮水에 합류. ○自榮陽至於千乘海口 -
千乘은 郡國名. 뒤에 樂安國. 황하의 하류(入海) 지역. ○昔曾,閔奉親 -

曾은 曾參, 효자로《孝經》을 저술했다. 閔은 閔損〔민손, 字는 子騫(자건)〕. 孔門十哲 중 德行으로 유명. ○仲尼葬子 - 공자의 아들 孔鯉(공리)가 먼저 죽었다. ○有棺無槨 - 棺은 있지만 槨(곽, 덧널)은 없었다. 공자의 수레를 팔아 아들 장례에 곽을 쓰자는 것을 공자가 반대하여 棺槨에서 곽이 없이 장례했다. 「～. 子曰, "才不才, 亦各言其子也. 鯉也死, 有棺而無槨. ～.」 《論語 先進》. ○禮存寧儉 - 禮는 오히려 검소함에 있다. ○伏臘無糟糠 - 여름의 伏제사와 겨울(섣달)의 臘祭(납제)를 지내고 나면 쌀겨도 남은 것이 없다. 제사에 온 재물을 다 쓴다는 뜻. ○牲牢兼於一奠 - 희생의 제물(牲牢)을 제사 한 번에 다 올린다. 奠 제사지낼 전. 葬禮(매장 의식) 전의 제사. ○糜破積世之業 - 糜破는 다 없애 버리다. 糜는 썩어 없어지다. 다 문드러지다. ○遊食者衆 - 遊食은 浮食. 놀고먹다.

[國譯]

(永平) 12년 봄 正月, 益州 경계 밖 蠻夷(만이)인 哀牢王(애뢰왕)이 속민을 거느리고 漢朝에 귀부하자 이에 그곳에 永昌郡을 설치하고 益州郡 西部都尉를 폐지하였다.

여름 4월에, 將作謁者(장작알자)인 王吳(왕오)를 보내 汴渠(변거)를 수리하였는데 滎陽縣(형양현)에서 千乘郡의 海口까지 닿았다.

5월 丙辰日, 온 나라의 男子(戶主)에 작위를 1인 2급씩, 三老와 孝悌와 力田에게는 3급을, 호적이 없는 流民이 정착하려는 자에게는 1급을 하사하였고, 홀아비, 과부, 고아, 독거노인, 폐질자와 가난하여 생존이 어려운 자에게는 사람마다 곡식 3斛(곡)을 하사하였다. 그리고 조서를 내렸다.

「예전에 曾子(증자)와 閔子騫(민자건)은 양친을 모시면서 정성을 다해 기꺼이 봉양하였으며 공자는 아들의 장례에 관은 있었지만 덧

널(椰, 곽)을 쓰지 못했다. 상례에서는 애통함을 중시하고 예를 행하면서는 차라리 검소해야 한다. 지금 백성들은 장례를 치르면서 경쟁적으로 사치를 다하고 있다. 산 자는 1섬의 비축도 없으면서 온 재력을 봉분 속에 묻어버리고 있다. 伏제와 臘祭(납제)를 지내고 나면 쌀겨조차 남지 않고 온 희생을 제사 한 번에 다 소비해 버린다. 한 세대에 걸쳐 축적한 재산을 하루를 지내는 비용으로 다 써버리고 나서 자손이 굶주리고 추위에 떨다가 이 때문에 죽기도 하는데, 이것이 어찌 조상의 뜻이겠는가! 또 수레나 복식 제도에서도 멋대로 사치를 부린다. 전지를 묵혀 경작을 않으며 놀고먹는 자가 너무 많다. 담당자들은 조목조목 금지할 것을 조목조목 상주하고 지금 지켜야 할 것을 군국에 널리 알리도록 하라.」

가을 7월 乙亥日, 司空인 伏恭(복공)을 파직했다. 乙未日, 大司農인 牟融(모융)이 사공이 되었다.

겨울 10월, 司隷校尉 王康(왕강)이 하옥되었다가 죽었다. 이 해에 천하가 태평하여 요역 동원도 없었고 해마다 풍년이 들어 백성은 넉넉하고 부유했으며 곡식 1斛이 30전이었고 牛羊은 들에 가득했다.

原文

十三年春二月, 帝耕於藉田. 禮畢, 賜觀者食. 三月, 河南尹薛昭下獄死.

夏四月, 汴渠成. 辛巳, 行幸滎陽, 巡行河渠. 乙酉, 詔曰, 「自汴渠決敗, 六十餘歲, 加頃年以來, 雨水不時, 汴流東

侵, 日月益甚, 水門故處, 皆在河中, 潺湲廣溢, 莫測圻岸,
蕩蕩極望, 不知綱紀. 今兗,豫之人, 多被水患, 乃云縣官不
先人急, 好興它役. 又或以爲河流入汴, 幽,冀蒙利, 故曰左
堤强則右堤傷, 左右俱强則下方傷, 宜任水勢所之, 使人隨
高而處, 公家息壅塞之費, 百姓無陷溺之患. 議者不同, 南
北異論, 朕不知所從, 久而不決. 今旣築堤理渠, 絶水立門,
河,汴分流, 復其舊跡, 陶丘之北, 漸就壞墳, 故薦嘉玉絜牲,
以禮河神. 東過洛汭, 嘆禹之績. 今五土之宜, 反其正色, 濱
渠下田, 賦與貧人, 無令豪右得固其利, 庶繼世宗〈瓠子〉之
作.」

因遂度河. 登太行, 進幸上黨. 壬寅, 車駕還宮.

| 註釋 | ○(永平) 十三年 – 서기 70년. ○河南尹 – 행정구역명이면서
관직명.(우리나라의 서울시장 겸 경기지사). 後漢이 洛陽(雒陽)에 도읍한
뒤에 前漢의 長安이 京兆尹에 속한 전례에 따라 建武 15년(서기 39)에 河
南郡을 河南尹으로 개칭했고, 21개 현을 관할하였으며(順帝 永和 5년, 서기
140년), 司隸校尉部 소속이었다. ○汴渠(변거) – 隋代 通濟渠(통제거)의 일
부분, 주요부분은 今 河南省 開封市 지역. ○汴渠決敗 – 決敗는 제방이 무
너져 수해가 나다. 전한 平帝 때 汴河(변하)가 터졌다는 주석이 있다. ○頃
年 – 근래 몇 년 ○潺湲廣溢, 莫測圻岸 – 끝없이 넓게 범람하다. 潺 넓을
망. 湲 물 넘칠 양. 溢은 넘칠 일. 圻岸(은안)은 물 가. 제방. 圻는 경기 기(畿
也). 崖 은(垠也). ○蕩蕩極望 – 호호탕탕 끝없이 넓다. ○不知綱紀 – 어
떻게 물길을 낼 지 알지 못했다. ○兗,豫之人 – 兗州刺史部(연주자사부)와
豫州刺史部(예주자사부) 관할 백성, ○縣官 – 국가. 때로는 천자를 지칭.

ㅇ幽,冀蒙利 – 幽州와 冀州(기주) 지역이 이득을 본다.   ㅇ公家息壅塞之費
– 公家는 官府. 息은 지출이 없다. 壅塞之費는 제방을 축조하는 비용.   ㅇ絶
水立門 – 물을 막고 수문을 세우다.   ㅇ河,汴分流 – 黃河는 본래의 흐름대
로, 汴河는 淮水(회수)로 수로를 나누다.   ㅇ陶丘之北 – 陶丘(도구)는 다시
축조한 제방. 지명.   ㅇ漸就壤墳 – 점차 흙이 쌓이다. 壤은 흙 양. 고운 알
갱이의 흙. 墳은 쌓이다. 물의 흐름에 의거 쌓이는 제방.   ㅇ故薦嘉玉絜牲
– 絜牲(결생)은 좋은 희생, 제물. 絜은 헤아릴 혈, 깨끗할 결. 황하의 河神에
게는 白玉과 白馬를 제물로 바쳐 제사하였다.   ㅇ東過洛汭 – 洛汭는 洛水
가 黃河에 합류하는 지점. 汭는 물굽이 예, 嘆禹之績은 禹의 공적을 찬탄
하다.   ㅇ今五土之宜 – 山林, 川澤, 丘陵, 墳衍(분연, 平地), 濕地(습지)가 본
연의 모습대로 형성되다.   ㅇ反其正色 – 강의 흐름이 바뀐 뒤에는 토양이
본래의 색으로 되돌아간다는 주석이 있다.   ㅇ濱渠下田 – 새로 난 수로 주
변의 경작지.   ㅇ庶繼世宗〈瓠子〉之作 – 世宗은 武帝. 〈瓠子(호자)〉의 노래
를 지어 부르다. 무제 元光 3년(前 132)에 今 山東省 濮陽市 瓠子口(호자구)
란 곳에서 황하 제방이 터졌는데 元封 2년(前 109)에 君臣이 함께 고생하여
무너진 제방을 다시 막고서, 무제는 〈瓠子之歌〉를 지었는데 그 가사는
《漢書 溝洫志(구혁지)》에 수록되었다.   ㅇ登太行 – 본래 太行山은 北京市,
河北省, 山西省, 河南省에 걸친 장장 400여 km의 산맥. 보통 河南省 濟源
市(河南省의 직할시, 洛陽市에서 黃河 건너 북쪽에 위치) 이북에서 山西省 晋城市
이남을 지칭. 濟原市 북쪽 王屋山이 유명, '愚公移山' 故事의 本鄕.   ㅇ進
幸上黨 – 上黨은 幷州(병주) 자사부 소속 郡名. 治所는 長子縣(今 山西省 동
남부 長治市 관할 長子縣).

[國譯]

　(永平) 13년 봄 2월, 황제는 적전에서 밭갈이를 했다. 籍田 禮를
마치고 관람한 백성에게 음식을 하사하였다.

3월, 河南尹 薛昭(설소)가 하옥되었다가 죽었다.

여름 4월, 汴渠(변거)가 준공되었다. 辛巳日(신사일), 순수하여 滎陽縣에 갔다가 황하의 수로를 순행하였다. 乙酉日에 조서를 내렸다.

「汴河(변하)의 수로가 붕괴된 지 60여 년, 특히나 가까운 몇 년 동안에 불시에 비가 내리고 변하의 물이 동쪽 지역을 침수시켰고 세월이 갈수록 더욱 심해졌으며, 옛 수문 자리는 모두 물속에 잠겼고 드넓게 범람하여 제방이 어디인지 헤아릴 수도 없으며 눈 길가는 끝까지 물이 넘실대니 어찌 다스려야 할지 알지 못했다. 여태껏 兗州(연주)와 豫州(예주)의 백성은 수해의 피해를 많이 입었기에 나라에서는 백성의 위급을 생각하지 않고 다른 일에만 동원한다고 말했었다. 또 어떤 자는 황하의 물이 汴河(변하)로 흘러들어가 幽州(유주)와 冀州(기주) 지역이 혜택을 받는다고 생각하였으니, 그래서 좌측 제방이 강하면 우측 제방이 무너지고, 좌우측 제방이 튼튼하면 아래쪽이 피해를 입으니 강물이 흐르는 대로 버려두고 백성을 높은 곳으로만 대피시킨다면 나라에서는 제방을 막을 비용을 줄일 수 있고 백성들은 물에 빠질 걱정이 없다고 생각하였다. 이렇듯 의론이 같지 않고 남북의 주장이 달라서 짐은 어찌할 바를 몰라 오랫동안 결단하지 못했었다. 지금 제방을 쌓고 수로를 뚫었으며, 물을 막아 수문을 만들었으며, 黃河와 汴河(변하)의 물길을 달리하여 옛 물길을 회복하였으며, 陶丘(도구)의 북쪽에는 점차 흙이 쌓여가니 좋은 옥과 희생을 바쳐 황하의 신에게 제사하였다. 짐은 동쪽으로 洛水가 황하에 합류하는 굽이를 지나며 옛 禹土(우왕)의 공직을 찬탄하였도다. 지금 大地의 五土가 적정하고 본래의 토색으로 되돌아 왔으니 제방과 水路 아

래의 경작지를 빈민에게 대여하여 부호들이 그 이득을 독점하지 못
하게 한다면 백성들이 계속 世宗(武帝)이 〈瓠子(호자)〉의 노래를 부
른 것과 같게 되리라.」

이어서 황하를 건넜다. 太行山에 올랐다가 더 나아가 上黨郡에
행차하였다. 壬寅日에 車駕가 환궁하였다.

■原文

冬十月壬辰晦, 日有食之. 三公免冠自劾.

制曰, 「冠履勿劾. 災異屢見, 咎在朕躬, 憂懼遑遑, 未知
其方. 將有司陳事, 多所隱諱, 使君上壅蔽, 下有不暢乎? 昔
衛有忠臣, 靈公得守其位. 今何以和穆陰陽, 消伏災譴? 刺
史, 太守詳刑理冤, 存恤鰥孤, 勉思職焉.」

十一月, 楚王英謀反, 廢, 國除, 遷於涇縣, 所連及死徙者
數千人. 是歲, 齊王石薨.

| 註釋 | ○制曰 ─ 制書는 帝王 詔書의 일종. 제도의 운영에 관한 황제의
명령. ○冠履勿劾 ─ 冠과 신발을 벗어 자책하지 말라. 劾은 캐물을 핵.
○憂懼遑遑 ─ 걱정과 두려움으로 허둥대다. 遑은 허둥거릴 황. ○昔衛有
忠臣, 靈公得守其位 ─ 衛(위, 춘추시대 제후국)의 靈公이 無道하나 쫓겨나지
않는 것은 仲叔圉(중숙어), 祝鮀(축타), 王孫賈(왕손가) 같은 충신이 있었기
때문이라고 공자가 말했다. 《論語 憲問》. ○楚王英謀反 ─ 楚王 劉英의 모
친은 許氏로 광무제의 총애를 받지 못하여 유영은 가장 가난하고 좁은 楚
王에 봉해졌다. 黃老사상을 가졌고 불교를 믿었던 왕으로 사실 뚜렷한 반

역 행동도 없었다. 다음 해에 자살하였지만 이 사건의 파장은 너무 심대했다. ○涇縣(경현) - 揚州자사부 丹陽郡(치소는 宛陵縣, 今 安徽省 동남부의 宣城市)의 현명. 今 安徽省 宣城市 관할 涇縣 서북.

[國譯]

　겨울 10월 壬辰日 그믐, 일식이 있었다. 三公이 관을 벗고 자책하였다. 이에 制書를 내렸다.

　「(공들은) 관과 신발을 벗고 자책하지 말라. 災異(재이)가 자주 나타나는 그 허물은 짐에게 있기에 걱정과 두려움으로 허둥대며 어찌할 바를 모르겠노라. 담당 관원이 정사를 아뢰면서 꺼려 숨기는 것이 많다면 짐의 이목을 가리는 것이고 아래의 실정을 위로 알리지 않는 것이 아니겠는가? 예전에 衛나라에 충신이 있어 靈公(영공)은 그 지위를 지킬 수 있었다. 지금 어찌하면 음양을 조화하고 견책으로 내리는 災禍(재화)를 해소할 수 있겠는가? 刺史나 太守는 형벌에 신중하여 원한을 풀어주고 홀아비나 고아들을 도우며 힘써 직분을 다하도록 하라.」

　11월, 楚王 劉英(유영)이 모반하자 폐위하여 나라를 없애고 涇縣(경현)에 옮겼는데 이와 연관하여 죽거나 이주한 자가 수천 명이었다. 이 해에 齊王 劉石(유석)이 죽었다.

｜原文

　｜四年春二月甲戌, 司徒虞延免, 自殺. 夏四月丁巳, 鉅鹿太守南陽邢穆爲司徒. 前楚王英自殺. 夏五月, 封故廣陵

王荊子元壽爲廣陵侯. 初作壽陵.

| 註釋 | ○(永平) 十四年 - 서기 71년.   ○鉅鹿太守南陽邢穆 - 南陽은 本鄕, 邢穆은 인명. ○初作壽陵 - 황제의 능 이름이 정해지지 않았기에 壽陵이라 칭한다.

[國譯]

(永平) 14년 봄 3월 甲戌日, 司徒 虞延(우연)이 면직되자 자살하였다.

여름 4월 丁巳日(정사일), 鉅鹿太守인 南陽 출신 邢穆(형목)이 司徒가 되었다. 前 楚王인 劉英(유영)이 자살하였다. 여름 5월, 옛 廣陵王 劉荊(유형)의 아들 元壽(원수)를 廣陵侯에 봉했다. 壽陵(수릉)을 짓기 시작했다.

原文

十五年春二月庚子, 東巡狩. 辛丑, 幸偃師, 詔亡命自殊死以下贖, 死罪縑四十匹, 右趾至髡鉗城旦舂十匹, 完城旦至司寇五匹, 犯罪未發覺, 詔書到日自告者, 半入贖. 徵沛王輔會睢陽. 進幸彭城. 癸亥, 帝耕於下邳.

| 註釋 | ○(永平) 十五年 - 서기 72년.   ○巡狩(순수) - 巡守. 제왕이 국도를 떠나 境內를 巡行하다.   ○偃師 - 河南尹 관할 縣名. 今 河南省 직할 偃師市(언사시, 洛陽市 동쪽).   ○彭城(팽성) - 項羽의 옛 도읍지. 徐州刺史部

관할 彭城國의 治所. 治所 彭城縣, 今 江蘇省 서북단 徐州市. ○下邳 - 국명. 前漢의 臨淮郡. 치소는 下邳縣. 今 江蘇省 徐州市 관할 睢寧縣(수녕현, 宿遷市 동쪽).

【國譯】

(永平) 15년(서기 72) 봄 2월 庚子日, 동쪽을 巡狩(순수)했다. 辛丑日, 偃師縣에 행차하여 조서를 내려 亡命者가 사형 이하의 죄를 속죄하려 한다면, 死罪는 비단(縑) 40필, 오른발을 자르는 형벌에서 머리를 깎고 성에 올라 노역을 할 자는 10필, 肉刑없이 노역을 하거나 보초를 서야 할 경우는 5필, 범죄가 발각되지 않았으나 조서가 내리기 전에 자수한 자는 그 반으로 속죄하게 하였다. 沛王 劉輔(유보)를 불러 睢陽縣(수양현)에서 만났다. 더 나아가 彭城國에 행차하였다. 癸亥日, 황제는 下邳國(하비국)에서 親耕을 하였다.

原文

三月, 徵琅邪王京會良成, 徵東平王蒼會陽都, 又徵廣陵侯及其三弟會魯. 祠東海恭王陵. 還, 幸孔子宅, 祠仲尼及七十二弟子. 親御講堂, 命皇太子, 諸王說經. 又幸東平. 辛卯, 進幸大梁, 至定陶, 祠定陶恭王陵. 夏四月庚子, 車駕還宮.

改信都爲樂成國, 臨淮爲下邳國. 封皇子恭爲鉅鹿王, 黨爲樂成王, 衍爲下邳王, 暢爲汝南王, 丙爲常山王, 長爲濟陰

王. 賜天下男子爵, 人三級, 郎,從官視事二十歲已上帛百匹,
十歲已上二十匹, 十歲已下十匹, 官府吏五匹, 書佐,小史三
匹. 令天下大酺五日. 乙巳, 大赦天下, 其謀反大逆及諸不應
宥者, 皆赦除之.

冬, 車騎校獵上林苑. 十二月, 遣奉車都尉竇固,駙馬都尉
耿秉屯涼州.

| 註釋 | ○良成(良城) – 東海郡의 현명. 今 江蘇省 徐州市 관할 邳州市
(비주시). ○陽都 – 琅邪國(낭야국)의 현명. 今 山東省 臨沂市 중북부의 沂南
縣. ○東平 – 兗州刺史部 관할 東平國. 治所는 無鹽縣, 今 山東省 중부 泰
安市 관할 東平縣. ○大梁 – 大梁城,戰國시대 魏의 도읍. 今 河南省 동부
開封市에 해당. ○定陶 – 濟陰郡, 定陶國의 治所, 현명. 今 山東省 서남부
菏澤市 定陶區. ○樂成國 – 冀州刺史部 관할 國名(前漢 信都郡,國). 治所
는 信都縣, 今 河北省 남부 衡水市 관할 冀州市. 信都郡(후한 23 – 72年) – 樂
成國(72 – 122年) – 安平國, 安平郡(122 –)으로 명칭이 바뀜. ○濟陰王 – 兗
州자사부 관할,治所는 定陶縣. 今 山東省 菏澤市 定陶區. ○大酺五日 – 酺
는 연회 포. 모여 음주하다. 大安飮. 평소에 3인 이상이 무단 음주하면 벌
금 4냥을 부과했다. ○不應宥者 – 宥는 寬容, 용서, 용서할 유. ○車騎校
獵上林苑 – 여기서 거기는 車馬를 타고 가다. 大將軍과 驃騎將軍의 다음
으로 金印紫綬, 上卿에 해당하며 京師의 衛兵을 장악한 車騎將軍이 아님.
校獵은 야수를 우리에 가두고 하는 사냥. 上林苑(상림원)은 황실용 사냥터.
秦의 舊苑으로 황폐했던 것을 武帝가 중수했다. 今 陝西省 西安市 周至縣
과 戶縣의 접경에 위치. 後漢의 上林園은 낙양성 동쪽 12km에 위치. 今 白
馬寺 일대. ○書佐,小史 – 書佐는 중앙이나 지방 관아에서 필사를 담당하
는 하급 관리. 小史는 縣令이나 縣長의 屬吏. 直事小史, 門下小史 등. ○奉

車都尉 - 武帝 때 처음 설치. 無 定員. 황제의 거마를 관리. 光祿勳 소속.
질록은 比二千石. ㅇ駙馬都尉 - 武帝 때 처음 설치. 질록 比二千石. 皇帝
副車의 馬匹을 관리, 宗室이나 외척으로 充任. 魏晋 이래로 황제 사위에
대한 별칭으로 사용. ㅇ涼州 - 13자사부의 하나. 後漢의 치소는 天水郡
(漢陽郡) 隴縣(今 甘肅省 天水市 張家川回族自治縣에 해당). 양주자사부의 관할
은 隴西郡, 漢陽郡, 武都郡, 安定郡, 北地郡, 武威郡, 張掖郡, 酒泉郡, 敦煌
郡, 張掖屬國, 張掖居延屬國 등.

[國譯]

3월, 琅邪王 劉京(유경)을 불러 良成縣에서 회동하였고, 東平王 劉
蒼(유창)을 불러 陽都縣에서, 또 廣陵侯 및 그 아우 3인을 魯國에서
만났다. 東海 恭王의 陵에 제사했다. 돌아오면서 孔子의 舊宅에 들
려 仲尼(孔子) 및 그 72弟子를 제사했다. 황제가 친히 講堂에 나가
皇太子와 여러 王에게 경전의 뜻을 설명하라고 하였다. 또 東平國에
행차하였다. 辛卯日, 더 나아가 大梁城에 행차했고 定陶縣에 가서
定陶恭王 陵에 제사했다. 여름 4월 庚子日에 어가가 환궁하였다.

信都郡을 樂成國으로 고쳤고, 臨淮郡을 下邳國으로 바꾸었다. 皇
子인 恭(공)을 鉅鹿王으로, 黨(당)을 樂成王에, 衍(연)을 下邳王에, 暢
(창)을 汝南王에, 丙(병)을 常山王에, 長(장)을 濟陰王에 봉했다. 온 나
라의 男子(戶主)에게 작위를 1인당 3급씩 하사하였고, 郎官과 從官
으로 20년 이상 근속한 자에게는 비단 1백 필을, 10년 이상은 20필,
10년 이하는 10필을 하사하였고 관청의 서리는 5필, 書佐나 小史는
3필을 하사하였다. 온 나라에 5일간에 모여 음주토록 허락했다. 乙
巳日, 온 나라에 대사령을 내렸는데 모반 대역 죄나 회유에 불응한
자까지도 모두 형벌을 사면하였다.

겨울에, 거마를 타고 上林苑에 도착하여 울타리를 치고 사냥하였다.

12월, 奉車都尉인 竇固(두고), 駙馬都尉인 耿秉(경병)을 보내 涼州(양주) 자사부에 주둔케 하였다.

十六年春二月, 遣太僕祭彤出高闕, 奉車都尉竇固出酒泉, 駙馬都尉耿秉出居延, 騎都尉來苗出平城, 伐北匈奴. 竇固破呼衍王於天山, 留兵屯伊吾廬城. 耿秉,來苗,祭彤並無功而還.

夏五月, 淮陽王延謀反, 發覺. 癸丑, 司徒邢穆,駙馬都尉韓光坐事下獄死, 所連及誅死者甚衆. 戊午晦, 日有食之. 六月丙寅, 大司農西河王敏爲司徒.

秋七月, 淮陽王延徙封阜陵王.

| 註釋 | ○(永平) 十六年 - 서기 73년. ○遣太僕祭彤出高闕 - 祭彤(제융)의 祭는 성씨 제, 나라 이름 채, 제사 제. 彤은 융제사 융(제사 지낸 다음 날 또 지내는 제사). 20권, 〈銚期王霸祭遵列傳〉에 입전. 高闕은 요새 이름. 高闕은 今 內蒙古 巴彦淖爾市 관할 杭錦後旗 북쪽(黃河 북쪽). 前漢 衛靑 장군이 흉노를 대파했던 곳. ○竇固出酒泉 - 酒泉은 涼州刺史部의 郡名. 治所는 祿福縣, 今 甘肅省 서북부 酒泉市. ○居延 - 張掖郡(장액군)의 현명. 今 內蒙古自治區 阿拉善盟 額濟納旗 북부. 前漢의 居延城은 張掖都尉의 治所. 後漢 安帝時, 張掖都尉의 관할 지역을 張掖居延屬國이라 했다.

漢代 居延澤은 늪지, 호수. 唐代 이후로는 '居延海'로 불렸다. 지금은 지도에서 사라진 호수이다. ○來苗出平城 – 來苗는 인명. 장군으로 공적이 없었다. 平城은 鴈門郡의 현명. 今 山西省 大同市 동북. 서기 前 200년, 高祖가 흉노에게 포위되어 고생했던 곳. ○呼衍王於天山 – 呼衍王은 북 흉노의 首長. 이는 직명이지 시호나 이름이 아니다. 天山은 今 新疆省 烏魯木齊와 哈密市 중간의 산. 白山 또는 雪山으로 통칭. 내몽고의 祁連山도 天山이라 한다. ○留兵屯伊吾盧城 – 屯은 屯田하다. 伊吾盧城은 伊吾로 간칭. 故地 今 新疆維吾爾自治區 동부 哈密市. 본래 흉노 呼衍王의 王庭(直轄地). 후한과 흉노의 격전지. ○西河 – 군명. 王敏은 人名. ○阜陵王 – 阜陵(부릉)은 九江郡의 현명, 侯國名. 今 安徽省 중동부 滁州市(저주시) 관할 全椒縣(전초현). 劉延(유연)은 光武帝의 七子, 41–92년 재위. 시호, 質王.

[國譯]

(永平) 16년(서기 73) 봄 2월, 太僕(태복)인 祭肜(제융)은 高闕(고궐) 요새에서 출동하고, 奉車都尉인 竇固(두고)는 酒泉郡에서, 駙馬都尉인 耿秉(경병)은 居延(거연)에서, 騎都尉인 來苗(내묘)는 平城(평성)에서 출동하여 北匈奴를 토벌하였다. 竇固(두고)는 흉노 呼衍王(호연왕)을 天山에서 격파하고, 병력을 남겨 伊吾盧城(이오려성)에서 둔전케 하였다. 耿秉(경병), 來苗(내묘), 祭肜(제융)은 별다른 戰功없이 돌아왔다.

여름 5월, 淮陽王 劉延(유연)의 모반이 발각되었다. 癸丑日, 司徒 邢穆(형목), 駙馬都尉 韓光(한광)은 이 사건에 연관되어 하옥되었다가 죽었으며 연관되어 처형된 자가 매우 많았다. 戊午日 그믐에 일식이 있었다. 6월 丙寅日, 大司農인 西河人 王敏(왕민)이 司徒가 되었다.

가을 7월, 淮陽王 延(연)을 阜陵王(부릉왕)으로 옮겨 책봉했다.

|原文|

九月丁卯, 詔令郡國中都官死罪繫囚減死罪一等, 勿笞,
詣軍營, 屯朔方, 敦煌, 妻子自隨, 父母同産欲求從者, 恣聽
之, 女子嫁爲人妻, 勿與俱. 謀反大逆無道不用此書. 是歲,
北匈奴寇雲中, 雲中太守廉范擊破之.

| 註釋 | ○中都官 – 京師의 諸 官府 및 官員을 지칭. 중앙의 관서. ○朔
方 – 武帝 元朔 2년에 처음 설치한 군. 後漢시대는 幷州刺史部 관할, 치소
는 臨戎縣(임융현), 今 內蒙古自治區 巴彦淖爾市 서남부 磴口縣(등구현), 黃
河 북안. ○敦煌 – 涼州刺史部 관할 군명. 治所는 敦煌縣, 今 甘肅省 敦煌
市. ○雲中 – 幷州刺史部 관할 郡名. 治所는 雲中縣, 今 內蒙古 呼和浩特
市(內蒙古自治區의 首府) 관할 托克托縣, 黃河 북안.

[國譯]

9월 丁卯일, 詔令으로 郡國에서 死罪로 갇혀 있는 中都官의 죄를
1등급을 감형하되 태형을 가하지 말고 軍營으로 보내 朔方郡과 敦
煌郡에 주둔케 하되, 처자가 자원하여 따라가거나 부모 형제가 따라
가겠다면 뜻대로 수락케 하였으나 다른 사람과 결혼한 딸은 동행하
지 못하게 하였다. 그러나 모반이나 대역죄에 해당하는 자는 이 조
서를 적용할 수 없다고 하였다.

이 해에 北匈奴가 雲中郡에 침입하였는데 雲中太守 廉范(염범)이

적을 격파하였다.

原文

十七年春正月, 甘露降於甘陵. 北海王睦薨. 二月乙巳,
司徒王敏薨. 三月癸丑, 汝南太守鮑昱爲司徒.

是歲, 甘露仍降, 樹枝內附, 芝草生殿前, 神雀五色翔集京
師. 西南夷哀牢,儋耳,僬僥,槃木,白狼,動黏諸種, 前後慕義
貢獻, 西域諸國遣子入侍. 夏五月戊子, 公卿百官以帝威德
懷遠, 祥物顯應, 乃並集朝堂, 奉觴上壽. 制曰,

「天生神物, 以應王者, 遠人慕化, 實由有德. 朕以虛薄,
何以享斯? 唯高祖,光武聖德所被, 不敢有辭. 其敬擧觴, 太
常擇吉日策告宗廟. 其賜天下男子爵, 人二級, 三老,孝悌,
力田人三級, 流人無名數欲占者人一級, 鰥,寡,孤,獨,篤癃,
貧不能自存者粟, 人三斛, 郎,從官視事十歲以上者, 帛十
匹. 中二千石,二千石下至黃綬, 貶秩奉贖, 在去年以來皆還
贖.」

| 註釋 | ○(永平) 十七年 – 서기 74년. ○鮑昱(포욱) – 29권, 〈申屠剛鮑
永郅惲列傳〉立傳. ○甘露降於甘陵 – 甘露의 사전적 설명은 '甘味가 있
는 이슬'이며 태평성대의 상징이라 했다. 단맛이 있는 이슬이라면 상당히
주관적인 표현이다. 이를 及時雨(급시우, 때맞춰 오는 비)로 해석한다면 합리
적이다. 甘陵은 현명. 前漢 淸河郡의 厝縣(조현)을 後漢에서 淸河國 甘陵縣

으로 개명, 今 山東省 직할 臨淸市(聊城市의 북쪽, 河北省과 접경). ○甘
露仍降 - 仍은 자주, 거듭. ○樹枝內附 - 內附는 나무줄기가 합쳐지다(連
理枝). ○哀牢, 儋耳, 僬僥, 槃木, 白狼, 動黏諸種 - 西南夷의 종족명. 哀牢
(애뢰)는 雲南省 서남부에 거주. 한때 縣名. 儋耳(담이)는 귀를 찢어 늘어트
리는 습속이 있는 종족. 海南省에 거주, 前漢의 郡名. 僬僥(초요)는 난쟁이
초, 신장이 3척 정도라는 주석이 있다. 槃木(반목)은 羌族의 일파. 白狼(백
랑)은 雲南省 서북, 四川省 서남에 거주. 動黏(동점)은 四川省 서부지역 거
주.

[國譯]

(永平) 17년 봄 정월, 甘露가 甘陵縣에 내렸다. 北海王 劉睦(유목)
이 죽었다.

2월 乙巳日. 司徒 王敏(왕민)이 죽었다. 3월 癸丑日, 汝南太守 鮑
昱(포욱)이 司徒가 되었다.

이 해에 감로가 자주 내렸으며 나뭇가지가 붙었고(連理枝), 靈芝
草(영지초)가 궁전에 자랐으며, 五色의 神雀(신작)이 京師에 날아들었
다. 西南夷인 哀牢(애뢰), 儋耳(담이), 僬僥(초요), 槃木(반목), 白狼(백
랑), 動黏(동점)의 여러 종족이 조정을 흠모하여 연달아 토산물을 바
쳤고 西域(서역) 여러 나라에서 王子를 보내 입시케 하였다. 여름 5
월 戊子日, 공경과 백관이 모두 황제의 위덕이 먼 곳까지 떨치고 祥
瑞가 나타나는 것이라 하여 조정에 모여 황제에게 절을 하고 술을
올려 장수를 빌었다. 이에 制書를 내렸다.

「하늘이 神物을 내리는 것은 제왕의 덕화에 먼 곳 백성이 흠모 동
화에 상응하는 것으로 실제 그런 덕이 있어야 한다. 짐은 才智와 덕
행이 없거늘, 어찌 이를 누릴 수 있겠는가? 오로지 고조나 광무제와

같이 성덕이 있다면 감히 무어라 말할 수 없을 것이다. 공경으로 올리는 술을 太常은 吉日을 택하여 책문을 지어 종묘에 고하도록 하라. 그리고 온 나라의 호주에게 작위를 1인 2급씩 하사하고, 三老와 孝悌(효제), 力田에게는 사람마다 3급을, 流民으로 호적이 없어 호적을 올리려는 자에게는 1급을 하사할 것이며, 鰥寡孤獨(환과고독)의 窮民과 중병의 환자나 가난하여 생존이 어려운 자에게는 사람마다 곡식 3斛을 하사하고, 낭관이나 從官으로 10년 이상 근속한 자에게는 1인 비단 10필을 하사하라. 작년 이후로 中二千石과 2천석 이하 黃綬(황수, 질록 200석 이상)의 관리가 질록이 깎이고 속전을 바쳤다면 그 속전을 모두 환급해 주라.」

原文

秋八月丙寅, 令武威,張掖,酒泉,敦煌及張掖屬國, 繫囚右趾已下任兵者, 皆一切勿治其罪, 詣軍營.

冬十一月, 遣奉車都尉竇固,駙馬都尉耿秉,騎都尉劉張出敦煌崑崙塞, 擊破白山虜於蒲類海上, 遂入車師. 初置西域都護,戊己校尉. 是歲, 改天水爲漢陽郡.

| 註釋 | ○武威,張掖,酒泉,敦煌 – 모두 군명. 이를 河西 四郡이라 통칭. ○張掖屬國 – 張掖郡(장액군)의 治所는 觻得縣(역득현, 今 甘肅省 張掖市). 甘肅省 河西走廊(하서주랑)의 중부에 위치. 변방 군에 살고 있는 소수민족을 典屬國에서 관리했는데 무제 때 屬國都尉(질록 比이천석)를 설치하여 투항한 이민족에 대한 행정을 맡겼다. 속국도위는 일부 현을 직접 통치했는데

권한은 군의 태수와 같았다. 장액군의 屬國都尉가 관할하는 북부지역을
나누어 張掖屬國(장액속국)으로 분리했다. 후한 安帝時 張掖都尉의 관할지
중 居延縣을 중심으로 다시 張掖居延屬國을 설치하였다. 장액속국에는 五
官(侯官, 左騎, 千人, 司馬官, 千人官)을 설치하고 각각 지역을 분할 통치, 구체
적 치소 미상.　○任兵者 － 군사가 되다. 任兵은 堪兵.　○擊破白山虜於蒲
類海上 － 白山은 흉노의 天山, 今 新疆省 哈密市 소재. 蒲類海는 今 新疆維
吾爾自治區 哈市密 巴里坤自治縣의 巴里坤湖(동서 9km 남북 13km의 타원형
호수).　○邃入車師 － 車師(거사)는 西域의 성곽 국가 이름. 姑師(고사)로도
표기. 지금 新疆省의 奇臺, 哈密, 吐魯番, 烏魯木齊 일대. 국도는 交河城(今
新疆省 투루판 서북 雅爾湖 서쪽).　○西域都護 － 서역 여러 나라를 감독하며
남북의 교통로를 보호하는 직책. 都는 總의 의미. 宣帝 神爵 2년(前 60)에
처음 설치. 都護는 加官이었으나 나중에 정식 관직. 질록 2천석. 서역도호
부의 소재지는 烏壘城(오루성, 今 新疆自治區 중앙부의 巴音郭楞蒙古自治州 庫爾
勒市 輪台 동쪽 小野云溝 부근.) 속관으로 副校尉, 丞, 司馬, 候, 千人 등이 있고
屯田 담당 校尉인 戊己校尉(무기교위)를 지휘. 鄭吉(?-前 49)은 최초 西域都
護로 서역에서 활약하다가 前 49년에 軍中에서 죽었다. 후한에서는 班超
(반초) 등이 서역도호를 역임했다. 서역도호부 위치는 龜玆國 它建城(今 新
疆省 중앙부 阿克蘇地區의 庫車縣, 상세 위치는 미상). 安帝 때(서기 123년) 西域
長史라 개칭했다.　○戊己校尉(무기교위) － 戊己(무기)는 十干의 중앙. 중앙
은 土, 곧 황색. 이는 漢을 상징하고 흉노(北)를 제압한다는 뜻으로 택한
이름. 무기교위는 屯田校尉의 개칭. 서역도호의 속관으로 둔전을 관장했
다. 前漢의 서역 경영은 張騫(장건), 常惠(상혜), 鄭吉, 陳湯(진탕) 등의 노력
과 경영으로 흉노를 서역에서 축출했다.

[國譯]

가을 8월 丙寅日, 武威, 張掖(장액), 酒泉, 敦煌郡(돈황군) 및 張掖屬國(장액속국)에 명하여, 갇힌 죄수 중 오른발을 베는 형벌 이하에 해당하는 자 중 병사가 될 만한 자는 일체 그 죄를 벌하지 말고 모두 軍營에 보내게 하였다.

겨울 11월, 奉車都尉인 竇固(두고)와 駙馬都尉인 耿秉(경병), 騎都尉인 劉張(유장)을 파견하여 敦煌郡 崑崙(곤륜) 요새에서 출동케 했는데, 이들은 白山의 흉노족을 蒲類海 부근에서 격파하고 마침내 車師國(거사국)에 입성하였다. 처음으로 西域都護와 戊己校尉(무기교위)를 설치하였다. 이 해에 天水郡을 漢陽郡으로 개칭하였다.

原文

十八年春三月丁亥, 詔曰, 「其令天下亡命, 自殊死已下贖, 死罪縑三十匹, 右趾至髡鉗城旦舂十匹, 完城旦至司寇五匹, 吏人犯罪未發覺, 詔書到自告者, 半入贖.」

夏四月己未, 詔曰, 「自春已來, 時雨不降, 宿麥傷旱, 秋種未下, 政失厥中, 憂懼而已. 其賜天下男子爵, 人二級, 及流民無名數欲占者人一級, 鰥, 寡, 孤, 獨, 篤癃, 貧不能自存者粟, 人三斛. 理冤獄, 錄輕繫. 二千石分禱五嶽四瀆. 郡界有名山大川能興雲致雨者, 長吏各絜齋禱請, 冀蒙嘉澍.」

六月己未, 有星孛於太微. 焉耆, 龜茲攻西域都護陳睦, 悉沒其衆. 北匈奴及車師後王圍戊己校尉耿恭.

| **註釋** | ○(永平) 十八年 – 서기 75년. ○五嶽四瀆 – 五嶽은 北岳(北嶽)인 今 山西省의 恒山(항산, 常山), 西岳인 陝西省의 華山, 中岳인 河南省의 嵩山(숭산), 東岳인 山東省 泰山, 南岳인 湖南省 衡山(형산). 四瀆(사독, 瀆은 도랑 독)은 淮水(회수)를 東瀆, 長江을 南瀆, 黃河를 西瀆, 濟水를 北瀆이라 칭했는데, 황하의 물길이 여러 번 바뀌면서 濟水는 사라졌는데 지금의 黃河 하류가 원래 濟水의 물길이라고 한다. ○長吏 – 군현의 장관, 곧 太守나 縣令. ○冀蒙嘉澍 – 단비가 내리길 빌다. 冀는 바랄 기. 澍는 단비주. ○焉耆,龜茲 – 焉耆(언기)는 서역의 국명. 今 新疆維吾爾自治區의 巴音郭楞蒙古自治州 북부의 焉耆回族自治縣 일대. 龜茲(구자)는 前 3세기에서 14세기까지 존속한 서역의 綠洲(녹주, Oasis) 국가. 丘慈, 邱慈, 歸茲로도 표기. 今 新疆省 阿克蘇市와 巴音郭楞蒙古自治州 일대에 해당. 뒷날 唐의 安西都護府가 있던 곳. ○車師後國 – 車師後國 국도는 務塗谷(무도곡), 今 新疆省 昌吉市 관할 奇臺縣과 吉木薩爾縣 일대.(吐魯番市의 북쪽)

[國譯]

(永平) 18년 봄 3월 丁亥日, 조서를 내렸다.

「온 나라에 죄를 짓고 도망한 자 중에서 사형 이하의 자가 속죄할 경우 사형 죄는 비단 30필, 오른발을 자르는 형벌에서 머리를 깎고 노역을 할 자는 비단 10필, 육형을 받지 않고 성에서 노역을 하거나 경계를 서야 할 자는 5필, 관리로 아직 죄가 드러나지는 않았으나 이 조서가 도착하기 전에 자수한 자는 그 절반으로 속죄토록 하라.」

여름 4월 己未日, 조서를 내렸다.

「봄부터 지금까지 내려야 할 비가 내리지 않고 겨울을 난 보리가 메마르고 가을에 거둘 작물을 파종하지도 못하는데 혹 정치가 잘못되어 그런지 두렵기만 하다. 온 나라의 男子(戶主)에게 작위를 2級

씩, 流民으로 호적이 없으나 정착하려는 자는 1급씩 하사하고, 鰥寡孤獨(환과고독)의 窮民과 중병 환자나 가난으로 살아갈 수가 없는 자에게 곡식을 3斛(곡)씩 하사하라. 冤獄(원옥)을 다시 심리하고 경범죄 기록도 심사토록 하라. 각 군의 태수는 五嶽이나 四瀆(사독)의 하신에게 사람을 보내 기도를 올리게 하라. 군내의 名山大川이 있어 능히 구름을 일으켜 비를 내릴 수 있다면 태수나 현령은 각각 기우제를 지내 단비를 내려달라 빌도록 하라.」

6월 己未日, 혜성이 太微星(태미성)에 출현하였다. (서역의) 焉耆國(언기국)과 龜茲國(구자국)의 군사가 西域都護 陳睦(진목)을 공격하여 漢의 군사를 모두 죽였다(서역도호부 폐지). 北匈奴와 車師後國의 왕이 戊己校尉(무기교위) 耿恭(경공)을 공격하였다.

秋八月壬子, 帝崩於<u>東宮</u>前殿. 年四十八. 遺詔無起寢廟, 藏主於<u>光烈皇后</u>更衣別室. 帝初作壽陵, 制令流水而已, 石槨廣一丈二尺, 長二丈五尺, 無得起墳. 萬年之後, 埽地而祭, 杅水脯糒而已. 過百日, 唯四時設奠, 置吏卒數人供給灑埽, 勿開修道. 敢有所興作者, 以擅議宗廟法從事.

| 註釋 | ○年四十八 – 在世 서기 28-75년. ○遺詔無起寢廟 – 황릉에는 亡者의 생활공간인 寢殿(침전, 寢殿)과 제사를 지내는 廟堂(묘당)이 있었으나, 병제는 그런 것을 만들지 않았다. ○藏主於光烈皇后更衣別室 – 藏主는 명제의 신주를 모시다. 光烈皇后는 明帝의 생모인 皇太后陰氏. ○萬

年之後 – 事後에. ○杅水脯糒 – 물 한 잔에 건포와 건량. 杅는 잔 우, 飮器. 脯는 말린 고기 포. 糒는 건량 비. ○以擅議宗廟法從事 – 종묘의 일을 함부로 日可日否하거나 논하는 자는 棄市(기시) 형에 처했다.

[國譯]

가을 8월 壬子日, 황제는 東宮의 前殿에서 붕어했다. 춘추는 48세. 遺詔(유조)로 황릉에 침전과 묘당을 짓지 말고 神主를 (母后) 光烈皇后의 更衣別室에 두라고 하였다. 황제는 앞서 壽陵을 장만하면서 制書로 물은 흐르기만 하면 되고 石槨(석곽)의 넓이는 1丈2尺, 길이는 2丈5尺으로 하고 봉분을 만들지 말라고 하였다. 그리고 사후에 평지를 쓰고 제사하되 물 한 잔에 건포와 말린 식량이면 좋다고 하였다. 사후 100일이 지나 4계절에 따라 제사를 올리더라도 吏卒 몇 사람이 봉분 자리를 깨끗이 쓸되 길을 새로 내지 말라고 하였다. 나중에 그런 공사를 하려는 자는 멋대로 종묘의 일을 논한 것이니 법대로 처결하라고 했다.

原文

帝遵奉建武制度, 無敢違者. 後宮之家, 不得封侯與政. 館陶公主爲子求郞, 不許, 而賜錢千萬. 謂群臣曰, "郞官上應列宿, 出宰百里, 苟非其人, 則民受其殃, 是以難之." 故吏稱其官, 民安其業, 遠近肅服, 戶口滋殖焉.

| 註釋 | ○不得封侯與政 – 열후가 되거나 정사에 關與(관여)하지 못했

다. ○館陶公主 – 광무제의 딸. ○出宰百里 – 지방에 나가 1백 리의 땅을
다스리다. ○吏稱其官 – 관리가 그 직분을 잘 수행하다.

[國譯]

황제는 建武 연간의 제도를 잘 지켜 어긋나는 일이 없었다. 後宮
의 친정에서 열후에 봉해지거나 정사에 관여할 수 없었다. 館陶公主
(관도공주)가 아들을 낭관에 임용해 달라고 하였으나 허락하지 않으
면서 대신 1천만 전을 하사하였다. 그리고 여러 신하에게 말했다.
"郎官은 하늘의 列宿(열수)에 해당하며 임지에 가면 백리의 땅을 다
스려야 하는데 꼭 그 사람이 아니라면 백성이 고통을 당하기 때문에
허락할 수 없었다."

그런고로 관리들은 직분을 잘 수행했고 백성은 편안히 생업에 종
사했고 멀고 가까운 모든 지역이 열복하였으며 호구가 크게 늘어났
다.

原文

論曰, 明帝善刑理, 法令分明. 日晏坐朝, 幽枉必達. 內外
無倖曲之私, 在上無矜大之色. 斷獄得情, 號居前代十二.
故後之言事者, 莫不先建武,永平之政. 而鐘離意,宋均之徒,
常以察慧爲言, 夫豈弘人之度未優乎?

| 註釋 | ○刑理 – 법률에 의거한 治國. ○幽枉必達 – 부정하거나 잘못
된 정사는 꼭 보고되었다. ○號居前代十二 – 前代의 10분의 2정도라 말

할 수 있다. ○鐘離意,宋均 – 鐘離는 복성. 明帝에게 바른 간언을 잘했다. 宋均(?-76)은 효자이며 후한 초기 賢臣. 두 사람 모두 41권, 〈第五鍾離宋寒列傳〉에 입전.

【國譯】

范曄의 史論 : 明帝는 법률에 의한 치국에 뛰어났고 法令도 分明했다. 해가 지도록 조정에서 정사를 처리하였고 잘못된 일은 꼭 바로 잡았다. 조정 안팎에서 편애에 따른 私的인 은택이 없었으며, 황제지만 도도한 모습을 볼 수도 없었다. 옥사를 평결하면서도 인정을 베풀어 형벌은 이전에 비해 10분의 2정도에 불과했다. 그래서 후대에 정사를 논하면서 먼저 建武와 永平 연간의 정사를 말하지 않는 자가 없었다. 鐘離意(종리의)나 宋均(송균) 같은 신하가 늘 명철하고 지혜로운 간언을 한 것도 (황제의) 넓은 도량이 남보다 뛰어났기 때문이 아니겠는가?

原文

贊曰, 顯宗丕承, 業業兢兢. 危心恭德, 政察姦勝. 備章朝物, 省薄墳陵. 永懷廢典, 下身遵道. 登臺觀雲, 臨雍拜老. 懋惟帝績, 增光文考.

| 註釋 | ○顯宗丕承, 業業兢兢 – 顯宗은 명제의 廟號. 丕承은 대업을 계승하다. 業業은 위태로운 모양, 아주 성한 모양, 兢兢(긍긍)은 두려워하는 모양, 굳세고 힘 있는 모양. ○危心恭德, 政察姦勝 – 危心은 늘 두려워하

다. 姦勝은 勝姦佞, 간사한 지혜를 이기다. ○備章朝物, 省薄墳陵 – 朝物
는 朝儀와 文物. 省薄은 절약과 검소. 墳陵은 자신의 능묘. ○永懷廢典, 下
身遵道 – 廢典은 실천되지 않은 明堂과 辟雍의 의례. 下身은 황제 자신의
몸을 낮추다. 三老와 五更에게 술잔을 올리고 수레 고삐를 집어주는 예의
를 실천했다. 遵道는 가관 진작으로 인재를 등용하고 능력을 발휘하게 하
다. ○登臺觀雲, 臨雍拜老 – 登臺는 靈臺에 오르다. 觀雲은 천문을 보다.
臨雍은 벽옹에 나아가다. ○懋惟帝績, 增光文考 – 懋는 힘쓸 무. 帝績은
제왕의 업적, 增光은 광채를 더하다. 文考는 아버님인 文王인데, 여기서는
先帝인 光武帝.《書經 周書 泰誓 下》에「惟我文考 若日月之照臨, 光于四方
顯於西土 ~」란 말이 있다.

[國譯]

　　贊曰,

　　顯宗이 대업을 계승, 政事에 늘 조심조심 어려워하였다.

　　신중, 공경과 崇德하며 정사는 명철하여 奸邪를 배척했다.

　　조정 의례와 문물을 정비, 절약하며 작은 능묘를 지었다.

　　잊혀진 典禮를 행하고 몸을 낮춰 인재를 등용하였다.

　　靈臺에서 천문을 보고 辟雍에서 元老에 사례했다.

　　오직 제왕의 치적에 힘써 先考 光武帝의 빛을 내었도다.

3 肅宗孝章帝紀
〔숙종효장제기〕

原文

肅宗孝章皇帝諱炟, 顯宗第五子也. 母賈貴人. 永平三年,
立爲皇太子. 少寬容, 好儒術, 顯宗器重之. 十八年八月壬
子, 卽皇帝位, 年十九. 尊皇后曰皇太后. 壬戌, 葬孝明皇帝
於顯節陵.

冬十月丁未, 大赦天下. 賜民爵, 人二級, 爲父後及孝悌,
力田人三級, 脫無名數及流人欲占者人一級, 爵過公乘得移
與子若同産子, 鰥,寡,孤,獨,篤癃,貧不能自存者粟, 人三斛.

詔曰,「朕以眇身, 托於王侯之上, 統理萬機, 懼失厥中,
兢兢業業, 未知所濟. 深惟守文之主, 必建師傅之官.《詩》
不云乎, '不愆不忘, 率由舊章.' 行太尉事節鄕侯憙, 三世
在位, 爲國元老, 懇融, 典職六年, 勤勞不怠. 其以憙爲太傅,

融爲太尉, 並錄尙書事. '三事大夫, 莫肯夙夜', 〈小雅〉之所
傷也. '予違汝弼, 汝無面從', 股肱之正義也. 群後百僚, 勉
思厥職, 各貢忠誠, 以輔不逮. 申勅四方, 稱朕意焉.」

| 註釋 | ○肅宗孝章皇帝諱炟 – 재위 75-88년. 年號는 建初(76-84년)-
元和(84-87年)-章和(87-88년). 炟은 불붙일 달. 章帝는 정사에 근면했고
農桑을 장려하며 요역을 경감하였고 與民休息하여 경제적 번영을 이룩했
으며 班超의 西域 경영에 성공하여 부친 明帝와 함께 '明章之治'라 불리
는 後漢의 盛世를 이룩했다. 그러나 외척을 방임하여 뒷날 외척과 환관 발
호의 단서를 열었다. 장제는 초서에 아주 뛰어났었는데 그의 초서를 특별
히 '章草'라고 칭한다. ○母賈貴人 – 생모는 賈貴人이나 馬皇后가 사실
상 양육하였다. ○顯宗器重之 – 재능이나 器量을 중시하다. 器는 才能이
나 度量, 그릇으로 여기다. 重은 중시하다. 之는 태자. ○顯節陵 – 明帝 劉
莊의 陵園, 今 河南省 洛陽市 孟津縣 소재. ○眇身(묘신) – 微小(미소)한 몸.
겸사임. 眇眇(묘묘)와 같음. ○深惟守文之主 – 文治를 준수하는 군주이어
야 하는 것을 잘 알고(深知) 있다. ○《詩》不云乎, '不愆不忘, 率由舊章.' –
《詩經 大雅 假樂》. '잘못도 실수도 없이 옛 법도를 따르다.' 愆은 허물 건.
舊章은 옛날 典章法度. ○節鄕侯憙 – 趙憙(조희), 26권, 〈伏侯宋蔡馮趙牟
韋列傳〉에 입전. ○司空融 – 司空은 성씨가 아니고 관직명. 寶融, 23권, 〈寶
融列傳〉에 입전. ○錄尙書事 – 前漢의 領尙書事를 개칭. 황제에게 올라
가는 모든 문서업무를 주관하는 직책이 尙書臺의 尙書令이고 상서령 이하
상서복야, 상서, 尙書郞 등은 모두 少府 소속이었다. 후한에서 尙書의 권한
이 점차 강대하면서 국가 최고의 대신이 이 상서 업무를 감독하였다. 곧
錄尙書事는 宰相의 의미로 사용. 상서 업무를 감독한다는 뜻이지 직책을
직접 수행하는 것은 아니다. ○'三事大夫 莫肯夙夜' – '삼공과 대부가 아

침과 저녁에도 왕을 뵈러 오지 않다.' 三事는 三公,《詩經 小雅 雨無正》. ○ '予違汝弼, 汝無面從' -《書經 虞書 益稷》, '내가 법도를 어긴다면 너는 (나를) 바로 잡아주어야 하나니, 너는 面從하지 말라.' 面從은 대면했을 때만 복종하다. ○股肱之正義也 - 股肱(고굉)은 股肱之臣. ○各貢忠誠 - 貢은 바칠 공. ○以輔不逮 - (내가) 미치지 못하는 부분을 보필하다. ○申勑四方 - 申勑은 申飭(신칙), 알아듣도록 거듭 타이르다.

[國譯]

肅宗 孝章皇帝의 諱(휘, 이름)은 炟(달)이고, 顯宗(明帝)의 5번째 아들이다. 모친은 賈(가)貴人이다. 永平 3년에 황태자로 책립되었다. 어려서부터 너그러웠으며 유학을 좋아하였기에 顯宗은 태자의 기량을 중시했다.

(永平) 18년 8월 壬子日, 황제로 즉위했는데 나이는 19세였다. 馬皇后를 높여 皇太后라 하였다. 壬戌日(임술일, 즉위 10일 후)에 孝明皇帝를 顯節陵(현절릉)에 장례했다.

겨울 10월 丁未日, 나라의 죄수를 모두 사면하였다. 백성에게 작위를 사람마다 2급씩, 부친의 상속자와 孝悌, 力田에게는 사람마다 3級, 호적이 없는 자나 유민으로 호적을 등록하려는 자에게는 1급씩 하사하였는데 (그간 받은 작위가) 公乘(공승, 8급)을 초과하게 되면 아들이나 형제 또는 조카에게 줄 수 있게 했으며, 鰥寡孤獨(환과고독)의 窮民이나 중병을 앓는 자와 가난하여 생존할 수 없는 자에게는 사람마다 곡식 3斛(곡)을 하사하였다. 이어 조서를 내렸다.

「짐은 微小(미소)한 몸으로 여러 王侯의 윗자리를 차지하고 모든 軍國大事를 統理해야 하는데 잘못하거나 정도에서 어긋날까 두려우며 늘 조심조심 한다지만 어떻게 잘 해낼지 모르겠다. 文治를 이어갈 군주임을 깊이 깨달아 師傅(사부)의 직함을 꼭 설치하려 한다. 《詩經》에서도 말하지 않았던가? '착오나 실수하지 말고 모든 옛 법도를 따르라.' 太尉의 업무를 겸임하는 節鄕侯 趙憙(조희)는 三世(光武 이후)에 걸쳐 재위한 나라의 원로이며 司空인 竇融(두융)은 司空을 담당한 지 6년 동안 근면하며 게으름이 없었다. 조희를 太傅(태부)에, 두융을 太尉에 임명하며 아울러 錄尙書事를 겸임토록 하라. '三公과 大夫들이 아침저녁으로 일하려 하지 않네.' 라 하여 〈小雅〉에서도 마음 아파한 것이다. '내가 잘못한다면 그대는 나를 보필해야 하나니 그대는 面從하지 말라' 고 하였으니, 이것은 국가 大臣의 正義일 것이다. 그 아래 모든 臣僚들은 담당 직무를 수행하며 각자 충성을 다할 것이며 짐의 모자란 부분을 보필하여야 할 것이다. 온 천하 사방에 널리 알려 짐의 뜻에 부합토록 하라.」

原文

十一月戊戌, 蜀郡太守第五倫爲司空. 詔征西將軍耿秉屯酒泉. 遣酒泉太守段彭救戊己校尉耿恭. 甲辰晦, 日有食之. 於是避正殿, 寢兵, 不聽事五日. 詔有司各上封事.

十二月癸巳, 有司奏言, 「孝明皇帝聖德淳茂, 劬勞日昃, 身御浣衣, 食無兼珍. 澤臻四表, 遠人慕化, 僬僥, 儋耳, 款塞自至. 克伐鬼方, 開道西域, 威靈廣被, 無思不服. 以烝庶爲憂, 不以天下爲樂. 備三雍之敎, 躬養老之禮. 作登歌, 正予

樂, 博貫六蓺, 不舍晝夜. 聰明淵塞, 著在圖讖. 至德所感,
通於神明. 功烈光於四海, 仁風行於千載. 而深執謙謙, 自
稱不德, 無起寢廟, 埽地而祭, 除日祀之法, 省送終之禮. 遂
藏主於光烈皇后更衣別室. 天下聞之, 莫不悽愴. 陛下至孝
烝烝, 奉順聖德. 臣愚以爲更衣在中門之外, 處所殊別, 宜
尊廟曰顯宗, 其四時禘祫, 於光武之堂, 閒祀悉還更衣, 共進
〈武德〉之舞, 如孝文皇帝祫祭高廟故事.」制曰, "可."

　是歲, 牛疫. 京師及三州大旱, 詔勿收兗, 豫, 徐州田租, 芻藳,
其以見穀賑給貧人.

| 註釋 | ○蜀郡太守第五倫 - 第五가 성씨. 41권, 〈第五鍾離宋寒列傳〉
에 입전. ○司空 - 본래 나라의 水土에 관한 업무를 담당했다. 천하의 水
土에 대한 功課를 심사, 상벌과 백관 감찰을 담당. 前漢 御使大夫의 개칭.
丞相 부재 시에 승상의 직무 수행, 副丞相, 三公(太尉, 司徒, 司空)의 하나. 大
司空으로 불리다가 建武 27년 이후 '大'를 생략. 司空 아래 副職으로 長史
1인, 掾 29인 외 속관 42가 정원임. ○寢兵 - 군사 동원을 일시 중지하다.
寢은 寢의 古字. ○封事 - 밀봉한 上奏文(封章과 같음). ○聖德淳茂, 劬
勞日昃 - 淳는 두텁고 아름답다. 劬勞는 수고하다. 劬는 수고로울 구. 日
昃(일측)은 해가 기울다. 昃은 기울 측. ○僬僥(초요), 儋耳(담이) - 西南夷
종족 이름. ○款塞自至 - 款塞는 변경 요새의 문을 두드리다. 스스로 찾
아오다. ○克伐鬼方 - 鬼方은 아주 먼 곳(鬼域). 鬼는 멀 귀. ○備三雍之
敎 - 三雍은 靈臺, 明堂, 辟雍. ○作登歌, 正予樂 - 登歌는 升堂之歌. 予樂
은 正樂 이름. ○博貫六蓺, 不舍晝夜 - 博貫은 博學하고 通貫하다. 학문
이 매우 깊은 경지에 도달하다. 六蓺는 六藝, 학문의 총칭. 禮, 樂, 射, 馭

(御), 書, 數. 또는 禮, 樂, 春秋, 易, 詩, 書(《漢書 藝文志》). ㅇ不舍晝夜 - 주야에 그치지 아니하다. 쉬지 않고 노력하다. ㅇ著在圖讖 - 圖讖書(도참서)에도 기록되었다. 圖讖은 길흉화복을 예언하다. 또 그런 내용의 모든 기록을 지칭. ㅇ深執謙謙 - 늘 겸양의 미덕을 견지하다. 謙謙(겸겸)은 겸손하고 공경하는 모양, ㅇ除日祀之法 - 日祀는 日祭, 조부모나 부모에게 매일 上食하는 것. 月祀는 曾祖, 高祖에 대한 매달의 제사, 그 외 時享(시향)과 歲貢(세공) 등의 제사가 있었다. ㅇ省送終之禮 - 장례의 절차를 간소화하다. ㅇ至孝烝烝 - 烝烝(증증)은 蒸蒸(증증), 효도가 매우 극진한 모양. ㅇ四時禘祫 - 禘祫은 황제가 모든 조상에게 지내는 큰 제사. 禘 종묘제사 이름 체. 祫은 합사할 협. 禘祭(체제)는 夏四月에, 祫祭(협제)는 冬十月에 지낸다. ㅇ間祀悉還更衣 - 四時의 正祭 外 오월에 보리를 거둔 뒤, 三伏 지나 立秋에, 또 시월에 곡식을 수확한 뒤에 올리는 제사를 間祀(간사)라고 한다. 悉 다 실. 모두. 更衣는 更衣別室. 陵園에 正殿인 寢殿(침전, 寢殿)이 있고 침전 옆 별도의 건물을 便殿(편전)이라 한다. 更衣別室은 편전에 있다. ㅇ共進〈武德〉之舞 - 〈文始〉, 〈五行〉 등과 함께 종묘 가무의 일종. ㅇ牛疫 - 소에 발생하는 돌림병. 口蹄疫(구제역) 같은 병. 疫은 돌림병 역. ㅇ芻藁(추고) - 芻 꼴 추. 가축 사료용 건초. 藁 볏짚 고. 牛馬의 사료. ㅇ見穀賑給貧人 - 見穀(현곡)은 지금 보유하고 있는 곡식. 見은 나타날 현. 지금. 現과 通. 賑은 구휼할 진.

[國譯]

(永平 18년) 11월 戊戌日, 蜀郡太守 第五倫(제오륜)이 司空이 되었다. 조서로 征西將軍 耿秉(경병)을 酒泉郡에 주둔케 하였다. 酒泉太守 段彭(단팽)을 파견하여 戊己校尉 耿恭(경공)을 구원케 하였다.

甲辰日 그믐 일식이 있었다. 이에 (황제는) 正殿을 피했고, 用兵

을 중지하고 5일간 정사를 행하지 않았다. 조서를 내려 관련 담당자는 각자 밀봉한 上奏文(상주문)을 올리게 했다.

조서를 내려 담당 관원들은 각자 봉사를 올리게 하였다.

12월 癸巳日, 담당 관원이 상주하였다.

「孝明皇帝의 聖德은 淳朴, 完美하셨으며 해가 지도록 정사를 돌보셨고 옷을 빨아 입고 식사에 고기반찬 2가지를 올리지 않았습니다. 황제의 은택이 사방에 두루 미쳤고 원방의 만이들이 德化를 흠모하여 僬僥(초요)나 儋耳(담이) 같은 종족이 스스로 변경 요새에 찾아왔습니다. 먼 지역을 정벌하시어 西域(서역)의 길을 다시 열었고 위엄과 명성이 널리 알려져 복종치 않는 자가 없었습니다. 늘 백성을 걱정하시어 천하의 쾌락을 즐겨하지 않으셨습니다. 三雍(靈臺, 明堂, 辟雍)의 교화를 행하셨고, 몸소 원로를 봉양하는 禮를 실천하셨습니다. 靈臺에 오르는 노래를 지으셨고 종묘 정악을 정하셨으며 六藝에 박통하셨는데도 아침부터 저녁까지 쉬지 않으셨습니다. (明帝의) 聰明과 넓고 깊은 학식은 圖讖書(도참서)에도 기록되었습니다. 또 크신 공덕의 감응은 신령에게도 통하셨습니다. 그 功業은 四海를 널리 비추셨으며 仁愛의 교화는 천년을 두고 지켜질 것입니다. 언제나 겸양의 덕행을 지니셨기에 늘 不德하다고 말씀하셨으며, 능원에 寢殿과 묘당을 짓지도 않으시고 땅을 쓸고 제사하게 하셨으며, 日祀(日祭)의 예법을 폐지하시고 送終(葬禮)의 예법을 간략히 정하셨습니다. 끝내 神主 光烈皇后(母后)의 (便殿) 更衣別室에 모시라 하셨습니다. 온 천하가 이런 일을 듣고서는 슬피 감격하지 않은 자가 없었습니다. 폐하께서는 지극하신 효심으로 (明帝의) 聖德을 이어 받으셨습니다. 臣들의 어리석은 생각이지만 更衣 別室은 中門의 밖

(便殿)이라서 그 장소가 별다른 곳입니다만, 응당 廟號를 顯宗(현종)으로 올리고 四時에 따를 제사(禘祫, 체협)은 光武帝의 능묘에서 지내고 그 밖의 다른 여러 제사는 (光烈皇后의) 更衣別室에서 하고 (제사의식에) 〈武德〉의 춤을 연주하여 孝文皇帝를 高廟에서 祫祭(협제)를 지난 전례를 따르도록 하겠습니다.」

이에 制命은 "可하다"고 하였다.

이 해에 소의 전염병이 돌았다. 京師와 3개 州에 큰 가뭄이 들어 조서를 내려 兗州(연주), 豫州, 徐州에서 田租(전조)와 芻槀(추고, 볏짚)을 징수하지 말라고 하였고, 현 보유 곡식으로 빈민을 구휼하게 하였다.

原文

建初元年春正月, 詔三州郡國, 「方春東作, 恐人稍受稟, 往來煩劇, 或妨耕農. 其各實覈尤貧者, 計所貸幷與之. 流人欲歸本者, 郡縣其實稟, 令足還到, 聽過止官亭, 無雇舍宿. 長吏親躬, 無使貧弱遺脫, 小吏豪右得容姦妄. 詔書旣下, 勿得稽留, 刺史明加督察尤無狀者.」

| 註釋 | ○建初元年 – 서기 76년. ○方春東作 – 東作은 봄 농사. ○恐人稍受稟 – 人은 백성. 稍는 조금. 稟은 받을 품. 나라에서 베푸는 救濟. ○往來煩劇 – 왕래는 문서의 왕래. 煩劇은 아주 번잡하다. ○其各實覈尤貧者 – 實覈은 사실을 조사 파악하다. 覈은 사실을 조사할 핵. 尤貧者는 매우 빈곤한 백성. 尤는 더욱 우. ○郡縣其實稟 – 군현에서는 필요한 실

비를 지급하다. ○無雇舍宿 - 宿泊 비용을 지급하지 않다. ○小吏豪右 -
小吏는 질록 1백석 이하의 관리. 斗食, 佐史(좌사). 豪右은 强豪. 지방 세력
가. ○勿得稽留 - 稽留는 유보하다. 지체시키다. 체류하다. ○刺史 - 武
帝 때 상설화한 刺史를, 光武帝 建武 18년에 다시 설치. 각 郡國을 감독.
前漢에서는 자사의 고정된 치소가 없고 연말에 장안에 올라가 결과를 보
고했으나 후한에서는 일정한 治所가 있었으며 단순한 감찰에서 벗어나 지
방관에 대한 黜陟(출척)의 권한도 갖고 있어 郡 太守의 上司가 되었다. 그
러나 자사는 治民의 권한이 없었기에 13주는 監察區였지 地方의 行政機構
는 아니었다. 靈帝때부터는 자사를 폐지하고 州牧을 두어 실질적 軍政大
權을 부여했다. 後漢 13刺史部 105郡國表 부록 참고. ○無狀 - 말로 할
수 없을 정도로 극악하다. 무례하다. 공적이 없다.

[國譯]

建初 元年(서기 76년) 봄 정월, 三州의 郡國에 조서를 내렸다.

「바야흐로 봄 농사가 시작되는데 백성이 구휼을 적게 받을지 또
오가라는 일이 많아 혹 백성의 농사를 방해할까 걱정이 된다. 각 군
국에서는 매우 빈궁한 농민을 사실대로 조사하여 계산대로 대여하
거나 지급토록 하라. 본 고향으로 돌아가겠다는 유민에게는 군현에
서 실질적 비용을 지급하여 충분히 돌아갈 수 있게 도와줄 것이며
(백성이) 원하는 대로 돌아가거나 멈추게 하고 관부에서 머문다면
숙박비는 지급하지 말라. 태수나 현령이 직접 처리하여 정말 어려운
농민이 누락되지 않게 하고 小吏나 지방 강호의 농간이 없게 하라.
조서가 이미 도달되었다면 지체하지 말 것이며, 刺史(자사)는 확실하
게 감찰하여 간악한 자가 없도록 하라.」

丙寅, 詔曰, 「比年牛多疾疫, 墾田減少, 穀價頗貴, 人以流亡. 方春東作, 宜及時務. 二千石勉勸農桑, 弘致勞來. 群公庶尹, 各推精誠, 專急人事. 罪非殊死, 須立秋案驗. 有司明愼選舉, 進柔良, 退貪猾, 順時令, 理冤獄. '五敎在寬', 帝〈典〉所美, '愷悌君子', 〈大雅〉所歎. 布告天下, 使明知朕意.」

酒泉太守段彭討擊車師, 大破之. 罷戊己校尉官.

二月, 武陵澧中蠻叛.

| 註釋 | ○二千石勉勸農桑 – 二千石은 郡의 太守. ○弘致勞來 – 근로정신을 고취시키라는 뜻. ○群公庶尹 – 모든 公卿大夫. ○專急人事 – 백성들에게 시급한 일을 우선 처리하라. ○須立秋案驗 – 立秋 이후를 기다렸다가 처리하라. 농사철에는 백성을 조사하지 말라는 뜻. ○有司明愼選舉 – 選舉는 인재 추천. ○'五敎在寬', 帝《典》所美 – 五敎는 五倫之敎. 父義, 母慈, 兄友, 弟恭, 子孝의 윤리. 「帝曰 契, 百姓不親, 五品不遜, 汝作司徒, 敬敷五敎, 在寬.」《書經 虞書 舜典》의 구절. ○'愷悌君子', 〈大雅〉所歎 – 愷悌는 기상이 온화하고 단아함. '愷悌君子 人之父母(점잖으신 군자는 백성들의 부모이시네!)'는 《詩經 大雅 泂酌(형작)》의 구절. ○罷戊己校尉官 – 둔전을 담당하던 戊己校尉(무기교위)의 직제를 폐지하다. ○武陵澧中蠻叛 – 武陵은 荊州刺史部 관할 군명. 治所 臨沅縣, 今 湖南省 常德市 서쪽. 澧中蠻(예중만)은 今 湖南省 서북부를 흐르는 澧水(예수, 례수) 유역에 사는 蠻夷(少數民族).

[國譯]

丙寅日, 詔書를 내렸다.

「比年(昨年)에 소의 질병이 돌았고 농지 개간도 줄었으며 곡물가격이 크게 올라 많은 백성이 유민이 되었다. 바야흐로 봄 농사철이니 응당 시무에 힘쓰도록 하라. 二千石(太守)는 농상을 힘써 장려하고 근로정신을 고양토록 하라. 모든 公卿大夫들은 각자 정성을 다하여 백성의 급한 일을 처리토록 하라. 사형에 해당하는 죄가 아니라면 가을 입추 날을 기다렸다가 조사하라. 담당자들은 신중하게 인재를 추천하되 유순 온량한 인재를 천거하고 탐욕 교활한 자를 배제할 것이며, 時令에 따라 업무를 처리하고 冤獄(원옥)이 없도록 판결하라. '五教는 너그러움' 이라는 말은 《書經 舜典》에서 찬미한 말이고, '溫柔和樂한 군자' 는 《詩經 大雅》에서 찬탄한 말이다. 천하에 널리 알려 짐의 뜻을 확실하게 알리도록 하라」

酒泉(주천) 太守 段彭(단팽)이 (서역) 車師國을 정벌하여 적을 대파하였다. 戊己校尉의 관직을 폐지하였다.

2월, 武陵郡 澧水(예수) 유역의 만이가 반기를 들었다.

原文

三月 甲寅, 山陽, 東平地震. 己巳, 詔曰,

「朕以無德, 奉承大業, 夙夜慄慄, 不敢荒寧. 而災異仍見, 與政相應. 朕旣不明, 涉道日寡, 又選舉乖實, 俗吏傷人, 官職耗亂, 刑罰不中, 可不憂與! 昔仲弓季氏之家臣, 子遊武

城之小宰, <u>孔子猶誨以賢才</u>, 問以得人. 明政無大小, 以得人
爲本. 夫鄕擧里選, 必累功勞. 今刺史,守相不明眞僞, 茂才,
孝廉歲以百數, 旣非能顯, 而當授之政事, 甚無謂也. 每尋
前世擧人貢士, 或起畎畝, 不繫閥閱. 敷奏以言, 則文章可
採, 明試以功, 則政有異跡. 文質彬彬, 朕甚嘉之. 其令太傅,
三公,中二千石,二千石,郡國守相, 擧賢良方正能直言極諫
之士各一人.

| 註釋 | ○山陽,東平 – 兗州刺史部 관할 山陽郡의 치소는 昌邑縣. 今 山
東省 菏澤市 관할 巨野縣(山東省의 서남부). 兗州刺史部 관할 東平國 治所는
無鹽縣. 今 山東省 泰安市 관할 東平縣. ○涉道日寡 – 治國의 도를 경험
이 많지 않다. ○又選擧乖實 – 選擧(인재등용)에 명실상부하지 못하다.
乖는 어그러질 괴. ○官職耗亂 – 관직이 많아 일이 제대로 돌아가지 않는
다. 耗는 쓸 모, 어지러울 모. 너무 많아 난잡하다. ○昔仲弓季氏之家臣 –
仲弓(冉雍 염옹)은 孔門十哲의 한 사람(德行). 공자도 그의 덕행을 크게 칭
찬했다. 子曰, "雍也可使南面."《論語 雍也》, 仲弓은 뒷날 魯國 季孫氏의
家宰(總管)이 되었다. ○子遊武城之小宰 – 「子游爲武城宰. 子曰, "女得人
焉耳乎?" 曰, ~」《論語 雍也》. 「子之武城, 聞弦歌之聲. 夫子莞爾而笑曰,
"割雞焉用牛刀?" 子游對曰, ~.」《論語 陽貨》. ○鄕擧里選 – 兩漢의 추천
에 의한 인재 등용 방법. 鄕에서는 六德(知, 仁, 誠, 義, 忠, 和), 六行(孝, 友,
睦, 簡, 任, 恤), 六藝(禮, 樂, 射, 御, 書, 數)에 의거 인재를 천하면 郡國에서
중앙에 천거하였다. ○今刺史,守相不明眞僞 – 守相은 太守나 제후국의
相. ○茂才,孝廉 – 茂才는 漢 選擧(선거, 인재등용) 과목의 하나, 전한에서는
秀才, 後漢에서는 光武帝를 諱하여 茂才로 개칭. 孝廉(효렴)도 선거 과목의
하나. 孝子와 廉吏. 본래 二科이나 하나처럼 통칭. 전한 武帝 이후 入仕의

正道로 인식되었다. 후한에서는 인구 20만을 기준으로 효렴 1인을 천거했다. ㅇ或起畎畝 - 畎畝(견무)는 농촌. 시골. 농민. 畎은 밭도랑 견. 畝의 古字. 畝 이랑 무. ㅇ文質彬彬 - 바탕과 문채가 모두 아름다운 모양. 彬彬은 빛나는 모양. 빛날 빈.

[國譯]

3월 甲寅日, 山陽郡과 東平國에서 지진이 있었다. 己巳日, 조서를 내렸다.

「朕이 無德하나, 大業을 이어받고서, 아침저녁으로 걱정하며 두려워, 감히 게으르거나 편히 쉬지 못했다. 그러나 재해와 이변이 자주 나타나니, 이는 정사에 상응한 것 같다. 짐이 명철하지 못하고, 치국의 경력도 많지 않으며, 인재등용도 명실상부하지 못하고, 저급 관리는 백성을 해치며, 관직은 너무 많고 형벌이 공정치 못하니, 어찌 아니 우려하겠는가! 옛날에 仲弓(중궁)은 季孫氏의 가신이었고, 子遊(자유)는 武城(무성)의 작은 고을 邑宰(읍재, 지방관)이었는데, 孔子는 매번 賢才를 등용해야 한다고 가르치며 인재를 얻었느냐고 물었다. 훌륭한 정사란 대소를 막론하고 得人이 근본이다. 그래서 鄕里에서는 반드시 공적이 많은 자를 천거해야 한다. 지금 각 刺史(자사)와 태수와 相은 (천거하는 인재의) 眞僞(진위)를 잘 모른 체 茂才(무재)와 孝廉(효렴)으로 일 년에 수백 명을 천거하지만 대개가 능력이 두드러진 자가 아니기에, 政事를 맡겨보면 대부분이 논할만한 자가 없다. (짐은) 언제나 이전에 천거된 인재 중 간혹 농촌 출신이거나 문벌에 상관없는 인재를 구하고 있다. 만약 그런 인재가 치국에 관한 의견을 제시한다면 文章이나 그간의 치적을 고찰하여 채용을 한다면 政事에 특별한 성취를 거둘 수 있을 것이다. 짐은 文質이 彬彬(빈빈)한 그런 인재를 정말 갈구하고 있도다. 太傅(태부)나 三公, 中二千石이나 이천석의 고관, 郡國의 태수나 제후국의 相에게 명하여 賢良方正하며 直言極諫할 수 있는 인재를 1명씩 천거토록 하라.」

█原文

夏五月辛酉, 初擧孝廉,郎中寬博有謀, 任典城者,以補長, 相.

秋七月辛亥, 詔以上林池藥田賦與貧人. 八月庚寅, 有星孛於天市. 九月, 永昌哀牢夷叛.

冬十月, 武陵郡兵討叛蠻, 破降之. 十一月, 阜陵王延謀反, 貶爲阜陵侯.

| 註釋 | ○初擧孝廉,郎中寬博有謀 – 郎中은 낭중령의 속관. 보통 郎官으로 통칭. 황제의 시종, 궁궐 숙위, 奉命 出使 등의 임무를 담당. 조정에서 업무를 담당하는 자를 中郎, 궁궐에서 업무를 수행하는 郎中, 궁외에서 업무를 담당하는 자를 外郎이라 하고 질록은 比三百石이었으나 담당하는 일에 따라 차이가 있었다. 郎官은 정상적 관직의 출발선이다. 마치 우리나라 9급 공무원과 같다. 광록훈 아래 五官中郎將의 속관인 五官郎中은 황제 호위를 담당하는데, 질록은 比三百石이며 정원이 없었다. 이 사람들은 창을 들고 말뚝처럼 서 있어야 한다. 이들은 여러 전각의 수위도 담당한다. 虎賁中郎將 아래 虎賁郎中도 질록은 比二百石이다. 謁者僕射의 灌謁者郎中은 빈객 접대원이며 將이나 大夫 이하 관리의 喪에 상사를 맡아 처리

하는데 정원이 30명이었다. 符節令 아래 符璽郞中 4인은 질록이 2백석이다. 담당업무에 따라 질록의 차이도 있지만 이후 어떤 길로 승진하는가에 따라 큰 차이가 있었다. ○任典城者 — 城池의 행정을 맡을만한 자. ○上林池蘌 — 상림원 내의 호수나 공지. 池는 양어장, 蘌는 禁苑(금원) 어. 말을 기르는 곳, 또는 새를 사냥하는 곳이라는 주석도 있다. 황제의 유람에 대비한 시설일 것이다. ○田有星孛於天市 — 天市는 별자리 이름. 一名 天市垣(천시원). 紫薇垣(자미원) 동남쪽, 19星官에 87星으로 이루어졌다고 한다. 서민의 생활 구역을 상징. ○永昌 — 益州刺史部 소속 군명. 익주군의 7개 현을 분리, 관할. 치소는 嶲唐縣(초기), 不韋縣(서기 77년 이후), 今 雲南省 중서부의 保山市, 哀牢(애뢰)는 縣名. 今 雲南省 德宏傣族景頗族自治州의 盈江縣(雲南省 서부 潞西市 서쪽, 버마와 접경).

[國譯]

여름 5월 辛酉日, 孝廉과 郞中으로 학문이 넓고 지모가 있어 城池를 맡아 다스릴만한 자나 縣長이나 제후국 相을 보필할만한 자를 추천케 하였다.

八月 庚寅日, 天市 星座에 혜성이 출현하였다. 9월 永昌郡 哀牢縣(애뢰현)의 만이가 반란을 일으켰다.

겨울 10월, 武陵郡의 군사가 반기를 든 만이들을 토벌하여 격파하였다. 11월 阜陵王(부릉왕) 延(연)이 모반하여 阜陵侯로 강등시켰다.

原文

(建初) 二年春三月辛丑, 詔曰, 「比年陰陽不調, 飢饉屢臻. 深惟先帝憂人之本, 詔書曰, ‘不傷財, 不害人’, 誠欲元

元去末歸本. 而今貴戚近親, 奢縱無度, 嫁娶送終, 尤爲僭侈. 有司廢典, 莫肯擧察.《春秋》之義, 以貴理賤. 今自三公, 並宜明糾非法, 宣振威風. 朕在弱冠, 未知稼穡之艱難, 區區管窺, 豈能照一隅哉! 其科條制度所宜施行, 在事者備爲之禁, 先京師而後諸夏.」

甲辰, 罷伊吾廬屯兵. 永昌, 越嶲, 益州三郡民, 夷討哀牢, 破平之.

|註釋| ○(建初) 二年 – 서기 77년. ○深惟先帝憂人之本 – 백성의 근본 생업을 매우 걱정하다. 本은 농업. ○誠欲元元去末歸本 – 末利를 취하는 상업을 버리고 근본인 농업으로 돌아가게 했다. ○奢縱無度 – 사치와 방종이 끝이 없다. ○嫁娶送終 – 혼사와 장례. ○尤爲僭侈 – 僭은 분수나 신분을 모르는 행위. 侈는 사치, 분에 넘치는 豪奢. ○有司廢典 – 관리가 법도를 준수하지 않다. ○以貴理賤 – 작은 일을 잘 다스리기를 귀히 여기다. ○區區管窺 – 대롱(管)으로 하늘을 보려 하다. 區區는 작은 모양. 변변치 못하다. 자신에 대한 겸칭. ○在事者備爲之禁 – 在事者는 담당자. 有司. 備爲之禁은 규정을 마련하여 사치를 금하다. ○先京師而後諸夏 – 京師는 天子之居. 황제의 직할지를 의미. 諸夏는 분봉된 여러 제후국. 夏는 有夏, 華夏, 諸夏. 漢族의 자칭, 蠻夷의 상대적 호칭. ○罷伊吾廬屯兵 – 明帝 永平 16년 참고. 伊吾廬城은 伊吾로 간칭. 故地는 今 新疆維吾爾自治區 동부 哈密市. ○哀牢(애뢰) – 중국 雲南省 서남부의 소수민족 이름 겸 縣名. 永平 12년에 益州 경계 밖 蠻夷(만이)인 哀牢王(애뢰왕)이 속민을 거느리고 漢朝에 귀부하자 이에 그곳에 永昌郡과 哀牢縣, 博南縣을 설치하고 益州郡 西部都尉는 폐지했었다.

[國譯]

(建初) 2년(서기 77년) 봄 3월 辛丑日, 조서를 내렸다.

「몇 년간 음양이 순조롭지 못하고 기근이 자주 발생하였다. 先帝께서 백성 생업의 근본인 농업을 크게 걱정하시어 조서로 '백성의 재물을 빼앗거나 백성을 다치지 말라'고 하셨으니, 이는 진실로 백성을 末利(商業)에서 根本(農業)으로 돌아가게 하려는 뜻이었다. 그리고 지금 貴戚이나 황실 근친의 사치와 방종이 절도가 없는데 혼사와 장례에 특히나 지나치게 사치가 심하다. 有司도 법규에 따라 지적하거나 규찰하려고 아니한다.《春秋》의 大義로도 작은 일을 잘 다스리는 것을 귀히 여겼다. 오늘 이후 三公부터 불법을 명확하게 규찰하여 법규의 권위를 振作(진작)토록 하라. 짐은 겨우 弱冠(약관, 20세)으로 농사의 어려움을 잘 모르고, 또 구구히 좁은 안목으로 살피려 하니 어찌 한 모퉁이라도 제대로 볼 수 있겠는가! 조목조목 제도를 마련하여 적을 시행토록 할 것이며, 담당자는 규정을 마련하여 백성들의 사치를 금하되 먼저 京師(경사)에서 시행하고 이후 제후국까지 적용토록 하라.」

甲辰日, (西域) 伊吾廬城(이오려성)의 屯兵(둔병)을 폐지하였다.

永昌, 越嶲(월수), 益州(익주) 3개 군의 백성과 만이가 哀牢縣(애뢰현)을 차지하고 반역한 哀牢族을 격파 평정하였다.

原文

夏四月戊子, 詔還坐楚,淮陽事徙者四百餘家, 令歸本郡. 癸巳, 詔齊相省冰紈,方空縠,吹綸絮. 六月, 燒當羌叛, 金城

太守郝崇討之, 敗績, 羌遂寇漢陽. 秋八月, 遣行車騎將軍
馬防討平之. 十二月戊寅, 有星孛於紫宮.

| 註釋 | ○楚,淮陽事 – 明帝 永平 16년 5월, 淮陽王 劉延(유연)의 모반이
발각되었고 이 사건에 연관되었던 자. ○詔齊相省冰紈,方空縠,吹綸絮 –
齊에서는 질이 좋은 비단 생산이 많았다. 少府 관할 東, 西 織室(직실, 成帝
때 東織室은 폐지)은 황실용 비단 옷감을 제조하거나 황제 황후의 의복, 종묘
祭禮服을 제조하였다. 冰紈(빙환)은 얼음같이 흰 비단. 方空縠(방공곡)은 사
각형 구멍이 있으면서 주름 잡힌 비단. 方目紗. 縠은 주름 비단 곡. 吹綸絮
(취륜서)는 아주 얇은 비단. 絮 솜 서. ○燒當羌 – 강족의 부족 이름. ○金
城太守郝崇討之 – 郝崇(학숭)은 인명. 郝은 고을 이름 학. ○敗績 – 싸움에
패하다. ○羌遂寇漢陽 – 漢陽은 涼州刺史部 天水郡의 개칭. 治所는 冀縣
(기현), 今 甘肅省 天水市 관할 甘谷縣. ○有星孛於紫宮 – 紫宮은 별자리.
天帝가 거처한다는 紫微宮, 紫微垣. 未央宮의 별칭. ○車騎將軍 – 무관직
으로는 大將軍 다음이 驃騎將軍(표기장군)이고, 그 다음이 車騎將軍, 거기
장군 다음 지위가 衛將軍이며, 그 다음에 일반 장군이다. 거기장군은 정치
상황에 따라 三公보다 높거나 낮았다.

[國譯]
　여름, 4월 戊子日, 조서를 내려 楚王과 淮陽王의 사건에 연좌되어
이주했던 4백여 호를 본래 군으로 돌아가게 하였다. 癸巳日, 조서로
齊國의 相에게 冰紈(빙환), 方空縠(방공곡), 吹綸絮(취륜서) 같은 비단
의 상납을 그만두게 하였다.
　6월, 燒當(소당) 羌族이 반란을 일으키자, 金城太守 郝崇(학숭)이
토벌하였으나 패전하였고 강족은 漢陽郡을 노략질하였다.

가을 8월에, 임시 車騎將軍인 馬防(마방)을 보내어 적을 토벌하여 평정했다.

12월 戊寅日, 자미궁에 혜성이 출현하였다.

三年春正月己酉, 宗祀明堂. 禮畢, 登靈臺, 望雲物. 大赦天下. 三月癸巳, 立貴人竇氏爲皇后. 賜爵, 人二級,三老,孝悌,力田人三級, 民無名數及流民欲占者人一級, 鰥,寡,孤,獨,篤癃,貧不能自存者粟, 人五斛.

夏四月己巳, 罷常山呼沱石臼河漕. 行車騎將軍馬防破燒當羌於臨洮. 閏月, 西域假司馬班超擊姑墨, 大破之. 冬十二月丁酉, 以馬防爲車騎將軍. 武陵漊中蠻叛. 是歲, 零陵獻芝草.

| 註釋 | ○(建初) 三年 – 서기 78년. ○貴人竇氏爲皇后 – 두황후(?-97)는 竇融(두융)의 증손녀, 부친 竇勳(두훈)과 모친 沘陽公主(비양공주, 東海恭王 劉彊의 딸)의 장녀. 뒷날 章帝와 梁貴人 소생 劉肇(유조)를 양자로 키워 章帝의 뒤를 잇게(和帝) 하였다. ○罷常山呼沱石臼河漕 – 常山은 국명. 呼沱(호타, 虖沱河)는 강 이름. 今 山西省과 河北省의 경계를 흘러 子牙河와 함께 海河가 되어 天津市에서 入海. 石臼(석구, 石臼河)는 河川 名. 今 河北省 石家莊市 靈壽縣의 작은 하천. 河漕(하조)는 인공수로. 漕는 배로 실어 나를 조. 漕運. 당시 인공수로 공사를 완공하기 어려워 중지했다. ○臨洮(임조) – 隴西郡의 縣名. 今 甘肅省 定西市 관할 岷縣(민현). ○西域假司馬 – 西域

假司馬는 서역 주둔 軍 司馬의 副職. 장군은 휘하에 校尉(比二千石) 1인과 司馬(比千石) 1인을 두는데 교위를 두지 않을 경우 假司馬를 둘 수 있었다. ㅇ班超(32-102년) - 史學家 班彪(반표)의 子, 《漢書》편찬자 班固의 아우. 三人을 '三班'이라 合稱. 班昭(반소 45?-117년?)의 오빠. 投筆從戎(투필종융)하여 後漢 名將이 되었다. '不入虎穴, 焉得虎子' 故事의 주인공. ㅇ姑墨(고묵)은 서역의 국명. 姑默, 亟墨으로도 표기. 今 新疆省 서부의 阿克蘇市 일대. 《漢書 西域傳》에 왕도는 南城(남성), 장안에서 8,150리이며 인구 24,500명으로 기록되었다. ㅇ武陵澨中蠻叛 - 荊州刺史部의 군명. 治所는 臨沅縣, 今 湖南省 常德市 서쪽. ㅇ零陵 - 郡名. 지금의 廣西壯族自治區 북부 桂林市, 湖南省 서남부의 永州市 일대에 해당. 荊州刺史部 관할, 治所는 泉陵縣, 今 湖南省 永州市.

[國譯]

(建初) 3년 봄 정월 己酉日, 明堂에서 조상에 제사하였다. 제사를 마치고서 靈臺에 올라가 구름의 색이나 모양들을 살펴보았다. 온 나라 죄인을 사면하였다.

3월 癸巳日, 貴人 竇氏(두씨)를 皇后로 策立하였다. 백성에게 각 2급씩, 三老와 孝悌, 그리고 力田에게는 각 3급, 호적이 없는 백성이나 유민 중 호적에 올리려는 자(欲占者)에게는 각 1급씩 작위를 하사하였고, 鰥寡孤獨(환과고독)의 窮民과 중병환자, 가난으로 생존이 어려운 자에게는 곡식을 각 5斛(곡)씩 하사하였다.

여름 4월 己巳日, 常山國 呼沱河(호타하)와 石臼(석구)의 수로 공사를 중지했다. 車騎將軍 대행인 馬防(마방)이 燒當(소당)의 羌族(강족)을 臨洮縣(임조현)에서 격파하였다.

4월 윤달, 서역의 假司馬인 班超(반초)가 姑墨國(고묵국)을 공격하여 대파하였다.

　겨울 12월 丁酉日, 馬防(마방)이 車騎將軍이 되었다. 武陵郡(무릉군)의 漊中(누중)의 蠻夷(만이)가 반역했다. 이 해에 零陵郡(영릉군)에서 靈芝草(영지초)를 바쳤다.

　原文

　四年春二月庚寅, 太尉牟融薨.

　夏四月戊子, 立皇子慶爲皇太子. 賜爵, 人二級, 三老,孝悌,力田人三級, 民無名數及流人欲自占者人一級, 鰥,寡,孤,獨,篤癃,貧不能自存者粟, 人五斛. 己丑, 徙鉅鹿王恭爲江陵王, 汝南王暢爲梁王, 常山王昞爲淮陽王. 辛卯, 封皇子伉爲千乘王, 全爲平春王.

　五月丙辰, 車騎將軍馬防罷. 甲戌, 司徒鮑昱爲太尉, 南陽太守桓虞爲司徒. 六月癸丑, 皇太后馬氏崩. 秋七月壬戌,葬明德皇后.

　冬, 牛大疫.

　註釋 ○(建初) 四年 - 서기 79년. ○千乘王 - 千乘國. 治所는 千乘縣, 今 山東省 중부 淄博市(치박시) 관할 高靑縣. ○平春王 - 平春國은 江夏郡에 위치. 琴 河南省 남부의 信陽市. ○司徒鮑昱爲太尉 - 鮑昱(포욱)은 明帝 永平 17년에 汝南太守에서 司徒로 승진했었다.

(建初) 4년 봄 2월 庚寅日, 太尉인 牟融(모융)이 죽었다.

여름 4월 戊子日, 皇子 慶(경)을 皇太子로 책립하였다. 백성에게 각 2급, 三老와 孝悌, 그리고 力田에게는 각 3급, 호적이 없는 백성과(民無名數) 유민으로 호적을 얻고자 하는 자에게는 1급씩 작위를 하사하였고 鰥寡孤獨의 窮民과 중병환자, 가난으로 생존이 어려운 자에게는 곡식을 각 5斛(곡)씩 하사하였다.

己丑日, 鉅鹿王 劉恭(유공)을 江陵王으로, 汝南王 暢(창)을 梁王으로, 常山王 昞(병)을 淮陽王으로 옮겨 봉했다. 辛卯日, 皇子인 伉(항)을 千乘王에, 全(전)을 平春王에 봉했다.

5월 丙辰日(병신일), 거기장군 馬防(마방)을 파직하였다. 甲戌日, 司徒인 鮑昱(포욱)이 太尉가 되었다, 南陽太守 桓虞(환우)가 司徒가 되었다.

6월 癸丑日, 황태후 馬氏(마씨)가 붕어했다.

가을 7월 壬戌日, 明德皇后로 장례했다.

겨울에 소의 돌림병이 크게 퍼졌다.

十一月壬戌, 詔曰, 「蓋三代導人, 教學爲本. 漢承暴秦, 褒顯儒術, 建立《五經》, 爲置博士. 其後學者精進, 雖曰承師, 亦別名家. 孝宣皇帝以爲去聖久遠, 學不厭博, 故遂立《大,小夏侯尙書》, 後又立《京氏易》. 至建武中, 復置《顏氏,

嚴氏春秋》,《大,小戴禮》博士. 此皆所以扶進微學, 尊廣道藝也. 中元元年詔書,《五經》章句煩多, 議欲減省. 至永平元年, 長水校尉儵奏言, 先帝大業, 當以時施行. 欲使諸儒共正經義, 頗令學者得以自助. 孔子曰, '學之不講, 是吾憂也.' 又曰, '博學而篤志, 切問而近思, 仁在其中矣.' 於戲, 其勉之哉!」

　於是下太常,將,大夫,博士,議郎,郎官及諸生,諸儒會白虎觀, 講議《五經》同異, 使五官中郎將魏應承制問, 侍中淳于恭奏, 帝親稱制臨決, 如孝宣甘露石渠故事, 作《白虎議奏》.

　是歲, 甘露降泉陵,洮陽二縣.

| 註釋 | ○蓋三代導人 − 蓋는 추측, 상상의 뜻. 발어사. 어찌. 대개 개, 덮을 개. 어찌 아니할 합. '三代之道, 鄉里有教, 夏曰校, 殷曰庠, 周曰序.' ○褒顯儒術 − 褒顯(포현)은 기리고 장려하다. 儒學을 권장하다. ○學不厭博 − 學不厭博學의 뜻. 厭은 싫증을 내다. ○長水校尉儵奏言 − 樊儵(번숙, ?-67년)은 인명. 명제 때 장수교위를 제수 받았고 五經의 異說을 정리하였다. ○學之不講, 是吾憂也 −「子曰, "德之不脩, 學之不講, 聞義不能徙, 不善不能改, 是吾憂也."」《論語 述而》. 여기서 講은 習也. ○博學而篤志, 切問而近思, 仁在其中矣.' − 이는 子夏의 말이다.《論語 子張》. 篤은 厚也. 志는 記也. 好學도 仁의 일부라는 해석도 가능하다. ○諸生 − 前漢에서는 박사의 제자를 諸生이라 호칭했다. 後漢에서도 諸生, 또는 太學生이라 호칭. 博士에 대한 설명은 建武 5년 8월 記事의 주석 참고. ○白虎觀 − 궁궐의 서문이 白虎門이고 그 곁에 白虎觀이 있었다. ○五官中郎將 − 五官中郎은 궁궐과 관아의 문호를 수위하고 출입자를 단속하는 질록 6백석의 관

리. 이들 오관중랑을 지휘하는 직책이 五官中郎將(질록 比二千石)이다. ○侍中淳于恭 - 전한의 侍中은 加官, 淳于는 복성. 侍中은 황제의 近侍官, 前漢에서 侍中은 정식 관직이 아니고 加官의 직명이었다. 後漢에서는 지위가 크게 상승하여 질록 比二千石의 實職으로 황제의 심복이었다. 顧問應對 담당. 무 정원, 그 우두머리가 侍中祭酒(시중제주, 비 상설직, 전한에서는 侍中僕射). 어가 출행 시 박식한 시중 1인이 황제 곁에 參乘, 나머지는 후미에 수행. 中常侍(千石, 宦者, 뒤에 比이천석으로 증액), 黃門侍郎(六百石), 小黃門(六百石, 宦者)을 거느림. ○孝宣甘露石渠故事 - 武帝의 罷黜百家 獨尊儒術 이후 儒學은 통치사상으로 확실한 지위를 확보하고 그만한 교육활동이 이루어진다. 그러나 경전의 내용과 풀이가 제각각 달라서 宣帝는 당시 유명한 학자를 미앙궁의 북쪽 石渠閣(석거각)에 모아 五經의 異同을 논하게 했고 宣帝가 참여하여 최종 판결을 지었다. 이 논의에 참여한 유학자로는 蕭望之(소망지), 劉向, 韋玄成, 薛光德, 施讎(시수), 梁丘臨, 林尊, 周堪(주감), 張山拊(장산부) 등등으로 그 논의 내용을 《石渠論》 105편으로 엮었다고 했으나 지금은 실전되었다. ○承制 - 황제의 뜻에 따라. 承制는 황제의 명령. ○作《白虎議奏》 - 白虎觀에서 토론하고 황제가 결재한 내용을 《白虎議奏》라 하였다. 토론의 모든 것을 班固(32-92년, 字 孟堅)가 다시 종합한 것이 《白虎通德論》이다. 《白虎通德論》은 《白虎通義》, 또는 《白虎通》으로도 불린다. 全 4권. ○泉陵, 洮陽二縣 - 泉陵은 零陵郡의 치소. 今 湖南省 서남 永州市. 洮陽(조양)은 零陵郡의 현명. 今 廣西省 북부 桂林市 全州縣.

[國譯]

11월 壬戌日, 조서를 내렸다.

「三代 왕조에서는 백성을 교화하면서 教學을 근본으로 삼았다. 흉포했던 秦을 이어받은 漢에서는 유학을 장려하였고, 《五經》을 정립하고 오경박사를 설치하였다. 그 뒤로 학자들은 유학에 정진하여 사부의 학설을 계승했다지만 일가를 이룬 다른 학파도 있었다. 孝宣皇帝께서는 聖人의 시대로부터 오래되었으며, 또 학문이 넓고 깊은 것을 마다하지 않으셨기에 마침내《大夏侯尙書》,《小夏侯尙書》의 학파가 성립되었고, 뒤에는 또《京氏易經》이 성립되었다. (光武帝의) 建武 연간에 이르러, 또《顔氏春秋》,《嚴氏春秋》와《大戴禮》,《小戴禮》에 博士를 설치하였다. 이는 모두 微言大義 學派의 성립을 촉진한 것이며 王道와 六藝 학문의 振興이었다. (光武帝) 中元 元年에는 詔書를 내려《五經》의 章句가 너무 많다며 불필요한 해설을 축소하려 했었다. (明帝의) 永平 원년에 長水校尉였던 樊儵(번숙)은 先帝(光武帝)의 大業에 따른 조치를 시행해야 한다고 상주했었다. 이제 諸儒와 함께 경전의 대의를 바로잡아 유학을 배우려는 학자에게 도움을 주고자 한다. 孔子께서도 '배우고 그것을 익히지 못하는 것이 나의 걱정거리'라고 말씀하셨다. 또 '넓게 배우되 그 뜻은 돈독해야 하고, 간절히 물어 배우되 많이 생각한다면 仁의 도리가 그 안에 있을 것이라.'고 하였다. 아! 이 일에 모두 힘써주기 바란다!」

이에 太常, 將軍, 大夫와 博士, 議郎과 郎官 및 모든 박사의 제자, 그리고 유생이 白虎觀(백호관)에 會同하여《五經》내용의 同異에 대한 토론을 하였는데 五官中郎將인 魏應이 황제의 뜻을 받아 문제를 제기하고, 侍中인 淳于恭(순우공)이 (토론과 결정된 내용을) 상주하면 황제가 친히 制書를 내려 결정하였는데, 이는 孝宣皇帝의 甘露(前 53-50년) 연간의 石渠閣(석거각)의 전례를 따른 것이었으며《白虎議奏》를 저술하였다.

이 해에 甘露가 泉陵縣과 洮陽縣(조양현)에 내렸다.

五年春二月庚辰朔, 日有食之.

詔曰, 「朕新離供養, 愆咎衆著, 上天降異, 大變隨之.
《詩》不云乎, '亦孔之醜.' 又久旱傷麥, 憂心慘切. 公卿已
下, 其擧直言極諫, 能指朕過失者各一人, 遣詣公車, 將親覽
問焉. 其以巖穴爲先, 勿取浮華.」

| 註釋 | ○(建初) 五年 – 서기 80년. ○朕新離供養 – 공양을 그만두었
다. 전년에 馬太后의 붕어를 의미. ○愆咎衆著 – 愆咎(건구)는 여러 가지
허물이 드러나다. ○《詩》不云乎, '亦孔之醜.' –《詩經 小雅 十月之交》, '日
有食之하니 亦孔之醜.' 孔은 甚也. 醜는 惡也. ○遣詣公車 – 公車는 관직
명. 公車司馬令의 간칭. 公車는 궁전의 公車司馬門의 출입자를 단속 관장
한다. 황제에게 上書할 사람이나 황제의 부름에 응하는 사람들이 대기하
며 公車司馬令(약칭 公車令, 衛尉의 속관, 질록 6百石)의 지시를 받는다.
○其以巖穴爲先 – 巖穴에 은거하는 사람을 우선 천거하라는 뜻. ○浮華 –
겉만 꾸미고 성실하지 못함. 천박하게 화려함.

[國譯]

(建初) 5년 봄 2월 庚辰日 초하루, 일식이 있었다. 조서를 내렸다.
「짐은 얼마 전에 모친께서 세상을 뜨셨고 여러 허물이 드러났기
에 하늘이 재해와 이변을 내려 큰 변고가 이어지고 있다.《詩經 小
雅》에서도 '이(日蝕) 또한 아주 나쁜 일이네.' 라고 말하였다. 거기
다가 오랜 가뭄에 보리농사가 어려우니 마음이 참담하기만 하다. 公
卿 이하 모든 관원은 각자 直言과 極諫으로 짐의 過失을 지적할 수

있는 자를 천거하여 公車令에게 보내면 짐이 친히 만나 물을 것이다. 천거에 암혈에 은거하는 인재를 우선하고 부화한 자를 천거하지 말라.」

甲申, 詔曰, 「《春秋》書 '無麥苗', 重之也. 去秋雨澤不適, 今時復旱, 如炎如焚. 兇年無時, 而爲備未至. 朕之不德, 上累三光, 震慄忉忉, 痛心疾首. 前代聖君, 博思咨諏, 雖降災咎, 輒有開匱反風之應. 令予小子, 徒慘慘而已. 其令二千石理冤獄, 錄輕繫, 禱五嶽四瀆, 及名山能興雲致雨者, 冀蒙不崇朝遍雨天下之報. 務加肅敬焉.」

| 註釋 | ○《春秋》書 '無麥苗' – 《春秋》莊公 7년, '秋大水 無麥苗.' 다른 재해를 기록하지 않고 보리만 기록한 것은 재해가 엄중하면서도 백성 생업에 소중하기 때문이다. ○如炎如焚 – 한여름처럼 뜨겁고 타는 듯하다. ○震慄忉忉 – 忉忉는 근심이 매우 많은 모양. 忉는 근심할 도. ○博思咨諏 – 咨諏는 상의하다(咨訪). 咨는 물을 자. 諏는 의논할 추. ○輒有開匱反風之應 – 武王이 병이 들자 周公은 하늘에 무왕의 병을 낫게 해달라는 글을 지어 金匱(금궤)에 보관했었다. 나중에 成王이 주공을 의심하자 하늘에서 큰 바람을 내려 곡식과 나무들이 다 쓰러졌다. 성왕이 금궤를 열어 읽고서 하늘에 제사하며 용서를 빌자 바람이 반대로 불어 곡식을 다 일으켜 세웠다. 《書經》의 기록. ○令予小子 – 나같이 未擧한 사람. 自責하는 謙辭이다. ○徒慘慘而已 – 다만 참담할 뿐이다. 慘은 비통할 참. 참담하

다. ㅇ錄輕繫 – 경범죄로 갇힌 죄수 기록을 검토하다. ㅇ冀蒙不崇朝遍雨
天下之報 – 冀는 빌다. 바랄 기. 蒙은 혜택을 받다. 은택을 입다. 崇朝는 새
벽부터 아침을 마칠 때까지. 이때 崇은 마칠 숭. 遍雨天下는 천하에 두루
비가 내리다. ㅇ務加肅敬焉 – 특별히 엄숙하게 신령에게 기도하라.

[國譯]

甲申日, 조서를 내렸다.

「《春秋》에 '보리 싹도 없다'고 기록하였는데, 이는 보리농사를
중시한 것이다. 작년 가을에도 비가 모자랐는데 요즈음 또 날이 가
물고 한여름처럼 불타는 듯 뜨겁다. 兇年(흉년)은 때가 없다지만 준
비하면 흉년이 들지 않을 것이다. 짐의 不德이 위로는 日月과 별에
닿았으니 놀라 두렵기만 하고 가슴과 머리가 심히 아프도다. 前代의
聖君께서는 생각이 깊고 여러 의견을 들어 비록 재해가 닥치더라도
(周 成王처럼) 금궤를 열고 하늘에 제사하자 바람이 반대로 불어오
는 感應이 있었다. 짐과 같은 미미한 사람은 그저 참담할 뿐이다. 태
수들은 원통한 옥사를 풀어주고 경미한 형벌도 다시 살필 것이며 五
嶽(오악)과 四瀆(사독) 및 구름을 일으키고 비를 내릴 수 있는 명산의
신령께 기도를 올려 빠른 시일 내에 온 나라에 비가 내리게 하는 응
보가 있기를 빌기 바란다. 더욱 엄숙 공경토록 하라.」

原文

三月甲寅, 詔曰,「孔子曰, '刑罰不中, 則人無所措手足.'
今吏多不良, 擅行喜怒, 或案不以罪, 迫脅無辜, 致令自殺

者, 一歲且多於斷獄, 甚非爲人父母之意也. 有司其議糾擧
之.」

荊,豫諸郡兵討破武陵漊中叛蠻.

| 註釋 | ○刑罰不中, 則人無所措手足 - 「子曰, ～刑罰不中, 則民無所錯
手足. 故君子名之必可言也, 言之必可行也.」《論語 子路》. ○迫脅無辜 - 무
고한 백성을 협박하다. 辜는 허물 고. 죄. ○致令自殺 - 자살에 이르게 하
다.

[國譯]

3월 甲寅日, 조서를 내렸다.

「孔子는 '형벌이 바르지 않다면 백성은 손발을 놀릴 데가 없다'
고 하였다. 지금 많은 관리들이 불량하여 제멋대로 행동하고 좋아하
거나 화풀이를 하며, 간혹 죄가 되지 않는 사안이라면 무고한 백성
을 협박하기에 자살하는 백성이 1년에 사형 죄로 판정되는 숫자보
다 많다 하니, 이는 지방관은 백성의 부모라는 뜻이 절대로 아닐 것
이다. 담당 관리는 이를 규찰하여 적발할 방안을 의논토록 하라.」

荊州와 豫州 관할 여러 郡의 군사 武陵郡 漊中(누중) 유역에서 반
역한 만이를 토벌하여 격파하였다.

原文

夏五月辛亥, 詔曰, 「朕思遲直士, 側席異聞. 其先至者,
各以發憤吐懣, 略聞子大夫之志矣, 皆欲置於左右, 顧問省

納. 建武詔書又曰, 堯試臣以職, 不直以言語筆札. 今外官
多曠, 並可以補任.」

戊辰, 太傅趙憙薨.

冬, 始行月令迎氣樂. 是歲, 零陵獻芝草. 有八黃龍見於
泉陵. 西域假司馬班超擊疏勒, 破之.

| 註釋 | ○朕思遲直士 – 짐은 직언으로 進諫할 인재를 기다리고 있다.
遲는 기다릴 지. 오기를 바라다. ○側席異聞 – 側席(측석)은 몸을 앞으로
기울이다(不正坐). 현인을 기다리는 초조함을 표출한 자세. 異聞은 여태껏
들어본 적이 없는 특별한 進言이나 見解. ○各以發憤吐懣 – 심중의 불만
을 말하다. 憤懣(분만)은 분하고 가슴이 답답함. 큰 불만. 懣은 번민할 만.
○略聞子大夫之志矣 – 略聞은 대략을 말해주다. 말해서 듣게 하다. 子大
夫는 관리, 관직에 있는 사람. 子는 男子에 대한 미칭. 志는 志向. ○顧問
省納 – (짐에 대한) 고문과 반성과 수용. ○堯試臣以職 – 堯帝는 신하가
얼마나 직분에 충실한 가를 살펴보았다. ○不直以言語筆札 – 인재의 언
사나 문장으로 좋고 나쁨을 가리지 않았다. ○今外官多曠 – 外朝의 많은
관직 자리가 비어있다(空缺). 曠은 밝을 광. 탁 트인 벌판. 공허하다. 비어
있다. ○始行月令迎氣樂 – 月令에 의거 화순한 기운을 맞이하는 雅나 頌
(송)의 正樂을 연주하다. ○疏勒 – 소륵, 서역 왕국명. 국도는 疏勒城〔今
新疆省 서남부 서쪽 맨 끝의 도시인 喀什市(카시시). 帕米爾(파미르) 고원과
塔里木(타림) 분지의 연결 지점〕.《漢書 西域傳》에는 長安에서 9,350리 떨
어졌고, 인구는 18,647명, 군사는 2천 명이라고 기록했다.

‖國譯‖
　여름 5월 辛亥日, 조서를 내렸다.

「짐은 직언을 할 인재를 기다리니 몸을 기울여 특별한 진언을 듣고 싶다. 먼저 오는 자가 짐의 정사에 대한 불만을 토로하고 각자의 큰 志向을 짐에게 들려준다면 그런 인재 모두를 짐의 측근에 두고 짐의 물음에 답하거나 짐에게 自省과 納言을 촉구하게 할 것이다. 建武 연간에도 조서를 내려 말했으니, 堯帝는 신하가 얼마나 직분에 충실한 가를 시험하였지 단순히 언어나 문장만을 보지 않았다. 지금 外官이 많이 공석인 만큼 직책에 임용할 것이로다.」

戊辰日, 太傅인 趙憙(조희)가 죽었다.

겨울에, 月令에 의거 和氣를 맞이하는 正樂을 연주하였다.

이 해에 零陵郡에서 靈芝草를 바쳤다. 8마리 黃龍이 泉陵縣(천릉현)에 출현하였다. 西域의 假司馬인 班超(반초)가 疏勒國(소륵국)을 공격하여 격파하였다.

原文

六年春二月辛卯, 琅邪王京薨.

夏五月辛酉, 趙王盱薨. 六月丙辰, 太尉鮑昱薨. 辛未晦, 日有食之.

秋七月癸巳, 以大司農鄧彪爲太尉.

| 註釋 | ○(建初) 六年 – 서기 81년. ○大司農 – 秦의 治粟內史(치속내사), 전한에서 그대로 사용하다가 景帝 때 大農令으로 개칭, 武帝 때 大司農이라 개칭. 질록은 中二千石. 9卿의 하나. 국가 재정 총괄. 後漢에서도 동일. ○鄧彪(등표) – 44권, 〈鄧張徐張胡列傳〉에 입전.

(건초) 6년, 봄 2월 辛卯日, 琅邪王(낭야왕) 京(경)이 죽었다.

여름 5월 辛酉日, 趙王 盰(우)가 죽었다. 6월 丙辰日, 太尉 鮑昱(포욱)이 죽었다. 辛未日 그믐, 日食이 있었다.

秋 7월 癸巳日, 大司農 鄧彪(등표)를 太尉에 임명했다.

原文

七年春正月, 沛王輔, 濟南王康, 東平王蒼, 中山王焉, 東海王政, 琅邪王宇來朝.

夏六月甲寅, 廢皇太子慶爲淸河王, 立皇子肇爲皇太子. 己未, 徙廣平王羨爲西平王.

秋八月, 飮酎高廟, 禘祭光武皇帝, 孝明皇帝.

甲辰, 詔曰,「《書》云, '祖考來假', 明哲之祀. 予末小子, 質又菲薄, 仰惟先帝烝烝之情, 前修禘祭, 以盡孝敬. 朕得識昭穆之序, 寄遠祖之思. 今年大禮復擧, 加以先帝之坐, 悲傷感懷. 樂以迎來, 哀以送往, 雖祭亡如在, 而空虛不知所裁, 庶或饗之. 豈亡克愼肅雍之臣, 辟公之相, 皆助朕之依依. 今賜公錢四十萬, 卿半之, 及百官執事各有差.」

| 註釋 | ○(建初) 七年 – 서기 82년. ○廢皇太子慶爲淸河王 – 건초 4년에 청대지에 책봉되었다. 寶황후기 청대지 모친 宋貴人을 참소히어 결국 建初 7년에 폐위되어 淸河王이 되었다. 이후 서기 106년이 청하왕 유경이

죽었고 그 아들 祜(호)가 황제에 오르니, 곧 安帝(재위 107-125년)이다. ○立
皇子肇爲皇太子 – 肇(조)는 章帝와 梁貴人 소생, 和帝로 등극. ○徙廣平王
羨爲西平王 – 西平은 豫州刺史部 汝南郡의 縣名. 今 河南省 駐馬店市 관
할 西平縣. ○飮酎高廟 – 酎는 세 번 빚은 술 주. 진한 醇酒. 정월에 담가
8월에 익은 술을 酎라 한다. ○禘祭(체제) – 제왕의 종묘제사 중 하나. 원
근 조상의 신주를 태조 묘당에 모셔놓고 지내는 제사, 3년 상을 마친 뒤,
다음 해 한 번 더 지내고 이후 5년마다 지낸다는 주석이 있다. 禘祫(체합),
大祫(대합)과 同. ○《書》云, '祖考來假' –《書經 虞書 益稷》. 假는 이를 격
(格과 同). 오다. 성의를 다하여 음악을 연주하며 제사하면 조상의 신령이
오신다는 뜻. ○仰惟先帝烝烝之情 – 烝烝은 純粹하고 專一한 모양, 차차
나아가는 모양. 烝 김이 오를 증, 찔 증. ○昭穆之序 – 昭穆(소목)은 종묘에
신주를 모시는 차례, 태조를 중앙에 모시고 2, 4, 6세를 昭라 하여 왼편에
3, 5, 7세를 穆이라 하여 오른편에 모신다. 그리하여 천자는 3昭3穆의 7묘
를 모신다. 제후는 2소 2목의 5묘를 제사한다. ○加以先帝之坐 – 여기서
先帝는 顯宗 明帝. ○豈亡克愼肅雍之臣 – 어찌 신중하며 공경하고 화순
한 신하가 없다고 하겠는가? 克愼은 아주 신중하다. 肅은 敬也. 雍은 和也.
○辟公之相 – 여러 제후의 도움. 辟公은 제후. 相은 助也. ○皆助朕之依
依 – 依依는 사모하는 뜻. 思慕의 情.

[國譯]

　(建初) 7년(서기 82) 봄 정월, 沛王 劉輔(유보), 濟南王 康(강), 東平
王 蒼(창), 中山王 焉(언), 東海王 政(정), 琅邪王 劉宇(유우)가 來朝하
였다.

　여름 6월 甲寅日(갑인일), 皇太子 慶(경)을 폐하여 淸河王에 봉했
고 皇子 肇(조)를 皇太子에 책봉하였다. 己未日, 廣平王 羨(선)을 옮

겨 西平王으로 봉했다.

가을 8월, 高廟에서 음주하고, 光武皇帝와 孝明皇帝의 禘祭(체제)를 지냈다.

甲辰日에 조서를 내렸다.

「《書經》에 '조상 신령께서 임하시다' 하였으니, 이는 제사를 정성으로 지낸 것이다. 나는 미미한 어린 자식으로 근본 자질도 부족하나 先帝(明帝)의 淳厚(순후)하신 은정을 흠모하면서 앞서 禘祭(체제)를 모시며 효심과 공경심으로 마쳤도다. 짐이 昭穆의 차례를 알기에 먼 조상에 대한 思念을 많이 하였다. 금년에 禘祭 大禮를 다시 지내고 先帝의 神位를 모시면서 애통한 감회가 있도다. 조상의 신령을 기쁜 마음으로 맞이했고 애통하게 떠나보냈으며, 안 계시지만 마치 살아 계신 듯 제사를 마쳤어도 마음이 공허하여 무엇을 어찌할지 모르겠으나 (신령께서도) 아마 흠향하셨을 것이다. (짐에게) 어찌 근신하고 엄숙공경하며 화락한 신하가 없겠는가? 여러 제후들의 도움은 先帝에 대한 사모의 정을 깊게 해 주었도다. 이번에 公錢 40萬錢을 하사하니 경들에게 그 절반을, 그리고 百官과 제사를 도운 집사들에게 각각 차등을 두어 지급토록 하라.」

九月甲戌, 幸偃師, 東涉卷津, 至河內. 下詔曰,

「車駕行秋稼, 觀收獲, 因涉郡界. 皆精騎輕行, 無它輜重. 不得輒修道橋, 遠離城郭, 遣吏逢迎, 刺探起居, 出入前後, 以爲煩擾. 動務省約, 但患不能脫粟瓢飲耳. 所過欲令貧弱

有利, 無違詔書.」

　遂覽淇園. 己酉, 進幸鄴, 勞饗魏郡守令已下, 至於三老, 門闌, 走卒, 賜錢各有差. 勞賜常山, 趙國吏人, 復元氏租賦三歲. 辛卯, 車駕還宮. 詔天下繫囚減死一等, 勿笞, 詣邊戍. 妻子自隨, 占著所在, 父母同産欲相從者, 恣聽之. 有不到者, 皆以乏軍興論. 及犯殊死, 一切募下蠶室, 其女子宮. 繫鬼薪, 白粲已上, 皆減本罪各一等, 輸司寇作. 亡命贖, 死罪入縑二十匹, 右趾至髡鉗城旦舂十匹, 完城旦至司寇三匹, 吏人有罪未發覺, 詔書到自告者, 半入贖.

|註釋| ○偃師 － 河南尹 관할 縣名. 今 河南省 직할 偃師市(언사시, 洛陽市 동쪽). ○東涉卷津 － 卷은 河南尹의 縣名. 今 河南省 新鄕市 관할 原陽縣. 前漢의 原武縣. 卷津은 황하의 나루, 이 나루를 건너면 河內郡. ○刺探起居 － 황제의 飮食 起居를 준비하다. 刺探은 伺候(사후), 안부를 묻다. ○但患不能脫粟瓢飮耳 － 다만 糙米(조미, 현미)밥이나 바가지로 물을 마시지 않으면 괜찮다. ○遂覽淇園 － 淇園(기원)은 淇水의 庭園, 今 河南省 鶴壁市 관할 淇縣. 무제 元光 3년(前 132)에 今 山東省 濮陽市 瓠子口(호자구)란 곳에서 황하 제방이 터졌는데, 元封 2년(前 109)에 君臣이 함께 고생하여 무너진 제방을 다시 막을 때 기원의 대나무를 베어 썼다는 기록이 있다. ○進幸鄴 － 鄴(업)은 현명. 冀州刺史部 관할인 魏郡의 治所, 今 河北省 邯鄲市 관할 臨漳縣 서남. ○復元氏租賦三歲 － 元氏는 현명. 冀州刺史部의 常山郡(國)의 治所. 今 河北省 石家莊市 관할 元氏縣. 명제는 건무 4년(서기 28년)에 광무제와 모친 陰皇后의 소생으로 元氏縣에서 출생했다. 그래서 명제는 永平 5년(서기 62년)에 원씨현 백성의 田賦를 6년간 면제시켰었다.

○皆以乏軍興論 - 군수 물자를 축낸 죄로 판결하다(論). 軍興(군흥)은 軍에서 필요한 인력이나 물자를 징발하거나 조달하는 것. ○鬼薪,白粲 - 鬼薪(귀신), 白粲(백찬)은 모두 형벌의 이름. 남자는 종묘에서 쓸 나무를 하고(鬼薪), 여자는 곡식을 손질(白粲)하는 형벌. 형기는 3년. ○髡鉗城旦 - 髡(곤)은 머리를 깎고 노역에 종사하는 형벌. 수염을 깎아야 하는 형벌(耐)보다 무겁다. 鉗은 목에 칼(형구)을 차는 형벌. 舂은 방아를 찧는 노역에 종사〔舂 찧을 용. 春(춘)이 아님〕하는 여자 죄수의 형벌. 城旦은 城에서 성을 쌓거나 보초를 서는 남자 죄수의 형벌. 모두 형기는 4년.

[國譯]

9월 甲戌日, 偃師縣(언사현)에 행차했다가 동쪽의 卷縣(권현) 나루를 건너 河內郡에 도착하였다. 조서를 내렸다.

「짐이 가을 농사철에 행차하는 것은 백성의 가을걷이를 보려고 郡界를 지나왔다. 모두가 정예 기병에 경무장이며 다른 물자를 운반하지 않았다. 갑자기 도로나 교량을 수리한다든지 성곽에서 먼 곳까지 관리를 보내 영접을 할 필요가 없으며, 짐의 음식과 기거를 시중들고 전후 출입과 호위를 번잡하게 하지 말라. 모든 절차를 간략히 할 것이나 다만 짐이 현미밥이나 바가지로 물을 마시지만 않으면 될 거 같다. 짐이 지나가는 곳의 가난한 백성들에게 도움이 되어야 할 것이니 조서의 뜻을 어기지 말라.」

(황제는) 淇園(기원)을 유람하였다. 己酉日에 더 나아가 鄴縣(업현)에 행차하여 魏郡의 守令 이하 관원을 위로하면서 三老와 門闌(문난, 문지기)과 走卒(주졸)까지 각각 차등을 두어 금전을 하사하였다. 常山과 趙國의 관리와 백성을 위로하고 元氏縣의 租賦를 3년간 면제시켰다. 辛卯日에 車駕가 還宮했다.

조서를 내려 온 나라 사형 죄수를 1등급 감형하되 태형을 가하지 말고 변방 방수(防戌) 자리에 보내게 하였다. 妻子가 스스로 따라간다면 바로 변방의 현에 호적을 등록하고 만약 같은 부모의 형제가 동행하겠다면 뜻대로 허용케 하였다. 만약 변방에 도착하지 않는 자에게는 군수물자를 부족케 한 죄로 판결케 하였다. 또 목을 잘라 처형할 자는 모두 蠶室(잠실)에 보내 궁형을 받게 하고, 여자 죄수도 궁형에 처하게 하였다. 종묘의 땔나무를 하거나(鬼薪) 곡식을 찧어야 하는 노역(白粲) 이상의 죄로 갇혀 있는 자는 모두 죄를 1등급 감형하되 변방에 보내 보초를 서게 하였다. 亡命者가 사형 이하의 죄를 속죄하려 한다면 사형에 해당하는 자는 비단(縑, 비단 겸) 20필, 오른발을 자르는 형벌부터 머리를 깎고 칼(鉗)을 목에 두르고 성에 올라 노역을 해야 할 자는 10필, 肉刑없이 노역을 하거나 보초를 서야 할 경우는 3필, 관리 중에서 범죄가 발각되지 않았으나 조서가 내리기 전에 자수한 자는 그 반으로 속죄하게 하였다.

原文

冬十月癸丑, 西巡狩, 幸長安. 丙辰, 祠高廟, 遂有事十一陵. 遣使者祠太上皇於萬年, 以中牢祠蕭何,霍光. 進幸槐里. 岐山得銅器, 形似酒罇, 獻之. 又獲白鹿. 帝曰, "上無明天子, 下無賢方伯. '人之無良, 相怨一方.' 斯器亦曷爲來哉?" 又幸長平, 御池陽宮, 東至高陵, 造舟於涇而還. 每所到幸, 輒會郡縣吏人, 勞賜作樂.

十一月, 詔勞賜河東守, 令, 掾以下. 十二月丁亥, 車駕還宮. 是歲, 京師及郡國螟.

| 註釋 | ○遂有事十一陵 – 有事는 제사를 지내다. 11陵은 建武 6년. 條 주석 참고. ○太上皇於萬年 – 太上皇은 高祖의 생부. 萬年은 左馮翊(좌풍익)의 현명. 太上皇 황릉의 이름, 今 陝西省 중부 渭南市 관할 富平縣. ○進幸槐里 – 槐里는 司隷校尉部 관할 右扶風의 치소인 槐里縣, 今 陝西省 중부 咸陽市 관할 興平市. ○岐山得銅器, 形似酒罇 – 岐山은 周族 古公亶父(고공단보)가 융적의 침입을 피해 옮겨온 곳. 많은 백성이 고공단보를 따라와 마을을 이루었다. 뒷날 周 왕조의 발상지. 今 陝西省 서부 寶雞市 관할 岐山縣. 酒罇(주준)은 술 항아리. 제사에 필요한 용구에 炊器(취사용 용기)로는 鼎(정), 鬲(격), 甑(증, 시루), 甗(언, 시루)이 있고, 食器로는 簋(궤), 簠(보), 敦(돈), 豆(두)가 있으며, 酒器로는 爵(작), 角(각), 觚(고, 술잔), 觥(굉, 뿔잔), 尊(준, 술그릇, 罇, 樽과 同), 卣(유, 술통), 壺(호, 병), 罍(뢰, 술독), 缶(부, 단지)가 있었다. 玉器로는 璧(벽, 둥근 옥), 圭(규, 홀), 璋(장, 반쪽 홀), 璜(황, 서옥) 등이 있었다. ○人之無良, 相怨一方 – 좋지 못한 사람은 제멋대로 서로 원망하는데.《詩經 小雅 角弓》. 현존《시경》에는 ‘民之無良’으로 되어있다. ○斯器亦曷爲來哉? – 斯는 이것. 曷은 어찌 갈. 哉는 어조사 재, 疑問詞. 反語詞, 단정의 뜻으로 사용. ○又幸長平 – 여기 長平은 長安 부근 지명으로 長平坂, 今 陝西省 咸陽市 관할 涇陽縣(경양현). 長平縣은 陳國의 縣名. 今 河南省 동부 周口市 西華縣. ○御池陽宮 – 前漢의 別宮, ○東至高陵 – 高陵은 현명. 左馮翊의 治所, 今 陝西省 西安市 高陵區. 漢高祖의 陵이 아님. 高祖의 능은 長陵. ○造舟於涇而還 – 造舟는 배를 이어 교량을 만들다(造舟爲梁, 梁은 橋梁) 이때 浩는 至也(오다), 벌려놓다. 涇河(경하)는 황하의 가장 큰 支流인 渭河(위하)의 지류, 陝西省 西安市 高陵區에서 위하에 합

류. ○河東守,令,掾以下 - 司隷校尉部 소속 河東郡의 치소는 安邑縣, 今
山西省 運城市 관할 夏縣. ○京師及郡國螟 - 螟은 마디충 명. 농작물의
줄기를 파먹는 해충.

[國譯]

겨울, 10월 癸丑日, 서쪽을 巡狩(순수)하여 長安에 행차하였다. 丙
辰日, 高祖의 묘당에 제사를 지내고, 이어 (前漢) 11황제 능에 제사
를 지냈다. 사자를 보내 萬年縣의 太上皇陵에 제사를 지내게 하였
고, 祭物 中牢(중뢰)로 蕭何(소하)와 霍光(곽광)의 묘에 제사를 지냈
다. 더 나아가 槐里縣(괴리현)에 행차하였다. 岐山(기산)에서 酒罇(주
준)처럼 생긴 靑銅器를 캐냈다고 헌상하였다. 또 白鹿(백록)을 잡기
도 하였다. 이에 황제가 말했다. "위로는 명철한 황제가 없고, 아래
로는 현명한 方伯(방백, 지방관)도 없다. (《詩經》에서도) '좋지 못한
사람은 제멋대로 서로 원망한다.' 하였는데, 이 器物이 어찌 하여
나타났는가?"

황제는 또 長平에 행차하여 池陽宮(지양궁)에 머물었다가 東으로
나아가 高陵縣에 행차했다가 배를 이어 만든 다리로 涇河(경하)를
건너 돌아왔다. 황제는 가는 곳마다 바로 군현의 관리나 백성을 만
나보고 위로의 뜻으로 하사품을 내리고 음악을 연주케 하였다.

11월, 조서를 내려 河東太守와 현령, 掾吏(연리)까지 노고를 치하
하였다. 12월, 丁亥日, 어가가 환궁하였다. 이 해에 京師와 여러 郡
國에 마디충의 폐해가 많았다.

八年春正月壬辰, 東平王蒼薨. 三月辛卯, 葬東平憲王, 賜鸞輅,龍旂.

夏六月, 北匈奴大人率衆款塞降.

冬十二月甲午, 東巡狩, 幸陳留,梁國,淮陽,穎陽. 戊申, 車駕還宮.

詔曰,「《五經》剖判, 去聖彌遠, 章句遺辭, 乖疑難正, 恐先師微言將遂廢絶, 非所以重稽古, 求道眞也. 其令群儒選高才生, 受學《左氏》,《穀梁春秋》,《古文尚書》,《毛詩》, 以扶微學, 廣異義焉.」

是歲, 京師及郡國螟.

| 註釋 | ○(建初) 八年 – 서기 83년. ○鸞輅,龍旂 – 鸞輅(난로)는 鸞은 방울 란(난), 輅는 수레 이름. 龍旂(용기)는 교룡을 그린 깃발. 이상 모두는 천자의 用品이나 특별히 하사하였다. 명제 永平 원년에 전임 황태자였던 동해왕 彊(강)의 장례에 위 물품을 특별히 하사했었다. ○北匈奴大人 – 大人은 族長. 渠帥(거수). ○陳留,梁國,淮陽,穎陽 – 陳留는 兗州刺史部 소속 郡名이며, 治所 縣名. 今 河南省 開封市. 梁國은 豫州 소속, 治所는 睢陽縣, 今 河南省 商丘市 睢陽區. 淮陽은 郡國名. 章帝 章和(88년) 陳國으로 개칭. 治所는 陳縣, 今 河南省 周口市 淮陽縣. 穎陽(영양)은 豫州 소속 穎川郡의 현명. 今 河南省 중부의 許昌市 襄城縣. 許昌市는 後漢 말기, 曹操(조조)가 獻帝 劉協을 데려다가 수도로 삼았던 許縣(허현)이다. ○《五經》剖判 – 五經에 대한 해석이나 판단. ○《左氏》,《穀梁春秋》,《古文尚書》 –《春秋左氏傳》,《春秋穀梁傳》.《古文尚書》는 무제 말기에 魯 共王(恭王)이 孔子의 舊

宅을 허무는 과정에서 壁中에서 나왔다는 《書經》. 先秦의 蝌蚪文字(과두문자)로 기록되었는데 뒷날 孔安國이 先秦 문헌임을 밝혔다. 후한 말기에 馬融(마융), 鄭玄(정현) 등 經學大家의 노력으로 점차 《書經》의 주류로 자리잡았다. ㅇ《毛詩》 - 前漢의 毛亨(모형), 毛萇(모장)이 전한 《詩經》, 鄭玄 등의 노력으로 《毛詩》가 성행하면서 《齊詩》와 《魯詩》는 失傳되었다. ㅇ廣異義焉 - 經典의 서로 異議에 대하여 널리 연구하라.

[國譯]

(建初) 8년 봄 정월 壬辰日, 東平王 蒼(창)이 죽었다. 3월 辛卯日, 東平 憲王의 장례에, 鸞輅(난로)와 龍旂(용기) 등을 하사하였다.

여름 6월, 北匈奴의 족장이 무리를 거느리고 국경에 와서 투항하였다.

겨울 12月 甲午日, 동쪽 지방을 巡狩(순수)하여 陳留郡, 梁國, 淮陽國, 潁陽縣(영양현)에 행차하였다. 戊申日, 車駕가 還宮했다.

조서를 내렸다. 「《五經》의 해석은 聖人의 시대로부터 점점 멀어지면서 章句나 남긴 말씀에 의문이 많아 확정하기가 어려우며, 혹 先師(先聖)의 微言大義(미언대의)가 나중에 사라질 수도 있으니, 이는 옛일을 중히 여기며 眞意를 탐구하는 도리가 아닐 것이다. 여러 유생들로 하여금 재학이 우수한 제자들을 선발하여 《春秋左氏傳》과 《春秋穀梁傳》, 《古文尙書》와 《毛詩》 등을 학습케 하여 경전의 서로 다른 뜻을 널리 연구토록 하라.」

이 해에 京師와 郡國에 마디충 피해가 발생했다.

元和元年春正月, 中山王焉來朝. 日南徼外蠻夷獻生犀,
白雉. 閏月辛丑, 濟陰王長薨.

二月甲戌, 詔曰, 「王者八政, 以食爲本, 故古者急耕稼之
業, 致耒耜之勤, 節用儲蓄, 以備凶災, 是以歲雖不登而人無
飢色. 自牛疫已來, 穀食連少, 良由吏敎未至, 刺史, 二千石
不以爲負. 其令郡國募人無田欲徙它界就肥饒者, 恣聽之.
到在所, 賜給公田, 爲雇耕傭, 賃種餉, 貰與田器, 勿收租五
歲, 除筭三年. 其後欲還本鄕者, 勿禁.」

| 註釋 | ○元和元年 – 元和는 章帝의 두 번째 연호. 서기 84년. ○日南
徼外蠻夷獻生犀 – 日南은 交州刺史部 관할 後漢 최남단의 군명. 今 越南
國 중부지방에 해당. 치소는 西卷縣. 今 越南國 廣治省 廣治市. 徼外(요외)
는 塞外(새외). 生犀(생서)는 살아있는 코뿔소. 주석에 코에도 뿔이 있다고
하였다. ○王者八政 –《書經》의 〈洪範〉 八政은 일반적으로 箕子(기자)가
周 武王에게 진술한 '天地의 大法'으로 알려졌지만《漢書 五行志》에는
'禹治洪水, 賜〈洛書〉, 法而陳之. 〈洪範〉是也.'라 하였다. 지금은 春秋시
대나 戰國시대의 저작으로 인정되고 있다.《書 周書 洪範》의 八政은 一曰
食(식량), 二曰貨(물자), 三曰祀(제사), 四曰司空(器械와 車服, 水利와 土
木, 民生), 五曰司徒(백성 교화), 六曰司寇(치안 유지), 七曰賓(朝覲, 外交),
八曰師(軍旅)이다. ○故古者急耕稼之業 – 急은 서둘러야 할 중요한 일.
耕稼之業은 농업. ○致耒耜之勤, 節用儲蓄 – 致는 힘쓰다(致力). 耒耜(뇌
사)는 쟁기(耒는 쟁기의 손잡이, 목제 부분)와 쟁기 날(보습, 땅을 파서 뒤
집는 쇠). 儲蓄(저축)은 貯蓄(저축). 儲는 쌓을 저. ○良由吏敎未至 – 良은

진실로, 참으로, 副詞. ○刺史,二千石不以爲負 － 負는 걱정하다(憂也). ○爲
雇耕傭 － 품팔이를 하거나 경작하다. ○賃種餉 － 종자와 식량을 대여해
주다. ○貰與田器 － 농기구를 빌려주다. ○除筭三年 － 3년간 筭賦(算賦)
를 면제하다.

[國譯]

元和 원년 봄 정월, 中山王 焉(언)이 來朝했다. 日南郡 요새 밖의
蠻夷(만이)가 살아있는 코뿔소와 흰 꿩(生犀, 白雉)을 헌상했다. 윤
달 辛丑日, 濟陰王 長(장)이 죽었다.

2월 甲戌日, 조서를 내렸다.

「王者의 八政은 식량을 근본으로 삼았기에 옛사람들은 농사를 가
장 중요시했고, 농기구를 제조하고 절약하고 비축하며 흉년에 대비
하였기에 비록 흉년이 들더라도 백성이 굶주리지 않았다. 소(牛)의
돌림병이 유행한 이후로 식량이 부족한 것은 사실 관리의 독려가 미
치지 못한 것인데도 刺史나 太守들은 이를 걱정도 하지 않고 있다.
각 군국에서는 땅이 없는 백성이 다른 군의 비옥한 땅으로 이주하려
는 자를 모집하여 뜻대로 허락하라. 이주민들이 도착한 곳에서는 공
전을 나누어 지급하고 품팔이를 하면서 경작을 한다면 종자와 식량
을 임대해주고 농기구도 빌려주며, 5년간 田租(전조)를 징수하지 말
것이며, 筭賦도 3년간 면제토록 하라. 그 후에 본 고향으로 돌아가
겠다면 금하지 말라.」

原文

夏四月己卯, 分東平國, 封憲王蒼子尚爲任城王. 六月辛酉, 沛王輔薨.

秋七月丁未, 詔曰,

「〈律〉云'掠者唯得榜, 笞, 立.'又〈令丙〉, 箠長短有數. 自往者大獄已來, 掠考多酷, 鉆鑽之屬, 慘苦無極. 念其痛毒, 怵然動心.《書》曰'鞭作官刑', 豈云若此? 宜及秋冬理獄, 明爲其禁.」

| 註釋 | ○任城－國名. 兗州자사부 관할. 任城縣, 亢父縣(항보현), 樊縣(번현) 등 3개 현의 소국. 치소인 任城縣은 今 山東省 서남부의 濟寧市. ○〈律〉云 掠者唯得榜, 笞, 立－〈律〉은 漢律. 고조의 約法三章 이후 소하의 〈九章律〉이 나왔고 이후 점차 늘어 359장의 법률체제가 갖추어졌다. 後漢에서도 법률 조항은 계속 늘어났는데 和帝 때 사형과 관련된 조항만 610조가 있었다. 掠者는 심문받는 자. 榜은 때리다(擊也), 笞는 회초리로 때리다. 立은 세워 놓고 심문하다. ○〈令丙〉－令甲, 令乙, 令丙 등 법률의 편차.〈令丙〉은 第三篇詔令의 뜻. ○箠長短有數－箠(채찍 추)는 笞刑(태형). 볼기를 치는 笞(태)의 길이(5丈) 굵기(1寸). 有數는 볼기를 치는 횟수. ○鉆鑽之屬, 慘苦無極－鉆鑽(겸찬)은 집게로 목을 집거나 무릎 뼈를 쑤시는 형벌. 鉆은 쇠로 목을 조르다. 집게 겸. 鑽은 뚫을 찬. 송곳으로 파다. ○怵然動心－怵然은 두려운 모양. 怵은 두려울 출. ○《書》曰'鞭作官刑'－채찍으로 때려 관가의 죄를 다스리다. ○宜及秋冬理獄－형벌의 집행은 가을이나 겨울에 행했고, 봄과 여름에는 사형을 집행하지 않았다.

　여름 4月 己卯日, 東平國을 나누어 東平憲王 蒼(창)이 아들 尙(상)을 任城王에 봉했다. 6월 辛酉日, 沛王 輔(보)가 죽었다.

　가을 7월 丁未日, 조서를 내렸다.

　「〈漢律〉에 '심문할 자를 볼기를 가격하거나 태형 또는 세워놓고 심문하며, 또 〈令丙〉에는 곤장의 길이나 때리는 숫자가 있다고 하였다. 지난 번 큰 獄案 이후 고문이 너무 잔혹해져서 쇠로 집거나 살을 후벼 파는 등 극도로 참혹하다고 하였다. 그 참혹한 고통을 생각한다면 두렵고 가슴이 떨린다. 《書經》에서도 '채찍이 관청의 형벌이다' 고 하였는데, 어찌 이런 혹형을 뜻하겠는가? 가을이나 겨울을 기다려 옥안을 다스리게 하고 혹형 금지를 분명히 알리도록 하라.」

原文

　八月甲子, 太尉鄧彪罷, 大司農鄭弘爲太尉. 癸酉, 詔曰,

　「朕道化不德, 吏政失和, 元元未諭, 抵罪於下. 寇賊爭心不息, 邊野邑屋不修. 永惟庶事, 思稽厥衷, 與凡百君子, 共弘斯道. 中心悠悠, 將何以寄? 其改建初九年爲元和元年. 郡國中都官繫囚減死一等, 勿笞, 詣邊縣, 妻子自隨, 占著在所. 其犯殊死, 一切募下蠶室, 其女子宮. 繫囚鬼薪, 白粲以上, 皆減本罪一等, 輸司寇作. 亡命者贖, 各有差.」

　丁酉, 南巡狩, 詔所經道上, 郡縣無得設儲跱. 命司空自將徒支柱橋梁. 有遣使奉迎, 探知起居, 二千石當坐. 其賜

鰥,寡,孤,獨,不能自存者粟, 人五斛.

| 註釋 | ○大司農鄭弘 – 33권, 〈朱馮虞鄭周列傳〉에 입전. ○與凡百君
子 – 모든 君子들과 함께. ○中心悠悠 – 마음이 오래도록 불안하다. 悠悠
(유유)는 근심이 많은 모양. ○郡縣無得設儲跱 – 儲跱(저치)는 예비로 비축
하다. 儲는 쌓을 저. 跱는 갖출 치, 둘 치.

[國譯]

8월 甲子日, 太尉 鄧彪(등표)를 해임하였고 大司農 鄭弘(정홍)을
太尉로 삼았다.

癸酉日, 조서를 내렸다.

「朕의 敎化가 부족하고 나라의 정사가 고르지 못하여 백성들을
깨우치지 못하니 짐의 허물이 백성에게 이르렀도다. 외적들은 침략
을 그치지 아니하고 변방의 마을은 황폐해졌다. 이런 모든 점을 깊
게 많이 생각하여 여러 도덕 군자들과 함께 치국의 正道를 넓혀야
할 것이다. 짐의 심중이 불안하기만 한데 앞으로 어찌 해야 하겠는
가? 이에 建初 9년을 元和 원년으로 改元하겠다. 郡國의 모든 관부
에 갇혀 있는 죄수를 모두 1등급씩 감형하고 태형을 가하지 말 것이
며 변방으로 보내되 처자가 따라가겠다고 자원하면 도착한 곳에서
호적에 올리도록 하라. 또 목을 잘라 처형할 죄를 지은 자는 모두 蠶
室(잠실)에 보내 궁형을 받게 하고, 여자 죄수도 궁형에 처하라. 갇혀
있는 죄수로 땔나무를 하거나(鬼薪) 곡식을 찧어야 하는 노역(白粲)
이상인 자는 모두 죄를 1등급 감형하되 변방에 보내 보초를 서게 하
라. 도망자가 속죄하려 한다면 각각 차등을 두어 조치하라.」

丁酉日에 남쪽으로 巡狩(순수)하면서 조서를 내려 지나가는 곳의 군현에서는 미리 준비를 하지 못하게 하였다. 司空(사공)에게 명하여 장인들을 거느리고 나가서 교량을 가설케 하였다. 또 사자를 보내 어가를 영접하거나 황제의 기거를 미리 탐지하려 한다면 태수를 처벌하겠다고 하였다. 鰥寡孤獨(환과고독)의 窮民과 제 혼자 살아갈 수 없는 백성에게 각각 곡식을 5斛(곡)씩 하사하게 하였다.

原文

九月乙未, 東平王忠薨. 辛丑, 幸章陵, 祠舊宅園廟, 見宗室故人, 賞賜各有差.

冬十月己未, 進幸江陵, 詔廬江太守祠南嶽, 又詔長沙, 零陵太守祠長沙定王, 舂陵節侯, 鬱林府君. 還, 幸宛. 十一月己丑, 車駕還宮, 賜從者各有差.

十二月壬子, 詔曰,「《書》云, '父不慈, 子不祗, 兄不友, 弟不恭, 不相及也.' 往者妖言大獄, 所及廣遠, 一人犯罪, 禁至三屬, 莫得垂纓仕宦王朝. 如有賢才而沒齒無用, 朕甚憐之, 非所謂與之更始也. 諸以前妖惡禁錮者, 一皆蠲除之, 以明棄咎之路, 但不得在宿衛而已.」

| 註釋 | ○進幸江陵 − 江陵은 荊州刺史部 소속 南郡의 治所인 江陵縣. 今 湖北省 중남부 荊州市 江陵縣. ○廬江太守祠南嶽 − 廬江(여강)은 揚州刺史部 소속의 군명. 治所 舒縣, 今 安徽省 중서부 六安市 舒城縣. 五嶽 중

南嶽은 湖南省 衡陽市의 衡山(형산). 형산산맥 중 주봉인 祝融峰(축융봉, 해발 1,300m). ㅇ長沙定王,舂陵節侯,鬱林府君 – 長沙定王은 前漢 劉發. 舂陵節侯는 長沙定王 劉發의 아들 劉買(?-前 121). 鬱林府君(울림부군)은 鬱林太守 劉外. 3인 모두 後漢 光武帝의 직계 선조. 〈光武帝紀〉 참조. ㅇ《書》云 –《書經 康誥》, 子不祗의 祗는 공경할 지. ㅇ禁至三屬 – 法禁에 의한 처벌이 三族(父族, 母族, 妻族)에 미치다. ㅇ垂纓仕宦王朝 – 垂纓仕宦은 관을 쓰고 벼슬하다. ㅇ沒齒無用 – 沒齒는 죽다. 평생. ㅇ一皆蠲除之 – 蠲除(견제)는 폐지하다. 사면하다. ㅇ以明棄咎之路 – 죄에 대한 처벌을 폐기하다. 비방 죄에 연루된 자를 모두 방면하다. ㅇ但不得在宿衛而已 – 宿衛는 밤새 호위하다. 황제 호위병사.

[國譯]

9월 乙未日, 東平王 忠(충)이 죽었다. 辛丑日, 章陵縣(장릉현)에 행차하여 옛집의 묘당에서 제사를 지내고 宗室과 지인의 알현을 받고 차등을 두어 모두에게 물품을 하사하였다.

겨울 10월 己未日, 나아가 江陵縣에 행차하여, 廬江(여강) 太守에게 南嶽(남악)에 제사를 올리게 하였고, 이어 長沙와 零陵(영릉) 太守에게 長沙定王(劉發)과 舂陵節侯(용릉절후, 劉買), 鬱林(울림) 府君(太守, 劉外)를 제사하라고 명했다. 돌아오면서 宛縣(완현)에 행차하였다. 11월 己丑日, 車駕가 환궁했는데 수행원에게 차등을 두어 하사하였다.

12월 壬子日, 조서를 내렸다.

「《書經》에 '父가 인자하지 않으면 아들이 공경하지 않고, 형이 우애하지 않으면 아우가 공순하지 않나'고 하였으니, (父子 兄弟는) 서로 관계하지 않는 것이다. 지난 날, 요언으로 큰 옥사가 있었고 그에 관련된 자가 많고도 넓었으니 한 사람의 범죄로 삼족이 처벌받기 때문에 조정에 벼슬하려는 자를 구할 수가 없다. 그래서 賢才가 있다 하더라도 죽을 때까지 등용할 수 없으니, 짐은 이를 매우 안타깝게 생각하며 이는 인재와 더불어 새롭게 시작하는 길이라 할 수 없다. 이전에 요언을 퍼트렸다 하여 감금된 자를 모두 석방하고 죄를 묻지 않는다는 뜻을 분명히 하되 다만 宿衛(숙위)를 하지 못하도록 하라.」

■原文

二年春正月乙酉, 詔曰,「〈令〉云'人有產子者復, 勿筭三歲.'今諸懷姙者, 賜胎養穀人三斛, 復其夫, 勿筭一歲, 著以爲令.」

又詔三公曰,「方春生養, 萬物莩甲, 宜助萌陽, 以育時物. 其令有司, 罪非殊死, 且勿案驗, 及吏人條書相告, 不得聽受, 冀以息事寧人, 敬奉天氣. 立秋如故. 夫俗吏矯飾外貌, 似是而非, 揆之人事則悅耳, 論之陰陽則傷化, 朕甚饜之, 甚苦之. 安靜之吏, 悃愊無華, 日計不足, 月計有餘. 如襄城令劉方, 吏人同聲謂之不煩, 雖未有它異, 斯亦殆近之矣. 間勅二千石各尙寬明, 而今富姦行賂於下, 貪吏枉法於上, 使有罪不論而無過被刑, 甚大逆也. 夫以苛爲察, 以刻爲明, 以輕爲德, 以重爲威, 四者或興, 則下有怨心. 吾詔書數下, 冠蓋接道, 而吏不加理, 人或失職, 其咎安在? 勉思舊令, 稱朕意焉.」

| 註釋 | ○(元和) 二年 - 서기 85년. ○人有産子者復 - 아들을 낳은 자는 賦稅와 徭役(요역)을 면제한다. 復는 면할 복. 덜다. 勿筭三歲은 3년간 算賦(筭賦, 人丁稅)를 면제하다. ○今諸懷姙者, 賜胎養穀 - 懷姙(회임)은 아이를 배다. 胎養穀은 태아를 위한 곡식. 당시로는 획기적인 출산장려책이며 복지 혜택임. ○復其夫, 勿筭一歲 - 夫의 요역을 면제하고 筭賦를 1년간 부과하지 말라. ○萬物孚甲 - 孚甲은 싹이 나다, 알에서 깨어나다. 孚는 풀이름 부. 굶어죽을 표. 갈대 줄기의 얇은 속껍질. 알 속의 하얀 막. ○宜助萌陽 - 萌陽은 萌芽生長. 萌은 싹틀 맹. ○冀以息事寧人 - 冀는 바라다. 息事寧人은 공사나 백성을 동원하지 않아 백성을 쉬게 하다. ○似是而非 - 옳은 것(是) 같으나(似) 실제는 잘못되었다(非). 겉모습은 그럴듯하나 실제는 다르다. 似而非. ○揆之人事則悅耳 - 그런 자(似而非한 자)가 하는 일을 보면 듣기 좋은 말이나 한다. 揆는 헤아릴 규. ○論之陰陽則傷化 - 그런 자가 음양 조화를 보면 化育을 방해만 한다. ○朕甚饜之 - 饜은 싫어할 염. 귀찮아하다(厭煩). ○悃愊無華 - 悃愊(곤픽)은 매우 진실하다. 悃은 정성 곤. 愊은 정성 픽. 답답할 핍. 無華는 번화하지 않다. ○日計不足, 月計有餘 - 성실한 사람의 하는 일이 당장은 부족한 것 같으나 오래 두고 보면 성과가 뛰어나다. 목전의 이익은 없어도 오래 두고 보면 이익이다. ○如襄城令劉方 - 襄城은 潁川郡의 현명. 今 河南省 중부 許昌市 襄城縣. 劉方(?-97)은 현령으로 그 성실성이 인정을 받아 宗正(9卿의 하나)으로 승진. 和帝 때 司徒 역임. 뒷날 자살. ○四者或興 - 四者는 以苛爲察, 以刻爲明, 以輕爲德, 以重爲威한 자. 이는 似而非의 구체적 예이다.

[國譯]

(元和) 2년 봄 정월 乙酉日, 조서를 내렸다.

「〈漢令〉에는 '백성이 아들을 낳으면 부세를 면제하고 筭賦(산부)를 3년간 징수하지 않는다.' 고 하였다. 지금 아기를 임신한 여인 집에는 胎養穀(태양곡, 태아 양육을 위한 곡식)을 각각 3斛(곡)씩 하사하고 그 남편의 賦稅를 면제하고 1년 筭賦를 징수하지 말 것이며, 이를 기록하여 법으로 시행하라.」

또 三公에게 조서를 내려 말했다.

「바야흐로 생장의 계절인 봄에 만물의 싹이 트니 응당 생장을 도와 계절에 맞춰 키워야 할 것이다. 모든 담당자에게 명하여 목을 베는 사형 이하의 죄는 일단 조사나 심리를 미룰 것이며, 관리나 백성에게 조목별로 알려서 접수하지 못하게 하고, 동원을 중지하여 백성을 쉬게 하면서 천기의 변화를 따르도록 하라. 대개 세속의 관리들은 하는 척하며 겉모습을 잘 꾸미려 하나 이는 옳은 것 같지만 잘못된 것이니, 그런 자가 하는 일이란 남에게 좋은 말이나 하고 그 陰陽化育을 논한다면 化育을 해치는 자들이니 짐은 그런 자가 아주 싫고 귀찮은 일로 여기고 있도다. 安分修己하는 관리는 정성되고 꾸밈이 없어, 단기간에는 부족한 것 같으나 장기적으로는 여유가 있다. 가령 襄城縣令인 劉方(유방)은 관리나 백성 모두가 그 일처리가 번잡하지 않다고 칭송하니, 비록 특이한 치적이 없다 하여도 그는 매우 우량한 관리이다. 지금 각 太守(二千石)에게 간곡히 알려 각자 관용과 明察을 숭상케 할 것이며 지금 부호들은 아래로 뇌물을 쓰고 탐관오리는 법을 어기며 윗사람을 모셔, 죄를 지은 자는 처벌을 받지 않고 무고한 자가 형벌을 받게 하니, 이는 아주 큰 대역일 것이다. 또 (지방관들이) 가혹한 집행을 엄격한 것으로 각박한 것이 명철한 것이며, 경박한 처사를 은덕을 베푸는 것으로 중형 판결을 권위로 생각하는데, 이런 4가지 행태가 많아진다면 아래 백성은 원한을 품게 된다. 짐이 여러 번 조서를 내렸고 출장 가는 관리들이 길이 가득

하지만 관리가 이치에 맞게 다스리지 않는다면 백성은 생업을 잃을 것이니 그 허물은 누구 때문이겠는가? 옛 詔令을 잘 생각하여 짐의 뜻에 맞추도록 하라.」

原文

二月甲寅, 始用〈四分歷〉. 詔曰,「今山川鬼神應典禮者, 尚未咸秩. 其議增修群祀, 以祈豐年.」

丙辰, 東巡狩. 己未, 鳳皇集肥城. 乙丑, 帝耕於定陶. 詔曰,「三老, 尊年也. 孝悌, 淑行也. 力田, 勤勞也. 國家甚休之. 其賜帛人一匹, 勉率農功.」

使使者祠唐堯於成陽靈臺. 辛未, 幸太山, 柴告岱宗. 有黃鵠三十從西南來, 經祠壇上, 東北過於宮屋, 翱翔升降. 進幸奉高. 壬申, 宗祀五帝於汶上明堂. 癸酉, 告祠二祖, 四宗, 大會外內群臣.

丙子, 詔曰,「朕巡狩岱宗, 柴望山川, 告祀明堂, 以章先勳. 其二王之後, 先聖之胤, 東后蕃衛, 伯父伯兄, 仲叔季弟, 幼子童孫, 百僚從臣, 宗室衆子, 要荒四裔, 沙漠之北, 蔥領之西, 冒耏之類, 跋涉懸度, 陵踐阻絶, 駿奔郊畤, 咸來助祭. 祖宗功德, 延及朕躬. 予一人空虛多疚, 纂承尊明, 盥洗享薦, 慙愧祗慄. 《詩》不云乎, '君子如祉, 亂庶遄已.' 歷數旣從, 靈耀著明, 亦欲與士大夫同心自新. 其大赦天下. 諸犯

罪不當得赦者, 皆除之. 復博,奉高,<u>嬴</u>, 無出今年田租,芻槀.」
戊寅, 進幸<u>濟南</u>.

| 註釋 | ○〈四分歷〉 – 四分曆. 歷은 曆과 통. 歷은 달력 역. 1년을 365
와 1/4日, 1월을 29와 499/940일로 계산. 1년에 4분의 1日이 남는다 하여
'四分'으로도 簡稱. 元和 2년 이후 後漢 말, 삼국 魏代(曹魏)까지 사용되었
다. ○肥城 – 泰山郡의 현명. 後漢에서 盧縣에 편입. 今 山東省 중서부, 泰
山 서쪽 泰安市 관할 肥城市. ○定陶 – 濟陰國의 治所인 定陶縣. 今 山東
省 菏澤市 定陶區. ○唐堯於成陽靈臺 – 成陽은 濟陰郡의 縣名. 今 山東省
菏澤市 서쪽. ○太山 – 泰山. ○柴告岱宗 – 柴祭, 玉帛과 犧牲(희생)을 장
작(柴 섶 시) 위에 올려놓고 불을 피워 祭天하는 의식. '祭天曰 燔柴(번시).'
岱宗(대종)은 泰山의 다른 명칭, 岱嶽(대악). 岱는 태산 대. ○翺翔升降 – 翺
는 날아오를 고. 翔는 빙빙 돌 상. 升은 오를 승. 降은 내릴 강. ○奉高 –
泰山郡의 치소, 奉高縣. 今 山東省 泰安市 岱嶽區. ○汶上明堂 – 汶上은
汶水 유역. 汶水(문수)는 山東省 서부의 濟水의 支流. ○二祖,四宗 – 二祖
는 高祖와 世祖(光武帝), 四宗은 文帝(太宗), 武帝(世宗), 宣帝(中宗), 明帝
(顯宗). ○二王之後 – 殷과 周의 후손. ○先聖之胤 – 先聖은 孔子, 胤은
이을 윤. 후손. ○東后蕃衛 – 漢의 제후는 모두 山東(關東)에 봉했었다.
東后는 東方의 國君, 곧 諸侯. 蕃衛는 울타리. ○要荒四裔 – 要服(요복)은
王城에서 2천 리 떨어진 지역. 荒服(황복)은 王城에서 2천5백 리 떨어진 지
역. 裔(예)는 荒服보다 더 먼 지역. ○沙漠之北, 蔥領之西 – 蔥領은 蔥嶺,
'그 산이 高大하나 山上에 蔥(파 총)가 자란다.' 고 하여 蔥嶺이라 불렀다.
今 帕米爾(Pamir 파미르) 고원과 喀喇崑崙(카라쿤룬) 산맥 서부의 산악지대.
中國과 塔吉克斯坦(타지키스탄), 阿富汗(아프가니스탄)에 걸쳐 북남으로 이어
진 대 산맥. 그 대부분은 타지키스탄 영역. 喜馬拉雅山(히말라야 산맥)과 興

都庫什(힌두쿠스) 산맥 등 여러 산맥과 연결되기에 아시아의 척추라고도 부른다.   ○冒絇之類 – 冒絇(모이)는 서역에 사는 수염이 많은 사람. 冒는 덮을 모. 絇는 구레나룻 이(音 而), 구레나룻 깎을 내.   ○跋涉懸度 – 풀밭을 지나가는 것을 跋(밟을 발), 물을 건너가는 것을 涉(건널 섭)이라 하였다. 懸은 매달 현. 度는 渡.《漢書 西域傳》기록에 의하면 '烏秅國(오차국)의 서쪽에 縣度(현도, 懸度)란 돌산(石山)이 있는데 陽關(양관)에서 5,888리이고, 서역도호부에서 5,020리이다. 현도는 계곡이 깊어 건널 수가 없어 밧줄을 매어 서로 당겨서 건너간다' 고 하였다.   ○陵踐阻絕 – 阻絕(조절)은 험하고 끊어진 곳이 많은 길.   ○駿奔郊畤 – 駿奔(준분)은 빨리 달려오다. 駿은 疾也. 郊畤(교치)는 제천하는 곳. 畤는 재터 치. 신령이 머무는 곳.   ○空虛多疢 – 몸이 허약하고 병이 많다. 疢는 오랜 병 구.   ○纂承尊明 – 纂은 잇다. 계승하다. 모을 찬.   ○盥洗享薦 – 盥洗(관세)는 손과 발을 씻다. 盥은 세숫대야 관. 享薦(향천)은 제물을 올리다.   ○慙愧祇慄 – 慙愧(참괴)는 부끄럽다. 祇慄(지률)은 공경하며 두려워하다.   ○《詩》不云乎, '君子如祉, 亂庶遄已.' –《詩 小雅 巧言》. 祉는 복. 천성으로 타고난 총명. 遄은 빠를 천. 빨리(速也). 已는 그치다.   ○歷數既從 – 四分曆 시행을 말함.   ○靈燿著明 – 신령한 日月이 더욱 밝게 빛나다(貞明).   ○博,奉高,嬴 – 모두 泰山郡의 縣名.   ○進幸濟南 – 兗州刺史部 관할 濟南國, 치소는 東平陵縣, 今 山東省 濟南市 관할 章丘市.

[國譯]

2월 甲寅日, 처음으로〈四分曆〉을 시행하였다. 그리고 조서를 내렸다.

「지금 산천의 신령에 대한 제사 의전이 다 갖추어지지는 않았다. 여러 제사의식을 보완하여 풍년을 빌 방안을 논의토록 하라.」

丙辰日, 동쪽을 巡狩(순수)하였다. 己未日, 봉황이 (泰山郡) 肥城縣에 모여들었다. 乙丑日, 황제는 (濟陰國의) 定陶縣(정도현)에서 親耕(친경)하였다. 이에 조서를 내렸다.

「三老는 어른을 존중하는 뜻이다. 孝悌(효제)는 행실이 바른 사람을 높이는 것이다. 力田은 근로를 권장하는 것이다. 나라에서는 이들을 크게 찬양하고 있다. 그들에게 각각 비단 1필 씩 하사하고 백성과 함께 농사에 힘쓰도록 장려하라.」

使者를 보내 (濟陰郡의) 成陽縣 靈臺(영대)에서 唐堯(당요, 堯帝)를 제사지냈다. 辛未日, 황제는 太山(泰山)에 행차하여 岱宗(대종, 泰山)에 장작불을 피워 望祭를 지냈다. 黃鵠(황곡, 고니) 30여 마리가 서남쪽에서 날아와서는 제단 위를 날고 동북쪽 건물 위로 날아가면서 오르락내리락하였다. 황제는 더 나아가 (泰山郡) 奉高縣에 행차하였다. 壬申日, 汶水(문수)의 明堂에서 五帝를 제사하였다. 癸酉日, 二祖(高祖, 世祖)와 四宗(太宗, 世宗, 中宗, 顯宗)의 제사를 올리는데 내외의 여러 신하가 모두 모였다. 丙子日, 조서를 내렸다.

「짐이 岱宗(泰山)을 순수하며, 장작불로 산천에 望祭를 지냈고 明堂에서 제사하며 선조의 공훈을 표창하였다. 二王(殷, 周室)의 후손과 先聖(孔子)의 후손, 동방의 國君과 諸侯, 伯父와 伯兄, 仲, 叔, 季弟와 어린 자손, 수행한 모든 臣僚(신료)가 참예하였으며, 要服과 荒服(황복), 그밖에 사방 아주 먼 곳과 沙漠(사막)의 북쪽과 蔥嶺(총령)의 서쪽 이민족까지 모두가 멀고 험한 길을 지나고 달려 이곳 제사터까지 와서 모두 함께 제사를 도왔다. 이는 祖宗의 功德이 짐까지 이어져 내린 것이로다. 짐은 허약하고 병치레도 많지만 선조의 聖明을 이어받았기에 손을 씻고 제물을 올렸지만 부끄럽고 두렵기만 하도다. 《詩經》에서도 '君主가 현명하니 모든 혼란이 빨리 끝나도다.' 라고 말하지 않았는가? 새로운 〈四分曆〉을 시행하여 日月이 더욱 밝게 빛나니, 이에 여러 사대부와 함께 한마음으로 새롭게 시작하리라. 천하 죄인을 모두 사면하겠다. 아직 사면을 받지 못한 범죄자들의 모든 형벌을 면제하겠다. 博縣, 奉高縣, 嬴縣(영현)의 부세를 면제하니, 금년 田租와 芻藁(추고, 볏 짚)도 바치지 말라.」

戊寅日(무인일), 황제는 濟南國에 행차하였다.

原文

三月己丑, 進幸魯, 祠東海恭王陵. 庚寅, 祠孔子於闕里, 及七十二弟子, 賜褒成侯及諸孔男女帛. 壬辰, 進幸東平, 祠憲王陵. 甲午, 遣使者祠定陶太后, 恭王陵. 乙未, 幸東阿, 北登太行山, 至天井關.

夏四月乙巳, 客星入紫宮. 乙卯, 車駕還宮. 庚申, 假於祖禰, 告祠高廟.

| 註釋 | ○東海恭王 – 光武帝의 아들 劉彊(유강), 폐위된 전임 郭황후 소생. 建武 2년에 황태자에 책립되었다가 建武 19년에 황태자에서 물러나 동해왕이 되었다. ○祠孔子於闕里 – 闕里(궐리)는 孔子가 살았던 故里, 今 山東省 서남부 濟寧市 관할 曲阜市 闕里街. 노국의 도읍. 이곳 공자의 사당을 '闕里至聖廟'라 한다. 衍聖公(연성공, 孔子의 후손 작위)이 대를 이어 거주해온 대저택인 孔府(공부), 城北의 孔林(孔子 및 후손들의 묘지)과 함께 '三孔'이라 불린다. ○褒成侯(포성후) – 前漢 元帝는 공자의 후손인 孔霸(공

패)를 襃成君에 봉했고 식읍 8백 호를 내려 공자의 제사를 지내게 하였다. 이후 제후로서의 작위는 세습되었다. ○進幸東平 – 東平國, 兗州刺史部 관할, 治所는 無鹽縣. 今 山東省 泰安市 관할 東平縣. ○定陶太后,恭王陵 – 定陶太后는 元帝의 傅昭儀, 뒷날 定陶恭王 康(강)을 출산. 정도공왕의 아들이 前漢 哀帝. ○東阿 – 東郡의 현명. 今 山東省 서부 聊城市(요성시) 東阿縣. ○太行山 – (永平) 13년 주석 참고. ○天井關 – 雄定關. 太行山의 最南部, 山西省 동남부 晋城市 澤州縣에 위치, 河南省 焦作市로 통할 수 있는 險要地. 관문 앞에 깊이를 알 수 없는 3개의 우물(샘)이 있다. ○假於祖禰 – 假는 이를 격(至也). 祖禰(조예)는 祖父와 父의 묘당. 禰는 아비 사당 예(녜).

[國譯]

3월 己丑日, 나아가서 魯國에 행차하여 東海 恭王의 능에 제사를 올렸다. 庚寅日, 闕里(궐리)에서 공자와 그 72제자를 제사하고 襃成侯(포성후) 및 孔氏 남녀에게 비단을 하사하였다. 壬辰日, 東平國,에 행차하여 東平 憲王 능에 제사하였다. 甲午日, 使者를 보내 (哀帝의 祖母인) 定陶太后와 (애제의 生父) 恭王의 능에 제사를 올리게 했다. 乙未日에 東阿縣에 행차했고, 북쪽으로 가서 太行山에 올랐는데 天井關(천정관)까지 갔다.

여름 4월 乙巳日, 客星이 紫宮(자궁)에 들어왔다. 乙卯日, 車駕가 환궁했다. 庚申日, 조부와 부친 사당에 가서 高廟에 告하고 제사하였다.

五月戊申, 詔曰,「乃者鳳皇,黃龍,鸞鳥比集七郡, 或一郡
再見, 及白烏,神雀,甘露屢臻. 祖宗舊事, 或班恩施. 其賜天
下吏爵, 人三級, 高年,鰥,寡,孤,獨帛, 人一匹.《經》曰, '無侮
鰥寡, 惠此煢獨.' 加賜河南女子百戶牛,酒, 令天下大酺五
日. 賜公卿已下錢,帛各有差, 及洛陽人當酺者布, 戶一匹,
城外三戶共一匹. 賜博士員弟子見在太學者布, 人三匹. 令
郡國上明經者, 口十萬以上五人, 不滿十萬三人.」

改盧江爲六安國, 江陵復爲南郡. 徙江陵王恭爲六安王.

| 註釋 | ㅇ乃者鳳皇,黃龍,鸞鳥 – 乃者는 이전에, 접때. 鳳皇은 鳳(雄)과
凰(雌). 鷄頭에 蛇頸(사경), 燕頤(연이, 제비의 턱)에 龜背(귀배)와 魚尾에 五彩
色이라고 하지만 그런 새가 정말 존재하는가에 대해서는 주석이 없다. 鸞
鳥(난조)는 赤神의 精黃으로 봉황을 보좌하는 새인데, 鷄身에 赤毛이며 五
音으로 운다고 하였다. ㅇ比集七郡 – 比는 자주(頻也). ㅇ白烏,神雀,甘露
屢臻 – 白烏(백오)는 흰 까마귀. 神雀(신작)은 전설상 四靈(麟, 鳳, 龜, 龍) 중
鳳. 臻은 이를 진(至也). ㅇ無侮鰥寡, 惠此煢獨 – 侮는 업신여길 모. 煢獨
은 외로운 사람. 煢은 아내나 형제가 없는 외로울 경. 獨은 늙어 자식이 없
는 사람. ㅇ加賜河南女子百戶牛,酒, – 여자는 작위를 받은 戶主의 아내.
ㅇ城外三戶共一匹. ㅇ博士員弟子 – 博士는 五經을 교육하며 국가의 여러
자문에 응대하는 관직. 博士祭酒가 그 책임자. 박사로부터 교육을 받는 제
자(곧 太學生)를 博士員弟子라고도 호칭. ㅇ令郡國上明經者 – 上은 천거
이다. 明經者는 경학에 밝은 자. ㅇ盧江爲六安國 – 揚州刺史部 盧江郡의
治所는 舒縣. 今 安徽省 六安市 舒城縣. 前漢 六安國의 故地. ㅇ江陵復爲

南郡 - 建初 4년에 江陵國을 설치. 이 해에 다시 환원한 것임.

[國譯]

5월 戊申日, 조서를 내렸다.

「근자에 鳳皇과 黃龍, 鸞鳥(난조)가 7개 郡에 자주 날아왔고, 혹 한 郡에 두 번씩 나타기도 하였으며, 白鳥(백오, 흰 까마귀)나 神雀(신작, 鳳)이 나타나거나 甘露(감로)도 자주 내렸다. 祖宗의 옛 사적에 의하면 여러 施恩令를 내렸었다. 온 나라의 관리에게 작위를 3급씩 하사하고 노인과 鰥寡孤獨(환과고독)의 빈민에게는 비단은 각 1필씩 하사하라. 《經》에서도 '홀아비나 과부를 업신여기지 말고 외로운 사람들에게 베풀라.'고 하지 않았는가? 河南尹 관내 女子들에게는 1百戶당 소고기와 술을 특별히 더 하사하고 온 나라 백성에게 5일간은 모여 술을 마실 수 있도록 허용하라. 公卿 이하의 모든 관리에게 금전과 비단을 각각 차이를 두어 하사할 것이며 특히 洛陽人으로 연회에 참여하는 자에게는 布를 戶當 1필씩, 성 밖 백성에게는 3호당 1필씩 하사하라. 博士員弟子로 太學에 재학하는 자에게는 각 3필을 하사하라. 郡國에서는 경학에 밝은 자를 인구 10만 이상의 군국에서는 5명, 10만이 안 되는 군국에서는 3인씩 천거토록 하라.」

廬江郡을 六安國으로 바꿨고, 江陵國을 다시 南郡으로 환원했다. 江陵王 恭(공)을 六安王에 봉했다.

原文

秋七月庚子, 詔曰,「《春秋》於春每月書'王'者, 重三正,

愼三微也. 律十二月立春, 不以報囚. 〈月令〉冬至之後, 有順陽助生之文, 而無鞫獄斷刑之政. 朕咨訪儒雅, 稽之典籍, 以爲王者生殺, 宜順時氣. 其定律, 無以十一月,十二月報囚.」

九月壬辰, 詔,「鳳皇,黃龍所見亭部, 無出二年租賦. 加賜男子爵, 人二級, 先見者帛二十匹, 近者三匹, 太守三十匹, 令,長十五匹, 丞,尉半之.《詩》云, '雖無德與汝, 式歌且舞.' 它如賜爵故事.」

丙申, 徵濟南王康,中山王焉會烝祭. 冬十一月壬辰, 日南至, 初閉關梁.

| 註釋 | ○《春秋》於春每月書‘王’者 – 매월의 기록에 ‘王’ 字를 쓴 것은. ○重三正, 愼三微也 – 天, 地, 人의 正道를 중시한 것이다. 愼三微란 周는 11월, 殷은 12월, 夏는 正月을 歲首로 했는데, 이 3달은 양기가 커지기 시작하나 미약한 때이므로 매사를 근신하였다. ○不以報囚 – 報는 형벌을 판정하다. 論과 같은 뜻. ○〈月令〉 – 周公이 엮었다고 전하는《禮記》의 편명. 1년 매달에 시행할 政令과 관련 있는 사물의 활동 및 五行의 相生 체계 등을 기록하였다. 이는 戰國시대와 秦漢시대의 농업 생산 활동과 풍속과 정령을 알 수 있는 자료이다. ○無鞫獄斷刑之政 – 죄수를 鞫問 (국문)하거나 형벌을 판결하는 政事가 없다. ○無以十一月,十二月報囚 – 11월과 12월에는 죄수의 형벌을 판결하지 말라. ○《詩》云, '雖無德與汝, 式歌且舞.' –《詩經 小雅 車舝(거할)》, '덕이 없어도 그대와 함께 하니 (기꺼이) 노래하고 춤추겠노라.' 式은 用의 뜻. ○烝祭(승제) – 겨울에 천시에 지내는 제사(冬祭日 烝). ○日南至 – 태양이 冬至點을 지나다. ○閉關梁

- 관문과 교량의 통행을 금하다.

[國譯]

　가을 7월 庚子日, 조서를 내렸다.

　「《春秋》에 春의 매달에 '王'字를 쓴 것은 三正을 중시한 것이며 三微(삼미)의 시기에 근신코자 한 것이다. 律令에 12월에 입춘이 들었으면 죄수의 형벌을 판정하지 않는다고 하였다. 〈月令〉에도 冬至 이후로는 양기에 순응하며 생육을 도와야 한다는 글이 있고 죄수를 국문하거나 형벌을 판정하는 政事 기록이 없다. 朕이 학식이 풍부한 유생을 불러 물어보고 典籍을 살펴보았더니 王者는 生殺에서 응당 계절에 따라야 한다고 하였다. 11월과 12월에는 형벌을 판정하지 않는다고 율령으로 제정하라.」

　9월 壬辰日, 詔書를 내렸다.

　「鳳皇과 黃龍이 나타났던 亭이 있는 마을에서는 2년간 租賦를 납부하지 않도록 하라. 男子(戶主)에게는 작위를 각 2급씩 하사하고 먼저 발견한 자에게는 비단 20필을, 가까이 본 자에게는 3필을, 그 군의 태수에게는 30필, 縣令이나 縣長에게는 15필, 縣丞이나 縣尉 加에게는 그 절반을 하사하라. 《詩》에서도 '덕이 없어도 그대와 함께 하니 (기꺼이) 노래하고 춤추겠노라.' 고 하지 않았는가? 나머지 일은 작위를 내린 전례에 따르도록 하라.」

　丙申日, 濟南王 康(강)과 中山王 焉(언)을 불러 함께 烝祭(증제, 冬祭)를 지냈다.

　겨울 11월 壬辰日, 태양이 동지점을 지났기에 처음으로 관문과 교량의 통행을 금했다.

原文

三年春正月乙酉, 詔曰,「蓋君人者, 視民如父母, 有憯怛之憂, 有忠和之教, 匍匐之救. 其嬰兒無父母親屬, 及有子不能養食者, 稟給如〈律〉.」

丙申, 北巡狩, <u>濟南王康</u>,<u>中山王焉</u>,<u>西平王羨</u>,<u>六安王恭</u>,<u>樂成王黨</u>,<u>淮陽王昞</u>,<u>任城王尙</u>,<u>沛王定</u>皆從.

辛丑, 帝耕於<u>懷</u>.

| 註釋 | ○(元和) 三年 – 서기 86년. ○憯怛之憂 – 憯怛(참달)은 마음이 비통하다. 憯 슬퍼할 참. 怛 슬플 달. ○匍匐之救 –《詩經 邶風 谷風》의 '凡民有喪 匍匐求之'란 구절을 인용하였다. 匍匐은 땅에 배를 깔고 기어가다. 匍은 기어갈 포, 힘을 다하다. 匐은 엎드려 길 복. ○稟給如〈律〉 – 稟은 줄 품. 내주다. ○帝耕於懷 – 懷縣은 河內郡의 치소, 今 河南省 焦作市 관할 武陟縣(무척현).

【國譯】

(元和) 3년 봄 정월 乙酉日, 조서를 내렸다.

「主君이 된 자는 부모처럼 백성을 돌보아야 하니 진정으로 백성을 마음 아파하며 걱정하고, 진심으로 백성을 가르치고 힘써 구제하여야 한다. 부모나 친족이 없는 嬰兒(영아)나 자식을 먹여 살릴 수 없는 백성에게는 법에 의거 그대로 지급하라.」

丙申日, 북쪽을 순수하였는데 濟南王 劉康(유강), 中山王 焉(언), 西平王 羨(선), 六安王 恭(공), 樂成王 黨(당), 淮陽王 昞(병), 任城王 尙(상), 沛王 劉定(유정)이 모두 수행하였다.

辛丑日, 황제가 懷縣(회현)에서 親耕하였다.

二月壬寅, 告常山,魏郡,淸河,鉅鹿,平原,東平郡太守,相曰,

「朕惟巡狩之制, 以宣聲敎, 考同遐邇, 解釋怨結也. 今'四國無政, 不用其良', 駕言出遊, 欲親知其劇易. 前祠園陵, 遂望祀華,霍, 東柴岱宗, 爲人祈福. 今將禮常山, 遂徂北土, 歷魏郡, 經平原, 升踐堤防, 詢訪耆老, 咸曰, '往者汴門未作, 深者成淵, 淺則泥塗.' 追惟先帝勤人之德, 厎績遠圖, 復禹弘業, 聖跡滂流, 至於海表. 不克堂構, 朕甚慙焉. 〈月令〉, 孟春善相丘陵土地所宜. 今肥田尙多, 未有墾闢. 其悉以賦貧民, 給與糧種, 務盡地力, 勿令遊手. 所過縣邑, 聽半入今年田租, 以勸農夫之勞.」

乙丑, 勑侍御史,司空曰,「方春, 所過無得有所伐殺. 車可以引避, 引避之, 騑馬可輟解, 輟解之.《詩》云, '敦彼行葦, 牛羊勿踐履.'《禮》, 人君伐一草木不時, 謂之不孝. 俗知順人, 莫知順天. 其明稱朕意.」

戊辰, 進幸中山, 遣使者祠北嶽. 出長城. 癸酉, 還幸元氏, 祠光武,顯宗於縣舍正堂. 明日又祠顯宗於始生堂, 皆奏樂.

| 註釋 | ○東平郡太守,相曰 - 東平郡은 明帝 永平 15년 이후 常山國이다. 後漢 중앙정부의 승상은 司徒, 제후국 행정 담당관은 相. 태수를 높여 府君이라 칭하고, 태수의 정사를 돕는 郡丞을 府相이라고 호칭했다. ○考同遐邇 - 遠近, 遐 멀 하. 邇는 가까울 이, 가까이 할 이. ○'四國無政, 不用其良' -《詩經 小雅 十月之交》. 온 세상의 정치가 제대로 이루어지지 않는 것은 천자가 현인을 등용하지 않기 때문이다. ○欲親知其劇易 - 직접 그 어려움(劇)과 즐거움을(易) 알고자 하다. ○遂望祀華,霍 - 望祀는 望祭, 望秩. 華는 西嶽인 華山, 霍은 霍山(곽산), 일명 天柱山, 安徽省 서남부 安慶市 潛山縣(잠산현) 소재. '江淮第一山', '古南嶽'의 美稱으로 불린다. ○東紫岱宗 - 紫(시제사 시)는 柴. 岱宗은 泰山. ○常山 - 恒山(항산), 전한 文帝의 이름을 휘하여 常山으로 기록. ○遂徂北土 - 徂는 갈 조(往也). ○經平原 - 青州刺史部의 平原은 군명. 治所는 平原縣, 今 山東省 德州市 관할 平原縣. ○往者汴門未作 - 汴門은 汴水의 인공 운하. 明帝 永平 13년(서기 70)의 주석 참고. ○淺則泥塗 - 泥塗는 진흙길. ○底績遠圖 - 치적과 원대한 뜻. 底는 숫돌 지. 이를 저. ○復禹弘業 - 大禹의 위대한 치적을 다시 이루다. ○聖跡滂流 - 滂流(방류)는 물이 浩浩蕩蕩(호호탕탕) 흐르다. 滂은 세차게 흐를 방. ○至於海表 - 海表는 바다. ○不克堂構 - 건물의 기초도 이룩하지 못하다. ○未有墾闢 - 墾闢(간벽)은 開墾(개간)하다. 墾은 땅을 일굴 간. ○勑侍御史,司空曰 - 勑은 신칙할 칙. 위로할 래. ○騑馬可輟解 - 騑馬(비마)는 곁 말, 예비용 말. 輟解는 멍에에서 풀어 수레를 끌지 않게 하다. 좁은 길에서는 곁말을 풀고 수레를 끌게 한다는 뜻. 輟은 그칠 철. ○《詩》云 '敦彼行葦, 牛羊勿踐履.' ~ -《詩經 大雅 行葦》. 敦彼行葦의 敦은 빽빽이 자라다. 行葦(행위)는 길가의 갈대. 公劉(공유)는 周의 조상인 后稷의 曾孫인데, 공유가 어진 사람이기에 길을 가는 소나 양도 풀을 함부로 밟지 않았다고 한다. ○始生堂 - 元氏는 현명. 冀州刺史部의 常山郡(國)의 治所. 今 河北省 石家莊市 관할 元氏縣. 명제는 건무 4년(서기 28

년)에 광무제와 모친 陰皇后의 소생으로 元氏縣에서 출생했다. 그래서 명제는 永平 5년(서기 62년)에 元氏縣 백성의 田賦를 6년간 면제했었다.

[國譯]

2월 壬寅日, 常山國, 魏郡, 淸河, 鉅鹿, 平原, 東平郡의 太守와 相에게 조서를 내렸다.

「짐이 실시하는 巡狩(순수)는 교화를 선양하면서 원근 여러 곳의 상황을 살피고 백성의 억울함을 풀어주려는 뜻이다. 지금 '나라 사방 곳곳에 정사가 바르지 못한 것은 현량한 인재를 등용하지 못했기 때문'이니, 짐이 수레를 몰아 시찰하는 것은 백성의 고락을 직접 눈으로 보려는 뜻이다. 전에 여러 선조의 陵園에 제사하고 華山(화산)과 霍山(곽산)에 망제를 올렸으며 동쪽으로 泰山에서 柴祭(시제)를 올려 백성의 복을 빌었다. 이번에 常山(恒山, 北嶽)에서 예를 행하고 북쪽으로 올라오며 魏郡과 平原郡을 지나왔고 황하의 제방을 살폈으며 여러 노인들은 만나고 들었는데, 모두가 '예전에 汴河(변하)의 수문을 만들기 전에 깊은 곳은 연못이 되었고 얕은 곳은 진흙길이었다.'고 말했다. 先帝(明帝)께서 부지런히 백성에게 은택을 베푸신 은덕을 생각하면 치적이나 원대하신 뜻은 禹王(우왕)과 같은 큰일을 하셨으며, 위대하신 자취는 (황하가) 호호탕탕 흘러 바다에 들어가는 것과 같도다. (그러나) 짐은 집터도 제대로 다지지 못한 것 같아 심히 부끄러울 뿐이다. 〈月令〉에 의하면, 孟春(正月)에는 구릉지와 토지에 어떤 작물이 좋은가를 살피기 좋다고 하였다. 지금도 개간되지 않은 비옥한 토지는 아직도 많이 있다. 그런 땅을 모두 빈민에게 나누어 주고 식량과 종자를 공급하여 토지를 활용하며 놀리지 말아야 할 것이다. 짐이 지나온 현이나 마을에 금년 田租를 절반만 징수하여 농민들의 勤勞를 고취토록 하라.」

乙丑日 侍御史(시어사)와 司空(御史大夫)에게 지시하였다.

「바야흐로 봄철이니 지나갈 곳에 함부로 벌목하지 않게 하라. 수레가 (수목을) 피해갈 수 있다면 피하면 되고, 곁말을 풀 수 있으면 풀고 나아갈 것이다. 《詩經》에서도 '길가의 갈대를 지나는 소나 양도 밟지 않네!' 라고 말하지 않았는가? 人君이 때가 아닌 때에 풀 한 포기 나무 한 그루를 자르는 것도 불효라 할 수 있다. 본래 보통 사람이야 사람의 뜻에는 잘 따르지만 하늘의 뜻을 따를 줄은 모른다. 짐의 뜻을 확실하게 알아 실천하라.」

戊辰日, 더 나아가 中山國에 행차하였고 사자를 보내 北嶽(북악)에 제사했다. 長城 밖에 도착했다. 癸酉日, 돌아오면서 元氏縣(원씨현)에 행차하여 縣廳의 정당에서 光武帝와 顯宗(明帝)에게 제사했다. 다음 날 또 顯宗이 출생한 건물에서 제사하며 주악을 연주하였다.

原文

三月丙子, 詔高邑令祠光武於卽位壇. 復元氏七年徭役. 己卯, 進幸趙. 庚辰, 祠房山於靈壽. 辛卯, 車駕還宮. 賜從行者各有差.

夏四月丙寅, 太尉鄭弘免, 大司農宋田爲太尉. 五月丙子, 司空第五倫罷, 太僕袁安爲司空.

秋八月乙丑, 幸安邑, 觀鹽池. 九月, 至自安邑.

冬十月, 北海王基薨. 燒當羌叛, 寇隴西. 是歲, 西域長史
班超擊斬疏勒王.

| 註釋 | ○高邑令祠光武於卽位壇 – 高邑은 常山國의 현명. 冀州刺史部
소재지. 광무제 光武는 서기 23년에 기병하여 건무 원년 6월(서기 25년)
己未日에 즉위하였는데, 당시 31세였다. 즉위한 鄗縣(호현)을 高邑縣으로
개칭했다. ○房山於靈壽 – 房山은 王母山, 今 河北省 石家莊市 平山縣 소
재. 太行山脈 동남부. 靈壽는 常山國의 현명. 今 湖北省 石家莊市 靈壽縣.
○幸安邑, 觀鹽池 – 安邑은 河東郡의 治所, 今 山西省 運城市 관할 夏縣.
鹽池(염지)는 중국 곳곳에 지명이 있지만, 여기서는 今 山西省 夏縣 서남의
鹽池로 폭 51里, 넓이 7리, 둘레 116리라는 기록이 있다. ○長史 – 丞相,
太尉, 公, 將軍, 太守의 속관, 태수의 속관은 군사에 관한 일 담당. 질록 6백
석~1천석.

[國譯]

3월 丙子日, 高邑縣令에게 (光武帝) 卽位壇에서 光武帝를 제사하
라고 명했다. (常山國) 元氏縣의 徭役(요역)을 7년간 면제하였다. 己
卯日, 더 나아가 趙國에 행차하였다. 庚辰日, 靈壽縣의 房山에서 제
사를 지냈다. 辛卯日, 車駕가 환궁했다. 수행원들에게 차등 있게 하
사하였다.

여름 4월 丙寅日, 太尉 鄭弘(정홍)을 면직시켰고 大司農 宋田(송
전)이 太尉가 되었다. 5월 丙子日, 司空인 第五倫(제오륜)을 파직하였
는데, 太僕(태복)인 袁安(원안)이 司空이 되었다.

가을 8월 乙丑日, (河東郡) 安邑縣에 행차하여 鹽池(염지)를 둘러

보았다. 9월, 安邑縣에서 환궁하였다.

겨울 10월, 北海王 基(기)가 죽었다. 燒當(소당)의 羌族(강족)이 반기를 들고 隴西郡(농서군)을 노략질했다.

이 해에, 西域長史인 班超(반초)가 疏勒王(소륵왕)을 공격하여 죽였다.

■原文

章和元年春三月, 護羌校尉傅育追擊叛羌, 戰歿.

夏四月丙子, 令郡國中都官繫囚減死一等, 詣金城戍. 六月戊辰, 司徒桓虞免. 癸卯, 司空袁安爲司徒, 光祿勳任隗爲司空.

秋七月癸卯, 齊王晃有罪, 貶爲蕪湖侯. 壬子, 淮陽王昞薨. 鮮卑擊破北單于, 斬之. 燒當羌寇金城, 護羌校尉劉盱討之, 斬其渠帥.

| 註釋 | ○章和元年 – 서기 87년. ○金城戍 – 金城郡은 涼州刺史部 소속, 치소는 允吾縣, 今 甘肅省 臨夏回族自治州(市) 관할 永靖縣 西北. 금성군의 영역은 대략 甘肅省 남부 蘭州市, 靑海省 西寧市 일대. ○蕪湖侯 – 蕪湖는 揚州刺史部 丹陽郡의 현명. 今 安徽省 동남부, 長江 남안의 蕪湖市.

[國譯]

章和 원년 봄 3월, 護羌校尉인 傅育(부육)이 반란을 일으킨 羌族을

공격했으나 전사했다.

여름 4월 丙子日, 각 郡國의 中都官에게 명하여 갇힌 죄수의 사형죄를 1등급씩 감면하여 金城郡에 보내 防戍하게 했다. 6월 戊辰日, 司徒 桓虞(환우)를 면직시켰다. 癸卯日, 司空 袁安(원안)이 司徒가 되었고, 光祿勳 任隗(임외)가 司空이 되었다.

가을 7월 癸卯日, 齊王 晃(황)이 죄를 지어 蕪湖侯(무호후)로 폄직시켰다. 壬子日, 淮陽王 昞(병)이 죽었다. 鮮卑族(선비족)이 北單于(북선우)를 격파하여 죽였다. 燒當의 강족이 금성군에 침입하였으나 護羌校尉인 劉盱(유우)가 토벌하여 그 우두머리를 죽였다.

原文

壬戌, 詔曰, 「朕聞明君之德, 啓迪鴻化, 緝熙康乂, 光照六幽, 訖惟人面, 靡不率俾, 仁風翔於海表, 威霆行乎鬼區. 然後敬恭明祀, 膺五福之慶, 獲來儀之瑞. 朕以不德, 受祖宗弘烈. 乃者鳳皇仍集, 麒麟並臻, 甘露宵降, 嘉穀滋生, 芝草之類, 歲月不絶. 朕夙夜祗畏上天, 無以彰於先功. 今改元和四年爲章和元年.」

秋, 令 '是月養衰老, 授几杖, 行糜粥飲食.' 其賜高年二人共布帛各一匹, 以爲醴酪. 死罪囚犯法在丙子赦前而後捕繫者, 皆減死, 勿笞, 詣金城戍.

|註釋| ○啓迪鴻化 – 啓迪(계적)은 열어 인도하다. 迪은 나아갈 적. 鴻

化는 크게 敎化하다. 홍은 鴻大, 洪大. ○緝熙康乂 - 緝熙(집희)는 밝게 하다. 康乂(강예)는 백성을 잘 다스려 평안하게 하다. 乂는 다스릴 예(治也), 벨 예, 평온할 예. ○光照六幽 - 六幽는 六合(천지와 사방)의 어두운 곳. ○訖惟人面, 靡不率俾 - 모든 각각의 사람이 순종하지 않는 자가 없다. 俾는 좇을 비. 따르다. ○仁風翔於海表 - 仁風이 온 천지에 널리 퍼지다. 海表는 바다 끝. 바다 바깥. ○威霆行乎鬼區 - 威霆은 거대한 천둥소리. 절대적인 威力. 霆은 천둥소리 정. 鬼區(귀구)는 아주 먼 곳(鬼方). ○膺五福之慶 - 膺은 가슴 응. 받다. 膺受(응수). 五福은 壽, 富, 康寧, 攸好德(유호덕, 攸는 修의 뜻), 考終命. ○獲來儀之貺 - 봉황의 출현 같은 景福(경복)을 누릴 수 있다. 獲은 얻을 획. 來儀는 훌륭한 모습으로 오다. 여기서는 봉황의 출현을 의미. 貺는 줄 황. ○授几杖 - 几杖은 안석과 지팡이. 几은 안석 궤. 앉을 때 몸을 기댈 수 있는 물건. ○以爲醴酪 - 醴酪(예락)은 감주와 駝酪(타락). 지금의 떠먹는 요구르트 같은 음식. 치아가 빠진 노인들의 음식.

[國譯]

壬戌日, 조서를 내렸다.

「朕이 알기로는, 明君(賢君)의 덕행이란 교화의 길을 크게 넓히고 밝은 덕을 펴서 백성을 편안케 하며 천지 사방의 어두운 곳에도 골고루 혜택을 베풀어 모든 백성이 순종하며 仁愛의 풍속에 온 천하에 널리 퍼지고 큰 위엄이 아주 먼 곳까지 영향을 줄 수 있어야 한다. 그런 연후에야 공경으로 천지의 신령께 제사를 올려 五福의 경사를 누릴 수 있으며 봉황이 출현하는 상서로움이 나타날 수 있을 것이다. 짐은 不德한데도 祖宗의 크신 위업을 이어받았다. 근자에 鳳皇(鳳凰)이 자주 보여들고, 麒麟(기린)도 나타나고, 甘露(감로, 及 時雨)가 밤에 내렸으며, 상서로운 곡식이나 영지초가 자라는 등 매년 끊이지 않고 있다. 짐은 밤낮으로 上天을 공경하며 선조의 공훈을 드러내지 않은 적이 없도다. 이에 元和 4년을 章和(장화) 원년으로 개원하라.」

가을에, 月令에 '이 달에는 쇠약한 노인을 공양하는 달이니 안석과 지팡이를 하사하고 미음 죽을 먹게 한다.'고 하였으니, 나이 많은 노인 2인에 布(옷감)와 비단을 각 1匹(필)씩 하사하고 단술과 타락죽을 만들어 공급하게 하였다. 사형에 해당하는 죄수로 丙子日 사면 이후에 잡혀 갇힌 자 모두를 사형에서 감형하되 태형을 가하지 말고 金城郡에 보내 防戍(방수)하게 하였다.

原文

八月癸酉, 南巡狩. 壬午, 遣使者祠昭靈后於小黃園. 甲申, 徵任城王尙會睢陽. 戊子, 幸梁. 己丑, 遣使祠沛高原廟, 豐枌榆社. 乙未, 幸沛, 祠獻王陵, 徵會東海王政. 乙未晦, 日有食之. 九月庚子, 幸彭城, 東海王政,沛王定,任城王尙皆從. 辛亥, 幸壽春.

壬子, 詔郡國中都官繫囚減死罪一等, 詣金城戍, 犯殊死者, 一切募下蠶室, 其女子宮, 繫囚鬼薪,白粲已上, 減罪一等, 輸司寇作. 亡命者贖, 死罪縑二十匹, 右趾至髡鉗城旦春七匹, 完城旦至司寇三匹, 吏民犯罪未發覺, 詔書到自告者, 半入贖. 復封阜陵侯延爲阜陵王. 己未, 幸汝陰.

冬 十月丙子, 車駕還宮. 北匈奴屋蘭儲等率衆降.

是歲, 西域長史班超擊莎車, 大破之. 月氏國遣使獻扶拔,

師子.

| 註釋 | ○昭靈后於小黃園 - 昭靈后는 고조의 모친. 고조가 沛公으로 起兵했을 때 小黃(陳留郡의 현명)에서 죽었다. 고조 즉위 후에 園墓를 만들었다. ○幸梁 - 梁國은 豫州 소속, 治所는 睢陽縣(수양현), 今 河南省 商丘市 睢陽區. ○沛高原廟 豐枌楡社 - 沛는 豫州의 국명. 治所 相縣, 今 安徽省 淮北市. 高原廟는 다시 설립한 고조의 묘당(原은 再也). 豐은 縣名. 枌楡社의 枌楡(枌 느릅나무 분, 楡 느릅나무 유)는 마을 이름. 社는 마을의 사당. ○彭城(팽성) - 옛 項羽의 도읍지. 徐州刺史部 관할 彭城國의 治所. 今 江蘇省 서북단 徐州市. ○壽春 - 九江郡의 縣名. 今 安徽省 중서부 六安市 관할 壽縣. ○幸汝陰 - 汝南郡의 縣名. ○北匈奴屋蘭儲 - 屋蘭儲(옥란저)는 북흉노의 족장 이름(人名). ○莎車(사차) - 서역의 국명. 국도는 莎車城, 今 新疆省 서쪽 끝 喀什市(객십시, 카시시) 관할 莎車縣. ○月氏國遣使獻扶拔 - 月氏(월지, yuèzhī)는 甘肅省 일대에서 유목생활을 하던 티베트 계통의 부족. 흉노의 공격을 받아 서쪽으로 이동하여 伊犁河(이리하) 지역으로 이동한 월지는 大月氏, 甘肅省과 靑海省 일대에 남은 월지족은 小月氏라 칭한다. 大月氏는 실크로드의 서쪽 끝에서 동서 무역으로 번성하였다. 대월지는 본래 行國(遊牧國家)으로 가축을 따라 이동하는 흉노와 같은 풍속이었다. 활을 당길 수 있는 군사가 10여 만이나 되는 강국으로 흉노를 경시했었다. 본거지는 敦煌(돈황)과 祁連山(기련산) 일대였었다. 扶拔(부발)은 동물 이름. 기린과 같으나 뿔이 없다는 주석이 있다. 師子는 獅子.

[國譯]

8월 癸酉日, 남쪽 지역을 巡狩(순수)하였다 壬午日, 使者를 보내 小黃園에서 昭靈后(소령후, 漢 高祖의 모친)의 제사를 지냈다. 甲申日,

任城王 尙(상)을 불러 睢陽縣(수양현)에서 회동하였다. 戊子日, 梁國에 행차하였다. 己丑日, 사자를 보내 沛國 高原廟(고원묘)와 豐縣(풍현) 枌楡社(분유사)에서 제사를 지내게 했다. 乙未日, 沛國에 행차하여 獻王의 陵에서 제사를 지냈으며, 東海王 政(정)을 불러 만났다. 乙未日 그믐, 日食이 있었다.

9월 庚子日, 彭城(팽성)에 행차했는데, 東海王 政(정), 沛王 定(정), 任城王 尙(상) 등이 모두 수행하였다. 辛亥日, 壽春縣에 행차하였다.

壬子日에, 각 군국과 중앙 관서에 갇혀 있는 사형 죄수를 1등급 감형하여 金城郡에 보내 防戍(방수)하게 하였고, 목을 잘라 처형할 자는 모두 蠶室(잠실)에 보내 궁형을 받게 하고, 여자 죄수도 궁형에 처하게 하였으며, 갇힌 죄수로 종묘의 땔나무를 하거나(鬼薪) 곡식을 찧어야 하는 노역(白粲)에 종사할 자는 모두 죄를 1등급 감형하되 변방에 보내 보초를 서게 하였다. 亡命者가 사형 이하의 죄를 속죄하려 한다면 사형에 해당하는 자는 비단(縑) 20필, 오른발을 자르는 형벌부터 머리를 깎고 칼(鉗)을 목에 두르고 성에 올라 노역을 해야 할 자는 7필, 肉刑없이 노역을 하거나 보초를 서야 할 경우는 3필, 관리 중에서 범죄가 발각되지 않았으나 조서가 내리기 전에 자수한 자는 그 반으로 속죄하게 하였다.

阜陵侯(부릉후) 延(연)의 죄를 사면하여 다시 阜陵王에 봉했다. 己未日, 汝陰縣에 행차하였다.

겨울 10월 丙子일, 車駕가 환궁하였다. 北匈奴의 屋蘭儲(옥란저) 등이 무리를 거느리고 투항하였다. 이 해에, 西域長史인 班超(반초)는 莎車國(사차국)을 공격하여 대파하였다. 月氏國(월지국)에서 사자를 보내 扶拔(부발)이라는 짐승과 師子(獅子)를 헌상하였다.

二年春正月, 濟南王康, 阜陵王延, 中山王焉來朝.

二月壬辰, 帝崩於章德前殿, 年三十三. 遺詔無起寢廟, 一如先帝法制.

| 註釋 | ○(章和) 二年 - 서기 88년. ○年三十三 - 19세 즉위. 在位 75 - 88년. 年號는 建初(76-83년) → 元和(84-86年) → 章和(87-88년).

(章和) 2년 봄 정월, 濟南王 康(강), 阜陵王 延(연), 中山王 焉(언)이 입조하였다.

2월 壬辰日, 황제가 章德前殿에서 붕어했는데, 나이는 33세였다. 遺詔(유조)로 침전과 묘당을 짓지 말고 모든 것을 先帝(明帝)의 法制 와 같게 하라고 하였다.

論曰, 魏文帝稱 '明帝察察, 章帝長者.' 章帝素知人厭明 帝苛切, 事從寬厚. 感陳寵之義, 除慘獄之科. 深元元之愛, 著胎養之令. 奉承明德太后, 盡心孝道. 割裂名都, 以崇建 周親. 平徭簡賦, 而人賴其慶. 又體之以忠恕, 文之以禮樂. 故乃蕃輔克諧, 群后德讓. 謂之長者, 不亦宜乎! 在位十三 年, 郡國所上符瑞, 合於圖書者數百千所. 烏呼懋哉!

| 註釋 | ○魏文帝 – 曹丕(조비, 재위, 220-226). ○明帝察察 – 察察(찰찰)은 지혜로우면서도 정밀하고 엄격한 모양. 작은 일까지 세밀하게 잘 챙기는 모양. ○明帝苛切 – 苛切(가절)은 맵고도 철저한 모양. ○感陳寵之義 – 陳寵(진총)은 46권, 〈郭陳列傳〉에 입전. ○除慘獄之科 – 진총은 당시 尙書로 참혹한 형벌의 사례 50여 조를 폐지해야 한다고 상서하였다. ○著胎養之令 – 元和 2년(서기 85). 임신한 여인에게 胎養穀을 지급하는 詔令을 내렸다. ○奉承明德太后 – 明帝의 馬皇后, 章帝의 養母. ○以崇建周親 – 周親은 至親. ○平徭簡賦 – 요역을 공평히 하고, 부세를 줄여주다. ○又體之以忠恕 – 忠恕(충서)는 정성으로 남을 위하고, 남을 헤아리고 배려하다. ○文之以禮樂 – 禮樂으로 文彩를 내다. 예악을 정치에 적용하다. ○故乃蕃輔克諧 – 蕃輔(번보)는 제후, 제후국. 克諧는 화해를 이룩하다. ○郡國所上符瑞 – 군국에서 올린 吉兆(길조). 符는 祥瑞의 조짐. ○烏呼懋哉! – 烏呼(오호)는 감탄사. 懋는 아름답다(美也). 懋는 힘쓸 무. 성대하다.

[國譯]

范曄의 史論 : 魏 文帝는, '明帝는 明察 엄격하였고 章帝는 후덕하였다.' 라고 말했었다. 章帝는 평소에 백성들이 明帝의 엄격한 政事에 질린 것을 알고 있어 모든 일을 관대하고 온후하게 처리하였다. (章帝는) 陳寵(진총)이 올린 논의에 감동하여 참혹한 형벌 조항을 폐지하였다. 백성에 대한 깊은 恩情은 태아 양육 곡식을 지급하는 법을 시행하였다. (養母인) 明德太后를 받들어 정성으로 효도하였다. 큰 도시를 분할하여 가까운 황친을 분봉하였다. 백성의 요역을 공평히 했고 賦稅도 줄여 백성이 그 혜택을 입었다. 또 忠恕(충서)를 바탕으로 삼았고 禮樂을 정치에 도입하였다. 그래서 제후들은 모두 화합하였고 겸양의 미덕을 보였다. 그러하니 (章帝를) 후덕한 長者라고 평한 말이 옳지 않은가! 재위 13년에 郡國에서 올린 祥瑞(상서)의 길조가 도서에 기록된 말한 것이 수백에서 1천에 가까웠다. 아! 참으로 아름답도다!

原文

贊曰, 肅宗濟濟, 天性愷悌. 於穆后德, 諒惟淵體. 左右藝文, 斟酌律禮. 思服帝道, 弘此長懋. 儒館獻歌, 戎亭虛候. 氣調時豫, 憲平人富.

| 註釋 | ○濟濟 - 위엄이 있으며 아름다운 모양. 愷悌(개제)는 덕을 베풀어 화락한 모양. 愷는 즐거운 개. 마음이 편안하다. ○於穆后德 - 於穆(어목)은 감탄사, 歎美詞. 后德은 군주의 美德. ○諒惟淵體 - 諒은 진실로, 참으로. 믿음. 淵體는 연못과도 같다. ○左右蓺文 - 蓺文은 藝文, 蓺는 심을 예, 章帝가 五經의 異同을 토론하고 확정한 일. ○斟酌律禮 - 章帝는 立春이 지나면 형벌을 판결하지 못하게 했다. 斟酌(짐작)은 사정이나 형편을 고려하다. 斟은 술 따를 짐. ○思服帝道 - 思服은 밤낮으로 궁리하다. 깊이 생각하다. ○弘此長懋 - 오래 남을 훌륭한 치적이 많다. 懋는 힘쓸 무. ○儒館獻歌 - 儒館은 유생. 儒學者. 獻歌는 황제의 공덕을 칭송하는 글. ○戎亭虛候 - 戰役이 없어도 준비하고 기다린다는 뜻. ○氣調時豫 - 풍우도 순조롭고 태평한 시대란 뜻. 豫는 즐기다. 기뻐하다. 인심이 화락하다. ○憲平人富 - 憲平은 정치가 공평하다.

贊曰,

肅宗은 위엄이 있고 천성이 후덕, 화락하였다.

아! 군주로서의 미덕이 진실로 넓고 깊었도다.

학문도 열심이었고 백성을 위해 형벌도 완화하였다.

聖王의 왕도를 헤아려 길이 기억될 업적을 남겼다.

유생은 칭송 글을 짓고, 武士는 준비한 채 대기했다.

풍우도 순조 태평 시대, 공평한 정사로 백성은 부유했다.

4 孝和孝殤帝紀
〔효화,효상제기〕

原文

孝和皇帝諱肇, 肅宗第四子也. 母梁貴人, 爲竇皇后所譖,
憂卒, 竇后養帝以爲己子. 建初七年, 立爲皇太子.

章和二年二月壬辰, 卽皇帝位, 年十歲. 尊皇后曰皇太后,
太后臨朝.

三月丁酉, 改淮陽爲陳國, 楚郡爲彭城國, 西平幷汝南郡,
六安復爲廬江郡. 遺詔徙西平王羨爲陳王, 六安王恭爲彭城
王. 癸卯, 葬孝章皇帝於敬陵.

|註釋| ○孝和皇帝諱肇 – 和帝. 肇는 시작할 조, 꾀하다. 재위, 서기 88
-105년. 연호, 永元(89-104). 元興 105년. ○竇皇后 – 章德竇皇后(장덕두
황후)의 諱(휘, 이름)은 전하지 않지만 右扶風 平陵縣 사람으로 大司空(御史
大夫) 竇融(두융)의 曾孫이다. 조부 竇穆(두목), 부친 竇勳(두훈)이 모두 사안

에 연루되어 죽었는데, 이는 〈竇融傳〉에 기록되었다.   ○建初 7년 – 章帝, 서기 82년.   ○太后臨朝 – 태후가 국정을 代理(攝行)하다. 臨은 '높은 곳에서 내려다본다' 는 뜻이 있다. 어린 황제가 즉위했을 경우 皇太后나 太皇太后가 황제를 대신하여 정사를 행하는 것을 臨朝稱制라 한다. 稱制는 천자의 직권을 행사한다는 뜻으로 前漢 呂太后의 정치는 가장 전형적인 臨朝稱制였다. 後漢에서는 竇太后를 비롯한 6번의 臨朝稱制가 있었다. 臨朝는 '臨前殿하여 朝君臣' 의 뜻, 황후는 東向으로 어린 주군은 西向으로 앉으며 신하가 올리는 문서는 2부를 작성하여 양쪽에 올린다. 황제가 태자에게 정사를 대리케 하는 것은 監國이라 하고, 다른 남성 高官이 정사를 맡아 대리하는 것은 攝政(섭정)이라 한다.   ○敬陵 – 章帝와 그 皇后 竇氏의 合葬墓, 洛陽 서북, 邙山(망산)에 위치.

[國譯]

孝和皇帝의 諱(휘)는 肇(조)이고, 肅宗의 제 4자이다. 생모는 梁貴人으로 竇皇后(두황후)의 참소를 받아 근심하다가 죽었는데, 두황후는 황제를 양육하며 자신의 아들로 여겼다. 建初 7년, 황태자에 책립되었다.

章和 2년 2월 壬辰日, (劉肇가) 황제로 즉위하니, 나이 10살이었다. 竇皇后를 皇太后로 높였고, 황태후가 臨朝(임조)하였다.

3월 丁酉日, 淮陽郡을 陳國으로, 楚郡을 彭城國(팽성국)으로 바꿨고, 西平國을 汝南郡에 병합하였고, 六安國은 다시 廬江郡(여강군)이 되었다. 遺詔(유조)로 西平王 羨(선)을 陳王에, 六安王 恭(공)을 彭城王에 봉했다. 癸卯日, 孝章皇帝를 敬陵(경릉)에 장례하였다.

原文

庚戌, 皇太后詔曰,

「先帝以明聖, 奉承祖宗至德要道, 天下淸靜, 庶事咸寧. 今皇帝以幼年, 煢煢在疚, 朕且佐助聽政. 外有大國賢王並 爲蕃屛, 內有公卿大夫統理本朝, 恭己受成, 夫何憂哉! 然 守文之際, 必有內輔以參聽斷. 侍中憲, 朕之元兄, 行能兼 備, 忠孝尤篤, 先帝所器, 親受遺詔, 當以舊典輔斯職焉. 憲 固執謙讓, 節不可奪. 今供養兩宮, 宿衛左右, 厥事已重, 亦 不可復勞以政事. 故太尉鄧彪, 元功之族, 三讓彌高, 海內 歸仁, 爲群賢首, 先帝褒表, 欲以崇化. 今彪聰明康强, 可謂 老成黃耇矣. 其以彪爲太傅, 賜爵關內侯, 錄尚書事, 百官 總己以聽, 朕庶幾得專心內位. 於戲! 群公其勉率百僚, 各 修厥職, 愛養元元, 綏以中和, 稱朕意焉.」

| 註釋 | ○至德要道 – 숭고한 德行과 중요한 治道. ○煢煢在疚 – 외롭 고 병약하다. 煢煢(경경)은 외롭고 의지할 곳이 없는 모양, 근심하는 모양. 煢은 외로운 경. 疚는 오랜 병 구. ○並爲蕃屛 – 蕃屛(번병)의 본 뜻은 울타 리와 대문 앞의 가림막. 여기서는 제후국을 지칭. ○恭己受成 – 자신을 바로 하고 이미 정해진 길을 따르다. 恭己(공기)는 자신의 행실을 신중히 하다. 팔짱을 끼고 일을 신하에 맡기다.「子曰, "無爲而治者其舜也與? 夫 何爲哉? 恭己正南面而已矣."」《論語 衛靈公》. ○守文之際 – 守文은 조상 의 업적을 이어 나라를 지키다. 守成하다. ○侍中憲, 朕之元兄 – 侍中은 황제의 近侍官, 전한에서는 정식 관직이 아니고 加官의 직명. 加官이란 本

職 외에 다시 더 받은 관직의 직함이다. 열후, 장군, 경대부나 낭관 이상의 관직에서 가관을 받을 수 있었다. 가관의 칭호로 자주 보이는 것은 侍中, 左右曹, 諸吏, 常侍, 散騎, 給事中 등이 있다. 가관을 받은 신하는 황제의 신임을 받고 있다는 뜻이며 권한이 강대한 內朝의 要職을 차지하였다. 給事中은 황제 측근에서 여러 잡무를 담당, 加官의 加官의 한 종류. 황제를 가까이 모실 수 있는 자리. 憲은 寶憲(?-92). 字 伯度, 司空을 역임한 寶融(두융)의 증손. 23권, 〈寶融列傳〉에 立傳. 두헌은 외척이며 權臣, 유명한 장군. 뒷날 모반을 시도. 봉국으로 내쫓겨 자살했다. 이 사건에 班固(반고)도 연좌되어 獄死했다. 元兄은 큰오빠. ㅇ今供養兩宮 - 兩宮은 太后宮과 帝宮. ㅇ故太尉鄧彪 - 鄧彪(등표)는 建初 6년에 太尉가 되었다. 44권, 〈鄧張徐張胡列傳〉에 입전. ㅇ三讓彌高 - 등표의 부친도 제후였는데 부친이 죽었을 때 등표는 자신이 계승할 작위를 異母弟인 鄧鳳에게 양보하였다. 그래서 그 덕행이 더욱 높다는 뜻. ㅇ先帝褒表 - 褒表(포표)는 크게 칭찬하다. ㅇ老成黃耈 - 늙으면서 더욱 덕행을 쌓는 노인. 黃耈(황구)는 노인, 黃髮. 耈는 노인 얼굴의 검버섯 구. ㅇ錄尙書事 - 前漢의 領尙書事를 개칭. 황제에게 올라가는 모든 문서업무를 주관하는 尙書臺의 尙書令, 이하 상서복야, 상서, 尙書郎 등은 모두 少府 소속이었다. 후한에서 尙書의 권한이 점차 강대하면서 국가 최고의 대신이 이 상서 업무를 감독하였다. 곧 錄尙書事는 宰相의 의미로 사용. 상서 업무를 감독한다는 뜻이지 직책을 직접 수행하는 것은 아니다. ㅇ綏以中和 - 綏는 편안할 수. 편안하게 하다.

【國譯】

庚戌日(경술일), 황태후가 조서를 내렸다.

「先帝께서는 英明 神聖하시어 祖宗의 큰 업적과 정사의 大道를 계승하시어 천하가 淸靜하였으며 모든 國事가 다 안정되었었다. 이

제 황제는 어린 나이로 근심 걱정에 병약하기에 朕(짐, 황태후)이 황제의 정사를 돌봐주어야 한다. 지금 밖으로는 大國의 賢王이 모두 황실을 지켜 주고, 안으로는 公卿大夫가 조정의 국사를 관할하고 있으니 (황제는) 자신의 몸을 바로 하고 기성 법도를 따라가면 될 것이니 무엇을 걱정하겠는가! 그러나 대업을 이어 수성하려면 필히 안으로는 국정을 처리하며 결단할 사람이 있어야 한다. 侍中(시중)인 竇憲(두헌)은 짐의 큰오빠로 덕행과 재능을 겸비하였으며, 忠孝도 매우 돈독하여 先帝께서도 大器로 여기셨고 先帝의 유조를 직접 받았기에 응당 옛 典章과 法度에 따라 국정을 보좌하여야 한다. 憲(헌)은 겸양으로 지조만을 고집할 수는 없도다. (두헌은) 帝宮과 太后宮을 돌보면서 좌우를 宿衛(숙위)해야 하니 그 직무만으로도 아주 중요하나 일반 정사까지 수고를 하지 않을 수 없도다. 전임 太尉이었던 鄧彪(등표)는 큰 공을 세운 공신의 후예로 작위를 3번이나 양보하였으니 그 지조 또한 높아 海內가 그의 仁을 따르니, 가히 群賢의 첫째라 할 수 있어 先帝께서도 이를 크게 표창하며 교화의 본보기로 삼으려 하셨다. 지금도 등표는 여전히 聰明하고 신체 건강하니 가히 늙을수록 덕행이 높아지는 노인이라 할 수 있다. 이에 등표를 太傅로 삼고 關內侯의 작위를 하사하며 錄尙書事의 일을 담당토록 할 것이니 百官이 담당 직무를 다하며 명을 따라주면 짐은 아마 태후의 자리에서 전념할 수 있을 것이로다. 於戲(어희)라! 모든 공경은 힘써 臣僚(신료)를 이끌고 각자 직분을 수행하며 백성을 愛撫(애무)하고 中正과 溫和로 나라를 편안케 하여 짐의 뜻에 부합토록 하라.」

辛酉, 有司上奏, 「孝章皇帝崇弘鴻業, 德化普洽, 垂意黎
民, 留念稼穡. 文加殊俗, 武暢方表, 界惟人面, 無思不服.
巍巍蕩蕩, 莫與比隆. 〈周頌〉曰, '於穆清廟, 肅雝顯相.' 請
上尊廟曰肅宗, 共進〈武德〉之舞.」制曰, "可."

癸亥, 陳王羨, 彭城王恭, 樂成王黨, 下邳王衍, 梁王暢始就
國.

| 註釋 | ○德化普洽 - 도덕과 교화가 넓게 퍼지다. 크게 영향을 끼쳤
다. 洽은 윤택하게 할 흡. 적시다. ○垂意黎民 - 垂意(수의)는 관심을 갖
다. 黎民은 백성. 黎는 검을 려(여). 많다. ○文加殊俗 - 습속이 다른 곳까
지 文化가 이루어지다. ○武暢方表 - 사방의 끝(方表)까지 武威를 날리
다. ○界惟人面 - 나라 경계 밖의 인류. ○巍巍蕩蕩, 莫與比隆 - 巍巍(외
외)는 산이 높고 큰 모양. 蕩蕩(탕탕)은 넓고 큰 모양. 子曰, "大哉堯之爲君
也! 巍巍乎! 唯天爲大, 唯堯則之. 蕩蕩乎, 民無能名焉.《論語 泰伯》. ○〈周
頌〉 - 〈周頌(주송)〉은《詩經》의 편명. 西周王朝의 頌歌. 周 武王, 成王, 康
王, 昭王 시기(約 서기 前 11세기에서 10세기)의 작품. ○'於穆清廟, 肅雝顯
相.' -《詩經 周頌 清廟》. 於는 감탄사. 穆은 미의 뜻. 清廟는 文王의 묘당.
肅은 공경할 숙. 雝은 할미새 옹, 화할 옹(邕也). 顯은 덕이 많은. 밝을 현.
相은 助祭者. ○〈武德〉之舞 - 〈武德〉은 漢 高祖 4년에 처음 創制. 武威로
亂暴者를 제거하는 내용. 방패와 도끼를 들고 추는 춤.

[國譯]

辛酉日, 有司가 상주하였다.

「孝章皇帝께서는 아주 크신 업적을 남기셨으니 그 덕화를 온 세상에 널리 펴셨으며, 백성의 생활을 걱정하셨고 농사에도 유념하셨습니다. 文化가 풍속이 다른 지방까지 미쳤으며 사방의 끝까지 무위를 떨치셨기에 국경 밖의 인류도 복종치 않는 자가 없었습니다. 산처럼 높으시고 한없이 넓으시어 그 무엇도 이처럼 융성하지 않았습니다. 〈周頌〉에도 '아! 아름다운 文王 묘당에, 공손 온화한 덕이 많은 대신이 모였네!' 하였으니, 묘호를 肅宗(숙종)이라 정하시고 〈武德〉의 武舞를 함께 올리시기를 주청합니다.」

制命은 "可하다."고 하였다.

癸亥日, 陳王 羨(선), 彭城王 恭(공), 樂成王 黨(당), 下邳王 衍(연), 梁王 暢(창)이 처음으로 封國에 취임하였다.

原文

夏四月丙子, 謁高廟. 丁丑, 謁世祖廟.

戊寅, 詔曰,「昔孝武皇帝致誅胡,越, 故權收鹽鐵之利, 以奉師旅之費. 自中興以來, 匈奴未賓, 永平末年, 復修征伐. 先帝卽位, 務休力役, 然猶深思遠慮, 安不忘危, 探觀舊典, 復收鹽鐵, 欲以防備不虞, 寧安邊境. 而吏多不良, 動失其便, 以違上意. 先帝恨之, 故遺戒郡國罷鹽鐵之禁, 縱民煮鑄, 入稅縣官如故事. 其申勅刺史,二千石, 奉順聖旨, 勉弘德化, 布告天下, 使明知朕意.」

五月, 京師旱. 詔長樂少府桓郁侍講禁中.

冬十月乙亥, 以侍中竇憲爲車騎將軍, 伐北匈奴. 安息國
遣使獻師子,扶拔.

|註釋| ○世祖廟 - 光武帝의 廟堂. ○致誅胡,越 - 胡는 흉노, 越은 南
越의 여러 종족. ○鹽鐵之利 - 鹽과 鐵을 국가서 專賣한 이익. ○匈奴未
賓 - 흉노가 賓服(빈복, 服從, 朝貢)하지 않다. ○永平 - 明帝의 연호(58-75
년). ○縱民煮鑄 - 백성들에게 소금 제조(煮, 소금을 달일 자)와 철의 채광과
鑄造를 허용하다. ○入稅縣官如故事 - 縣官은 조정, 나라. 如故事는 전례
대로. ○長樂少府桓郁侍講禁中 - 長樂宮은 황제 모친(太后)의 거처. 皇帝
祖母의 궁궐은 보통 長信宮이라 불렀다. 長樂少府는 太后宮의 少府. 少府
는 궁의 운영과 살림을 맡은 직책, 태후궁의 속관은 직함 앞에 長樂을 붙여
구분했다. 長樂少府, 長樂太僕, 長樂衛尉를 태후의 三卿이라 했다. 황태후
가 없거나 죽으면 이 관직은 폐지되었다. 桓郁(환욱)은 人名. 侍講(시강)은
황제에게 講學하다. 禁中은 황제가 거처하는 궁중. 省中도 같은 뜻. ○安
息國 - 安息國은 지금 이란(伊朗) 북동부에 존재했던 나라. 영어로는
Parthia(파르티아). 왕도는 番兜城(번두성)인데 장안에서 11,600리 떨어져
있다. 서역도호부에 복속하지 않았다. 안식국의 동쪽은 大月氏(대월지)이
다.《漢書 西域傳》에 立傳.

[國譯]

여름 4월 丙子日, (황제는) 高廟에 참배하였다. 丁丑日, 世祖(光武
帝) 廟에 참배하였다. 戊寅日, 조서를 내렸다.

「전에 孝武皇帝는 흉노와 越人(월인)을 토벌하느라고 임시로 鹽
鐵 전매의 이득을 거둬 군사비용으로 충당하였다. 光武中興 이래로
흉노가 賓服하지 않자 永平(明帝) 말년에 다시 흉노를 정벌하였다.

先帝(章帝)께서 즉위하시고 백성 동원을 하지는 않으셨지만, 전례를 깊이 생각하고 앞길을 내다보아 평안할 때 위기를 생각지 않을 수 없고, 옛 법도를 고찰하더라도 다시 염철의 수익을 거둬 생각지 못한 사태에 대처하고 변경을 평온케 대비하려 했었다. 그러나 불량한 관리가 많아 일을 처리하며 백성의 편익을 생각지 않아 선제의 뜻을 거슬렀었다. 선제께서도 이를 한스럽게 여기면서 각 郡國에 명하여 鹽鐵의 제조에 대한 禁令을 철폐케 하였고, 백성 뜻대로 소금을 제조하거나 철을 주조하되, 전례대로 일정한 세금을 국가에 납부케 하였다. 각 刺史(자사)와 태수에게 자세히 일러 聖旨(성지)를 받들고 백성에 대한 덕화에 더욱 힘쓸 것이니, 이를 천하에 널리 알려 짐의 뜻을 확실히 알게 하라.」

5월, 京師지역에 旱害가 있었다. (황태후의) 명에 의거 長樂少府인 桓郁(환욱)이 궁중에서 황제에게 講學하였다.

겨울 10월 乙亥日, 侍中 竇憲(두헌)을 車騎將軍에 임명하여 北匈奴를 토벌케 하였다. 安息國(안식국)에서 사신을 보내 師子(獅子)와 扶拔(부발, 짐승 이름)을 헌상하였다.

原文

永元元年春三月甲辰, 初令郞官詔除者得占丞,尉, 以比秩爲眞.

夏六月, 車騎將軍竇憲出雞鹿塞, 度遼將軍鄧鴻出稒陽塞, 南單于出滿夷谷, 與北匈奴戰於稽落山, 大破之, 追至私

渠比鞮海. 竇憲遂登燕然山, 刻石勒功而還. 北單于遣弟右溫禺鞮王奉奏貢獻.

秋七月乙未, 會稽山崩.

閏月丙子, 詔曰, 「匈奴背叛, 爲害久遠. 賴祖宗之靈, 師克有捷, 醜虜破碎, 遂掃厥庭, 役不再籍, 萬里淸蕩, 非朕小子眇身所能克堪. 有司其案舊典, 告類薦功, 以章休烈.」

九月庚申, 以車騎將軍竇憲爲大將軍, 以中郎將爲車騎將軍.

冬十月, 令郡國刑輸作軍營, 其徙出塞者, 刑雖未竟, 皆免歸田里. 庚子, 阜陵王延薨. 是歲, 郡國九大水.

| 註釋 | ○永元 元年 - 서기89년. ○郎官詔除者得占丞,尉 - 郎官은 羽林郎, 숙위와 시종을 담당, 질록 3백석. 詔除者는 조서로 관직을 除授받은 자. 丞尉는 縣丞, 또는 縣尉. 小縣의 경우는 질록 3백석, 大縣은 4백석. ○以比秩爲眞 - 秩祿의 比三百石, 또는 比四百石을 眞三百石, 또는 眞四百石으로 한다. 곧 그만큼 우대한다는 뜻. ○雞鹿塞(계록새) - 지명. 塞는 변방 새, 변방의 요새(塞 울짱 채와 通). ○稒陽塞(고양새) - 稒은 고을 이름 고. ○私渠比鞮海(사거비제해) - 흉노 땅의 지명. 海는 내륙의 큰 호수. ㉖北京의 十刹海, 中南海, 裏海(카스피해)나 鹹海(함해, Aral해). ○燕然山 - 燕然山(연연산)은 今 몽고 중서부의 杭愛山(항애산). ○右溫禺鞮王 - 흉노의 관직. 여기의 王은 漢의 제후 같은 王이 아니다. ○會稽山崩 - 후한 會稽郡 山陰縣 소재. 今 浙江省 중부 紹興市. 夏禹가 제후들을 모아 여기서 공적을 심의했다고 한다. ○遂掃厥庭 - 庭은 흉노 單于의 직할지, 생활 주 근거지. 흉노는 유목민이기에 일정한 王都가 없다. ○役不再籍 - 戰役(戰鬪)을 다시

할 수가 없다. ○告類薦功 - 類는 出師한 뒤에 또는 天災를 당해 임시로 종묘나 사직에 올리는 제사. 薦功은 공적을 신령에게 告하다. ○以章休烈 - 章은 彰. 뚜렷하게 밝히다. 드러내다. 休烈은 훌륭한 공적. 休는 좋을 휴. ○刑輸作軍營 - 刑徒(罪囚)를 변방의 軍營에 보내다.

[國譯]

(和帝) 永元 원년(서기 89) 봄 3월 甲辰日, 郞官이 詔令에 의거 縣丞이나 縣尉에 除授된 자의 질록은 比의 질록을 眞의 질록으로 주는 제도를 처음 시행하였다.

여름 6월, 車騎將軍 竇憲(두헌)은 雞鹿塞(계록새)에서, 度遼將軍 鄧鴻(등홍)은 稒陽塞(고양새)에서, 南單于(남선우)는 滿夷谷(만이곡)에서 각각 출병하여 북흉노와 稽落山(계락산)에서 싸워 적을 대파하였고, 私渠比鞮海(사거비제해)까지 추격하였다. 두헌은 마침내 燕然山(연연산)에 올라 돌에 공적을 새겨 놓고 돌아왔다. 북선우는 동생 右溫禺鞮王(우온우제왕)을 보내 상주문을 올리고 토산물을 헌상하였다.

가을 7월 乙未日, 會稽山(회계산)에서 산사태가 났다. 7월 윤달 丙子日, 조서를 내렸다.

「흉노가 배반한 뒤로 그 폐해가 오래되었다. 영험하신 祖宗의 힘으로 군사가 대첩을 거두었고, 추악한 적들을 부숴버리고 그 근거지를 소탕하여 적으로 하여금 다시는 침범할 수 없게 하여 一萬里 넓은 땅을 깨끗하게 평정하였으니, 이는 미약한 짐이 혼자 이룬 일은 아니다. 담당자는 이전의 전례를 살펴 그 공적을 신령에게 고하고 훌륭한 전과를 크게 알리도록 하라.」

9월 庚申日, 車騎將軍 두헌이 大將軍이 되었고, 中郞將이 車騎將

軍이 되었다.

　겨울 10월, 郡國에 명하여 죄수를 각 군영으로 이송하고, 죄수 중 국경 밖에 출전한 자는 그 형기가 끝나지 않았어도 모두 고향으로 돌려보내게 하였다.

　庚子日, 阜陵王(부릉왕) 延(연)이 죽었다. 이 해에 9개 군국에 홍수 피해가 났다.

　|原文|

　二年春正月丁丑, 大赦天下. 二月壬午, 日有食之. 己亥, 復置西河,上郡屬國都尉官.

　夏五月庚戌, 分太山爲濟北國, 分樂成,涿郡,勃海爲河間國. 丙辰, 封皇弟壽爲濟北王, 開爲河間王, 淑爲城陽王, 紹封故淮陽王昞子側爲常山王. 賜公卿以下至佐史錢,布各有差.

　己未, 遣副校尉閻磐討北匈奴, 取伊吾盧地. 丁卯, 紹封故齊王晃子無忌爲齊王, 北海王睦子威爲北海王. 車師前後王並遣子入侍. 月氏國遣兵攻西域長史班超, 超擊降之.

　六月辛卯, 中山王焉薨.

　秋七月乙卯, 大將軍竇憲出屯涼州. 九月, 北匈奴遣使稱臣.

　冬十月, 遣行中郎將班固報命南單于. 遣左谷師王師子出雞鹿塞, 擊北匈奴於河雲北, 大破之.

| 註釋 | ○(永元) 二年 – 서기 90년. ○復置西河,上郡屬國都尉官 – 西河郡은 并州 소속, 治所 平定縣. 今 內蒙古 鄂爾多斯市 동남, 治所를 离石縣(이석현)으로 옮김. 今 山西省 중서부 呂梁市 離石區(서기 140년 이후). 上郡의 치소는 膚施縣(부시현). 今 陝西省 북부 楡林市(유림시). 屬國都尉는 前漢에서는 서하군 美稷縣, 上郡 龜玆縣에 속국도위(질록 比二千石)를 두어 투항한 흉노족을 다스리게 했었다. ○濟北國 – 兗州 소속, 治所 盧縣(노현). 今 山東省 濟南市 長淸區. 泰山郡을 분리. ○河間國 – 冀州, 治所 樂成縣. 今 河北省 남동부의 滄州市 獻縣(헌현). ○佐史 – 군현의 최하급 관직명. ○副校尉閻磐 – 副校尉는 서역도호 아래 군사 담당관. 閻磐(염반)은 인명. 閻은 마을 문 염. ○伊吾盧地 – 今 新疆維吾爾自治區 동부의 哈密市 伊州區에 해당. ○紹封 – 작위를 이어받은 제후에 봉하다. 부자세습의 뜻이 아니고 支孫을 봉하여 제사를 잇도록 봉하다. 紹는 계승의 뜻. ○車師前後王 – 일명 姑師國, 서역의 부족, 국가 이름. 車師前國과 後國으로 宣帝(前 63년) 때 분열되었다. 車師前國(거사전국)의 왕도는 交河城(교하성)이다. 강물이 나뉘어 흐르면서 성을 에워싸고 있어 交河라 하였다. 장안에서 8,150리이다. 車師後國(거사후국)의 왕도는 務塗谷(무도곡)으로 장안에서 8,950리이다.《漢書 西域傳 下》참고. ○月氏國 – 대월지국. 大月氏國(대월지국)의 치소는 監氏城(감씨성)으로 장안에서 11,600리 떨어져 있고 서역도호부에 복속하지 않았다. 토지와 기후, 산출되는 물산과 민속, 화폐 등은 안식국과 비슷했다. ○西域長史班超 – 서역 長史는 서역도호의 副職. ○行中郎將 – 中郎將의 직무대행. 중랑장은 장군보다 낮은 지휘관. 질록 比二千石. ○遣左谷蠡王師子 – 谷蠡(녹리, 音 鹿离 luùlí)는 흉노의 관직명. 谷은 흉노 벼슬 이름 록. 나라 이름 욕. 골짜기 곡. 蠡은 좀먹을 려. 흉노는 선우 아래에 左, 右賢王과 左, 右谷蠡(녹리, 녹려)와 좌우 大將, 좌우 大都尉, 좌우 大當戶, 좌우 骨都侯(골도후)를 두었다.《漢書 匈奴傳》참고. 여기 師子는 인명. 동물 이름이 아님. ○擊北匈奴於河雲北 – 河雲은 今 蒙古國의 서부

의 吉爾吉斯湖 서쪽 지역. 今 中國 新彊省과 蒙古國 국경 북쪽.

[國譯]

(永元) 2년 봄 정월 丁丑日, 천하 죄수를 모두 사면했다. 2월 壬午日, 日食이 있었다. 己亥日, 西河郡과 上郡에 屬國都尉 관직을 다시 설치했다.

여름 5월 庚戌日, 太山郡(泰山郡)을 분할하여 濟北國을, 樂成國과 涿郡(탁군), 勃海郡(발해군, 渤海郡)을 나누어 河間國을 설치하였다. 丙辰日, 皇弟인 壽(수)를 濟北王에, 開(개)를 河間王에, 淑(숙)을 城陽王에 봉했고, 옛 淮陽王 昞(병)의 아들 側(측)을 常山王에 이어 봉했다(紹封). 公卿 이하 佐史(좌사)에 이르기까지 각각 錢과 布를 차등을 두어 하사하였다. 己未日, 副校尉인 閻磐(염반)을 파견하여 北匈奴를 토벌케 하여 伊吾盧(이오로)의 땅을 차지하였다. 丁卯日, 옛 齊王 晃(황)의 아들 無忌(무기)를 齊王에, 北海王 睦(목)의 아들 威(위)를 北海王에 대를 이어 봉했다.

車師前國(거사전국)과 車師後國의 왕이 모두 아들을 보내 입시케 하였다. 月氏國(월지국)에서 군사를 보내 西域長史 班超(반초)를 공격하자 반초가 이들을 공격하여 투항케 하였다.

6월 辛卯日, 中山王 焉(언)이 죽었다.

가을 7월 乙卯日, 大將軍 竇憲(두헌)이 涼州(양주)에 주둔하였다. 9월, 北匈奴가 사자를 보내어 稱臣(칭신)하였다.

겨울 10월, 行中郞將 班固(반고)를 南單于(남선우)에게 사신으로 파견하였다. (남선우는) 左谷蠡王(좌녹리왕)인 師子(사자)를 파견하여 雞鹿塞(계록새)에서 출병하여 北匈奴를 河雲(하운)의 북쪽에서 공격하여 적을 대파하였다.

原文

三年春正月甲子, 皇帝加元服, 賜諸侯王,公,將軍,特進,中
二千石,列侯,宗室子孫在京師奉朝請者黃金, 將,大夫,郞吏,
從官帛. 賜民爵及粟帛各有差, 大酺五日. 郡國中都官繫囚
死罪贖縑, 至司寇及亡命, 各有差. 庚辰, 賜京師民酺, 布兩
戶共一匹.

二月, 大將軍竇憲遣左校尉耿夔出居延塞, 圍北單于於金
微山, 大破之, 獲其母閼氏.

夏六月辛卯, 尊皇太后母比陽公主爲長公主. 辛丑, 阜陵
王種薨.

| **註釋** | ○(永元) 三年 – 서기 91년. ○皇帝加元服 – 머리에 加冠하다.
황제가 관례를 치르다. 元服은 성년의 衣冠. 元은 머리(首). ○特進 – 官
職名. 列侯나 侯王, 공덕이 혁혁하거나 공로가 큰 원로 신하에게 내려주는
관직명. 三公의 아래에 해당. 황제가 내리는 은총의 하나. ○奉朝請 – 제
후가 봄에 입조하여 황제를 알현하는 것을 朝, 가을에는 請이라 한다. 三
公이나 外戚, 皇室(劉氏)이나 제후로 朝나 請에 참여할 수 있는 사람을 奉
朝請이라 한다. 그 서열은 三公의 다음이고 特進과 제후의 윗자리이다. 官
職이 아니라서 정원도 없다. ○將,大夫 – 將은 大將軍, 驃騎將軍, 車騎將
軍, 衛將軍 등 公에 해당하는 직위임. 특별 임무를 받은 장군 칭호가 많음.
大夫는 政事에 대한 의론을 담당(이때 夫는 扶의 뜻). 太中大夫는 列卿의

하나인 光祿勳의 屬官, 大夫는 정사에 대한 의론을 담당. 황제의 근신, 총신, 귀척으로 충임. 정원 없음, 많을 때는 수십 명이나 되었다. 질록 千石. 諫大夫는 武帝 元狩 5년에 처음 설치(질록 比8백석)했는데 후한에서는 諫議大夫로 명칭을 바꾸고 질록은 6백석으로 내렸고 정원이 없었다. 무제 太初 원년에 中大夫는 光祿大夫로 개명(질록 比2천석). 광록대부는 給事中, 侍中 등의 加官을 받아 권한이 강대했다. 後漢에서도 질록은 比二千石이나 점차 閒職化 되었다. 中散大夫는 질록 比이천석이었고 정원은 30명이었다. ㅇ耿夔 – 인명. 耿은 빛날 경. 夔는 조심할 기. ㅇ居延塞 – 거연의 요새. 前漢의 居延城은 張掖都尉의 治所. 後漢 安帝時, 張掖都尉의 관할 지역을 張掖居延屬國이라 했다. 今 內蒙古 阿拉善盟 관할 額濟納旗 동남. 漢代 居延澤은 늪지, 호수. 唐代 이후로는 '居延海'로 불렸다. 지금은 지도에서 사라진 호수. ㅇ母閼氏 – 閼氏(烟支, 연지, yānzhī)는 흉노 통치자인 單于의 正妻에 대한 칭호. 선우의 생모는 母閼氏(모연지)라고 한다. 閼 흉노 왕비 연, 가로막을 알. 氏는 支. 燕支, 燕脂로도 표기. 燕脂는 본래 여인의 화장품, 아내라는 뜻으로 사용. ㅇ長公主 – 본래 황후 소생의 공주 중 연장자를 지칭하였으나 황제의 자매 모두를 長公主라 통칭하며 맏이인 경우 大長公主라 칭했다. 比陽公主는 東海恭王 彊(강)의 딸.

[國譯]

(永元) 3년(서기 91) 봄 정월 甲子日, 皇帝가 加冠하면서 諸侯王과 公, 그리고 將軍과 特進, 中二千石(9卿에 해당)과 列侯 및 宗室子孫으로 京師에 있는 奉朝請者에게 黃金을 하사하였고, 將軍과 大夫, 郎吏와 從官에게는 비단을 하사하였다 백성에게 작위와 곡식과 비단을 각각 차등을 두어 하사했으며 5일간 모여 술을 마실 수 있도록 허용했다. 郡國과 중앙 각 부서에 갇힌 사형 죄에 해당하는 자가 비

단으로 속죄할 경우, 또 변방 보초나 도망자도 차등을 두어 속죄할 수 있게 하였다. 庚辰日, 京師의 백성들이 모여 술을 마시게 허용했고, 2호마다 옷감을 1필씩 하사하였다.

2월, 大將軍 竇憲(두헌)이 左校尉인 耿夔(경기)를 보내 居延塞(거연새)에서 출동케 했는데 (경기는) 북선우를 金微山(금미산)에서 포위하여 대파하고 선우의 모친 母關氏(모연지)를 생포하였다.

여름 6월 辛卯日, 황태후 모친인 比陽公主를 長公主라 호칭하였다. 辛丑日, 阜陵王(부릉왕) 種(종)이 죽었다.

原文

冬十月癸未, 行幸長安. 詔曰,「北狄破滅, 名王仍降, 西域諸國, 納質內附, 豈非祖宗迪哲重光之鴻烈歟? 寤寐嘆息, 想望舊京. 其賜行所過二千石長吏已下及三老,官屬錢帛, 各有差, 鰥,寡,孤,獨,篤癃,貧不能自存者粟, 人三斛.」

十一月癸卯, 祠高廟, 遂有事十一陵. 詔曰,「高祖功臣, 蕭,曹爲首, 有傳世不絶之義. 曹相國後容城侯無嗣. 朕望長陵東門, 見二臣之壟, 循其遠節, 每有感焉. 忠義獲寵, 古今所同. 可遣使者以中牢祠, 大鴻臚求近親宜爲嗣者, 須景風紹封, 以章厥功.」

十二月, 復置西域都護,騎都尉,戊己校尉官. 庚辰, 至自長安, 減弛刑徒從駕者刑五月.

| 註釋 | ○名王仍降 - 名王은 흉노의 족장급. 仍은 거듭할 잉, 紛紛히.
○納質內附 - 인질을 보내 漢室에 귀부하다. ○豈非祖宗迪哲重光之鴻烈
歟? - 迪哲은 명지를 실천하다. 迪은 나아갈 적. 밟다. 실천하다. 歟는 어
조사 여. 의문과 추측의 뜻. ○蕭,曹 - 蕭何와 曹參. 蕭河(소하, 前 257 - 193)
는 沛縣 豐邑(今 江蘇省 徐州市 관할 豐縣) 출신. 漢初 三傑의 한사람. 蕭
何는 縣의 主吏였고 劉邦은 亭長이었으니 소하의 지위가 높았다(나이도
소하가 한 살 위였다). 高祖 劉邦과 曹參, 樊噲(번쾌)가 모두 동향이었는데
蕭,曹 2인은 관리로 명성이 있었고, 유방과 번쾌는 토박이 불량배〔地痞(지
비)〕였다. 曹參(조참, ?-前 190)은 漢 개국공신. 조참은 前 193년에 소하의
뒤를 이어 漢 승상이 되어 無爲의 정치를 구현하였다. '蕭規曹隨(소규조
수)'成語의 주인공. ○朕望長陵東門 - 長陵은 고조의 陵. ○見二臣之壟
- 壟은 언덕 롱(농), 무덤. ○循其遠節 - 옛사람의 지조를 따르다. ○大
鴻臚 - 대홍려에서 제후의 임명, 後嗣의 계승, 접대를 담당하였다. ○須景
風紹封 - 須는 기다리다. 모름지기 수. 景風은 夏至가 지난 45일에 부는
열풍. 景風이 불면 유공자를 포상하고 대를 이어 제후에 봉했다. ○騎都
尉 - 騎兵都尉, 比二千石. 無 定員. 羽林 騎兵을 관리. ○戊己校尉 - 서역
에서 둔전을 담당하는 부대 지휘관. 明帝 永平 17年 주석 참고.

[國譯]

　겨울 10월 癸未日, 장안에 가서 머물렀다. 조서를 내렸다.

　「북쪽 흉노가 격파되면서 그 족장들이 분분히 투항하였고, 서역
의 여러 나라에서는 인질을 보내며 귀부하고 있으니, 이는 祖宗의
명철한 지혜와 聖德의 빛나는 업적이 아니겠는가? 짐은 자나 깨나
크게 감탄하며 늘 옛 도읍을 보고 싶었다. 짐이 지나온 곳의 태수나
현령 이하, 그리고 삼로와 모든 官屬에게 금전과 비단을 각각 차등

을 두어 하사하고 鰥寡孤獨(환과고독)과 廢疾者(폐질자)와 끼니가 어려운 빈민에게 사람마다 곡식 3斛(곡)을 하사하라.」

11월 癸卯日, 고조의 묘당에 제사를 올리고, 이어 11능에 제사를 지냈다. 그리고 조서를 내렸다.

「高祖의 공신으로 蕭何(소하)와 曹參(조참)이 첫째이며 후세에 단절 없이 전해야 할 忠義가 있다. 相國 조참의 후손인 容城侯(용성후)에게 후사가 없다고 한다. 짐이 長陵(장릉)의 東門에서 그 두 분 공신의 무덤을 바라보며 옛 충절을 생각하면서 늘 감격하였다. 忠義를 지킨 신하가 신뢰를 얻는 것은 고금이 마찬가지이다. 바로 사자를 보내 中牢(중뢰)를 써서 제사할 것이며, 大鴻臚(대홍려)는 가까운 친족 중에 후사가 될 자를 골라 夏至 이후 景風(경풍)이 불어올 때를 기다렸다가 후사를 책봉하여 선조의 공훈을 표창토록 하라.」

12월, 西域都護와 騎都尉, 戊己校尉(무기교위) 관직을 다시 설치하였다. 庚辰日, 長安에서 환궁하였고, 刑徒(형도, 죄수)로 종군했던 자에게는 형기 중 5개월을 감형하였다.

四年春正月, 北匈奴右谷蠡王於除鞬自立爲單于, 款塞乞降. 遣大將軍左校尉耿夔授璽綬. 三月癸丑, 司徒袁安薨. 閏月丁丑, 太常丁鴻爲司徒.

夏四月丙辰, 大將軍竇憲還至京師. 六月戊戌朔, 日有食之. 丙辰, 郡國十三地震. 竇憲潛圖弒逆. 庚申, 幸北宮. 詔

收捕憲黨射聲校尉郭璜, 璜子侍中擧, 衛尉鄧疊, 疊弟步兵
校尉磊. 皆下獄死. 使謁者僕射收憲大將軍印綬, 遣憲及弟
篤,景就國, 到皆自殺. 是夏, 旱,蝗.

| 註釋 | ○(永元) 四年 – 서기 92년. ○於除鞬(어제건) – 人名. 鞬은 등
에 지는 활과 화살집 건. 책꽂이. 大將軍 竇憲(두헌)은 於除鞬(어제건)을 北
單于로 세우겠다고 상서하였고 조정은 그 말에 따랐다. 북선우로 재위, 서
기 91-93년. ○授璽綬 – (흉노왕의) 국새와 인끈을 수여하다. 흉노의 입
장에서는 漢의 책봉을 받은 것임. 곧 漢에서 인정하겠다는 표시. ○竇憲
潛圖弑逆 – 두헌이 몰래 弑逆(시역)을 시도하다. 弑는 殺. 특히 신하가 주
군을, 자식이 부모를 죽이는 悖逆(패역) 행위. ○謁者僕射 – 謁者(알자)는
光祿勳의 속관. 외빈 접대 담당, 謁者僕射(알자복야)의 지시 받아 업무 수
행. 고관의 비서 역할 겸 지방 출장도 담당. 僕射(복야)는 본래 秦의 관제로
(僕, 主也) 본래 弓射 관련 업무 담당자였는데 복야는 주 담당자, 곧 우두머
리란 뜻으로 각 분야별로 복야가 있었다. 侍中僕射, 尙書僕射, 謁者僕射 등
이 그 예이다. 射 벼슬이름 야.

[國譯]

　(永元) 4년 봄 정월, 北匈奴의 右谷蠡王(우녹리왕)인 於除鞬(어제
건)이 자립하여 선우가 된 뒤에 국경에 와서 투항을 받아달라고 요
청하였다. (조정에서는) 大將軍의 左校尉인 耿夔(경기)를 보내 (북흉
노의) 국새와 인끈을 수여하였다.

　3월 癸丑日, 司徒인 袁安(원안)이 죽었다. 윤달, 丁丑日, 太常인 丁
鴻(정홍)이 司徒가 되었다.

　여름 4월 丙辰日, 대장군 竇憲(두헌)이 京師(洛陽)으로 돌아왔다.

6월 戊戌日 초하루, 日食이 있었다. 丙辰日, 13개 郡國에서 지진이 발생했다. 竇憲(두헌)이 몰래 弑逆(시역)을 시도하였다. 庚申日, (황제는) 北宮으로 옮겼다. 조서를 내려 두헌의 일당인 射聲校尉 郭璜(곽황)과 곽황의 아들 侍中인 郭擧(곽거), 衛尉인 鄧疊(등첩), 등첩의 아우 步兵校尉인 鄧磊(등뢰)를 체포하였는데 모두 하옥되었다가 죽었다. 謁者僕射(알자복야)를 보내 두헌의 대장군 印綬(인수)를 회수했고 竇憲과 그 동생 竇篤(두독)과 竇景(두경)을 (두헌의) 봉국으로 보냈는데, 도착하면서 모두 자살하였다.

이 해 여름에 가뭄과 蝗蟲(황충)의 재해가 있었다.

■原文

秋七月己丑, 太尉宋由坐黨憲自殺. 八月辛亥, 司空任隗薨. 癸丑, 大司農尹睦爲太尉, 錄尙書事. 丁巳, 賜公卿以下至佐史錢,穀各有差.

冬十月己亥, 宗正劉方爲司空. 十二月壬辰, 詔,「今年郡國秋稼爲旱,蝗所傷, 其什四以上勿收田租,芻槀, 有不滿者, 以實除之.」

武陵零陵澧中蠻叛. 燒當羌寇金城.

│註釋│ ○宗正 – 九卿의 하나. 황족 관리 책임자, 劉氏로 임명. 諸王의 嫡庶와 序列 宗親의 遠近 관계, 종실 후손의 호적 관리, 질록, 中二千石. 종실로 髡刑(곤형, 머리를 깎는 형벌) 이상을 받은 자는 종정에게 보고되었다. 속관 丞 1인, 질록 比千石. 여러 公主家의 家令(질록 6백석)도 宗正 소속이

었다. ○什四以上 − 10분의 4 이상. 곧 40% 정도의 손실이나 減收(감수).
○有不滿者 − 앞서 말한 40% 정도 감수가 안 되는 경우. 예를 들면 30%
정도 수확이 감소한 경우. ○武陵零陵 − 武陵郡은 荊州刺史部 소속, 治所
는 臨沅縣, 今 湖南省 常德市 서쪽. 零陵郡은 荊州 소속, 治所는 泉陵縣, 今
湖南省 서남부의 永州市.

[國譯]

가을 7월 己丑日, 太尉 宋由(송유)가 두헌의 반역과 관련되어 자살
하였다.

8월 辛亥日, 司空인 任隗(임외)가 죽었다. 癸丑日, 大司農 尹睦(윤
목)이 太尉가 되어 錄尙書事를 겸했다. 丁巳日, 公卿 이하 佐史(좌사)
에 이르기까지 모두에게 금전과 곡식을 차등을 두어 하사하였다.

겨울 10월 己亥日, 宗正 劉方(유방)이 司空이 되었다. 12월 壬辰
日, 조서를 내렸다.

「금년 각 郡國에서 한해와 황충의 피해로 가을 추수가 10의 4(4
할) 이상인 경우에는 田租와 芻槀(추고, 볏짚)을 징수하지 말 것이며
40% 減收가 못 된다면 그 실상대로 감세토록 하라.」

武陵郡과 零陵郡의 澧中(예중)의 蠻夷(만이)들이 반역했다. 燒當
(소당)의 羌族(강족)이 金城郡을 노략질했다.

原文

五年春正月乙亥, 宗祀五帝於明堂, 遂登靈臺, 望雲物.
大赦天下. 戊子, 千乘王伉薨. 辛卯, 封皇弟萬歲爲廣宗王.

二月戊戌, 詔有司省減內外廐及涼州諸苑馬. 自京師離宮果園上林廣成囿悉以假貧民, 恣得采捕, 不收其稅.

丁未, 詔曰, 「去年秋麥入少, 恐民食不足. 其上尤貧不能自給者戶口人數. 往者郡國上貧民, 以衣履釜鬵爲貸, 而豪右得其饒利. 詔書實覈, 欲有以益之, 而長吏不能躬親, 反更徵召會聚, 令失農作, 愁擾百姓. 若復有犯者, 二千石先坐.」

甲寅, 太傅鄧彪薨. 戊午, 隴西地震.

| 註釋 | ○(永元) 五年 – 서기 93년. ○望雲物 – 구름(雲氣) 형상이나 빛깔을 살피다. 雲象을 관측하여 길흉과 기후를 예측했다. ○千乘王 – 千乘은 군국명. 치소는 千乘縣, 今 山東省 중부 淄博市(치박시) 관할 高青縣. ○廣宗王 – 廣宗은 冀州 鉅鹿郡의 현명. 今 河北省 邢台市 관할 威縣. ○上林廣成囿 – 여기 上林은 후한의 上林苑. 당시 낙양의 서교, 今 洛陽市 白馬寺 근처에 있었다. 囿는 동산 유. 廣成囿는 상림원의 일부 정원. ○以衣履釜鬵爲貸 – 옷, 신발, 솥과 시루를 저당 잡히다. 釜鬵(부심)은 솥과 시루. 鬵는 용가마 심. 시루, 큰 가마솥. 貸는 資. ○豪右得其饒利 – 豪右는 지방의 豪族 大姓. 饒利는 큰 이득. 饒는 넉넉할 요. ○實覈 – 사실대로 조사하다. 覈 실상을 조사할 핵. 覈實.

[國譯]

(永元) 5년 봄 정월 乙亥日, 종묘 明堂에서 五帝를 제사하고서 靈臺에 올라 하늘의 구름을 관방하고, 온 나라 죄수를 사면하였다. 戊子日, 千乘王 伉(항)이 죽었다. 辛卯日, 황제의 아우 萬歲(만세)를 廣

宗王에 봉했다.

2월 戊戌日, 담당 관원에 조서를 내려 황궁 내외에 사육하는 말과 涼州 관내 모든 양마목장의 말을 줄이라고 하였다. 京師의 여러 離宮(이궁)의 과수원과 上林苑 廣成囿(광성유, 과수원)를 모두 빈민에게 분급하여 마음대로 채취하게 하되 세를 징수하지 말라고 하였다.

丁未日, 조서를 내렸다.

「작년의 추수 상황이 좋지 않아 백성의 식량이 부족할 것 같다. 생존이 어려운 극빈자 호구와 백성의 숫자를 보고하게 하라. 그전에 각 군국에서 빈민을 보고하면서 옷이나 신발, 솥과 시루를 저당 잡히고 부자들은 그렇게 하여 큰 이득을 얻는다고 하였다. 조서로 사실을 조사하게 하는 것은 백성에게 도움을 주려는 뜻이나 현령과 관리가 직접 조사를 하지 않고 백성을 불러 모아 농사철을 놓치게 하며 오히려 백성을 귀찮게 하였다. 만약 또 이런 일이 있다면 태수를 먼저 징벌할 것이다.」

甲寅日, 太傅 鄧彪(등표)가 죽었다. 戊午日, 隴西郡에 지진이 있었다.

原文

三月戊子, 詔曰,「選擧良才, 爲政之本. 科別行能, 必由鄉曲. 而郡國擧吏, 不加簡擇, 故先帝明勑在所, 令試之以職, 乃得充選. 又德行尤異, 不須經職者, 別署狀上. 而宣布以來, 出入九年, 二千石曾不承奉, 恣心從好, 司隷, 刺史訖

無糾察. 今新蒙赦令, 且復申勅, 後有犯者, 顯明其罰. 在位不以選舉爲憂, 督察不以發覺爲負, 非獨州郡也. 是以庶官多非其人. 下民被姦邪之傷, 由法不行故也.」

庚寅, 遣使者分行貧民, 舉實流冗, 開倉賑稟三十餘郡.

| 註釋 | ○選舉良才 - 우량한 인재를 선발하여 천거하다. ○科別行能 - 덕행이나 재능을 분별하다. ○必由鄕曲 - 인재를 향촌부터 천거하게 하다. 鄕曲은 농촌마을. ○令試之以職, 乃得充選 - 본서에는 수록되지 않았지만, 章帝 建初 8년에, 인재를 四科(德行, 明經, 明法, 兵法)로 나누어 천거케 하고 그 우수인재 천거 여부로 刺史나 二千石의 업무능력과 실적을 평가하겠다고 조서를 내렸다. ○不須經職者 - 실무능력 평가나 임시 임용을 거치지 않다. ○別署狀上 - 능력을 별도로 기록하여 올리다. ○而宣布以來, 出入九年 - 章帝의 조서가 내려진지 9년이 지났다. ○恣心從好 - 마음 내키는 대로 처리하다. ○司隸, 刺史訖無糾察 - 司隸校尉部와 12 州刺史部. 訖無糾察는 임무를 마칠 때까지 규찰하지 않다. 訖은 다할 흘. ○督察不以發覺爲負 - 督察로 찾아내지 못한 것을 걱정하다. 爲負의 負는 근심, 걱정하다. ○舉實流冗 - 유민의 실정을 파악하다. 流冗(유용)은 떠돌이 백성, 流民, 流氓(유맹). 冗은 쓸데없을 용, 宂과 同. ○開倉賑稟 - 나라의 창고를 열어 구제하다. 賑은 救恤(구휼)할 진. 진휼하다. 稟은 줄 품. 나누어 주다.

[國譯]

3월 戊子日, 조서를 내렸다.

「우량한 인재를 뽑아 등용하는 것은 정치의 기본이니 영역별 유능자의 천거는 필히 향촌마을부터 추천해야 한다. 그리고 郡國에서 관리를 천거하면서도 검증을 하지 않기 때문에 先帝께서는 이를 분명히 신칙하셨고 직무능력을 시험한 뒤에 정식 충원토록 하였다. 또 德行이 아주 뛰어난 자는 직무능력 검증을 거치지 않더라도 별도로 작성하여 보고토록 하였다. (先帝의 詔令이) 선포된 이후 9년이 지났지만 二千石(太守)은 아직도 그 뜻을 따르지 않고 마음 내키는 대로 처리하고, 司隸校尉나 刺史(자사)는 끝까지 규찰하지 않고 있다. 이제 새로 大赦令을 반포하면서 또 다시 신칙하나니 이후 이를 어기는 자는 분명히 처벌할 것이다. 그 자리(관직)에 있으면서 선발과 천거를 걱정하지 않고 감독하면서 적발하는 것을 부담으로 여기지 않는 것이 비단 州(刺史)와 郡(太守)만이 아니다. 때문에 여러 관직에 비적임자가 많은 것이다. 아래 백성들은 관리 부정의 피해를 당하니, 이 때문에 국법이 제대로 지켜지지 않는 것이다.」

庚寅日, 使者를 보내 빈민을 살피고 流民의 실정을 파악하게 하여 30여 군에서 나라 창고를 열어 빈민을 구제하였다.

原文

夏四月壬子, 封阜陵王種兄魴爲阜陵王.

六月丁酉, 郡國三雨雹.

秋九月辛酉, 廣宗王萬歲薨, 無子, 國除. 匈奴單于於除鞬叛, 遣中朗將任尙討滅之. 壬午, 令郡縣勸民蓄蔬食以助五穀. 其官有陂池, 令得採取, 勿收假稅二歲.

冬十月辛未, 太尉尹睦薨. 十一月乙丑, 太僕張酺爲太尉.

是歲, 武陵郡兵破叛蠻, 降之. 護羌校尉貫友討燒當羌,
羌乃遁去. 南單于安國叛, 骨都侯喜斬之.

│註釋│ ○雨雹 – 雹이 내리다. 雨는 동사로 쓰였다. 雹은 우박 박. 누
리. ○蓄蔬食以助五穀 – 식용 채소를 비축하여 오곡의 부족을 메꾸다. 蓄
은 備蓄. 蔬食(소사)는 나물을 먹다. 蔬는 푸성귀 소. 채소. ○陂池(피지) –
연못, 작은 호수. ○勿收假稅 – 임대료나 조세를 징수 말라. 假는 빌려주
다. 빌려준 租賃(조임, 임대료). ○南單于安國叛 – 南單于는 그간 漢에 귀부
했었다. 安國은 人名. ○骨都侯喜 – 骨都侯는 흉노의 관직명. 喜는 인명.

[國譯]

여름 4월 壬子일, 阜陵王(부릉왕) 種(종)의 兄인 魴(방)이 부릉왕이
되었다.

6월 丁酉日, 3개 郡國에 우박이 쏟아졌다.

가을 9월 辛酉日, 廣宗王 萬歲(만세)가 죽었는데 아들이 없어 나라
를 없앴다. 匈奴 單于(선우)인 於除鞬(어제건)이 반역하자 中朗將 任
尙(임상)을 보내 토벌하여 죽였다.

壬午日, 군현에 지시하여 백성들이 채소를 비축하여 오곡의 부족
을 메꾸게 하였다. 관가 소유의 호수를 백성이 이용할 수 있게 하되
2년간 세금이나 임대료를 징수하지 못하게 하였다.

겨울 10월 辛未日, 太尉 尹睦(윤목)이 죽었다. 11월 乙丑日, 太僕
張酺(장포)가 太尉가 되었다.

이 해에, 武陵郡의 군사가 배반한 만이를 격파하여 항복시켰다.
護羌校尉인 貫友(관우)가 燒當(소당)의 羌族을 토벌하자 강족은 숨어

버렸다. 南單于인 安國(안국)이 반역하자 그 骨都侯(골도후)인 喜(희)가 안국을 죽였다.

六年春正月, 永昌徼外夷遣使譯獻犀牛,大象. 己卯, 司徒丁鴻薨.

二月乙未, 遣謁者分行稟貸三河,兗,冀,青州貧民. 許陽侯馬光自殺. 丁未, 司空劉方爲司徒, 太常張奮爲司空.

三月庚寅, 詔流民所過郡國皆實稟之, 其有販賣者勿出租稅, 又欲就賤還歸者, 復一歲田租,更賦.

丙寅, 詔曰, 「朕以眇末, 承奉鴻烈. 陰陽不和, 水旱違度, 濟,河之域, 凶饉流亡, 而未獲忠言至謀, 所以匡救之策. 寤寐永歎, 用思孔疚. 惟官人不得於上, 黎民不安於下, 有司不念寬和, 而競爲苛刻, 覆案不急, 以妨民事, 甚非所以上當天心, 下濟元元也. 思得忠良之士, 以輔朕之不逮. 其令三公,中二千石,二千石,內郡守相舉賢良方正,能直言極諫之士各一人. 昭巖穴, 披幽隱, 遣詣公車, 朕將悉聽焉.」

帝乃親臨策問, 選補郎吏.

| 註釋 | ○(永元) 六年 — 서기 94년. ○永昌 — 군명. 治所는 不韋縣, 今雲南省 중서부 保山市. ○三河,兗,冀,青州 — 三河는 河南, 河內, 河東郡. 兗州刺史部에는 8개 군국, 冀州刺史部에는 9개 군국, 青州刺史部에는 6개

郡國이 있었다.　○皆實稟之 − (유민의 실상을) 모두 사실대로 보고하다.
稟 줄 품, 사뢸 품. 녹미 름, 곳집(창고) 름.　○眇末(묘말) − 미미한 몸. 眇身
(묘신)과 同, 자신에 대한 겸칭.　○濟,河之域 − 濟水와 黃河 지역, 兗州 관
할.　○用思孔疚 − 用思는 걱정하다. 孔은 深也. 疚는 病也.　○昭巖穴, 披
幽隱 − 昭는 분명하게, 뚜렷하게. 巖穴은 산속에 숨은 인재. 披는 드러내
다. 幽隱도 은둔자.　○遣詣公車 − 公車令에게 보내다. 공거령은 질록 6백
석. 황제에게 상서하거나 황제의 부름을 받은 사람이 모두 궁궐 북문에 와
서 공거령의 지시를 받았다.　○親臨策問 − 천거된 자에게 친히 時務策을
묻다.

[國譯]

(永元) 6년 봄 정월, 永昌郡 국경 밖 만이들이 사신과 통역을 보내
물소와 큰 코끼리를 헌상했다. 己卯日, 司徒인 丁鴻(정홍)이 죽었다.

2월 乙未日, 謁者(알자)를 각지에 파견하여 河內, 河南, 河東郡과
兗州(연주), 冀州(기주), 靑州의 빈민들에게 곡식을 풀어 구제케 했다.
許陽侯인 馬光(마광)이 자살했다. 丁未日, 司空인 劉方(유방)이 司徒
가 되었고, 太常인 張奮(장분)이 司空이 되었다.

3월 庚寅日, 조서로 유민 무리가 지나가는 군국에서는 사실대로
보고케 하였고, 그들 중 상인에게는 세를 징수하지 말 것과 직급을
낮춰 고향에 돌아가려는 자에게는 1년간의 田租와 更賦(경부)를 면
제케 하였다. 丙寅日, 조서를 내렸다.

「짐이 부족한 몸으로 祖宗의 대업을 이어받았지만 음양이 조화롭
지 못하고 가뭄과 수해가 많으며 (兗州의) 濟水와 黃河 지역에 흉작
과 기근으로 유민이 발생하였으나 아직 짐에게 바른 정치와 시무책
에 대한 忠言과 方策이 들어오지 않고 있다. 짐은 자나 깨나 탄식에

깊은 생각으로 병이 되었다. 위에서 유능한 관리를 얻지 못하기에 아래 백성들이 편안치 못하고 담당 관원이 관대 온화하지 않고 다투 듯 가혹 각박하고 불필요한 사실을 따지기에 백성의 농사를 방해하나니, 이는 위로 짐에 대한 충성도 아래 백성에 대한 구제도 아닐 것이다. 忠良한 인재를 얻을 수 있다면 짐이 미치지 못하는 부분을 보완할 수 있으리라. 三公과 中二千石(九卿), 이천석의 중앙 관원, 內郡 지역의 태수나 제후국의 相은 賢良方正하거나 直言과 極諫(극간)을 올릴 수 있는 인재를 각각 1인씩 천거하라. 특히 산속에 살거나 은둔한 인재를 찾아 천거하여 公車令에게 보낸다면 짐이 그들 방책을 다 청취할 것이다.」

황제는 이에 친히 천거된 자에게 時務策을 물어 낭관을 선임하였다.

■原文

夏四月, 蜀郡徼外羌率種人遣使內附. 五月, 城陽王淑薨, 無子, 國除. 六月己酉, 初令伏閉盡日.

秋七月, 京師旱. 詔中都官徒各除半刑, 謫其未竟, 五月已下皆免遣. 丁巳, 幸洛陽寺, 錄囚徒, 擧冤獄. 收洛陽令下獄抵罪, 司隸校尉, 河南尹皆左降. 未及還宮而澍雨.

西域都護班超大破焉耆, 尉犁, 斬其王. 自是西域降服, 納質者五十餘國. 南單于安國從弟子逢侯率叛胡亡出塞.

九月癸丑, 以光祿勳鄧鴻行車騎將軍事, 與屯騎校尉馮

柱,行度遼將軍朱徽,使匈奴中郎將杜崇討之. 冬十一月, 護烏桓校尉任尙率烏桓,鮮卑, 大破逢侯, 馮柱遺兵追擊, 復破之. 詔以勃海郡屬冀州. 武陵漊中蠻叛, 郡兵討平之.

| 註釋 | ○城陽王淑 – 章帝의 아들. 성양국 치소는 莒縣(거현), 今 山東省 日照市 관할 莒縣. ○伏閉盡日 – 복날에는 萬鬼가 다 활동하므로 이날은 모두 대문을 닫고 아무 일도 하지 않았다. ○讁其未竟 – 변방에 가서 남은 형기를 채우다. ○幸洛陽寺 – 낙양현의 관사, 불교의 절이 아님. 寺는 관사 사. 내시나 환관을 의미할 때 독음은 시. 寺署(사서)는 관청. 寺人(시인)은 內侍. ○左降 – 降職. 직위가 강등되다. ○澍雨 – 及時雨를 만나다. 澍는 단 비 주. ○西域都護班超 – 후한에서는 明帝 永平 17년(서기 74)년에 西域都護로 陳睦(진목)을 처음 파견하였으나 다음 해 焉耆國(언기국)과 龜茲國(구자국)이 서역도호를 포위 공격하여 진목과 漢軍을 몰살시켰다. 서기 91년, 班超가 서역을 평정하자 반초를 서역도호로 임명하였고, 반초는 龜茲國 영역내 它乾城(타건성, 今 新疆 庫車 부근)에 도호부를 설립 주둔하였다. 서기 94년에 반초는 焉耆王과 尉犁王(위리왕, 尉黎위려)을 죽여 서역을 완전 장악하였다. 반초는 102년까지 서역도호로 근무했는데, 서기 97년에 甘英(감영)을 로마(羅馬) 帝國에 사신으로 보냈다. 반초 이후 任尙(102-106)과 段禧(단희, 106-107)에 이르러 西域 여러 나라와 龜茲國이 반기를 들자 '거리가 너무 멀어 지키기 어렵다' 하여 西域都護를 폐지하였다. 이에 서역 여러 나라는 다시 北匈奴의 차지가 되었다. ○焉耆國(언기국) – 서역의 국명. 今 新疆維吾爾自治區의 巴音郭楞蒙古自治州 북부의 焉耆回族自治縣 일대. 國都는 員渠城(원거성), 今 新疆省 중앙 庫爾勒市 동북 焉耆回族自治縣. 長安에서 7,300리이고, 서남쪽 서역도호부까지는 4배 리이고, 남쪽 尉犁國(위리국)까지는 1백 리이며, 북으로는 오손과 접했다. ○尉犁

- 今 新疆省 중앙부 庫爾勒市 남쪽 尉犁縣(위리현). 尉犁國(위리국)의 왕도
는 위리성인데 장안에서 6,750리이고, 서쪽 도호부까지는 3백 리이고, 남
으로는 鄯善(선선), 且末(차말)과 접했다. ○南單于安國立 - 9대 南單于. 재
위 93-94년. ○護烏桓校尉任尙 - 任尙(임상)은 班超의 후임으로 서역도
호를 지냈으나 서역을 잃었다. 이후 여러 차례 전공을 세웠지만 나중에 군
공을 다투고 포로의 숫자를 늘렸다는 죄로 기시형을 당했다. ○使匈奴中
郎將 - 전한 무제 때부터 중랑장을 흉노에 사신으로 보냈다. 후한에서는
정식 관직명으로 使匈奴中郎將을 두어 남흉노를 감시하였다. 질록은 比二
千石.

[國譯]

여름 4월, 蜀郡 국경 밖 羌族이 무리를 거느리고 사자를 보내 투
항하였다.

5월, 城陽王 淑(숙)이 죽고 無子하여 나라를 없앴다. 6월 己酉日,
처음으로 伏日에 종일 대문을 닫게 하였다.

가을 7월, 京師에 旱害(한해)가 있었다. 조서에 의거 중앙 관서에
갇힌 죄수의 형기 절반을 감해주고, 변방에 보내 나머지 형기를 채
우게 하였고, 5개월 미만 자는 모두 사면한 뒤에 변방에 보냈다. 丁
巳日, 洛陽縣 관사에 행차하여 갇힌 죄수를 다시 심사하여 억울한
판정을 해결해 주었다. 낙양 현령의 죄를 물어 하옥시켰고 司隷校尉
와 河南尹을 모두 강등시켰다. 미처 환궁하기 전에 때맞춰 오는 단
비를 만났다.

西域都護인 班超(반초)가 焉耆(언기)와 尉犁國(위리국)을 대파하고
그 왕을 죽였다. 이로써 서역이 모두 항복하였고 인질을 보낸 나라
가 50여 국이었다. 南單于 安國(안국)의 從弟의 아들인 逢侯(봉후)가

반기를 든 흉노 무리를 이끌고 국경을 넘어 도주하였다.

9월 癸丑日, 光祿勳 鄧鴻(등홍)이 車騎將軍 업무를 대리하면서 屯騎校尉 馮柱(풍주), 度遼將軍 대행인 朱徽(주휘), 使匈奴中郎將인 杜崇(두숭)과 함께 흉노를 토벌하였다.

겨울 11월, 護烏桓校尉인 任尙(임상)이 烏桓(오환)과 鮮卑(선비)와 함께 逢侯(봉후)를 대파하였고, 馮柱(풍주)는 군사를 보내 잔당을 추격하여 다시 적을 격파하였다.

조서를 내려 勃海郡을 冀州刺史部 관할로 바꿨다. 武陵郡의 漊中蠻(누중의 만이)가 반역하자 郡兵으로 토벌하였다.

原文

七年春正月, 行車騎將軍鄧鴻,度遼將軍朱徽,中郎將杜崇皆下獄死.

夏四月辛亥朔, 日有食之. 帝引見公卿問得失, 令將,大夫,御史,謁者,博士,議郎,郎官會廷中, 各言封事. 詔曰,「元首不明, 化流無良, 政失於民, 譴見於天. 深惟庶事, 五敎在寬, 是以舊典因孝廉之擧, 以求其人. 有司詳選郎官寬博有謀,才任典城者三十人.」

旣而悉以所選郎出補長,相.

五月辛卯, 改千乘國爲樂安國. 六月丙寅, 沛王定薨.

秋七月乙巳, 易陽地裂. 九月癸卯, 京師地震.

│**註釋**│ ○(永元) 七年 - 서기 95년. ○皆下獄死 - 南單于 安國과 중랑
장 杜崇(두숭) 사이에 알력이 있었고 이 과정에서 안국이 두숭을 황제에 밀
고했으나 피살된다. 이런 일이 나중에 알려져 하옥되었다가 죽는다. ○問
得失 - 정사의 잘잘못이나 成敗를 묻다. ○御史,謁者,博士,議郎,郎官 -
御史는 侍御使, 질록 6百石, 관리의 불법행위를 규찰. 謁者(알자)는 효렴으
로 천거된 자 중에서 50세 이하로 선임, 縣令이나 縣長, 中都官의 丞이나
長史 등으로 승진하였다. 博士는 질록 比6백석, 무제 때 五經博士를 둔 이
후 인원 점차 증가. 무 정원, 太常의 속관, 博士祭主 1인을 두고 통솔. 議郎
은 낭중령의 속관, 황제의 고문과 응대를 담당. 낭관 중 지위가 상대적으
로 높음. 질록 6백석. 郎官은 황제 시종과 호위, 각종 심부름을 담당, 고유
한 행정업무는 없음. 中郎(조정에서 근무하는 낭관), 侍郎(황제 호위), 郎
中(궁중에서 근무하는 낭관)의 구분이 있음. 질록 6백석에서 4백석. ○元
首不明 - 元首는 君主, 황제. ○化流無良 - 백성에 대한 교화가 좋지 않
다. ○謫見於天 - 謫은 譴責(견책). 꾸지람 적, 귀양 갈 적, 讁과 同字. 日食
(日蝕)은 황제에게 내리는 하늘의 견책이라 생각했다. ○深惟庶事 - 政
事의 모두를 깊이 사유하다. ○五教在寬 - 五教는 父義, 母慈, 兄友, 弟恭,
子孝의 기본 윤리. ○舊典因孝廉之擧 - 武帝 때 董仲舒의 건의로 각 군국
에서 孝廉之士(효렴지사)을 각 1인씩 천거케 하였다. ○才任典城者 - 재능
이 하나의 성을 감당할 수 있는 자. 任은 감당하다. 典城은 縣令이나 縣長.
○既而悉以所選郎出補長,相 - 既而는 그 이후, 悉(다 실)은 모두. 전부. 長,
相은 縣長(인구 1만 호 이하의 현). 相은 侯國의 행정담당관. 侯相. ○易陽
地裂 - 易陽(역양)은 趙國의 현명. 易水의 북쪽. 今 河北省 邯鄲市 관할 永
年縣.

[國譯]

   (永元) 7년 봄 정월, 行車騎將軍인 鄧鴻(등홍), 度遼將軍인 朱徽(주

휘), 中郎將인 杜崇(두숭)이 모두 하옥되어 옥사하였다.

여름 4월 辛亥朔, 日食이 있었다. 황제가 三公과 九卿을 불러 정사의 성패를 물었고, 將軍, 大夫, 御史, 謁者, 博士, 議郎과 郎官을 조정에 모아 각자 밀봉한 봉사를 올리게 하였다. 그리고 조서를 내렸다.

「군주가 현명하지 못하여 敎化가 좋지 않아 하늘의 견책을 받았다. (짐이) 여러 정사를 깊이 생각했으며 모든 교화는 관용이어야 하며 이 때문에 옛 법도로 효행과 철렴한 인재를 천거케 하여 적임자를 구했었다. 담당자는 낭관 중에서도 너그럽고 박학하며 지모가 뛰어나 하나의 현을 다스릴만한 인재 30인을 선발하라.」

그 이후 낭관에서 선발된 자는 모두 현장이나 제후의 相에 임용되었다.

5월 辛卯日, 千乘國을 樂安國이라 개명하였다. 6월 丙寅日, 沛王인 定(정)이 죽었다.

가을 7월 乙巳日, 易陽縣(역양현)의 땅이 갈라졌다. 9월 癸卯日, 京師에 지진이 있었다.

原文

八年春二月己丑, 立貴人陰氏爲皇后. 賜天下男子爵, 人二級, 三老,孝悌,力田三級, 民無名數及流民欲占者一級, 鰥,寡,孤,獨,篤癃, 貧不能自存者粟, 人五斛.

夏四月癸亥, 樂成王黨薨. 甲子, 詔賑貸幷州四郡貧民.

五月, 河內, 陳留蝗. 南匈奴右溫禺犢王叛, 爲寇.

秋七月, 行度遼將軍龐奮, 屯騎校尉馮柱追討之, 斬右溫禺犢王. 車師後王叛, 擊其前王.

| 註釋 | ○(永元) 八年 – 서기 96년. ○貴人 陰氏 – 光武帝 光烈皇后 陰麗華의 曾孫姪女. 장제의 황후, 서기 102년 폐위됨. ○幷州 – 幷州刺史部 치소는 太原郡 晋陽縣. 今 山西省 太原市 서남. 관할 군은 上黨郡, 太原郡, 上郡, 西河郡, 五原郡, 雲中郡, 定襄郡, 雁(鴈)門郡, 朔方郡. ○陳留 – 군명. 兗州 소속, 治所는 陳留縣. 今 河南省 開封市. ○南匈奴 右溫禺犢王 – 右溫禺犢王(우온우독왕)은 흉노의 관직명. 이름은 烏車戰(오거전). ○車師後王(거사후왕) – 車師前王의 태자가 거사후국을 다스렸다.

[國譯]

(永元) 8년 봄 2월 己丑日, 貴人 陰氏를 황후로 책립하였다. 전국의 男子(戶主)에게 작위를 각 2급씩, 三老와 孝悌와 力田에게는 3급씩 하사하였고, 호족이 없는 백성과 유민 중에서 호적을 만들려는 자에게는 1급씩 하사하였으며 鰥寡孤獨(환과고독)과 폐질자, 또 빈곤으로 생존이 어려운 자에게는 사람마다 곡식 5곡씩 지급하였다.

여름 4월 癸亥日, 樂成王 黨(당)이 죽었다. 甲子日, 조서로 幷州(병주) 4개 군의 빈민들을 구제케 하였다. 5月, 河內郡과 陳留郡(진류군)에 황충 피해가 발생했다. 南匈奴의 右溫禺犢王(우온우독왕)이 반역하며 침략하였다.

가을 7월에, 度遼將軍 대행인 龐奮(방분), 屯騎校尉인 馮柱(풍주) 등이 적을 추격하여 토벌하면서 우온우독왕을 죽였다. (서역의) 車

師後王이 漢에 반기를 들자 車師前王을 토벌하였다.

原文

八月辛酉, 飮酎. 詔郡國中都官繫囚減死一等, 詣敦煌戍. 其犯大逆, 募下蠶室, 其女子宮. 自死罪已下, 至司寇及亡命者入贖, 各有差.

九月, 京師蝗. 吏民言事者, 多歸責有司. 詔曰,

「蝗蟲之異, 殆不虛生, 萬方有罪, 在予一人, 而言事者專咎自下, 非助我者也. 朕寤寐恫矜, 思弭憂釁. 昔楚嚴無災而懼, 成王出郊而反風. 將何以匡朕不逮, 以塞災變? 百僚師尹, 勉修厥職, 刺史, 二千石詳刑辟, 理冤虐, 恤鰥寡, 矜孤弱, 思惟致災興蝗之咎.」

庚子, 復置廣陽郡.

冬十月乙丑, 北海王威有罪自殺. 十二月辛亥, 陳王羨薨. 丁巳, 南宮宣室殿火.

| 註釋 | ○飮酎 - 정월에 담근 重釀의 醇酎. ○敦煌 - 군명. 치소는 敦煌縣. 今 甘肅省 敦煌市. ○言事者 - 政事를 논하는 吏民. ○朕寤寐恫矜, 思弭憂釁 - 恫矜(통긍)은 傷心하다. 恫은 상심할 통. 대단히 슬퍼하다. 矜은 불쌍히 여길 긍. 病也. 弭는 그만둘 미, 활고자 미, 점차. 憂釁(우흔)은 마음의 빙이 되다. ○昔楚嚴無災而懼, 成王出郊而反風 楚嚴은 춘추 楚의 莊王. 옛날 楚 莊王은 재해가 없어도 이를 두려워했다. 成王은 周 成王. 反

風은 바람이 반대로 불어와 쓰러진 나무와 곡식을 바로 세웠다는 故事.
ㅇ師尹 - 각 관서의 책임자. 官長.　ㅇ南宮宣室殿火 - 낙양의 남궁에는 前
殿(千秋萬歲殿), 太極殿, 宣室殿, 承福殿 등의 건물이 있었고, 北宮에는 德
陽殿 宣明殿 등의 건물이 있었다. 남궁과 북궁은 복도로 연결되었다.　ㅇ廣
陽郡 - 郡治인 薊縣(계현)은 今 天津市 북부의 薊州區(계주구, 薊縣). 동시에
幽州刺史部 治所. 산하 6개 현.

[國譯]

8월 辛酉日, 醇酎(순주)를 시음했다. 조서로 郡國과 中都官(中央
官署)에 갇힌 죄수 중 사형을 1등급 감하여 敦煌郡의 防戍(방수)로
보내게 하였다. 大逆罪에 해당자는 모두 蠶室(잠실)로 보내 궁형에
처하고 여자 죄수도 궁형에 처하게 하였다. 사형 이하의 죄수부터
적군 감시까지, 또 도망한 죄수가 속전을 바친다면 각각 차등을 두
어 시행케 하였다.

9월, 京師 지역에 황충 피해가 있었다. 정사를 논하는 吏民들 중
다수가 담당 관원을 문책해야 한다고 말했다. 이에 조서를 내렸다.

「황충으로 인한 災害(재해)는 거의 그냥 발생하는 경우가 없으니
온 나라 관원에게 그 잘못이 있다면 그 책임은 짐 한사람에게 있나
니, 이를 논하는 자가 아래 관원 탓으로 말하는 것은 짐을 돕는 자가
아닐 것이다. 짐이 자나 깨나 가슴 아파하며 생각할수록 더 병이 깊
어진다. 옛 楚의 莊王은 재해가 없어도 (하늘을) 두려워했고 (周의)
成王이 교외에 나가 하늘에 빌자 바람이 반대편으로 불어왔다. 앞
으로 어떻게 하면 짐의 부족한 것을 보완하고 재해를 막을 수 있겠
는가? 모든 관원과 그 官長은 자신의 직분을 다하고 刺史와 태수는

형벌 판결을 심사하여 원한이나 가혹한 형벌을 없앨 것이며, 홀아비
나 과부 고아나 병약자를 구휼하면서 재변이나 황충 재해를 불러올
잘못이 있는가를 생각토록 하라.」

庚子日, 廣陽郡을 다시 설치하였다.

겨울 10월 乙丑日, 北海王 威(위)가 죄를 짓고 자살했다. 12월 辛
亥일 陳王 羨(선)이 죽었다. 丁巳日, 南宮의 宣室殿(선실전)에서 화재
가 났다.

原文

九年春正月, 永昌徼外蠻夷及撣國重譯奉貢. 三月庚辰,
隴西地震. 癸巳, 濟南王康薨. 西域長史王林擊車師後王,
斬之.

夏四月丁卯, 封樂成王黨子巡爲樂成王. 六月, 蝗, 旱. 戊
辰, 詔,

「今年秋稼爲蝗蟲所傷, 皆勿收租, 更, 芻槀, 若有所損失,
以實除之, 餘當收租者亦半入. 其山林饒利, 陂池漁采, 以
贍元元, 勿收假稅.」

| 註釋 | ○(永元) 九年 – 서기 97년. ○撣國重譯奉貢 – 撣國(선국, 撣音
善shàn) – 지금 버마(緬甸) 지역의 국가 이름. 당길 선. 손에 잡을 탄. 重譯
은 통역에 농역을 하나.(이중 통역). 譯은 傳四夷之語也. ○樂成王 前漢
의 信都國 – 信都郡(후한 23 – 72년) – 樂成國(72 – 122년) – 安平國, 安平郡

(122-)으로 명칭이 바뀜. 치소 信都縣은 今 河北省 衡水市 관할 冀州市.
ㅇ以贍元元, 勿收假稅 - 贍은 돕다. 구휼하다. 넉넉할 섬. 元元은 백성. 假
稅는 임대료와 租稅.

[國譯]

(永元) 9년 봄 정월, 永昌郡 徼外(요외, 국경 밖)의 蠻夷(만이)와 撣
國(선국)이 이중 통역을 거쳐 토산물을 바쳤다.

3월 庚辰日, 隴西郡에 지진이 났다. 癸巳日, 濟南王 康(강)이 죽었
다. 西域長史인 王林(왕림)이 車師後王을 공격하여 죽였다.

여름 4월 丁卯日, 樂成王 黨(당)의 아들 巡(순)을 낙성왕에 봉했다.
6월, 황충에 가물었다. 戊辰日, 조서를 내렸다.

「금년 가을 추수는 蝗蟲(황충)의 피해를 입었으니 田租와 更賦,
芻稾(추고, 볏짚)를 모두 징수하지 말 것이며, (부분) 손실을 입었으면
사실대로 감면하고, 그 외는 응당 예년 조세의 절반만 징수토록 하
라. 山林에서 얻는 수익이나 호수의 고기잡이 소득으로 백성을 도울
것이며 임대료 등을 징수하지 말라.」

原文

秋七月, 蝗蟲飛過京師. 八月, 鮮卑寇肥如, 遼東太守祭
參下獄死. 閏月辛巳, 皇太后竇氏崩. 丙申, 葬章德皇后. 燒
當羌寇隴西, 殺長吏, 遣行征西將軍劉方, 騎校尉趙世等討
破之.

九月庚申, 司徒劉方策免, 自殺. 甲子, 追尊皇妣梁貴人爲
皇太后.

冬十月乙酉, 改葬恭懷梁皇后於西陵. 十一月癸卯, 光祿
勳河南呂蓋爲司徒. 十二月丙寅, 司空張奮罷. 壬申, 太僕
韓稜爲司空. 己丑, 復置若盧獄官.

| 註釋 | ○肥如 － 遼西郡의 현명. 今 河北省 秦皇島市 盧龍縣. ○遼東
太守祭參下獄死 － 祭參(제참)은 祭肜(제융)의 아들, 戰功으로 승진하여 요
동태수가 되었으나 鮮卑族과 싸워 패배하여 옥사. ○策免 － 책서로 면직
되다. 策書는 관리를 임명, 면직하거나 작위를 수여하는 공문. ○西陵 －
恭懷梁皇后의 무덤. 今 洛陽市 동쪽. ○若盧獄(약로옥) － 少府 관할. 죄를
지은 將相이나 大臣을 審理하는 감옥.

[國譯]

　가을 7월, 蝗蟲(황충)이 京師 일대를 휩쓸었다.

　8월, 鮮卑族(선비족)이 肥如縣(비여현)에 침입하였는데, 遼東太守
인 祭參(제참)은 패전하여 하옥되었다가 죽었다. 윤월 辛巳日, 皇太
后인 竇氏가 붕어했다. 丙申日, 章德皇后를 장례했다. 燒當(소당) 강
족이 隴西郡을 침략하여 현령과 관리를 살해하자 征西將軍 대행인
劉方(유방)과 騎校尉 趙世(조세) 등을 파견 토벌하여 격파하였다.

　9월 庚申日, 책서를 내려 司徒 劉方(유방)을 파면하자 유방은 自殺
하였다. 甲子日, 皇帝(和帝)의 생모인 梁貴人을 皇太后로 추존하였
다. 겨울 10월 乙酉日, 恭懷梁皇后를 西陵에 改葬하였다. 11월 癸卯
日, 光祿勳인 河南郡 출신 呂蓋(여개)가 司徒가 되었다. 12월 丙寅日,

司空 張奮(장분)을 파직하였다. 壬申日, 太僕인 韓稜(한릉)이 司空이 되었다. 己丑日, 若盧獄(약로옥)의 관직을 다시 설치하였다.

十年春三月壬戌, 詔曰,「堤防溝渠, 所以順助地理, 通利壅塞. 今廢慢懈弛, 不以爲負. 刺史, 二千石其隨宜疏導. 勿因緣妄發, 以爲煩擾, 將顯行其罰.」

夏五月, 京師大水.

秋七月己巳, 司空韓稜薨. 八月丙子, 太常太山巢堪爲司空. 九月庚戌, 復置廩犧官.

冬十月, 五州雨水. 十二月, 燒當羌豪迷唐等率種人詣闕貢獻. 戊寅, 梁王暢薨.

| 註釋 | ○(永元) 十年 – 서기 98년. ○堤防溝渠 – 堤防(제방)은 저수지 둑. 溝渠(구거)는 인공수로, 溝는 도랑 거. 渠는 도랑 거. ○通利壅塞 – 막힌 곳을 뚫어 이롭게 하는 것이다. ○廢慢懈弛 – 廢慢(폐만)은 대수롭지 않게 여기고 폐지하다. ○不以爲負 – 이를 책임이라 생각하지 않는다. ○勿因緣妄發 – 다른 사연(이유)을 핑계로 멋대로 그만두거나 없애다. ○以爲煩擾 – 그 때문에 번잡한 일이나 소란을 일으키다. ○將顯行其罰 – 앞으로 분명히 징벌할 것이다. 顯은 드러낼 현. 명확히. ○太常太山巢堪 – 太常은 현임 관직. 종묘제사 총 책임자. 太山은 泰山郡. 巢堪(소감)은 인명. ○復置廩犧官 – 廩犧(늠희)는 종묘 제사용 곡식과 犧牲物(희생물). 廩犧官은 左馮翊(前 內史)의 속관으로 廩犧令, 丞. 尉가 있었다.

(永元) 10년(서기 98) 봄 3월 壬戌日, 조서를 내렸다.

「제방이나 溝渠(구거, 水路)는 지세에 따라야만 막힌 것을 뚫어 소통하는 것이다. 지금 이를 대수롭지 않게 여겨 실행하지 않고도 책무라고 생각지도 않는다. 刺史(자사)나 태수는 지세에 따라 순리로 물길을 내야 한다. 다른 이유로 멋대로 물길을 만들어 그 때문에 복잡하게 하거나 소요가 있다면 분명히 징벌할 것이다.」

여름 5월, 京師지역에 큰 홍수가 났다.

가을 7월 己巳日, 司空인 韓稜(한릉)이 죽었다. 8월 丙子일, 太常인 泰山郡 출신 巢堪(소감)이 司空이 되었다. 9월 庚戌日, 廩犧官(늠희관)을 다시 설치하였다.

겨울 10월, 5개 州에 홍수가 났다. 12월, 燒當羌(소당강)의 豪族(호족)인 迷唐(미당) 등이 무리를 거느리고 궁궐에 와 토산품을 바쳤다. 戊寅日, 梁王 暢(창)이 죽었다.

十一年春二月, 遣使循行郡國, 稟貸被災害不能自存者, 令得漁采山林池澤, 不收假稅. 丙午, 詔郡國中都官徒及篤癃老小女徒各除半刑, 其未竟三月者, 皆免歸田里.

夏四月丙寅, 大赦天下. 己巳, 復置右校尉官.

秋七月辛卯, 詔曰, 「吏民逾僭, 厚死傷生, 是以舊令節之制度. 頃者貴戚近親, 百僚師尹, 莫肯率從, 有司不擧, 怠放

日甚. 又商賈小民, 或忘法禁, 奇巧靡貨, 流積公行. 其在位犯者, 當先擧正. 市道小民, 但且申明憲綱, 勿因科令, 加虐羸弱.」

| **註釋** | ○(永元)十一年 – 서기 99년. ○其未竟三月者 – 3개월을 남기지 않은 자. 남은 형기가 3개월 미만인 者. 竟은 다할 경. ○右校尉 – 교위는 숙위병 단위부대를 지휘하는 지휘관. 장군의 하위직. 질록은 比二千石, 황족이나 황제의 신임을 받는 자가 교위에 임명되었다. 이때 右校尉는 흉노에 대비하기 위하여 西河郡 鵠澤縣(곡택현, 위치 미상)에 설치했다. 後漢에서는 屯騎校尉(驍騎校尉), 越騎校尉(靑巾左校尉), 步兵校尉, 長水校尉, 射聲校尉 등이 있었고 낙양성 12개 성문에는 城門校尉가 있었다. 강족의 침입에 대비한 護羌校尉 등은 특수 목적을 위한 관직이었다. 靈帝(영제) 때 西園 8校尉를 두어 수도 주변 부대를 지휘케 하였다. 曹操는 驍騎校尉의 직함을 가졌고 袁術, 孫策, 夏侯惇(하후돈)은 折衝校尉(절충교위)의 직함을 받았었다. ○奇巧靡貨 – 기묘하고 화려한 물건. 奇는 奇譎(기휼), 기이하게 만들어 눈속임을 하다. 靡貨는 사치 화려한 물건, 靡는 아니할 미, 쓰러질 미. 없다. 화려하다, 사치하다. ○流積公行 – 이런 풍조가 공공연히 유행하다. ○市道小民 – 저잣거리의 하층 백성. ○勿因科令, 加虐羸弱 – 법령 때문에 어린 백성들에게 害惡을 가하지 말라. 羸弱(이약)은 연약. 羸는 파리할 이. 여위다, 고달프다.

[國譯]

(永元) 11년 봄 2월, 사자를 각 군국에 보내 재해를 입어 스스로 생존이 어려운 백성들을 구제케 하였고, 백성이 산림이나 호수에서 고기를 잡거나 채집하더라도 사용료나 세금을 징수하지 못하게 하

였다. 조서로 각 군국이나 중앙 관서의 죄수나 병든 노인이나 어린 아이와 여자의 형기를 절반으로 감형케 하였고 3개월이 남지 않은 자는 모두 방면하여 집으로 돌려보내게 하였다.

여름 4월 丙寅日, 온 나라 죄수를 사면하였다. 己巳日, 右校尉의 관직을 다시 설치하였다.

가을 7월 辛卯日, 조서를 내렸다.

「백성들이 살면서 명분과 분수를 모르고 후장을 하여 산 사람을 힘들게 하기에 예전에도 절약하는 법제를 시행했었다. 요즈음 貴戚 (귀척)이나 近親, 모든 관원과 官長도 법을 지키지 않고 담당 관원조차 적발도 하지 않아 태만과 방임이 날로 심해지고 있다. 또 상인이나 하층 백성은 禁法을 모르고 기묘하고 사치 화려한 물건은 만들어 파는 풍조가 공공연히 성행하고 있다. 관직에 있으면서 법을 어기는 자를 응당 먼저 적발하여 바로잡아야 한다. 저잣거리의 백성에게는 일단 법의 기강을 분명히 알게 하여 법령을 핑계로 어린 백성에게 해악을 가하지 말라.」

原文

十二年春二月, 旄牛徼外白狼, 貗薄夷率種人內屬. 詔貸被災諸郡民種糧. 賜下貧, 鰥, 寡, 孤, 獨, 不能自存者, 及郡國流民, 聽入陂池漁采, 以助蔬食.

三月丙申, 詔曰, 「比年不登, 百姓虛匱. 京師去冬無宿雪, 今春無澍雨, 黎民流離, 困於道路. 朕痛心疾首, 靡知所濟.

'瞻仰昊天, 何辜今人?' 三公, 朕之腹心, 而未獲承天安民之策. 數詔有司, 務擇良吏. 今猶不改, 競爲苛暴, 侵愁小民, 以求虛名, 委任下吏, 假勢行邪. 是以令下而姦生, 禁至而詐起. 巧法析律, 飾文增辭, 貨行於言, 罪成乎手, 朕甚病焉. 公卿不思助明好惡, 將何以救其咎罰? 咎罰旣至, 復令災及小民. 若上下同心, 庶或有瘳. 其賜天下男子爵, 人二級, 三老,孝悌,力田三級, 民無名數及流民欲占者人一級, 鰥,寡,孤,獨,篤癃,貧不能自存者粟, 人三斛.」

壬子, 賜博士員弟子在太學者布, 人三匹.

| 註釋 | ○(永元) 十二年 – 서기 100년. ○旄牛徼外白狼,貗薄夷 – 旄牛(모우)는 蜀郡의 현명. 今 四川省 중부 雅安市 관할 漢源縣 서북. 旄는 긴 털 가진 소 모, 깃대 장식 모. 白狼(백랑)과 貗薄(누박)은 종족 이름. ○百姓虛匱 – 백성의 살림이 궁핍하다. 匱는 다할 궤, 함 궤. ○去冬無宿雪 – 지난 겨울에 눈이 쌓이지 않았다. ○'瞻仰昊天, 何辜今人?' – 넓은 하늘을 우러러 뵈니, 지금 백성이 무슨 죄인가요. 《詩經 大雅 雲漢》내용을 약간 변형한 말. 周 宣王이 가뭄을 당해 하늘에 올리는 염원을 담았다. ○假勢行邪 – 권세를 이용하여 사악한 짓을 하다. ○令下而姦生 – 법령이 하달되면 그에 따른 악행이 뒤따르다. ○禁至而詐起 – 禁令이 내려오면 詐欺(사기) 행위가 일어난다. ○巧法析律 飾文增辭 – 巧言으로 법 조항을 둘러대고 조항을 확대해석하다. ○貨行於言 罪成乎手 – 하는 말에 뇌물을 줘야 하고, 관리 손에서 죄가 만들어지다. ○庶或有瘳 – 모든 일이 새로운 전기를 맞이할 것이다.

　(永元) 12년(서기 100) 봄 2월, (蜀郡) 旄牛縣(모우현) 밖에 사는 白狼(백랑)과 貗薄(누박)족의 무리들이 조정에 歸附(귀부)하였다.

　조서로 재해를 당한 각 군의 백성에게 씨앗과 양식을 대여하게 하였다. 극빈자와 과부, 홀아비, 고아, 의지할 데 없는 노인과 살기 어려운 백성에게 (양식을) 하사할 것과 호수에 고기잡이나 채취를 허용하며 채소의 식용을 권장케 하였다.

　3월 丙申日, 조서를 내렸다.

　「연속 흉년이 들어 백성의 생활이 궁핍하다. 낙양 주변에 지난겨울 눈이 쌓이지 않았고 올 봄에도 비가 내리지 않아 백성이 유민으로 떠돌며 길에서 고생을 하고 있다. 짐은 가슴이 아프고 두통이 날 지경이나 어떻게 구제할지를 모르겠다. '하늘을 우러러 보나니 백성이 무슨 죄입니까?' 라고 하지 않았는가? 三公은 짐의 腹心(복심)이라지만 아직 하늘을 받들고 백성을 편안케 할 대책을 찾지 못하였다. 담당 관리에게 자주 조서를 내려 선량한 관리를 등용하는데 힘쓰게 하였다. 그런데도 아직도 고쳐지지 않나니, 경쟁하듯 백성에게 가혹한 횡포를 부리고 힘없는 백성을 괴롭히며, 헛 명성을 얻으려 아래 관리에게 떠넘기며 권세를 이용하여 사악한 짓을 자행한다. 이 때문에 법령이 하달되면 간악한 짓을 만들고 금령이 시행되면 사악한 일이 일어난다. 법률을 교묘하게 해석하고 문서를 꾸며 변명을 늘리며, 하는 말에 따라 뇌물을 줘야 하고 관리의 손에서 죄가 만들어지니 짐은 이런 일을 심히 걱정하고 있다. 여러 公卿은 짐을 도울 방안이나 好惡(초오)를 밝힐 생각을 아니하고서 장차 어떻게 그 허물을 벗을 수 있겠는가? 죄와 벌이 이미 내려졌는데 백성까지 재해를 당하게 하는가? 만약 상하의 모든 관리가 한마음이 된다면 모든 일이 아마 새롭게 바뀔 것이다. 온 나라 男子(戶主)에게 작위를 2급씩, 三老와 孝悌와 力田에게는 3급씩, 호적이 없거나 유민으로 호적을 만들려는 자에게는 1급씩 하사하고, 과부, 홀아비, 고아, 의지할 데 없는 노인과 중병환자, 살기 어려운 백성에게 각각 곡식을 3곡씩 하사하라.」

壬子日, 太學의 博士員인 弟子에게 각각 옷감을 3필씩 하사하였다.

原文

夏四月, 日南象林蠻夷反, 郡兵討破之. 閏月, 賑貸敦煌, 張掖,五原民下貧者穀. 戊辰, 秭歸山崩. 六月, 舞陽大水, 賜被水災尤貧者穀, 人三斛.

秋七月辛亥朔, 日有食之. 九月戊午, 太尉張酺免. 丙寅, 大司農張禹爲太尉.

冬十一月, 西域蒙奇,兜勒二國遣使內附, 賜其王金印紫綬. 是歲, 燒當羌復叛.

|註釋| ○日南象林 - 日南은 郡名. 今 越南國 중부지역. 象林은 日南郡의 현명. ○秭歸山 - 南郡 秭歸縣의 산 이름. 今 湖北省 서부 長江 북안 宜昌市 秭歸縣(자귀현) 소재. ○舞陽 - 潁川郡(영천군) 縣名. 今 河南省 중부의 漯河市(탑하시) 관할의 舞陽縣. ○張禹(장우) - 44권, 〈鄧張徐張胡列傳〉에 입전. ○西域蒙奇,兜勒 - 蒙奇는 안식국 동부의 나라 이름(Margiana

의 音譯). 兜勒(두륵)은 新疆 塔里木 盆地 서부에 있던 국명. 吐火羅(토화라, 英語, Tochari)의 異譯.

[國譯]

여름 4월, 日南郡 象林縣의 만이들이 반란을 일으켜 郡의 군사가 토벌 격파하였다. 閏月, 敦煌, 張掖(장액), 五原郡의 빈민들에게 곡식을 주어 구휼하였다. 戊辰日, (南郡의) 秭歸山(자귀산)이 붕괴하였다. 6월, (穎川郡) 舞陽縣에 홍수가 나서 水災를 입은 극빈자에게 곡식을 각 3斛(곡)씩 하사하였다.

가을 7월 辛亥日 초하루, 日食이 있었다. 9월 戊午日, 太尉 張酺(장포)를 면직했다. 丙寅日, 大司農 張禹(장우)가 太尉가 되었다.

겨울 11월, 서역의 蒙奇(몽기), 兜勒(두륵) 두 나라에서 사신을 보내 귀부하자 그 왕에게 金印 紫綬(자수)를 하사하였다. 이 해에, 燒當(소당)의 강족이 또 반란을 일으켰다.

原文

十三年春正月丁丑, 帝幸東觀, 覽書林, 閱篇籍, 博選術藝之士以充其官.

二月, 任城王尙薨. 丙午, 賑貸張掖, 居延, 朔方, 日南貧民及孤, 寡, 羸弱不能自存者. 秋八月, 詔象林民失農桑業者, 賑貸種糧, 稟賜下貧穀食.

己亥, 北宮盛饌門閣火. 護羌校尉周鮪擊燒當羌, 破之,

荊州雨水.

| 註釋 | ○(永元) 十三年 – 서기 101년. ○東觀 – 洛陽 南宮의 장서각,
觀은 누각 관, 道敎의 사원. 書林은 많은 서적. 術藝之士는 術藝之士, 의학
천문, 점술 등에 관한 術士. 동관에서 대를 이어 편찬한 後漢代 역사를《東
觀記》로도 불렸는데 모두 143권이다. 기전체로 후한 光武帝에서 靈帝까
지 역사를 서술한 官撰(관찬)의 當代史이다. 이는 후한 明帝 때 처음 편찬
된 이후 章帝, 安帝, 桓帝, 靈帝, 獻帝 때까지 계속되었는데 本紀, 列傳, 表,
載記 등으로 구분 편찬하였고 각각의 기전에 서문이 있다. 이는 각 황제대
의 起居注(황제의 언행에 관한 기록), 국가 문서나 檔案(당안, 이민족과 왕래한 문
서), 공신의 업적, 前人의 舊聞舊事, 私人의 저작물 등을 망라한 후한 사료
의 총집이라 할 수 있다. 이는 劉珍(유진) 등이 東觀에 설치한 修史館에서
편찬했다 하여《東觀記》라는 이름이 붙었다. ○張掖郡 – 涼州 소속, 치소
는 䚗得縣(역득현). 今 甘肅省 중부 張掖市. ○居延(거연) – 張掖居延屬國.
治所 居延縣, 今 內蒙古 阿拉善盟 관할 額濟納旗. ○荊州刺史部 – 치소는
武陵郡 漢壽縣, 今 湖南省 북부 常德市. 長江 중상류 지역의 南陽郡, 南郡,
江夏郡, 零陵郡, 桂陽郡, 武陵郡, 長沙郡을 감찰.

[國譯]

(영원) 13년 봄 정월 丁丑日, 황제는 南宮의 東觀에 행차하여 서
책을 구경하고 서적을 열람한 뒤에 학식과 기예에 뛰어난 문사를 널
리 모집하여 충원하였다.

2月, 任城王 尙(상)이 죽었다. 丙午日, 張掖(장액), 居延(거연), 朔方
(삭방), 日南郡의 빈민과 고아 과부 살기가 힘든 병약자에게 양식을
풀어 구제케 하였다.

가을 8월, 조서로 (日南郡) 象林縣의 農桑業에 피해가 많은 백성에게 종자와 양식을 대여하고 극빈자에게 곡식을 하사케 하였다.

己亥日, 北宮의 盛饌門(성찬문) 누각이 불탔다. 護羌校尉인 周鮪(주유)가 燒當의 강족을 격파하였다. 荊州(형주) 지역에 홍수가 났다.

原文

九月壬子, 詔曰,「荊州比歲不節, 今茲淫水爲害, 餘雖頗登, 而多不均浹, 深惟四民農食之本, 慘然懷矜. 其今天下半入今年田租, 芻槀, 有宜以實除者, 如故事. 貧民假種食, 皆勿收責.」

冬十一月, 安息國遣使獻師子及條枝大爵.

丙辰, 詔曰,「幽,并,涼州戶口率少, 邊役衆劇, 束脩良吏, 進仕路狹. 撫接夷狄, 以人爲本. 其令緣邊郡口十萬以上, 歲擧孝廉一人, 不滿十萬, 二歲擧一人, 五萬以下, 三歲擧一人.」

鮮卑寇右北平, 遂入漁陽, 漁陽太守擊破之. 戊辰, 司徒呂蓋罷.

十二月丁丑, 光祿勳魯恭爲司徒. 辛卯, 巫蠻叛, 寇南郡.

| 註釋 | ○淫水爲害 - 淫水(음수)는 범람하는 물, 평지에서 솟아나는 물. ○多不均浹 - 浹(두루 미칠 협)은 洽(넉넉할 흡). ○慘然懷矜 - 마음이 참담하고 불쌍히 생각하다. 懷는 품을 회. 矜 불쌍히 여길 긍. ○安息國遣

使獻師子及條枝大爵 – 安息國은 지금 이란(伊朗) 북동부에 존재했던 나라. 영어로는 Parthia(파르티아). 왕도는 番兜城(번두성)인데 장안에서 11,600리 떨어져 있다. 서역도호부에 복속하지 않았다. 안식국의 동쪽은 大月氏(대월지)이다. 師子는 獅子. 條枝(조지, 《漢書 西域傳》에는 條支)는 안식국의 속국, 중동 伊拉克(이라크, Iraq) 지역의 국가. 大爵(대작)은 새 이름. 머리를 들면 8, 9尺이고 그 알이 항아리만큼 크다고 하였다. 駝鳥(타조), 《漢書 西域傳》는 '大鳥'로 기록. ○邊役衆劇 – 변방의 노역이 아주 많고 심하다. ○束脩良吏 – 束脩(속수), 배움이 있고 의관을 갖춘 사람. ○鮮卑寇右北平 – 右北平은 幽州刺史部 소속, 治所는 土垠縣(토은현), 今 河北省 동북쪽의 唐山市 豊潤區. ○遂入漁陽 – 漁陽은 군명. 治所 漁陽縣. 今 北京市 동북부의 密雲區 ○巫蠻叛 – 巫縣, 南郡의 현명. 今 重慶市 東部 巫山縣.

[國譯]

9월 壬子日, 조서를 내렸다.

「荊州(형주) 지역이 해마다 기후가 정상이 아니었는데 이번에는 물이 범람하여 피해가 많았으며 여타 지역이 그런대로 수확하여도 많은 지역이 넉넉치 못하다니, 사방 백성이 농사를 바탕으로 하는 것을 생각하면 마음이 참담하며 가련한 생각뿐이다. 이번에 온 나라에 금년의 田租와 볏짚은 예년의 절반만 징수하되 피해 사실에 맞춰 감면하는 것은 전례대로 시행하라. 이전에 빈민에게 대여한 종자와 식량에 대하여는 모두 상환하지 않게 하라.」

겨울 11월, 安息國(안식국)에서 사절을 보내 獅子와 條枝國(條支國)의 타조를 바쳤다.

丙辰日, 조서를 내렸다.

「幽州, 幷州(병주), 涼州(양주) 지역은 인구도 비교적 적은데다가 변방의 노역이 아주 많기에 학식이 있는 우량한 관리일지라도 승진하기가 매우 어렵다. 夷狄(이적)을 안무하고 상대하려면 사람이 근본이다. 지금 緣邊(연변, 변경)의 각 군에 알려 인구가 10만 이상의 군에서는 1년에 孝廉(효렴)을 각 1인씩 천거하고, 10만이 안 되는 군에서는 2년에 1인, 5만 이하 군에서는 3년에 1인을 천거토록 하라.」

鮮卑族(선비족)이 右北平郡에 침입했고 이어 漁陽郡을 침략하자 漁陽太守가 격파하였다. 戊辰日, 司徒 呂蓋(여개)를 파직하였다.

12월 丁丑日, 光祿勳 魯恭(노공)이 司徒가 되었다. 辛卯日, (南郡) 巫縣(무현)의 만이가 반란을 일으켜 南郡을 노략질하였다.

原文

十四年春二月乙卯, 東海王政薨. 繕修故西海郡, 徙金城西部都尉以戍之.

三月戊辰, 臨辟雍, 饗射, 大赦天下.

夏四月, 遣使者督荊州兵討巫蠻, 破降之. 庚辰, 賑貸張掖, 居延, 敦煌, 五原, 漢陽, 會稽流民下貧穀, 各有差. 五月丁未, 初置象林將兵長史官. 六月辛卯, 廢皇后陰氏, 后父特進綱自殺.

秋七月甲寅, 詔復象林縣更賦, 田租, 芻槁二歲. 壬子, 常山王側薨. 是秋, 三州雨水.

冬十月甲申, 詔, 「兗, 豫, 荊州今年水雨淫過, 多傷農功.

其令被害什四以上皆半入田租, 芻稾, 其不滿者, 以實除之.」辛卯, 立貴人鄧氏爲皇后. 丁酉, 司空巢堪罷.

十一月癸卯, 大司農徐防爲司空. 是歲, 初復郡國上計補郎官.

| 註釋 | ○(永元) 十四年 – 서기 102년. ○繕修故西海郡 – 前漢 平帝 때 金城郡 국경 밖 만이의 땅에 西海郡을 설치했었다. 後漢이 건국된 이후 光武帝 재위 중 金城郡은 폐지되고 金西郡에 편입되었는데 이제 서해군 지역을 영역화했다는 뜻. ○徙金城西部都尉 – 西城郡은 涼州 소속, 治所 는 允吾縣, 今 甘肅省 臨夏回族自治州 永靖縣. ○饗射 – 饗은 酒食으로 접 대하다. 射는 大射禮. ○廢皇后陰氏 – 총애가 식으면 그에 따른 질투가 나오고 질투는 폐위로 연결된다. 음황후는 무고로 폐위되었다. 10권, 〈皇 后紀〉上에 입전. ○三州 – 兗州. 豫州, 荊州. ○貴人鄧氏 – 和帝의 두 번 째 황후, 和熹皇后〔鄧綏(등수), 81 – 121〕, 光武帝 때 太傅인 鄧禹(등우, 南陽 의 豪族)의 孫女, 父는 鄧訓(등훈, 護羌校尉로 有功)의 차녀. 和帝가 죽을 때 鄧 后 소생의 아들이 없어 태어난 지 겨우 백일인 和帝의 다른 후궁 소생을 데 려다가 제위에 올리니, 이가 殤帝(상제)이다. 鄧后는 황태후의 지위로 臨朝 聽政했다. 1년이 안되어 상제가 죽자 章帝의 손자 劉祜(유호, 당시 13세)를 和帝의 후사로 삼아 즉위시키니, 이가 安帝이다. 安帝 즉위 후, 鄧太后는 16년간 정사를 직접 처리하였다. ○復郡國上計補郎官 – 上計는 上計掾 (상계연). 전한 武帝 때부터 각 군국에서 1년 치적 및 지방 관리의 근무 성 과를 보고하러 올라오는 計吏(上計掾)와 함께 孝廉을 각 1인씩 함께 천거 하게 하였다. 중간에 폐지했던 제도를 다시 복원하였고 그렇게 천거된 인 재를 郎官에 補任하였다.

[國譯]

(永元) 14년(서기 102) 봄 2월 乙卯日, 東海王 政(정)이 죽었다. 옛 西海郡의 城池(성지)를 보수하고 金城郡 西部都尉을 전임시켜 방어하게 하였다.

3월 戊辰日, 황제가 辟雍(벽옹)에 나아가 원로와 宴飮하고서 大射禮를 행하고 천하에 사면령을 내렸다.

여름 4월, 使者를 보내 荊州의 군사가 巫縣(무현)의 만이를 토벌 격파하는 것을 감독케 하였다. 庚辰日, 張掖郡, 居延 屬國, 敦煌, 五原, 漢陽, 會稽郡의 流民과 극빈자에게 곡식을 차등 있게 나눠주어 구제하였다.

5월 丁未日, 처음으로 象林縣의 將兵長史 관직을 설치하였다. 6월 辛卯日, 황후 陰氏를 폐위하였는데, 황후의 부친 特進인 陰綱(음강)은 자살하였다.

가을 7월 甲寅日, 조서로 象林縣의 更賦(경부)와 田租, 芻藁(추고)의 징수를 2년간 면제하였다. 壬子日, 常山王 側(측)이 죽었다. 이 가을에, 3개 주에 홍수 피해가 났다.

겨울 10월 甲申日, 조서를 내렸다.

「兗州, 豫州, 荊州 지역에는 금년에 큰비로 수해를 입어 농사를 크게 망쳤다. 각 주에 알려 피해가 10분의 4 이상이면 모두 금년 田租와 볏짚 납부를 절반으로 줄여주고, 4할 피해가 안 되는 경우는 피해 정도에 따라 감면토록 하라.」

辛卯日, 貴人 鄧氏(등씨)를 皇后로 책립하였다. 丁酉日, 司空인 巢堪(소감)을 파직하였다.

11월 癸卯日, 大司農 徐防(서방)이 司空이 되었다. 이 해에, 처음으로 각 郡國에서 계리와 함께 천거하는 자를 郎官에 補任하였다.

原文

十五年春閏月乙未, 詔流民欲還歸本而無糧食者, 過所實稟之, 疾病加致醫藥, 其不欲還歸者, 勿强. 二月, 詔稟貸潁川,汝南,陳留,江夏,梁國,敦煌貧民.

夏四月甲子晦, 日有食之. 五月戊寅, 南陽大風. 六月, 詔令百姓鰥,寡漁采陂池, 勿收假稅二歲.

秋七月丙寅, 濟南王錯薨. 復置涿郡故安鐵官.

| 註釋 | ○(永元) 十五年 − 서기 103년. ○陳留,江夏 − 군명. 陳留郡은 兗州 관할, 治所 陳留縣. 今 河南省 開封市. 江夏郡은 荊州 관할, 治所는 西陵縣. 今 湖北省 武漢市 新洲區. 長江과 夏水의 합류점 ○涿郡故安鐵官 − 涿郡(탁군, 치소는 涿縣. 今 河北省 중부 직할 涿州市) 故安縣(今 河北省 保定市 縣易 동남)의 鐵官. 鐵官은 철광산을 개발하고 철기를 제작하는 곳. 전한 무제 때 전국에 48개소에 철관을 두었다. 鐵官令과 丞을 두어 縣令처럼 관할 지역을 다스렸다. 소금을 제조하는 鹽官과 철관은 그 업무량에 따라 관할 지역이 크거나 작았다. 염철관의 질록은 縣令,縣長과 같았다.

[國譯]

(永元) 15년(서기 104) 봄 (정월) 윤월 乙未日, 조서를 내려 流民이 본 고향으로 돌아가려 하나 양식이 없다면 지나는 곳에서 실정에 맞게 공급하고 환자는 의약으로 치료해주고, 귀환을 원하지 않는 자

는 강요하지 말라고 하였다.

2월, 조서로 潁川, 汝南, 陳留, 江夏郡과 梁國, 敦煌郡의 貧民을 구제케 하였다.

여름 4월 甲子日 그믐, 日食이 있었다. 5월 戊寅日, 南陽郡에 강풍이 불었다. 6월, 조서로 백성 중 홀아비나 과부가 호수에서 고기를 잡거나 채취하더라도 2년간 임대료를 징수하지 못하게 하였다.

가을 7월 丙寅日, 濟南王 錯(조)가 죽었다. 涿郡(탁군) 故安(고안)의 鐵官을 다시 설치하였다.

原文

九月壬午, 南巡狩, 淸河王慶, 濟北王壽, 河間王開並從. 賜所過二千石長吏以下, 三老, 官屬及民百年者錢, 布, 各有差. 是秋, 四州雨水.

冬十月戊申, 幸章陵, 祠舊宅. 癸丑, 祠園廟, 會宗室於舊廬, 勞賜作樂. 戊午, 進幸雲夢, 臨漢水而還. 十一月甲申, 車駕還宮, 賜從臣及留者公卿以下錢, 布, 各有差.

十二月庚子, 琅邪王宇薨. 有司奏, 以爲夏至則微陰起, 麋草死, 可以決小事. 是歲, 初令郡國以日北至案薄刑.

| 註釋 | ○進幸雲夢 – 雲夢(운몽)은 늪지(雲夢澤, 당시 南郡 華容縣), 雲夢澤은 湖北省 江漢平原에 있던 중국 최대 담수호였으나, 지금은 거의 메워져 육지가 되었고 湖北省 남부에 洪湖(홍호, 荊州市 관할 洪湖市, 長江의 북

안)가 조금 남았다. ○臨漢水而還 - 漢水(漢江)는 陝西省 남부에서 시작하는 長江의 최대 지류이다. 江漢이라면 長江과 漢水를 의미. ○靡草死 - 靡草는 薺(냉이 제). ○可以決小事 - 경범죄를 판결하다. ○日北至案薄刑 - 해의 고도가 가장 높은 날이 하지이다. 경미한 범죄를 판결하다.

[國譯]

9월 壬午日, (황제가) 남쪽을 巡狩(순수)하는데, 淸河王 慶(경), 濟北王 壽(수), 河間王 開(개)가 모두 수행하였다. 지나간 군현의 태수나 현령 이후 모든 관리, 三老와 관속 및 10세 이상의 백성에게 금전과 포백을 차등을 두어 하사하였다. 이 가을에 4州에서 홍수가 났다.

겨울 10월 戊申日, 章陵縣에 행차하여 (光武帝의) 옛집에서 제사를 지냈다. 癸丑日, (先祖의) 園廟에 제사를 지내고 옛집에서 宗室과 만나 위로하며 물품을 하사하며 풍악을 즐겼다. 戊午日, 더 나아가 雲夢(운몽)에 행차하였고 漢水까지 갔다가 돌아왔다.

11월 甲申日, 車駕(거가)가 환궁했고, 수행한 신하 및 조정에 남았던 公卿 이하에게 금전과 포백을 차등을 두어 하사하였다.

12월 庚子日, 琅邪王 宇(우)가 죽었다. 有司가 夏至에는 음기가 처음 생기고 靡草(미초, 냉이)가 죽는 때이니 경범죄를 판결할 수 있다고 상주하였다. 이 해에, 처음으로 각 郡國에 알려 태양의 고도가 가장 높을 때(夏至)에 맞춰 경범죄를 판결하라고 지시하였다.

原文

十六年春正月己卯, 詔貧民有田業而以匱乏不能自農者,

貸種糧.

二月己未, 詔兗,豫,徐,冀四州比年雨多傷稼, 禁沽酒.

夏四月, 遣三府掾分行四州, 貧民無以耕者, 爲雇犁牛直.
五月壬午, 趙王商薨.

秋七月, 旱. 戊午, 詔曰,「今秋稼方穗而旱, 雲雨不霑, 疑
吏行慘刻, 不宣恩澤, 妄拘無罪, 幽閉良善所致. 其一切囚
徒於法疑者勿決, 以奉秋令. 方察煩苛之吏, 顯明其罰.」

辛酉, 司徒魯恭免. 庚午, 光祿勳張酺爲司徒. 辛巳, 詔令
天下皆半入今年田租,芻稾, 其被災害者, 以實除之. 貧民受
貸種糧及田租,芻稾, 皆勿收責.

八月己酉, 司徒張酺薨. 冬十月辛卯, 司空徐防爲司徒,
大鴻臚陳寵爲司空. 十一月己丑, 行幸緱氏, 登百岯山, 賜
百官從臣布, 各有差. 北匈奴遣使稱臣貢獻. 十二月, 復置
遼東西部都尉官.

| 註釋 | ○(永元) 十六年 – 서기 104년. ○禁沽酒 – 술의 판매를 금하
다. 沽 팔 고. 술장수. ○三府掾 – 三府는 太尉, 司徒, 司空의 관청. 三府에
근무하는 掾(연, 실무과장). ○爲雇犁牛直 – 雇는 품 살 고. 빌리다. 犁는 쟁
기 려. 牛는 農牛. 直는 값 치. 삯. ○以奉秋令 – 가을의 月令에 맞춰 실행
하다. ○方察煩苛之吏 – 가혹 각박한 관리를 조사하다. ○行幸緱氏 – 緱
氏(구씨)는 河南郡의 현명. 今 河南省 洛陽市 관할 偃師市(언사시)의 緱氏鎭
(구씨진). 緱는 칼자루 감을 구. 성씨. ○百岯山(배비산) – 今 河南省 偃師市
동남의 산 이름. 岯는 산 이름 비.

[國譯]

(永元) 16년(서기 104) 봄 정월 己卯日, 조서를 내려 궁핍하여 스스로 농사를 지을 수 없는 貧民에게 종자와 양식을 대여케 하였다.

2월 己未日, 조서로 兗州, 豫州, 徐州, 冀州에 해마다 큰 비로 농사를 많이 망쳤기에 술의 판매를 금하였다.

여름 4월, 三府(太尉, 司徒, 司空府)의 掾吏(연리)를 4개 주에 나눠 파견하여 농사를 지을 수 없는 빈민에게 농기구와 農牛 임대료를 대여해 주어 경작케 하였다. 5월 壬午日, 趙王 商(상)이 죽었다.

가을 7월, 날이 가물었다. 戊午日, 조서를 내렸다.

「금년 가을 농사에 이삭이 막 나올 때 날이 가물고 비가 내리지 않는데 혹 관리들이 너무 각박하거나 은택을 베풀지 않았으며, 무죄한 백성을 멋대로 구속하거나 선량한 사람을 억압하지는 않았는지 걱정이 된다. 모든 죄수 중 법 적용에 의심이 갈만한 자는 판결하지 말고 가을 月令에 맞춰 시행하라. 그리고 지금 가혹한 관리가 있는지 살펴 관리에 대한 징벌을 분명히 밝히도록 하라.」

辛酉日, 司徒 魯恭(노공)을 면직시켰다. 庚午日, 光祿勳 張酺(장포)가 司徒가 되었다. 辛巳日, 조서를 내려 온 나라에 금년 田租와 볏짚을 절반만 징수케 하고 그 피해 정도에 따라 감면하라고 지시했다. 종자와 양식을 대여 받은 농민들의 田租와 볏짚을 징수하지 말라고 하였다. 8월 己酉日, 司徒 張酺(장포)가 죽었다.

겨울 10월 辛卯日, 司空 徐防(서방)이 司徒가 되었고, 大鴻臚(대홍려)인 陳寵(진총)이 司空이 되었다. 11월 己丑日, 순행하여 緱氏縣(구씨현)에 행차하여 百岯山(백비산)에 올랐으며 百官과 수행한 신하에게 포백을 차등 있게 하사하였다. 北匈奴가 사신을 보내 稱臣(칭신)

하며 토산물을 바쳤다. 12월, 遼東西部都尉의 관직을 다시 설치하
였다.

原文

元興元年春正月戊午, 引三署郎召見禁中, 選除七十五
人, 補謁者,長,相. 高句驪寇郡界. 夏四月庚午, 大赦天下,
改元元興. 宗室以罪絶者, 悉復屬籍.

五月癸酉, 雍地裂. 秋九月, 遼東太守耿夔擊貊人, 破之.

冬十二月辛未, 帝崩於章德前殿, 年二十七. 立皇子隆爲
皇太子. 賜天下男子爵, 人二級, 三老,孝悌,力田人三級, 民
無名數及流民欲占者人一級, 鰥,寡,孤,獨,篤癃,貧不能自存
者粟, 人三斛.

自竇憲誅後, 帝躬親萬機. 每有災異, 輒延問公卿, 極言
得失. 前後符瑞八十一所, 自稱德薄, 皆抑而不宣. 舊南海
獻龍眼,荔支, 十里一置, 五里一候, 奔騰阻險, 死者繼路. 時
臨武長汝南唐羌, 縣接南海, 乃上書陳狀. 帝下詔曰,「遠國
珍羞, 本以薦奉宗廟, 苟有傷害, 豈愛民之本. 其勑太官勿
復受獻.」由是遂省焉.

| 註釋 | ○元興元年 - 和帝의 두 번째 연호. 서기 105년. ○三署郎~ -
三署는 光祿勳의 속관 중 五官中郎將(中郎三將의 우두머리, 질록 比二千
石, 황제의 고급 시종관), 右, 左中郎將(궁전 숙위, 질록 比二千石)을 말함.

郡國에서 孝廉으로 추천된 자는 처음에 이 三署의 낭관에 補任, 낭관은 中郎, 議郎, 侍郎, 郎中으로 구분, 無 定員. ○高句驪寇郡界 - 당시 高句驪는 太祖王(재위, 53-146년). 고구려는 後漢의 樂浪郡, 遼東郡, 玄菟郡(현도군, 현토가 아님)과 접경. ○悉復屬籍 - 모두 종실 소속 호적을 회복하다. ○雍地裂 - 右扶風의 雍縣(옹현), 今 陝西省 寶雞市 鳳翔縣. ○貊人 - 貉은 貊. 요동, 요서 일대에 거주하는 濊貊族(예맥족, 濊族＋貊族의 合稱)의 일부, 농경민족, 肅愼(숙신), 東胡(동호)와는 다른 종족. ○自竇憲誅後 - 永元 4년(92년). ○舊南海獻龍眼,荔支 - 南海는 交州 관할 군명. 治所 番禺縣(반우현). 今 廣東省 廣州市. 龍眼은 열대산 상록 교목의 과일. 荔支(여지, 려)는 상록교목의 과일 이름, 용안과 비슷하나 더 크며 계란과 비슷하다는 설명이 있다. ○十里一置 - 置는 驛. 候는 站(참). ○奔騰阻險 - 격류를 뛰어 오르고 험한 곳을 건너뛰다. ○臨武長汝南唐羌 - 臨武는 桂陽郡의 현명. 今 湖南省 최남단 郴州市(침주시) 관할 臨武縣. 廣東省과 접경. 長은 縣長. 汝南은 출신지. 唐羌(당강)은 인명. 和帝에게 건의한 뒤에 棄官還家했다. ○遠國珍羞 - 먼 지방에서 나는 진기한 음식. 羞는 바칠 수. 맛있는 음식. ○太官 - 太官令, 황제의 식사 담당관. 질록 6백석.

[國譯]

元興 원년(서기 105) 봄 정월 戊午日, (낭중령의 속관인) 三署郎(삼서의 낭관)을 궁중에 불러 보고서 75인을 선발하여 벼슬을 제수하여 謁者(알자)나 縣長 또는 郡相에 보임하였다. 高句驪(고구려)가 郡界를 침략하였다.

여름 4월 庚午日, 천하에 사면령을 내리고 元興으로 개원하였다. 죄를 지어 宗室에서 제외했던 모든 사람에게 종실의 祖籍을 회복시켜 주었다. 5월 癸酉日, (右扶風) 雍縣의 땅이 갈라졌다.

가을 9월, 遼東太守 耿夔(경기)가 貊人(맥인)을 공격하여 격파하였다.

겨울 12월 辛未日, 황제가 章德前殿에서 붕어하였는데, 나이는 27세였다. 皇子 隆(륭)이 황태자가 되었다. 온 나라의 남자에게 작위를 각 2급씩, 三老와 孝悌와 力田에게는 각 3급씩, 호적이 없는 백성 및 유민이 호적을 얻으려는 자에게는 1급씩 하사하였고, 鰥寡孤獨(환과고독)과 폐질자, 살기가 어려운 빈민에게는 곡식을 각각 3斛(곡)씩 하사하였다.

竇憲(두헌)을 죽게 한 이후에 황제는 친히 정사를 처리하였다. 재해나 이변이 있을 때마다 곧 公卿을 불러 물으며 정치의 득실을 모두 다 말하게 하였다. 황제 재위 중 상서로운 조짐이 81회나 나타났지만 스스로 薄德(박덕)하다며 모두 억제하며 소문을 내지 않았다. 그전에 南海郡에서 龍眼(용안)과 荔支(여지)를 헌상하였는데 이를 위해 10리에 驛을, 5리에 站(참)을 설치하고 험한 길을 달려 헌상하니 죽는 자가 길에 널렸었다. 그때 臨武縣 縣長인 汝南 출신 唐羌(당강)은 南海郡과 연접하여 상서하여 그 실상을 진술하였다. 이에 황제가 조서를 내렸다.

「遠國의 珍羞(진수)는 본래 宗廟(종묘)의 신령께 올리는 것이나 이 때문에 백성을 다치게 한다면 어찌 애민하는 일이라 하겠는가? 太官令에게 알려 다시는 받지 않도록 하라.」

이로써 그 헌상은 폐지되었다.

原文

論曰, 自中興以後, 逮於永元, 雖頗有弛張, 而俱存不擾,

是以齊民歲增, 闢土世廣. 偏師出塞, 則漠北地空, 都護西指, 則通譯四萬. 豈其道遠三代, 術長前世? 將服叛去來, 自有數也?

| 註釋 | ㅇ中興以後, 逮於永元 – 서기 25년부터 106년. ㅇ雖頗有弛張 – 弛張(이장)은 느슨함과 긴장. 엄격함과 관용. 盛衰(성쇠). ㅇ齊民歲增 – 齊民은 평민. ㅇ闢土世廣 – 闢土는 영토의 확장. 闢은 열 벽. ㅇ偏師出塞 – 偏은 군사 50인, 또는 병거 25대. 偏師는 어느 한 방면에 출정시킨 군사. ㅇ則漠北地空 – 일반적으로 漠北은 고비사막 북쪽 흉노의 주거지. ㅇ則通譯四萬 – 班超의 서역 원정으로 4만 리 떨어진 곳에서도 重譯을 거쳐 공물을 바쳤다. ㅇ豈其道遠三代, 術長前世? – 道는 통치의 方道, 術은 執政의 統治術. 前世는 후한 이전의 왕조. ㅇ將服叛去來 – 服은 承服, 叛은 背叛, 去來는 떨어져 나가거나 돌아옴.

[國譯]

范曄(범엽)의 史論: (光武帝의) 中興 以後로 永元 연간에 이르기까지 비록 성쇠의 변화가 많았지만 각 방면에서 여러 종족이 공존하며 소란하지 않았기에 平民 백성은 해마다 늘어났고 영역은 대대로 넓어졌다. 군사가 국경 밖에 출동하니 사막 북쪽 땅이 비었고 서역 도호가 서쪽에 진출하면서 4만 리 떨어진 곳에서도 통역이 들어왔다. 그렇다면 (後漢) 治國의 도는 三代보다도 나았고 통치술은 전 왕조보다 좋지 않았겠는가? 아니면 승복과 배반, 떠나고 오는 것이 미리 다 정해진 수가 있는 것인가?

🌀 附 孝殤皇帝

原文

孝殤皇帝諱隆, 和帝少子也. 元興元年十二月辛未夜, 卽
皇帝位, 時誕育百餘日. 尊皇后曰皇太后, 太后臨朝.

北匈奴遣使稱臣, 詣敦煌奉獻.

| **註釋** | ○ 孝殤皇帝諱隆 – 孝殤皇帝(105-106년 8월, 재위 8개월), 和帝
에게 많은 아들이 태어났으나 대부분 요절하였다. 和帝는 환관과 외척이
皇子를 해친다고 생각하여 민간에 보내 양육케 하였다. 元興 元年 12월
(陰)에 화제가 붕어하자 鄧(등) 皇后는 長子 劉勝(유승)에게 고질병이 있다
하여 민간에서 양육 중인 劉隆(유륭, 출생 후 겨우 100일)을 궁으로 데려와 즉
위시키고 劉勝(유승)은 平原王에 봉했다. 殤帝(상제, 短折不成曰 殤. 殤은 일찍
죽을 상)는 중국 역사상 가장 어린 황제에, 가장 단명한 황제로 기록되었다.

[國譯]

孝殤皇帝(효상황제)의 諱(휘)는 隆(융)으로 和帝의 작은아들이다.
元興 원년 12월 辛未日 밤에 황제로 즉위했는데 그때 태어난 지 100
여 일이었다. 皇后를 높여 皇太后라 하였고 황태후가 臨朝 聽政하였
다.

北匈奴가 사신을 보내 稱臣하면서 敦煌郡奉에 와서 토산물을 바
쳤다.

延平元年春正月辛卯, 太尉張禹爲太傅, 司徒徐防爲太
尉, 參錄尙書事, 百官總己以聽. 封皇兄勝爲平原王. 癸卯,
光祿勳梁鮪爲司徒.

三月甲申, 葬孝和皇帝於愼陵, 尊廟曰穆宗. 丙戌, 淸河
王慶,濟北王壽,河間王開,常山王章始就國. 夏四月庚申,
詔罷祀官不在祀典者. 鮮卑寇漁陽, 漁陽太守張顯追擊, 戰
沒. 丙寅, 以虎賁中郞將鄧騭爲車騎將軍. 司空陳寵薨.

| 註釋 | ○(殤帝) 延平元年 – 서기 106년. ○參錄尙書事 – 錄尙書事
(尙書의 일을 감독, 前漢에서는 領尙書事)에도 참여하다. ○百官總己以聽
– 백관이 모두 자신(司徒 徐防)의 말에 따르다. ○愼陵 – 一名 順陵, 和帝
와 황후 鄧綏(등수)의 합장릉. 今 河南省 洛陽市 孟津縣 平樂鄕 소재. ○詔
罷祀官不在祀典者 – 정식 祠官이 없으나 제사를 집전하는 지위에 있는 사
람을 파직하다. 淫祠(음사)를 철폐한 것임. ○鄧騭(등줄) – 인명. 鄧訓(등훈)
의 아들, 和帝 등황후의 친오빠. 騭은 오를 즐, 수말 즐. 말의 수컷. 16권,
〈鄧寇列傳〉에 입전.

[國譯]

延平(연평) 원년 봄 정월 辛卯日, 太尉인 張禹(장우)를 太傅에 임명
하고, 司徒 徐防(서방)이 태위가 되어 錄尙書事(녹상서사)에 참여하여
百官이 모두 서방의 지시를 받았다. 황제의 형 勝(승)은 平原王이 되
었다. 癸卯日, 光祿勳 梁鮪(양유)는 司徒가 되었다.

3월 甲申日, 孝和皇帝를 愼陵(신릉)에 장례하였고, 廟號를 穆宗(목

종)으로 올렸다. 丙戌日, 淸河王 慶(경), 濟北王 壽(수), 河間王 開(개), 常山王 章(장)이 모두 봉국에 취임하였다.

여름 4월 庚申日, 조서로 祠官이 없는데 제사를 집전하는 자를 모두 파직하였다. 鮮卑族(선비족)이 漁陽郡(어양군)에 침입하였는데, 어양태수 張顯(장현)이 추격하다가 전사하였다. 丙寅日, 虎賁中郞將인 鄧騭(등즐)은 車騎將軍이 되었다. 司空 陳寵(진총)이 죽었다.

原文

五月辛卯, 皇太后詔曰, 「皇帝幼沖, 承統鴻業, 朕且權佐助聽政, 兢兢寅畏, 不知所濟. 深惟至治之本, 道化在前, 刑罰在後. 將稽中和, 廣施慶惠, 與吏民更始. 其大赦天下. 自建武以來諸犯禁錮, 詔書雖解, 有司持重, 多不奉行, 其皆復爲平民.」

壬辰, 河東垣山崩.

| 註釋 | ○皇帝幼沖 ─ 幼沖(유충)은 나이가 어리다. 幼少. 沖은 빌 충. 공허하다. ○朕且權佐助聽政 ─ 權은 임시로. 임시로 대리하다. 權은 저울추. 저울. 권력. ○兢兢寅畏 ─ 兢兢(긍긍)은 두려워 삼가는 모양. 寅畏(인외)는 공경하고 두려워하다. 寅 셋째 지지 인, 공경할 인, 삼갈 인, 夤(조심할 인)과 同. 畏는 두려워할 외. ○不知所濟 ─ 어찌할 바를 모르겠다. ○將稽中和 ─ 稽는 쌓다. 헤아리다. 머무를 계. ○有司持重 ─ 유사는 중형을 견시하나. ○河東垣山 ─ 垣(원)은 垣縣, 今 山西省 運城市 관할 垣曲縣. 주석에 의하면 보통 산의 산사태이다. 원현에는 王屋山(왕옥산, 黃帝가 祭天한 곳,

天壇山, 河南省 서북부의 省 직할 濟源市 서쪽)이 있으나 왕옥산 일부의 산사태
는 아니다.

[國譯]

5월 辛卯日, 皇太后가 조서를 내렸다.

「황제가 어린 나이에 대업을 이어받았으니 朕(짐)은 일단 임시로
정사를 도와 처리하려 하지만 삼가 두려워 어찌해야 할지 모르겠다.
훌륭한 통치의 근본을 생각한다면 도덕적 교화가 먼저이고 형벌로
다스림은 나중이다. 장차 中和를 이루며 백성에 대한 은혜를 널리
베풀며 吏民과 함께 새롭게 시작할 것이다. 천하에 대 사면령을 반
포하라. 建武(光武帝) 이래로 범죄로 갇힌 모두에게 조서로는 풀어
주라 하였어도 담당 관리는 중형을 견지하며 조서를 받들지 않는 일
이 많다 하니 모든 죄인을 사면하여 평민이 되게 하라.」

壬辰日, 河東郡 垣縣(원현)에서 산사태가 났다.

原文

六月丁未, 太常尹勤爲司空. 郡國三十七雨水.

己未, 詔曰, 「自夏以來, 陰雨過節, 煖氣不效, 將有厥咎.
寤寐憂惶, 未知所由. 昔夏后惡衣服, 菲飮食, 孔子曰'吾無
間然.' 今新遭大憂, 且歲節未和, 徹膳損服, 庶有補焉. 其
減太官,導官,尙方,內署諸服御珍膳靡麗難成之物.」

丁卯, 詔司徒,大司農,長樂少府曰, 「朕以無德, 佐助統政,

夙夜經營, 懼失厥衷. 思惟治道, 由近及遠, 先內後外. 自建
武之初以至於今, 八十餘年, 宮人歲增, 房御彌廣. 又宗室
坐事沒入者, 猶託名公族, 甚可愍焉. 今悉免遣, 及掖庭宮
人, 皆爲庶民, 以抒幽隔鬱滯之情. 諸官府,郡國,王侯家奴
婢姓劉及疲癃羸老, 皆上其名, 務令實悉.」

| 註釋 | ㅇ郡國三十七雨水 – 37개 군국에서 홍수가 나다. ㅇ煖氣不效
– 煖은 따뜻할 만. 煗, 暖과 同. ㅇ昔夏后惡衣服, 菲飲食 – 夏后는 夏禹,
나쁜 옷을 입다. 거친 음식을 먹다. 菲는 채소 이름 비. 보잘 것 없다. 버리
다. ㅇ孔子曰 '吾無閒然.' – 나는 禹에 대하여 무어라 말할 수 없다. 閒은
間의 本字, 間은 俗字임. 무간은 비난할 일이 없다. 비판할 수 없다. 「子曰,
“禹, 吾無間然矣. 菲飲食, 而致孝乎鬼神, 惡衣服, 而致美乎黻冕, 卑宮室,
而盡力乎溝洫. 禹, 吾無間然矣.”」《論語 泰伯》. ㅇ徹膳損服 – 반찬을 줄이
고 옷을 검소하게 하다. ㅇ其減太官,導官,尙方,內署 – 太官은 황제의 식사
담당, 太官令. 導官은 음식재료 공급 담당관. 導는 擇也. 尙方(상방)은 궁중
에 필요한 각종 생활용구 공급 담당관. 內署(내서)는 궁내부의 침구, 휘장
(커튼) 담당관. 모두 질록 6백석. ㅇ長樂少府 – 황태후가 거처하는 장락
궁의 少府. 少府는 궁의 운영과 살림을 맡은 직책, 태후궁의 속관은 직함
앞에 長樂을 붙여 구분했다. 長樂少府, 長樂太僕, 長樂衛尉를 태후의 三卿
이라 했다. 황태후가 없거나 죽으면 이 관직은 폐지되었다. ㅇ房御彌廣 –
房御는 집안의 여러 가구나 용구. 彌廣은 더 넓어지다. 더 많이 등가하다.
ㅇ甚可愍焉 – 심히 가련하다. 愍은 근심할 민. 불쌍히 여기다. ㅇ今悉免
遣 – 이번에 모두 방면하여 내보내다. ㅇ掖庭 – 원래는 永巷(영항)이라 했
는데 무제 때 掖庭(액정)으로 개칭, 비빈이 거처하는 궁길. 少府의 산하기
관, 황궁 중 비빈의 거처를 管理하는 기관. 우두머리는 掖庭令, 宦者로 充

任. ○以抒幽隔鬱滯之情 − 抒는 풀어버리다. 幽隔은 갇히다. 鬱滯는 꽉
막히다. 鬱 막힐 울. 滯 막힐 체. ○疲癃羸老 − 疲는 지칠 피. 癃 느른할
융. 중병으로 폐인이 되다. 羸 여울 이. 깡마르다.

[國譯]

6월 丁未日, 太常 尹勤(윤근)이 司空이 되었다. 37개 郡國에서 홍
수가 났다.

己未日, 조서를 내렸다. 「立夏 以來로, 큰 비가 오래 내렸고 온난
한 기운이 사라져서 큰 재앙이 닥칠 것만 같다. (짐은) 자나 깨나 걱
정 속에 두려워 어찌할 바를 모르겠다. 옛날 夏禹께서는 좋은 의복
을 싫어하고 거친 음식을 드셨기에 공자께서도 '나는 禹 임금에 대
해 말할 수가 없다.' 고 하였다. 지금 새로운 큰일을 당했고 절기도
순조롭지 못하니 음식과 의복을 줄이고 절약하여 다 함께 도와야 할
것이다. 太官과 導官, 그리고 尙方과 內署(내서)의 각 부서에 전달하
여 의복이나 용품, 음식과 화려하거나 만들기 어려운 물건 사용을
줄여나가도록 하라.」

丁卯日, 司徒와 大司農과 長樂少府에게 조서를 내렸다.

「짐이 無德하나 조정의 통치를 도우며 새벽부터 밤까지 경영한다
지만 혹 초심을 잃을까 두렵기만 하다. 통치의 도리를 생각한다면
가까운 데서 먼 곳으로, 또 먼저 내부를 나중에 외부를 다스려야 할
것이다. 建武 초년부터 지금까지 80여 년에 궁인의 숫자는 해마다
증가했고 주거나 용품은 크게 늘었다. 또 宗室이지만 죄를 지어 노
비로 강등된 자들은 이름은 公族(皇族)이나 정말 가련하기만 하다.
이번에 모두 사면하여 내보낼 것이며 掖庭(액정)의 宮人들도 모두

서민이 되게 하여 갇혀서 꽉 막힌 심정을 풀어주도록 하라. 모든 官府와 郡國, 그리고 王侯의 가내 노비 중 유씨 성으로 지쳐 병들고 쇠약한 노인 모두의 이름을 적어 올리되 힘써 사실대로 보고토록 하라.」

原文

秋 七月庚寅, 勅司隷校尉, 部刺史曰, 「夫天降災戾, 應政而至. 間者郡國或有水災, 妨害秋稼. 朝廷惟咎, 憂惶悼懼. 而郡國欲獲豐穰虛飾之譽, 遂覆蔽災害, 多張墾田, 不揣流亡, 競增戶口, 掩匿盜賊, 令姦惡無懲, 署用非次, 選擧乖宜, 貪苛慘毒, 延及平民. 刺史垂頭塞耳, 阿私下比, '不畏於天, 不愧於人.' 假貸之恩, 不可數恃, 自今以後, 將糾其罰. 二千石長吏其各實覈所傷害, 爲除田租, 芻槁.」

八月辛亥, 帝崩. 癸丑, 殯於崇德前殿. 年二歲.

| 註釋 | ○部刺史 – 前漢의 자사는 8월에 각 군국을 돌며 치적을 평가하고 연말에 상경하여 승상부에 보고하였다. 後漢에서는 자사가 상경하지 않고 計吏를 보내 보고하였다. ○應政而至 – 時政에 따라 내리다. 정치를 잘못하면 災異가 뒤따른다는 뜻. ○朝廷惟咎 – 조정 정사의 잘못이다. ○憂惶悼懼 – 걱정과 슬픔에 몹시 두렵다. 惶 두려워할 황. 悼 슬퍼할 도. ○郡國欲獲豐穰虛飾之譽 – 군국에서는 풍년을 이루었다는 헛 명예를 얻으려 하다. 豐穰(풍양)은 풍년. 穰은 풍년 양, 넉넉할 양. 볏짚. ○遂覆蔽災

害 - 覆蔽(복폐)는 덮어 가리다. ㅇ不揣流亡 - 백성이 유민이 되는 것을 생각하지 않다. 揣는 헤아릴 췌. ㅇ掩匿盜賊 - 掩匿(엄익)은 가리고 숨기다. 떼도적이 일어나도 보고하지 아니하다. ㅇ署用非次 - 임용에 적임이 아닌 자를 채용하고 순차를 무시하다. ㅇ選擧乖宜 - 인재 천거가 상식에 벗어나다, 비적임자를 천거하다. 乖는 어그러질 괴. ㅇ貪苛慘毒 - 탐욕에 가혹하고, 잔인하고 혹독한 행위. ㅇ延及平民 - 平民은 善人. ㅇ垂頭塞耳 - 고개 숙여 못 본체하거나, 귀를 막고 (세상의 비난을) 못 들은 척하다. 垂는 드리울 수. 고개 숙이다. 塞은 막을 색, 막힐 색. 변경 새. ㅇ阿私下比 - 阿私는 한쪽 편을 들다. 사적으로 봐주다. 下比는 아래 사람의 不正에 한통속이 되다. 比는 따를 비, 나란히 할 비. ㅇ'不畏於天, 不愧於人.' - 하늘이 두렵지 않은가? 다른 사람에게 부끄럽지 않은가?《詩經 小雅 何人斯》 ㅇ假貸之恩, 不可數恃 - 구제한 은덕을 여러 번 자랑할 수는 없다. ㅇ將糾其罰 - 형벌로 부정을 바로잡다. 糾는 들춰내다. 사실을 밝히다. 나쁜 짓을 밝혀 바로 잡다(糾正). ㅇ殯於崇德前殿 - 殯 염할 빈. 시신을 안치하다. 殯所.

[國譯]

가을 7월 庚寅日, 司隸校尉와 각 刺史部에 지시하였다.

「하늘이 내리는 재해나 이변은 時政에 따른 것이다. 요즈음 각 군국에서 수해를 당해 가을농사가 크게 해를 당하고 있다. 이는 조정의 허물이기에 걱정과 슬픔에 몹시 두렵기만 하다. 그러나 각 군국에서는 풍년이 들었다는 헛 영예를 차지하려고 나중에는 재해를 덮어버리거나, 개간할 땅을 많이 벌려두고도 떠나는 유민을 헤아리지 못하고 호구를 늘었다고 보고하며, 도적떼를 엄폐하거나 간악한 자들을 징벌하지 않고, 관리 임용에 비적임자나 순차를 건너뛰거나 인재 천거가 상식에 어긋나며, 탐욕에 가혹하고 잔인하며 혹독한 짓이 선량한 백성까지 해치고 있다. 그러나 자사는 고개를 돌리고 귀를 막거나 아랫사람을 두둔하거나 한 패가 되니 '하늘이 두렵지 않고 남에게 부끄럽지 않겠는가?' 백성을 구제한 은혜를 자꾸 들척일 수는 없으니 오늘 이후로 형벌을 써서 잘못을 바로잡어야 할 것이다. 태수나 현령들은 피해의 정도를 사실대로 조사하고, 피해 정도에 따라 백성의 田租나 芻槀(초고, 草料) 징수를 면제토록 하라.」

8월 辛亥日, 황제가 붕어했다. 癸丑日, 崇德前殿에 빈소를 마련했다. 나이는 두 살이었다.

原文

贊曰, 孝和沈烈, 率由前則. 王赫自中, 賜命彊慝. 抑沒祥符, 登顯時德. 殤世何早, 平原弗克.

| 註釋 | ㅇ孝和沈烈 - 沈靜하면서도 剛烈(강열)하다. ㅇ率由前則 - 率由는 솔선하여 따르다. ㅇ王赫自中 - 赫은 크게 화를 내다. ㅇ賜命彊慝 - 賜命은 誅殺(주살)하다. 彊慝(강특)은 강하고 사악하다. 彊은 硬(굳을 경)의 뜻. 慝은 간악할 특. ㅇ抑沒祥符 - 상서로운 징조(祥符)가 여러 번 나타났어도 그를 알리지 못하게 하다. ㅇ登顯時德 - 당대의 유덕자를 등용하여 드러나게 하다. 鄧彪(등표)의 등용. ㅇ殤世何早 - 殤世는 殤帝의 시대. ㅇ平原弗克 - 平原王은 和帝의 장자. 불치병이 있다 하여 제위에 오르지 못했다. 弗克은 감당하지 못하다. 克은 능할 극.

贊曰(찬왈),

孝和帝는 침착 강렬했고 스스로 옛 법도를 따랐다.

분연히 화를 내어 간악한 자를 주살하였다.

祥符(상부)를 감추면서도 유덕자를 높이 등용하였다.

殤帝(상제)는 너무 빨리 죽었고 平原王은 병을 못 이겼다.

5 孝安帝紀
〔효안제기〕

原文

恭宗孝安皇帝諱祜, 肅宗孫也. 父淸河孝王慶, 母左姬.
帝自在邸第, 數有神光照室, 又有赤蛇盤於床第之間. 年十
歲, 好學《史書》, 和帝稱之, 數見禁中.

| 註釋 | ○恭宗孝安皇帝諱祜 - 恭宗은 廟號. 뒤에 철폐, 사용 안함. 孝
安皇帝 諱는 祜(복 호, 福也). 孝安皇帝는 공식 諡號(시호), 서기 94년 생, 在
位 20년(107-125). 연호, 永初(107-113) → 元初(114-119) → 永寧(120) → 建
光(121) → 延光(122-124). ○肅宗孫也 - 숙종은 章帝. ○父淸河孝王慶 -
章帝의 아들로 황태자였다가 폐위되어 淸河王이 되었다. ○帝自在邸第 -
邸第는 邸宅(저택). ○赤蛇盤於床第之間 - 盤은 서릴 반(蟠과 通). 뱀이 똬
리를 틀다. 床第는 평상. 第는 평상 자. 낄다. ○好學《史書》 - 《史書》는 周
宣王의 太史인 籀(주)가 지었다는 책으로 55篇이라는 주석이 있다. ○數

見禁中 – 數은 자주 삭. 禁中은 宮中(황제의 생활공간), 朝廷과는 다름. 省中도 같은 뜻.

[國譯]

恭宗 孝安皇帝의 諱(휘, 이름)는 祜(호)로 肅宗(章帝)의 손자이다. 부친은 淸河孝王인 慶(경)이고, 모친은 左姬(좌희)이다. 황제는 (청하왕의) 사저에 있을 때부터 여러 번 神光이 방을 비췄으며, 또 赤蛇(적사, 붉은 뱀)가 평상 사이에 똬리를 틀기도 했다. 나이 10세에《史書》를 즐겨 읽어 和帝도 칭찬을 하며 자주 궁으로 불러 만나보았다.

原文

延平元年, 慶始就國, 鄧太后特詔留帝淸河邸. 八月, 殤帝崩, 太后與兄車騎將軍鄧騭定策禁中. 其夜, 使騭持節, 以王靑蓋車迎帝, 齋於殿中. 皇太后御崇德殿, 百官皆吉服, 群臣陪位, 引拜帝爲長安侯.

皇太后詔曰,「先帝聖德淑茂, 早棄天下. 朕奉皇帝, 夙夜瞻仰日月, 冀望成就. 豈意卒然顚沛, 天年不遂, 悲痛斷心. 朕惟平原王素被痼疾, 念宗廟之重, 思繼嗣之統, 唯長安侯祜質性忠孝, 小心翼翼, 能通《詩》《論》, 篤學樂古, 仁惠愛下. 年已十三, 有成人之志. 親德係後, 莫宜於祜.《禮》'昆弟之子猶己子',《春秋》之義, 爲人後者爲之子, 不以父命辭王父命. 其以祜爲孝和皇帝嗣, 奉承祖宗, 案禮儀奏.」

| **註釋** | ○延平元年 - 殤帝(상제)의 연호, 서기 107년. ○鄧太后 - 和帝의 2번째 황후 鄧綏(등수), 황후로 재위 102-106년, 121년 붕어. 漢光武帝太傳인 鄧禹(등우)의 孫女, 등우는 南陽郡의 豪族으로 광무제를 따라 거병하였으며 後漢 초의 大功臣이었다. 父 鄧訓(등훈)은 護羌校尉(호강교위) 역임. 서기 92년에 관직에 있으면서 죽었다. 등황후는 등훈의 둘째 딸. ○車騎將軍鄧騭 - 虎賁中郎將인 鄧騭(등즐)은 등태후의 친정 오빠. 延平 元年에 車騎將軍으로 승진했다. 무관직으로는 大將軍 다음이 驃騎將軍(표기장군)이고, 그 다음이 車騎將軍, 거기장군 다음 지위가 衛將軍이며, 그 다음에 일반 장군이다. 거기장군은 정치 상황에 따라 三公보다 높거나 낮았다. ○王靑蓋車 - 王은 푸른 차일을 수레를 앉아 타고 행차하였다. ○百官皆吉服 - 殤帝가 죽었지만 황제를 모시는 자리라서 평상 官服을 착용했다. ○長安侯 - 왕자지만 冊封 받기 전이라 평민이었다. 평민에서 황제로 즉위할 수 없어 먼저 제후로 책봉을 받았다. ○豈意卒然顚沛 - 卒然은 갑자기, 顚沛(전패)는 꺾이다. 좌절하다. 죽다. 顚은 넘어질 전. 뒤집히다. ○小心翼翼 - 翼翼(익익)은 조심하는 모양. ○親德係後 - 係(이을 계)는 繼也. ○莫宜於祜 - 祜(호)보다 나은 사람이 없다. 莫은 아무도 ~하지 않다. 아무도 ~하는 자가 없다. ○《禮》'昆弟之子猶己子' - 형제의 아들은 나의 아들이다. 《禮記 檀弓》의 구절. ○爲人後者爲之子 - 남의 후사가 되려면 그의 아들이 되어야 한다. 爲人後者는 남의 후사가 되다. 人은 他人. ○不以父命辭王父命 - 王父는 조부. 父命으로 祖父의 명을 사양할 수 없다. ○案禮儀奏 - 필요한 의례(절차)를 논의하여 상주하라.

[國譯]

　　延平(연평) 원년, (淸河王) 劉慶(유경)이 처음으로 청하국에 가려 할 때(3월), 鄧(등) 태후는 특별히 조서로 (청하왕의 아들을) 청하왕 사저에 남으라고 명했다.

8月, 殤帝(상제)가 붕어하자, 太后는 오빠인 車騎將軍 鄧騭(등즐)
과 禁中에서 방책을 결정하였다. 그 밤에 등즐을 시켜 부절을 가지
고 가서 淸河王의 푸른 덮개가 있는 수레로 황제를 영입하여 궁전에
서 齋戒(재계)를 하게 했다. 皇太后가 (南宮의) 崇德殿에 친림하자
백관은 모두 吉服으로 황태후를 모셨고 황제를 데려오자 (황태후
는) 長安侯를 제수하였다.

皇太后가 조서를 내렸다.

「先帝는 聖德을 갖추었으나 일찍 세상을 떠났다. 짐은 황제를 받
들어 밤낮으로 日月을 바라보며 대업 성취를 바랬었다. 그러나 뜻밖
에 갑자기 세상을 버려 천수를 다 누리지 못하니 가슴이 갈라질 듯
비통하다. 짐이 생각할 때 平原王은 평소 고질병이 있고, 종묘를 모
셔야 하는 重任과 후사로 대통을 계승할 바를 생각하니, 오직 長安
侯 祜(호)만이 忠孝의 바탕에 늘 조심하고 근신하며《詩》와《論語》
에도 밝고 아랫사람에게도 인자하며 은혜를 베풀었다. 또 나이가 이
미 13세라 成人의 뜻을 갖고 있다. 덕을 바탕으로 후사를 이을 사람
이 祜(호)말고는 다른 사람이 없다.《禮記》에도 '형제의 아들은 나의
아들과 같다.' 고 하였으며,《春秋》大義에도 '남의 후사가 되려면
그 아들이 되어야 하며 부친의 뜻으로 조부의 뜻을 어길 수 없다' 고
하였다. 祜(를) 孝和皇帝의 후사로 정하여 祖宗의 대업을 이을 것이
니 그 의례를 논의하여 상주하라.」

原文

又作策命曰,「惟延平元年秋八月癸丑, 皇太后曰, 咨長安

侯祜, 孝和皇帝懿德巍巍, 光於四海, 大行皇帝不永天年.
朕惟侯孝章帝世嫡皇孫, 謙恭慈順, 在孺而勤, 宜奉郊廟, 承
統大業. 今以侯嗣孝和皇帝後. 其審君漢國, 允執其中. '一
人有慶, 萬民賴之.' 皇帝其勉之哉!」

　讀策畢, 太尉奉上璽綬, 卽皇帝位, 年十三. 太后猶臨朝.

| 註釋 | ○又作策命曰 - 정식 명칭은 〈策命長安侯卽皇帝位〉. ○咨長
安侯祜 - 咨는 咨嗟(자차), 탄식하는 모양.　○懿德巍巍 - 懿德(의덕)은 美
德. 巍巍(외외)는 산이 높고 큰 모양. ○大行皇帝 - 大行皇帝는 죽은 황제.
大行은 돌아오지 않는다는 뜻. 죽은 뒤 시호를 올리기 전의 황제.　○在孺
而勤 - 孺(젖먹이 유)는 幼.　○宜奉郊廟 - 郊廟는 교외와 종묘에서 올리는
제사.　○其審君漢國 - 勤愼(근신)으로 漢國에 군림하다. ○允執其中 - 진
실로 그 正中을 지키다.「堯曰, "咨! 爾舜! 天之曆數在爾躬, 允執其中.~"」
《論語 堯曰》 ○'一人有慶, 萬民賴之' - 한 사람의 기쁨으로 만민이 그 은
택을 받는다.　○太后猶臨朝 - 猶는 여전히, 계속하여. 가히 유, 오히려 유.

[國譯]

　그리고 策命을 지어 말했다.

　「延平 원년 가을 8月 癸丑日, 皇太后가 말하나니, 아! 長安侯 祜
(호)여, 孝和皇帝의 훌륭한 덕은 산처럼 높았고 四海를 비추셨지만,
大行皇帝는 천수를 누리지 못했노라. 朕의 생각에 長安侯는 孝章帝
의 嫡子皇孫으로 겸손 공경하고 仁慈 遜順하며 어려서부터 근면하
였으니 응당 郊祠와 宗廟를 받들고 祖宗의 대통을 이을지어다. 이에
장안후로 孝和皇帝의 뒤를 잇노라. 근신하여 漢의 조정을 이끌고 정

성으로 中正을 지켜나가라. '一人의 慶事로 萬人이 은덕을 받는다.'고 하였다. 황제는 힘써 다스릴지어라!」

策命 읽기를 마치자 太尉가 국새와 인끈을 받들어 올렸고 황제로 즉위하니, 나이는 13세였다. 太后는 여전히 臨朝 聽政하였다.

九月庚子, 謁高廟. 辛丑, 謁光武廟. 六州大水. 己未, 遣謁者分行虛實, 舉災害, 賑乏絶. 丙寅, 葬孝殤皇帝於康陵. 乙亥, 隕石於陳留. 西域諸國叛, 攻都護任尙, 遣副校尉梁慬救尙, 擊破之.

冬十月, 四州大水, 雨雹. 詔以宿麥不下, 賑賜貧人. 十二月甲子, 淸河王薨, 使司空持節弔祭, 車騎將軍鄧騭護喪事. 乙酉, 罷魚龍曼延百戲.

| 註釋 | ○遣謁者分行虛實 - 謁者(알자)는 光祿勳의 속관, 謁者僕射(알자복야) 1인은 질록 比千石. 常侍謁者는 5인, 殿上에서 황제를 시중. 給事謁者 30인은 수시로 여러 가지 업무 출장, 심부름 담당, 질록 四百石. 灌謁者(관알자) 30人은 比三百石, 손님 접대, 시중. ○分行虛實 - 각지에 보내 실정을 파악하다. ○隕石於陳留 - 隕石(운석)은 별똥. 陳留(진류)는 郡名. ○都護任尙 - 任尙은 班超의 후임. ○宿麥不下 - 보리를 파종하지 못하다. 宿麥은 보리. 보리는 가을에 파종하여 겨울과 다음 해 봄을 지나고서 여름에 수확. 宿은 宿年. ○罷魚龍曼延百戲 - 서방에서 전래되어 궁중에서 공연하는 놀이 이름. 曼延(만연)은 짐승 이름.

9월 庚子日, (황제는) 高祖 묘당을 참배하였다. 辛丑日, 光武 묘당을 참배하였다. 6개 주에 홍수가 났다. 己未日, 謁者(알자)를 각지에 보내 실정을 파악케 하고 재해 정도를 보고하게 하고 극빈자를 구제하였다. 丙寅日, 孝殤皇帝를 康陵(강릉)에 장례를 마쳤다. 乙亥日, 隕石(운석)이 陳留郡에 떨어졌다. 西域의 여러 나라가 반기를 들고 서역도호 任尙(임상)을 공격하자, 副校尉 梁慬(양근)을 파견하여 임상을 구원케 하여 적을 격파하였다.

겨울 10月, 4개 州에 홍수가 나고 우박이 내렸다. 조서로 보리를 파종하지 못한 빈민을 구제케 하였다. 12月 甲子日, 淸河王(劉慶, 황제의 生父)이 죽어 司空을 보내 부절을 갖고 가서 문상케 하고, 車騎將軍 鄧騭(등즐)이 喪事를 주관케 하였다. 乙酉日, 魚龍曼延(어룡만연) 등 각종 공연을 중단시켰다.

永初元年春正月癸酉朔, 大赦天下. 蜀郡徼外羌內屬. 戊寅, 分犍爲南部爲屬國都尉. 稟司隸, 兗, 豫, 徐, 冀, 幷州貧民. 二月丙午, 以廣成遊獵地及被災郡國公田假與貧民. 丁卯, 分淸河國封帝弟常保爲廣川王. 庚午, 司徒梁鮪薨.

三月癸酉, 日有食之, 詔公卿內外衆官, 郡國守, 相, 擧賢良方正, 有道術之士, 明政術, 達古今, 能直言極諫者, 各一人. 己卯, 永昌徼外僬僥種夷貢獻內屬. 甲申, 葬淸河孝王, 贈

龍旗,虎賁.

| 註釋 | ○永初 원년 – 서기 107년.　○犍爲南部爲屬國 – 犍爲屬國은 郡 南部都尉의 관할 지역, 이 해에 屬國都尉 설치, 治所 朱提縣, 今 雲南省 동북부 昭通市. 2개 현, 7,938호에 인구 37,187명으로 〈郡國志〉에 기록. ○廣成遊獵地 – 廣成은 苑名, 今 河南省 중부 平頂山市 서북, 省 직할의 汝州市 일대.　○廣川王 – 광천국은 今 河北省 남부 衡水市 관할 景縣. 山東省과 접경.　○僬僥種夷 – 僬僥種夷(초요종이)는 羌族의 한 갈래, 今 雲南省과 버마 접경 일대에 거주.　○淸河孝王 – 劉慶, 전 해 12월 甲子日에 죽었다.　○虎賁(호분) – 천자를 숙위하고 시종하는 虎賁郞의 간칭. 虎賁中郞, 虎賁侍郞, 虎賁郞中의 직급. 지휘관은 虎賁中郞將(질록, 比二千石, 光祿勳의 속관).

[國譯]

永初 원년 봄 정월 癸酉日 초하루, 천하의 죄수를 사면했다. 蜀郡 (촉군) 영역 밖 강족이 내부하였다. 戊寅日, 犍爲郡 남부를 분할하여 屬國都尉를 설치하였다. 司隸(사예), 兗州, 豫州, 徐州, 冀州, 幷州의 빈민에게 양식을 나눠주었다.

2월 丙午日, 廣成苑(광성원) 사냥터와 재해를 당한 각 군국의 공전을 빈민에게 대여하여 경작케 하였다. 丁卯日, 淸河國을 분할하여 황제의 동생 常保(상보)를 廣川王으로 삼았다. 庚午日, 司徒인 梁鮪(양유)가 죽었다.

3월 癸酉日, 日食이 있자, 조서로 公卿과 내외의 모든 관원과 군국의 태수와 相에게 賢良方正하거나 道術(方術)에 뛰어난 인재 또는 정치에 밝거나 고금에 통달하거나 직언과 극간을 할 수 있는 인재를 각각 1인씩 천거케 하였다. 己卯日, 永昌郡 경계 밖 僬僥種夷 (초요종이)가 토산물을 바치며 복속하였다. 甲申日, 淸河孝王(劉慶) 의 장례를 치르는데 龍旗를 내려주고 虎賁郎을 보내주었다.

夏五月甲戌, 長樂衛尉魯恭爲司徒. 丁丑, 詔封北海王睦 孫壽光侯普爲北海王. 九眞徼外夜郎蠻夷擧土內屬. 六月 戊申, 爵皇太后母陰氏爲新野君. 丁巳, 河東地陷. 壬戌, 罷 西域都護.

先零種羌叛, 斷隴道, 大爲寇掠, 遣車騎將軍鄧騭,征西校 尉任尙討之. 丁卯, 赦除諸羌相連結謀叛逆者罪.

| 註釋 | ○長樂衛尉 – 長樂宮은 洛陽 北宮 건물 중 황태후의 거처. 황제 祖母의 궁궐은 長信宮이라 했다. 長樂衛尉는 황태후의 속관. 長樂太僕, 長 樂少府, 長樂衛尉 長樂謁者, 長樂太官丞, 長樂食監, 長樂廐丞(장락구승) 등 많은 속관이 있다. 衛尉는 九卿의 한 사람으로 궁문의 衛士를 지휘, 궁궐 순시의 총 책임자. 질록 중이천석. ○司徒(사도) – 백성 교화와 통치의 최 고 책임자. 국가의 제도를 마련하고 운영. 지방관의 치적 평가. 국가의 주 요 제사를 총괄, 국상에서 梓宮 奉安, 광무제 때 大司徒라 칭했으나 건무 27년부터 大를 없애고 司徒라 호칭. ○北海王 – 建武 13년 菑川(치천), 高 密, 膠東(교동)의 三國을 병합 설치. 北海國은 靑州 소속, 治所 劇縣. 今 山 東省 중부 濰坊市(유방시) 관할 昌樂縣 ○九眞徼外 – 九眞郡의 치소는 胥 浦縣. 今 越南國 중부 淸化省 東山縣. ○夜郎蠻夷 – 今 貴州省 서북부, 雲

南省 북부 일대 西南夷의 부족국가. 漢 武帝때 牂牁郡(장가군, 牂柯郡) 설치 했는데 후한에서는 장가군의 현명. 今 貴州省 중서부 安順市 관할 關嶺布 依族苗族自治縣. ○先零種羌 － 先零(선련)은 羌族(강족)의 한 갈래. 零 조용히 내리는 비 령. 부족 이름 련. 羌族(강족)은 羊을 토템으로 숭배하는 '西戎牧羊人.' 본래 지금의 陝西, 甘肅, 青海省 일대에 거주하던 유목민. 西南夷, 西羌으로 지칭. 그들은 爾瑪(ěrmǎ)라 자칭. 羌(강, qiāng)은 他稱. 藏族, 彝族(이족), 土家族, 白族 등은 모두 羌族의 갈래이다. ○斷隴道 － 隴道는 隴縣, 후한에서는 漢陽郡 소속, 涼州刺史部의 治所. 今 甘肅省 동남부 天水市 관할 張家川回族自治縣. 지금 중국에서는 蠻夷(만이)란 말을 쓰지 않고 少數民族이라 표기한다. 蠻夷의 거주지에 설치한 행적구역을 道라고 한다. 이는 현재 民族自治縣과 비슷하다. 涼州 隴西郡의 狄道(적도), 涼州 武都郡의 故道가 이런 예이다. 蠻夷를 다스리는 현을 道, 公主의 식읍과 湯沐(탕목)을 위한 봉지는 邑이라 하는데, 縣과 함께 郡國의 하부 행정단위이다.

[國譯]

여름 5월 甲戌日, 長樂衛尉인 魯恭(노공)이 司徒가 되었다. 丁丑日, 조서로 北海王 睦(목)의 손자인 壽光侯 普(보)를 北海王에 봉했다. 九眞郡 영역 밖 夜郎(야랑)의 만이들이 영지를 들어 귀부하였다. 6월 戊申日, 皇太后의 모친 陰氏(음씨)에게 新野君(신야군)의 작위를 내렸다. 丁巳日, 河東郡에서 땅이 꺼졌다. 壬戌日, 西域都護府를 폐지하였다.

先零(선련) 계통의 羌族이 반기를 일으켜 隴縣과 통하는 길을 막고 크게 노략질을 하자 車騎將軍 鄧騭(등즐)과 征西校尉 任尙(임상)을 보내 토벌하였다. 丁卯日, 여러 강족과 상호 연결하여 반역의 모의한 자들의 죄를 모두 사면하였다.

秋九月庚午, 詔三公明申舊令, 禁奢侈, 無作浮巧之物, 殫財厚葬. 是日, 太尉徐防免. 辛未, 司空尹勤免. 癸酉, 調楊州五郡租米, 贍給東郡,濟陰,陳留,梁國,下邳,山陽. 丁丑, 詔曰,「自今長吏被考竟未報, 自非父母喪, 無故輒去職者, 劇縣十歲, 平縣五歲以上, 乃得次用.」

壬午, 詔太僕,少府減黃門鼓吹, 以補羽林士, 廏馬非乘輿常所御者, 皆減半食, 諸所造作, 非供宗廟園陵之用, 皆且止. 丙戌, 詔死罪以下及亡命贖, 各有差. 庚寅, 太傅張禹爲太尉, 太常周章爲司空.

| 註釋 | ○無作浮巧之物 – 浮華(부화)하거나 技巧(기교)한 물품을 제조하지 말라. ○殫財厚葬 – 殫財는 재물을 탕진하다. 殫은 다할 탄. ○自今長吏被考竟未報 – 長吏는 郡과 縣의 長. 질록 6백석 이상의 관리. 현의 縣長이나 丞처럼 4백석 관리도 때로는 長吏라 호칭했다. 考竟은 조사가 끝나다. 考는 혐의 내용을 묻다. 竟은 다할 경. 마치다. 未報는 결론(판결)이 아직 나오지 않다. ○劇縣, 平縣 – 업무의 다소에 따라 업무가 많고 번잡한 현을 劇縣(劇은 많을 극, 심할 극), 업무량이 적은 보통 현을 平縣이라 구분하였다. ○黃門鼓吹 – 黃門은 본래 대궐의 문. 黃門을 지키는 사람. 宦官(환관). 환관의 우두머리는 黃門令, 질록 6百石, 鼓吹(고취)는 鼓(북), 鉦(정, 징), 簫(통소) 笳(피리) 등의 악기를 연주하는 樂隊(정원 145명). ○羽林士 – 羽林은 황제 숙위와 시종을 담당하는 護衛軍인 羽林騎士. 질록 3백석. 羽林이 左,右騎를 羽林左監(800명 지휘)과 右監(900명 지휘, 질록 6百石)이 각각 감독 지휘했다. 전한 武帝는 建元 3년(前 138)에 隴西, 天水, 安定, 北

地, 上郡, 西河郡의 良家 자제를 선발하여 建章宮을 수비하는 기병부대를 만들었다. 이것이 羽林軍의 시작이다. ○太傅(태부) - 三公보다 上位職. 황제의 자문 담당. 상설직은 아니었다. 광무제가 卓茂(탁무)를 太傅에 임용했으나 그가 죽자 후임을 임명하지 않았다. 그 후로 황제가 새로 즉위하면 태부를 두어 錄尙書事를 겸임케 하다가 죽으면 후임을 두지 않았다.

[國譯]

가을 9월 庚午日, 三公에게 옛 법령을 명확히 다시 알려 사치와 호화스런 물건 제조, 재산을 기울인 후장을 금지하라고 하였다. 이날 太尉 徐防(서방)이 면직되었다. 辛未日, 司空 尹勤(윤근)이 면직되었다. 癸酉日, 楊州 5개 郡의 조세미를 징발하여 東郡, 濟陰, 陳留, 梁國, 下邳(하비), 山陽郡 등에 공급하였다. 丁丑日, 조서를 내렸다.

「지금부터는 군과 현의 長吏가 조사를 마쳤으나 판결이 나지 않았거나, 부모상이 아닌데도 무단히 임지를 떠났다면 일이 많은 현에서 10년, 업무가 적은 현에서 5년 이상이 지나야만 다른 보직에 임용토록 하라.」

壬午日, 太僕과 少府에서 조서를 내려 黃門(환관)의 악대 정원을 줄여 羽林의 騎士로 보충토록 하고 황제가 늘 사용하지 않는 수레의 말(馬匹)은 모두 사료를 절반으로 줄이고 여러 곳에서 만드는 물품 중 宗廟나 園陵에 소용되지 않는 물품의 생산을 모두 중지하게 하였다. 丙戌日, 조서로 사형 죄 이하 도망자까지 속전에 각각 차등을 두어 시행케 하였다. 庚寅日, 太傅 張禹(장우)가 太尉가 되었고, 太常 周章(주장)이 司空이 되었다.

冬十月, 倭國遣使奉獻. 辛酉, 新城山泉水大出. 十一月
丁亥, 司空周章密謀廢立, 策免, 自殺.

戊子, 勅司隷校尉,冀,幷二州刺史,「民訛言相驚, 棄捐舊
居, 老弱相攜, 窮困道路. 其各勅所部長吏, 躬親曉喩. 若欲
歸本郡, 在所爲封長檄, 不欲, 勿强.」

十二月乙卯, 潁川太守張敏爲司空. 是歲, 郡國十八地震,
四十一雨水, 或山水暴至, 二十八大風, 雨雹.

| 註釋 |　○倭國遣使奉獻 – 倭國은 85권, 〈東夷列傳〉에 입전. ○新城山
泉水大出 – 新城은 新成, 河南尹의 현명, 또 梁國 谷熟의 읍명. 위치 미상.
泉水는 地下 涌泉水(용천수).　○司空周章 – 33권, 〈朱馮虞鄭周列傳〉에 입
전. 환관과 함께 安帝를 폐하고 平原王 劉勝을 즉위시키려 密謀했으나 누
설되자 자살했다.　○躬親曉喩 – 曉喩(효유)는 알아듣게 타이르다. 曉諭(효
유).　○在所爲封長檄 – 在所는 현 거주지. 封은 인장으로 봉하다. 長檄(장
격)은 長牒(장첩). 먼 지방에 보내는 신분증명서.

[國譯]

겨울 10월, 倭國에서 사신을 보내 토산물을 바쳤다. 辛酉日, 新城
(신성)의 산에서 용천수가 크게 솟았다. 11월 丁亥日, 司空 周章(주
장)이 (황제) 폐립을 밀모했는데 책서를 내려 면직되자 자살하였다.
戊子日, 司隷校尉와 冀州와 幷州의 자사에게 조서를 내렸다.

「백성들이 訛言(와언, 헛소문)에 서로 놀라, 본 거주지를 버리거니
노약자들이 서로 이끌며 도로에서 곤궁하게 떠돌고 있다. 각 자사부

의 태수나 현령에게 알려 직접 깨우쳐 설득시키도록 하라. 만약 본래의 군으로 돌아가려는 자가 있다면 거주지에서 長檄(장격)을 봉해 주고 원하지 않는다면 강요하지 말라.」

12월 乙卯日, 穎川(영천) 태수 張敏(장민)이 사공이 되었다.

이 해에 18개 군국에서 지진이 났고, 41개 군국에서 홍수 또는 산 계곡물의 피해가 났으며, 28개 군국에서 큰 바람이 불었고 우박이 쏟아졌다.

原文

二年春正月, 稟河南,下邳,東萊,河內貧民. 車騎將軍鄧騭 爲種羌所敗於冀西. 二月乙丑, 遣光祿大夫樊準,呂倉分行 冀,兗二州, 稟貸流民.

夏四月甲寅, 漢陽城中火, 燒殺三千五百七十人. 五月, 旱. 丙寅, 皇太后幸洛陽寺及若盧獄, 錄囚徒, 賜河南尹,廷尉,卿及官屬以下各有差, 卽日降雨. 六月, 京師及郡國四十 大水, 大風, 雨雹.

| 註釋 | ○(永初) 二年 – 서기 108년. ○東萊 – 郡名. 靑州 관할, 治所는 黃縣, 今 山東省 烟台市 관할 龍口市. ○冀西 – 冀縣 서쪽. 冀縣은 天水郡(和帝 永元 17년에 漢陽郡으로 개명)의 治所, 今 甘肅省 남부 天水市 관할 甘谷縣. ○光祿大夫 – 모든 大夫나 議郞은 황제의 顧問應對를 담당하며 고정 직무는 없고 황제 명에 의거 사자로 출장을 가거나 확인 보고 등을

담당하였다. 각 제후국에 국상이 나면 광록대부를 보내 국상을 주관케 하
였다. 光祿大夫는 질록 比二千石. 無 定員. 太中大夫, 中散大夫, 諫議大夫
모두 無定員. ○漢陽城中火 − 한양군에 12개 현이 있었는데, 장소 미상.
○幸洛陽寺及若盧獄 − 洛陽(雒陽)의 관청 및 若盧獄(약로옥)은 少府가 관
리하는 감옥. 죄를 지은 將相이나 大臣을 치죄했다. 洛陽縣은 司隷校尉部
와 河南尹의 치소이며, 현의 청사가 있음. 장소가 명확치 않음. ○廷尉,卿
及官屬 − 太常, 光祿勳, 衛尉, 太僕, 廷尉, 大鴻臚, 宗正, 大司農, 少府를 九
卿이라 칭한다. 질록 中二千石. 廷尉는 重 죄수에 대한 조사와 평결, 집행
담당. 郡國에서 올라오는 옥안에 대한 최종 평결도 담당. 洛陽에는 황제
명에 의한 詔獄(조옥)이 있었다.

[國譯]

(永初) 2년(서기 108) 봄 정월, 河南, 下邳(하비), 東萊(동래), 河內
郡의 貧民을 구제케 했다. 車騎將軍 鄧騭(등즐)이 강족과 (漢陽郡)
冀縣 서쪽에서 싸웠으나 패배했다.

2월 乙丑日, 光祿大夫 樊準(번준)과 呂倉(여창)을 冀州와 兗州刺史
部에 파견하여 유민에게 식량을 공급케 하였다.

여름 4월 甲寅日, 漢陽城에서 화재가 발생하여 3,570명이 불에
타 죽었다. 5월, 가뭄. 丙寅日, 皇太后가 洛陽의 관청 및 若盧獄(약로
옥)에 행차하여 죄수 평결 기록을 확인하고 河南尹과 廷尉, 卿 및 각
관속에게 차등을 두어 상을 내렸는데 바로 그날 비가 내렸다. 6월,
京師 및 40개 郡國에 홍수가 나고, 강풍 피해나 우박이 내렸다.

原文

秋七月戊辰, 詔曰,「昔在帝王, 承天理民, 莫不據璇機玉衡, 以齊七政. 朕以不德, 遵奉大業, 而陰陽差越, 變異並見, 萬民飢流, <u>羌貊叛戾</u>. 夙夜克己, 憂心京京. 間令公卿郡國舉賢良方正, 遠求博選, 開不諱之路, 冀得至謀, 以鑒不逮, 而所對皆循尙浮言, 無卓爾異聞. 其百僚及郡國吏人, 有道術明習災異陰陽之度璇機之數者, 各使指變以聞. 二千石長吏明以詔書, 博衍幽隱, 朕將親覽, 待以不次, 冀獲嘉謀, 以承天誡.」

閏月辛丑, <u>廣川王常保薨</u>, 無子, 國除. 癸未, <u>蜀郡徼外羌</u>舉土內屬.

| 註釋 | ○璇機玉衡 以齊七政 - 璇機(선기)는 천체를 관측하는데 쓰는 器機. 渾天儀(혼천의) 같은 것. 玉衡은 玉으로 꾸민 천문기기. 璇 아름다운 옥 선(美玉). 衡은 저울 형, 혼천의 굴대, 횡목, 별 이름 형. 以齊七政은 七政을 조화롭게 운영한다. 齊는 조화하다. 가지런히 하다. 七政은 日月과 五星의 운행, 또는 四季와 天地人(天文, 地理, 人間)의 관계. ○羌貊叛戾 - 叛戾(반려)는 반란을 일으키고 사납게 침략하다. 戾는 어그러질 려. 사납다. 흉포하다. ○憂心京京 - 京京은 근심하는 모양. '念我獨兮 憂心京京'《詩經 小雅 正月》. ○以鑒不逮 - (짐이) 미치지 못하는 부분을(不逮) 살피고자 한다(鑒). ○而所對皆循尙浮言 - 면대하는 사람은 舉皆(거개)가 浮華한 말을 숭상하는 사람이다. 황제에게 충언을 해줄 사람이 없었다는 의미. ○無卓爾異聞 - 卓爾(탁이)는 높이 뛰어난 모양. 異聞은 특별한 내용. 특별한 견해. ○博衍幽隱 - 博衍(박연)은 널리 발탁하다. 幽隱(유은)는 隱逸. 衍

은 넘칠 연. 끌어내다(引也). ㅇ冀獲嘉謀 – 뛰어난 방책을 얻어내기를 바라고 있다.

[國譯]

가을 7월 戊辰日, 조서를 내렸다.

「옛 帝王은 하늘을 받들어 백성을 다스렸으니 천문관측에 근거하여 七政의 조화를 꾀하지 않은 분이 없었다. 부덕한 짐이 祖宗의 大業을 이어받았지만 음양이 어긋나고 변괴와 재해가 함께 나타나며 백성이 굶주려 떠돌고 강족이나 맥족이 사납게 반기를 들었다. 짐이 아침저녁으로 자제하나 근심 걱정이 끝이 없다. 지금 公卿과 군국에 명하여 賢良方正한 인재를 먼 곳에서라도 널리 뽑아 꺼림 없이 의견을 개진할 길을 트고 뛰어난 방책의 인재를 얻어 짐의 부족한 부분을 비춰보고자 하나니, 그간 짐이 면대한 자는 거의 알맹이 없는 빈 말을 좋아하여 탁월한 건의나 방책이 없었다. 모든 신하와 군국의 관리까지 道術이 뛰어나거나 재이와 음양의 변화를 헤아리고 천지 운행에 따른 운수를 잘 아는 인재를 천거하여 그런 인재로 하여금 변이의 조짐을 조정에 알릴 수 있게 하라. 二千石의 長吏들은 조서의 뜻을 명확히 파악해서 숨어 있는 인재를 널리 발굴하여 짐이 친히 그들을 만나보고 순차를 넘어 등용하며 탁월한 대책으로 하늘의 훈계를 받들 수 있게 해주기 바라노라.」

윤달 辛丑日, 廣川王 常保(상보)가 죽었는데 아들이 없어 나라를 없앴다. 癸未日, 蜀郡 경계 밖 강족이 영역을 들어 귀속해왔다.

九月庚子, 詔王國官屬墨綬下至郎,謁者, 其經明任博士, 居鄕里有廉淸孝順之稱, 才任理人者, 國相歲移名, 與計偕 上尙書, 公府通調, 令得外補.

冬十月庚寅, 稟濟陰,山陽,玄菟貧民. 征西校尉任尙與先 零羌戰於平襄, 尙軍敗績. 十一月辛酉, 拜鄧騭爲大將軍, 徵還京師, 留任尙屯隴右. 先零羌滇零稱天子於北地, 遂寇 三輔, 東犯趙,魏, 南入益州, 殺漢中太守董炳. 十二月辛卯, 稟東郡,鉅鹿,廣陽,安定,定襄,沛國貧民. 廣漢塞外參狼羌 降, 分廣漢北部爲屬國都尉. 是歲, 郡國十二地震.

| 註釋 | ○墨綬下至郎,謁者 – 印은 직인이고, 綬(인끈 수)는 실로 만든 끈이니 관인을 의미. 질록 比二千石 이상은 銀印靑綬였다. 질록이 比6백 석 이상이면 銅印黑綬(墨綬)를 찼다. 比二百石 이상은 銅印黃綬를 찼다. 제후 王國의 中大夫 질록은 比六百石, 謁者는 각종 서무 담당자, 주로 환 관. 郎中의 질록은 二百石이었다. ○才任理人者 – 재능이 백성을 다스릴 만한 자. ○移名 – 성명을 올리다. 移는 쓰다(書). ○與計偕上尙書 – 각 郡國에서는 1년에 한 번씩 재정, 물가 등 치적을 통계로 작성하여 승상부 에 보고하고 심사를 받았다. 郡國의 재정 등 치적을 보고하러 장안에 보내 는 관리를 上計라 하였고 군국에서 천거하는 인재도 동행 上京하게 하였 다. 尙書는 司徒府(丞相府)의 문서 담당자. ○公府通調, 令得外補 – 公府 는 司徒의 업무 관청, 通調는 통계를 내다. 통합보고하다. 外補는 지방관, 현령, 현장. ○濟陰,山陽,玄菟 – 郡名. 무제 때 처음 설치된 玄菟郡(현도군) 은 압록강 중류지역이었으나 고구려의 저항으로 북쪽으로 여러 차례 쫓겨

갔다. 後漢의 玄菟郡(치소는 高句麗縣, 今 遼寧省 중북부의 審陽市 동쪽. 安帝 때 군과 현을 함께 이동시켰다)은 요동군의 북쪽에 자리 잡고 6개 현을 관할하다. ○平襄 - 天水郡(漢陽郡)의 현명. 今 甘肅省 남부 定西市 관할 通渭縣. ○先零羌滇零 - 先零羌(선련강)은 강족 부족 이름. 滇零(전령)은 인명. ○北地 - 군명. 치소는 富平縣, 今 寧夏回族自治區 북부, 黃河 東岸의 吳忠市. ○三輔 - 司隸校尉部의 右扶風, 左馮翊, 京兆尹의 관할 지역. ○東犯趙,魏 - 趙國(치소는 邯鄲縣). 魏郡(治所 鄴縣). ○漢中太守 - 益州 漢中郡, 治所는 南鄭縣, 今 陝西省 서남부 漢中市. ○廣陽, 安定, 定襄 - 모두 군명. 安定郡은 涼州 소속, 治所 臨涇縣, 今 甘肅省 慶陽市 관할 鎭原縣. 定襄郡은 幷州 소속, 治所는 善無縣. 今 山西省 북부 朔州市 관할 右玉縣. ○分廣漢北部爲屬國都尉 - 廣漢은 益州의 군명. 治所는 雒縣(낙현), 今 四川省 成都市 북쪽 廣漢市. 廣漢屬國의 治所는 陰平道. 今 甘肅省 남단 隴南市 관할 文縣.

[國譯]

9월 庚子日, (諸侯) 王國의 墨綬(묵수, 比二千石～比六百石) 이하 낭관과 謁者(알자)에 이르는 官屬에게 조서를 내려 경학에 밝은 자를 博士에 임용할 것과 향리에 거처하며 청렴하고 효순하다는 칭송을 듣는 자나 백성을 다스릴만한 능력이 있는 자를 國相은 매년 그 명단을 (司徒府의) 尙書에게 보고하고, (司徒府에서는) 종합 명단을 작성하여 그들을 外任의 지방관에 임용토록 하였다.

겨울 10월 庚寅日, 濟陰, 山陽, 玄菟郡(현도군)의 빈민을 구제하였다. 征西校尉인 任尙(임상)이 先零 羌族(선련 강족)과 (漢陽郡의) 平襄縣(평양현)에서 싸웠으나 임상의 군사가 패배했다.

11월 辛酉日, 鄧騭(등즐)을 大將軍으로 삼아 京師로 불러 돌아오게 하였고, 任尙(임상)을 남겨 隴右(농우)에 주둔케 하였다. 先零(선령) 강족의 滇零(전령, 人名)이 北地郡에서 천자를 자칭하였고 나중에는 三輔(삼보) 지역을 노략질했으며, 동쪽으로 趙國과 魏郡을 침범하고, 남쪽으로는 익주자사부 지역을 침략하여 漢中太守 董炳(동병)을 죽였다.

　12월 辛卯日, 東郡, 鉅鹿, 廣陽, 安定, 定襄郡과 沛國(패국)의 빈민을 구제하였다. 廣漢郡 요새 밖의 參狼(삼랑) 강족이 투항하자 廣漢郡 북부 지역을 나눠 (廣漢) 屬國都尉를 설치하였다. 이 해에, 12개 군국에서 지진이 있었다.

▌原文

　三年春正月庚子, 皇帝加元服. 大赦天下. 賜王,主,貴人,公,卿以下金帛各有差, 男子爲父後, 及三老,考悌,力田爵, 人二級, 流民欲占者人一級. 遣騎都尉任仁討先零羌, 不利, 羌遂破沒臨洮. 高句驪遣使貢獻. 三月, 京師大飢, 民相食. 壬辰, 公卿詣闕謝.

　詔曰,「朕以幼沖, 奉承鴻業, 不能宣流風化, 而感逆陰陽, 至令百姓飢荒, 更相噉食. 永懷悼歎, 若墜淵水. 咎在朕躬, 非群司之責, 而過自貶引, 重朝廷之不德. 其務思變復, 以助不逮.」

　癸巳, 詔以鴻池假與貧民. 壬寅, 司徒魯恭免.

| 註釋 | ○(永初) 三年 – 서기 109년. ○加元服 – 冠禮를 치르다. 元은 首. ○賜王,主,貴人 – 主는 公主. ○臨洮(임조) – 隴西郡의 현명. 甘肅省 定西市 관할 臨洮縣(임조현). ○更相噉食 – 噉食(담식)은 먹다. 噉은 씹을 담. 먹다. ○重朝廷之不德 – 重은 거듭하다. 겹치다. ○以鴻池假與貧民 – 今 河南省 洛陽市 관할 偃師市 소재, 낙양 동쪽. 假는 借也. 魯恭은 25 권, 〈卓魯魏劉列傳〉에 立傳.

[國譯]

(永初) 3년(서기 109) 봄 정월 庚子日, 황제가 관례를 치렀다. 천하에 사면령을 내렸다. 왕과 公主, 貴人, 公과 卿(경) 이하 관리에게 금과 비단을 차등을 두어 하사하였고, 부친의 뒤를 이은 가장과 三老, 考悌, 力田에게는 民爵(민작)을 각 2급씩, 유민으로 호적에 올리려는 자에게는 1급을 하사하였다. 騎都尉 任仁(임인)을 보내 先零(선련)의 강족을 토벌하였으니 이기지 못하자 강족이 마침내 臨洮縣(임조현)을 차지했다. 高句驪가 사신을 보내 토산물을 바쳤다. 3월, 경사 지역에 큰 흉년이 들어 사람이 사람을 먹었다. 壬辰日, 공경이 궁궐에 와서 사죄하였다.

이에 조서를 내렸다. 「짐이 어린 나이에 조종의 대업을 이었으나 널리 백성을 교화하지 못하였기에 음양이 서로 어긋나서 지금 백성이 크게 굶주리며 사람을 먹기에 이르렀다. 깊이 생각하고 슬퍼하며 탄식하지만 깊은 물에 빠진 것 같도다. 모든 허물은 짐에게 있어 여러 관원의 잘못이 아닌데 오히려 스스로 죄를 청하니 이는 조정의 부덕을 더할 뿐이다. 재변을 되돌릴 방안을 힘써 강구하여 짐의 부덕을 깨우쳐 주기 바란다.」

癸巳日, 조서로 鴻池(홍지)를 백성에게 대여케 하였다. 壬寅日, 司徒 魯恭(노공)을 면직시켰다.

原文

夏四月丙寅, 大鴻臚九江夏勤爲司徒.

三公以國用不足, 奏令吏人入錢穀, 得爲關內侯,虎賁羽林郎,五大夫,官府吏,緹騎,營士各有差. 己巳, 詔上林,廣成苑可墾闢者, 賦與貧民. 甲申,清河王虎威薨.

五月丙申, 封樂安王寵子延平爲清河王. 丁酉, 沛王正薨. 癸丑, 京師大風. 六月, 烏桓寇代郡,上谷,涿郡.

| 註釋 | ○大鴻臚 - 질록 中二千石. 諸侯 및 四方의 만이에 관한 업무, 郊廟의 行禮나 行事에 관원 지휘를 담당. 諸王이 入朝할 때 영접 및 의례 담당. 皇子를 왕에 봉할 때 인수를 제조, 수여, 왕과 제후의 계승 관련 업무 담당. 제후 왕이 죽었을 때 조문 담당. 副職인 大鴻臚丞 1인, 질록 比千石. ○虎賁羽林郎 - 虎賁中郎將 휘하의 虎賁郎, 羽林中郎將 휘하의 羽林郎, 질록 比三百石. ○五大夫 - 漢 20작위 중 9등급 五大夫. 五大夫부터 18등급 大庶長까지는 官吏의 등급으로 요역이 면제된다. 19등급 關內侯는 제후의 반열이다. ○官府吏 - 군현 관청의 吏屬. ○緹騎,營士 - 緹騎(제기)는 적황색 복장을 執禁吾 휘하에 병력으로 의장대 성격의 騎士였다(200인). 持戟(지극) 520人은 있어 집금오 행차 시 호위 담당. 緹는 붉은 비단제. 營士는 수도 방위를 담당하는 北軍 5校尉(단위부대인 校의 지휘관, 屯騎, 越騎, 步兵, 長水, 射聲校尉) 영내의 軍士.

[國譯]

여름 4월 丙寅日, 大鴻臚(대홍려)인 九江郡 출신 夏勤(하근)이 司徒가 되었다.

三公이 國用(財政)의 부족을 이유로, 관리나 백성이 錢穀(전곡)을 바쳐 關內侯나 虎賁郎과 羽林郎, 또는 五大夫(관리 작위)나 官府의 吏屬, 또는 緹騎(제기)나 營士(영사)가 될 수 있게 하되 각 차등을 두겠다고 상주하였다. 己巳日, 조서로 上林과 廣成苑(광성원)의 땅 중 개간할 수 있는 땅을 빈민에게 나눠주게 하였다. 甲申日, 清河王 虎威(호위)가 죽었다.

5월 丙申日, 樂安王 寵(총)의 아들 延平(연평)이 清河王이 되었다. 丁酉日, 沛王 正(정)이 죽었다. 癸丑日, 京師에 큰 바람이 불었다. 6월, 烏桓族(오환족)이 代郡, 上谷郡, 涿郡(탁군)을 노략질하였다.

原文

秋七月, 海賊張伯路等寇略緣海九郡, 遣侍御史龐雄督州, 郡兵討破之. 庚子, 詔長吏案行在所, 皆令種宿麥蔬食, 務盡地力, 其貧者給種餉. 九月, 鴈門烏桓及鮮卑叛, 敗五原郡兵於高渠谷.

冬十月, 南單于叛, 圍中郎將耿種於美稷. 十一月, 遣行車騎將軍何熙討之. 十二月辛酉, 郡國九地震. 乙亥, 有星孛於天苑. 是歲, 京師及郡國四十一雨水雹. 幷,涼二州大饑, 人相食.

| 註釋 | ○海賊張伯路 ─ 무리 3천여 명을 거느리고 장군을 자칭하며 연해 9개 군을 노략질, 永初 5년(서기 111년)에야 완전 소탕. ○侍御史龐雄 ─ 侍御史는 前漢에서는 御史大夫의 속관이었으나 어사대부를 司空이라 칭하면서 少府 御使中丞의 속관으로 남았다. 정원 15인, 질록 6백석. 非法행위 감찰, 公卿과 관리의 상주 내용을 살펴 잘못이 있으면 탄핵, 郊祠나 조정의 각종 행사, 의례 중 실수한 자를 지적, 적발하였다. 龐雄(방웅)은 인명. 龐은 클 방. 성씨. ○行在所 ─ 天子가 행차 또는 머무는 곳. ○皆令種宿麥蔬食 ─ 種은 씨를 뿌리다. 宿麥은 보리. 蔬食은 채소. ○務盡地力 ─ 耕地에 따라 힘써 농사를 짓다. ○種餉 ─ 種子와 식량. 餉은 乾糧(건량) 향. ○鴈門烏桓及鮮卑叛 ─ 鴈門(안문)은 군명. 치소는 陰館縣, 今 山西省 朔州市 代縣 동남. ○五原郡兵於高渠谷 ─ 五原郡의 치소는 九原縣. 今 內蒙古 包頭市(黃河 북안). 高渠谷은 지명. 高梁谷의 오기라는 주석이 있다. ○美稷(미직) ─ 西河郡 美稷縣, 今 內蒙古 鄂爾多斯市 관할 準格爾旗 서북.

[國譯]

7월, 해적 張伯路(장백로) 등이 바닷가 九郡을 노략질하자, 侍御史 龐雄(방웅)을 보내 주와 군의 군사를 동원하여 토벌 격파하였다. 庚子日, 조서로 태수나 현령 등에게 行在所를 살펴 보리나 채소의 씨를 부리고 지형에 맞춰 농사짓게 시켰고 빈민에게 종자와 양식을 공급케 하였다.

9월, 鴈門郡의 烏桓(오환)과 선비족이 반기를 들어 五原郡의 군사를 (九原縣의) 高渠谷(高梁谷)에서 물리쳤다.

겨울 10월, 南單于(남선우)가 반기를 들고, 중랑장 耿種(경종)을 (西河郡) 美稷縣에서 포위하였다. 11월, 行車騎將軍 何熙(하희)를 보내 적을 토벌하였다.

12월 辛酉日, 9개 郡國에서 지진이 발생했다. 乙亥日, 혜성이 天苑(천원) 성좌에 출현하였다. 이 해에 京師와 41개 군국에서 우박이 쏟아졌다. 幷州(병주)와 涼州에 대 기근이 들어 사람이 사람을 먹었다.

原文

四年春正月元日, 會, 徹樂, 不陳充庭車. 辛卯, 詔以三輔
比遭寇亂, 人庶流冗, 除三年逋租,過更,口筭, 芻槀, 稟上郡
貧民各有差.

海賊張伯路復與勃海,平原劇賊劉文河,周文光等攻厭次,
殺縣令, 遣御史中丞王宗督青州刺史法雄討破之. 度遼將軍
梁慬,遼東太守耿夔討破南單于於屬國故城. 丙午, 詔減百
官及州,郡,縣奉各有差.

|註釋| ○(永初) 四年 — 서기 110년. ○徹樂, 不陳充庭車 — 徹樂은 奏樂(주악)을 폐하다. 不陳~은 조회에 乘輿, 法物, 車輦(거연) 등을 배치하지 않다. ○人庶流冗 — 庶는 庶幾(서기) 거의. 流冗은 流亡. 流民이 되어 떠돌다. 冗은 宂(떠다닐 용)의 俗字. ○逋租,過更,口筭,芻槀 — 逋租(포조)는 밀린 田租, 過更은 납부 못한 更賦(누구나 이행해야 할 3일 간의 防戍, 이를 代行하는 금전 3백전), 口筭(구산)은 인두세 성격의 15~56세 남자, 1인 1년 120전, 芻槀(추고)는 草料(볏짚 사료). ○稟上郡 — 稟은 줄 품. 공급해 주다. 幷州 소속 上郡의 治所는 膚施縣(부시현). 今 陝西省 북부 楡林市(유림시) ○勃海,平原劇賊 — 冀州 소속 勃海郡 治所는 南皮縣. 今 河北省 滄州市 관할 南皮縣. 青州 소속 平原郡의 治所는 平原縣. 今 山東省 德州市 관

할 平原縣. 劇賊(극적)은 세력이 강대한 도적 무리. ○劉文河,周文光 - 二
人 모두 平原郡 출신. ○厭次(염차) - 平原郡의 현명. 今 山東省 북부 黃河
북안 濱州市 관할 惠民縣. ○御史中丞 - 질록 1千石. 御史大夫의 丞(副
職). 관리의 불법행위를 감찰 고발. 御史大夫가 司空이 된 뒤에는 少府의
속관으로 관리 감찰과 탄핵을 주관했다. 질록 6백석의 治書御史와 侍御史
등 속관을 거느렸다. 광무제는 御史中丞(어사중승, 최고 감찰관), 司隷校尉(백
관 규찰), 尙書令의 三官을 '三獨坐' 라 호칭했는데, 이는 조회 시에 전용석
에 혼자 앉는다는 뜻이다. ○耿夔(경기) - 인명. 耿 빛날 경. 夔 조심할 기.
19권,〈耿弇列傳〉에 立傳. ○屬國故城 - 遼東屬國 치소는 昌遼縣, 今 遼
寧省 서남 錦州市 관할 義縣. 관할 영역은 遼寧省 大凌河 중하류 일대.

[國譯]

(永初) 4년 봄 정월 초하루, 朝會에 예악 연주를 하지 않았고 궁정
을 채우던 수레나 法物들도 배치하지 않았다. 辛卯日, 조서를 내려
연이은 외적의 노략질로 백성이 거의 다 유민으로 흩어진 三輔 지역
에 대하여 3년 간의 미납 田租나 更賦, 口筭(구산), 芻藁(추고, 볏짚)을
면제하였으며, 上郡(상군)의 빈민들에게는 차등을 두어 곡식을 나누
어 주었다.

해적 張伯路(장백로)가 다시 일어나 勃海(발해)와 平原郡의 강한
도적떼 劉文河(유문하), 周文光(주문광) 등과 함께 (평원군의) 厭次縣
(염차현)을 공격하여 현령을 죽이자 御史中丞인 王宗(왕종)을 보내 靑
州刺史 法雄(법웅)을 독려하여 적을 격파케 하였다. 度遼將軍인 梁
慬(양근)과 遼東太守인 耿夔(경기)가 南單于를 遼東屬國 옛 성에서
토벌, 격파하였다. 丙午日, 조서로 모든 중앙과 州, 郡, 縣의 모든 관
원의 봉록을 각각 차등을 두어 감액하였다.

原文

二月丁巳, 稟九江貧民. 南匈奴寇常山. 乙丑, 初置長安,
雍二營都尉官. 乙亥, 詔自建初以來, 諸祅言它過坐徙邊者,
各歸本郡, 其沒入官爲奴婢者, 免爲庶人. 詔謁者劉珍及《五
經》博士, 校定東觀《五經》, 諸子,傳記,百家藝術, 整齊脫誤,
是正文字.

三月, 南單于降. 先零羌寇褒中, 漢中太守鄭勤戰歿. 徙
金城郡都襄武. 戊子, 杜陵園火. 癸巳, 郡國九地震. 夏四
月, 六州蝗. 丁丑, 大赦天下.

秋七月乙酉, 三郡大水. 己卯, 騎都尉任仁下獄死. 九月
甲申, 益州郡地震.

冬十月甲戌, 新野君陰氏薨, 使司空持節護喪事. 大將軍
鄧騭罷.

註釋 ○九江 - 揚州 관할 군명. 治所 陰陵縣, 今 安徽省 중동부 滁州
市(저주시) 定遠縣 서북. 今 江西省 九江市가 아님. ○常山 - 常山郡,國. 본
래 恒山郡, 文帝의 이름을 피휘하여 常山으로 개명. 치소는 元氏縣, 今 河
北省 남부 石家莊市 관할 元氏縣. ○長安,雍二營都尉官 - 前漢의 三輔(삼
보)에는 각각 都尉를 설치했었다. 후한에서는 이들 삼보에 도위를 두지 않
았었다. 그러다가 이때 삼보가 涼州의 강족과 가깝기 때문에 前代 황릉을
수비할 목적으로 京兆虎牙都尉와 右扶風都尉를 설치했다. 경조호아도위
는 흔히 장안도위(속칭, 虎牙營)라 불렸고, 右扶風都尉는 雍縣(옹현, 今 陝西省
寶雞市 鳳翔縣)에 있었기에 雍營(옹영)이라 불렸다. ○建初 - 章帝의 연호,
76-83년. ○諸祅言它過坐徙邊者 - 祅言(요언, 재앙 요)은 妖言(요언). 它過

는 다른 과오, 다른 죄. 它는 다를 타(他, 佗와 同), 뱀 사(蛇의 古字). ㅇ謁者劉珍 - 劉珍(유진, ?-126?)은 一名 劉寶, 字 秋孫. 安帝 永初年間(107-113)에 東觀校書로 근무. 〈建武以來名臣傳〉와 《東觀漢記》22편을 편찬, 侍中, 越騎校尉 역임, 延光 4년(125)에 宗正을 역임했다. 그의 《釋名》30편은 文字學의 중요 저술. 본서 1부의 '《후한서》의 成書 과정'의 주석 참고. 80권, 〈文苑列傳〉(上)에 입전. ㅇ《五經》博士 - 馬融(마융, 79-166)은 이때 校書中郎으로 여기에 참여했다. ㅇ校定東觀~ - 東觀은 洛陽 南宮의 장서각, 觀은 누각 관, 道敎의 사원. 書林은 많은 서적. ㅇ傳記, 百家藝術 - 傳記는 賢人의 글(傳)과 사실 기록(記史). 術藝은 의학 천문, 점술 등에 관한 학문. 諸子는 百家書. ㅇ襃中(포중) - 漢中郡의 縣名. 今 陝西省 서남 漢中市 서북 襃城鎭(포성진). ㅇ徙金城郡都襄武 - (涼州) 金城郡의 治所는 允吾縣, 今 甘肅省 臨夏回族自治州 永靖縣. 襄武縣은 隴西郡의 현명. 今 甘肅省 定西市 隴西縣. ㅇ杜陵園 - 杜陵(두릉)은 前漢 宣帝의 능. 今 陝西省 西安市. 渭水 남쪽.

[國譯]

2월 丁巳日, 九江郡의 빈민을 구제하였다. 南匈奴가 常山國을 노략질하였다. 乙丑日, 長安과 雍縣 두 곳의 군영에 都尉官을 처음 설치하였다. 乙亥日, 조서를 내려 (章帝) 建初 연간 이후 祅言(요언)을 퍼트린 자나 다른 죄와 연관하여 변방의 군현으로 이주한 모든 자를 본군으로 돌려보내고 관청 노비로 편입된 자는 서인으로 방면케 하였다.

조서를 내려 謁者(알자) 劉珍(유진) 및 오경박사가 東觀의 《오경》과 諸子書, 傳記나 百家의 기술서를 교정하여 脫漏字(탈루자)나 오자를 수정하고 文字도 訂正(정정)케 하였다.

3월, 南單于(남선우)가 투항하였다. 先零(선련)의 羌族이 襃中縣(포중현)을 노략질하였는데, 漢中 태수 鄭勤(정근)이 전사하였다. 金城郡을 襃武縣으로 옮겼다. 戊子日, (宣帝의) 杜陵(두릉) 능원에 불이 났다. 癸巳日, 9개 郡國에서 지진이 일어났다.

여름 4월, 6개 주에 황충 피해가 발생했다. 丁丑日, 온 나라의 죄수를 사면하였다.

가을 7월 乙酉日, 3개 郡에 홍수가 났다. 己卯日, 騎都尉 任仁(임인)이 하옥되어 죽었다. 9월 甲申日, 益州郡에서 지진이 났다.

겨울 10월 甲戌日, 新野君 陰氏(음씨)가 죽어 司空이 부절을 갖고 가서 喪事를 돕게 하였다. 대장군 鄧騭(등즐)이 파직되었다.

原文

五年春正月庚辰朔, 日有食之. 丙戌, 郡國十地震. 己丑, 太尉張禹免. 甲申, 光祿勳李脩爲太尉.

二月丁卯, 詔省減郡國貢獻太官口食, 先零羌寇河東, 遂至河內. 三月, 詔隴西徙襄武, 安定徙美陽, 北地徙池陽, 上郡徙衙. 夫餘夷犯塞, 殺傷吏人. 閏月丁酉, 赦涼州河西四郡.

戊戌, 詔曰, 「朕以不德, 奉郊廟, 承大業, 不能興和降善, 爲人祈福. 災異蜂起, 寇賊縱橫, 夷狄猾夏, 戎事不息, 百姓匱乏, 疲於徵發. 重以蝗蟲滋生, 害及成麥, 秋稼方收, 甚可悼也. 朕以不明, 統理失中, 亦未獲忠良以毗闕政. 傳曰, '顚而不扶, 危而不持, 則將焉用彼相矣.' 公卿大夫將何以

匡救, 濟斯艱厄, 承天誠哉? 蓋爲政之本, 莫若得人, 褒賢顯
善, 聖制所先. '濟濟多士, 文王以寧.' 思得忠良正直之臣,
以輔不逮. 其令三公, 特進, 侯, 中二千石, 二千石, 郡守, 諸侯
相舉賢良方正, 有道術, 達於政化, 能直言極諫之士各一人,
及至孝與衆卓異者, 並遣詣公車, 朕將親覽焉.」

| 註釋 |　○(永初) 五年 — 서기 111년.　○太官口食 — 태관이 올리는 식
사. 太官令 1인 질록 6백석. 황제의 식사 담당. 태관령 아래에 左丞(식사
담당), 甘丞(음식 器機 담당), 湯官丞(酒類 담당), 果丞(과일, 간식 담당)이
있었다.　○安定徙美陽 — 美陽은 右扶風의 縣名. 今 陝西省 咸陽市 관할
武功縣.　○北地徙池陽 — 池陽縣은 今 陝西省 咸陽市 관할 涇陽縣(경양현).
○上郡徙衙 — 徙는 옮길 사. 衙縣(아현)은 今 陝西省 북부 延安市 黃龍縣.
○夫餘夷 — 夫餘族, 今 黑龍江省 松花江 中流 지역에서 遼寧省, 吉林省 일
대를 차지한 半農半牧 국가.　○涼州河西四郡 — 北地, 安定, 漢陽, 隴西郡.
○夷狄猾夏 — 이적이 華夏(中國)를 어지럽히다. 猾은 亂也.　○戎事(융사)
— 戰爭.　○以毗闕政 — 毗는 도울 비.　○傳曰 —「孔子曰 "求! 任有言曰,
'陳力就列, 不能者止.' 危而不持, 顚而不扶, 則將焉用彼相矣? 且爾言過矣,
虎兕出於柙, 龜玉毁於櫝中, 是誰之過與?"《論語 季氏》.　○濟斯艱厄 — 艱
厄(간액)은 어려움. 난관. 厄은 좁을 액. 危難.　○ '濟濟多士, 文王以寧.' —
《詩經 大雅 文王》. 濟濟는 많고도 성대한 모양.

[國譯]

　(永初) 5년 봄 정월, 庚辰日 초하루, 日食이 있었다. 丙戌日, 10개
郡國에서 地震이 있었다. 己丑日, 太尉 張禹(장우)를 면직했다. 甲申
日, 광록훈이던 李脩(이수)가 太尉가 되었다.

2월 丁卯日, 조서로 각 郡國에서 헌상하는 물건이나 太官의 음식을 줄이게 하였다. 先零(선련)의 강족이 河東郡을 노략질하였고 나중에는 河內郡에도 쳐들어왔다.

3월, 조서로 隴西郡(治所)을 襄武縣으로, 安定郡을 美陽縣으로, 北地郡을 池陽縣으로, 上郡을 衙縣(아현)으로 옮겼다. 夫餘(부여)가 국경을 침범하여 관리와 백성을 살상하였다. 윤월 丁酉日, 涼州刺史部 관내 河西 4郡의 죄수를 사면하였다. 戊戌日, 조서를 내렸다.

「朕이 不德한데도 郊祠와 종묘 제사를 받들며 조종의 대업을 이었지만 교화와 선행을 베풀거나 백성을 위해 복을 베풀지도 못하였다. 재해와 이변이 수없이 일어나고 도적이 횡행하며 夷狄(이적)이 중화 땅을 어지럽혀 전쟁이 끊이지 않아 백성은 궁핍해졌으며 조세와 동원에 지쳐버렸다. 거기다가 蝗蟲(황충)의 피해가 겹쳐 익은 보리까지 해쳤으니 지금 추수 상황을 생각하면 매우 슬플 뿐이다. 짐이 지혜롭지 못하여 통치에 정도를 잃었으며, 또 충량한 신하를 얻어 정사를 바로잡지도 못하였다. 傳(論語)에서도, '넘어져도 일으켜 주지 못하고 위태로워도 잡아주지도 못하니, 장차 저 사람을 어찌 쓰겠는가?' 라고 하였다. 여러 公卿과 대부들은 장차 어찌하면 이를 바로잡아 난관을 이겨내고 하늘의 뜻을 받들겠는가? 대체로 爲政의 근본은 인재를 얻는 것보다 더 나은 것이 없나니 賢人과 善人을 포상하고 등용하는 것은 어느 제도보다도 앞서 행해야 한다. 그래서 '많고 많은 훌륭한 인재 있어 文王은 평안하였다.' 라고 하였다. 忠良正直한 신하를 얻어야만 짐의 부족을 보필할 수 있으리라. 三公과 特進, 여러 제후와 중이천석과 이천석의 卿들과 郡守(太守)와 제후국의 相은 賢良方正하고 道術이 있으며, 정치와 교화에 유능하며 직언과 極諫(극간)을 할 만한 인재나 뛰어난 효행이나 특이한 인재를 한 사람씩 천거하여 모두 公車令에게 보내면 짐이 직접 만나볼 것이다.」

原文

六月甲辰, 樂成王巡薨.

秋七月己巳, 詔三公,特進,九卿,校尉, 舉列將子孫明曉戰陳任將帥者. 九月, 漢陽人杜琦,王信叛, 與先零諸種羌攻陷上邽城.

十二月, 漢陽太守趙博遣客刺殺杜琦. 是歲, 九州蝗, 郡國八雨水.

| 註釋 | ○特進 – 官職名. 列侯나 侯王, 또는 공덕이 혁혁하거나 공로가 큰 원로 신하에게 내려주는 관직명. 三公의 아래 직위에 해당. ○九卿 – 太常, 光祿勳, 衛尉, 太僕, 廷尉, 大鴻臚, 宗正, 大司農, 少府를 말함. 질록 中二千石. ○明曉戰陳 – 戰陳은 戰陣. 陳은 陣과 통. ○上邽 – 漢陽郡(前漢 天水郡)의 현명. 今 甘肅省 天水市의 秦州區 일대.

[國譯]

6월 甲辰日, 樂成王 巡(순)이 죽었다.

가을 7월 己巳日, 三公과 特進, 九卿과 校尉에게 명하여, 여러 장군의 자손으로 군사에 관한 일을 잘 알아 將帥에 임용할만한 자를 천거케 하였다.

9월, 漢陽郡의 杜琦(두기)와 王信(왕신)이 반역하여 先零(선련)과 여러 강족이 함께 上邽縣(상규현)을 공격하여 함락시켰다.

12월, 漢陽 태수인 趙博(조박)이 자객을 보내 杜琦(두기)를 찔러 죽였다. 이 해에, 9개 주가 황충 피해를 입었고 8개 군국에서 홍수가 났다.

■原文

六年春正月庚申, 詔越嶲置長利,高望,始昌三苑, 又令益州郡置萬歲苑, 犍爲置漢平苑. 三月, 十州蝗. 夏四月乙丑, 司空張敏罷. 己卯, 太常劉愷爲司空.

五月, 旱. 丙寅, 詔令中二千石下至黃綬, 一切復秩還贖, 賜爵各有差. 戊辰, 皇太后幸雒陽寺, 錄囚徒, 理冤獄. 六月壬辰, 豫章,員谿,原山崩. 辛巳, 大赦天下. 遣侍御史唐喜討漢陽賊王信, 破斬之.

冬十一月辛丑, 護烏桓校尉吳祉下獄死. 是歲, 先零羌滇零死, 子零昌復襲僞號.

| 註釋 | ○(永初) 六年 - 서기 112년. ○越嶲(월수) - 익주자사부 군명. 치소는 邛都縣(공도현). 今 四川省 남부 西昌市. ○長利,高望,始昌三苑 - 苑은 牧馬場. ○益州郡, 犍爲郡 - 익주군 治所는 滇池縣(전지현), 今 雲南省 昆明市 관할 晋寧縣. 犍爲郡의 치소는 武陽縣. 今 四川省 중부 眉山市 彭山區. 犍爲屬國의 치소는 朱提縣. 今 雲南省 동북부 昭通市. ○黃綬 - 질록 4백석에서 2백석에 이르는 관리는 銅印黃綬를 찼다. ○豫章,員谿,原

山 – 揚州자사부 豫章郡의 치소는 南昌縣. 今 江西省 북부 南昌市. 貝谿(원계)는 예장군의 하천 이름. 原山은 산 이름. ○護烏桓校尉 – 투항한 烏桓族(오환족)을 上谷, 魚陽, 右北平, 遼西 일대에 거주케 하였는데 이들을 통제, 감시하는 교위. 질록 比二千石. 護羌校尉, 使匈奴中郞將과 동급.

[國譯]

(永初) 6년(서기 112) 봄 정월 庚申日, 조서로 越雋郡(월수군)에 長利, 高望, 始昌의 3개소의 苑(원, 목마장)을 설치하였고 또 益州郡에 萬歲苑(만세원), 犍爲郡에 漢平苑(한평원)을 설치하게 하였다.

3월, 10개 주에서 황충 피해가 났다.

여름 4월 乙丑日, 司空인 張敏(장민)을 파직하였다. 己卯日, 太常인 劉愷(유개)가 司空이 되었다. 5월, 가뭄. 丙寅日, 조서로 中二千石 이하 黃綬를 차는 관리의 모든 질록을 원래대로 회복하고 속전도 환급케 하였으며 차등을 두어 작위를 하사하였다. 戊辰日, 皇太后가 雒陽(洛陽)의 관청에 가서 죄수 기록을 확인하고 冤獄(원옥)이 있는지 심리하였다.

6월 壬辰日, 豫章郡 貝谿(원계)의 原山에서 산사태가 났다. 辛巳日, 나라의 죄수를 사면하였다. 侍御史 唐喜(당회)를 보내 漢陽郡의 叛賊 王信(왕신)을 토벌케 하여 적을 격파하고 왕신을 죽였다.

겨울 11월 辛丑日, 護烏桓校尉 吳祉(오지)가 하옥되어 죽었다. 이 해에, 先零(선련) 강족의 滇零(전령)이 죽었는데 그 아들 零昌(영창)이 또 僞號(위호, 天子를 僭稱)를 계승했다.

原文

七年春正月庚戌, 皇太后率大臣命婦謁宗廟. 二月丙午, 郡國十八地震.

夏四月乙未, 平原王勝薨. 丙申晦, 日有食之. 五月庚子, 京師大雩.

秋, 護羌校尉侯霸, 騎都尉馬賢破先零羌. 八月丙寅, 京師大風, 蝗蟲飛過洛陽. 詔賜民爵. 郡國被蝗傷稼十五以上, 勿收今年田租, 不滿者, 以實除之. 九月, 調零陵, 桂陽, 豫章, 會稽租米, 賑給南陽, 廣陵, 下邳, 彭城, 山陽, 廬江, 九江饑民. 又調濱水縣穀輸敖倉.

註釋 ○(永初) 七年 − 113년. ○大臣命婦 − 大夫의 正妻. ○京師大雩 − 大雩는 크게 기우제를 지내다. 雩는 기우제 우. ○傷稼十五以上 − 농작물의 피해가 10분의 5 이상. ○調濱水縣穀輸敖倉 − 濱水縣은 수로 주변의 현. 濱은 물가 빈. 敖倉(오창)은 鴻溝(홍구)와 黃河의 합류지점인 滎陽城(형양성) 동북 敖山(오산)에 있는 군량 창고. 今 河南省 鄭州市 관할 滎陽市 동북. 楚漢戰 당시는 물론 後漢에서도 중요한 군량 창고였다.

[國譯]

(永初) 7년 봄 정월 庚戌日, 皇太后는 大臣의 命婦들을 거느리고 宗廟를 배알하였다. 2월 丙午日, 18개 군국에서 지진이 있었다.

여름 4월 乙未日, 平原王 勝(승)이 죽었다. 丙申日 그믐, 日食이 있었다. 5월 庚子日, 京師에서 크게 기우제를 지냈다.

가을, 護羌校尉 侯霸(후패)와 騎都尉 馬賢(마현)이 先零(선련)의 강족을 격파하였다.

8월 丙寅日, 京師에 큰 바람이 불어 황충 떼가 낙양을 휩쓸고 지나갔다. 조서로 백성에게 작위를 하사하였다. 군국에서 황충으로 절반 이상 피해를 본 농가에 대해서는 금년의 田租를 면제해 주고, 10분의 5가 안 되면 실제 피해만큼 면제케 하였다.

9월, 零陵, 桂陽, 豫章, 會稽郡(회계군)의 조세미를 운반하여 南陽, 廣陵, 下邳, 彭城(팽성), 山陽, 廬江(여강), 九江郡의 굶주린 백성을 구제하였다. 또 수로 주변 현의 곡식을 敖倉(오창)으로 수송케 하였다.

元初元年春正月甲子, 改元元初. 賜民爵, 人二級, 孝悌, 力田人三級, 爵過公乘, 得移與子若同産,同産子, 民脫無名數及流民欲占者人一級, 鰥,寡,孤,獨,篤癃貧不能自存者穀, 人三斛, 貞婦帛, 人一匹.

二月己卯, 日南地坼. 三月癸酉, 日有食之. 夏四月丁酉, 大赦天下. 京師及郡國五旱,蝗. 詔三公,特進,列侯,中二千石,二千石,郡守擧敦厚質直者, 各一人.

五月, 先零羌寇雍城. 六月丁巳, 河東地陷.

秋七月, 蜀郡夷寇蠶陵, 殺縣令. 九月乙丑, 太尉李脩罷. 先零羌寇武都,漢中, 絶隴道. 辛未, 大司農山陽司馬苞爲太尉.

冬十月戊子朔, 日有食之. 先零羌敗涼州刺史皮陽於狄

道. 乙卯, 詔除三輔三歲田租,更賦,口筭. 十一月. 是歲, 郡
國十五地震.

| 註釋 | ○元初 元年 – 安帝의 2번째 연호, 서기 114~119년. ○爵過公
乘 – 漢은 秦의 20작위 제도를 그대로 계승하였다. 1등급(公士)에서부터
8등급(公乘 공승)까지는 일반 백성의 등급으로 공승 이상은 올라갈 수 없
다. 9등급 五大夫부터 18등급 大庶長까지는 官吏의 등급으로 요역이 면제
되었다. 19등급은 關內侯, 20등급은 徹侯(列侯)이다. 20작위에 관해서는
建武 3년 주석을 참고할 것. ○得移與子若同産,同産子 – 同産은 同母의
형제, 同産子는 형제의 아들이니 조카. ○貞婦 – 죽도록 한 남편만을 섬기
고 불굴의 의지로 大義를 지킨 여인. 順女. ○日南地坼 – 日南郡은 지금
의 베트남 중부. 주석에는 땅이 갈리진 길이가 182里, 폭 56리라 하였다.
중국 전통 개념으로는 360步가 1里이다(現行 市制 1里는 500m). 믿기 어
려운 주석이다. ○先零羌寇雍城 – 雍城은 雍縣. 今 陝西省 寶雞市 鳳翔
縣. ○蜀郡夷寇蠶陵 – 蠶陵(잠릉)은 蜀郡의 현명. 今 四川省 북부의 阿壩
藏族羌族自治州 내 茂縣. ○狄道(적도) – 隴西郡 치소, 今 甘肅省 남부 定
西市 관할 臨洮縣.

[國譯]

元初 원년(서기 114) 봄 정월 甲子日, 元初로 개원했다.

백성에게 작위를 사람마다 2급씩 하사하고 三老와 孝悌와 力田
에게는 사람마다 3급씩 하사하였는데 작위가 公乘(공승, 8급)을 초과
하게 되면 아들이나 형제 또는 조카에게 줄 수 있게 하였고, 호적이
없는 백성이나 流民이 호적 등록을 하려는 자에게도 1급씩 하사하
였고, 홀아비, 과부, 고아, 독거노인이거나 중질환자에게는 곡식을 1

인당 3斛(곡)씩, 貞婦에게는 비단을 1필씩 지급하였다.

2월 己卯日, 日南郡에서 땅이 갈라졌다. 3月 癸酉日, 日食이 있었다.

여름 4월 丁酉日, 온 나라 죄수를 사면하였다. 京師(낙양) 및 5개 郡國에 旱魃(한발)과 황충의 재해를 당했다. 三公, 特進과 列侯, 中二千石과 二千石의 관리와 郡守(太守)에게 敦厚(돈후)하고 질박 정직한 인재를 각 1인씩 천거케 하였다.

5월, 先零(선련)의 강족이 (우부풍의) 雍縣(옹현)을 노략질하였다. 6月 丁巳日, 河東郡에서 땅이 陷沒(함몰)했다.

가을 7월, 蜀郡의 만이가 蠶陵縣(잠릉현)을 노략질하고 현령을 살해하였다.

9월 乙丑日, 太尉 李脩(이수)를 파직하였다. 선련의 강족이 武都郡과 漢中郡을 노략질하고 隴縣으로 통하는 길을 막았다. 辛未日, 大司農인 山陽郡 출신 司馬苞(사마포)가 太尉가 되었다.

겨울 10월 戊子日 초하루, 日食이 있었다. 선련의 강족이 涼州刺史 皮陽(피양)을 狄道(적도, 狄縣) 패퇴시켰다. 乙卯日, 조서로 三輔지역의 田租와 更賦, 口筭(구산, 口賦)을 3년간 면제시켰다. 11月. 이 해에 15개 郡國에서 地震이 있었다.

║原文

二年春正月, 詔稟三輔及幷,涼六郡流冗貧人. 蜀郡靑衣道夷奉獻內屬. 修理西門豹所分漳水爲支渠, 以漑民田.

二月戊戌, 遣中謁者收葬京師客死無家屬及棺槨朽敗者,

皆爲設祭, 其有家屬, 尤貧無以葬者, 賜錢人五千. 辛酉, 詔三輔, 河內, 河東, 上黨, 趙國, 太原各修理舊渠, 通利水道, 以漑公私田疇.

三月癸亥, 京師大風. 先零羌寇益州, 遣中郎將尹就討之.

夏四月丙午, 立貴人閻氏爲皇后.

| 註釋 | ○(元初) 二年 − 서기 115년. ○蜀郡靑衣道 − 靑衣道(靑衣縣)는 행정구역 이름. 今 四川省 중부 雅安市 名山區. 道는 이민족이 많이 거주하는 지역. 縣과 동급. ○西門豹所分漳水爲支渠 − 西門은 複姓, 뒤에 西氏로 改姓. 西門豹(서문표)는 전국시대 魏國의 水利 전문가. 인공운하 12개를 굴착. 魏 文侯 時 鄴縣(업현)의 현령. 업현의 河伯娶婦의 악습을 제거. 서문표의 사적은 《史記 滑稽列傳》에 기록. 漳河(漳水)는 山西省에서 발원하여 河北省으로 흐르는 강. ○棺槨朽敗者 − 棺(관, 널 관)은 시신을 넣는 곳, 槨은 棺을 둘러싼 덧 널. ○以漑公私田疇 − 漑는 물 댈 개. 田疇는 밭. 疇는 밭두둑 주. ○貴人閻氏爲皇后 − 安思閻皇后. 本 10권, 〈皇后紀〉(下)에 입전.

[國譯]

(元初) 2년(서기 115) 봄 정월, 조서와 三輔 및 幷州와 涼州의 6개 군의 流亡 빈민을 구제케 하였다. 蜀郡 靑衣道의 만이가 토산물을 바치며 來附하였다. 西門豹(서문표)가 개통했던 漳水(장수) 운하를 수리하고 갈래 도랑(支渠 지거)을 만들어 民田에 관개하였다.

2월 戊戌日, 中謁者(중알자)를 보내 京師지역에서 객사하여 가족이나 관곽이 없어 부패한 시신을 거두어 제사를 지내주고, 가족은 있으나 너무 가난하여 장례할 수 없는 자에게는 각각 5천 전을 주었다. 辛酉日, 조서로 三輔 및 河內와 河東郡, 上黨郡과 趙國, 太原郡 등에서 각각 옛 溝渠(관개용수로)를 修理해서 물을 쉽게 흐르게 하여 公, 私田에 灌漑(관개)하였다.

3월 癸亥日, 京師에 강풍이 불었다. 선련의 강족이 益州郡을 노략질하자 中郎將 尹就(윤취)를 보내 토벌케 하였다.

여름 4월 丙午日, 貴人 閻氏(염씨)를 皇后로 책립하였다.

原文

五月, 京師旱, 河南及郡國十九蝗. 甲戌, 詔曰,

「朝廷不明, 庶事失中, 災異不息, 憂心悼懼. 被蝗以來, 七年於茲, 而州,郡隱匿, 裁言頃畝. 今群飛蔽天, 爲害廣遠, 所言所見, 寧相副邪? 三司之職, 內外是監, 卽不奏聞, 又無舉正. 天災至重, 欺罔孰大. 今方盛夏, 且復假貸, 以觀厥後. 其務消救災眚, 安輯黎元.」

六月丙戌, 太尉司馬苞薨. 洛陽新城地裂.

秋七月辛巳, 太僕太山馬英爲太尉. 八月, 遼東鮮卑圍無慮縣. 九月, 又攻夫犁營, 殺縣令. 壬午晦, 日有食之.

| 註釋 | ○七年於茲 - 지금까지 7년이 지났다. ○隱匿 - 숨기다. 匿은 감출 닉(익). ○裁言頃畝 - 裁는 纔(겨우 재, 才). 古字 通. 頃畝(경무)는 토지 면적 단위. 경작지가 줄어들었다고만 보고한다는 뜻. ○寧相副邪? - 어찌

서로 일치 상응하겠는가? 보고받는 내용과 실상이 일치하지 않는다. ○三司之職 - 三司는 三公, 곧 太尉, 司徒, 司空. ○欺罔皐大 - 欺罔은 속이다. 皐 허물 죄, 罪의 古字. ○且復假貸 - 일단은 관대히 처리하다. 假貸(가대)는 寬容. 성하에는 형벌을 가할 수 없어 일단은 관용을 베풀어 지나가겠다. ○消救災眚 - 재해의 피해를 감소시키고 백성을 구제하다. 災眚(재생)은 災殃(재앙). 眚은 재앙 생, 눈에 백태가 낄 생. ○安輯黎元 - 安輯은 편안케 하다. 黎元(여원)은 백성(黎民). 黎는 검을 려(여). ○無慮縣 - 遼東郡의 현명. 今 遼寧省 서남부 錦州市 관할 北鎭市. ○夫犂營 - 夫犂(부리)는 遼東屬國의 현명. 今 遼寧省 錦州市 관할 北鎭市 서쪽.

[國譯]

5월, 京師(洛陽) 일대가 가물었고 河南尹 및 19개 군국에서 황충 피해가 났다. 甲戌日, 조서를 내렸다.

「朝廷이 淸明하지 못하고, 뭇 정사가 正中을 잃어 재해와 이변이 끊이지 않아 걱정에 두렵기만 하도다. 황충의 피해를 입은 지 지금까지 7년이나 지났는데 각 州와 郡에서는 피해 상황을 숨기고 다만 경작지 숫자만 보고하고 있다. 이번에도 황충의 떼가 하늘을 가리고 날아와 그 폐해 지역이 매우 넓을 것이니 보고와 보이는 실상이 어찌 일치하겠는가? 三公의 직분은 내외의 정사를 감독해야 하나 상주하여 보고도 아니하고 또 (잘못을) 바로잡는 것도 없다. 천재의 폐해가 매우 엄중하지만 속이고 보고하지 않는 죄 또한 큰 것이다. 지금 바야흐로 한여름이기에 일단 또 관용을 베풀지만 이후 보고를 두고 보겠다. 모두 힘써 재해의 피해를 구제하고 백성을 편안케 하라.」

6월 丙戌日, 太尉 司馬苞(사마포)가 죽었다. 洛陽의 새로 쌓은 성의 땅이 갈라졌다.

가을 7월 辛巳日, 太僕인 太山(泰山) 출신 馬英(마영)이 太尉가 되었다. 8월, 遼東의 鮮卑族이 無慮縣(무려현)을 포위 공격하였다. 9월에는 또 夫犁營을 공격하여 현령을 살해하였다. 壬午日 그믐, 日食이 있었다.

原文

冬十月, 遣中郎將任尙屯三輔. 詔郡國中都官繫囚減死一等, 勿笞, 詣馮翊,扶風屯, 妻子自隨, 占著所在, 女子勿輸. 亡命死辠以下贖, 各有差. 其吏人聚爲盜賊, 有悔過者, 除其罪. 乙未, 右扶風仲光,安定太守杜恢,京兆虎牙都尉耿溥與先零羌戰於丁奚城, 光等大敗, 並沒. 左馮翊司馬鈞下獄, 自殺.

十一月庚申, 郡國十地震. 十二月, 武陵澧中蠻叛, 州,郡擊破之. 己酉, 司徒夏勤罷. 庚戌, 司空劉愷爲司徒, 光祿勳袁敞爲司空.

| 註釋 | ○遣中郎將任尙 – 中郎將은 光祿勳(궁궐 수비 및 황제 호위)의 속관. 秩 比二千石의 武官. 五官中郎將, 左, 右中郎將, 虎賁中郎將, 羽林中郎將이 있고 使匈奴中郎將도 있었다. ○女子勿輸 – 여인을 돌려보내지 말라. ○亡命死辠 – 亡命者(逃亡者)와 死罪에 해당하는 죄인. ○聚爲盜賊 – 패거리를 이루어 도적이 되다. ○丁奚城 – 丁奚(정해, 一作 丁溪)는 北地郡의 현명. 今 寧夏回族自治區 중부, 黃河 동쪽 銀川市 관할 靈武市. 奚

는 어찌 해. ○武陵澧中蠻叛 - 武陵은 荊州刺史部의 군명. 治所 臨沅縣, 今 湖南省 常德市 서쪽. 澧中蠻(예중만)은 今 湖南省 서북부 澧水(예수, 례수) 유역에 사는 蠻夷(少數民族).

[國譯]

겨울 10월, 中郞將 任尙을 파견하여 三輔(삼보)지역에 주둔케 하였다. 조서로 郡國과 中都官에 갇힌 죄수 중 死罪를 감형하여 태형을 가하지 말고 左馮翊(좌풍익)과 右扶風(우부풍) 군영에 보내되 처자가 스스로 따라간다면 소재지에서 호적을 만들되 여자를 돌려보내지 말라고 하였다. 도망자나 사죄 이하를 속죄하되 각 차등을 두었다. 관리나 백성이 패거리를 만들고 도적이 된 자가 잘못을 회개한다면 그 죄를 사면하였다. 乙未日, 右扶風인 仲光(중광), 安定郡 太守인 杜恢(두회), 京兆虎牙都尉인 耿溥(경부)가 선련 강족과 (北地郡) 丁奚縣(정해현)에서 싸웠으나 중광 등이 대패하여 모두 전사하였다. 左馮翊의 司馬인 鈞(균)은 하옥되자 자살하였다.

11월 庚申日, 10개 郡國에서 지진이 일어났다. 12월, 武陵郡의 澧中(예중)의 만이들이 반란을 일으키자 荊州와 무릉군의 군사가 격파하였다. 己酉日, 司徒 夏勤(하근)을 파직했다. 庚戌日, 司空 劉愷(유개)가 司徒가 되었고, 光祿勳 袁敞(원창)이 司空이 되었다.

原文

三年春正月甲戌, 修理太原舊溝渠, 漑灌官私田 東平陸上言木連理. 蒼梧,鬱林,合浦蠻夷反叛, 二月, 遣侍御史任

遝督州,郡兵討之. 郡國十地震. 三月辛亥, 日有食之. 丙辰,
赦蒼梧,鬱林,合浦,南海吏人爲賊所迫者.

夏四月, 京師旱. 五月, 武陵蠻復叛, 州,郡討破之. 癸酉,
度遼將軍鄧遵率南匈奴擊先零羌於靈州, 破之. 越雟徼外夷
舉種內屬. 六月, 中郎將任尙遣兵擊破先零羌於丁奚城.

秋七月, 武陵蠻復叛, 州,郡討平之. 緱氏地坼. 九月辛巳,
趙王宏薨.

冬十一月, 蒼梧,鬱林,合浦蠻夷降. 丙戌, 初聽大臣,二千
石,刺史行三年喪. 癸卯, 郡國九地震.

十二月丁巳, 任尙遣兵擊破先零羌於北地.

| 註釋 | ○(元初) 三年 – 서기 116년. ○太原舊溝渠 – 太原은 晉陽縣.
幷州刺史部 太原郡 治所. 今 山西省의 省都(省會), 전국시대부터 汾河(汾
水)를 활용한 관개시설이 있었다. ○東平陸上言木連理 – 兗州刺史部의
東平國(치소는 無鹽縣, 今 山東省 泰安市 관할 東平縣)의 현명. 東平陸縣
은 今 山東省 濟寧市 관할 汶上縣. 連理는 두 나무가 하나로 붙어 자라는
것. 連理枝. 太平無事의 상징. ○蒼梧,鬱林,合浦 – 蒼梧, 鬱林, 合浦는 모
두 交州(交趾)刺史部의 군명. 今 廣東省 廣西省 지역. 合浦郡 治所는 合浦
縣, 今 廣西壯族自治區 동남부 北海市 관할 合浦縣. ○靈州 – 北地郡의 현
명, 今 寧夏回族自治區 銀川市 관할 靈武市. ○緱氏地坼 – 緱氏는 河南尹
의 현명. 今 河南省 洛陽市 관할 偃師市(언사시)의 緱氏鎭(구씨진). 緱는 칼
자루 감을 구. 성씨. ○初聽大臣~ – 聽은 허락하다. 받다. 받아들이다.
聽은 의지를 갖고 듣다. 聞은 저절로 들리다. 三年喪은 부모의 喪. 斬衰(참
최) 삼년상은 아들이 부친(子爲父), 신하가 主君, 제후가 천자를 위한 服喪

이다. 齊衰(재최) 삼년상은 父沒爲母, 母爲長子를 위한 3년 상이다. 부모상을 당한 것을 丁憂(정우, 丁艱정간, 丁은 당할 정)라고도 하는데, 3년(실제로는 만 25개월)동안 관직 담당이나 결혼, 考試에 응할 수 없었다. 後漢에서는 丁憂하면 필히 解職守孝하고 3년 상을 마친 뒤 原職에 복귀해야 했다. 복상 중 나라에 꼭 필요하여 근무케 하는 것을 奪情(국가를 위해 孝親의 情을 탈취한다는 뜻) 起復이라 하였는데, 이를 移孝作忠의 의미로 해석했다.

[國譯]

(元初) 3년 봄 정월 甲戌日, 太原(태원)의 옛 溝渠(구거, 人工水路)를 수리하여 공전과 사전에 관개를 하였다. (東平國의) 東平陸縣에서 連理木이 있다고 보고하였다. 蒼梧(창오), 鬱林(울림), 合浦(합포)의 만이들이 배반하며 반역하였다.

2월, 侍御史 任逴(임탁, 逴 멀 탁)을 보내 交州와 郡兵을 감독케 하여 토벌하였다. 10개 郡國에서 지진이 났다.

3월 辛亥日, 日食이 있었다. 丙辰日, 창오, 울림, 합포, 남해군의 관리나 백성으로 叛徒(반도)에게 협박에 의해 협력한 자의 죄를 사면하였다.

여름 4월, 京師가 가물었다. 5월, 武陵郡의 만이가 다시 반역하자 荊州(형주)와 무릉군의 군사를 동원하여 토벌 격파하였다. 癸酉日, 度遼將軍(도료장군)인 鄧遵(등준)이 南匈奴의 군사를 거느리고 선련 강족을 靈州(영주)에서 공격 격파하였다. 越巂郡(월수군) 경계 밖 만이들이 종족을 들어 귀부하였다.

6월, 中郎將 任尙(임상)이 군사를 보내 선련의 강족을 丁奚縣(정해현)에서 격파하였다.

가을 7월, 武陵郡의 만이들이 다시 반역하자 형주와 무릉군의 군사가 토벌 평정하였다. (河南尹) 緱氏縣(구지현)의 땅이 갈라졌다. 9월 辛己日, 趙王 宏(굉)이 죽었다.

겨울 11월, 창오, 울림, 합포군의 만이가 투항하였다. 丙戌日 대신과 태수, 자사가 3년 상을 치르는 것을 처음으로 허락하였다. 癸卯日, 9개 군국에서 지진이 났다.

12월 丁巳日, 任尙(임상)이 군사를 보내 선련의 강족을 北地郡에서 격파하였다.

原文

四年春二月乙巳朔, 日有食之. 乙卯, 大赦天下. 壬戌, 武庫災.

夏四月戊申, 司空袁敞薨. 己巳, 鮮卑寇遼西, 遼西郡兵與烏桓擊破之. 五月丁丑, 太常李郃爲司空. 六月戊辰, 三郡雨雹.

秋七月辛丑, 陳王鈞薨. 京師及郡國十雨水. 詔曰,

「今年秋稼茂好, 垂可收穫, 而連雨未霽, 懼必淹傷. 夕惕惟憂, 思念厥咎. 夫霖雨者, 人怨之所致. 其武吏以威暴下, 文吏妄行苛刻, 鄕吏因公生姦, 爲百姓所患苦者, 有司顯明其罰. 又〈月令〉'仲秋養衰老, 授几杖, 行麋粥'. 方今案比之時, 郡, 縣多不奉行. 雖有麋粥, 糠秕相半, 長吏怠事, 莫有躬親, 甚違詔書養老之意. 其務崇仁恕, 賑護寡獨, 稱朕意焉.」

○(元初) 四年 – 서기 117년. ○武庫 – 무기고. 낙양성 동북 모
서리에 위치, 남으로 永安宮에 연접. 북으로는 大倉(큰 창고)가 있었다.
○垂可收穫 – 垂는 거의 ~하려하다. 드리울 수. ○連雨未霽 – 장맛비가
개이지 않다. 霽 갤 제. 비나 눈이 그치다. ○懼必淹傷 – 懼 두려울 구. 淹
담글 엄. ○夕惕惟憂 – 惕은 두려울 척. 걱정하다. ○方今案比之時 – 方
今은 지금, 방금. 案比之時는 호구를 조사하며 예년과 비교하는 때. ○雖
有麋粥, 糠秕相半 – 麋粥(미죽)은 죽. 미음. 糠秕는 糠는 겨 강. 秕는 쭉정이
비. 질이 나쁜 쌀.

[國譯]

(元初) 4년(서기 117) 봄 2월 乙巳日 초하루, 日食이 있었다. 乙卯
日, 나라의 죄수를 사면하였다. 壬戌日, 武庫(武器庫)에서 불이 났
다.

여름 4월 戊申日, 司空인 袁敞(원창)이 죽었다. 己巳日, 鮮卑族(선
비족)이 遼西郡을 노략질하자 遼西郡의 군사와 烏桓族(오환족)이 함
께 격파하였다. 5월 丁丑日, 太常 李郃(이합)이 司空이 되었다. 6월
戊辰日, 3개 郡에 우박이 쏟아졌다.

가을 7월 辛丑日, 陳王 鈞(균)이 죽었다. 京師 및 10개 郡國에서
홍수가 났다. 이에 조서를 내렸다.

「올해 가을 농사가 잘 되어 곧 수확을 해야 하나 장맛비가 그치지
않으니 틀림없이 물에 잠겨 망칠 것 같다. 밤이면 근심 걱정 속에 무
슨 허물이 있는가를 생각하게 된다. 장마 비는 백성의 원망이 맺혔
기 때문이다. 武吏가 아래 백성에게 위세로 포악하게 굴었거나 文吏
가 세넷내도 가혹하게 법을 적용했고, 향리는 공부를 핑계로 부정한
짓을 저질러 백성에게 환난과 고통을 주었기 때문이니 담당 관원은

그런 일에 대해 분명하게 징벌하라. 또 〈月令〉에 '仲秋에는 쇠약한 노인을 돌보아야 하니 안석과 지팡이를 하사하고 미음이나 죽을 공양한다.'고 하였다. 지금이 戶口를 조사할 때라서 노인 봉양을 행하지 않는 군현이 많을 것이다. 또 미음을 공양한다고 하여도 겨나 죽 정이가 절반씩 섞이거나 長吏가 태만하거나 아예 실천하지 않는다면 노인을 공양하라는 조서의 뜻을 심히 위배하는 것이다. 장리들은 힘써 백성에게 어질고 너그럽게 대하며 과부나 무의탁 노인을 구호하여 나의 뜻에 따르도록 하라.」

原文

九月, 護羌校尉任尙使客刺殺叛羌零昌.

冬十一月己卯, 彭城王恭薨. 十二月, 越嶲夷寇遂久, 殺縣令. 甲子, 任尙及騎都尉馬賢與先零羌戰於富平上河, 大破之. 虜人羌率衆降, 隴右平. 是歲, 郡國十三地震.

| 註釋 | ○遂久(수구) – 越嶲군(월수군)의 현명. 今 雲南省 서북부 麗江市. ○富平上河 – 富平은 北地郡의 치소, 현명. 今 寧夏回族自治區 북부, 黃河 東岸의 吳忠市. 上河는 黃河. 우리나라에서도 부여 부근의 錦江을 白馬江이라 하는 것과 같음.

[國譯]

9월, 護羌校尉 任尙(임상)이 자객을 보내 반역한 강족 (天子를 참칭했던) 零昌(영창)을 죽였다.

겨울 11월 己卯日, 彭城王 恭(공)이 죽었다. 12월, 越嶲郡(월수군)의 만이가 遂久縣(수구현)을 노략질하며 현령을 살해했다. 甲子日, 任尙(임상)과 騎都尉 馬賢(마현)이 선련 강족과 (北地郡) 富平縣 황하에서 싸워 대파하였다. 虔人(건인) 강족이 무리를 거느리고 투항하여 隴右(농우) 지역이 평정되었다. 이 해에, 13개 군국에서 지진이 있었다.

原文

五年春正月, 越嶲夷叛. 二月壬戌, 中山王憲薨. 三月, 京師及郡國五旱, 詔稟遭旱貧人.

夏六月, 高句驪與穢貊寇玄菟. 秋七月, 越嶲蠻夷及旄牛豪叛, 殺長吏.

丙子, 詔曰,「舊令制度, 各有科品, 欲令百姓務崇節約. 遭永初之際, 人離荒阨, 朝廷躬自菲薄, 去絶奢飾, 食不兼味, 衣無二綵. 比年雖獲豐穰, 尙乏儲積, 而小人無慮, 不圖久長, 嫁聚送終, 紛華靡麗, 至有走卒奴婢被綺縠, 著珠璣. 京師尙若斯, 何以示四遠? 設張法禁, 懇惻分明, 而有司惰任, 訖不奉行. 秋節既立, 鷙鳥將用, 且復重申, 以觀後效.」

八月丙申朔, 日有食之. 鮮卑寇代郡, 殺長吏.

冬十月, 鮮卑寇上谷. 十二月丁巳, 中郎將任尙有辠, 棄市. 是歲, 郡國十四地震.

| 註釋 | ㅇ【註釋】 ㅇ(元初) 五年 - 서기 118년. ㅇ旄牛(모우) - 蜀郡의 현명. 今 四川省 중부 雅安市 관할 漢源縣 서북. 旄 긴 털 가진 소 모. 깃대 장식 모. ㅇ各有科品 - 각 등급에 따른 규정. ㅇ人離荒戹 - 백성이 흉년의 고난을 당하다. 離는 걸리다. 만나다(遇也), 당하다(罹와 通). 떠날 이(리). ㅇ朝廷躬自菲薄 - 조정에서도 절약 검소하게 지내다. 菲薄(비박)은 가난한 살림. 검소하게 지내다. 菲는 엷을 비. 薄은 엷을 박. ㅇ去絶奢飾 - 사치한 장식을 하지 않다. ㅇ比年雖獲豐穰 - 比年은 近年, 해마다. 豐穰은 풍년. 穰은 볏짚 양. 풍년. ㅇ尙乏儲積 - 아직도 비축분이 부족하다. 儲積(저적)은 쌓아두다. ㅇ嫁聚送終 - 결혼과 장례. ㅇ被綺縠 - 비단을 입다. 綺는 비단 기. 縠는 주름 비단 곡. ㅇ著珠璣 - 著은 입을 착. 부착하다. 珠 구슬 주, 璣 구슬 기. 둥글지 않은 구슬. ㅇ懇惻分明 - (법령이나 제도가) 상세하고 분명하다. 懇은 정성 간. 간절하다. 惻은 슬퍼할 측. 진심을 다하다. ㅇ秋節旣立 - 立秋가 이미 지났다. ㅇ鷙鳥將用 - 鷙鳥는 祭物을 망쳐놓는 猛禽(맹금). 곧 법령을 준수하지 않는 관리. 鷙는 맹금 지. 將用은 법을 적용할 것이다. 처벌하겠다. ㅇ且復重申 - 이번에 또 재차 밝히다. ㅇ上谷 - 幽州刺史部의 군명. 治所는 沮陽縣. 今 河北省 북부 張家口市 관할 懷來縣.

【國譯】

(元初) 5년 봄 정월, 越嶲郡(월수군)의 만이가 반역했다.

2월 壬戌日, 中山王 憲(헌)이 죽었다. 3월, 가뭄이 심한 京師와 5개 군국에 조서로 旱害(한해)를 당한 빈민을 구제케 하였다.

여름 6월, 高句驪(고구려)와 穢貊族(예맥족)이 玄菟郡(현도군)에 침입하였다.

가을 7월, 越嶲郡(월수군) 만이와 蜀郡 旄牛縣(모우현)의 호족이 배반하여 현령을 죽였다.

丙子日, 조서를 내렸다.

「옛 법령과 제도에는 각 등급에 따른 규정으로 백성이 힘써 절약을 숭상토록 하였다. 永初 연간에 백성이 흉년의 재난을 당한 이후로 궁궐에서도 몸소 절약하면서 사치한 장식을 없애고 식사에 반찬을 줄이며 두 가지 색의 비단옷을 입지 않고 있다. 근년에 비록 풍년이 들었다지만, 아직도 비축분이 부족하지만 백성은 앞날에 대한 걱정이나 대책을 생각하지 않고 결혼이나 장례에 화려하고 사치가 극심하여 심지어 하인이나 노비도 비단옷을 입고 구슬 장식을 매달고 있다. 京師가 이와 같다면 어찌 먼 사방에 모범을 보이겠는가? 금지하는 법령이 상세하고도 분명하지만 담당 관리는 단속을 게을리하거나 아예 단속하지도 않는다. 立秋가 이미 지났으니 猛禽(맹금)과 같은 관원은 (법을 따르지 않는 관원은) 법을 적용할 것이니, 이번에또 거듭 밝히며 차후의 실천이 어떤지 보겠다.」

8월 丙申 초하루, 日食이 있었다. 鮮卑族이 代郡에 침략하여 관리를 살해하였다.

겨울 10월, 鮮卑族이 上谷郡을 침략했다. 12월 丁巳日, 中郞將 任尙(임상)이 죄를 지어 棄市刑(기시형)에 처했다. 이 해에, 14개 군국에서 지진이 있었다.

| 原文 |

六年春二月乙巳, 京師及郡國四十二地震, 或坼裂, 水泉湧出. 壬子, 詔三府選掾屬高第, 能惠利牧養者各五人, 光

祿勳與中郞將選孝廉郎寬博有謀,清白行高者五十人, 出補
令,長,丞,尉.

乙卯, 詔曰, 「夫政, 先京師, 後諸夏.〈月令〉仲春 '養幼小,
存諸孤', 季春 '賜貧窮, 賑乏絶, 省婦使, 表貞女', 所以順陽
氣, 崇生長也. 其賜人尤貧困,孤弱,單獨穀, 人三斛, 貞婦有
節義十斛, 甄表門閭, 旌顯厥行.」

| 註釋 | ㅇ(元初) 六年 – 서기 119년. ㅇ或坼裂 – 어떤 곳에서는 땅이
갈라지다. 坼은 터질 탁. 裂은 찢을 열(렬), ㅇ孝廉郎 – 효렴으로 낭관에
천거된 자. 孝廉은 인재 천거의 한 과목. 孝子와 廉吏(염리)의 2영역이지만
보통 붙여 언급한다. 和帝 이후 인구 20만을 기준으로 1년 1인을 천거케
하였다. ㅇ省婦使, 表貞女 – 婦使는 여인의 길쌈. 組紃(조순, 끈을 꼬고 베를
짜다). ㅇ節義 – 지조와 겸손. ㅇ甄表門閭 – 甄表는 명확히 드러내다. 甄
은 질그릇 견, 밝힐 견(明也). 門閭(문려)는 집의 대문과 마을 입구의 문.
ㅇ旌顯 – 선행을 표창하다. 旌表. 旌은 깃발 정.

[國譯]

(元初) 6년(서기 119) 봄 2월 乙巳日, 京師 및 42개 郡國에서 지진
이 일어나 어떤 곳에서는 땅이 갈라지고 샘물이 솟기도 하였다. 壬
子日, 조서로 三公府에서 선임한 관리 중에서 성적이 우수하거나 백
성을 이롭게 하거나 다스릴만한 자를 각 5인씩 천거케 하였고 光祿
勳과 中郞將이 효렴으로 천거된 낭관이나, 관대 박식하고 지모가 있
는 자, 또는 청렴결백하고 행실이 바른 자 50인을 지방의 현령이나
縣長, 또는 郡丞이나 郡尉에 임명케 하였다. 乙卯日, 조서를 내렸다.

「정치란 京師에서 앞서 행하고 나중에 전국에서 실천하는 것이다. 〈月令〉에 仲春(2월)에는 '어린아이를 돌보고 여러 고아도 보육한다' 고 하였으며, 季春(3월)에는 '貧窮한 자에게 베풀고 굶는 자를 구휼하며 길쌈을 하고 정숙한 여인을 표창한다.' 고 하였으니, 이는 陽氣를 조절하며 생장을 돕는 것이다. 아주 어려운 백성이나 고아와 약자, 홀로 사는 노인에게 곡식을 각 3곡씩 하사하고, 節義를 지킨 정숙한 여인에게는 10斛(곡)을 하사하며 집이나 마을에 편액을 달거나 정문을 세워 그 행실을 표창하라.」

原文

三月庚辰, 始立六宗, 祀於洛城西北.

夏四月, 會稽大疫, 遣光祿大夫將太醫循行疾病, 賜棺木, 除田租, 口賦. 沛國, 勃海大風, 雨雹. 五月, 京師旱. 六月丁丑, 樂成王賓薨. 丙戌, 平原王得薨.

秋七月, 鮮卑寇馬城, 度遼將軍鄧遵率南單于擊破之. 九月癸巳, 陳王竦薨.

十二月戊午朔, 日有食之, 旣. 郡國八地震. 是歲, 永昌, 益州, 蜀郡夷叛, 與越嶲夷殺長吏, 燔城邑, 益州刺史張喬討破降之.

| 註釋 | ○六宗 – 제사를 받는 六神, 전한 平帝 때는 《易》卦의 六氣로 水, 火, 雷, 風, 山, 澤을 지칭했으나 후한 安帝 때는 天地와 四方의 神으로

개정하여 낙양의 서북에서 제사하였다. ㅇ會稽大疫 - 揚州刺史部 會稽
郡, 治所는 山陰縣. 今 浙江省 紹興市. 疫은 돌림병 역. ㅇ太醫 - 少府의
속관, 太醫令 一人, 질록 6백석. 여러 의원과 藥丞과 方丞을 장악. ㅇ勃海
- 一作 渤海, 冀州刺史部, 군명. 治所 南皮縣, 今 河北省 滄州市 관할 南皮
縣. 雨雹(우박)의 雨는 내리다. 동사로 쓰였음. ㅇ馬城 - 代郡의 현명, 今
山西省 북부 朔州市. ㅇ日有食之, 既 - 皆既日蝕. 既는 이미 기. ㅇ益州 -
군명. 治所 滇池縣(전지현), 今 雲南省 昆明市 관할 晋寧縣. 자사부 이름 益
州의 치소는 廣漢郡 雒縣(낙현). 今 四川省 德陽市 관할 廣漢市(成都市와
德陽市 중간).

[國譯]

3월 庚辰日, 처음으로 六宗의 神을 정하고 洛陽城 서북에서 제사
를 지냈다.

여름 4월, 會稽郡(회계군)에 전염병이 크게 유행하자 光祿大夫를
보내 太醫를 거느리고 순행하면서 질병을 치료하면서 棺材를 하사
하고 (피해 지역의) 田租와 口賦(구부)를 면제하였다. 沛國(패국)과
勃海郡에 큰 바람이 불고 우박이 내렸다.

5월, 京師 지역이 가물었다. 6월 丁丑日, 樂成王 賓(빈)이 죽었다.
丙戌日, 平原王 得(득)이 죽었다.

가을 7월, 선비족이 (雁門郡) 馬城(馬邑城)을 침략하자 度遼將軍
鄧遵(등준)이 南單于를 거느리고 격파하였다. 9월 癸巳日, 陳王 竦
(송)이 죽었다.

12월 戊午日 초하루, 日食이 있었는데 개기일식이었다. 8개 군국
에서 지진이 났다.

이 해에 永昌, 益州, 蜀郡의 만이들이 반역하면서 越嶲郡(월수군)

의 만이와 함께 관장을 죽이고 성읍을 불사르자 益州刺史 張喬(장교)가 그들을 토벌 격파하여 항복케 하였다.

原文

永寧元年春正月甲辰, 任城王安薨. 三月丁酉, 濟北王壽薨. 車師後王叛, 殺部司馬. 沈氏羌寇張掖.

夏四月丙寅, 立皇子保爲皇太子, 改元永寧, 大赦天下. 賜王,主,三公,列侯下至郎吏,從官金,帛, 又賜民爵及布,粟各有差. 己巳, 紹封陳王羨子崇爲陳王, 濟北王子萇爲樂成王, 河間王子翼爲平原王. 壬午, 琅邪王壽薨.

六月, 沈氏種羌叛, 寇張掖, 護羌校尉馬賢討沈氏羌, 破之. 秋七月乙酉朔, 日有食之.

冬十月己巳, 司空李郃免. 癸酉, 衛尉盧江陳襃爲司空. 自三月至是月, 京師及郡國三十三大風, 雨水. 十二月, 永昌徼外撣國譴使貢獻. 戊辰, 司徒劉愷罷. 遼西鮮卑降. 癸酉, 太常楊震爲司徒. 是歲, 郡國二十三地震. 夫餘王遣子詣闕貢獻. 燒當羌叛.

註釋 ○永寧元年 – 서기 120년. ○沈氏羌寇張掖 – 沈氏(침저) 羌은 강족의 일부. 주 거주지는 甘肅省 隴西 일대. 張掖(장액)은 涼州 소속 군명. 치소는 觻得縣(역득현), 今 甘肅省 張掖市. ○皇子保 – 宮人 李氏 소생, 뒷날 順帝(재위 125-144년). ○紹封 – 대를 이어 제후 왕에 봉하다. ○衛尉

(위위) - 衛士를 지휘 궁궐 수비. 질록 중이천석. 衛尉丞 1인 질록 比千石. 公車司馬令(질록 6백석, 남문 수비, 吏民 上章과 四方 貢獻 또는 황제의 부름에 의거 입궐할 자를 지휘), 南,北宮衛士令, 左右都候 各一人, 六百石. 每門 司馬 1인은 질록 比千石. ㅇ撣國(선국, 撣音 善shàn) - 지금 버마(緬甸) 지역의 국가 이름. 당길 선. 손에 잡을 탄.

[國譯]

永寧(영녕) 원년(서기 120) 봄 정월 甲辰日, 任城王 安(안)이 죽었다.

3월 丁酉日, 濟北王 壽(수)가 죽었다. (西域의) 車師後王(거사후왕)이 반역하여 (서역) 도호부의 司馬를 죽였다. 沈氐(침저) 강족이 張掖郡에 침략했다.

여름 4월 丙寅日, 皇子 保(보)를 皇太子로 책립하고 永寧(영녕)으로 개원하였으며 온 나라 죄수를 사면하였다. 제후 왕과 공주, 三公, 列侯 이하 郎吏와 從官까지 황금과 비단, 곡식을 각각 차등을 두어 하사하였다. 己巳日, 陳王 羨(선)의 아들 崇(숭)을 陳王에, 濟北王의 아들 萇(장)을 樂成王에, 河間王의 아들 翼(익)을 平原王에 대를 이어 봉했다. 壬午日, 琅邪王 壽(수)가 죽었다.

6월, 沈氐(침저) 강족이 반역하며 장액군을 침략하자 護羌校尉인 馬賢(마현)이 침저 강족을 토벌 격파하였다. 가을 7월 乙酉日 초하루, 日食이 있었다.

겨울 10월 己巳日, 司空 李郃(이합)이 면직되었다. 癸酉日, 衛尉 廬江(여강) 출신 陳襃(진포)가 司空이 되었다. 3월 이후 이번 달까지 경사와 33개 군국에서 큰 바람이 불거나 홍수가 났다.

12월, 永昌郡 경계 밖 撣國(선국)에서 사신을 보내 토산품을 바쳤다. 戊辰日, 司徒 劉愷(유개)를 파직하였다. 遼西郡의 선비족이 투항하였다. 癸酉日, 太常 楊震(양진)이 司徒가 되었다. 이 해에 23개 군국에서 지진이 있었다. 夫餘(부여) 왕이 아들을 보내 궁궐에 와서 토산물을 바쳤다. 燒當(소당)의 강족이 배반하였다.

原文

建光元年春正月, 幽州刺史馮煥率二郡太守討高句驪,穢貊, 不克.

二月癸亥, 大赦天下. 賜諸園貴人,王,主,公,卿以下錢,布各有差. 以公,卿,校尉,尙書子弟一人爲郎,舍人. 三月癸巳, 皇太后鄧氏崩. 丙午, 葬和熹皇后. 丁未, 樂安王寵薨. 戊申, 追尊皇考淸河孝王曰孝德皇, 皇妣左氏曰孝德皇后, 祖妣宋貴人曰敬隱皇后.

| 註釋 | ○建光元年 – 서기 121년. ○諸園貴人 – 황제의 자식을 출산하지 못해 황제가 죽은 뒤에 陵園에서 생활하며 황제의 제사를 받드는 귀인. ○舍人 – 왕공이나 귀인의 시종 겸 손님 접대 담당. 太子舍人의 경우 질록은 二百石.

[國譯]

建光 원년(서기 121) 봄 정월, 幽州刺史(유주자사)인 馮煥(풍환)이 2개 군의 태수와 함께 高句驪와 穢貊(예맥)을 토벌하였으나 이기지

못했다.

2월 癸亥日, 온 나라의 죄수를 사면하였다. 능원의 貴人과 제후왕, 공주, 三公, 九卿(구경) 이하 모두에게 금전과 옷감을 각각 차등을 두어 하사하였다. 公과 卿, 校尉와 尙書의 子弟 1인을 낭관이나 舍人(사인)에 임용하였다.

3월 癸巳日, 황태후 鄧氏(등씨)가 붕어하였다. 丙午日, 和熹皇后(화희황후)를 장례했다. 丁未日, 樂安王 寵(총)이 죽었다. 戊申日, 황제의 생부인 淸河孝王을 孝德皇으로, 皇妣인 左氏(좌씨)를 孝德皇后로 추존하였고 祖妣인 宋貴人은 敬隱皇后(경은황후)로 존칭했다.

原文

夏四月, 穢貊復與鮮卑寇遼東, 遼東太守蔡諷追擊, 戰歿. 丙辰, 以廣川幷淸河國. 丁巳, 尊孝德皇元妃耿氏爲甘陵大貴人. 甲子, 樂成王萇有罪, 廢爲臨湖侯. 己巳, 令公,卿,特進,侯,中二千石,二千石,郡國守相, 擧有道之士各一人. 賜鰥,寡,孤,獨,貧不能自存者穀, 人三斛. 甲戌, 遼東屬國都尉龐奮, 承僞璽書殺玄菟太守姚光.

五月庚辰, 特進鄧騭及度遼將軍鄧遵, 並以譖自殺. 丙申, 貶平原王翼爲都鄕侯.

| 註釋 | ○穢貊(예맥) − 濊貊(예맥), 肅愼, 東胡를 옛 東北 三大民族이라고 하였다. 肅愼(숙신)은 夏代와 商代에 黑水(今 黑龍江) 및 松花江 유역 일

대에서 생활하던 부족. ○以廣川幷淸河國 − 廣川王 劉常保(유상보)가 죽었는데 無子하여 永初 2년에 나라를 없앴다. 그 廣川縣(今 河北省 남부 衡水市 관할 景縣)을 청하국에 병합시켰다. ○甘陵大貴人 − 甘陵은 孝德皇后의 능, 현명. 淸河國의 치소. 今 山東省 직할 臨淸市(聊城市의 북쪽, 河北省과 접경). ○臨湖侯 − 臨湖는 廬江郡의 현명. ○遼東屬國都尉龐奮 − 遼東屬國의 치소는 昌遼縣, 今 遼寧省 서남부 錦州市 관할 義縣. 관할 영역은 遼寧省 大凌河 중하류 일대. 龐奮(방분)은 인명. 龐은 클 방. 성씨. ○承僞璽書殺玄菟太守姚光 − 姚光(요광)은 建光 원년(121)에 현도군 태수가 되었으나 간악하여 다른 사람의 원한을 샀다. 원한을 가진 사람이 거짓 璽書(새서)를 꾸며 요광에게 보내 자결하라 하였고 동시에 요동속국의 도위 방분에게도 가짜 새서를 보내 요광을 즉시 처형하라 하였다. 이런 일은 뒤에 밝혀졌는데 安帝는 요광을 불쌍히 여겨 요광의 아들을 낭중에 임명했다. ○特進鄧騭∼ − 鄧太后의 일족으로 등태후 死後 세력이 꺾였다. ○都鄕侯 − 제후 중 王은 劉氏뿐이다. 왕은 郡 단위의 封地를 받는다. 그 나머지 列侯는 공로에 따라 縣侯, 都鄕侯, 鄕侯, 都亭侯, 亭侯로 구분했다. 縣侯도 그 봉지를 國이라 표기하였지만 王과는 격이 크게 달랐다.

[國譯]

여름 4월, 穢貊(예맥)이 또 鮮卑(선비)와 함께 遼東郡을 침략하였는데, 요동태수 蔡諷(채풍)이 추격하다가 전사하였다. 丙辰日, (옛) 廣川國을 淸河國에 병합시켰다. 丁巳日, 孝德皇의 元妃인 耿氏(경씨, 安帝의 생모)를 甘陵大貴人이라 추존하였다. 甲子日, 樂成王 萇(장)이 죄를 지어 폐위하여 臨湖侯(임호후)라 하였다. 己巳日, 公과 卿, 特進, 列侯, 中二千石, 二千石, 郡國의 太守와 相에게 治道에 밝은 인재를 각 1인씩 천거하게 하였다. 鰥寡孤獨(환과고독)과 생존이 어려운 빈민에게 곡식을 1인 당 3斛(곡)씩 하사하였다. 甲戌日, 遼東屬國의 都尉인 龐奮(방분)이 가짜 璽書(새서)를 받고 玄菟(현도) 太守 姚光(요광)을 죽였다.

5월 庚辰日, 特進인 鄧騭(등즐)과 度遼將軍인 鄧遵(등준)이 참소를 받고 자살하였다. 丙申日, 平原王 翼(익)을 都鄕侯로 강등시켰다.

原文

秋七月己卯, 改元建光, 大赦天下. 壬寅, 太尉馬英薨.

八月, 護羌校尉馬賢討燒當羌於金城, 不利. 甲子, 前司徒劉愷爲太尉. 鮮卑寇居庸關, 九月, 雲中太守成嚴擊之, 戰歿. 鮮卑圍烏桓校尉於馬城, 度遼將軍耿夔救之. 戊子, 幸衛尉馮石府. 是秋, 京師及郡國二十九雨水.

冬十一月己丑, 郡國三十五地震, 或坼裂. 詔三公以下, 各上封事陳得失. 遣光祿大夫案行, 賜死者錢, 人二千. 除今年田租. 其被災甚者, 勿收口賦.

鮮卑寇玄菟. 庚子, 復斷大臣二千石以上服三年喪. 癸卯, 詔三公,特進,侯,卿,校尉, 擧武猛堪將帥者各五人. 丙午, 詔京師及郡國被水雨傷稼者, 隨頃畝減田租. 甲子, 初置漁陽營兵.

冬十二月, 高句驪,馬韓,穢貊圍玄菟城, 夫餘王遣子與州, 郡並力討破之.

|註釋| ○金城 – 涼州, 郡名. 治所는 允吾縣, 今 甘肅省 臨夏回族自治州 永靖縣. ○居庸關 – 北京 서북 60km. 太行山의 餘脈인 軍都山 峽谷(협곡)에 자리. 天下九塞의 하나, 八達嶺 長城과 함께 북경 서북방의 요새. 燕京八景 중 '居庸疊翠(거용첩취)'로 유명. ○幸衛尉馮石府 – 馮石은 안제의 총행을 받아 太尉를 거쳐 太傅까지 승진. 府는 府第, 관사. 저택. ○案行 – 순찰하다. ○初置漁陽營兵 – 漁陽郡(治所 漁陽縣. 今 北京市 동북부의 密雲區)의 營兵. ○馬韓(마한) –《후한서》85권 〈東夷列傳〉에 夫餘, 挹婁(읍루), 高句驪, 東沃沮, 濊(예), 三韓, 倭를 입전했는데, 마한은 月支國(目支國) 등 54국의 이름이 실려 있고 큰 나라는 1만여 호, 작은 나라는 수천 호라고 했다. 여기서는 마한에서 파견한 일부의 군사가 고구려와 함께 玄菟郡(현도군)을 공격한 것이라 볼 수 있다.

[國譯]

가을 7월 己卯日, 建光으로 改元하고 온 나라 죄수를 사면했다. 壬寅日, 太尉 馬英(마영)이 죽었다.

8월, 護羌校尉 馬賢(마현)이 燒當(소당)의 강족과 金城郡에서 싸웠으나 이기지 못했다. 甲子日, 전임 司徒였던 劉愷(유개)가 太尉가 되었다. 선비족이 居庸關(거용관)을 침략했는데, 9월에 雲中郡 太守 成嚴(성엄)이 공격하다가 전사했다. 鮮卑族이 烏桓校尉(오환교위)의 부대를 馬城(마성)에서 포위하자 度遼將軍 耿夔(경기)가 구원하였다. 戊子日, 衛尉인 馮石(풍석)의 저택에 행차하였다. 이 해 가을 京師와 29개 郡國에서 홍수가 났다.

겨울 11월 己丑日, 35개 군국에서 지진이 났는데 땅이 갈라진 곳도 있었다. 그서로 二公 이하 각 관리가 정사의 득실을 논하는 封事를 올리게 했다. 光祿大夫를 시켜 각지를 순찰하며 死者에게는 1인

2천 전을 하사했다. 금년의 田租를 면제했다. 피해가 심한 자에게는 口賦도 면제하였다. 선비족이 玄菟郡(현도군)을 침략했다.

庚子日, 2천석 이상 대신의 3년 복상을 다시 중지시켰다. 癸卯日, 조서로 三公과 特進, 侯, 卿과 校尉에게 용맹하여 장수가 될 만한 인재를 각각 5인까지 천거하게 했다. 丙午日, 조서로 京師 및 郡國에서 수해로 농사를 망친 백성에게 그 면적에 따라 전조를 감면케 하였다. 甲子日, 漁陽(어양) 兵營을 처음 설치했다.

겨울 12월, 高句驪, 馬韓(마한), 穢貊(예맥)이 玄菟城(현도성)을 포위하자, 夫餘王(부여왕)이 그 아들을 보내 幽州(유주)와 郡의 군사와 함께 적을 격파하였다.

原文

延光元年春二月, 夫餘王遣子將兵救玄菟, 擊高句驪, 馬韓, 穢貊, 破之, 遂遣使貢獻.

三月丙午, 改元延光. 大赦天下. 還徙者, 復戶邑屬籍. 賜民爵及三老, 孝悌, 力田, 人二級, 加賜鰥, 寡, 孤, 獨, 篤癃, 貧不能自存者粟, 人三斛, 貞婦帛, 人二匹.

夏四月癸未, 京師郡國二十一雨雹. 癸巳, 司空陳褒免. 五月庚戌, 宗正彭城劉授爲司空. 己巳, 改樂成國爲安平, 封河間王開子得爲安平王. 六月, 郡國蝗.

| 註釋 | ○延光元年 – 서기 122년. ○篤癃(독륭) – 篤疾. 심한 지체부자

유자. 篤은 병이 위중할 독, 도타울 독. 癃 꼽추 륭. 느른할 융. ㅇ雨雹 -
우박. 雹은 누리 박. ㅇ彭城(팽성) - 項羽의 옛 도읍지. 徐州刺史部 관할 彭
城國의 治所. 治所 彭城縣, 今 江蘇省 서북단 徐州市. ㅇ安平 - 안평국 치
소는 信都縣, 今 河北省 衡水市 관할 冀州市. 前漢 信都郡(國) - 信都郡(후한
23-72年) - 樂成國(72-122年) - 安平國(122-)으로 명칭이 바뀜.

[國譯]

延光(연광) 원년(서기 122) 봄 2월, 夫餘王이 아들을 보내 군대를
거느리고 현도군을 구원했는데 高句驪, 馬韓, 穢貊의 군사를 격파하
고 사신을 보내 토산물을 바쳤다.

3월 丙午日, 延光(연광)으로 개원하고 온 나라 죄수를 사면하였
다. 옛 본향으로 돌아가려는 백성의 호적을 살려주게 했다. 백성에
게는 작위를, 三老와 孝悌와 力田에게는 작위를 각 2급씩 하사하고,
겸해서 鰥寡孤獨(환과고독)과 중질환자, 가난하여 생존이 어려운 백
성에게 곡식을 각 3곡씩, 貞婦에게는 비단을 각 2필씩 하사하였다.

여름 4월 癸未日, 京師와 21개 郡國에 우박이 쏟아졌다. 癸巳日,
司空 陳褒(진포)가 면직되었다.

5월 庚戌日, 宗正인 彭城國의 劉授(유수)가 司空이 되었다. 己巳
日, 樂成國을 安平國으로 개명하고 河間王 開(개)의 아들 得(득)을 安
平王에 봉했다.

6월, 郡國에 황충 폐해가 났다.

秋七月癸卯, 京師及郡國十三地震. 高句驪降. 虜人羌叛, 攻穀羅城, 度遼將軍耿夔討破之.

八月戊子, 陽陵園寢火. 辛卯, 九眞言黃龍見無功. 己亥, 詔三公, 中二千石, 舉刺史, 二千石, 令, 長, 相, 視事一歲以上至十歲, 清白愛利, 能赦身率下, 防姦理煩, 有益於人者, 無拘官簿. 刺史擧所部, 郡國太守, 相擧墨綬, 隱親悉心, 勿取浮華. 九月甲戌, 郡國二十七地震.

冬十月, 鮮卑寇鴈門, 定襄. 十一月, 鮮卑寇太原. 燒當羌豪降.

十二月, 九眞徼外蠻夷貢獻內屬. 是歲, 京師及郡國二十七雨水, 大風, 殺人. 詔賜壓, 溺死者年七歲以上錢, 人二千, 其壞敗廬舍, 失亡穀食, 粟, 人三斛, 又田被淹傷者, 一切勿收田租, 若一家皆被災害而弱小存者, 郡縣爲收斂之. 虜人羌反, 攻穀羅城, 度遼將軍耿夔討破之.

| 註釋 | ○穀羅城 – 西河郡의 지명. 위치 미상. 전한에서는 縣名. 후한에서는 현명이 아님. ○陽陵園寢 – 陽陵은 前漢 景帝(재위, 前 156-141)의 능원. ○九眞言黃龍見無功 – 九眞은 交州刺史部의 郡名. 치소는 胥浦縣 今 越南國 하노이(河內)시 남쪽 淸化省 東山縣. 無功은 현명. ○淸白愛利 – 淸白은 곧고 올바름(貞正). 愛利는 愛民하고 利民하다. ○防姦理煩 – 부정을 막고 번잡한 일을 간결하게 하다. ○無拘官簿 – 관리의 경력이나 서열에 구애되지 않다. ○隱親悉心 – 직접 정성과 마음을 다하여. 隱은

헤아리다. 걱정하다. 悉은 다 실. 남김없이. ○勿取浮華 — 浮華는 浮薄(부박), 천박하고 경솔함. 실속 없음. ○鴈門, 定襄 — 鴈門(雁門, 안문) 定襄(정양). 幷州刺史部의 군명.

[國譯]

가을 7월 癸卯, 京師와 13개 郡國에서 지진이 났다. 高句驪가 굴복했다. 虜人(건인) 강족이 반란을 일으켜 (西河郡의) 穀羅城(곡라성)을 공격하자, 度遼將軍인 耿夔(경기)가 토벌 격파하였다.

8월 戊子日, (景帝의) 陽陵(양릉)의 능원에 불이 났다. 辛卯日, 九眞郡에서 無功縣(무공현)에 黃龍이 나타났다고 보고했다. 己亥日, 조서로 三公과 中二千石, 擧刺史, 二千石 및 현령, 縣長, (제후국) 相은 경력 1년 이상 10년 이내 관리로 청렴하며 백성을 위하고 백성에 솔선수범하거나 부정을 막고 업무를 간소화하여 백성을 이롭게 하는 관리를 순차에 구애받지 말고 추천하게 하였다. 郡國의 太守나 相은 墨綬(묵수)의 하급 관리 중에서 선발하되 친히 정성을 다하여 천거하되 부화 경박한 자를 제외하게 하였다. 9월 甲戌日, 27개 郡國에서 지진이 났다.

겨울 10월, 선비족이 (병주자사부의) 鴈門郡(雁門, 안문군)과 定襄郡(정양군)을 노략질했다.

11월, 선비족이 太原郡에 침입했다. 燒當(소당) 강족의 우두머리가 투항하였다. 12월, 九眞郡 경계 밖의 만이들이 토산물을 바치며 내부하였다.

이 해에, 京師 및 27개 郡國에서 홍수와 강풍으로 사람이 죽었다. 조서로 나이 7세 이상으로 압사 또는 익사자에게 각각 금전 2천 전,

가옥이 파손되거나 양식을 잃은 백성에게는 곡식을 각각 3斛(곡)씩 하사하고, 또 경작지가 침수된 자에게는 田租를 모두 면제해주고, 가족이 재해를 당해 어린아이만 남았으면 군현에서 모아 돌보아주게 하였다.

虔人(건인) 강족이 반란을 일으켜 穀羅城(곡라성)을 침략하자, 度遼將軍 耿夔(경기)가 토벌 격파하였다.

原文

二年春正月, 旄牛夷叛, 寇靈關, 殺縣令. 益州刺史蜀郡西部都尉討之. 詔選三署郎及吏人能通《古文尙書》,《毛詩》,《穀梁春秋》各一人. 丙辰, 河東,潁川大風.

夏六月壬午, 郡國十一大風. 九眞言嘉禾生. 丙申, 北海王普薨.

秋七月, 丹陽山崩. 八月庚午, 初令三署郎通達經術任牧民者, 視事三歲以上, 皆得察擧. 九月, 郡國五雨水.

冬十月辛未, 太尉劉愷罷. 甲戌, 司徒楊震爲太尉, 光祿勳東萊劉憙爲司徒.

十一月甲辰, 校獵上林苑. 鮮卑敗南匈奴於曼柏. 是歲, 分蜀郡西部爲屬國都尉. 京師及郡國三地震.

| 註釋 | ○(延光) 二年 – 서기 123년. ○旄牛夷叛 – 蜀郡의 현명. 今 四川省 중부 雅安市 관할 漢源縣 서북. 旄 긴 털 가진 소 모. 깃대 장식 모.

○靈關 − 越嶲郡(월수군)의 道名. 道는 縣級 행정단위임. ○詔選三署郎 − 三署는 光祿勳의 속관인 五官中郎將, 左中郎將, 右中郎將을 지칭. ○北海王 − 北海國은 靑州 관할, 治所 劇縣(극현), 今 山東省 중부 濰坊市(유방시) 관할 昌樂縣. ○丹陽山崩 − 丹陽은 揚州 관할 군명. 治所는 宛陵縣, 今 安徽省 동남부 宣城市. ○東萊 − 靑州 관할 군명. 治所는 黃縣, 今 山東省 烟台市 관할 龍口市. ○校獵上林苑 − 校獵(교렵)은 야수를 우리에 가두고 하는 사냥. 上林苑(상림원)은 황실용 사냥터. 秦의 舊苑으로 황폐했던 것을 武帝가 중수한 今 陝西省 西安市의 상림원이 아님. 後漢의 上林園은 낙양성 동쪽 12km에 위치. 今 河南省 洛陽市 白馬寺 일대. ○蜀郡屬國 − 蜀郡 西部都尉의 관할 지역 4개 縣(道), 곧 漢嘉, 嚴道, 徙, 旄牛道를 통치. 靈帝 때 漢嘉郡(한가군)으로 개칭. 治所는 漢嘉縣, 今 四川省 중부 雅安市 蘆山縣.

[國譯]

(延光) 2년(서기 123) 봄 정월, (蜀郡) 旄牛縣(모우현)의 만이가 반역하면서 〈越嶲郡(월수군)〉 靈關道(영관도)에 침입하여 현령을 죽였다. 益州刺史와 蜀郡 西部都尉가 토벌하였다.

조서로 三署(삼서)의 낭관이나 관리 중에서 《古文尚書》나 《毛詩》, 《穀梁春秋(곡량춘추)》에 밝은 자를 1인씩 천거케 하였다. 丙辰日, 河東郡, 潁川郡(영천군)에 강풍이 불었다.

여름 6월 壬午日, 11개 군국에 강풍이 불었다. 九眞郡에서 嘉禾(가화)가 자랐다고 보고했다. 丙申日, 北海王 普(보)가 죽었다.

가을 7월, 丹陽郡에서 산사태가 났다. 8월 庚午日, 처음으로 三署의 낭관 중에서 經學에 통달하여 백성을 다스릴 만하고 경력 3년 이상인 자를 살펴 천거케 하였다. 9월, 5개 군국에서 홍수가 났다.

겨울 10월 辛未日, 太尉 劉愷(유개)가 파직되었다. 甲戌日, 司徒인

楊震(양진)이 태위가 되었고, 光祿勳인 東萊(동래) 출신 劉憙(유희)가
司徒가 되었다.

11월 甲辰日, 上林苑에서 우리 안에서 하는 사냥을 하였다. 선비
족이 南匈奴를 (五原郡) 曼柏縣(만백현)에서 격파했다. 이 해에, 蜀郡
의 서부 지역을 屬國都尉 관할지로 정했다. 京師 및 3개 군국에서
지진이 있었다.

■原文

三年春二月丙子, 東巡狩. 丁丑, 告陳留太守, 祠南頓君,
光武皇帝於濟陽, 復濟陽今年田租,芻稾. 庚寅, 遣使者祠唐
堯於成陽. 戊子, 濟南上言, 鳳皇集臺縣丞霍收舍樹上. 賜
臺長帛五十匹,丞二十匹,尉半之,吏卒人三匹. 鳳皇所過亭
部, 無出今年田租. 賜男子爵, 人二級. 辛卯, 幸太山, 柴告
岱宗. 齊王無忌,北海王翼,樂安王延來朝. 壬辰, 宗祀五帝
於汶上明堂. 癸巳, 告祀二祖,六宗, 勞賜郡縣, 作樂.

| 註釋 | ○(延光) 三年 – 서기 124년. ○陳留 – 兗州 관할 군명. 治所는
陳留縣. 今 河南省 중부 開封市. ○南頓君 – 광무제의 부친. 南頓君은 劉
欽(유흠). 남돈현의 현령을 지냈다. 南頓(남돈)은 汝南郡의 縣名. 今 河南省
周口市 관할 項城市 서쪽. ○濟陽 – 陳留郡의 현명. 今 河南省 開封市 관
할 蘭考縣. 劉欽이 제양 현령일 때 光武帝가 출생. ○成陽 – 濟陰郡의 현
명. 今 山東省 菏澤市(하택시) 동북. ○濟南 – 靑州 관할, 군명. 治所는 東
平陵縣. 今 山東省 濟南市 관할 章丘市. ○臺縣 – 濟南郡의 현명. 今 山東

省 濟南市 濟陽縣. ㅇ丞霍收舍 - 縣丞인 霍收(곽수, 人名)의 집. ㅇ柴告岱宗 - 柴는 땔나무(柴 섶 시)에 玉帛을 올려놓고 태워 望祭(망제)를 지내다. 岱宗은 태산의 다른 명칭, 岱嶽. 岱는 태산 대. ㅇ汶上 - 汶上은 汶水 유역. 汶水(문수)는 山東省 서부의 濟水의 支流. ㅇ二祖,六宗 - 二祖는 高祖와 光武帝. 六宗은 太宗 文帝, 代宗(世宗) 武帝, 中宗 宣帝, 高宗 元帝, (後漢) 顯宗 明帝, 肅宗 章帝.

[國譯]

(延光) 3년 봄 2월 丙子日, 동쪽 지방을 순수하였다. 丁丑日, 陳留郡 太守에게 지시하여 南頓君과 光武皇帝에 대한 제사를 濟陽縣에서 지내게 하고 濟陽縣의 금년 田租와 芻槁(추고)를 면제해 주었다. 庚寅日, 使者를 보내 唐堯에 대한 成陽縣에서 지내게 했다. 戊子日, 濟南郡에서 鳳皇이 臺縣 縣丞인 霍收(곽수)의 집 나무에 모였다고 보고하였다. (이에) 臺縣 縣長에게는 비단 50필, 縣丞에게는 20필, 縣尉에게는 그 절반인 10필, 吏卒에게는 각 3필씩 하사하였다. 봉황이 지나간 마을에서는 금년의 전조를 면제하였다. 男子(戶主)에게는 작위를 각각 2급씩 하사하였다. 辛卯日, 太山(泰山)에 행차하여 장작불을 피워 태산의 신에게 望祭를 지냈다. 齊王인 無忌(무기), 北海王 翼(익), 樂安王 延(연)이 來朝하였다. 壬辰日, 五帝에게 汶水(문수)의 明堂에서 祖宗과 五帝를 제사하였다. 癸巳日, 太祖와 광무제, 그리고 太宗(文帝) 등 六宗에 제사를 지내고 수고한 관리에게 상을 내리고 예악을 연주하였다.

三月甲午, 陳王崇薨. 戊戌, 祀孔子及七十二弟子於闕里,
自魯相,令,丞,尉及孔氏親屬,婦女,諸生悉會, 賜襃成侯以下
帛各有差. 還, 幸東平, 至東郡, 歷魏郡,河內. 壬戌, 車駕還
京師, 幸太學. 是日, 太尉楊震免.

夏四月乙丑, 車駕入宮, 假於祖禰. 壬戌, 沛國言甘露降
豐縣. 戊辰, 光祿勳馮石爲太尉.

五月, 南匈奴左日逐王叛, 使匈奴中郎將馬翼討破之. 日
南徼外蠻夷內屬.

六月, 鮮卑寇玄菟. 庚午, 閬中山崩. 辛未, 扶風言白鹿見
雍. 辛巳, 遣侍御史分行靑,冀二州災害, 督錄盜賊.

| 註釋 | ○闕里 - 孔子가 살았던 故里, 山東成 曲阜市 闕里街. 공자의
사당을 '闕里至聖廟'라 한다. ○襃成侯(포성후) - 前漢 元帝는 공자의 후
손인 孔霸(공패)를 襃成君에 봉했고 식읍 8백 호를 내려 공자의 제사를 지
내게 하였다. 이후 제후의 작위는 그 후손에게 세습되었다. ○幸東平 -
東平國, 兗州刺史部 관할, 治所는 無鹽縣. 今 山東省 泰安市 관할 東平縣.
○太學 - 전한 무제 元朔 5년(前 124년)에 처음 설치. 후한에서도 계속.
○假於祖禰 - 祖父의 묘당에 들리다. 假는 格, 至也. 祖禰(조예)는 祖廟와
父廟. ○沛國言甘露降豐縣 - 沛國, 치소는 相縣, 今 安徽省 북부의 淮北市
濉溪縣(수계현). 沛縣은 패국의 현명. 今 江蘇省 徐州市 관할 沛縣. 漢 高祖
의 출신지. 豐縣은 패국의 현명. 今 江蘇省 徐州市 관할 豐縣. 패현의 서
쪽. ○左日逐王 - 흉노의 관직명. 국왕이란 뜻이 아님. ○閬中(낭중) - 益
州 관할 巴郡의 현명. 今 四川省 동북부 南充市 관할 閬中市. ○督錄盜賊

- 盜賊에 관한 기록을 심사하다. 錄은 기록을 조사 열람한다는 뜻.

[國譯]

3월 甲午日, 陳王 崇(숭)이 죽었다. 戊戌日, 孔子와 72 弟子를 闕里(궐리)에서 제사했는데 魯相, 縣令, 縣丞, 縣尉 및 孔氏의 친속과 婦女子와 유생들이 모두 참가하였고 褒成侯(포성후) 이하 모두에게 비단을 차등을 두어 하사하였다. 돌아오면서 東平國과 東郡에 행차하였고 魏郡과 河內尹을 지나왔다. 壬戌日, 御駕가 경사로 돌아와 太學에 행차하였다. 이날 太尉 楊震(양진)이 면직되었다.

여름 4월 乙丑日, 어가가 입궁하여 조부의 사당에 참배하였다. 壬戌日, 沛國에서 甘露가 豊縣(풍현)에 내렸다고 보고하였다. 戊辰日, 光祿勳 馮石(풍석)이 太尉가 되었다.

5월, 南匈奴의 左日逐王이 반기를 들자, 匈奴中郎將 馬翼(마익)을 보내 토벌 평정하였다. 日南郡 경계 밖 만이들이 귀부하였다.

6월, 선비족이 현도군을 침략하였다. 庚午日, (巴郡) 閬中縣(낭중현)에서 산사태가 났다. 辛未日, 右扶風에서 白鹿이 雍縣(옹현)에 출현하였다고 보고하였다. 辛巳日, 侍御史를 青州,와 冀州에 나눠 파견하여 재해 정도를 조사하고 도적에 대한 기록을 심사케 하였다.

原文

秋七月丁酉, 初復右校,左校令丞官. 日南徼外蠻豪帥詣闕貢獻. 馮翊言曰露降頻陽,俌. 潁川上言木連理, 白鹿,麒麟見陽翟. 鮮卑寇高柳. 梁王堅薨.

八月辛巳, 大鴻臚耿寶爲大將軍. 戊子, 潁川上言麒麟一, 白虎二見陽翟.

九月丁酉, 廢皇太子保爲濟陰王. 乙巳, 詔郡國中都官死皋繫囚減罪一等, 詣敦煌,隴西及度遼營, 其右趾以下及亡命者贖, 各有差. 辛亥, 濟南上言黃龍見歷城. 庚申晦, 日有食之.

| 註釋 | ○右校,左校令丞官 - 前漢에는 종묘와 궁궐 건축, 陵園의 토목공사를 주관하는 將作大匠(장작대장, 질록 이천석)의 속관으로 左,右校令이 있었다. 후한에서는 장작대장은 있었지만 左, 右校令의 관직을 설치하지 않았는데 이때 설치했다(질록 6백석). 丞은 令의 보좌관. ○馮翊 - 左馮翊(좌풍익). ○頻陽(빈양), 衙(아) - 좌풍익의 현명. 頻陽은 今 陝西省 渭南市 富平縣. 衙縣(아현)은 今 陝西省 북부 延安市 黃龍縣. ○陽翟(양책) - 縣名. 潁川郡(영천군)의 치소. 今 河南省 許昌市 관할 禹州市. ○鮮卑寇高柳 - 縣名. 代郡의 治所, 今 山西省 大同市 관할 陽高縣 서북. ○廢皇太子保爲濟陰王 - 환관의 참소를 받았다. 그러나 나중에 順帝로 즉위. 兗州(연주) 관할, 濟陰郡을 제음국으로 바꿈. 治所는 定陶縣, 今 山東省 菏澤市 定陶區. ○歷城 - 濟南國의 현명. 今 山東省 濟南市 歷城區.

[國譯]

가을 7월 丁酉日, (將作大匠의 속관인) 右校令, 左校令과 부관인 丞의 관직을 (前漢에 이어) 다시 설치하였다. 日南郡 경계 밖 만이의 우두머리가 궁궐에 와서 토산물을 바쳤다. 左馮翊에서 甘露가 頻陽縣(빈양현)과 衙縣(아현)에 내렸다고 보고했다. 潁川郡에서는 連理

木이 발견되었고 白鹿과 麒麟(기린)이 陽翟縣(양책현)에 나타났다고 보고하였다. 선비족이 (代郡의) 高柳縣을 침략하였다. 梁王 堅(견)이 죽었다.

8월 辛巳日, 大鴻臚(대홍려)인 耿寶(경보)가 大將軍이 되었다. 戊子日, 영천군에서 기린 1마리와 백호 2마리가 양책현에 출현했다는 보고를 올렸다.

9월 丁酉日, 皇太子 保(보)를 폐하여 濟陰王에 봉했다. 乙巳日, 조서로 각 郡國과 중앙관서의 사형 죄의 죄수를 1등급 감형하여 敦煌郡(돈황군)과 隴西(농서군) 및 度遼將軍(도료장군)의 군영에 보내고 右趾(우지, 오른발을 자르는 형벌) 이하 죄수와 도망자가 속전을 바칠 경우 각각 차등을 두어 실행케 하였다. 辛亥日, 濟南郡에서 黃龍이 歷城縣에 출현했다는 보고를 올렸다. 庚申日 그믐, 日食이 있었다.

原文

冬十月, 行幸長安. 壬午, 新豐上言鳳皇集西界亭. 丁亥, 會三輔守,令,掾史於長安, 作樂. 閏月乙未, 祠高廟, 遂有事十一陵, 歷觀上林,昆明池. 遣使者祠太上皇於萬年, 以中牢祠蕭何,曹參,霍光. 十一月乙丑, 至自長安.

十二月乙未, 琅邪言黃龍見諸縣. 是歲, 京師及郡國二十三地震, 三十六雨水, 疾風, 雨雹.

| 註釋 | ○新豐 – 京兆尹의 縣名. 고조의 고향인 豐沛의 거리를 본떠 새

로 조성한 마을. 今 陝西省 西安市 灞橋區(패교구) 舊劉家村 일대. ㅇ三輔 － 사예교위부의 京兆尹, 右扶風, 左馮翊을 지칭. 행정구역인 동시에 관직명. ㅇ昆明池(곤명지) － 武帝 때 굴착한 주위가 40리인 인공호수, 장안성 서남 灃水(풍수)와 潏水(휼수) 사이에 위치. 水軍 조련과 長安의 水源 부족을 보충하려는 의도였다고 한다. 宋代 이후 고갈되어 메워졌다. ㅇ萬年 － 左馮翊(좌풍익)의 현명. 太上皇 황릉의 이름, 今 陝西省 渭南市 관할 富平縣 부근. ㅇ中牢祠蕭何,曹參,霍光 － 中牢는 제사의 희생물이 羊과 豚. 大牢는 中牢＋牛. 蕭何(소하, 前 257-193)는 漢朝 丞相, 漢初三杰.《漢書 蕭何曹參傳》에 立傳. 曹參(조참, ?-前 190)은 漢 개국공신. 조참은 前 193년에 소하의 뒤를 이어 漢 승상이 되어 無爲의 정치를 구현하였다. '蕭規曹隨(소규조수)' 成語의 주인공. 霍光(곽광, ?-前 68)은 宣帝 麒麟閣(기린각) 11功臣 중 첫째. ㅇ諸縣(제현) － 徐州 관할, 琅邪國(낭야국, 治所 開陽縣. 今 山東省 남부의 臨沂市 임기시)의 현명. 今 山東省 濰坊市 관할 諸城市.

[國譯]

겨울 10월, 長安에 행차하였다. 壬午日, 新豐縣에서 鳳皇이 西界亭(서계정)에 모여들었다고 보고했다. 丁亥日, 三輔의 태수, 현령, 掾史(연사)들을 長安에 모아 예악을 연주케 하였다. 閏月 乙未日, 高廟에 제사를 지내고 이어 11 황제 능원에도 제사했으며 上林苑과 昆明池(곤명지)를 둘러보았다. 使者를 보내 萬年陵에서 太上皇을 제사하고 中牢(중뢰)로 蕭何, 曹參(조참), 霍光(곽광)의 묘에 제사했다. 11월 乙丑日, 長安에서 돌아왔다.

12월 乙未日, 琅邪國에서 黃龍이 諸縣(제현)에 출현하였다고 보고했다. 이 해 京師 및 23개 郡國에서 지진이, 36개 군국에서 홍수나 강풍과 우박의 피해가 났다.

原文

四年春正月壬午, 東郡言黃龍二, 麒麟一見濮陽. 二月乙亥, 下邳王衍薨. 甲辰, 南巡狩.

三月戊午朔, 日有食之. 庚申, 幸宛, 帝不豫. 辛酉, 令大將軍耿寶行太尉事. 祠章陵園廟, 告長沙, 零陵太守, 祠定王, 節侯, 鬱林府君. 乙丑, 自宛還. 丁卯, 幸葉, 帝崩於乘輿, 年三十二. 秘不敢宣, 所在上食問起居如故. 庚午, 還宮. 辛未夕, 乃發喪. 尊皇后爲皇太后. 太后臨朝, 以后兄大鴻臚閻顯爲車騎將軍, 定策禁中, 立章帝孫濟北惠王壽子北鄉侯懿. 甲戌, 濟南王香薨. 乙酉, 北鄉侯卽皇帝位.

| 註釋 | ○(延光) 四年 – 서기 125년. ○東郡 – 兗州(연주) 관할, 군명. 治所는 濮陽縣(복양현). 今 河南省 동북 濮陽市. ○不豫 – 몸이 아프다. 豫는 즐거울 예. 즐거움. ○長沙, 零陵 – 형주 관할, 長沙郡 治所는 臨湘縣. 今 湖南省 長沙市. 零陵郡 治所는 泉陵縣. 今 湖南省 서남부의 永州市. ○定王, 節侯, 鬱林府君 – 前漢 景帝의 아들 長沙 定王 發(발), 광무제의 선조. 《漢書 景十三王傳》에 입전. 節侯는 장사정왕의 아들인 春陵(용릉) 節侯 劉買(유매, ? – 前 121). 鬱林府君은 劉買의 아들 外(외), 鬱林(울림)은 전한의 郡名. 치소는 布山縣(今 廣西壯族自治區 貴港市 관할 桂平市 서쪽에 해당). ○幸葉 – 南陽郡의 葉縣(섭현), 今 河南省 중부 平頂山市 관할 葉縣. ○庚午, 還宮 – 정묘일에 죽었으니 3일 만에 낙양에 환궁, 다음 날 辛未日에 發喪. 乃는 이에 내. 윗말을 받아 아래 말을 끌어냄. 助字. ○后兄大鴻臚閻顯 – 閻顯(연현, ? – 서기 125), 安思閻皇后이 친정 오빠. 延光 3년(서기 124)에 안제의 태자를 폐위하여 濟陰王으로 강등시켰다. 안제가 다음 해에 붕

어하자, 孫程(손정) 등이 정변을 일으켜 제음왕을 즉위시켰다(順帝). 염현과 그 동생 閻均(염균)은 옥사했다.

[國譯]

(延光) 4년(서기 125) 봄 정월 壬午日, 東郡에서 黃龍 2마리와 麒麟(기린) 1마리가 濮陽縣(복양현)에 나타났다고 보고했다.

2월 乙亥日, 下邳王(하비왕) 衍(연)이 죽었다. 甲辰日, 남쪽 지방을 순수했다.

3월 戊午日 초하루, 日食이 있었다. 庚申日, 宛縣(완현)에 행차했지만 황제는 병이 났다. 辛酉日, 大將軍 耿寶(경보)를 太尉 업무 대행으로 임명했다. 章陵(장릉)의 園廟에 제사를 올리고 長沙와 零陵(영릉) 태수에게 長沙定王과 舂陵節侯(용릉절후), 鬱林府君의 제사를 해마다 지내라고 지시하였다. 乙丑日 宛縣을 떠나 낙양으로 출발했다. 丁卯日, (남양군) 葉縣(섭현)에 와서 황제는 乘輿(승여) 안에서 붕어하였는데, 나이는 32세였다. (황제의 붕어를) 비밀로 하여 알리지 않고 행재소에서의 식사와 기거 문안을 전과 같이 하였다. (3일 뒤인) 庚午日, 환궁하였다. (다음 날인) 辛未日 저녁, 이에 發喪하였다. 皇后(閻皇后)를 皇太后로 높였다. 閻太后가 臨朝하면서 태후의 오빠인 大鴻臚 閻顯(염현)을 車騎將軍으로 삼고 궁중에서 방책을 결정하여 章帝의 손자인 濟北 惠王 壽(수)의 아들인 北鄕侯 懿(의)를 옹립하였다.

甲戌日, 濟南王 香(향)이 죽었다. 乙酉日, 北鄕侯가 皇帝로 즉위하였다.

夏四月丁酉, 太尉馮石爲太傅, 司徒劉熹爲太尉, 參錄尙
書事, 前司空李郃爲司徒. 辛卯, 大將軍耿寶,中常侍樊豐,
侍中謝惲,周廣,乳母野王君王聖, 坐相阿黨, 豐,惲,廣下獄
死, 寶自殺, 聖徙鴈門. 己酉, 葬孝安皇帝於恭陵. 廟曰恭
宗.

六月乙巳, 大赦天下. 詔先帝巡狩所幸, 皆半入今年田租.

秋七月, 西域長史班勇擊車師後王, 斬之. 丙午, 東海王
肅薨. 冬十月丙午, 越嶲山崩. 辛亥, 少帝薨. 是冬, 京師大
疫.

| 註釋 | ○夏四月 – 안제 붕어한 서기 125년에 少帝도 죽어 소제의 연
호는 없다. ○中常侍 – 환관, 황제 측근에서 시중, 고문 응대, 내궁에 출
입. 無定員, 질록 千石. 나중에는 比二千石으로 증액. ○侍中 謝惲 – 侍中
은 少府의 속관, 황제의 近侍官, 질록 比二千石. 無定員. 황제 주변에서 늘
시중들며 매사 진행을 주관 고문 응대가 주요 역할, 어가가 출행시 가장 유
식한 시중의 황제를 모시고 참승. 시중 아래 中常侍는 질록 千石(환관이
담당. 뒤에 비이천석으로 증액). 중상시는 황제의 내궁까지 수행하기에 시
중보다 황제와 더 가까웠다. 前漢에서 侍中은 정식 관직이 아니고 加官의
직명이었다. 後漢에서는 지위가 크게 상승하여 질록 比二千石의 實職으로
황제의 심복이었다. 中常侍, 黃門郞 등 환관을 지휘 통솔. 謝惲(사운)은 인
명. ○阿黨 – 아첨하고 편을 만든 패거리. ○恭陵 – 今 河南省 洛陽市 偃
師市(언사시) 수재   ○西域長史班勇 – 班超의 아들. 서역도호부의 폐지를
반대. 40권, 상하 〈班彪列傳〉에는 班彪(반표)와 아들 班固를 입전. 47권, 〈班

梁列傳)에는 班超와 아들 班勇을 입전했다. ㅇ少帝薨 - 劉懿(유의), 7대 황제로 통용. 재위 서기 125년 3월~10월(陰). 연령, 능묘 미상.

[國譯]

여름 4월 丁酉日, 太尉 馮石(풍석)이 太傅(태부)가 되었고, 司徒인 劉熹(유희)가 太尉로 錄尙書事를 겸했으며 전임 司空 李郃(이합)은 司徒가 되었다. 辛卯日, 大將軍 耿寶(경보), 中常侍인 樊豐(번풍), 侍中 謝惲(사운), 周廣(주광), 乳母 野王君 王聖(왕성)이 서로 阿黨(아당)을 결성한 죄에 걸려 번풍, 사운, 주광은 하옥되었다가 죽었고, 耿寶(경보)는 자살하였으며 유모 왕성은 雁門郡(안문군)으로 이주시켰다. 己酉日, 孝安皇帝를 恭陵(공릉)에 안장했다. 묘호는 恭宗(공종)이다.

6월 乙巳日, 온 나라 죄수를 사면하였다. 조서로 先帝(安帝)가 순수하며 머물렀던 곳은 금년의 전조를 모두 절반만 납부하게 하였다.

가을 7월, 西域都護長史인 班勇(반용)이 車師後王을 공격하여 참수하였다. 丙午日, 東海王 肅(숙)이 죽었다.

겨울 10월 丙午日, 越巂郡(월수군)에서 산사태가 났다. 辛亥日, 少帝(소제)가 죽었다. 이 해 겨울 낙양 일대에 전염병이 크게 돌았다.

原文

論曰, 孝安雖稱尊享御, 而權歸鄧氏, 至乃損徹膳服, 克念政道. 然令自房帷, 威不逮遠, 始失根統, 歸成陵敓. 遂復計金授官, 移民逃寇, 推咎臺衡, 以答天眚. 旣云哲婦, 亦'惟家之索'矣.

| 註釋 | ○稱尊享御 – 존칭과 제왕의 자리를 누리다. ○權歸鄧氏 – 鄧(등)太后 일족의 국권 장악. ○損徹膳服 – 음식을 줄이고 화려한 옷을 입지 않다. ○令自房帷 – 政令이 안방에서 나오다. ○始失根統 – 이때부터 통치의 근본을 상실했다. ○歸成陵斁 – 통치권의 쇠약으로 귀결되었다. 陵斁(능폐)는 무너지고 해이해지다. 陵은 쇠퇴하다, 느슨해지다. 큰 언덕 능. 斁는 해질 폐. 부서지다. ○計金授官 – 금전을 납부하면 관직을 주다. 永初 2년의 조치. 금전으로 關內侯의 작위도 얻을 수 있었다. ○移民逃寇 – 백성을 옮겨 외적을 피하다. 永初 5년 3월, 조서로 隴西郡(治所)을 襄武縣으로, 安定郡을 美陽縣으로, 北地郡을 池陽縣으로, 上郡을 衙縣(아현)으로 옮겼다. ○推咎臺衡 – 天災를 三公의 잘못(허물)으로 돌리다. 臺는 삼공의 자리. 衡은 阿衡, 伊尹(이윤)의 직함. ○以答天眚 – 하늘이 내리는 재앙에 응답하다. 天眚(천생)은 하늘이 내리는 재앙. ○旣云哲婦 – 지혜로운 여인이라고 말하다. 哲은 지혜. 鄧太后의 학식과 국권을 장악한 일. ○亦 '惟家之索' –《書經 周書 牧誓》의 구절. 「'古人有言曰 牝鷄無晨이니 牝鷄之晨은 惟家之索이라.'(옛사람 말에 암탉은 새벽을 알리지 않나니 암탉이 새벽을 알린다면 집안이 끝난다.)」라고 하였다. 索은 다할 삭.《詩經 大雅 瞻卬》의 詩에 '哲夫成城 哲婦傾城'(지혜로운 사나이는 城을 만들고 똑똑한 여인은 城을 기울게 한다.)고 하였다. 결국 鄧太后 '곧 암탉이 울었기에 황실을 쇠약으로 몰고 간 것 아니냐?' 는 뜻.

[國譯]

范曄(범엽)의 史論 : 孝安帝가 비록 존엄의 칭호를 자리를 누렸지만 국권은 鄧태후가 장악했고, 반찬을 줄이고 의복 사치를 금하며 정치 도리는 알고 있었다. 그렇지만 政令이 안방에서 나오면서 위엄이 먼 곳에 미치지 못하였으니 이로부터 통치의 바탕이 흔들려 결국 기강의 해이로 귀결되었다. 나중에 금전에 따라 관직을 수여하고 백성을 이주시키는 것으로 적의 공격을 피했으며 하늘이 내리는 재해를 삼공의 허물로 돌렸다. 지혜로운 여인이라 말했지만 역시 '집안을 기울게 했을 뿐'이다.

原文

贊曰, 安德不升, 秕我王度. 降奪儲嫡, 開萌邪蠹. 馮石承歡, 楊公逢怒. 彼日而微, 遂祲天路.

| 註釋 | ○秕我王度 - 秕는 쭉정이 비. 政敎가 제대로 시행되지 않다. ○降奪儲嫡 - 제후의 아들이 적자의 자리를 빼앗다. 儲嫡은 태자. 儲는 버금 저. 태자. 嫡은 嫡子. 開萌(개맹)은 싹을 틔우다. 邪蠹(사두)는 亂臣賊子. 蠹는 좀 두. 옷감이나 책을 파먹는 벌레. ○馮石承歡 - 安帝가 衛尉 馮石의 저택에 행차하기도 했다. 楊公은 太尉 楊震(양진). ○彼日而微 - 日은 황제의 道. 微는 밝지 못하다. ○遂祲天路 - 음양이 뒤바뀌어 皇道가 쇠약해졌다. 祲은 妖氣(요기) 침. 음양이 서로를 침해하는 기운. 范曄(범엽)은 후한의 쇠퇴가 安帝부터 시작되었다고 보았다.

[國譯]

贊曰(찬왈),

安帝는 덕행이 없어 제왕의 풍도를 훼손했다

태자의 자리를 강탈하여 난신적자의 싹을 틔웠다.

馮石(풍석)을 총애하였고 楊震(양진)은 노여움을 받았다.

君道가 不明하니 妖氣에 皇道가 혼란해졌다.

6 孝順孝沖孝質帝紀
〔효순,효충,효질제기〕

原文

孝順皇帝諱保, 安帝之子也. 母李氏, 爲閻皇后所害. 永
寧元年, 立爲皇太子. 延光三年, 安帝乳母王聖,大長秋江
京,中常侍樊豐譖太子乳母王男,廚監邴吉, 殺之, 太子數爲
歎息. 王聖等懼有後禍, 遂與豐,京共構陷太子, 太子坐廢爲
濟陰王. 明年三月, 安帝崩, 北鄉侯立, 濟陰王以廢黜, 不得
上殿親臨梓宮, 悲號不食, 內外群僚莫不哀之. 及北鄉侯薨,
車騎將軍閻顯及江京, 與中常侍劉安,陳達等白太后, 秘不
發喪, 而更徵立諸國王子, 乃閉宮門, 屯兵自守.

| 註釋 | ○孝順皇帝   劉保. 諡法(시법)에 '慈和偏服曰 順'이라 하였다.
재위 125-144년. 永建(126-131) → 陽嘉(132-135) → 永和(136-141) → 漢

安(142-143) → 建康(144년). 宦官인 王康, 孫程 등 19명이 궁정정변을 일으켜 11세의 劉保를 옹립, 환관 19명은 모두 제후에 봉해졌다. 온화하고 유약한 순제의 즉위는 환관의 작품이며 이후 환관과 외척은 정사에 깊이 관여한다. ○爲閻皇后所害 - 閻(염)황후는 본래 투기가 심했는데 無子하여 궁인 李氏(順帝의 생모)를 독살하였다. ○安帝乳母王聖 - 王聖은 성명, 野王君에 피봉. 황태자 保(보)를 모함. 뒷날 雁門郡으로 강제 이주되었다. 王聖, 江京 일당의 태자 모함에 관한 자세한 전말은 15권, 〈李王鄧來列傳〉의 來歷傳(내력전) 참고. ○大長秋江京 - 長秋宮은 皇后가 거처하는 궁궐. 景帝 때부터 태후나 황후를 시중드는 환관을 大長秋라 하였다. 질록 이천석의 환관. 종친이 태후나 황후를 알현할 때 대장추를 경유. 종친에게 賞賜하는 일도 담당. 江京은 인명. 환관. ○廚監邴吉 - 廚監은 太子宮의 食官令, 질록 6백석. 邴吉(병길)은 인명. ○北鄕侯立 - 閻太后와 염태후 오빠 大鴻臚 閻顯(염현)은 濟北 惠王 壽(수)의 아들인 北鄕侯 劉懿(유의, 章帝의 손자)를 제위에 올렸다(서기 125년). 少帝(재위 6개월). ○梓宮(재궁) - 천자의 棺. 가래나무(梓)로 만들었다. 죽은 황제.

[國譯]

孝順皇帝의 諱(휘)는 保(보)이며 安帝의 아들이다. 모친은 李氏이나 閻皇后(염황후)에 의해 독살 당했다. (安帝) 永寧 元年(120)에 皇太子로 책립되었다. 延光 3년(124), 安帝의 乳母인 王聖(왕성), 大長秋인 江京(강경), 中常侍인 樊豐(번풍) 등이 太子의 乳母인 王男(왕남), 廚監(주감, 食官令)인 邴吉(병길)을 모함하여 죽였는데 太子는 이를 자주 탄식하였다. 왕성 등은 뒷날의 화가 두려워 번풍, 강경과 함께 태자를 모함하였고 태자는 이에 연좌되어 폐위, 濟陰王(제음왕)이 되었다. 다음 해(125년) 3월 안제가 붕어하고 北鄕侯〔劉懿(유의)〕가 즉위했는데 濟陰王은 폐출되었기에 殯殿(빈전)에 가서 梓宮(재궁)을 친림할 수도 없어 슬피 통곡하며 식음을 전폐하니 내외 많은 신하가 애통해하지 않는 자가 없었다. 北鄕侯(劉懿)가 죽자, 車騎將軍 閻顯(염현)과 江京(강경), 그리고 中常侍 劉安(유안), 陳達(진달) 등이 太后에게 아뢰고 비밀로 하여 발상하지도 않고 다시 다른 제후왕의 아들을 불러 옹립하려고 궁문을 닫고 군사를 배치하여 단속하였다.

原文

十一月丁巳, 京師及郡國十六地震. 是夜, 中黃門眞等十九人共斬江京,劉安,陳達等, 迎濟陰王於德陽殿西鐘下, 卽皇帝位, 年十一. 近臣尙書以下, 從輦到南宮, 登雲臺, 召百官.

尙書令劉光等奏言, "孝安皇帝聖德明茂, 早棄天下. 陛下正統, 當奉宗廟, 而姦臣交構, 遂令陛下龍潛蕃國, 群僚遠近莫不失望. 天命有常, 北鄕不永. 漢德盛明, 福祚孔章. 近臣建策, 左右扶翼, 內外同心, 稽合神明. 陛下踐祚, 奉遵鴻緖, 爲郊廟主, 承續祖宗無窮之烈, 上當天心, 下猒民望. 而卽位倉卒, 典章多缺, 請條案禮儀, 分別具奏." 制曰, "可."

乃召公卿百僚, 使虎賁,羽林士屯南,北宮諸門. 閻顯兄弟聞帝立, 率兵入北宮, 尙書郭鎭與交鋒刃, 遂斬顯弟衛尉景. 戊午, 遣使者入省, 奪得璽綬, 乃幸嘉德殿, 遣侍御史持節收閻顯及其弟城門校尉耀,執金吾晏, 並下獄誅.

己未, 開門, 罷屯兵. 壬戌, 詔司隷校尉, 「惟閻顯,江京近

親當伏辜誅, 其餘務崇寬貸.」壬申, 謁高廟. 癸酉, 謁光武廟. 乙亥, 詔益州刺史罷子午道, 通褒斜路. 己卯, 葬少帝以諸王禮. 司空劉授免. 賜公卿以下錢, 穀各有差.

| 註釋 | ○中黃門孫程等十九人 – 黃門令(질록 6백석)은 궁중의 환관 지휘를 담당하고 中黃門冗從僕射(중황문용종복야, 6백석)는 궁 안에서 宿衛와 門戶 守直을 담당한다. 中黃門은 中黃門冗從僕射 아래에서 궁중의 잡일을 담당. 질록 3백석. 孫程은 78권,〈宦者列傳〉에 입전. 19명이 모두 제후에 피봉 되었다. ○德陽殿西鐘下 – 德陽殿은 北宮의 主殿. 주변에 一萬 명을 수용할 수 있었다고 한다. 서쪽 鐘樓(종루) 아래. ○雲臺 – 南宮 내의 누대 이름. 明帝 때 제작한 建武 開國 功臣 28명의 초상화가 있었다. ○尙書令 – 후한에서는 '雖置三公이나 事歸臺閣(삼공을 두었지만 결국에는 상서대로 귀결한다.)'고 하였다. 臺閣은 尙書臺의 별칭. 상서대에는 尙書令 1인 (질록 1천석), 尙書僕射(상서복야, 질록 6백석) 1인, 尙書 6인(질록 6백석), 尙書 丞(질록 4백석), 尙書郞 등의 속관을 두었다. ○而姦臣交構 – 交構는 얽다, 얽히다. 牌黨(패당)을 만들다. ○龍潛蕃國 – 황태자를 제후국 왕으로 보내다. 龍은 황태자. 潛은 잠기다. 왕으로 격하하다. ○福祚孔章 – 福祚는 복. 福運. 孔章은 매우 밝다. 孔은 심히, 章은 明也. ○奉遵鴻緖 – 奉遵은 따르다. 遵奉. 鴻緖는 국가를 통치하는 大業. ○下獻民望 – 아래로는 백성의 기대를 충족시키다. 獻 물릴 염. 충족하다. 厭과 同. ○務崇寬貸 – 애써 관대하게 사면하다. 寬貸는 너그럽게 용서하다. 貸는 빌릴 대. 베풀다. ○子午道 – 도로 이름. 子는 正北, 午는 정남. 今 陝西省 西安市 長安區 子午鎭에서 남쪽으로 秦嶺산맥을 지나 今 陝西省 남단 安康市 石泉縣에 이르는 도로. 平帝 때 王莽(왕망)이 개통. ○通褒斜路 – 褒水(포수, 남쪽 漢水에 합류)와 斜水(사수, 북쪽 渭水에 합류)의 협곡을 褒斜谷(포사곡, '首尾 七百里' 라

했다. 250km)이라 하는데 이곳을 통과하는 人工 棧道(잔도). 褒斜道 石門 및 摩崖石刻이 陝西省 서남 漢中市 漢台區에 남아 있다.

[國譯]

11월 丁巳日, 京師 및 16개 郡國에서 지진이 났다. 이날 밤 中黃門인 孫程(손정) 등 19인이 함께 江京(경강), 劉安(유안), 陳達(진달) 등을 죽이고, 濟陰王을 德陽殿 서쪽 鐘樓 아래서 맞이하여 황제로 즉위케 하니, 나이는 11세였다. 近臣과 尙書 이하 모두가 輦(연)을 따라 南宮에 들어가 雲臺에 올라서 百官을 소집하였다.

이에 尙書令 劉光 등이 상주하였다.

"孝安皇帝께서는 聖德을 완비하셨으나 천하를 일찍 버리셨습니다. 폐하께서는 正統이라 응당 종묘를 받들어야 했으나 간신 패거리가 일을 꾸며 결국 폐하를 제후 왕으로 강등시키자 여러 신하와 원근에서 실망하지 않는 자가 없었습니다. 그러나 天命은 변치 않아 北鄕侯는 오래 살지 못했습니다. 漢의 聖德이 융성하고 福運 크게 빛났습니다. 近臣이 방책을 강구하고 좌우에서 돕고 내외가 한마음이 되었으며, 생각해보니 여러 神明이 부합하였습니다. 폐하께서 즉위하시고 대통을 이어 받아 하늘과 종묘 제사의 祭主로 祖宗의 무궁한 업적을 이어 가시어 위로는 천심에 보답하시고, 아래로는 백성의 기대에 부응하셔야 합니다. 지금 창졸간에 즉위하셨기에 典章法度가 소략하나 예법을 살펴 하나하나 분별하여 아뢰고자 합니다."

황제는 "그렇게 하라"고 명하였다.

이에 公卿과 백관을 소집하고 虎賁中郎將과 羽林中郎將의 군사를 南, 北宮의 모든 궁문에 배치하였다. 閻顯(염현) 형제는 황제가 즉위한 것을 알고 병력을 인솔하여 북궁에 진입하여 尙書 郭鎭(곽진)의 군사와 접전하였는데 결국 염현의 동생인 衛尉(위위) 閻景(염경)을 참수하였다. (다음 날) 戊午日, 使者를 尙書臺에 보내 국새와 인수를 받아온 뒤에 嘉德殿(가덕전)에 머물며 侍御史를 보내 부절을 갖고 가서 閻顯(염현)과 그 아우 城門校尉 閻耀(염요)와 執金吾(집금오)인 閻晏(염안)을 사로잡아 모두 하옥시켰다가 주살하였다.

己未日, 궁문을 개방하고 배치했던 군사를 철수했다. 壬戌日, 司隸校尉에게 "염현, 江京(강경)의 근친은 응당 죄에 따라 주살하되 그 외는 될 수 있으면 관대하게 처리하라."고 명령했다. 壬申日, 고조의 묘당을 참배했다. 癸酉日, 光武帝 묘당을 참배하였다.

乙亥日, 益州刺史에게 조서를 내려 子午道(자오도)를 폐지하고 褒斜路(포사로)를 개통케 하였다. 己卯日, 少帝을 제후 王의 예법에 의거 장례했다. 司空 劉授(유수)를 면직하였다. 公卿 이하 관리에게 금전과 곡식을 각각 차등을 두어 하사하였다.

原文

十二月甲申, 以少府河南陶敦爲司空. 令郡國守,相視事未滿歲者, 一切得擧孝廉吏. 癸卯, 尙書奏請下有司, 收還延光三年九月丁酉以皇太子爲濟陰王詔書. 奏可.

京師大疫. 辛亥, 詔公卿,郡守,國相, 擧賢良方正,能直言極諫之士各一人. 尙書令以下從輦幸南宮者, 皆增秩賜布各有差.

실 비용 조달 및 필요 물품 공급을 담당, 질록 中二千石. 각 궁에 속한 소부도 있었다. 국가 재정을 담당하는 大司農과 수익과 지출의 관리체계가 달랐다. ○視事未滿歲者 - 업무를 담당한 지 1년 미만인 자. 1년이 지나야만 다른 직책에 천거 받을 수 있었다. ○一切得擧孝廉吏 - 모두가 孝廉(효렴) 분야의 관리로 천거되다.

[國譯]

12월 甲申日, 少府인 河南人 陶敦(도돈)이 司空이 되었다. 각 郡國의 太守나 相에게 업무 담당 1년 미만인 자도 孝廉의 관리로 천거 받을 수 있게 하라고 지시하였다. 癸卯日, 尚書臺에서 담당자에게 명하여 延光 3년(서기 124) 9월 丁酉日에 皇太子를 濟陰王에 봉한다는 조서를 회수하겠다고 주청하였다. 上奏는 그대로 裁可(재가)되었다.

京師에 전염병이 크게 유행했다. 辛亥日, 詔書로 공경과 군수와 國相은 賢良方正하고 직언이나 極諫할 수 있는 인재를 1인씩 천거하게 하였다. 尚書令 이하 황제의 輦(연)을 따라 南宮에 수행했던 자에게 모두 질록을 올려주고 옷감을 차등 있게 하사하였다.

原文

永建元年春正月甲寅, 詔曰,「先帝聖德, 享祚未永, 早棄鴻列. 奸慝緣間, 人庶怨讟, 上乾和氣, 疫癘爲災. 朕奉承大業, 未能寧濟. 蓋至理之本, 稽弘德惠, 蕩滌宿惡, 與人更始.

其大赦天下. 賜男子爵, 人二級, 爲父後,三老,孝悌,力田人
三級, 流民欲自占者一級, 鰥,寡,孤,獨,篤癃,貧不能自存者
粟, 人五斛, 貞婦帛, 人三匹. 坐法當徙, 勿徙, 亡徒當傳, 勿
傳. 宗室以罪絶, 皆復屬籍. 其與閻顯,<u>江京</u>等交通者, 悉勿
考. 勉修厥職, 以康我民.」

辛未, 皇太后<u>閻氏</u>崩. 辛巳, 太傅<u>馮石</u>,太尉<u>劉熹</u>,司徒<u>李</u>
<u>郃</u>免.

| 註釋 | ○永建元年 – 서기 126년. ○享祚(향조) – 享受, 제위를 받아
누리다. ○早棄鴻烈 – 鴻烈은 大功. ○奸慝緣間 – 奸慝(간특)은 간악한
자. 慝은 사특할 특. 악하다. 緣間(연간)은 틈을 파고들다. ○人庶怨讟 –
백성이 모두 원망하다. 讟은 원망할 독, 미워할 독. ○上乾和氣 – 乾은 마
르게 하다. 없애다. ○蕩滌宿惡 – 蕩滌(탕척)은 씻어내다. 蕩 쓸어버릴 탕.
滌은 씻을 척. ○亡徒當傳 – 죄를 짓고 도망한 자를 인근에 알려 체포하
다. ○交通者 – 왕래한 자.

[國譯]

永建(영건) 원년(서기 126) 봄 정월 甲寅日, 조서를 내렸다.

「先帝께서는 聖德이 있으나 오래 누리지 못하고 일찍 천하를 버
렸다. 간악한 자가 그 틈을 파고들자 모든 백성의 원망이 쌓여 위로
는 和氣를 해쳐 돌림병의 재해를 당했다. 짐은 大業을 이었지만 나
라를 평안케 하지 못했다. 나라를 잘 다스리는 바탕은 인덕을 널리
베푸는 것이니 舊惡을 씻어내 백성과 함께 새롭게 시작하고자 한다.
온 천하 죄수를 사면하라. 男子(戶主)에게 작위를 각 2급씩, 부친의

계승자나 三老와 孝悌, 그리고 力田에게는 사람마다 3급을, 流民으로 호적을 얻으려는 자는 1급씩 하사하라. 鰥寡孤獨(환과고독)의 窮民과 폐질자, 가난하여 생존이 어려운 자에게는 각각 곡식을 5斛(곡)씩, 貞婦에게는 비단을 3匹(필)씩 하사하라. 법을 어겨 강제 이주할 자를 이주시키지 말고, 도망자로 이웃 군현에 알려 체포할 자도 체포하지 말라. 宗室로 죄를 지어 제적된 자라도 모두 宗室 名簿에 올려 주도록 하라. 閻顯(염현)이나 江京(강경)의 무리와 왕래한 자라도 일체 조사하지 말라. 각자 지기 직무에 힘써 나의 백성을 평안케 하라.」

辛未日, 황태후 閻氏(염씨)가 붕어했다. 辛巳日, 太傅(태부) 馮石(풍석), 太尉 劉熹(유희), 司徒 李郃(이합)이 면직되었다.

原文

二月甲申, 葬安思皇后. 丙戌, 太常桓焉爲太傅, 大鴻臚朱寵爲太尉, 參錄尚書事. 長樂少府九江朱倀爲司徒. 賜百官隨輦宿衛及拜除者布各有差. 隴西鐘羌叛, 護羌校尉馬賢討破之.

夏五月丁丑, 詔幽,并,涼州刺史, 使各實二千石以下至黃綬, 年老劣弱不任軍事者, 上名. 嚴勑障塞, 繕設屯備, 立秋之後, 簡習戎馬. 六月己亥, 封濟南王錯子顯爲濟南王.

秋七月庚午, 衛尉來歷爲車騎將軍　八月, 鮮卑寇代郡, 代郡太守李超戰歿. 九月辛亥, 初令三公,尚書入奏事.

| 註釋 | ○太傅 – 三公보다 상위직. 황제의 자문 담당. 상설직은 아니었다. 광무제는 卓茂(탁무)를 찾아 자문을 구하고 太傅에 임용했으나 광무 4년 그가 죽자 후임을 임명하지 않았다. 이후로 황제가 새로 즉위하면 태부를 두어 錄尙書事를 겸임케 하다가 죽으면 다른 사람을 임명하지 않았다. ○參錄尙書事 – 參(참)은 관여하다. 겸하다. 錄尙書事는 前漢의 領尙書事. 尙書는 어전에서 문서나 명령 전달하는 하급 관원. 少府에 소속. 尙은 主의 뜻. 領尙書事의 領은 상위 직급자가 하위 업무를 겸임하는 것. 그 업무를 감독하는 뜻이지 직책을 직접 수행하는 것은 아니다. ○拜除者 – 내리는 관직을 받은 자. ○實二千石~ – 이천석(태수) 이하 ~를 실사하다. ○嚴勅障塞 – 방책을 엄히 점검하다. ○繕設屯備 – 군사 장비를 수리하거나 설치하다. ○簡習戎馬 – 병기와 군마를 점검하고 조련하다. ○來歷 – 인명. 來歙(내흡)의 曾孫. 來는 성씨. 15권, 〈李王鄧來列傳〉에 立傳. ○初令三公,尙書入奏事 – 처음으로 三公과 尙書가 入宮하여 업무를 상주하게 하다. 조정이 아닌 황제의 생활공간인 내전에 들어와서도 업무를 상주하게 했다는 뜻.

[國譯]

2월 甲申日, 安思皇后를 장례했다. 丙戌日, 太常 桓焉(환언)이 太傅(태부)가 되었고, 大鴻臚 朱寵(주총)이 太尉가 되어 錄尙書事를 겸했다. 九江郡의 朱倀(주창)이 司徒가 되었다. 百官 (황제의) 輦(연)을 수종하거나 宿衛(숙위)한 자 및 관직을 제수 받은 자에게 면호를 각각 차등을 두어 하사했다. 隴西郡의 鐘羌(종강)이 반역하자 護羌校尉인 馬賢(마현)이 토벌 격파하였다.

여름 5월 丁丑日, 幽州, 幷州, 涼州의 자사에게 二千石(太守) 이하 黃綬(황수)를 차는 관리까지 연로하거나 신체가 허약하여 군사 임무를 담당할 수 없는 자를 사실대로 조사하여 명단을 올리게 하라고 지시하였다. 또 국경의 방어를 엄히 하면서 군사 장비를 수리 설치하고 立秋 이후에 군사와 군마를 조련하라고 지시했다. 6월 己亥日, 濟南王 錯(조)의 아들 顯(현)이 濟南王이 되었다.

가을 7월 庚午日, 衛尉인 來歷(내력)이 車騎將軍이 되었다. 8월, 선비족이 代郡에 침입하여 代郡 태수 李超(이초)가 전사했다. 9월 辛亥日, 처음으로 三公과 尙書가 입궁하여 업무를 상주하게 하였다.

原文

冬十月辛巳, 詔減死罪以下徙邊, 其亡命贖, 各有差. 丁亥, 司空陶敦免. 鮮卑犯邊. 庚寅, 遣黎陽營兵出屯中山北界. 告幽州刺史, 其令緣邊郡增置步兵, 列屯塞下. 調五營弩師, 郡擧五人, 令敎習戰射. 壬寅, 廷尉張皓爲司空. 甲辰, 詔以疫癘水潦, 令人半輸今年田租, 傷害什四以上, 勿收責. 不滿者, 以實除之.

十二月辛巳, 賜王, 主, 貴人, 公卿以下布各有差.

| 註釋 | ○徙邊 – 邊塞(변새)로 이주시키다. ○黎陽營兵 – 幽州, 冀州, 幷州 일대 상비군의 군영. 謁者 1인이 관리. 黎陽(여양)은 冀州 관할 魏郡의 縣名. 今 河南省 북부 옛 黃河의 북안, 鶴壁市 관할 濬縣. ○中山北界 – 冀州 中山國, 治所는 盧奴縣. 今 河北省 직할 縣級市인 定州市. 保定市와 石家莊市 중간. 城中에 山이 있어 中山이라 했다. ○調五營弩師 – 調는 선발하다. 五營은 5교위(長水, 步兵, 射聲, 胡騎, 越騎校尉)의 군영. 弩師(노

사)는 활쏘기를 교육할 장교. ○疫癘水潦 - 전염병과 홍수. 疫은 염병 역, 癘 전염병 여(려). 潦 큰 비 료(요). ○勿收責 - 못 갚은 빚을 징수하지 말라. 責은 빚 채(債와 同). 꾸짖을 책.

겨울 10월 辛巳日, 조서로 사형 죄인을 감형하여 변새로 이주시키라 하였고, 죄를 짓고 도망한 자가 속죄를 할 때 각각 차등을 두어 시행케 하였다. 丁亥日, 司空인 陶敦(도돈)이 면직되었다. 선비족이 국경을 침범했다. 庚寅日, (魏郡) 黎陽(여양) 군영의 병력을 中山國 북쪽 경계선에 주둔케 하였다. 幽州刺史에게 명하여, 邊方 郡縣의 경계선을 따라 보병을 배치하되 험하고 중요한 거점에 치중케 하였다. 또 5교위의 군영에서 弩師(노사)를 선발하고 각 郡에서 5명씩을 천거 받아 병사에게 전투 궁술을 교육시키게 하였다. 壬寅日, 廷尉 張皓(장호)가 司空이 되었다. 甲辰日, 조서로 전염병이나 홍수 피해를 당한 백성은 금년 田租를 절반만 지우케 하였고 피해가 평년의 10분의 4 이상이면 밀린 조세를 징수하지 않게 하였다. 10분의 4가 안 되는 자는 피해 정도에 따라 감면케 하였다.

12월 辛巳日, 王과 공주, 貴人과 公卿 이하 관리에게 차등을 두어 옷감을 하사하였다.

二年春正月戊申, 樂安王鴻來朝. 丁卯, 常山王章薨.

二月, 鮮卑寇遼東, 玄菟. 甲辰, 詔稟貸荊, 豫, 兗, 冀四州流

冗貧人, 所在安業之, 疾病致醫藥. 護烏桓校尉耿曄率南單
于擊鮮卑, 破之. 三月, 旱, 遣使者錄囚徒. 疏勒國遣使奉
獻.

夏六月乙酉, 追尊諡皇妣李氏爲恭愍皇后, 葬於恭北陵.
西域長史班勇, 敦煌太守張朗討焉耆, 尉犁, 危須三國, 破之,
並遣子貢獻.

秋七月甲戌朔, 日有食之. 壬午, 太尉朱寵, 司徒朱倀罷.
庚子, 太常劉光爲太尉, 錄尙書事, 光祿勳許敬爲司徒. 辛
丑, 下邳王成薨.

| 註釋 | ○(永建) 二年 – 서기 127년. ○稟貸(품대) – 곡식을 내주다. 빈
민을 구제하다. ○疏勒國(소륵국) – 서역의 국가 이름. 章帝 建初 5년 5월
주석 참고. ○皇妣李氏 – 妣는 죽은 어미 비. ○焉耆, 尉犁, 危須三國 – 焉
耆(언기), 尉犁(위리)는 서역의 국명. 和帝 永元 6년 주석 참고. 危須(위수)는
언기국의 이웃 국가. 危須國(위수국)의 왕도는 危須城(今 新疆省 중앙부 焉
耆縣의 동북 烏什塔拉 부근)인데 장안에서 7,290리 떨어져 있고, 서역도호
부까지는 5백 리이다. ○下邳王 – 徐州 下邳國, 治所는 下邳縣(하비현). 今
江蘇省 徐州市 관할 睢寧縣(수녕현) 古邳鎭.

[國譯]

(永建) 2년(서기 127) 봄 정월 戊申日, 樂安王 鴻(홍)이 來朝하였
다. 丁卯日, 常山王 章(장)이 죽었다.

2일, 선비족이 遼東郡과 玄菟郡(현노군)에 침입하였다. 甲辰日, 조
서로 荊州, 豫州, 兗州(연주), 冀州 등 4개 주의 유랑 빈민을 구제케

하고 현 소재지에 생업을 갖고 정착케 하고 질병 환자는 의약으로 치료케 하였다. 護烏桓校尉(호오환교위)인 耿曄(경엽)이 南單于(남선우)의 군사를 거느리고 선비족을 공격하여 격파하였다.

3월, 날이 가물자, 사자를 각지에 보내 죄수 기록을 검사하였다. 疏勒國(소륵국)에서 사신을 보내 토산품을 바쳤다.

여름 6월 乙酉日, 황제의 先妣(선비) 李氏에게 恭愍皇后(공민황후) 시호를 추존하고 恭北陵(공북릉)으로 이장하였다.

西域長史인 班勇(반용)과 敦煌郡(돈황군) 태수인 張朗(장랑)이 (서역의) 焉耆(언기), 尉犁(위리), 危須(위수) 3국을 격파하자 모두 (국왕의) 아들을 보내 공물을 헌상하였다.

가을 7월 甲戌日 초하루, 日食이 있었다. 壬午日, 太尉 朱寵(주총), 司徒 朱倀(주창)을 파직하였다. 庚子日(경자일), 太常 劉光(유광)이 太尉가 되어 尙書事 감독하였고, 光祿勳 許敬(허경)이 司徒가 되었다. 辛丑日, 下邳王(하비왕) 成(성)이 죽었다.

原文

三年春正月丙子, 京師地震, 漢陽地陷裂. 甲午, 詔實覈傷害者, 賜年七歲以上錢, 人二千, 一家被害, 郡縣爲收斂. 乙未, 詔勿收漢陽今年田租,口賦.

夏四月癸卯, 遣光祿大夫案行漢陽及河內,魏郡,陳留,東郡, 稟貸貧人. 六月, 旱. 遣使者錄囚徒, 理輕繫. 甲寅, 濟南王顯薨.

秋七月丁酉, 茂陵園寢災, 帝縞素避正殿. 辛亥, 使太常
王龔持節告祠茂陵. 九月, 鮮卑寇漁陽.

冬十二月己亥, 太傅桓焉免. 是歲, 車騎將軍來歷罷.

| 註釋 | ○(永建) 三年 – 서기 128년. ○漢陽 – 군명. 前漢 天水郡. 治
所는 冀縣, 今 甘肅省 天水市 관할 甘谷縣. ○實覈 – 覈實. 실제 숫자를 조
사하다. 覈은 조사할 핵. ○理輕繫 – 경범죄 죄수를 심리하다. ○茂陵 –
前漢 武帝의 능. 今 陝西省 咸陽市 관할 興平市 소재. 建元 2년(前 139)부
터 조성한 자신의 능. 밑변의 사방 길이 각 240m, 높이 46m. 정상 부분 길
이 동서 30m, 남북 35m로 漢 황제 능묘 중 최대 규모. 능 주변에 전국의
부호를 이주시키면서 무릉현을 설치.(이를 陵縣이라 한다.) ○縞素 – 흰
옷. 縞는 명주 호. 희다. 흰색.

[國譯]

(永建) 3년(서기 128) 봄 정월 丙子日, 京師에 지진이 났고, 漢陽
郡에서는 땅이 꺼지고 갈라졌다. 甲午日, 조서로 상해자를 정확하게
조사하고 7세 이상 상해자에게 각 2천 전을 하사하고 한 가족이 피
해를 입었으면 군현에서 거두어 장례를 치르게 하였다. 乙未日, 조
서로 한양군의 금년 田租와 口賦를 징수하지 못하게 하였다.

여름 4월 癸卯日(계묘일), 光祿大夫를 漢陽郡 및 河內郡, 魏郡, 陳
留郡, 東郡에 각각 보내서 빈민을 구제케 하였다.

6월, 날이 가물었다. 사자를 보내 죄수 재판 기록을 점검하고 경
범죄 죄수를 다시 심리하게 하였다. 甲寅日, 濟南王 顯(현)이 죽었다.

가을 7월 丁酉日, 茂陵(무릉)의 능원이 불에 탔다. 황제는 흰옷을

입었고 正殿을 떠나있었다. 辛亥日, 王龔(왕공)에게 부절을 갖고 가 무릉에서 告祀(고사)를 지내게 하였다. 9월, 선비족이 漁陽郡을 침략 했다.

겨울 12월 己亥日, 太傅 桓焉(환언)을 면직했다. 이 해에 거기장군 來歷(내력)을 파직했다.

原文

四年春正月丙寅, 詔曰, 「朕托王公之上, 涉道日寡, 政失 厥中, 陰陽氣隔, 寇盜肆暴, 庶獄彌繁, 憂悴永歎, 疢如疾首. 《詩》云, '君子如祉, 亂庶遄已.' 三朝之會, 朔旦立春, 嘉與海 內洗心自新. 其赦天下. 從甲寅赦令已來復秩屬籍, 三年正 月已來還贖. 其閻顯, 江京等知識婚姻禁錮, 一原除之. 務崇 寬和, 敬順時令, 遵典去苛, 以稱朕意.」

丙子, 帝加元服. 賜王,主,貴人,公卿以下金帛各有差. 賜 男子爵及流民欲占者人一級. 爲父後,三老,孝悌,力田人二 級, 鰥,寡,孤,獨,篤癃,貧不能自存帛, 人一

|註釋| ○(永建)四年 – 서기 129년. ○涉道日寡 – 治道를 경험한 기 간이 적다. ○寇盜肆暴 – 肆暴은 멋대로 포악하다. 肆는 방자할 사. 제멋 대로. ○庶獄彌繁 – 彌繁은 더욱 많아졌다. ○憂悴永歎 – 憂悴(우췌)는 큰 근심과 걱정. 悴는 파리할 췌. 마음 아파하다. 永歎은 크게 탄식하다. ○疢 如疾首 – 머리가 깨질 듯 아프다. 疢은 열병 진. 앓다. 疾首(질수)는 머리가

아프다. ㅇ《詩》云, '君子如祉, 亂庶遄已.' -《詩 小雅 巧言》. 祉는 福. 천성으로 타고난 총명. 遄은 빠를 천. 빨리(速也). 已는 그치다. ㅇ三朝之會 - 三朝는 정월 초하루의 조회(새해, 첫 달, 하루의 시작). 또는 明堂, 辟雍(벽옹), 靈臺에서의 행사(儀禮). 여기서는 정월 초하루가 立春과 겹침. ㅇ從甲寅赦令 - 安帝 元初 원년(갑인년, 서기 114년) 4월의 대사면. ㅇ三年正月已來還贖 - 작년 정월 이래로 법을 어긴 자의 속전을 돌려주다. ㅇ知識婚姻禁錮 - 알고 지냈거나(朋友) 혼인하였다고 하여 간히다. 婚은 아내의 부친, 姻은 사위의 아버지를 지칭하는 뜻도 있다. ㅇ一原除之 - 일률적으로 모두 사면하다. 一은 모두(皆). ㅇ遵典去苛 - 법을 따르지만 가혹하지 않게 하다. ㅇ帝加元服 - 원복은 冠. 관례를 치르다. 順帝는 15세에 관례를 치렀다.

[國譯]

(永建) 4년 봄 정월 丙寅日, 조서를 내렸다.

「짐이 王公의 위에 있다지만 治道를 겪은 지가 오래지 않아서 정사가 正中에 어긋나거나 음양의 기운이 막히고 도적은 멋대로 날뛰며 죄수는 더 늘었기에 크게 걱정하며 탄식하지만 머리가 깨질 듯 아프도다. 《詩經》에서도 '君主가 현명하니 모든 혼란이 빨리 끝나도다.' 라고 말하지 않았는가? 정월 초하루 조회가 입춘 날이니 기꺼이 천하 백성과 함께 새 마음으로 새롭게 시작하겠노라. 천하 죄수를 사면하겠다. 종전 甲寅年(安帝 재위 중)의 사면령에 의거 모두의 옛 호적을 회복해주고, 작년 정월 이후의 贖錢을 환불하라. 閻顯(염현)과 江京(강경)의 친우였거나 혼인 때문에 갇힌 자를 모두 사면하리. 긴용과 화힙에 힘쓰고 時令을 삼가 따르며 가혹하지 않게 법을 지켜서 짐의 뜻에 맞추도록 하라.」

丙子日 황제가 冠禮를 치렀다. 왕과 공주와 貴人, 그리고 公卿 이하 모두에게 황금과 비단을 차등 있게 하사하였다. 백성 男子(戶主)와 유민으로 호적을 올리려는 자에게 작위를 1급씩 하사하였다. 부친의 후계자와 三老, 孝悌와 力田에게 각 2급씩, 鰥寡孤獨(환과고독)의 어려운 백성과 폐질자와 가난하여 살기 어려운 백성에게 비단을 각각 1필씩 하사하였다.

二月戊戌, 詔以民入山鑿石, 發泄藏氣, 勑有司檢察所當禁絶, 如建武, 永平故事.

夏五月壬辰, 詔曰, 「海內頗有災異, 朝廷修政, 太官減膳, 珍玩不御. 而桂陽太守文礱, 不惟竭忠, 宣暢本朝, 而遠獻大珠, 以求幸媚, 今封以還之.」

五州雨水. 秋八月庚子, 遣使實覈死亡, 收斂稟賜. 丁巳, 太尉劉光, 司空張皓免.

九月, 復安定, 北地, 上郡歸舊土. 癸酉, 大鴻臚龐參爲太尉, 錄尙書事. 太常王龔爲司空.

冬十一月庚辰, 司徒許敬免. 鮮卑寇朔方. 十二月乙卯, 宗正劉崎爲司徒. 是歲, 分會稽爲吳郡. 拘彌國遣使貢獻.

| 註釋 | ○入山鑿石 - 입산하여 광물을 캐다. 鑿은 뚫을 착. 끌(연모 이름). ○發泄藏氣 - 땅속의 氣를 새어나오게 하다. ○如建武, 永平故事 -

建武(光武帝의 연호) 永平〔(明帝) 연호〕의 전례와 같이 하라. ○桂陽太守
文襲 ─ 桂陽은 荊州 관할 군명. 治所는 郴縣(침현). 今 湖南省 남부의 郴州
市. 襲은 갈 농(롱). 숫돌에 갈다. ○復安定,北地,上郡歸舊土 ─ 安帝 永初
5년(서기 111)에 치수를 후방으로 옮겼다고 다시 복원했다. ○分會稽爲
吳郡 ─ 吳郡의 治所는 吳縣. 今 江蘇省 남부의 蘇州市. ○拘彌國 ─《漢書
西域傳》의 扞彌國(우미국). 국도는 우미성인데 장안에서 9,280리. 今 新疆
省 남부 策勒縣 동북. 남쪽은 渠勒(거륵), 동북으로는 龜玆(구자), 서북으로
는 姑墨(고묵)과 접했고 서쪽 于闐(우전)과는 390리이다. 후한에서는 寧彌
(영미)라고도 표기.

[國譯]
　2월 戊戌日(무술일), 조서로 백성이 산에 들어가 돌을 뚫어 땅속의
氣를 새어나오게 하는데 담당 관리에게 일러 감찰하여 금지시키되
建武와 永平 연간의 전례에 따르라고 하였다.
　여름 5月 壬辰日, 조서를 내렸다.
　「온 나라에 재해와 이변이 자주 일어나기에 조정은 정책을 새롭
게 하고 太官令은 반찬을 줄이고 진기한 보화도 패용하지 않고 있
다. 그러나 桂陽 태수 文襲(문롱)은 충성을 다해 本朝를 선양할 생각
을 못하고 먼 곳에서 큰 珠玉을 헌상하여 총행을 얻고자 했지만 이
를 다시 봉하여 돌려보냈다.」
　5개 주에 홍수가 났다. 가을 8月 庚子日, 사자를 파견하여 실제
사망자를 조사하여 시신을 거두고 곡식을 나눠주게 했다. 丁巳日,
太尉 劉光(유광), 司空 張皓(장호)가 면직되었다.
　9월, 安定郡, 北地郡, 上郡의 치소를 옛 장소로 옮겼다. 癸酉日, 대
홍려인 龐參(방참)이 太尉가 되어 尙書事를 겸하였다. 太常인 王龔

(왕공)이 司空이 되었다.

　겨울 11월 庚辰日, 司徒 許敬(허경)이 면직되었다. 선비족이 朔方郡(삭방군)에 침입했다.

　12월 乙卯日, 宗正 劉崎(유기)가 司徒가 되었다. 이 해에 會稽郡을 분할하여 吳郡을 설치하였다. (서역의) 拘彌國(구미국, 扜彌國)에서 사신을 보내 공물을 헌상했다.

原文

　五年春正月, 疏勒王遣侍子, 及大宛, 莎車王皆奉使貢獻.
　夏四月, 京師旱. 辛巳, 詔郡國貧人被災者, 勿收責今年過更. 京師及郡國十二蝗.
　冬十月丙辰, 詔郡國中都官死罪繫囚皆減罪一等, 詣北地, 上郡, 安定戍. 乙亥, 定遠侯班始坐殺其妻陰城公主, 腰斬, 同産皆棄市.

│註釋│ ○(永建) 五年 – 서기 130년. ○大宛(대원) – 宛 굽을 완. 나라 이름 원. 서역의 국명, 영어로는 Ferghana. 國都는 貴山城(今 우즈베키스탄 사마르칸트 서북쪽). 汗血馬(한혈마) 산지. 무제 때 복속, 宣帝 이후 서역 도호부에 속했다. 今 중앙아시아의 키르키즈스탄에 해당. ○莎車(사차) – 국명. 국도는 莎車城〔今 新疆省 서쪽 끝 喀什市(카시시) 莎車縣〕. 烏孫國王 昆莫(곤막, 오손왕의 칭호)에게는 처음에 江都王 劉建의 딸 細君을 무제 元封 연간에 보내 주었다(烏孫公主). 왕이 죽자 그들 습속대로 아들 獵驕靡(엽교미)가 차지했는데 오손공주가 죽자 두 번째로 楚王 劉戊의 孫女인 解憂公

主를 오손에 시집보냈다. 《漢書 西域傳》(下) 참고. ○定遠侯班始 — 班始 (반시)는 班超의 손자, 班雄의 아들. 陰城公主는 順帝의 고모. 음성공주가 교만 음란하여 반시가 죽여버렸다.

[國譯]

(永建) 5년 봄 정월, 疏勒(소륵)의 왕이 아들을 황제의 侍子로 보냈고 大宛國(대원국)과 莎車國(사차국) 국왕 모두 사신을 보내 공물을 헌상하였다.

여름 4월, 경사 지역이 가물었다. 조서로 군국에서 빈민과 피해를 당한 백성의 납부 못한 금년 更賦(防戍 代行하는 금전, 3백 전)를 징수하지 않게 하였다. 京師와 12개 郡國에서 황충 피해를 당했다.

겨울 10월 丙辰日, 조서로 각 군국과 중앙관서에 갇힌 死罪에 해당하는 죄수를 감형하여 北地郡, 上郡, 安定郡의 초소에 보내게 하였다. 乙亥日, 定遠侯인 班始(반시)가 아내 陰城公主를 죽인 죄로 허리를 잘라 죽였고 그 동생들도 모두 기시형에 처했다.

原文

六年春二月庚午, 河間王開薨. 三月辛亥, 復伊吾屯田, 復置伊吾司馬一人.

秋九月辛巳, 繕起太學. 護烏桓校尉耿曄遣兵擊鮮卑, 破之. 丁酉, 于闐王遣侍子貢獻.

冬十一月辛亥, 詔曰, 「連年災潦, 冀部尤甚. 比蠲除實傷,

瞻恤窮匱, 而百姓猶有棄業, 流亡不絶. 疑郡縣用心怠惰,
恩澤不宣.《易》美'損上益下',《書》稱'安民則惠.' 其令<u>冀</u>
部勿收今年田租, 芻稾.」

　十二月, <u>日南徼外葉調國,撣國</u>遣使貢獻. 壬申, 客星出牽
牛. <u>于闐王</u>遣侍子詣闕貢獻.

| 註釋 |　○(永建) 六年 - 서기 131년.　○復伊吾屯田 - 伊吾는 伊吾盧
城. 今 新疆維吾爾自治區 동부 哈密市 伊州區. 본래 흉노 呼衍王의 王庭
(直轄地). 후한과 흉노의 격전지. 明帝 永平 16년(서기 73)에 둔전을 시작,
章帝 建初 2년(서기 77)에 폐지.　○繕起太學 - 太學을 重修하다. 繕은 기
울 선. 깁다. 손보아 고치다. 修繕.　○于闐(우전) - 서역의 국명. 于寘으로
도 표기. 今 新疆省 남부 和田市 부근. 闐은 성할 전. 가득 차다. 왕도는 西
城(서성).　○冀部尤甚 - 冀州자사부 지역이 더욱 심하다. 冀州刺史部 治所
는 常山國 高邑縣. 今 河北省 石家莊市 高邑縣. 魏郡, 鉅鹿郡, 常山國, 中山
國, 安平國, 河間國, 淸河國, 趙國, 渤海郡을 감찰, 今 황하 이북 河北省 일
원.　○比蠲除實傷 - 比는 比年, 작년. 蠲除(견제)는 면제하다. 蠲은 밝을
견. 제거하다. 떨어버리다. 實傷은 실제 손상한 만큼.　○《易》美 '損上益
下' -《易經》風雷益(☰☰) 卦의 象辭(단사), '益은 損上益下하니 民悅無
疆이라.'　○《書》稱 '安民則惠.' -《書經 虞書 皐陶謨(고요모)》'安民則惠니
黎民懷之하리라.'　○葉調國,撣國 - 葉調國(엽조국)은 日南郡 남쪽, 지금
인도네시아(印度尼西亞)에 해당하는 섬나라 이름. 師會란 사람을 사신으
로 보내왔다. 撣國(선국, 撣音 善shàn)은 지금 버마(緬甸) 지역의 국가 이름.
당길 선. 손에 잡을 탄. 撣國에서는 和帝 永元 9年(서기 97년)에 처음 공물
을 보내왔다.

(永建) 6년 봄 2월 庚午日, 河間王 開(개)가 죽었다.

3월 辛亥日, 伊吾盧城(이오로성)의 둔전을 다시 시작하며, 伊吾司馬(1인)를 다시 임명했다.

가을 9월 辛巳日, 太學을 重修 공사를 시작하였다. 護烏桓校尉 耿曄(경엽)이 군사를 보내 선비족을 공격 격파하였다. 丁酉日, (西域의) 于闐王(우전왕)이 侍子를 보내고 공물을 헌상했다.

겨울 11월 辛亥日, 조서를 내렸다.

「해마다 수해를 겪지만 冀州자사부 지역이 특히 심하다. 작년에 실제 손실대로 면제하고 궁핍한 백성을 구휼했다지만 백성들은 아직도 생업을 버리고 떠돌기를 그치지 않는다. 이는 혹 郡縣에서 백성 구휼을 게을리하여 은택이 고루 미치지 못한 것 아니겠는가? 《易經》에서도 '위에 것을 덜어 아래에 보태는 것'을 찬미하였고, 《書經》에서도 '安民하는 것이 은혜'라며 칭송하지 않았는가? 冀州刺史部 군현에서는 금년 田租와 볏짚을 징수하지 않게 하라.」

12월, 日南郡 경계 밖 葉調國(엽조국)과 撣國(선국)에서 사신을 보내 공물을 헌상했다. 壬申日, 客星이 牽牛星(견우성) 자리에 출현했다. 于闐王(우전왕)이 侍子(시자)를 궁궐에 보내 공물을 헌상했다.

陽嘉元年春正月乙巳, 立皇后梁氏. 賜爵, 人二級, 三老, 孝悌,力田三級, 爵過公乘, 得移與子若同産,同産子, 民無名數及流民欲占著者人一級, 鰥,寡,孤,獨,篤癃,貧不能自存者

粟, 人五斛.

二月, 海賊曾旌等寇會稽, 殺句章,鄞,鄮三縣長, 攻會稽東部都尉. 詔緣海縣各屯兵戍. 丁巳, 皇后謁高廟,光武廟, 詔稟甘陵貧人, 大小口各有差. 京師旱. 庚申, 勅郡國二千石各禱名山嶽瀆, 遣大夫,謁者詣嵩高,首陽山, 並祠河,洛, 請雨. 戊辰, 雩. 以冀部比年水潦, 民食不贍, 詔案行稟貸, 勸農功, 賑乏絶.

| 註釋 | ○陽嘉元年 – 順帝의 두 번째 연호(서기 132-135년). ○立皇后梁氏 – 順帝의 첫 번째 황후. 順烈皇后 梁妠(양납). 沖帝(충제, 2세에 즉위)의 양모. 5개월 동안 臨朝聽政. ○海賊曾旌 – 曾旌(증정)은 인명. 旌은 기정. 깃발. ○句章,鄞,鄮三縣長 – 句章(구장), 鄞(땅이름 은), 鄮(고을이름 무). 모두 會稽郡의 현명. ○會稽東部都尉 – 광무제 建武 6년(서기 30)에 각군의 도위를 폐지하고 그 직무를 태수에 귀속시켰으나 각 군에서 도적이나 병란이 일어나면 도위를 임명했다가 사안이 종료되면 폐지하였다. 會稽郡 東部都尉도 그런 직책이었다. ○緣海(연해) – 沿海(연해). ○詔稟甘陵貧人 – 甘陵은 현명. 前漢 淸河郡의 厝縣(조현)을 後漢에서 淸河國 甘陵縣으로 개명, 今 山東省 직할 臨淸市(聊城市의 북쪽, 河北省과 접경). ○嵩高,首陽山 – 嵩高는 中嶽인 嵩山(숭산), 今 河南省 鄭州市 관할 登封市 서북, 높이 1,512m. 首陽山은 今 洛陽市 동쪽 30km 偃師市(언사시)의 산, 해발 359m, '日出之初, 光必先及'이라 해서 얻은 이름. 伯夷, 叔齊가 고사리를 뜯어 먹은 산. ○祠河,洛 – 黃河와 洛河의 신에게 제사하다. 洛河는 陝西省에서 발원하여 河南省의 서남에서 동으로 흘러 洛陽과 偃師市(언사시)를 지나 황하에 합류한다. 洛陽이라는 말 자체가 洛河의 북쪽. 漢, 魏의 낙양성은 낙하의 북안에, 隋, 唐의 낙양성은 낙하의 남북에 자리했었다. 또

黃河의 가장 큰 지류가 渭河(위하)이고 渭河의 지류에 陝西省의 북에서 남으로 흘러 陝西省을 통과하는 洛河가 있다. ㅇ雩 - 기우제 우.

[國譯]

陽嘉(양가) 원년 봄 정월 乙巳日, 황후 梁氏(양씨)를 책립하였다. 백성에게 작위를 각 2급씩, 三老와 孝悌, 力田에게는 3級씩 하사하였는데 작위가 (8등급) 公乘(공승)을 초과할 경우 아들이나 아니면 형제나 조카에게 넘겨주게 하였고, 호적이 없는 백성이나 유민이 호적을 얻으려는 자에게는 1급을 하사했으며, 鰥寡孤獨(환과고독)이나 폐질자, 가난하여 생존이 어려운 자에게는 곡식을 각 5곡씩 하사하였다.

2월, 해적 曾旌(증정) 등이 會稽郡(회계군)을 노략질하며 句章縣(구장현), 鄞縣(은현), 鄮縣(무현)의 縣長을 살해하고 會稽東部都尉를 공격하였다. 조서로 연해의 縣에서는 스스로 군사를 주둔시켜 방수하게 하였다.

丁巳日, 皇后가 高祖 묘당과 光武帝 묘당을 알현하였고, 조서로 (淸河國) 甘陵縣(감릉현)의 빈민에게 곡식을 나눠주게 하였는데 어른과 아이에 따라 차등을 두었다.

낙양 주변이 가물었다. 庚申日, 각 군국 태수에 지시하여 각각 명산이나 산천에 기도를 올리게 하였고, 大夫와 謁者를 嵩山(숭산)과 首陽山에 보냈고, 또 黃河와 洛水의 신에 비를 내려달라고 기도하게 하였다. 戊辰日, 기우제를 지냈다.

冀州刺史部 지역이 해마다 홍수가 나서 백성의 식량이 부족했기에 조서로 각지를 돌며 곡식을 지급케 하고 농사를 권장하며 궁핍한 자를 진휼케 하였다.

甲戌, 詔曰,「政失厥和, 陰陽隔幷, 冬鮮宿雪, 春無澍雨.
分禱祈請, 靡神不禜. 深恐在所慢違'如在'之義, 今遣侍中
王輔等, 持節分詣岱山,東海,榮陽,河,洛, 盡心祈焉.」

三月, 楊州六郡妖賊章河等寇四十九縣, 殺傷長吏. 庚寅,
帝臨辟雍饗射, 大赦天下, 改元陽嘉. 詔宗室絶屬籍者, 一
切復籍, 稟冀州尤貧民, 勿收今年更,租,口賦. 夏五月戊寅,
阜陵王恢薨.

秋七月, 史官始作候風地動銅儀. 丙辰, 以太學新成, 試
明經下第者補弟子, 增甲,乙科員各十人. 除郡國耆儒九十
人補郎,舍人. 九月, 詔郡國中都官繫囚皆減死一等, 亡命者
贖, 各有差. 鮮卑寇遼東.

| 註釋 | ○政失厥和 – 厥은 그 궐(其也), 語助辭. ○陰陽隔幷 – 隔 사이
가 벌어질 격. 막히다. 幷은 어우르다. 하나가 되다. ○冬鮮宿雪 – 겨울에
내린 눈이 적었다. 鮮은 적을 선, 고울 선. 드물다. ○春無澍雨 – 봄에 비
가 내리지 않았다. 澍는 단비 주. ○靡神不禜 – 《詩經 大雅 雲漢》. 靡는 없
을 미. 없다. 다하다. 부정하는 말. 쓰러질 미. 禜은 (風雨雪霜의) 재앙 막
는 제사 영. ○深恐在所慢違'如在'之義 – 祭如在, 祭神如神在. 子曰, "吾
不與祭, 如不祭." 《論語 八佾(팔일)》. ○岱山,東海,榮陽,河,洛 – 岱山은 岱
宗, 태산. 榮陽(형양)은 濟水(四瀆의 一)가 범람하여 형성된 榮澤(형택)이 있
던 곳. 형택을 통해 황하와 濟水가 합류. 거기에 사당을 세워 제사했다. 洛
은 洛水. 낙양을 흐르는 황하의 지류. ○史官始作候風地動銅儀 – 천문 관
측은 太常 소속 太史令(질록 6백석)의 소관 업무이다. 태사령은 天時와 星

曆을 관장, 신년 曆法 제작 배부, 나라의 큰 제사, 장례나 혼례의 택일, 禁
忌, 재이, 상서 기록을 담당. 候風地動銅儀는 천체 운항관측 기구. 일명 地
動儀, 張衡(장형, 78-139)이 발명. 59권, 〈張衡列傳〉에 입전. ○以太學新成
- (永建) 六年(서기 131) 9월에 보수공사 시작, 금년 7월에 공사를 마친 것
같다. ○試明經下第者補弟子 - 試는 처음 시험 삼아 해보다. 下第는 落
第, 불합격자. 제자는 博士의 제자. ○增甲,乙科員各十人 - 難題를 簡册에
써놓고 임의로 하나를 택해(射策) 답안을 작성케 하는데(策問) 그 평가가
우수한 합격자는 甲科, 다음 등급을 乙科로 구분했다. ○除郡國耆儒九十
人補郎,舍人 - 除는 除授하다, 벼슬을 내리다. 耆儒(기유)는 나이 많은 유
생. 耆는 늙은이 기.

[國譯]

甲戌日, 조서를 내렸다.

「정치가 온화하지 못하여 음양이 순조롭지 못하고 지난 겨울 내
린 눈이 적었으며 봄에 단비도 내리지 않았다. 각지서 비를 빌며 제
사를 지내지 않은 신령이 없었다. 정성을 다하지 않고 '신령이 있는
것처럼' 지내지 않았는지 심히 격정이 되니, 侍中 王輔(왕보) 등에게
부절을 가지고 岱山(대산, 泰山), 東海, 滎陽(형양), 黃河와 洛河의 사
당에 나눠 보내어 진심으로 기도를 올리게 하라.」

3월, 揚州刺史部 6郡에 사악한 도적인 章河(장하) 등이 49개 현을
노략질하며 官長이나 관리를 살상하였다. 庚寅日, 황제가 辟雍(벽
옹)에 나아가 饗射禮(향사례)를 행하고서 온 나라 죄수를 사면하고
陽嘉(양가)로 개원하였다. 조서로 屬籍을 상실한 宗室 모두를 다시
名籍에 수록게 하였고 冀州 일원의 극빈사에게 곡식을 나눠 주고 금
년 更賦와 田租, 그리고 口賦를 징수하지 말라고 하였다.

여름 5월 戊寅日, 阜陵王(부릉왕) 恢(회)가 죽었다.

가을 7월, 史官이 候風地動銅儀(후풍지동동의)를 처음으로 제작하였다. 丙辰日, 太學을 새롭게 낙성하였고, 처음으로 明經科에서 낙제한 자를 박사의 제자로 선발했으며 (策問에서) 甲科와 乙科의 합격자를 각 10명씩 증원하였다. 郡國의 나이 많은 유생 90명에게 郎官과 舍人을 제수하였다.

9월, 조서로 郡國과 中都官에 갇힌 죄수 중 사형을 모두 1등급 감형하였고 도망자가 自贖할 경우 각각 차등을 두었다. 선비족이 요동군에 침입하였다.

冬十一月甲申, 望都, 蒲陰狼殺女子九十七人, 詔賜狼所殺者錢, 人三千. 辛卯, 初令郡國擧孝廉, 限年四十以上, 諸生通章句, 文吏能箋奏, 乃得應選, 其有茂才異行, 若顏淵, 子奇, 不拘年齒.

十二月丁未, 東平王敞薨. 庚戌, 復置玄菟郡屯田六部. 閏月丁亥, 令諸以詔除爲郎, 年四十以上課試如孝廉科者, 得參廉選, 歲擧一人. 戊子, 客星出天苑.

辛卯, 詔曰,「間者以來, 吏政不勤, 故災咎屢臻, 盜賊多有. 退省所由, 皆以選擧不實, 官非其人, 是以天心未得, 人情多怨.《書》歌股肱,《詩》刺三事. 今刺史, 二千石之選, 歸任三司. 其簡序先後, 精覈高下, 歲月之次, 文武之宜, 務存

厥衷.」

庚子, 恭陵百丈廡災. 是歲, 起西苑, 修飾宮殿.

| 註釋 | ○望都,蒲陰狼殺～ - 望都와 蒲陰(포음) 모두 冀州刺史部 中山國의 縣. 中山國 영역은 지금 河北省 중부와 山西省 북부 일원. ○箋奏 - 箋文(전문)으로 상주하다. 箋은 찌지 전. 내용을 요약한 메모. 황제에게 올리는 상서 내용의 大義를 요약한 글, 또는 주석. ○若顔淵,子奇 - 顔淵은 공자의 수제자. 가난으로 머리가 하얗게 변해 29세에 죽었다. 공자도 수제자 안회의 죽음에 통곡했다. 子奇는 춘추시대 齊의 유능한 지방관(東阿令), 무기를 녹여 농기구를 만들어 백성에게 분배, 창고를 열어 백성을 구휼했다. 子奇가 18세 때의 일이다. ○年齒 - 年齡(연령). ○屯田 - 兵農一致의 농업 생산. 유사시 군량 수송의 불편을 해결. ○客星出天苑 - 客星은 彗星(혜성). 홀연히 나타났다가 홀연히 사라지는 별. 天苑은 星座名. ○災咎屢臻 - 災咎는 잘못된 정사에 대한 하늘의 징벌. 災害. 咎 허물 구. 책망. 屢臻은 자주 나타나다. 屢는 자주 누(루). 여러 번. 臻은 이를 진(至也) 《書》歌股肱 - 《書經 虞書 益稷》. '元首明哉면 股肱良哉하여 庶事康哉라.' 股肱(고굉)은 다리와 팔. 大臣. ○《詩》刺三事 - 《詩經 小雅 雨無正》 '三事大夫 莫肯夙夜(삼공과 대부가 아침과 저녁에도 왕을 뵈러 오지 않다.)' 三事는 三公. ○恭陵百丈廡災 - 恭陵은 安帝의 능. 廡 처마 무. 복도. 낭하. ○西苑 - 낙양성 서쪽의 御苑.

[國譯]

겨울 11월 甲申日, (중산국의) 望都縣과 蒲陰縣(포음현)에서 늑대가 부녀자 97명을 죽였는데, 조서로 물려 죽은 자에게 각각 3천 전을 하사하였다. 辛卯日, 처음으로 郡國에서 孝廉을 천거할 때 나이

40세 이상으로 제한하였고, 경전의 章句에 통한 太學生이나 文吏로 箋奏(전주)가 가능한 자를 선발에 응시케 하였으나 특별한 재능이나 행실이 특별한 자로 顏淵(안연)과 子奇(자기) 같은 자라면 연령에 구애받지 않게 하였다.

12월 丁未日, 東平王 敞(창)이 죽었다. 庚戌日, 玄菟郡에 6개 屯田 부대를 다시 설치하였다.

윤월 丁亥日, 각 군에서 황제 조서에 근거하여 郞官을 제수 받은 자가 나이 40세 이상으로서 孝廉 분야에 응시할 자를 1년에 1인을 선발 천거토록 하였다. 戊子日, 客星이 天苑(천원) 성좌에 출현하였다.

辛卯日, 조서를 내렸다.

「요즈음에 관리가 업무에 부지런하지 않아 재앙이 자주 나타나고 도적이 많아졌다. 가만히 그 이유를 생각해보니, 모두가 인재 천거가 불실하여 관리가 비적임자이기 때문이며, 이로써는 천심을 얻을 수도 없거니와 백성의 원성만 높아질 것이다. 《書經》에서는 대신의 능력을 칭송하였고, 《詩經》에서는 삼공을 풍자하고 있다. 지금 (13부) 刺史와 태수의 선발에 그 책임은 三司(三公)에 있다. (三公은) 자사와 태수의 선발에서 그 재능의 고하를 면밀히 평가하고 경력이나 文武 중 누가 적임인가를 따져 힘써 中正을 지켜 선발하라.」

庚子日, (安帝) 恭陵의 百丈廡(백장무)에서 불이 났다. 이 해에 西苑을 만들고 궁전을 꾸미기 시작했다.

原文

二年春二月甲申, 詔以吳郡, 會稽飢荒, 貸人種糧.

三月, 使匈奴中郎將王稠率左骨都侯等擊鮮卑, 破之. 辛酉, 除京師耆儒年六十以上四十八人補郎, 舍人及諸王國郎.

夏四月, 復置隴西南部都尉官. 己亥, 京師地震.

五月庚子, 詔曰, 「朕以不德, 統奉鴻業, 無以奉順乾坤, 協序陰陽, 災眚屢見, 咎徵仍臻. 地動之異, 發自京師, 矜矜祗畏, 不知所裁. 羣公卿士將何以匡輔不逮, 奉荅戒異? 異不空設, 必有所應, 其各悉心直言厥咎, 靡有所諱.」

戊午, 司空王龔免.

六月辛未, 太常魯國孔扶爲司空. 疏勒國獻師子, 封牛. 丁丑, 洛陽地陷. 是月, 旱.

秋七月己未, 太尉龐參免. 八月己巳, 大鴻臚沛國施延爲太尉. 鮮卑寇代郡.

冬十月庚午, 行禮辟雍, 奏應鐘, 始復黃鐘, 作樂器隨月律.

| 註釋 | ○(陽嘉)二年 – 서기 133년. ○左骨都侯 – 흉노 관직명. ○復置隴西南部都尉官 – 전한 무제 때 농서 남부도위 설치, 광무 중흥 이후 폐관. 이제 다시 설치. ○咎徵仍臻 – 천재의 징조가 계속 나타나다. ○矜矜祗畏 – 조심하며 경외하다. 矜矜은 戰戰兢兢하며 행실을 삼가는 모양. 祗는 공경할 지. 다만. 마침. 이(是也). ○封牛 – 峯牛. 封은 높다, 크다는 뜻. 소의 등이 높게 솟은 큰 소. 들소나 물소. ○奏應鐘 – 10월을 상징하는 악기. 다음의 黃鐘(황종)은 11월의 악기. ○作樂器隨月律 – 매달의 음률에 맞춰 악기를 만들다. 月律은 월령에 따른 樂律. 정월부터 12월까지 해당달의 악기와 음이 정해져 있었다. '正月律中大蔟, 二月律中夾鐘, ~ 十月律中應鐘, 十一月律中黃鐘, 十二月律中大呂.'

[國譯]

(陽嘉) 2년 봄 2월 甲申日, 조서로 큰 흉년이 든 吳郡과 會稽郡의 백성에게 종자와 양식을 대여하였다.

3월, 匈奴中郎將 王稠(왕조)를 시켜 (남흉노의) 左骨都侯 등을 거느리고 선비족을 공격케하여 격파하였다. 辛酉日, 京師의 늙은 유생으로 60세 이상 48명에게 郎官職을 제수하였다.

여름 4월 隴西 南部都尉의 관직을 다시 설치하였다. 己亥日, 京師에 지진이 났다.

5월 庚子日, 조서를 내렸다.

「짐이 부덕한데도 대업을 물려받았으나 乾坤(건곤)의 뜻을 받들거나 음양의 조화를 이루지 못하여 재해가 자주 일어나고 재앙의 조짐도 계속 나타난다. 땅이 움직이는 이변이 낙양에서 일어나 전전긍긍 두려워 어찌할 바를 모르겠다. 여러 公卿과 장수는 나의 부족한 점을 어떻게 보완하여 하늘이 내리는 재해에 응답해야 하겠는가? 재해는 공연히 일어난 것이 아니며 필히 그럴만한 징험이 있을 것이니, 모두가 진심으로 짐의 허물을 직언하되 숨기지 말지어다.」

戊午日, 司空 王龔(왕공)이 면직되었다.

6월 辛未日, 太常인 魯國 출신 孔扶(공부)가 사공이 되었다. 疏勒國(소륵국)에서 사자와 큰 들소를 헌상했다. 丁丑日, 洛陽에 땅이 가라앉았다. 이 달에 가물었다.

가을 7월 己未日, 太尉 龐參(방참)이 면직되었다.

8월 己巳日, 大鴻臚인 沛國 출신 施延(시연)이 太尉가 되었다. 선비족이 代郡에 침입했다.

겨울 10월 庚午日, 辟雍(벽옹)에서 의식을 거행하면서 10월의 應

鐘(응종)을 연주하였는데 처음으로 黃鐘(황종)을 복원하는 등 月律 (월율)에 맞춰 악기를 제작하였다.

三年春二月己丑, 詔以久旱, 京師諸獄無輕重皆且勿考 竟, 須得澍雨. 三月庚戌, 益州盜賊劫質令長, 殺列侯.

夏四月丙寅, 車師後部司馬率後部王加特奴等掩擊匈奴, 大破之, 獲其季母.

五月戊戌, 制詔曰,「昔我太宗, 丕顯之德, 假於上下, 儉 以恤民, 政致康乂. 朕秉事不明, 政失厥道, 天地譴怒, 大變 仍見. 春夏連旱, 寇賊彌繁, 元元被害, 朕甚愍之. 嘉與海內 洗心更始. 其大赦天下, 自殊死以下謀反大逆諸犯不當得赦 者, 皆赦除之. 賜民年八十以上米, 人一斛, 肉二十斤, 酒五 斗, 九十以上加賜帛, 人二匹, 絮三斤.」

秋七月庚戌, 鐘羌寇隴西, 漢陽.

冬十月, 護羌校尉馬續擊破之. 十一月壬寅, 司徒劉崎, 司 空孔扶免. 乙巳, 大司農南郡黃尙爲司徒, 光祿勳河東王卓 爲司空. 丙午, 武都塞上屯羌及外羌攻破屯官, 驅略人畜.

| 註釋 | ○(陽嘉) 三年 – 서기 134년. ○皆且勿考竟 – 考竟은 끝까지 조사하다. 考는 심문하다. 竟은 다할 경. 極에 이르다. ○劫質令長 – 劫質 은 겁박하고 볼모로 잡다. 令長은 현령과 현장. 1만 호 이상 현령(질록 천

석 ~6백석), 1만 호 미만은 縣長(5백석~3백석). ㅇ車師後部司馬 - 車師
後部는 車師後國(서역의 국명). 거사후부를 담당하는 西域都護의 속관인
司馬. 직급으로 보면 將軍-校尉-司馬인데 모든 부대에 司馬가 있었고 질
록 千石, 또는 比千石(궁궐 城門의 사마)이었다. ㅇ加特奴 - 人名. ㅇ昔
我太宗 - 太宗은 文帝. ㅇ假於上下 - 假는 이를 격(格也, 至也). ㅇ政致康
乂 - 康乂(강예)는 정치를 잘해 백성이 평안하다. 乂는 다스릴 예(治也), 벨
예, 평온할 예. ㅇ武都 - 凉州刺史部의 郡名. 治所는 下辨縣, 今 甘肅省 남
부 隴南市 成縣.

[國譯]

(陽嘉) 3년 봄 2월 己丑日, 조서로 오랜 가뭄에 京師의 모든 감옥
에서 죄의 경중을 막론하고 조사나 추궁을 일체 못하게 하였는데 마
침내 단비가 내렸다.

3월 庚戌日, 益州郡의 도적떼가 관장을 겁탈하거나 인질로 잡았
고 列侯를 살해하였다.

여름 4월 丙寅日, 車師後部司馬(거사후부사마)가 거사후국의 왕 加
特奴(가특노) 등을 거느리고 (北) 흉노를 습격하여 크게 격파하고 (북
흉노 선우의) 숙모를 생포하였다.

5월 戊戌日, 황제가 명령을 내렸다.

「옛 우리의 太宗(文帝)께서는 위대한 인덕을 베푸시어 상하에 고
루 미쳤으며 검소한 생활로 백성을 구휼하여 정사가 매우 태평하였
다. 짐의 일처리가 지혜롭지 못해 정사가 정도를 잃자 天地가 노여
워하여 큰 재해가 자주 나타났다. 봄과 여름 동안 계속 가물었고 도
적떼가 크게 설쳐 백성이 피해를 입어 짐은 심히 안타까울 뿐이다.
이에 기꺼이 해내의 백성과 함께 마음을 고쳐먹고 새로 시작하고자

한다. 천하의 모두 죄수를 사면하나니 사형 죄 이하 모반대역 죄인이나 다른 범죄로 사면을 받지 못한 모든 죄인을 사면하겠다. 그리고 80세 이상의 노인에게 알곡을 각각 1곡과 고기 20근, 술 5두를 하사하고 90세 이상에게는 비단을 1인당 2필과 솜 3근을 하사하라.」

가을 7월 庚戌日, 鐘羌(종강, 羌族의 일파)이 隴西郡과 漢陽郡에 침입하였다.

겨울 10월, 護羌校尉(호강교위) 馬續(마속)이 강족을 격파하였다. 11월 壬寅日, 司徒 劉崎(유기)와 司空 孔扶(공부)가 면직되었다. 乙巳日, 大司農인 南郡 출신 黃尙(황상)이 司徒가 되었고, 光祿勳인 河東 출신 王卓(왕탁)이 司空이 되었다. 丙午日, 武都郡 국경 안에 살던 강족과 국경 외 강족이 둔전관을 공격 격파하고서 백성과 가축을 빼앗아 몰고 갔다.

原文

四年春二月丙子, 初聽中官得以養子爲後, 世襲封爵. 自去冬旱, 至於是月. 謁者馬賢擊鐘羌, 大破之.

夏四月甲子, 太尉施延免. 戊寅, 執金吾梁商爲大將軍, 前太尉龐參爲太尉. 六月己未, 梁王匡薨.

秋七月己亥, 濟北王登薨. 閏月丁亥朔, 日有食之.

冬十月, 烏桓寇雲中. 十一月, 圍度遼將軍耿曄於蘭池, 發諸郡兵救之, 烏桓退走. 丨二月甲寅, 京師地震.

| 註釋 | ○(陽嘉) 四年 - 서기 135년. ○中官得以養子爲後 - 中官은 宦官. 閹宦(엄환). 內臣, 內官, 太監, 寺人, 閹人, 內侍, 內豎(내수), 中貴人으로도 불렸다. 환관은 중국, 조선, 월남의 왕조에 존재. 일본에는 환관이 없었다. 후한에서 환관의 정치적 영향력 매우 강대. 《後漢書 宦者列傳》 참고. ○執金吾 - 秦의 中尉를 武帝 때 執金吾로 개칭. 吾는 禦(막을 어)의 뜻. 兵器를 들고 非常에 대비한다는 뜻. 秦의 中尉를 武帝 때 執金吾로 개칭. 吾는 禦(막을 어)의 뜻. 兵器를 들고 非常에 대비한다는 뜻. 질록 中二千石. 궁성 외곽 경계, 수재나 화재 등 돌발 사태 대비, 황제 행차 시 집금오 병력 (緹騎 2백인)이 의장대 역할. ○蘭池 - 雲中郡 沙南縣의 城.

[國譯]

(陽嘉) 4년 봄 2월 丙子日, 中官(宦官)이 양자를 들여 후대를 잇고 봉작을 세습할 수 있도록 처음으로 허용했다. 지난겨울 가뭄이 이 달까지 계속되었다. 謁者인 馬賢(마현)이 (武都郡에 침입한) 鍾羌(종강)을 공격하여 대파하였다.

여름 4월 甲子日, 太尉 施延(시연)을 면직시켰다. 戊寅日, 執金吾인 梁商(양상)이 大將軍이 되었고, 前任 太尉 龐參(방참)이 다시 태위가 되었다. 6월 己未日, 梁王 匡(광)이 죽었다.

가을 7월 己亥日, 濟北王 登(등)이 죽었다. 윤달 丁亥日 초하루, 日食이 있었다.

겨울 10월, 오환이 雲中郡에 침입하였다. 11월, (오환이) 度遼將軍 耿曄(경엽)을 蘭池城(난지성)에서 포위하자 여러 郡의 군사를 동원하여 구원하자, 오환은 퇴주하였다.

12월 甲寅日, 京師에 지진이 났다.

永和元年春正月, 夫餘王來朝. 乙卯, 詔曰,

「朕秉政不明, 災眚屢臻. 典籍所忌, 震食爲重. 今日變方遠, 地搖京師, 咎徵不虛, 必有所應. 群公百僚其各上封事, 指陳得失, 靡有所諱.」

己巳, 宗祀明堂, 登靈臺, 改元永和, 大赦天下.

秋七月, 偃師蝗. 冬十月丁亥, 承福殿火, 帝避御雲臺.

十一月丙子, 太尉龐參罷. 十二月, 象林蠻夷叛. 乙巳, 以前司空王龔爲太尉.

|註釋| ○永和元年 - 서기 136년. ○偃師(언사) - 河南尹의 현명. 今河南省 洛陽市 관할 偃師市. 이곳에서 洛河가 황하에 합류. 偃은 쓰러질 언. 班固는 이곳 偃師에서 《漢書》를 저술했고, 張衡(장형)은 順帝 때 地動儀(지동의)를 발명했고, 蔡倫(채륜)은 이곳 首陽山에서 종이를 발명했으며, 北宋 시대 司馬光은 여기서 《資治通鑑》을 편찬하였다고 한다. ○象林 - 日南郡 象林縣. 지금 월남 지역.

[國譯]

永和(영화) 원년 봄 정월, 夫餘王(부여왕)이 來朝하였다.

乙卯日, 조서를 내렸다.

「짐의 통치가 청명하지 못해 재해가 자주 일어났다. 여러 경전에서 크게 꺼리는 것이 지진과 일식인데, 지금 일식이 일어나자마자 경사에서 지진이 일어났는데 이런 재해는 공연한 것이 아니고 필히 상응하는 원인이 있을 것이다. 삼공과 모든 관료는 각자 밀봉한 상주문을 올려 정치의 득실을 지적하고 서술하되 숨기지 말라.」

己巳日, 종묘 明堂에서 제사하고서 靈臺(운대)에 올라 星象을 보고 永和로 개원했으며, 온 나라의 죄수를 사면했다.

가을 7월 (河南尹의) 偃師縣(언사현)이 황충 피해를 입었다.

겨울 10월 丁亥日, 承福殿에 화재가 나 황제가 이를 피해 雲臺로 옮겨갔다. 11월 丙子日, 太尉 龐參(방참)을 파직했다.

12월, (日南郡) 象林縣의 만이가 반란을 일으켰다. 乙巳日, 이전의 司空이던 王龔(왕공)이 태위가 되었다.

原文

二年春正月, 武陵蠻叛, 圍充縣, 又寇夷道. 二月, 廣漢屬國都尉擊破白馬羌. 武陵太守李進擊叛蠻, 破之. 三月辛亥, 北海王翼薨. 乙卯, 司空王卓薨. 丁丑, 光祿勳馮翊郭虔爲司空.

夏四月丙申, 京師地震. 五月, 日南叛蠻攻郡府.

秋七月, 九眞, 交阯二郡兵反. 八月庚子, 熒惑犯南斗. 江夏盜賊殺邾長.

冬十月甲申, 行幸長安, 所過鰥,寡,孤,獨,貧不能自存者賜粟, 人五斛. 庚子, 幸未央宮, 會三輔郡守,都尉及官屬, 勞賜作樂.

十一月丙午, 祠高廟. 丁未, 遂有事十一陵. 丁卯, 京師地震. 十二月乙亥, 至自長安.

| **註釋** | ○(永和) 二年 – 서기 137년. ○武陵 – 荊州의 군명. 治所 臨沅縣, 今 湖南省 常德市 서쪽. ○圍充縣, 又寇夷道 – 充縣, 夷道는 武陵郡의 현명. 充縣은 今 湖南省 서북부 張家界市 관할 桑植縣. 夷道는 今 湖北省 서남부 宜昌市 관할 宜都市(長江 남안). ○廣漢屬國 – 廣漢郡은 益州 소속, 治所 雒縣(낙현), 今 四川省 成都市 북쪽 廣漢市. 廣漢屬國의 治所는 陰平道. 今 甘肅省 隴南市 관할 文縣. ○熒惑犯南斗 – 熒惑은 지구에서 가까운 火星의 古名. 붉은색이고 사계가 있다고 알려졌다. 犯은 가까이 접근하다. 南斗는 남방의 斗星(6星으로 구성). 우리나라에서는 보이지 않는 성좌. ○江夏盜賊殺邾長 – 江夏는 荊州의 郡名. 治所 西陵縣, 今 湖北省 중동부 武漢市 新洲區. 邾는 현명. 今 湖北省 동부 黃岡市.

[國譯]

(永和) 2년 봄 정월, 武陵郡(무릉군)의 만이가 반란을 일으켜 充縣(충현)을 공격했고 夷道縣(이도현)을 노략질했다.

2월, 廣漢屬國(광한속국) 도위가 白馬의 강족을 격파했다. 武陵太守 李進(이진)이 배반한 만이를 격파하였다.

3월 辛亥日, 北海王 翼(익)이 죽었다. 乙卯日, 司空인 王卓(왕탁)이 죽었다. 丁丑日, 光祿勳인 좌풍익 출신 郭虔(곽건)이 司空이 되었다.

여름 4월 丙申日, 京師에 지진이 났다. 5월, 日南郡 만이가 반역하며 郡의 관아를 공격했다.

가을 7월, 九眞郡과 交阯郡(교지군)에서 군사가 반역했다. 8월 庚子日, 熒惑星(형혹성)이 南斗 가까이에 나타났다. 江夏郡의 도적 무리가 邾縣(주현) 縣長을 살해했다.

겨울 10월 甲申日, (황제가) 長安에 행차하였는데 지나는 곳의 鰥寡孤獨(환과고독)과 극빈자에게 곡식을 각 5斛씩 하사했다. 庚子日,

未央宮에 행차하여 三輔지역의 郡守와 都尉 및 관속을 모아 위로와
주악을 하사하였다.

11월 丙午日, 高廟에 제사하였다. 丁未日, (전한) 11개 황릉에 제
사를 지내게 했다. 丁卯日, 낙양 주변에 지진이 났다. 12월 乙亥日,
(황제가) 長安에서 돌아왔다.

原文

三年春二月乙亥, 京師及金城,隴西地震, 二郡山岸崩, 地
陷. 戊子, 太白犯熒惑.

夏四月, 九江賊蔡伯流寇郡界, 及廣陵, 殺江都長. 戊戌,
遣光祿大夫案行金城,隴西, 賜壓死者年七歲以上錢, 人二
千, 一家皆被害, 爲收斂之. 除今年田租, 尤甚者勿收口賦.
閏月, 蔡伯流等率衆詣徐州刺史應志降. 己酉, 京師地震.

五月, 吳郡丞羊珍反, 攻郡府, 太守王衡破斬之. 六月辛
丑, 琅邪王遵薨. 九眞太守祝良,交阯刺史張喬慰誘日南叛
蠻,降之, 嶺外平.

秋七月丙戌, 濟北王多薨. 八月己未, 司徒黃尙免.

九月己酉, 光祿勳長沙劉壽爲司徒. 丙戌, 令大將軍,三公
各擧故刺史,二千石及見令,長,郎,謁者,四府掾屬剛毅武猛
有謀謨任將帥者各二人, 特進,卿,校尉各一人.

冬十月, 燒當羌寇金城, 護羌校尉馬賢擊破之, 羌遂相招

而叛. 十二月戊戌朔, 日有食之.

| 註釋 | ㅇ(永和) 三年 – 서기 138년. ㅇ太白犯熒惑 – 太白은 金星. 가
장 가깝고 밝다. ㅇ蔡伯流 – 九江郡人. 江都 縣長을 죽였다. 江都는 今 江
蘇省 揚州市 江都區. ㅇ廣陵 – 徐州의 郡, 治所는 廣陵縣, 今 江蘇省 서남
부의 揚州市. ㅇ徐州刺史應志降 – 應志는 인명. 徐州刺史를 찾아가 투항
했다. ㅇ吳郡丞羊珍 – 吳郡의 郡丞(副太守). 邊郡에는 郡丞을 두지 않고
長史가 있어 軍務를 담당했다. ㅇ嶺外平 – 嶺은 五嶺(五嶺山脈, 南嶺山
脈). 長江과 珠江 水系의 분수령. 嶺外는 今 廣東省, 廣西省, 海南省 등 중
국 남부를 지칭. ㅇ四府掾屬 – 後漢의 四府는 大將軍府, 太尉府, 司徒府,
司空府의 合稱. 前漢의 四府는 丞相府, 御使府, 車騎將軍府, 前將軍府의 합
칭. ㅇ謀謨 – 智謀(지모)와 大謨. 엄격히 구분하자면 謀는 작전, 군사상의
지모. 謨는 정략적이거나 정치상의 大計. ㅇ燒當羌 – 羌族의 부족 이름.
소당은 전한 원제 때 족장의 이름이었는데 그 후손들이 부족명으로 사용.
원 근거지는 今 青海省 동부 黃河 양안, 海南藏族自治州 동북부 貴德縣, 同
仁縣 일대. 다른 강족에 비해 부유하고 인구도 많아 西部 일대에 널리 분
포. 後漢에 자주 반기를 들었다.

[國譯]

(永和) 3년 봄 이월 乙亥日, 京師와 金城郡과 隴西郡에 지진이 났
고 2개 군의 산비탈이 붕괴하였다. 戊子日, 太白星(金星)이 熒惑星
(형혹성, 火星) 성좌에 출현하였다.

여름 4월, 九江郡의 도적 蔡伯流(채백류)가 郡界를 넘어 廣陵郡에
침입하여 (廣陵郡) 江都縣 縣長을 살해하였다. 戊戌日, 光祿大夫를
각지에 파견하여 금성군과 농서군에서 7세 이상의 압사자에게 2千

錢을 하사했고 일가족이 모두 피해를 당했으며 관에서 시신을 거두어주게 하였다. 또 금년의 田租를 면제하였고 피해가 심한 자에게는 口賦도 걷지 않게 하였다. 윤달, 蔡伯流(채백류) 등이 무리를 거느리고 徐州刺史 應志(응지)에게 투항하였다. 己酉日, 경사 일원에 지진이 났다.

5월, 吳郡의 郡丞이 羊珍(양진)이 반역하며 郡府를 공격했으나 吳郡太守 王衡(왕형)이 격파 참수하였다. 6월 辛丑日, 琅邪王 遵(준)이 죽었다. 九眞郡 太守 祝良(축량)과 交阯(교지) 자사인 張喬(장교)가 日南郡에서 반역한 만이들을 회유하여 투항케 하였는데 이에 五嶺 남쪽이 평온해졌다.

가을 7월 丙戌日, 濟北王 多(다)가 죽었다. 8월 己未日, 司徒 黃尙(황상)이 면직되었다.

9월 己酉日, 光祿勳인 長沙郡 출신 劉壽(유수)는 司徒가 되었다. 丙戌日, 大將軍과 三公에게 각각 刺史나 太守, 또는 縣令이나 縣長, 郎官이나 謁者, 또는 4府의 속관을 역임한 자 중에서 엄격하고 용맹하며 지모가 뛰어나 장수가 될만한 자를 2인씩 천거하게 하였고, 特進과 卿, 그리고 校尉는 각 1인씩 천거하게 하였다.

겨울 10월, 燒當(소당)의 강족이 金城郡에 침입하였는데 護羌校尉인 馬賢(마현)이 격파하자 강족은 서로 연결하면서 반기를 들었다. 12월 戊戌日 초하루, 일식이 있었다.

原文

四年春正月庚辰, 中常侍張逵,蘧政,楊定等有罪誅, 連及

弘農太守張鳳, 安平相楊告, 下獄死. 三月乙亥, 京師地震.

夏四月癸卯, 護羌校尉馬賢討燒當羌, 大破之. 戊午, 大赦天下. 賜民爵及粟, 帛各有差. 五月戊辰, 封故濟北惠王壽子安爲濟北王.

秋八月, 太原郡旱, 民庶流冗. 癸丑, 遣光祿大夫案行稟貸, 除更賦.

冬十月戊午, 校獵上林苑, 歷函谷關而還. 十一月丙寅, 幸廣成苑.

| 註釋 | ○(永和) 四年 − 서기 139년. ○中常侍張逵, 蘧政, 楊定～ − 逵는 한길 규. 네거리. 蘧는 풀 이름 거. 성씨. 中常侍(중상시)는 환관, 질록 千石. 無定員. 뒤에 比二千石까지 증액. ○弘農 − 司隷校尉部의 군명. 치소는 弘農縣. 今 河南省 서쪽 三門峽市 관할 靈寶市. ○安平 − 國名, 冀州 소속, 治所 信都縣, 今 河北省 남부 衡水市 관할 冀州市. ○函谷關 − 今 河南省 서쪽 끝 靈寶市 동북에 위치. 關中, 關東의 기준이 바로 함곡관. '車不方軌, 馬不並轡'의 요새. ○廣成苑 − 낙양 서부의 苑囿(원유).

[國譯]

(永和) 4년 봄 정월 庚辰日, 中常侍인 張逵(장규), 蘧政(거정), 楊定(양정) 등이 죄를 지어 誅殺되었는데 이와 연좌하여 弘農太守 張鳳(장봉), 安平 國相인 楊告(양고)도 하옥되었다가 죽었다. 3월 乙亥日, 京師에 지진이 있었다.

여름 4월 癸卯日, 護羌校尉인 馬賢(마현)이 燒當의 강족을 공격하여 대파하였다. 戊午日, 천하의 죄인을 사면했다. 백성에게 작위와 곡식과 비단을 차등 있게 하사하였다.

5월 戊辰日, 옛 濟北 惠王 壽(수)의 아들 安(안)을 濟北王에 봉하였다.

가을 8월, 太原郡이 가물어 많이 백성이 유민이 되었다. 癸丑日, 光祿大夫를 각지에 보내 곡식을 풀어 구제하였고 更賦(경부)도 면제하였다.

겨울 10월 戊午日, (장안의) 上林苑에서 校獵(교렵)을 하고 함곡관을 거쳐 돌아왔다. 11월 丙寅日, 廣成苑(광성원)에 행차하였다.

五年春二月戊申, 京師地震.

夏四月庚子, 中山王弘薨. 南匈奴左部句龍大人吾斯, 車紐等叛, 圍美稷.

五月, 度遼將軍馬續討吾斯, 車紐, 破之, 使匈奴中郎將陳龜迫殺南單于. 己丑晦, 日有食之. 且凍羌寇三輔, 殺令長. 丁丑, 令死罪以下及亡命贖, 各有差.

九月, 令扶風, 漢陽築隴道塢三百所, 置屯兵. 辛未, 太尉王龔罷. 且凍羌寇武都, 燒隴關. 壬午, 太常桓焉爲太尉. 丁亥, 徙西河郡居離石, 上郡居夏陽, 朔方居五原. 句龍吾斯等東引烏桓, 西收羌胡, 寇上郡, 立車紐爲單于.

冬十一月辛巳, 遣使匈奴中郎將張耽擊破之, 車紐降.

| 註釋 | ○(永和) 五年 - 서기 140년.　○左部句龍大人 - 남흉노 관직명.　○美稷 - 西河郡의 縣名. 今 內蒙古 鄂爾多斯市 관할 準格爾旗 서북.
○使匈奴中郎將 - 使匈奴中郎將은 幷州(병주) 일대의 南匈奴를 관할, 보호케 하였다. 주둔지는 西河郡 美稷縣.　○丁丑 - 5월에 己丑日이 그믐이라면 48일 뒤에야 丁丑日이다. 그러면 7월이다.　○隴道塢 - 漢陽郡 隴縣(농현, 今 甘肅省 天水市 관할 張家川回族自治縣)의 塢(오. 성채, 작은 둑). 隴縣에 涼州 刺史部의 치소가 있었다.　○隴關 - 隴山의 관문, 今 陝西省 寶雞市 관할 隴縣.　○徙西河郡居離石 - 서하군의 백성을 西河郡의 治所인 離石縣으로 옮겨 살게 하다.　○車紐(거뉴) - 흉노족 인명.

[國譯]

(永和) 5년 봄 2월 戊申日, 京師에 지진이 있었다.

여름 4월 庚子日, 中山王 弘(홍)이 죽었다. 南匈奴의 左部句龍大人인 吾斯(오사)와 車紐(거뉴) 등이 반역하며 (西河郡의) 美稷縣(미직현)을 포위하였다.

5월, 度遼將軍(도료장군) 馬續(마속)이 吾斯(오사)와 車紐(거뉴)를 격파하였고, 使匈奴中郎將인 陳龜(진구)는 南單于를 겁박하여 자살하게 하였다. 己丑日 그믐, 日食이 있었다. 且凍(차동)의 강족이 三輔 일대에 침입하여 현령이나 현장을 죽였다.

(7월 ?) 丁丑日, 死罪 이하 죄수나 도망자의 속전을 각각 차등을 두어 실행케 했다.

9월, 右扶風과 漢陽郡에 명하여 隴道(隴縣)에 작은 성채 3백 개를 만들게 하여 屯兵을 주둔시켰다. 辛未日, 太尉 王龔(왕공)이 파직되었다. 차동의 강족이 武都郡에 침입하여 隴關(농관)을 불태웠다. 壬午日, 太常인 桓焉(환원)이 太尉가 되었다. 丁亥日, 西河郡의 백성을

離石縣에, 上郡의 백성을 (左馮翊의) 夏陽縣에, 朔方郡의 백성을 (五原郡의) 五原縣에 이주시켜 살게 하였다. (흉노) 句龍王(구룡왕, 관직명) 吾斯(오사) 등이 동쪽 烏桓族(오환족)을 물리치고, 서쪽의 강족을 지배하며 上郡을 노략질하면서 車紐(거뉴)를 單于(선우)로 옹립하였다.

겨울 11월 辛巳日, 使匈奴中郎將 張耽(장탐)을 파견하여 흉노를 격파하자 車紐(거뉴)가 투항하였다.

原文

六年春正月丙子, 征西將軍馬賢與且凍羌戰於射姑山, 賢軍敗沒, 安定太守郭璜下獄死. 詔貸王,侯國租一歲. 閏月, 鞏唐羌寇隴西, 遂及三輔.

二月丁巳, 有星孛於營室. 三月, 武威太守趙沖討鞏唐羌, 破之. 庚子, 司空郭虔免. 乙巳, 河間王政薨. 丙午, 太僕趙戒爲司空. 夏五月庚子, 齊王無忌薨. 使匈奴中郎將張耽大破烏桓,羌胡於天山. 鞏唐羌寇北地.

秋七月甲午, 詔假民有貲者戶錢一千. 八月丙辰, 大將軍梁商薨, 壬戌, 河南尹梁冀爲大將軍. 九月, 諸種羌寇武威. 辛亥晦, 日有食之.

冬十月癸丑, 徙安定居扶風, 北地居馮翊. 十一月庚子, 以執金吾張喬行車騎將軍事,將兵屯三輔.

| **註釋** | ○(永和) 六年 – 서기 141년. ○射姑山(사고산) – 今 甘肅省 동부 慶陽市의 서북 ○安定太守 – 涼州 소속, 군명. 治所 臨涇縣. 今 甘肅省 慶陽市 관할 鎭原縣. ○詔貸王,侯國租一歲 – 王國이나 侯國에서 징수하는 조세는 국고에 편입되지 않는다. 중앙정부의 재정이 궁핍하여 제후 왕국이나 후국의 조세를 1년간 차용했다는 뜻. ○有星孛於營室 – 혜성 같은 星光이 恒星(항성)의 구역을 지나가는 것을 孛(살별 패)라 한다. 營室(영실)은 성좌 이름. 28宿의 하나. 인간의 세계에서는 後宮(皇后宮)에 해당. ○天山 – 지금의 甘肅省과 靑海省을 가르는 南祁連山(남기련산). ○北地 – 涼州의 군명. 治所 富平縣. 今 寧夏回族自治區 북부 黃河 東岸의 吳忠市. ○假民有貲者戶錢一千 – 假는 임차하다. 빌리다. 빌려주다. 貲는 資. ○徙安定居扶風 – 安定郡 백성을 右扶風으로 이사시켜 살게 하다.

[國譯]

(永和) 6년 봄 정월 丙子日, 征西將軍 馬賢(마현)이 且凍(차동)의 강족과 射姑山(사고산)에서 싸웠는데 마현의 군사가 크게 패했고, 安定郡 태수 郭璜(곽황)은 하옥되었다가 죽었다. 조서로 王國과 侯國의 조세를 1년간 임차하였다. 윤달, 鞏唐(공당)의 강족이 隴西郡에 침입했고 이어 三輔 지역까지 침입하였다.

2월 丁巳日, 혜성이 營室(영실) 성좌에 출현하였다. 3월, 武威郡 태수 趙沖(조충)이 鞏唐(공당)의 강족을 토벌 격파하였다. 庚子日, 司空 郭虔(곽건)이 면직되었다. 乙巳日, 河間王 政(정)이 죽었다. 丙午日, 太僕인 趙戒(조계)가 司空이 되었다.

여름 5월 庚子日, 齊王 無忌(무기)가 죽었다. 使匈奴中郎將인 張耽(장탐)이 烏桓(오환)과 강족을 天山(천산)에서 격파하였다. 鞏唐(공당)의 강족이 北地郡을 노략질하였다.

가을 7월 甲午日, 자산이 많은 백성한테 호당 1천 전씩 빌렸다. 8월 丙辰日, 대장군 梁商(양상)이 죽었고, 壬戌日, 河南尹인 梁冀(양기)가 대장군이 되었다. 9월, 여러 부족의 강족이 武威郡에 침입하였다. 辛亥日 그믐날, 日食이 있었다.

겨울 10월 癸丑日, 安定郡의 백성을 右扶風으로, 北地郡 백성을 左馮翊(좌풍익)으로 옮겨 살게 했다. 11월 庚子日(경자일), 집금오인 張喬(장교)가 車騎將軍 업무를 대행하며 군사를 거느리고 三輔(삼보) 지역에 주둔하였다.

■ 原文

漢安元年春正月癸巳, 宗祀明堂, 大赦天下, 改元漢安.

二月丙辰, 詔大將軍,公,卿擧賢良方正,能探賾索隱者各一人.

秋七月, 始置承華廐. 八月, 南匈奴左部大人句龍吾斯與薁鞬臺耆等反叛. 丁卯, 遣侍中杜喬,光祿大夫周擧,守光祿大夫郭遵,馮羨,欒巴,張綱,周栩,劉班等八人分行州,郡, 班宣風化, 擧實臧否.

九月庚寅, 廣陵盜賊張嬰等寇郡縣.

冬十月辛未, 太尉桓焉,司徒劉壽免. 甲戌, 行車騎將軍張喬罷. 十一月壬午, 司隸校尉趙峻爲太尉, 大司農胡廣爲司徒. 癸卯, 詔大將軍,三公選武猛試用有效驗任爲將校者各一人. 是歲, 廣陵賊張嬰等詣太守張綱降.

| 註釋 | ○漢安 - 順帝의 4번째 연호, 서기 142-143년. ○能探賾索隱者 - 能은 잘하다. 探賾은 심오한 도리를 추구하다. 賾은 깊숙할 색. 심오한 도리. 索隱(색은)은 숨은 이치를 찾아내다. ○承華廏 - 養馬場. 廏는 마구간 구. 책임자 令은 질록 6백석. ○馮羨,欒巴,張綱,周栩,~ - 모두 인명. 馮 성씨 풍. 탈 빙. 羨은 부러워할 선. 欒은 나무 이름 난(란). 巴는 땅이름파. 綱은 벼리 강. 굵은 밧줄. 栩는 상수리나무 허. 張綱(장강)은 장량의 후손. 56권, 〈張王種陳列傳〉에 立傳. ○擧實臧否 - 擧實은 들춰내거나 밝히다. 臧否는 善惡. 臧은 착할 장. ○行車騎將軍 - 行은 代行, 攝行(섭행). 본직을 갖고 다른 일을 겸행. 行大司馬. 行中郞將事 등이 그 예이다. ○任爲將校者 - 校는 단위부대. 하나의 부대(校)를 거느리는(將) 자가 將校이다.

[國譯]

漢安(한안) 원년 봄 정월 癸巳日, 명당에서 祖宗의 제사를 지내고 천하 죄수를 사면하며 漢安으로 개원하였다.

2월 丙辰日, 조서로 大將軍과 여러 公卿에게 賢良하고 方正하거나 심오한 도리를 잘 찾아 밝힐 수 있는 자를 각각 1인씩 천거하라 했다.

가을 7월에, 承華廏(승화구)를 신설했다. 8월, 南匈奴의 左部句龍大人인 吾斯(오사)와 薁鞬(욱건)의 臺耆(대기) 등이 반역하였다. 丁卯日, 侍中인 杜喬(두교), 光祿大夫인 周擧(주거), 임시 光祿大夫인 郭遵(곽준), 馮羨(풍선), 欒巴(난파), 張綱(장강), 周栩(주허), 劉班(유반) 등 8인을 각 州와 郡에 나눠 보내서 교화를 널리 펴고 (관리의) 선악을 사실대로 조사하게 하였다.

9월 庚寅日, 廣陵郡의 도적 張嬰(장영) 등이 여러 군현을 노략질했다.

겨울 10월 辛未日, 太尉인 桓焉(환언)과 司徒 劉壽(유수)가 면직되었다. 甲戌日, 車騎將軍 代行인 張喬(장교)를 파면하였다.

11월 壬午日, 司隷校尉인 趙峻(조준)이 太尉가 되었고, 大司農인 胡廣(호광)이 司徒가 되었다. 癸卯日, 조서로 大將軍과 三公이 무예와 용맹을 시험하여 실제로 부대를 거느릴만한 자를 각 1인씩 뽑아 천거하라고 하였다. 이 해에 廣陵의 도적 張嬰(장영) 등이 太守 張綱(장강)에게 투항하였다.

原文

二年春二月丙辰, 鄯善國遣使貢獻.

夏四月庚戌, 護羌校尉趙沖與漢陽太守張貢擊燒何羌於參䜌, 破之. 六月乙丑, 熒惑犯鎭星. 丙寅, 立南匈奴守義王兜樓儲爲南單于.

冬十月辛丑, 令郡國中都官繫囚殊死以下出縑贖, 各有差, 其不能入贖者, 遣詣臨羌縣居作二歲. 甲辰, 減百官奉. 丙午, 禁沽酒, 又貸王,侯國租一歲. 閏月, 趙沖擊燒當羌於阿陽, 破之.

十一月, 使匈奴中郎將馬寔遣人刺殺句龍吾斯. 十二月, 楊,徐盜賊攻燒城寺, 殺略吏民. 是歲, 涼州地百八十震.

| 註釋 | ㅇ(漢安) 二年 — 서기 143년. ㅇ鄯善國 — 서역의 국명. 원래 국명은 樓蘭(누란). 국도는 扜泥城〔우니성, 今 新疆省 동남부의 若羌(약강)〕. 현재 지

도에는 新疆省 동부 吐魯番市 동쪽에 鄯善市가 따로 있다. 《漢書 西域傳》
에 입전. 本書 88권 〈西域傳〉 참고. ○參㜕(참련) – 北地郡의 현명. 今 甘
肅省 동부 慶陽市의 서북. 㜕은 어지러울 연(련), 다스릴 연, 맬 연. ○熒
惑犯鎭星 – 鎭星은 土星의 옛 이름. ○守義王兜樓儲 – 守義王은 후한에
서 내린 왕호, 兜樓儲(두루저)는 인명. 남흉노 선우에 즉위 후 5년, 서기 147
년에 죽었다. ○縑贖 – 비단(縑 비단 겸)을 내어 속죄하다. ○臨羌縣(임강
현) – 金城郡의 현명. 今 青海省 동북부 西寧市 서부 湟源縣 ○禁沽酒 –
술의 판매를 금하다. ○阿陽 – 漢陽郡의 현명.

[國譯]

　(漢安) 2년 봄 2월 丙辰日, (西域의) 鄯善國(선선국)에서 사신을 보
내 공물을 헌상했다.

　여름 4월 庚戌日(경술일), 護羌校尉인 趙沖(조충)과 漢陽太守인 張
貢(장공)이 燒何(소하)의 강족을 (北地郡의) 參㜕縣(참련현)에서 격파
하였다.

　6월 乙丑日, 熒惑星(형혹성)이 鎭星(진성, 土星) 곁에 보였다. 丙寅
日, 남흉노의 守義王 兜樓儲(두루저)를 南單于로 옹립하였다.

　겨울 10월 辛丑日, 각 郡國과 中都官에 명하여 사형 이하의 죄수
가 비단을 내어 속죄할 경우 차등을 두어 시행케 하였고, 속전을 낼
수 없는 자는 臨羌縣(임강현)에 보내 2년간 거주하게 하였다. 甲辰
日, 百官의 봉급을 감액하였다. 丙午日, 술의 판매를 금했고 또 王國
과 후국의 전조를 1년간 차입하였다. 閏月, 趙沖(조충)이 燒當(소당)
의 강족을 阿陽縣(아양현)에서 격파하였다.

　11월, 使匈奴中郎將인 馬寔(마식)이 자객을 보내 (흉노) 句龍의 吾
斯(오사)를 살해했다.

12월, 楊州와 徐州刺史部 일대의 도적이 성과 관청을 불태우고 관리와 백성을 살해, 노략질하였다. 이 해에 涼州刺史部 지역에 180회의 지진이 있었다.

原文

建康元年正月辛丑, 詔曰, 「隴西,漢陽,張掖,北地,武威,武都, 自去年九月已來, 地百八十震, 山谷坼裂, 壞敗城寺, 殺害民庶. 夷狄叛逆, 賦役重數, 內外怨曠, 惟咎嘆息. 其遣光祿大夫案行, 宣暢恩澤, 惠此下民, 勿爲煩擾.」

三月庚子, 沛王廣薨. 領護羌校尉衛琚追討叛羌, 破之. 南郡,江夏盜賊寇掠城邑, 州郡討平之.

夏四月, 使匈奴中郎將馬寔擊南匈奴左部, 破之, 於是胡羌,烏桓悉詣寔降. 辛巳, 立皇子炳爲皇太子, 改年建康, 大赦天下. 賜人爵各有差. 秋七月丙午, 清河王延平薨.

八月, 楊,徐盜賊范容,周生等寇掠城邑, 遣御史中丞馮赦督州郡兵討之.

庚午, 帝崩於玉堂前殿, 時年三十. 遺詔無起寢廟, 斂以故服, 珠玉玩好皆不得

|註釋| ○建康元年 – 順帝의 마지막(5번째) 연호. 서기 144년. ○隴西,漢陽,張掖,北地,武威,武都 – 모두 涼州刺史部의 군명. ○坼裂(탁열) – 갈라지다. 坼은 터질 탁. 갈라지다. ○壞敗城寺 – 壞敗(괴패)는 무너뜨리

다. 城寺는 현의 관청. ㅇ南郡, 江夏 — 모두 荊州 자사부의 군명. 南郡 治所
는 江陵縣, 今 湖北省 荊州市 江陵縣. 江夏郡 治所는 西陵縣. 今 湖北省 武
漢市 新洲區. ㅇ使匈奴中郞將馬寔 — 使匈奴中郞將은 남흉노의 보호와 감
시가 주목적. 질록 比二千石. 寔은 진실로 식, 이 식.

[國譯]

建康(건강) 원년 정월 辛丑日, 조서를 내렸다.

「隴西, 漢陽, 張掖(장액), 北地, 武威, 武都郡에서는 작년 9월 이래
로 땅이 180회나 흔들려 계곡이 갈라지고 성과 관청이 무너졌고 백
성들이 죽었다. 여기에 이적들은 반역하고 부역은 무겁고도 자주 부
과하니 조정의 내외에 원망이 많아지며 재해 속에 탄식뿐이다. 光祿
大夫를 각지에 파견하여 나라의 은택을 선양하면서 백성을 도울 것
이나 백성을 번거롭게 하지 말라.」

3월 庚子日, 沛王 廣(광)이 죽었다. 護羌校尉 대행 衛琚(위거)가 반
역한 강족을 토벌 격파하였다. 南郡과 江夏郡의 도적이 여러 城邑을
노략질하자 州와 군에서 토벌, 평정하였다.

여름 4월, 使匈奴中郞將인 馬寔(마식)이 南匈奴의 左部를 공격 격
파하자 이에 흉노와 강족, 오환족이 마식에게 투항하였다.

辛巳日, 皇子 炳(병)을 皇太子로 책립하고 建康(건강)으로 개원하
였으며 대사면을 행했다. 백성에게 작위를 차등을 두어 하사하였
다.

가을 7월 丙午日, 淸河王 延平(연평)이 죽었다.

8월, 揚州와 徐州 일대의 도적인 范容(범용)과 周生(주생) 등이 선
읍을 노략질하자 御史中丞인 馮赦(풍사)가 주와 군의 군사를 독려하

여 토벌케 하였다.

庚午日, 황제가 前殿의 玉堂에서 붕어하였는데, 나이는 30세였다. 遺詔(유조)로 침전과 묘당을 짓지 말고 평상복으로 염을 하되 주옥이나 玉器 등을 副葬하지 말라고 하였다.

| 原文

論曰, 古之人君, 離幽放而反國祚者有矣, 莫不矯鑒前違, 審識情僞, 無忘在外之憂, 故能中興其業. 觀夫順朝之政, 殆不然乎? 何其傚僻之多與?

| 註釋 | ㅇ離幽放而反國 - 離는 당하다. 幽는 유폐, 放은 放逐(방축). 反은 돌아오다. 國祚는 國運. 帝位. ㅇ莫不矯鑒前違 - 이전의 잘못을 바로잡지 않은 경우가 없었다. ㅇ殆不然乎? - 거의 그러하지 않았는가? 그렇지 않았다. ㅇ何其傚僻之多與 - 傚는 본받다. 僻은 후미질 벽. 偏僻(편벽). 폐단.

[國譯]

范曄(범엽)의 史論 : 고대의 帝王 중에는 유폐나 방축을 당했다가 돌아와 제위에 오른 경우가 있었고, 그런 제왕은 전날의 역경을 거울삼아 바로잡거나 어려웠던 처지를 잘 알고 밖으로 밀렸을 때의 걱정을 잊지 않았기에 중흥의 치적을 이룰 수 있었다. 저 順帝 재위 중의 정사를 본다면 전혀 그러 하지 않았다. 어찌 그리도 (이전의) 나쁜 것을 많이 본받았는가?

☸附 孝沖皇帝

原文

孝沖皇帝諱炳, 順帝之子也. 母曰虞貴人.

建康元年立爲皇太子, 其年八月庚午, 卽皇帝位, 年二歲.
尊皇后曰皇太后. 太后臨朝. 丁丑, 以太尉趙峻爲太傅, 大
司農李固爲太尉, 參錄尙書事.

| 註釋 | ○孝沖皇帝諱炳 - 幼少在位曰 沖. 沖은 빌 충. 비다. ○李固 -
63권, 〈李杜列傳〉에 입전.

[國譯]

孝沖皇帝(효충황제)의 諱(휘)는 炳(병, 밝을 병)으로 順帝의 아들이
다. 모친은 虞(우) 貴人이다.

建康 원년(서기 144) 황태자로 책립되었다가 그해 8월 庚午日, 황
제로 즉위하였는데, 나이는 2세였다. (梁) 皇后를 皇太后로 높였다.
太后가 臨朝하여 聽政하였다. 丁丑日, 太尉 趙峻(조준)이 太傅가 되
었고, 大司農 李固(이고)가 太尉가 되어 尙書의 업무를 감독하였다.

原文

九月丙午, 葬孝順皇帝於憲陵, 廟曰敬宗. 是口, 京師及
太原,鴈門地震, 三郡水涌土裂. 庚戌, 詔三公,特進,侯,卿,校

尉, 舉賢良方正,幽逸修道之士各一人, 百僚皆上封事. 己未, 九江太守丘騰有罪, 下獄死. 楊州刺史尹耀,九江太守鄧顯討賊范容等於歷陽, 軍敗, 耀,顯爲賊所歿.

冬十月, 日南蠻夷攻燒城邑, 交阯刺史夏方招誘降之. 壬申, 常山王儀薨. 己卯, 零陵太守劉康坐殺無辜, 下獄死.

十一月,九江盜賊徐鳳,馬勉等稱'無上將軍',攻燒城邑. 己酉, 令郡國中都官繫囚減死一等, 徙邊, 謀反大逆, 不用此令.

十二月, 九江賊黃虎等攻合肥. 是歲, 群盜發憲陵. 護羌校尉趙沖追擊叛羌於鸇陰河,戰歿.

| 註釋 | ○憲陵 – 順帝의 능, 今 河南省 洛陽市 서북. ○校尉 – 질록 比이천석의 무관. 後漢에서는 五校尉를 두어 중앙 宿衛兵을 지휘케 하였다. 5교위는 前漢 8교위를 개편한 後漢 중앙군의 5개 부대이다. 屯騎校尉(驍騎校尉로 개명했다가 다시 복원). 越騎校尉(靑巾左校尉로 개명했다가 다시 복원), 步兵校尉, 長水校尉, 射聲校尉를 지칭. 장수교위의 군사는 3천여 명. 나머지 교위 병력은 7백 명. 그 외에 城門校尉(낙양 12개 성문 수비를 담당)가 있었다. ○歷陽 – 九江郡의 현명. 揚州刺史部의 치소. 今 安徽省 동부, 長江 하류 馬鞍山市 관할 和縣에 해당. ○合肥 – 九江郡의 縣名. 侯國名. 今 安徽省 省會(省都)인 合肥市. ○鸇陰河(전음하) – 鸇는 새 매 전. 今 甘肅省 중남부 白銀市 관할 靖遠縣을 흐르는 황하의 지류.

[國譯]

9월 丙午日, 孝順皇帝를 憲陵(헌릉)에 장례했고, 묘호는 敬宗(경종)이다. 이날 京師와 太原郡, 鴈門郡에 지진이 있었고 3개 군에서 물이 솟았고 땅이 갈라졌다. 庚戌日, 조서로 三公과 特進, 侯와 卿과 校尉에게 賢良方正하고, 은거하며 도를 연마하는 진재를 각 1인씩 천거하고 모든 신료들은 封事를 올리라 하였다. 己未日, 九江郡 太守인 丘騰(구등)이 죄를 지어 하옥되었다가 죽었다. 楊州刺史인 尹耀(윤요), 九江太守인 鄧顯(등현)이 도적 무리 范容(범용) 등을 (九江郡의) 歷陽縣(역양현)에서 공격하다가 패전하여 윤요와 등현이 적에게 피살되었다.

겨울 10월, 日南郡의 만이들이 성읍을 공격하고 불태웠는데 交阯(교지) 자사인 夏方(하방)이 회유하여 투항케 하였다. 壬申日, 常山王 儀(의)가 죽었다. 己卯日, 零陵(영릉) 태수인 劉康(유강)이 무고한 백성을 죽였다는 죄로 하옥되어 죽었다.

11월, 九江郡의 도적 무리인 徐鳳(서봉), 馬勉(마면) 등이 '無上將軍'이라 자칭하면서 성읍을 불태웠다. 己酉日, 각 郡國과 中都官에 갇힌 죄수 중 사형을 1등급 감형하여 변방으로 이주시키되 謀反이나 大逆罪人은 이 조치가 적용되지 않았다.

12월, 九江郡의 도적인 黃虎(황호) 등이 合肥縣을 공격하였다. 이 해에 도적떼가 (順帝의) 憲陵(헌릉)을 파헤쳤다. 護羌校尉인 趙沖(조충)이 반역한 강족을 鸇陰河(전음하)에서 공격하다가 전사하였다.

原文

永憙元年春正月戊戌, 帝崩於玉堂前殿, 年三歲. 清河王蒜徵至京師

| 註釋 | ○永熹元年 – 沖帝의 연호. 서기 145년. ○淸河王蒜 – 蒜 달래 산. 작은 마늘.

[國譯]

永熹(영가) 원년 봄 정월 戊戌日, 황제가 前殿의 玉堂에서 붕어하였는데, 나이는 3세였다. 淸河王 蒜(산)을 불러 낙양에 올라오게 했다.

◎ 附 孝質皇帝

▌原文

孝質皇帝諱纘, 肅宗玄孫.

曾祖父千乘貞王伉, 祖父樂安夷王寵, 父勃海孝王鴻, 母陳夫人. 沖帝不豫, 大將軍梁冀徵帝到洛陽都亭. 及沖帝崩, 皇太后與冀定策禁中, 丙辰, 使冀持節, 以王靑蓋車迎帝入南宮. 丁巳, 封爲建平侯, 其日卽皇帝位, 年八歲.

己未, 葬孝沖皇帝於懷陵. 廣陵賊張嬰等復反, 攻殺堂邑, 江都長. 九江賊徐鳳等攻殺曲陽,東城長. 甲申, 謁高廟. 乙酉, 謁光武廟.

| 註釋 | ○孝質皇帝諱纘 – 138년생. 재위 145 – 146년(16개월). 大將

軍 梁冀(양기)에 의해 독살되었다. 63권, 〈李杜列傳〉의 〈李固傳〉 참고. 謚法에 '忠正無邪曰 質'. 纘은 이을 찬. ㅇ肅宗玄孫 − 章帝의 玄孫(孫子의 孫子). ㅇ曾祖父千乘貞王伉 − 千乘貞王 劉伉은 55권, 〈章帝八王列傳〉에 입전. ㅇ洛陽都亭 − 都亭은 洛陽城 동쪽. ㅇ堂邑,江都 − 堂邑은 廣陵郡의 현명. 今 江蘇省 南京市 六合區. 江都는 廣陵郡의 현명. 今 江蘇省 揚州市 江都區. ㅇ曲陽,東城 − 曲陽은 九江郡의 西曲陽縣(今 安徽省 북부의 亳州市 渦陽縣). 鉅鹿郡의 下曲陽縣(今 河北省 保定市 관할 曲陽縣). 中山國의 上曲陽縣과는 다른 지명. 東城은 下邳國 현명. 今 安徽省 중동부 定遠縣 (省 直轄縣).

[國譯]

孝質皇帝(효질황제)의 諱(휘)는 纘(찬)으로 肅宗(章帝)의 玄孫이다.

증조부는 千乘 貞王 伉(항)이고, 조부는 樂安 夷王(이왕) 寵(총)이며, 부친은 勃海(발해) 孝王 鴻(홍)이고, 모친은 陳夫人이다. 沖帝(충제)가 병이 나자, 大將軍 梁冀(양기)는 황제를 불러 낙양의 都亭(도정)에 오게 하였다. 沖帝가 붕어하자, 皇太后(順帝 梁太后)는 梁冀와 함께 궁 안에서 방책을 정한 뒤에, 丙辰日, 양기를 보내 부절을 갖고 가서 王이 타는 靑蓋車로 南宮에 영입하였다. 丁巳日, 建平侯(건평후)에 책봉한 뒤에 그 날로 황제로 즉위하니, 나이는 8세였다.

己未日, 孝沖皇帝을 懷陵(회릉)에 장례했다.

廣陵郡의 도적인 張嬰(장영) 등이 다시 반역하면서 堂邑縣과 江都縣 縣長을 공격 살해하였다. 九江郡의 도적인 徐鳳(서봉) 등은 曲陽과 東城縣의 縣長을 공격 살해하였다.

甲申日, (황제는) 高祖 묘당에 拜謁(배알)하였다. 乙酉日, 光武帝의 묘당에 배알하였다.

原文

二月, 豫章太守虞續坐贓, 下獄死. 乙酉, 大赦天下. 賜人爵及粟,帛各有差. 還王侯所削戶,邑. 彭城王道薨. 叛羌詣左馮翊梁並降.

三月, 九江賊馬勉稱'黃帝'. 九江都尉縢撫討馬勉,范容, 周生, 大破斬之.

夏四月壬申, 雩. 庚辰, 濟北王安薨. 丹陽賊陸宮等圍城, 燒亭寺, 丹陽太守江漢擊破之.

| 註釋 | ○豫章 – 揚州의 군명. 治所는 南昌縣, 今 江西省 북부 南昌市 (江西省의 省都). ○坐贓 – 뇌물죄를 법하다. 贓은 뇌물 장. 감추다. ○彭城王 – 徐州 彭城國, 治所는 彭城縣 今 江蘇省 徐州市. ○丹陽 – 揚州 군명. 治所는 宛陵縣. 今 安徽省 동남부 宣城市.

[國譯]

2월, 豫章(예장) 태수 虞續(우속)이 뇌물죄를 지어 하옥되었다가 죽었다. 乙酉日, 천하에 사면령을 내렸다. 백성에게 작위와 곡식과 비단을 각각 차등을 두어 하사하였다. 제후 王國과 侯國에서 삭제한 호구나 읍을 모두 환원하였다. 彭城王(팽성왕) 道(도)가 죽었다. 반란을 일으켰던 강족이 左馮翊 梁並(양병)을 찾아와 투항하였다.

3월, 九江郡의 도적인 馬勉(마면)이 '黃帝'를 자칭했다. 九江郡 都尉인 縢撫(등무)가 馬勉, 范容(범용), 周生(주생) 등을 대파하고 참수하였다.

여름 4월 壬申日, 기우제를 지냈다. 庚辰日, 濟北王 安(안)이 죽었다. 丹陽郡의 도적인 陸宮(육궁) 등이 성을 포위하고 亭과 관청을 불태우자 단양태수 江漢(강한)이 격파하였다.

原文

五月甲午, 詔曰, 「朕以不德, 託母天下, 布政不明, 每失厥中. 自春涉夏, 大旱炎赫, 憂心京京, 故得禱祈明祀, 冀蒙潤澤. 前雖得雨, 而宿麥頗傷, 比日陰雲, 還復開霽. 寤寐永歎, 重懷慘結. 將二千石, 令, 長不崇寬和, 暴刻之爲乎? 其令中都官繫囚罪非殊死考未竟者, 一切任出, 以須立秋. 郡國有名山大澤能興雲雨者, 二千石長吏各絜齊請禱, 謁誠盡禮. 又兵役連年, 死亡流離, 或支骸不斂, 或停棺莫收, 朕甚愍焉. 昔文王葬枯骨, 人賴其德. 今遣使者案行, 若無家屬及貧無資者, 隨宜賜恤, 以慰孤魂.」

| 註釋 | ○託母天下 – 모후에게 천하를 맡기다. ○自春涉夏 – 봄에서 여름까지 涉은 경과하다. 건널 섭. ○大旱炎赫 – 큰 가뭄에 불타는 더위. ○憂心京京 – 京京은 근심하는 모양. 걱정이 끝이 없다. ○還復開霽 – 다시 구름이 걷혔다. 비가 올 가능성이 완전히 사라졌다. 霽는 갤 제. ○寤寐永歎 – 寤寐는 자나 깨나. 寤는 잠에서 깨다. 寐는 눕다. 자다. ○重懷慘結 – 가슴이 비통으로 꽉 막히다. 慘 참혹할 참. ○一切任出 – 모든 죄수를 보석 출옥시키다. ○支骸不斂 – 支骸(지해)는 시신 四肢의 뼈. 支는 팔다리, 肢와 동. 骸는 뼈 해. 不斂은 거두지 못하다. 斂은 거둘 염(렴). ○停棺莫收 – 관에 시신을 넣지 못하다. 관도 없이 시신을 파묻다. ○文王葬枯

骨 — 文王이 사람을 시켜 땅을 파게 했다. 그런데 시신의 뼈가 나오자 문왕은 뼈를 다시 묻어주라고 했다. 신하들이 시신의 주인도 없다고 하자, 문왕이 말했다. "천하를 다스리는 자가 만물의 주인이다. 내가 시신의 주인이 아니겠는가?" 이를 전해 들은 백성이 말했다. "왕의 은택이 마른 해골에도 미치는데 하물며 살아있는 사람이야!"

[國譯]

5월 甲午日, 조서를 내렸다.

「朕(짐)이 부덕하여 천하를 母后에게 맡기고도 정사가 淸明하지 못하여 늘 正中에서 벗어나고 있다. 봄부터 여름까지 크게 가물며 불타듯 뜨거워 걱정이 끊이지 않아 기도하고 제사를 지내며 단비가 내리기를 바랐었다. 앞서 비가 내렸지만 보리 수확은 크게 줄었으며, 요즈음에 검은 구름이 끼었지만 다시 맑게 개였다. 짐은 자나 깨나 크게 탄식하며 비통한 마음에 가슴이 꽉 막혔도다. 이는 태수와 縣令이나 縣長이 백성에게 관대 온화하지 않고 포악 각박했기 때문은 아닌가? 中都官에게 지시하여 갇힌 죄수 중 사형 죄가 아닌 죄수는 더 추궁하지 말고 모두를 석방했다가 立秋를 기다려 처리토록 하라. 각 군국의 名山과 大澤에 구름과 비를 내릴 수 있다면 태수나 현령은 각자 재계하고 誠意와 예를 다해 기도를 올리도록 하라. 또 백성이 해마다 병역에 징발되고 유민으로 떠돌다 죽어 시신을 거두지 못하거나 관도 없이 묻히는 것을 심히 안타깝게 생각한다. 옛날 文王께서 마른 해골도 다시 묻어 주었고 백성은 문왕의 그런 은택을 받았었다. 지금 사자를 각지에 나눠 파견하여 일가친족이 없거나 가난하여 돈이 없는 백성을 사정에 따라 구휼하고 고혼을 위로하라.」

是月, 下邳人謝安應募擊徐鳳等, 斬之.

丙辰, 詔曰,「孝殤皇帝雖不永休祚, 而卽位踰年, 君臣禮成. 孝安皇帝承襲統業, 而前世遂令恭陵在康陵之上, 先後相踰, 失其次序, 非所以奉宗廟之重, 垂無窮之制. 昔定公追正順祀,《春秋》善之. 其令恭陵次康陵, 憲陵次恭陵, 以序親秩, 爲萬世法.」

| 註釋 | ○徐鳳 – 九江郡의 도적. ○休祚 – 좋은 자리, 황제. 休는 크다. 아름답다. 祚는 복 조. 하늘이 내린 것. ○卽位踰年 – 해를 넘기다. 踰는 넘을 유. 재위 8개월이었지만 해가 바뀌었다(서기 105년-106년). ○恭陵在康陵之上 – 恭陵은 6대 安帝의 陵, 康陵은 5대 殤帝의 능. 상제와 안제는 같은 항렬이었지만 章帝의 손자로서는 殤帝보다 安帝가 더 長孫이었다. ○垂無窮之制 – 영원히 이어질 법제. ○昔定公追正順祀 – 魯의 定公, 서기 前 510-495년 재위. ○恭陵次康陵, 憲陵次恭陵 – 康陵(殤帝) → 恭陵(安帝) → 憲陵(順帝)의 順.

[國譯]

이 달에, 下邳(하비)의 백성 謝安(사안)은 (九江의 도적) 徐鳳(서봉) 등을 토벌하는데 참여하여 서봉을 죽였다.

丙辰日, 조서를 내렸다.

「孝殤皇帝는 제위를 오래 누리지는 못했지만 즉위하고 해를 넘겨 君臣의 禮가 갖춰졌었나. 孝安皇帝가 세위를 이어받은 뒤에 恭陵 (安帝의 능)이 康陵(殤帝의 능)보다 위에 모셔 先後를 넘어 그 순서가 바뀌었는데, 이는 종묘를 중히 받들고 영원히 이어질 법도의 이치에 맞지 않는다. 옛날 (魯의) 定公이 정통을 바로 세워 제사 순서를 바르게 고치자 이를 《春秋》에서도 칭송하였다. 恭陵(安帝)을 康陵(殤帝) 다음에 憲陵(順帝)을 恭陵(安帝) 다음에 모시도록, 親族 順次를 정해 萬歲의 법도가 되게 하라.」

六月, 鮮卑寇代郡. 秋七月庚寅, 阜陵王代薨. 廬江盜賊攻尋陽, 又攻盱台, 滕撫遣司馬王章擊破之. 九月庚戌, 太傅趙峻薨.

冬十一月己丑, 南陽太守韓昭坐贓下獄死. 丙午, 中郎將滕撫擊廣陵賊張嬰, 破之. 丁未, 中郎將趙序坐事棄市. 歷陽賊華孟自稱 '黑帝', 攻殺九江太守楊岑, 滕撫率諸將擊孟等, 大破斬之.

| 註釋 | ○代郡 – 幽州의 郡名. 治所는 高柳縣, 今 山西省 大同市 관할 陽高縣. ○阜陵王 – 阜陵(부릉)은 九江郡의 국명. 今 安徽省 중동부 滁州市(저주시) 관할 全椒縣(전초현). ○尋陽(심양) – 廬江郡의 현명. 今 湖北省 동부 黃岡市 黃梅縣. ○盱台(우이) – 台는 별 태. 나(予) 이. 今 江蘇省 서북부 淮安市 盱台縣. 洪澤湖 남단. ○楊岑 – 인명. 岑은 봉우리 잠.

[國譯]

6월, 선비족이 代郡을 침략했다. 가을 7월 庚寅日, 阜陵王 代(대)

가 죽었다. 廬江郡(여강군)의 도적이 尋陽縣(심양현)을 공격하고 또 (下邳國) 盱台縣(우이현)을 공격하자, 滕撫(등무)가 司馬인 王章(왕장)을 보내 격파하였다.

9월 庚戌日, 太傅 趙峻(조준)이 죽었다.

겨울 11월 己丑日, 南陽 태수 韓昭(한소)가 뇌물을 받아 하옥되었다가 죽었다. 丙午日, 中郎將 滕撫(등무)가 廣陵郡의 도적 張嬰(장영)을 공격 격파하였다. 丁未日, 中郎將 趙序(조서)를 업무상 죄로 기시형에 처했다. (九江郡) 歷陽縣(역양현)의 도적 華孟(화맹)이 '黑帝'라 자칭하며 九江 태수 楊岑(양잠)을 공격 살해하자 滕撫(등무)가 여러 장수를 거느리고 화맹의 무리를 격파하여 화맹의 목을 잘랐다.

原文

本初元年春正月丙申, 詔曰, 「昔堯命四子, 以欽天道, 〈鴻範〉九疇, 休咎有象. 夫瑞以和降, 異因逆感, 禁微應大, 前聖所重. 頃者, 州郡輕慢憲防, 競逞殘暴, 造設科條, 陷入無罪. 或以喜怒驅逐長吏, 恩阿所私, 罰枉讎隙, 至令守闕訴訟, 前後不絶. 送故迎新, 人離其害, 怨氣傷和, 以致災眚. 《書》云, '明德愼罰.' 方春東作, 育微敬始. 其勑有司, 罪非殊死, 且勿案驗, 以崇在寬.」

壬子, 廣陵太守王喜坐討賊逗留, 下獄死.

| 註釋 | ㅇ本初 元年 - 質帝의 연호, 서기 146년. ㅇ堯命四子 以欽天道

- 堯帝의 羲仲, 羲叔, 和仲, 和叔의 四子, 羲와 和로 약칭. 〈鴻範〉九疇는 洪範九疇, 天地의 大法 9조목. 鴻은 洪. 疇는 條目. 밭두둑 주. ○休咎有象 - 休咎(휴구)는 天福과 災殃(재앙). 有象은 징조가 있다. ○夫瑞以和降 - 상서는 정치가 和順할 때 降臨한다. ○異因逆感 - 災異는 時令을 어길 때 감응한다. ○禁微應大 - 禁止가 미미하더라도 그를 어기면 감응은 매우 크다. ○頃者 - 얼마 전, 요즈음. ○輕慢憲防 - 헌법을 경시하고 따르지 않다. ○競逞殘暴 - 경쟁을 하듯 잔혹하게 다스리다. ○造設科條 - 법규나 명령을 멋대로 만들다. ○驅逐長吏 - 아래 관리들을 멋대로 부리다. ○恩阿所私 - 私感에 의거 은택을 베풀다. ○罰枉讎隙 - 원한이 있거나 소원하면 함부로 징벌하다. 枉은 굽을 왕. 讎는 원수 수. 隙은 틈 극. ○送故迎新 - 舊官을 보내고 新官을 맞이하다. ○以致災眚 - 그로써 재앙이 닥치게 된다. ○《書》云, '明德愼罰.' -《書經 周書 康誥》云, '惟乃丕顯考文王 克明德愼罰~.' 덕을 밝히고 형벌을 삼가다. ○方春東作 - 東作은 농사일. ○育微敬始 - 농작물의 싹을 키우고 근신하여 생업을 시작하다. ○坐討賊逗留 - 逗留(두류)는 한 곳에 머물며 나가지 않다. 적을 두려워하여 과감히 공격하지 않고 觀望하다.

[國譯]

本初(본초) 원년 봄 정월 丙申日, 조서를 내렸다.

「옛날 堯帝는 그 四子에게 명하여 天道를 본받게 하였고, 〈鴻範(洪範)〉九疇(구주)에는 天福과 재앙의 상징이 있다. 대개 祥瑞(상서)는 和順할 때 강림하고, 재이는 時令을 위배할 때 그에 따라 나타나는 것이니 작은 것을 어기더라도 그 감응이 크기 때문에 前聖께서는 이를 중히 여기셨다. 요즈음에. 각 州郡에서는 祖宗大法을 우습게 알고 경쟁적으로 포악하며 멋대로 법규를 만들어 무죄한 백성을 해치고 있다. 때로는 喜怒의 감정으로 관리를 부리거나, 私情으로 자기편에게 은택을 베풀며 원한이나 소원한 자에게 멋대로 징벌을 가하여 관청에 소송이 끊임없이 이어지고 있다. 구관을 보내고 신관을 맞이할 때 백성만 해를 당하여 그 원한이 和氣를 손상하여 결국 재앙을 초래하게 된다. 《書經》에서도 '德을 베풀고 형벌에 신중하라.'고 하였다. 지금 봄날 농사철이라 싹을 키우고 삼가 열심히 농사를 시작해야 할 때이다. 담당 관리에게 알려 사형에 해당하는 죄수가 아니라면 일단 조사하지 말고 관용을 베풀도록 하라.」

壬子日, 廣陵 태수 王喜(왕희)가 도적 토벌에서 전투를 회피한 죄로 하옥되었다가 죽었다.

原文

二月庚辰, 詔曰,「九江, 廣陵二郡數離寇害, 殘夷最甚. 生者失其資業. 死者委屍原野. 昔之爲政, 一物不得其所, 若己爲之, 況我元元, 嬰此困毒. 方春戒節, 賑濟乏戹, 掩骼埋胔之時. 其調比郡見穀, 出稟窮弱, 收葬枯骸, 務加埋卹, 以稱朕意.」

| 註釋 | ○殘夷最甚 – 殘夷는 피해. 殘은 해치다. 쇠잔하다. 夷는 평평할 이. 짓이기다. ○委屍原野 – 委屍는 시신이 방치되다. 委는 맡길 위. 버려두다. 原野는 들판. ○嬰此困毒 – 嬰은 걸려들다. 닿다. 갓난아이 영. 困毒은 심한 괴로움. 困難. ○方春戒節 – 戒는 조심하고 주의하다. ○賑濟乏戹 – 乏戹은 乏困. 乏은 모자랄 핍. 戹은 좁을 액. 막히다. ○掩骼埋胔 – 掩

은 가릴 엄. 덮다. 骼 뼈 격. 枯骨. 埋는 묻을 매. 매장하다. 胔 고기 자. 육
신이 썩는 것. ○枯骸 – 마른 뼈. 骸는 뼈 해. ○埋卹(매휼) – 埋葬과 救恤
(구휼). 卹은 동정할 휼, 구휼하다. 恤과 同.

[國譯]

2월 庚辰日, 조서를 내렸다.

「九江과 廣陵 2개 郡은 자주 외적의 침략을 당해 그 피해가 가장
심하다. 산 자는 그 생업을 잃었고 죽은 자의 시신은 들판에 널려있
다. 옛날 정치에서 一物이라도 제자리를 못 찾았다면 자신이 한 것
처럼 걱정했는데, 하물며 지금 나의 백성들이 이런 고통을 당하였으
니! 바야흐로 봄날 근신할 시절이니 궁핍한 백성을 구제하고 죽은
뼈를 거두고 시신을 매장할 때이다. 이웃 군의 곡식이라도 조달하여
곤궁하고 미약한 자에 공급하고, 마른 뼈를 수습 묻어주며 매장과
구휼에 힘써서 짐의 뜻에 맞추도록 하라.」

原文

夏四月庚辰, 令郡國擧明經, 年五十以上,七十以上詣太
學. 自大將軍至六百石, 皆遣子受業, 歲滿課試, 以高第五
人補郎中, 次五人太子舍人. 又千石,六百石,四府掾屬,三署
郎,四姓小侯先能通經者, 各令隨家法, 其高第者上名牒, 當
以次賞進.

| 註釋 | ○歲滿課試 – 1년 뒤에 시험을 치르다.   ○四府掾屬 – 後漢의

四府는 大將軍府, 太尉府, 司徒府, 司空府의 合稱. 전한의 四府는 丞相府, 御使府, 車騎將軍, 前將軍府의 합칭. 연속은 소속 관리, 예를 들어 大將軍府에는 29명, 司徒府에는 연속이 31인이었다. ○三署郎 - 三署는 郎中令(후에 光祿勳으로 개칭)의 속관 전체를 말함. 五官中郎將(中郎三將의 우두머리, 질록 比二千石, 황제의 고급 시종관), 左中郎將(궁전 숙위, 질록 比二千石), 右中郎將(중전 전문 숙위, 황제 호위, 질록 비이천석). 군국에서 효렴으로 추천된 자는 처음에 이 삼서의 낭관에 補任되는데, 낭관은 中郎, 議郎, 侍郎, 郎中으로 구분, 無 定員. ○四姓小侯先能通經者 - 황제의 외척인 樊氏(번씨), 郭氏, 陰氏, 馬氏 등 4성의 자제를 특별히 四姓小侯라 하였다. 아직 列侯(제후)가 아니기에 小侯라 하였고 그들을 위해 五經博士를 두었다. ○各令隨家法 - 유생으로 《詩經》을 전공하면 詩家, 《禮記》를 전공하면 禮家라 하였다. 家法은 각 학문의 전통.

[國譯]

여름 4월 庚辰日, 각 郡國에서 50세 이상 70세 이하로 경학에 밝은 유생을 천거하여 太學에 보내게 하였다. 大將軍에서 6백석까지의 관리는 아들을 太學에 보내 수업을 받게 하였는데 1년이 지나 그 考課를 평가하여 상위 5명은 郎中에, 그 다음 5명은 太子舍人에 補任하게 하였다. 또 千石에서 6百石의 관리나 四府의 掾屬(연속), 三署의 낭관, 四姓의 小侯 중에서 경학에 능통한 자는 각 학문의 師法에 따라 우수한 자 명단을 올리면 순차적으로 시상하거나 천거하게 하였다.

五月庚寅, 徙樂安王爲勃海王. 海水溢. 戊申, 使謁者案行, 收葬樂安,北海人爲水所漂沒死者, 又稟給貧羸. 庚戌, 太白犯熒惑. 六月丁巳, 大赦天下, 賜民爵及粟,帛各有差.

閏月甲申, 大將軍梁冀潛行鴆弒, 帝崩於玉堂前殿, 年九歲. 丁亥, 太尉李固免. 戊子, 司徒胡廣爲太尉, 司空趙戒爲司徒, 與梁冀參錄尚書事. 太僕袁湯爲司空.

| 註釋 | ○樂安王 - 靑州 관할 樂安國 治所는 臨濟縣. 今 山東省 淄博市 관할 高靑縣. ○北海國 - 靑州 관할, 治所는 劇縣, 今 山東省 중부 濰坊市 (유방시) 관할 昌樂縣. ○稟給貧羸 - 貧羸은 극빈자. 羸 여윌 이(리). ○潛行鴆弒 - 潛行은 비밀리에 행하다. 鴆弒(짐시)는 짐새의 독으로 시해하다. 鴆은 짐새 짐. 중국 남방에 사는 올빼미 비슷한 毒鳥로 살무사(蝮)를 잡아먹는 새. 짐새의 깃털을 술에 넣고 저으면 毒酒가 된다.

[國譯]

5月 庚寅日, 樂安王을 勃海王(발해왕)으로 옮겨 봉했다. 海溢(해일)이 발생했다. 戊申日, 謁者(알자)를 보내 樂安國과 北海國의 백성으로 물에 표류했거나 익사자를 거두어 장례하게 하였고 또 극빈자에게 곡식을 내주게 하였다. 庚戌日, 太白星이 熒惑星 가까이에 보였다.

6月 丁巳日, 大赦免令을 내리고 民爵(민작)과 곡식 비단을 각각 차별 등을 두어 하사하였다.

윤월 甲申日, 대장군 梁冀(양기)가 비밀리에 짐독으로 시해하여 황제가 前殿의 옥당에서 붕어했는데, 나이는 9세였다. 丁亥日, 太尉 李固(이고)가 면직되었다. 戊子日, 司徒인 胡廣(호광)이 太尉가 되었고, 司空인 趙戒(조준)이 司徒가 되어 梁冀(양기)와 함께 尙書事를 대행 감독케 하였다. 太僕인 袁湯(원탕)이 司空이 되었다.

原文

賛曰, 孝順初立, 時髦允集. 匪砥匪革, 終淪嬖習. 保阿傳土, 后家世及. 沖夭未識, 質弑以聰. 陵折在運, 天緖三終.

| 註釋 | ○時髦允集 - 당대의 준걸이 모이다. 髦 긴 털 모. 俊也. 그 당시 張皓(장호), 王龔(왕공), 龐參(방참), 張衡(장형), 李固 등 俊才가 많았다. ○匪砥匪革 - 匪는 非와 同. 砥(숫돌 지)는 갈다. 연마하다. 革은 바꾸다, 뒤집다. 改也. ○終淪嬖習 - 끝내 측근에게 빠져 들었다. 淪은 빠질 윤(륜). 嬖習은 측근의 신하. 嬖는 사랑할 폐. ○保阿傳土 - 保阿는 乳母(山陽君 宋娥). 保는 安也. 阿는 의지하다. 傳土는 보모에게도 식읍을 주다. ○后家世及 - 梁太后 부친 梁商은 대장군이 되었고, 양상이 죽자 梁冀(양기)가 대장군이 되었다. ○質弑以聰 - 질제는 8살 어린아이였지만 양기의 횡포를 꾸짖었다고 한다. ○陵折在運 - 陵折은 陵夷(능이, 점차 쇠퇴함)와 夭折(요절). ○天緖三終 - 天緖는 하늘의 胤緖(윤서). 三終은 三世에 끝나다.

[國譯]

賛曰,

순제가 처음 즉위하고서는 뛰어난 인재가 모였다.

쇄신이나 개혁도 못하고 끝내 측근에 빠져버렸다.
保姆에게 식읍도 내려주고 외척은 직위를 세습했다.
沖帝는 嬰兒(영아)였고 質帝는 총명하여 시해당했다.
쇠락과 요절이 運命이나 天運 계승은 三世로 끝났다.

부록

1. 後漢 帝系表
〔후한 제계표〕

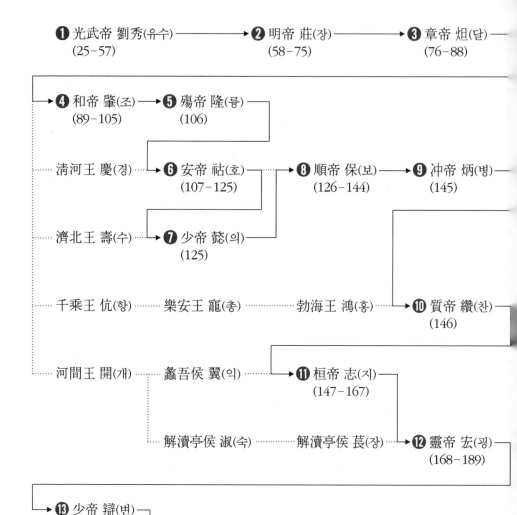

❶ 光武帝 劉秀(유수)　→　❷ 明帝 莊(장)　→　❸ 章帝 烜(달) →
(25-57)　　　　　　　　　 (58-75)　　　　　　　 (76-88)

→ ❹ 和帝 肇(조)　→　❺ 殤帝 隆(륭)
(89-105)　　　　　　　 (106)

⋯⋯ 清河王 慶(경) ⋯⋯ ❻ 安帝 祜(호)　→　❽ 順帝 保(보)　→　❾ 冲帝 炳(병) →
(107-125)　　　　　　 (126-144)　　　　　　 (145)

⋯⋯ 濟北王 壽(수) ⋯⋯ ❼ 少帝 懿(의)
(125)

⋯⋯ 千乘王 伉(항) ⋯⋯ 樂安王 寵(총) ⋯⋯ 勃海王 鴻(홍) → ❿ 質帝 纘(찬)
(146)

⋯⋯ 河間王 開(개) ⋯⋯ 蠡吾侯 翼(익) ⋯⋯ → ⓫ 桓帝 志(지)
(147-167)

⋯⋯ 解瀆亭侯 淑(숙) ⋯⋯ 解瀆亭侯 萇(장) → ⓬ 靈帝 宏(굉)
(168-189)

→ ⓭ 少帝 辯(변)
(189)

→ ⓮ 獻帝 協(협)
(189-220)

注 : ㉠ 實線 및 ❶❷❸은 재위 전승 순서
㉡ 虛線은 가족관계 표시(點線)
㉢ ( )은 재위 연도(서기)

2. 後漢 皇帝及 年號 一覽
〔후한 황제 및 연호 일람〕

서기 25 - 220 존속. 서기 연수.

廟號	諡號	姓名	在世	在位	年號	期間
世祖	光武帝	劉秀	前6-57年	25-57年	建武 建武 中元	26-55 56-57
顯宗	孝明帝	劉莊	28-75	57-75	永平	58-75
肅宗	孝章帝	劉炟 (유달)	58-88	75-88	建初 元和 章和	76-83 84-86 87-88
(穆宗)	孝和帝	劉肇 (유조)	79-105	88-105	永元 元興	89-105 105
	孝殤帝	劉隆	105-106	105-106	延平	106
(恭宗)	孝安帝	劉祜 (유호)	94-125	106-125	永初 元初 永寧 建光 延光	107-113 114-119 120 121 122-125
	少帝	劉懿	?-125	125		
(敬宗)	孝順帝	劉保	115-144	12-144	永建 陽嘉 永和 漢安 建康	126-131 132-135 136-141 142-143 144
	孝沖帝	劉炳	143-145	144-145	永嘉	145
	孝質帝	劉纘	138-146	145-146	本初	146
(威宗)	孝桓帝	劉志	132-167	146-167	建和 和平 元嘉 永興 永壽 延熹 永康	147-149 150 151-152 153-154 155-157 158-166 167
	孝靈帝	劉宏	156-189	168-189	建寧 熹平 光和 中平	168-171 172-177 178-183 184-188
	弘農王	劉辯	176-190	189	中平	189
	孝獻帝	劉協	181-234	189-220	初平 興平 建安 延康	190-193 194-195 196-219 220

[비고] ※ 和帝 이후의 廟號는 獻帝 때 모두 삭제, 사용하지 않음.
　　　 ※ 弘農王은 헌제 즉위 이전 4개월 재위. 董卓에게 毒殺 당한 이후 공식 시호는 弘農懷王임.
　　　 ※ 연호를 중간에 개원하는 경우에 바뀐 연호를 그 해의 연호로 표기했음.

3. 後漢 主要 事件 年表
〔후한 주요 사건 연표〕

西紀	干支	帝位	年號	年數	主要事件	비고
8년	戊辰		初始	元	국호 新. 12月 朔, 始建國 元年 正月	
14	甲戌		天鳳	元	莽 두 번째 연호. 서기 14-19년.	
20	庚辰	王莽		元	鉅鹿人 馬適 討王莽 擧兵, 失敗.	
22	壬午	(왕망)	地皇	3	關東대기근, 赤眉兵, 新市兵 등 擧兵.	
23	癸未		地皇	4	更始帝 劉玄, 更始元年, 경시제 入關 왕망, 피살	
		更始	更始	元	劉秀 거병, 行大司馬事, 河北平定.	
24	甲申	更始	更始	2	更始帝 至 長安, 赤眉樊崇入關中. 劉秀, 邯鄲진격 殺王郎, 遣鄧禹 入關.	

西紀	干支	帝位	年號	年數	主要事件	비고
25년	乙酉			元年	公孫述 成都에서 稱帝. 鄧禹 更始兵 대파 河東 평정. 劉秀 황제 즉위, 건원 建武, 광무제. 赤眉軍 劉盆子를 황제로 옹립. 적미군 長安 입성. 光武帝 洛陽 入城, 定都. 적미군에게 경시제 피살.	
26	丙戌			2	光武帝, 魏郡, 淸河, 東郡 평정. 郭貴人 皇后 책립, 劉彊, 皇太子. 노비의 還家 허용. 三輔지역 대기근.	
27	丁亥	光武帝	建武	3	彭寵, 張步 등 稱王하며 할거.	
28	戊子	(世祖)		4	公孫述 三輔 지역 공격.	
29	己丑			5	팽총 사망, 今 北京 일대 歸漢. 竇融(두융) 漢에 귀의 후 西地평정.	
30	庚寅			6	吳漢은 江淮, 今 山東省 일대 평정. 隗囂(외효)가 隴右 지역에서 反漢. 北地, 上郡, 安定郡 지역 漢에 평정.	
31	辛卯			7	五原, 朔方, 雲中郡 지역 歸漢.	
32	壬辰			8	광무제 隗囂(외효)를 親征.	
33	癸巳			9	隗囂(외효) 病死. 子 隗純 계승, 反漢.	

西紀	干支	帝位	年號	年數	主要事件	비고
34	甲午			10	吳漢이 匈奴 격파. 隴右지역 평정.	
35	乙未			11	광무제 노비 처형을 법률로 금함. 馬援 등 여러 羌族을 격파.	
36	丙申			12	公孫述 부상으로 病死. 각지 할거세력 완전 평정. 통일 이룩.	
37	丁酉			13	功臣 諸侯 개편 작업 종료.	
38	戊戌			14	孔子 후손 孔志를 褒成侯에 封함.	
39	己亥			15	흉노 침입 격화, 변방 주민 內郡 이주.	
40	庚子			16	交趾郡 征側, 征貳 起兵, 漢郡 점령.	
41	辛丑			17	郭皇后 폐위, 光烈陰皇后 책립.	
42	壬寅			18	史歆(사흠) 成都에서 反漢 평정.	
43	癸卯			19	伏破將軍 馬援, 交趾郡 평정.	
44	甲辰	光武帝 (世祖)	建武	20	吳漢 病死, 흉노 대거 침입.	
45	乙巳			21	흉노, 烏桓, 鮮卑族 代郡 침략.	
46	丙午			22	흉노 대 기근, 오환에 격파, 이동.	
47	丁未			23	匈奴 薁鞬日逐王 比(비)가 內附.	
48	戊申			24	남흉노 呼韓邪單于 즉위, 遣使 稱臣.	
49	己酉			25	馬援, 武陵蠻夷 토벌, 陣中 病死.	
50	庚戌			26	南單于 西河郡에 移居, 흉노 雜居.	
51	辛亥			27	三公府－司徒, 司空, 大司馬 개칭.	
52	壬子			28	북흉노 화친 요구, 광무제 허용.	
53	癸丑			29	天下 男子에게 二級씩 작위 하사.	
54	甲寅			30	鮮卑(선비)의 족장이 귀부하여 朝賀.	
55	乙卯			31	北匈奴遣使奉獻.	
56	丙辰		建武中元	元	泰山에서 封禪.	
57	丁巳			2	倭使入朝, 光武帝病死(2월), 明帝 즉위.	
58	戊午	明帝	永平	元	馬武 등 출병, 燒當羌 大破.	
59	己未			2	辟雍(벽옹)에서 大射禮, 養老禮 시행.	
60	庚申			3	馬皇后 册立.	
61	辛酉			4	藉田(적전)을 親耕하다.	

西紀	干支	帝位	年號	年數	主要事件	비고
62	壬戌			5	元氏縣의 田租와 更賦 6년간 면제.	
63	癸亥			6	魯國에 행차, 제후왕의 알현을 받음.	
64	甲子			7	皇太后 陰氏(光烈陰皇后) 붕어.	
65	乙丑			8	明帝, 蔡愔(채음) 서역 파견, 求佛經.	
66	丙寅			9	채음 귀국, 洛陽 白馬寺 건립.	
67	丁卯			10	南陽郡에 가서 章陵에 행차.	
68	戊辰			11	沛王 劉輔(유보) 등 입조.	
69	己巳	明帝	永平	12	天下安平, 해마다 풍년, 百姓殷富. 黃河 대규모 제방 수축.	
70	庚午			13	楚王 劉英, 모반 발각, 대규모 獄事.	
71	辛未			14	楚王인 劉英(유영)이 자살.	
72	壬申			15	孔子 舊宅에서 공자를 제사.	
73	癸酉			16	竇固(두고) 등 파견, 북흉노 대 원정. 班超를 西域에 파견, 서역과 통교. 淮陽王 延(연) 모반, 관련자 처형.	
74	甲戌			17	西域都護府, 戊己校尉 설치.	
75	乙亥			18	北匈奴, 焉耆國 등 서역도호 살해. 明帝 病死(8월), 태자 즉위(章帝).	
76	丙子			元	段彭(단팽), 북흉노 격파, 흉노 도주.	
77	丁丑			2	伊吾廬(이오려) 둔병 철수, 북흉노가 차지.	
78	戊寅			3	반초 서역병력 통솔, 북흉노 격파. 貴人竇氏가 皇后가 되다.	
79	己卯	章帝	建初	4	유생을 白虎觀에 모아 五經 異同을 논의 - 班固《白虎通義》저술.	
80	庚辰			5	반초 - 疏勒國(소륵국) 격파.	
81	辛巳			6	大司農 鄧彪(등표)를 太尉에 임명.	
82	壬午			7	皇太子 慶(경) 폐위, 皇子 肇(조)를 皇太子로 삼다.	
83	癸未			8	北흉노 稽留斯 등 3만여 명 歸漢.	
84	甲申		元和	元	班超(반초), 疏勒, 于闐 동원, 莎車 격파.	

西紀	干支	帝位	年號	年數	主要事件	비고
85	乙酉	章帝	元和	2	四分曆 시행. 임산부에 胎養穀 지급.	
86	丙戌			3	西域長史 班超(반초)가 疏勒王 죽임.	
87	丁亥		章和	元	鮮卑 북흉노 대파. 북흉노 28만 投降. 반초 위세가 서역에 진동.	
88	戊子			2	章帝 붕어, 和帝 즉위, 竇太后 臨朝.	
89	己丑		永元	元	竇憲, 북흉노 대파, 燕然山 刻石記功. 두헌 대장군이 됨, 竇氏 발호.	
90	庚寅			2	반초 大月氏(대월지) 격파	
91	辛卯			3	漢軍, 북흉노 격파, 單于 멀리 도주. 서역도호부,騎都尉, 戊己校尉 재설치, 반초를 서역도호에 임명.	
92	壬辰			4	和帝가 두헌의 대장군 인수 회수, 환관의 정치 개입 시작, 竇憲 자살, 竇氏 餘黨체포, 班固 옥사.	
93	癸巳			5	선비족 점차 강성.	
94	甲午	和帝		6	班超 – 서역 50여 국 완전 평정.	
95	乙未			7	4월, 일식. 9월, 京師에 지진.	
96	丙申			8	남흉노 배반, 2만여 명 강제 이주.	
97	丁酉			9	班超가 甘英을 大秦國에 파견 – 安息 國 도착, 귀환.	
98	戊戌			10	5월, 京師에 큰 홍수, 10월에 홍수.	
99	己亥			11	천하 대사면.	
100	庚子			12	서역 蒙奇(몽기), 兜勒(두륵) 2국 귀부.	
101	辛丑			13	安息國과 通好, 獅子와 大鳥 보냄.	
102	壬寅			14	반초가 낙양에 귀환(8월), 9월 永眠. 廢 陰皇后, 鄧황후(鄧綏) 책립.	
103	癸卯			15	南陽郡 巡狩, 章陵 行次.	
104	甲辰			16	北匈奴 稱臣 入朝.	
105	乙巳		元興	元	高句麗 요동 침략. 和帝 죽음(12월).	
106	丙午	殤帝	延平	元	殤帝 병사. 安帝 즉위, 鄧太后 臨朝.	
107	丁未			元	西域都護 및 伊吾, 柳中 屯兵 폐지. 서역과 관계 단절.	

西紀	干支	帝位	年號	年數	主要事件	비고
108	戊申			2	홍수 등 재해 연속, 농민 반항 격심.	
109	己酉			3	京師, 并州, 涼州 대기근, 人相食.	
110	庚戌		永初	4	靑州 張伯路 등 농민 봉기.	
111	辛亥			5	先零(선련) 羌族, 河東, 河內郡 침략.	
112	壬子			6	蝗蟲 폐해. 大旱.	
113	癸丑			7	侯霸(후패) 등 선련 羌族 격파.	
114	甲寅			元	羌族이 武都, 漢中, 巴郡 등 침략.	
115	乙卯			2	水利工事 진행. 외적 침입 번다.	
116	丙辰	安帝		3	任尙이 선련 羌族 격파, 隴右 평정.	
117	丁巳		元初	4	곳곳서 羌族과 전쟁 계속.	
118	戊午			5	羌族 토벌에 242억 전 소모. 任尙이 戰果 허위 보고, 처형됨.	
119	己未			6	선비족 침입.	
120	庚申		永寧	元	班勇 — 西域副校尉, 敦煌(돈황) 주둔.	
121	辛酉		建光	元	鄧太后 붕어. 安帝 親政.	
122	壬戌			元	夫餘王 遣使朝貢. 高句麗 요동 침입.	
123	癸亥		延光	2	班勇 西域長史로 柳中에 주둔.	
124	甲子			3	班勇 西域 각국 정벌, 서역 再 通交.	
125	乙丑	少帝	無	4	安帝 붕어. 少帝 즉위, 사망(연호 無). 中常侍 孫程 등 정변, 順帝 즉위.	
126	丙寅			元	班勇, 서역 각국 및 북흉노 격파.	
127	丁卯			2	班勇과 敦煌軍 협력 焉耆國 등 평정.	
128	戊辰		永建	3	鮮卑族, 漁陽郡에 침입.	
129	己巳			4	황제 冠禮, 백성에 賜爵. 吳郡 신설.	
130	庚午	順帝		5	疏勒(소륵), 大宛, 莎車國 入貢.	
131	辛未			6	서역 伊吾屯田 再開.	
132	壬申			元	順烈梁皇后 册立.	
133	癸酉		陽嘉	2	張衡(장형) 候風地動儀, 渾天儀 제작.	
134	甲戌			3	護羌校尉 馬續 羌族 격파.	
135	乙亥			4	梁商 大將軍이 되다.	

西紀	干支	帝位	年號	年數	主要事件	비고
136	丙子			元	武陵郡 蠻夷 등 각지서 노략질.	
137	丁丑			2	象林郡 蠻夷 등 각지서 지방관 살해.	
138	戊寅		永和	3	九眞太守 祝良 蠻夷 무마, 嶺南復平.	
139	己卯			4	護羌校尉 馬賢 燒當羌 대파.	
140	庚辰	順帝		5	南匈奴 배반 각지서 노략질.	
141	辛巳			6	대장군 梁商 병사, 子 梁冀 대장군.	
142	壬午		漢安	元	남흉노 九龍吾斯, 并州 각지 노략질.	
143	癸未			2	中郎將 馬寔, 九龍吾斯를 공격 살해.	
144	甲申		建康	元	順帝 崩, 太子 炳 즉위, 梁太后 臨朝.	
145	乙酉	沖帝	永嘉	元	沖帝 死, 質帝 즉위.	
146	丙戌	質帝	本初	元	대장군 梁冀, 質帝 독살. 桓帝 영입.	
147	丁亥			元	梁冀가 太尉 李固, 杜喬 獄死시킴.	
148	戊子		建和	2	皇帝加元服(관례를 행하다. 17세)	
149	己丑			3	名儒 荀淑(순숙, 李固의 스승) 卒.	
150	庚寅		和平	元	梁太后 桓帝에게 還政. 太后 붕어.	
151	辛卯		元嘉	元	任城國, 梁國 대기근, 人相食.	
152	壬辰			2	西域長史가 于闐國人에게 피살.	
153	癸巳		永興	元	冀州 등 자연재해 극심.	
154	甲午			2	지방 각지서 造反 계속.	
155	乙未			元	司隷, 기주 대 기근, 人相食.	
156	丙申	桓帝	永壽	2	公孫舉 등 농민 봉기, 공손거 사망.	
157	丁酉			3	九眞郡 농민 봉기	
158	戊戌			元	南匈奴 反旗, 烏桓과 鮮卑 入寇.	
159	己亥			2	梁皇后 崩御, 梁冀 자살, 일족 몰락.	
160	庚子			3	환관 발호, 外賊 入寇. 농민 봉기.	
161	辛丑		延熹	4	전염병 크게 유행. 諸 羌族 入寇.	
162	壬寅			5	長沙, 零陵, 豫章郡 농민 봉기.	
163	癸卯			6	桂陽郡, 南海郡 농민 봉기.	
164	甲辰			7	黃瓊(황경) 病死. 6,7천 名士 운집.	
165	乙巳			8	李膺(이응), 다수의 환관을 주살.	

西紀	干支	帝位	年號	年數	主要事件	비고
166	丙午	桓帝	延熹	9	司隷, 豫州 災害에 기근. 黨錮의 獄(禍) 야기. 名士 다수 투옥.	
167	丁未		永康	元	黨錮 名士 出獄, 歸家, 終身 禁錮. 桓帝 崩, 靈帝 옹립, 竇太后 臨朝 청정.	
168	戊申		建寧	元	竇武 대장군, 陳蕃 太傅. 환관 曹節 등 政變, 환관 實權 장악.	
169	己酉			2	曹節, 2차 黨錮의 獄 유발.	
170	庚戌			3	大鴻臚 橋玄(교현), 司空이 되다.	
171	辛亥			4	황제 冠禮, 大赦 天下.	
172	壬子		熹平	元	竇太后 病死. 太學生 수천 명 구금.	
173	癸丑			2	선비족이 幽州와 幷州를 침략.	
174	甲寅			3	曹操(조조), 洛陽 北部都尉가 됨.	
175	乙卯			4	五經石刻을 立 太學정문(熹平石經).	
176	丙辰	靈帝		5	黨人 門生, 父子를 모두 免官, 禁錮.	
177	丁巳			6	鮮卑族을 토벌했으나 大敗.	
178	戊午		光和	元	西邸(西園) 설치, 공개적 賣官 시작.	
179	己未			2	환관 王甫가 弄權, 체포 처형됨.	
180	庚申			3	선비족이 幽州와 幷州에 침입.	
181	辛酉			4	靈帝 방탕, 遊戲 無度.	
182	壬戌			5	2월, 전염병이 크게 돌았다.	
183	癸亥			6	張角 黃巾 謀議 – '蒼天已死, 黃天當 立, 歲在甲子, 天下大吉' 이라 선동.	
184	甲子		中平	元	황건 봉기 폭발, 7州 28郡 同時 봉기. 何進, 盧植, 皇甫嵩 등 진압에 나섬.	
185	乙丑			2	황건 잔당 黑山賊의 노략질 계속.	
186	丙寅			3	黃巾主力 진압, 靑州,徐州 잔당 준동.	
187	丁卯			4	韓遂, 馬騰이 三輔 공략. 長沙태수 孫堅, 長沙 농민봉기 진압.	
188	戊辰			5	靑, 徐州 황건적 재봉기.	
189	己巳	少帝 獻帝	光熹 昭寧 永漢 中平	6	靈帝 崩, 少帝(劉辨) 즉위, 何太后 청정. 中常侍 張讓이 何進을 살해. 袁紹는 환 관 2천 명 살해. 董卓 낙양 진입. 少帝 폐 위, 劉協(獻帝)를 옹립. 동탁 自任相國.	

西紀	干支	帝位	年號	年數	主要事件	비고
190	庚午			元	關東에서 袁紹 중심 董卓 토벌군 성립. 동탁은 獻帝 협박 장안 천도.	
191	辛未			2	孫堅 동탁군 격파하고 낙양 입성. 曹操 東郡에서 黑山部 격파. 袁紹 冀州 차지, 劉備 平原相.	
192	壬申		初平	3	孫堅 荊州劉表공격 중 黃祖에게 피살. 동탁, 王允과 呂布의 계략 의거 피살. 동탁 部將 李傕(이각), 郭汜(곽사) 등 장안 도륙. 曹操 兗州 차지, 靑州兵을 조직 통솔.	
193	癸酉			4	袁術은 淮南 점유. 조조는 徐州 陶謙을 공격, 백성 수만 명 살해.	
194	甲戌			元	呂布 연주 공격, 조조 패퇴. 조조와 呂布, 濮陽에서 전투. 劉備 代徐州牧.	
195	乙亥	獻帝	興平	2	조조 定陶에서 여포 격파. 여포는 유비에게 의탁. 이각, 곽사가 獻帝 위협, 헌제는 安邑縣 피신. 孫堅의 아들 손策 강동을 차지.	
196	丙子			元	여포는 徐州 차지, 獻帝 낙양 도착. 曹操는 헌제를 許都로 영입. 孫策은 會稽郡 차지. 조조 권력 독점. 여포는 유비 공격, 유비 조조에 의탁.	
197	丁丑			2	袁術 淮南 壽春에서 稱帝. 袁紹는 冀, 靑, 幷州 장악. 조조는 원술 격파.	
198	戊寅		建安	3	동탁 잔당 완전 몰락. 조조는 여포 격파 처형, 徐州 차지. 諸葛亮은 南陽 隆中에 은거, 劉表 荊州 8郡 차지.	
199	己卯			4	원소는 公孫瓚 공격 살해, 幽州 차지. 袁術 사망. 袁紹와 조조 黎陽 격전. 劉備는 徐州 점령, 자립.	
200	庚辰			5	동승의 조조 살해 계획 누설 피살. 조조는 서수 공격, 유비는 원소에 의탁. 관우는 조조에 일시 투항. 관우가 袁紹의 대장 顏良을 죽임. 孫策 피살, 弟 孫權 繼位 자립. 조조 官渡大戰에서 원소 대파.	

西紀	干支	帝位	年號	年數	主要事件	비고
201	辛巳			6	劉備는 유표에 의탁.	
202	壬午			7	袁紹 病死. 子 袁譚,袁尚 爭權. 曹操는 원담, 원상 격파. 흉노 격파.	
203	癸未			8	원담, 원상 내분. 원상이 원담 격파. 孫權은 黃祖의 水軍을 격파.	
204	甲申			9	조조 邯鄲 차지. 袁尚 격파, 冀州 차지.	
205	乙酉			10	조조는 원담 살해. 원상 烏桓 도주.	
206	丙戌			11	조조 冀, 靑, 幽, 幷州 차지. 북방 통일.	
207	丁亥	獻帝	建安	12	조조는 白狼山에서 烏桓을 대파. 원상은 요동태수 公孫康에게 의지. 공손강이 원상을 죽임. 유비 三顧草廬, 諸葛亮은 三分天下의 隆中對策을 건의, 유비의 軍師가 됨.	
208	戊子			13	조조 自任 丞相. 형주 유표 사망, 조조 는 형주 유종을 격파. 제갈량은 동오 손권과 結好, 周瑜魯肅은 항전을 주 장. 赤壁大戰에서 東吳의 승리.	
209	己丑			14	曹操 屯田, 周瑜 대파 曹操 江陵兵, 不久 病死.	
210	庚寅			15	조조 인재 모음. 銅雀臺 건립.	
211	辛卯			16	조조 장남 曹丕 副丞相. 조조는 韓遂와 馬超 격파. 益州郡 太守 劉章 영입 劉備.	
212	壬辰			17	조조는 夏候淵을 시켜 馬超 격파. 孫權 秣陵 石頭城(今 南京市) 축조, 건 業 改稱하고 移居.	
213	癸巳			18	조조 손권 공격. '生子當如孫仲謀(孫 權)'라 탄식하고 철군.	
214	甲午			19	劉備 自領 益州牧. 曹操 공격 손권, 無益而撤軍. 조조 헌제 伏皇后 시해.	
215	乙未			20	조조 漢中郡 張魯 공격, 장로 투항.	
216	丙申			21	조조 魏王이 됨.	

西紀	干支	帝位	年號	年數	主要事件	비고
217	丁酉			22	조조 손권 濡須口에서 격전. 呂蒙이 대파 曹軍, 魯肅 病死 呂蒙 대체.	
218	戊戌		建安	23	劉備 入 漢中, 諸葛亮 守成都. 劉備, 夏候淵이 漢中 陰平關서 대치.	
219	己亥	獻帝		24	유비와 황충이 한중군 탈취. 유비 자칭 漢中王. 關羽 曹仁을 대파. 조조 七軍을 水葬. 呂蒙, 陸遜(육손) 荊州급습, 關羽 敗死.	
220	庚子		延康 黃初	元	曹操 사망(1월) 曹丕 승계. 曹丕는 廢 獻帝 稱 魏帝. 黃初 원년. 조비 洛陽 천도.	

西紀	干支	帝位	年號	年數	主要事件	비고
221	辛丑	昭烈帝	章武	元	劉備 成都 즉위, 史稱 蜀漢.	
222	壬寅	孫權	黃武	元	孫權 자립 吳王, 曹丕 남침에 항거.	
223	癸卯	後主	建興	元	劉備 白帝城에서 病死. 劉禪 계위.	
226	丙午	文帝	黃初	7	曹丕 病死, 曹叡(조예, 明帝) 즉위.	
229	己酉	大帝	黃龍	元	孫權 자립 황제, 改元 黃龍. 吳 大帝.	
227	丁未		建興	5	諸葛亮, 〈前 出師表〉.	
234	甲寅	後主		12	諸葛亮, 五丈原 病死.	
263	癸未		景輝	6	後主 出降, 蜀漢 멸망.	
265	乙酉	元帝	咸熙	2	司馬炎 즉위(晋 武帝). 魏 元帝 禪位.	
280	庚子	孫皓	天紀	4	晋 杜預(두예), 攻吳, 孫皓請降. 吳亡. '鼎足三分已成夢 三分天下歸一統.'	

4. 後漢 官職 一覽
〔후한 관직 일람〕

-《後漢書》百官 要約-

　　漢의 건국 시점은 戰國시대에서 秦 통일 왕조의 성립과 멸망에 따른 혼란의 뒤끝이었다. 漢의 건국 이후에 계속되는 내전 속에서 법령과 제도를 새로 마련할 겨를이 없었기에 통일을 이룩한 秦의 제도를 대부분 그대로 계승 적용하였다.

　　漢 景帝 때 吳楚七國의 亂(前 154년)을 평정한 이후 제후 왕의 세력을 억제하면서 중앙권력을 강화하였다. 武帝 때 여러 제도의 개편작업이 있었고 지방에 대한 통제를 강화하였지만, 황실의 사치와 대외원정으로 국고는 완전 바닥이 났다.

　　宣帝 재위 기간은 흉노의 분열과 내치의 성공으로 국력은 크게 회복되었고 정치적 안정을 이룩하였다. 그러나 成帝와 哀帝의 쇠퇴기를 거쳐 平帝 재위중은 완전 빈사상태였다.

　　이후 王莽의 新朝에서는 어설픈 개혁과 복고정책으로 극도의 혼란만을 초래했으며, 赤眉(적미)의 난을 거치면서 후한의 성립은 당연한 귀결처럼 인식되었다.

　　光武中興 이후, 인구의 감소에 따라 관직과 지방 조직을 축소하면서 비용 절감에 노력하였지만 전한의 제도를 크게 개혁하기보다는 보완하는 선에서 후한의 정치는 안정되었다. 후한 光武帝(재위 32년)-明帝(재위 18년)-章帝(재위 14년), 그리고 和帝(재위 17년) 중에 국정은 안정되었지만 새로운 제도 개혁은 없었다.

　　중국 정치제도는 周公의 〈周官〉에 바탕을 두고 발전해왔다. 시대에 따라 가감이 있었지만 漢의 성립 이후 복고적 이상을 추구하는 정치 풍조 속에서 〈周官〉의 根幹은 맥을 이어왔다. 후한의 관직은 3公 9卿을 근간으로 하였다.

三公은 전한 哀帝 때 승상을 大司徒로 개칭하면서 大司馬(군사), 大司空(御使大夫, 監察)을 三公이라 칭했다. 後漢에서는 광무제 때 대사도 대사공의 大를 생략하였고 대사마를 太尉로 개칭하여 司徒, 司空을 삼공이라 하였다. 九卿은 前漢의 관직을 그대로 계승하였는데 太常, 光祿勳, 衛尉, 太僕, 廷尉, 大鴻臚, 宗正, 大司農, 少府를 지칭한다.

班固의 《漢書 百官公卿表》(上)에는 전한 丞相 이하 최하 佐史까지 총 120,285명이라는 기록이 있는데, 후한에서는 전한보다 인구도 증가하고 관직도 번잡하였으니 관리 정원은 전한보다 증가했을 것이다. 여기서는 《後漢書》本紀와 列傳 내용의 이해를 위하여 《後漢書 百官, 1~5권》의 내용을 아래와 같이 정리하였다.(가나다 순)

關內侯(관내후) 19등급의 작위. 封土는 없고 縣의 일정 戶口에서 걷는 租(조)로 생활하였다.

光祿大夫(광록대부) 光祿勳의 속관, 질록 比二千石. 無定員. 모든 大夫나 議郎은 황제의 顧問 應對를 담당. 常事(고정 직무) 없음. 황제 명에 따른 심부름. 각 제후에 조문, 위문을 담당, 제후국에 喪事가 있으면 광록대부를 보내 업무를 처리케 했다.
太中大夫(질록 千石. 無定員), 中散大夫(질록 6백석, 無定員), 諫議大夫(질록 6백석, 無定員), 議郎(질록 6백석, 無定員) 등은 모두 광록대부 소속이었다.

光祿勳(광록훈) 卿 1인, 질록 中二千石. 宮殿門戶를 宿衛, 각 낭관을 지휘 감독, 덕행에 따라 승진과 퇴출의 인사 담당. 郊祀에서 三獻을 담당. 속관 丞 1인은 질록 比千石. 光祿大夫도 광록훈의 속관.

무관으로 五官中郎將, 左中郎將, 右中郎將, 虎賁中郎將, 羽林中郎將, 奉車都尉, 駙馬都尉, 騎都尉 등은 모두 光祿勳의 속관으로 질록은 比이천석이다. 광무제가 前漢에 비해 많이 감축했지만 그래도 광록훈의 속관이 제일 많았다.

- 五官中郎將(오관중랑장) : 1인, 比二千石. 光祿勳의 속관, 五官中郎(질록 比6백석, 無 定員), 五官侍郎(比四百石, 無 定員), 五官郎中(比三百石, 無 定員)을 감독. 중랑은 모두 侍衛 군사이다. 궁궐 문 및 車馬 출입 단속.

- 左, 右中郎將(좌, 우 중랑장) : 光祿勳의 속관, 질록 比二千石. 그 아래 署郎, 中郎(질록 比6백석). 侍郎(比4百石). 郎中(比3百石)을 거느렸는데, 이들 역시 無 定員이었다.

- 虎賁中郎將(호분중랑장) : 光祿勳의 속관, 질록 比二千石. 虎賁으로 宿衛 담당. 左, 右僕射, 左, 右陛長 各1인, 질록 比6백석. 무예 교습 담당. 陛長(폐장)은 殿中에서 朝會 시 황제 호위. 虎賁中郎(질록 比6백석). 虎賁 侍郎(比4百石). 虎賁 郎中(比3百石). 節從虎賁(比2百石) 등은 모두 숙위와 시종 담당.

- 羽林中郎將(우림중랑장) : 光祿勳의 속관, 질록 比二千石. 羽林郎(질록 比3百石, 無 定員. 숙위와 시종 담당)을 지휘. 羽林郎은 漢陽, 隴西, 安定, 北地, 上郡, 西河 등 6郡의 良家자제로 補任.

- 奉車都尉(봉거도위) : 光祿勳의 속관, 질록 比二千石. 無 定員. 御乘輿車 담당.

- 駙馬都尉(부마도위) : 光祿勳의 속관, 질록 比二千石. 無 定員. 駙馬 담당.

- 騎都尉(기도위) : 光祿勳의 속관, 질록 比二千石. 無 定員. 羽林騎兵 관련 업무 담당.

大司農(대사농) 卿 1인, 질록 中二千石. 나라의 錢穀 및 金帛, 幣貨 등 국가 재정을 관리. 郡國에서는 四時 上月 초하루에 錢穀簿를 보고하고 邊郡의 諸官에서는 재정 수용에 따른 지원을 요청. 丞 1인(질록 比千石), 部丞 1인(질록 6백석).

대사농 소속으로 太倉令 1인(질록 6백석), 平準令(1인, 질록 6백석, 물가 조절), 導官令〔1인, 질록 6백석. 황실용 御米를 搗精(도정, 방아 찧기)과 각종 乾糧 준비〕, 廩犧令(늠희령, 질록 6백석, 제사용 犧牲物을 구입)을 두었다.

전한에서는 각 郡國의 鹽官, 鐵官도 대사농 소속이었지만 후한에서는 모두 지방 군국의 관할로 이전시켰다. 후한에서는 낙양의 市長(상인 단속, 거래 질서 확립)은 河南尹 관할, 前漢의 均輸官은 폐지.

大長秋(대장추) 宦者. 1인, 질록 二千石. 황후의 비서실장 격. 종친에게 하사물품은 대장추를 거쳐 전달. 丞 1인, 질록 6백석. 宦者.

대장추의 속관으로 中宮僕(1인, 宦者. 질록 千石. 황후의 수레 담당). 中宮謁者令(1인, 질록 6백석. 宦者. 황후에게 올라가는 각종 보고 전담), 中宮尙書(5인, 질록 6백석. 宦者. 황후궁의 文書 담당), 中宮私府令(1인, 질록 6백석. 宦者. 궁중 재물, 비단 의복, 세탁 관련 업무), 中宮永巷令(1인, 질록 6백석. 宦者. 宮人 관리). 中宮黃門冗從僕射(1인, 질록 6백석, 宦者), 中宮署令(1인, 질록 6백석. 宦者) 등의 속관을 거느렸다.

大鴻臚(대홍려) 卿 1인, 질록 中二千石. 秦과 전한 초에는 典屬國, 대홍려로 개칭. 諸侯 및 四方에서 歸義하는 蠻夷에 관한 업무 담당. 제후 왕의 접대와 의례 담당. 각 군국에서 올라오는 上計(치적) 보고를 접수, 皇子를 王에 봉할 때 인수를 제작 수여, 제후에 봉해지는 자는 모두 대홍려에서 관련 업무를 관장. 丞 1인(질록 比千石).

大行令(1인, 질록 6백석), 治禮郎(47人)을 거느림.

司空(사공) 公 1인. 나라의 水土에 관련한 업무. 전한의 어사대부. 성읍 성벽 건설, 하천 준설 및 관리, 四方 水土功課에 관한 평가 및 시상, 郊祀에서 掃除, 樂器 담당. 大喪에서는 復土 담당. 황제에 대한 간쟁 권한은 太尉 등과 동일. 속관 長史 1인, 질록 1千石. 掾屬은 29명, 令史 및 御屬 42인.

司徒(사도) 公 1인. 백성과 관련한 업무 지휘. 丞相 격이었다. 백성 교화, 지방관의 치적 평가. 國政의 大疑나 大事에 관하여 太尉와 동격으로 협의, 상주. 속관으로 長史 1인(질록 千石). 掾屬(연속) 31인, 令史 및 御屬 36인.

司隸校尉(사예교위) 1인, 比二千石. 孝武帝 때 처음 설치 부절을 받아 가지고 백관의 비행을 감찰. 京師(三輔)의 범법자 단속. 광무제 建武 연간에 다시 설치. 三輔 및 弘農, 河東, 河內郡 및 河南尹 등 7군의 刺史 역할을 수행. 속관으로 從事史 12인. 그중 都官從事는 백관의 불법자 단속, 功曹從事는 州의 서무를 담당, 別駕從事는 순찰 및 儀仗, 簿曹從事는 재무 및 문서 관리, 군사 관련 업무는 兵曹從事가 담당.

使匈奴中郎將(흉노중랑장) 1인, 질록 比二千石. 흉노에 보내는 사자, 南單于를 보호하기 위해 설치. 從事 2人.

尚書令(상서령) 少府의 屬官. 1인, 질록 千石. 秦에서 처음 설치. 무제 때 환관으로 임용. 나중에 中書謁者令으로 개칭. 전한 成帝 때 士

人으로 임명. 황제에게 보고되는 서류 관련 업무를 전담. 상서령의 속관으로 尙書僕射(상서복야, 1인, 질록 6백석)와 그 아래 尙書(6인, 질록 6백석)이 업무를 분담하였다. 각 상서마다 다시 左, 右丞 各 1인(질록, 4百石)을 두었고 그 아래 令史 등이 하급 실무를 담당하였다. 또 符節令(부절령, 1인, 질록 6백석)이 각종 부절과 인장을 관리하였다.

城門校尉(성문교위) 낙양성 12개소 성문에 각 1인, 질록 比二千石. 副職, 司馬 1인(질록 千石), 門候 1인(질록 6백석). 북궁의 궁문 관리는 衛尉(위위)의 관할.

少府(소부) 卿 1인, 질록 中二千石. 궁중 소요 각종 의복, 물자, 보화의 제조나 공급 담당. 丞 1인(질록 比千石).
太醫令(1인, 질록 6백석. 의료 담당. 藥丞, 方丞 各 1인).
太官令(1인, 질록 6백석. 황제의 식사 飮食 주관. 左丞, 甘丞, 湯官丞, 果丞 各 1인).
守宮令(1인, 질록 6백석, 황제 소용 紙筆墨 및 尙書가 필요한 제 물자 및 封泥 등 관장).
上林苑令(1인, 질록 6백석, 主中 禽獸 담당. 필요한 짐승을 잡아 太官에게 공급) 등 속관을 거느렸다. 전한 무제 때 궁중 재산을 관리하고 주전을 담당하던 소부 소속 水衡都尉(질록 比二千石)는 광무제 때 폐지, 그 직무는 少府에서 분담하였다.
少府의 주요한 속관인 侍中, 尙書令, 御使中丞 등은 별도로 설명.

侍中(시중) 少府의 屬官. 질록 比二千石. 無定員. 좌우에서 시중, 서무 담당, 고문 응대 등 업무 수행, 法駕가 出宮할 때 多識한 시중이

1인이 參乘, 나머지는 말을 타고 수행.

시중의 속관으로

中常侍(宦者, 無 定員, 질록 千石. 뒤에 比二千石으로 증액).

黃門侍郎(질록 6백석. 無 定員).

小黃門(宦者, 질록 6백석. 無 定員).

黃門令(宦者, 1인, 질록 6백석) 외에도 黃門署長, 畫室署長, 玉堂署長 各 1인을 두었다.

掖庭令(액정령, 宦者 1인, 질록 6백석. 後宮, 貴人, 采女에 관한 업무 담당).

永巷令(宦者, 1인, 질록 6백석).

御府令(宦者, 1인, 질록 6백석).

祠祀令(宦者, 1인, 질록 6백석).

鉤盾令(宦者, 1인, 질록 6백석. 宦者. 園觀 관리).

中藏府令(1인, 질록 6백석. 궁중 幣帛金銀諸貨物).

內者令(1인, 질록 6백석).

尙方令(1인, 질록 6백석. 각종 御劍 등 기물 제조 담당) 등이 있었다.

令은 실무 과장급이고, 그 아래 丞을 두어 직무를 수행하였다.

謁者僕射(알자복야)　1인, 光祿勳의 속관, 질록 比千石. 천자 외출 시 길 안내가 본래 임무. 옛날 활쏘기에서 업무를 주관 직역을 계승한 자리. 常侍謁者(5人, 질록 比6백석), 謁者(30인), 給事謁者(질록 4百石) 등 황제 주변에서 庶務 담당.

御史中丞(어사중승)　少府의 屬官, 1인, 질록 1千石. 전한 御史大夫의 부책임자(丞). 御史大夫가 司空으로 바뀌면서 어사중승은 소부의 속관으로 남아 고유의 감찰 업무를 담당하였다. 어사중승 아래 治書侍御史(치서시어사, 2人, 질록 6백석. 법률에 밝은 자로 임용, 법률 저촉여부를 판단)와 侍御史(시어사, 15인, 질록 6백석, 관리의 불법행위 감찰. 관리의 상주 문서 검열, 위법자 고발. 각종 제례나 朝會에서 관리의 행동이나 행위를 감찰하여 위법자를 탄핵 상주 담당)를 두었다.

衛尉(위위) 卿 1인, 中二千石. 중앙군인 北軍 지휘. 북궁 각 출입문 경비, 宮門의 衛士를 지휘, 宮中의 각종 서무도 담당. 丞 1인(질록, 比千石). 公車司馬令, 南宮衛士令, 北宮衛士令, 左右都候가 모두 衛尉의 속관이었다.

- **公車司馬令(공거사마령)** : 衛尉의 속관, 1인, 질록 6백석. 宮 南闕門을 관장, 吏民의 上章이나 四方의 貢獻 및 황제의 부름을 받은 자들을 관리, 대기 시킴. 속관으로 丞과 尉 各 1인을 두었다.

- **南宮衛士令(남궁위사령)** : 衛尉의 속관, 1인, 질록 6백석. 南宮의 衛士 지휘.

- **北宮衛士令(북궁위사령)** : 衛尉의 속관, 1인, 질록 6백석. 北宮의 衛士 지휘.

- **左, 右都候(좌, 우도후)** : 衛尉의 속관, 各 1인, 질록 6백석. 무장 병력으로 순찰 담당.

위위가 지휘하는 北軍의 무관으로는

屯騎校尉(1인, 比二千石. 宿衛兵 관리. 副職 司馬 1인, 千石).

越騎校尉(1인, 比二千石. 월인기병으로 구성된 宿衛兵 지휘, 司馬 1인, 千石).

步兵校尉(1인, 比二千石. 宿衛兵 지휘, 司馬 1인, 千石).

長水校尉(1인, 比二千石. 烏桓騎兵으로 구성된 宿衛兵 지휘, 副職으로는 司馬 1인. 흉노속 胡騎司馬 1인, 千石).

射聲校尉(1인, 比二千石. 宿衛兵. 司馬1인, 千石).

刺史(자사) 十二州, 每州 1인, 무제 때 처음 설치할 때는 질록 6백석. 성제 때 牧으로 개칭하면서 질록을 二千石으로 늘림. 建武 18년(서기 42), 刺史를 다시 설치. 12주, 사예교위를 포함하면 13州. 별도 부록 참고.

將軍(장군) 정벌과 반란 진압을 관장하지만 常置하는 직책은 아님. 三公에 준하는 장군으로 첫째 大將軍, 다음 驃騎將軍, 그 다음 車騎將軍, 4번째로 衛將軍이 있다. 군사를 동원할 경우 직책에 따라 前, 後, 左, 右將軍을 임명했다. 武帝 때 衛靑(위청)이 정벌에 공을 세워 大將軍이 되었고 황제의 존중과 신뢰를 독차지했다. 일반 장군은 卿級이나 대장군 등은 보통 大司馬의 官號를 가관으로 받았다. 世祖 中興 이후로 吳漢이 大將軍으로 大司馬가 되었고, 景丹(경단)은 驃騎大將軍이 되었지만 직위는 삼공보다 낮았다. 일반 장군으로 前, 後, 左, 右 등 여러 명칭의 장군은 정벌을 담당하나 업무를 마치면 해당 칭호를 거두었다.

明帝 즉위 초에 명제의 同母弟인 東平王 劉蒼은 매우 현명했고 驃騎將軍이었는데 王이었기에 삼공보다 상위직이었고 몇 년 뒤에는 사임하였다. 章帝 즉위 후에 馬防(마방)은 황제의 외숙이면서 車騎將軍으로 西羌族의 반란을 정벌했다.

和帝 즉위 후 황제의 외숙 竇憲(두헌)은 車騎將軍으로 匈奴를 원정했지만 지위는 삼공의 아래였다. 원정에서 큰 공을 세우고 돌아오자 대장군이 되었는데 지위는 삼공보다 상위였다. 이처럼 安帝, 順帝 재위 중에도 그러하였지만 장군 직위는 정치 상황에 따라 달랐다.

장군 아래에 속관으로 長史와 司馬가 각 1인을 거느렸는데, 司馬가 군사 업무를 관장하는 것은 太尉의 司馬와 같았다. 장군 소속

司馬의 질록은 比千石이었다. 사마 아래 2인의 從事中郎은 질록은 六百石이다. 장군 아래 각 업무를 담당하는 掾屬은 29명이었다. 장군은 호위기사와 鼓吹(軍樂兵) 30인을 거느렸다. 장군 예속 부대로는 大將軍은 五部의 군영을 통솔했는데, 각 部에는 校尉 1인을 두었고 교위의 질록은 比二千石이었다. 각 部에는 曲이 있고 曲은 軍候 1인이 지휘했는데 軍候의 질록은 比六百石이었다. 曲 아래에 屯이 있고 屯長 1인은 질록이 比二百石이었다. 장군으로 그 아래 교위를 거느리지 않으면 軍司馬 1인을 배치했다. 여타의 장군은 정원이 없고 정벌 상황에 따라 部曲, 司馬, 軍候를 두어 군사를 통솔케 하였다. 각 部에는 招集 一人이 군영의 일반 관리를 담당하였고 兵曹掾史는 군사 장비나 器械를 관리했다. 稟假掾史(늠가연사)는 軍紀를 관장했고 外剌(외자)나 剌奸(자간)은 부내 형벌 집행을 담당했다. 明帝 때 度遼將軍을 설치했는데 이후 흉노, 오손, 선비족의 투항자가 늘어나면서 상설직이 되었다.

將作大匠(장작대장) 1인, 질록 二千石. 景帝 때부터 將作大匠, 宗廟 관리, 수리, 궁궐 건물 관리, 陵園 토목공사 담당, 丞(1인, 질록 6백석). 左校令(1인, 질록 6백석. 工徒를 지휘 각종 공사 수행). 右校令(1인, 질록 6백석. 工徒 지휘 공사 진행).

廷尉(정위) 卿 1인, 질록 中二千石. 平獄을 관장. 각 군국에서의 판결이 어려운 사안을 질문할 경우 최후 평결을 담당. 正, 左監(各 1인), 左平(1인) 각 질록 6백석. 詔獄의 평결을 담당. 무제 때 장안의 관청마다 감옥(中都官獄) 26개소가 있었고 각 옥마다 令長을 두었는데 후한 광무제가 모두 폐지하고 廷尉와 雒陽縣에만 詔獄을 두었다.

宗正(종정) 卿 1인, 질록 中二千石. 제후 王國의 嫡庶의 구별과 순차, 종실 친척 명부 및 원근 관계를 기록 관리. 종실 중 髡刑(곤형) 이상 범법자 관리. 丞 1인은 질록 比千石. 諸 公主家에는 家令 1인(질록 6백석). 丞 1인(3百石)을 두었다.

執金吾(집금오) 卿, 1인, 中二千石. 궁외 순찰. 어가 출궁 시에 淸道를 담당, 황제의 의장대 역할. 병기 공급, 비상대기. 화재 예방. 집금오의 吾는 御(막을 어)의 뜻. 副職인 丞 1인, 질록 比千石. 緹騎(제기) 2백 명이 경비 및 의장대원. 속관으로 武庫令(1인, 질록 6백석, 兵器 관리)을 두었다.

太僕(태복) 卿 1인, 질록 中二千石. 황제의 車馬 관리. 天子 출입 시 수레를 운전. 丞 1인(질록, 比千石). 考工令(질록 6백석), 車府令(질록 6백석), 未央廐令(질록 6백석) 등의 속관이 있었다. 전한에서는 河西六郡 지역에 목마장을 두었으나 후한에서도 축소 폐지하였다.

太傅(태부) 上公 1인. 황제의 정치 자문, 常職 없음. 世祖(광무제) 때 卓茂(탁무)를 太傅로 모셨다가 탁무가 죽으면서 태부를 임명하지 않았다. 황제가 즉위하면, 특히 나이 어린 황제가 즉위하면 元老大臣 중에서 太傅를 두어 尙書事를 겸임케 하다가 죽으면 다른 사람을 임용하지 않았다.

太常(태상) 卿 1인, 질록은 中二千石. 나라의 禮儀와 종묘 제사와 각종 祭祀를 주관한다. 각종 의례나 행사, 제사에서 천자를 보좌한다. 박사의 선발과 관리한다. 황제의 능묘 순찰한다. 속관으로 차관인 丞(승) 1인(질록 比千石)이 있어 부서 내 업무를 관장한다. 太

史令, 博士祭酒, 太祝令, 太宰令, 大予樂令, 高廟令, 世祖廟令, 先
帝陵의 陵園令, 食官令 등은 모두 太常의 속관이다.

● 太史令(태사령) : 1인, 太常의 속관, 질록 6백석. 天時, 星曆을 관
장. 연말에 新年曆을 상주. 국가의 모든 제사, 喪葬禮, 혼사에 良
日을 택일과 禁忌를 상주한다. 나라의 祥瑞, 災異 현상을 기록.
속관으로 太史丞 1인. 明堂 및 靈台丞 1인은 질록 2百石.

● 博士祭酒(박사제주) : 1인, 太常의 속관, 질록 6백석. 前漢의 僕射
(복야)를 후한에서는 祭酒했다. 후한의 경학 博士는 14명인데 질
록은 比6백석이었다. 《易》에 4인(施, 孟, 梁丘, 京氏). 《尙書》에 3
인(歐陽, 大小夏侯氏). 《詩》에 3인(魯, 齊, 韓氏). 《禮》에 2인(大, 小戴
氏). 《春秋(公羊)》에 2인(嚴, 顏氏). 弟子 교육. 國에 疑事가 있을
때, 질문에 응대하였다. 宣帝 이전에는 질록이 4백석이었는데
증액했다.

● 太祝令(태축령) : 1인, 太常의 속관, 질록 6백석. 국가 제사에 讀祝
과 迎送神을 담당.

● 太宰令(태재령) : 1인, 太常의 속관, 질록 6백석. 국가 제사에 祭需
(제수)와 陳設 담당.

● 大予樂令(대여악령) : 1인, 太常의 속관, 나라의 제사에 伎樂(禮樂)
담당, 大饗(대향)에 用樂 담당.

● 高廟令(고묘령) : 1인, 太常의 속관, 질록 6백석. 고조의 능묘 관
리. 無丞.

● 世祖廟令(세조묘령) : 1인, 太常의 속관, 질록 6백석. 광무제의 능
묘 관리. 無丞.

● 陵園令(능원령) : 매 황릉마다 各 1인, 太常의 속관, 질록 6백석. 陵
園 관리, 校長을 두어 능원 경비 및 도굴 방지. 또 각 릉에는 食

官令 各 1인을 두어 초하루와 보름, 절기에 따라 제사를 올렸다.

太尉(태위)　公 1인. 나라의 兵事와 무장의 功課를 평정하고 치적에 따른 상벌을 주관. 모든 郊祀(교사)에서 亞獻(아헌)을 담당. 주요 국사에 관하여 司徒, 司空과 함께 논의. 황제에 대한 간쟁을 담당. 建武 27년에 대사마를 太尉로 개칭. 속관으로는 長史 1인, 질록 1千石. 부서 내 실무 총괄 지휘. 掾史屬 24인은 질록 比四百石 ~ 比二百石. 西曹, 東曹, 戶曹, 奏曹, 辭曹, 法曹, 尉曹, 賊曹, 決曹, 兵曹, 金曹, 倉曹, 黃閣主簿 등등 업무 분장의 실무 책임자였다.

太子少傅(태자소부)　1인, 질록 二千石. 太子 輔導, 태자궁 관련 관속을 지휘 감독. 太子率更令(1인, 千石), 太子庶子(4石. 無 定員), 太子舍人(二百石, 無 定員, 숙위 담당), 太子家令(1인, 질록 千石, 태자궁의 음식 재물 관리 태자중의 司農이며 少府의 역할 수행), 太子倉令(1인, 질록 6백석), 太子食官令(1인, 질록 6백석. 飮食 담당), 太子僕(1인, 질록 千石. 車馬 관리), 太子廐長(1인, 4百石. 車馬 관리), 太子門大夫(질록 6백석), 太子中庶子(질록 6백석. 5人, 侍中의 역할 수행). 太子洗馬(질록 比6백석) 등의 속관을 두었다.

太子太傅(태자태부)　卿, 1인, 질록 中二千石. 太子 輔導. 태자의 師傅, 無 관속.

河南尹(하남윤)　1인, 京都의 제반 업무, 前漢의 長安尹과 동일 업무. 하남윤은 관위로서 奉朝請의 지위를 받음. 京兆尹, 左馮翊, 右扶風 이상 3人은 장안의 치안 유지와 밀접한 관계가 있어 太守급이지만 질록은 卿에 해당하는 中二千石의 질록을 받았다. 후한에서는 삼보 지역 명칭을 그대로 사용. 단 질록은 이천석으로 감액.

護羌校尉(호강교위) 1인, 比二千石. 西羌族 관련 업무.

護烏桓校尉(호오환교위) 1인, 比二千石. 투항한 烏桓族을 관리. 오환족 내침에 대비.

侯國(후국) 列侯(열후)가 공을 세워 縣을 식읍으로 받으면 그 현을 侯國(후국)이라 했다. 이는 본래 秦의 20等級의 작위인 徹侯(철후)로 金印에 紫色(자색)의 綬를 받았다. 大功이면 縣을 식읍으로 받았고, 小者는 鄕이나 亭을 식읍으로 받았다. 뒤에 武帝의 이름 徹(철)을 諱하여 列侯라 하였다. 武帝 元朔 2년(前 127년)에 추은령을 내려 王은 長子가 아닌 왕자에게도 分土하여 封王할 수 있게 하였는데 이 경우도 列侯라 하였다.

(參考) 百官受奉 大將軍과 三公의 질록은 년 1萬石으로 月 350斛(곡, 10斗가 1斛, 20리터에 해당)이었다. 中二千石의 奉給은 月 180곡이나 실제로는 금전 9千錢과 米穀 72斛을 받았다. 眞二千石은 매월 6千5百錢과 米穀 36斛이었고, 二千石은 月 120곡이었다. 이하 比二千石은 月 100곡. 千石은 月 80곡. 6백석은 月 70곡. 比六百石은 月 50곡. 4백석은 月 45곡. 比4백석은 月 40곡. 3백석도 月 40곡. 比3백석은 月 37곡. 2백석은 月 30곡. 比2백석은 月 27斛. 1백석은 月 16곡. 斗食(두식)은 月 11斛. 佐史는 月 8곡. 모든 봉급은 절반은 금전으로, 절반은 穀食으로 받았다.〔殤帝 延平(106년) 기준.《後漢書》〈百官 五〉이 참고〕

5. 後漢 13刺史部 및 105郡國表
〔후한 13자사부 및 105군국표〕

  後漢의 지방 행정구역은 기본적으로 光武帝 재위 중에 확정되었는데 전한의 지방 행정조직을 근간으로 약간 가감이 있었다. 광무제 재위 중에는 전한에 비교하여 10개 군국과 현, 읍, 도, 후국 등은 400여 개가 줄었으나 점차 회복하고 늘어나 順帝 때에는 105郡國에 縣, 邑, 道, 侯國 등 1,180개 정도의 행정구역이 존재했다. 〈郡國志〉에 의하면 順帝 때 호구 수는 9,698,630 戶, 인구는 49,150,220명이었다.

  기본적으로 郡國이 행정의 중추이고 그 아래로 縣, 邑, 道의 하급 기관이 있고 이를 刺史部에서 감독하는 체계였다. 前漢의 朔方刺史部는 幷州刺史部에 합쳤고 交趾刺史部는 交州로 改名하였다.

[13 刺史府]

  後漢 13개 州의 長인 刺史는 백성을 통치하지 않고 지방 행정을 감독하는 감독 기구였다. 자사는 군국의 관리를 파면할 권한이 있었고 고정된 치소도 있었기에 태수나 相보다 실질적인 상위직이었다. 그러다가 황건적의 난 이후 靈帝 中平 5년(188년)에 州의 자사를 牧(목)으로 개칭하면서 軍政 大權을 부여하였다. 결국 이는 지방분권과 함께 三國 분립의 기본 여건을 만들어 주었다.

[郡, 王國]

  郡(군)의 太守 1인, 중앙에서 임명, 지방행정의 실질적 권한과 책임을 부여하였다. 질록 二千石. 丞 1인. 변방의 군에는 丞 대신 長史. 태수는

治民과 인재 천거, 進賢勸功, 決訟檢奸의 업무 수행. 봄에 소속 현을 시찰 農桑을 권장하고 빈민 구휼,秋冬에는 제 현의 죄수를 재판 법을 집행. 연말에 上計를 통해 치적을 보고. 孝廉을 천거, 20만 이상 군에서는 1인을 천거. 군의 군사와 치안을 담당하는 都尉 1인을 두었다. 후한 建武 6년(서기 30), 각 郡의 도위를 폐지하고 태수가 겸직케 했다가 군내 반란 등 유사시에는 도위를 설치. 진압하면 폐지하였다. 변방 군에는 都尉와 屬國都尉(질록, 比이천석. 丞 1인.)를 설치했는데, 변방 郡의 屬國은 漢族과 異 民族의 혼합 거주지로 屬國都尉가 그 행정을 담당했다.

安帝 때 羌族이 내침하자 三輔에 陵園을 보호할 목적으로 右扶風都尉와 京兆虎牙都尉를 설치했었다. 郡의 속리로 功曹史가 군의 행정 실무를 관장. 五官掾을 두어 업무 분장. 屬縣을 감독하기 위해 督郵를 수시로 파견했다.

國(국)－皇子를 王으로 봉하여 茅土(모토)와 함께 식읍으로 받은 郡. 國에는 社稷을 세웠다. 每 國에는 傅(부) 1인, 국왕 輔導, 왕의 예절을 권장하는 사부. 왕은 傅를 신하로 대우할 수 없었다(不臣). 相(상) 1인, 治國의 실무 담당. 중앙에서 임명하여 파견. 질록 二千石. 長史는 郡丞과 같음. 中尉(중위)는 1인, 왕국의 군사 관련 업무와 치안 유지 담당. 질록 比二千石. 王國은 皇子의 封邑으로 郡과 규모가 거의 동급이다. 이 경우 제후왕에게는 행정의 권한이 없고 제후국의 경제적 특권을 향유하였다. 제후국의 행정은 相(太守와 동급, 중앙에서 임명)이 담당하였다. 왕국의 稅收는 중앙에 보내지 않았다.

[縣, 侯國, 邑, 道]

郡國의 하부 행정조직인 縣, 侯國, 邑, 道는 병렬로 존재하였다.

큰 현(1만 호 이상)에는 縣令(질록 1천석-6백석), 작은 현(1만 호 미만)은 縣長(질록 4백석-3백석)을 두었다. 직무는 治民, 顯善과 勸義, 禁奸과 罰惡, 재판과 도적 체포. 빈민 구호. 副職은 丞, 문서관리, 창고 감옥 등을 관리 운영. 縣尉는 군사 및 치안 유지. 大縣은 2명을 임명할 수 있음.

縣侯의 封地도 國이라 하였는데-예를 들어 豫州자사부 관할 汝南郡의 新陽國-이 侯國의 행정관을 역시 相이라 호칭했고 縣令, 縣長과 동급이었다. 邑은 황제 소생의 공주(皇女로 ○○公主로 봉은 받은 경우)의 식읍이다(예, 豫州 潁川郡 舞陽邑). 道는 蠻夷(少數民族)의 거주 지역으로 예를 들면, 涼州 隴西郡 狄道(적도)와 같다. 이는 현 중국의 ○○族 ○○自治縣과 같다. 縣에 蠻夷가 많이 거주하면 道이고 公主의 식읍이나 湯沐邑은 邑이라 호칭했다.

鄕(향)의 鄕長은 질록 1백석. 三老는 교화 담당. 孝子나 順孫, 貞女나 義婦를 표창 상신하고 선행을 권장. 游徼(유요)는 순찰, 도둑 체포에 협조. 향장을 보좌하고 부세의 공평을 기하도록 노력. 亭(정)에 亭長을 두어 縣尉의 업무 보좌. 盜賊 체포에 협력. 자연 취락인 里(1백 호 내외)에는 里魁(이괴), 民戶에 什伍制를 적용, 什主, 伍主를 임명하여 善惡을 相告토록 권장하였다.

❶ 13刺史部 管轄 郡國表

순	刺史部 名	治所 : 郡 縣 관할 郡國	비고
1	司隷校尉部	河南郡 洛陽縣. 今 河南省 洛陽市.	
		河南尹, 河內郡, 河東郡, 弘農郡, 京兆尹, 左馮翊, 右扶風.	
2	豫州刺史部	沛國 譙縣. 今 安徽省 북부 亳州市(박주시).	
		潁川郡, 汝南郡, 梁國, 沛國, 陳國, 魯國.	
3	冀州刺史部	常山國 高邑縣. 今 河北省 石家莊市 高邑縣. 후한 말기에는 魏郡 鄴縣(업현).	
		魏郡, 鉅鹿郡, 常山國, 中山國, 安平國, 河間國, 淸河國, 趙國, 渤海郡.	
4	兗州刺史部	山陽 昌邑縣. 今 山東省 濟寧市 관할 金鄕縣.	
		陳留郡, 東郡, 東平國, 任城國, 泰山郡, 濟北國, 山陽郡, 濟陰郡.	
5	徐州刺史部	東海郡 郯縣(담현). 今 山東省 臨沂市 관할 郯城縣.	
		東海郡, 琅邪國, 彭城國, 廣陵國, 下邳國.	
6	靑州刺史部	齊國 臨淄縣(임치현). 今 山東省 淄博市 臨淄區.	
		齊南國, 平原郡, 樂安國, 北海國, 東萊郡, 齊國.	
7	荊州刺史部	武陵 漢壽縣. 今 湖南省 常德市.	
		南陽郡, 南郡, 江夏郡, 零陵郡, 桂陽郡, 武陵郡, 長沙郡.	
8	揚州刺史部	九江郡 歷陽縣. 今 安徽省 馬鞍山市 관할 和縣	
		九江郡, 丹陽郡, 廬江郡, 會稽郡, 吳郡, 豫章郡.	
9	益州刺史部	廣漢郡 雒縣(낙현). 今 四川省 德陽市 관할 廣漢市.	
		漢中郡, 巴郡, 廣漢郡, 蜀郡, 犍爲郡, 牂柯郡, 益州郡, 越嶲郡(월수), 永昌郡, 廣漢屬國, 蜀郡屬國, 犍爲屬國.	
10	涼州刺史部	漢陽郡 隴縣. 今 甘肅省 天水市 관할 張家川自治縣.	
		隴西郡, 漢陽郡, 武都郡, 安定郡, 北地郡, 武威郡, 張掖郡, 酒泉郡, 敦煌郡, 張掖屬國, 張掖居延屬國.	
11	幷州刺史部	太原郡 晉陽縣. 今 山西省 太原市 서남.	
		上黨郡, 太原郡, 上郡, 西河郡, 五原郡, 雲中郡, 定襄郡, 雁(鴈)門郡, 朔方郡.	
12	幽州刺史部	廣陽郡 薊縣. 今 天津市 북부 薊州區(계주구, 薊縣).	
		涿郡, 廣陽郡, 代郡, 上谷郡, 漁陽郡, 右北平郡, 遼西郡, 遼東郡, 玄菟郡, 樂浪郡, 遼東屬國	
13	交州(交趾) 刺史部	交趾郡 龍編縣. 今 越南國 河內(하노이)市 동쪽 北寧市.	
		南海郡, 蒼梧郡, 鬱林郡, 合浦郡, 交趾郡, 九眞郡, 日南郡.	

❷ 105郡國 一覽

※ 가나다 순, ( ) 안은 관할 자사부 약칭.
※ 戶口와 人口數는 順帝 永和 5년(서기 140)의 통계.

- **江夏郡(荊)** - 治所 西陵縣. 今 湖北省 동부 武漢市 新洲區. 戶口 58,434 호. 人口 265,464호.

- **鉅鹿郡(冀)** - 治所 廮陶縣(영도현). 今 河北省 남부 邢台市 寧晉縣. 前 漢 廣平國 併合. 戶口 109,517호. 人口 602,096명.

- **犍爲郡(益)** - 治所 武陽縣. 今 四川省 중앙부 眉山市 彭山區. 戶口 137,713戶. 人口 411,378명.

- **犍爲屬國(益)** - 治所 朱提縣. 今 雲南省 동북부 昭通市. 戶口 7,938호. 人口 37,187명.

- **京兆尹(司)** - 治所 長安縣. 今 陝西省 西安市 서북. 戶口 53,299호. 人口 285,174명.

- **桂陽郡(荊)** - 治所 郴縣(침현). 今 湖南省 남부 郴州市(침주시). 戶口 135,029호. 人口 551,403명.

- **廣陵郡(徐)** - 治所 廣陵縣, 今 江蘇省 서남부 揚州市. 前漢의 國. 前漢 泗水國 并入. 戶口 83,907호. 人口 410,190명.

- **廣陽郡(幽)** - 治所 薊縣(계현). 今 天津市 북부 薊州區(계주구, 薊縣). 幽 州刺史部 治所. 戶口 44,550호. 人口 280,600명.

- **廣漢郡(益)** - 治所 雒縣(낙현). 今 四川省 成都市 북쪽의 廣漢市. 戶口 139,865호. 人口 509,439명.

- **廣漢屬國(益)** - 治所 陰平道. 今 甘肅省 隴南市 관할 文縣. 廣漢郡 북 부. 戶口 37,111호. 人口 205,652명.

- **交趾郡(交)** - 治所 龍編縣. 今 越南國 河內市(하노이 시) 동쪽. 雒陽南萬 一千里. 十二城.

● 九江郡(揚)-治所 陰陵縣. 今 安徽省 중동부 滁州市(저주시) 관할 定遠
縣 서북. 今 江西省 九江市가 아님. 戶口 89,436호. 人口 432,426명.

● 九眞郡(交)-治所 胥浦縣. 今 越南國 중부 淸化省 서북 東山縣. 戶口
46,513호. 人口 209,894명.

● 金城郡(涼)-治所 允吾縣, 今 甘肅省 臨夏回族自治州 관할 永靖縣(省
都인 蘭州市 서쪽). 戶口 3,858호. 人口 18,947명.

● 南郡(荊)-治所 江陵縣. 今 湖北省 남부 荊州市 江陵縣. 戶口 162,570
호. 人口 747,604명.

● 南陽郡(荊)-治所 宛縣. 今 河南省 서남부 南陽市. 戶口 528,551호. 人
口 2,439,618명.

● 南海郡(交)-治所 番禺縣(반우현). 今 廣東省 중남부 廣州市. 香港의
서북. 戶口 71,477호. 人口 250,282명.

● 魯國(豫)-治所 魯縣. 今 山東省 서남부 濟寧市 관할 曲阜市. 戶口
78,447호. 人口 411,590명.

● 丹陽郡(揚)-治所 宛陵縣. 今 安徽省 동남부 宣城市. 戶口 136,118호.
人口 630,545명.

● 代郡(幽)-治所 高柳縣. 今 山西省 북쪽 끝 大同市 관할 陽高縣. 戶口
20,123호. 人口 126,188명.

● 敦煌郡(涼)-治所 敦煌縣. 今 甘肅省 酒泉市 관할 敦煌市. 甘肅省 서
북 끝. 戶口 748호. 人口 29,170명.

● 東郡(兗)-治所 濮陽縣. 今 河南省 동북 濮陽市(복양시). 戶口 136,088
호. 人口 603,393명.

● 東萊郡(靑)-治所 黃縣. 今 山東省 동부 烟臺市 관할 龍口市. 戶口
104,297호. 人口 404,393호.

● 東平國(兗)-故 梁國 - 濟東國 - 東平國. 治所 無鹽縣. 今 山東省 중부

泰安市 관할 東平縣. 戶口 79,012호. 人口 448,270명.

• 東海郡(徐)-治所 郯縣(담현), 今 山東省 남부 臨沂市(임기시) 관할 郯城縣(담성현). 戶口 148,784호. 人口 766,416명.

• 樂浪郡(幽)-治所 朝鮮縣. 今 北韓 平壤市 大同江 남안. 戶口 61,492호. 人口 257,050명.

• 樂安國(千乘國, 靑)-治所 臨濟縣. 今 山東省 淄博市 관할 高靑縣. 前漢 天乘郡. 戶口 74,400호. 人口 424,075명.

• 琅邪國(徐)-治所 開陽縣. 今 山東省 남부의 臨沂市. 前漢 郡, 前漢 城陽國 幷入. 戶口 200,804호. 人口 570,967명.

• 梁國(豫)-治所 睢陽縣. 今 河南省 동부 商丘市 睢陽區. 戶口 83,300호. 人口 431,283명.

• 廬江郡(揚)-治所 舒縣. 今 安徽省 중서부 六安市 舒城縣. 前漢 六安國 幷入. 戶口 111,392호. 人口 424,683명.

• 隴西郡(涼)-治所 狄道. 今 甘肅省 定西市 관할 臨洮縣. 戶口 5,628호. 人口 29,637명.

• 遼東郡(幽)-治所 襄平縣. 今 遼寧省 중부 遼陽市.

• 遼東屬國(幽)-治所 昌黎縣. 今 遼寧省 중부 錦州市 義縣. 요동군의 서부.

• 遼西郡(幽)-治所 陽樂縣. 今 遼寧省 북부 阜新市(부신시). 내몽고 접경. 戶口 14,150호. 人口 81,714명.

• 武都郡(涼)-治所 下辨縣. 今 甘肅省 남부 隴南市 관할 成縣. 戶口 20,102호. 人口 81,728명.

• 武陵郡(荊)-治所 臨沅縣, 今 湖南省 북부 常德市 서쪽. 戶口 46,672호. 人口 250,913명.

• 武威郡(涼)-治所 姑臧縣. 今 甘肅省 중부 武威市. 戶口 10,042호. 人

口 34,226명.

● 渤海郡(冀) - 治所 南皮縣. 今 河北省 남동부 滄州市 관할 南皮縣. 戶口 132,389호. 人口 1,106,500명.

● 北地郡(涼) - 治所 富平縣, 今 寧夏回族自治區 북부, 黃河 東岸의 吳忠市. 戶口 3,122호. 人口 18,637명.

● 北海國(靑) - 治所 劇縣. 今 山東省 중부 濰坊市(유방시) 관할 昌樂縣. 前漢 郡, 菑川國 등 幷入. 戶口 158,641호. 人口 853,604명.

● 朔方郡(幷) - 治所 臨戎縣(임융현), 今 內蒙古自治區 黃河 북안 巴彦淖爾市 서남부의 磴口縣(등구현). 戶口 1,987호. 人口 7,843명.

● 山陽郡(兗) - 治所 昌邑縣. 今 山東省 서남부 菏澤市 관할의 巨野縣. 戶口 109,898호. 人口 606,091호.

● 上谷郡(幽) - 治所 沮陽縣. 今 河北省 북부 張家口市 관할 懷來縣. 戶口 10,352호. 人口 51,204명.

● 上郡(幷) - 治所 膚施縣. 今 陝西省 북부 楡林市(유림시). 戶口 5,169호. 人口 28,599호.

● 上黨郡(幷) - 治所 長子縣. 今 山西省 동남부 長治市 관할 長子縣. 戶口 26,222호. 人口 127,403명.

● 常山國(冀) - 治所 元氏縣. 今 河北省 石家莊市 관할 元氏縣. 前漢 眞定國 幷入. 명제 (永平) 15년 이후 常山國. 戶口 97,500호. 人口 631,184명.

● 西河郡(幷) - 治所 平定縣. 今 內蒙古 鄂爾多斯市 동남, 朔方刺史部 소속(前漢). 後漢 중엽 이후 幷州刺史部 소속. 治所 離石縣. 今 山西省 呂梁市 離石區(서기 140년 이후). 戶口 5,698호. 人口 20,838명.

● 雁(鴈)門郡(幷) - 治所 陰館縣. 今 山西省 중부 忻州市(흔주시) 代縣. 戶口 31,862호. 人口 249,000명.

- **安定郡(涼)**-治所 臨涇縣. 今 甘肅省 동부 慶陽市 관할 鎭原縣. 戶口 6,094호. 人口 29,060명.

- **安定屬國**-治所 三水縣, 今 寧夏回族自治區 吳忠市 관할 同心縣 동쪽.

- **安平國(冀)**-治所 信都縣. 今 河北省 衡水市 관할 冀州市. 前漢 信都郡(國)-信都郡(후한 23-72年)-樂成國(72-122年)-安平國(122-)으로 명칭이 바뀜. 戶口 91,440호. 人口 655,118명.

- **漁陽郡(幽)**-治所 漁陽縣. 今 北京市 동북부 密雲區. 戶口 61,456호. 人口 435,740명.

- **汝南郡(豫)**-治所 平輿縣. 今 河南省 중남부 駐馬店市 관할 平輿縣. 戶口 441,448호. 人口 2,100,788명.

- **零陵郡(荊)**-治所 泉陵縣. 今 湖南省 서남부 永州市. 戶口 212,284호. 人口 1,001,578명.

- **永昌郡(益)**-治所 不韋縣. 今 雲南省 중서부 保山市. 益州郡 서부. 戶口 231,897호. 人口 1,897,340명.

- **潁川郡(豫)**-治所 陽翟縣. 今 河南省 중부 許昌市 관할의 禹州市. 戶口 263,440호. 人口 1,436,513명.

- **豫章郡(揚)**-治所 南昌縣. 今 江西省 북부 南昌市(江西省의 省會). 戶口 466,496호. 人口 1,668,906명.

- **吳郡(揚)**-治所 吳縣. 今 江蘇省 남부의 蘇州市. 順帝 때 會稽郡을 分離. 戶口 164,164호. 人口 700,780명.

- **五原郡(幷)**-治所 九原縣. 今 內蒙古 包頭市(黃河 북안). 戶口 4,667호. 人口 22,957명.

- **右扶風(司)**-治所 槐里縣. 今 陝西省 咸陽市 관할의 興平市. 戶口 17,352호. 人口 93,091명.

- 右北平郡(幽)-治所 土垠縣(토은현). 今 河北省 북동부 唐山市 豊潤區. 戶口 9,170호. 人口 53,475명.

- 雲中郡(并)-治所 雲中縣. 今 內蒙古 呼和浩特市(內蒙古自治區 首府)관할 托克托縣(黃河 북안). 戶口 5,351호. 人口 26,430명.

- 鬱林郡(交)-治所 布山縣. 今 廣西壯族自治區 중부 貴港市 관할 桂平市.

- 越嶲郡(益)-(월수군) 治所 邛都縣. 今 四川省 남부 西昌市. 戶口 130,120호. 人口 623,418명.

- 魏郡(冀)-治所 鄴縣. 今 河北省 邯鄲市 관할 臨漳縣. 戶口 129,310호. 人口 695,606명.

- 益州郡(益)-治所 滇池縣(전지현), 今 雲南省 昆明市 관할 晋寧縣. 戶口 29,036호. 人口 110,802명.

- 日南郡(交)-治所 西卷縣. 今 越南國 廣治省 廣治市. 戶口 18,263호. 人口 100,676명.

- 任城國(兗)-治所 任城縣. 今 山東省 서남부 濟寧市. 東平國을 分離. 戶口 36,442戶. 人口 194,156호.

- 牂柯郡(益)-(장가군) 治所 故且蘭縣. 今 貴州省 黔東南苗族侗族自治州 黃平縣. 戶口 31,127호. 人口 267,253명.

- 長沙郡(荊)-治所 臨湘縣. 今 湖南省 동북부 長沙市(湖南省 省會). 前漢에서는 國. 戶口 255,854호. 人口 1,059,372명.

- 張掖居延屬國(涼)-治所 居延縣. 今 內蒙古 阿拉善盟 관할의 額濟納旗. 戶口 1,560호. 人口 4,733명.

- 張掖郡(涼)-(장액군) 治所 觻得縣(역득현). 今 甘肅省 중부 張掖市. 戶口 6,552호. 人口 26,040명.

- 張掖屬國(涼)-治所 미상. 今 甘肅省 張掖市 관할 山丹縣 일대. 張掖

郡을 분할. 관할 縣 없음. 戶口 4,656호. 人口 16,952명.

- 定襄郡(幷) - 治所 善無縣. 今 山西省 북부 朔州市 관할 右玉縣. 定襄
  縣은 雲中郡의 현명. 今 山西省 忻州市 관할 定襄縣. 戶口 3,153호.
  人口 13,572명.

- 齊國(靑) - 治所 臨淄縣. 今 山東省 중동부 淄博市(치박시) 臨淄區. 前
  漢 郡. 戶口 64,415호. 人口 491,765명.

- 濟南國(靑) - 治所 東平陵縣. 今 山東省 중북부 濟南市 관할 章丘市.
  桓帝(153년) 國除. 戶口 78,544호. 人口 453,308명.

- 濟北國(兗) - 治所 盧縣. 今 山東省 濟南市 長淸區. 泰山郡을 분리. 戶
  口 45,689호. 人口 235,897명.

- 濟陰郡(兗) - 治所 定陶縣. 今 山東省 서남부 菏澤市 定陶區. 前漢 定
  陶國. 戶口 133,715호. 人口 657,554명.

- 趙國(冀) - 治所 邯鄲縣. 今 河北省 남단 邯鄲市(한단시). 秦 邯鄲郡을
  高帝때 개명. 戶口 32,717호. 人口 188,381명.

- 左馮翊(司) - 治所 高陵縣. 今 陝西省 西安市 高陵區. 戶口 37,090호.
  人口 145,195명.

- 酒泉郡(涼) - 治所 祿福縣. 今 甘肅省 서북부 酒泉市. 戶口 12,706호.

- 中山國(冀) - 治所 盧奴縣. 今 河北省 직할 定州市, 保定市와 石家莊市
  중간. 戶口 97,412호. 人口 658,195명.

- 陳國(豫) - 治所 陳縣, 今 河南省 동부 周口市 淮陽縣. 前 淮陽國. 戶口
  112,653호. 人口 547,572명.

- 陳留郡(兗) - 治所 陳留縣. 今 河南省 동부의 開封市. 戶口 177,529호.
  人口 869,430명.

- 蒼梧郡(交) - 治所 廣信縣. 今 廣西省 동부 梧州市(廣東省과의 접경). 戶
  口 111,395호. 人口 466,975명.

● 淸河國(冀) - 治所 甘陵縣. 今 山東省 직할 臨淸市(河北省과 접경) 동북. 桓帝 때 甘陵國으로 개명. 前漢 淸河郡. 戶口 123,964호. 人口 760,418명.

● 蜀郡(益) - 治所 成都縣. 今 四川省 成都市. 戶口 360,452호. 人口 1,350,476명.

● 蜀郡屬國(益) - 治所 漢嘉縣. 今 四川省 중부 雅安市 蘆山縣. 蜀郡西部 都尉의 관할지. 戶口 111,568호. 人口 475,629명.

● 涿郡(幽) - 治所 涿縣. 今 河北省 직할 涿州市(北京市 서남부와 연접). 戶口 102,218호. 人口 633,754명.

● 泰山郡(兗) - 治所 奉高縣. 今 山東省 중부 泰安市 岱嶽區. 戶口 80,929호. 人口 437,317명.

● 太原郡(幷) - 治所 晋陽縣. 今 山西省 중부 太原市. 戶口 30,902호. 人口 200,124명.

● 巴郡(益) - 治所 江州縣. 今 重慶市 도심인 渝中區(투중구, 渝 本音 유). 戶口 310,691호. 人口 1,086,049호.

● 沛國(豫) - 治所 相縣. 今 安徽省 북부 淮北市 濉溪縣(수계현). 戶口 200,495호. 人口 1,051,393명.

● 彭城國(徐) - 治所 彭城縣. 今 江蘇省 북부 徐州市. 前漢 楚國. 戶口 86,170戶. 人口 493,027명.

● 平原郡(靑) - 治所 平原縣. 今 山東省 북부 德州市 관할의 平原縣. 戶口 155,188호. 人口 1,002,658명.

● 河間國(冀) - 治所 樂成縣. 今 河北省 남동부의 滄州市 獻縣(헌현). 戶口 93,754호. 人口 634,421명.

● 河南尹(司) - 治所 洛陽縣. 今 河南省 洛陽市 농무. 戶口 208,484호. 人口 1,010,827명.

● 河內郡(司) - 治所 懷縣. 今 河南省 焦作市 관할 武陟縣. 戶口 159,770
호. 人口 801,518명.

● 河東郡(司) - 治所 安邑縣. 今 山西省 서남부 運城市 관할 夏縣. 戶口
93,543호. 人口 577,803명.

● 下邳國(徐) - 治所 下邳縣. 今 江蘇省 徐州市 관할의 睢寧縣(수녕현) 古
邳鎭. 戶口 136,399호. 人口 611,083명.

● 漢陽郡(涼) - 治所 冀縣. 今 甘肅省 天水市 관할의 甘谷縣(和帝때 天水郡
을 개명). 戶口 27,423호. 人口 130,138명.

● 漢中郡(益) - 治所 南鄭縣. 今 陝西省 서남부 漢中市. 戶口 57,344호.
人口 267,402명.

● 合浦郡(交) - 治所 合浦縣. 今 廣西壯族自治區 동남부 北海市 관할 合
浦縣. 戶口 23,121호. 人口 86,617명.

● 玄菟郡(幽) - 治所 高句麗縣. 今 遼寧省 중북부의 審陽市 동쪽. 非 故
地, 영역 크게 축소. 戶口 1,594호. 人口 43,163명.

● 弘農郡(司) - 治所 弘農縣. 今 河南省 서쪽 三門峽市 관할 靈寶市. 戶口
46,815호. 人口 199,113명.

● 會稽郡(揚) - 治所 山陰縣. 今 浙江省 북동부 紹興市. 戶口 133,090호.
人口 481,196명.

총 105개 郡國. 1,180개 縣, 邑, 道, 侯國. 民戶口 9,698,630호. 人口
49,150,220명.

6. 漢代 度量衡 早見表
〔후한 도량형 조견표〕

領域	單位	미터법 환산	비고
길이	1引 = 10丈 1丈 = 10尺 1尺 = 10寸 1寸 = 10分	1引 = 2310cm 1丈 = 231cm 1尺 = 23.1cm 1寸 = 2.31cm 1分 = 0.231cm 王莽一貨幣尺 = 23.1cm 後漢一銅尺 = 23.6cm	
면적	1頃 = 100畝 1畝 = 10分	營造尺庫平制(1915) 1頃 = 61440㎡ = 100畝 1畝 = 614.4㎡ 市制(현행 중국 민간) 1頃 = 66,666㎡ = 100畝 1畝 = 666.66㎡	
부피	1斛 = 10斗 1斗 = 10升 1升 = 10合 1合 = 2龠(약) 1龠 = 5撮(촬) 1撮 = 4圭	1斛 = 20000cc 1斗 = 2000cc 1升 = 200cc 1合 = 20cc 1龠 = 10cc 1撮 = 2cc 1圭 = 0.5cc	
무게	1石 = 4鈞 1鈞 = 30斤 1斤 = 16兩 1兩 = 24銖	前漢: 1石 = 29760g 1鈞 = 7440g 1斤 = 248g 1兩 = 15.5g 1銖 = 0.65g 後漢: 1石 = 26400g　1鈞 = 6600g 1斤 = 220g　　1兩 = 13.8g 1銖 = 0.57g	

저자 약력

陶硯 진기환陳起煥

서울 대동세무고등학교 교장을 역임하였고 개인 문집으로《陶硯集》출간.
주요 저서로는 중국 고전소설《儒林外史》국내 최초 번역,《史記講讀》,《史記 人物評》,
《中國의 土俗神과 그 神話》,《中國의 신선이야기》,《上洞八仙傳》,《三國志 故事成語 辭
典》,《三國志 故事名言 三百選》,《三國志의 지혜》,《三國志 人物評論》,《精選 三國演義
原文 註解》,《中國人의 俗談》,《水滸傳 評說》,《金瓶梅 評說》,《논술로 읽는 論語》,《十八
史略 中(下)·下(上)·下(下)》,《唐詩三百首 上·中·下》共譯,《唐詩逸話》,《唐詩絶句》,《王維》,
《漢書》전 10권 외

E-mail : jin47dd@hanmail.net

原文 譯註

後漢書(一)
후 한 서

초판 인쇄 2018년 3월 13일
초판 발행 2018년 3월 23일

역   주 | 진기환
발행자 | 김동구
디자인 | 이명숙·양철민
발행처 | 명문당(1923. 10. 1 창립)
주   소 | 서울시 종로구 윤보선길 61(안국동)
          우체국 010579-01-000682
전   화 | 02)733-3039, 734-4798(영), 733-4748(편)
팩   스 | 02)734-9209
Homepage | www.myungmundang.net
E-mail | mmdbook1@hanmail.net
등   록 | 1977. 11. 19. 제1~148호

ISBN 979-11-88020-44-7 (04910)
ISBN 979-11-88020-43-0 (세트)
30,000원